KB184613

보 험 법

[제 7 판]

장 덕 조 저

法 文 社

Insurance Law

Seventh Edition

Deok Jo Jang

2025

Bobmun Sa

Pajubookcity, Korea

제7판 머리말

2025년 새해가 밝으면서 제7판 보험법을 출간한다. 제7판 개정 작업을 시작할 때는 보험법 전문서로서 대대적으로 변모해 보겠다는 목표를 가지고 야심차게 시작하였으나 용두사미에 그친 감이 없지 않다. 앞으로는 보험법 교재를 넘어 전문서로서의 역할을 다할 수 있도록 깊이 있는 내용들을 담고자 한다.

제7판은 그간 발견된 오류를 수정하였고, 제6판 출간 이후 선고된 대법원 판결들을 반영하였다. 최근 생명보험 관련한 쟁점들이 다수 부각되고 있다. 연금보험 사건이 현재 소송 중이며, 상속 관련의 다양한 쟁점들이 제기되고 있다. 이 쟁점에 대하여는 민법 학자들도 관심을 가지고 있으나, 보험법 학자들의 관점과 일부 다른 견해들도 발견된다. 제7판에서는 이 부분에 대하여 생명보험의 중요한 기능과 관련하여 검토하고 반영하였다. 이 책이 앞으로 보다 전문서로서의 역할을 다할 수 있도록, 풍부하고 다양하며 깊이 있는 이론들을 담을 수 있도록 노력하고자 한다.

이 책의 출간과 개정에 애써주시는 법문사 사장님, 김제원 이사님, 김용석 차장님, 권혁기 차장님 및 관계자분들께 감사드린다. 끝으로, 처 은영, 아들 성욱, 그리고 천국에서 편히 쉬고 계실 어머님께 한없는 감사와 사랑의 마음을 전한다.

2025년 2월
저 자 드림

제6판 머리말

　2023년 새해가 밝으면서 제6판 보험법을 출간한다. 제6판은 그간 발견된 오류를 수정하였고, 제5판 출간 이후 선고된 대법원 판결들을 반영하였다. 최근 보험법에 관한 대법원 판결들이 많이 나오고는 있으나 새로운 쟁점을 다룬 것은 그다지 발견되지 않는다. 눈에 띄는 판결로 무효인 계약에 기하여 기지급된 보험금을 부당이득반환청구권을 행사하여 돌려받는 경우의 소멸시효 기간이다. 과거 판결은 신속히 해결할 필요성이 있는지 여부에 따라 보험금 사건임에도 불구하고 5년과 10년으로 나누어져 있었으나, 최근 판결은 이를 상사시효 5년이 적용되는 것으로 정리하였다. 그런데 이는 모든 상행위에 기한 부당이득반환청구권의 경우가 아니라 보험금에 한정되는 점을 유의하여야 한다.

　필자는 금번 개정에서 보다 전문서로서의 기능을 다할 수 있도록 개정하고자 하였으나, 여러 가지 제약으로 인하여 그 목표를 달성하기 어려웠다. 제7판에서는 보다 풍부하고 다양하며 깊은 이론들이 담길 수 있도록 노력하고자 한다. 보험법은 상법 제663조에서 명정하듯이 보험계약자는 보험회사와 대등한 지위에 있지 않은 사회경제적 약자임을 전제하고 있다. 이는 우리가 보험법을 해석하고 관련 분쟁을 해결함에 있어 기본적 원칙임을 항상 염두에 두어야 한다.

　이 책의 출간과 개정에 애써주고 계시는 법문사 김용석 차장님, 김제원 이사님, 권혁기 차장님 및 관계자분들께 감사드린다. 끝으로, 소중한 가족에게 다시 한번 감사드리며, 이제는 천국에 편히 계실 어머님께 이 책을 바친다.

2023년 2월
저　자 드림

제5판 머리말

2019년이 가기 전, 제4판보다 완성도 높은 제5판의 원고를 완성할 수 있게 되어 기쁘다. 제5판은 발견된 오류를 고치면서, 제4판 출간 이후 선고된 대법원 판결들을 중심으로 개정하였다. 그 판례들에 대한 비판적 검토를 하면서, 관련 쟁점들을 분석하여 이 책에 반영하였다.

제4판 이후의 중요한 대법원 판결들을 보자면, 태아가 상해보험의 피보험자가 될 수 있다는 판결은 최초로 이 쟁점을 다룬 것으로 사람이 피보험자라는 상법 문언의 해석과 관련하여 중요한 뜻을 지닌다. 또한 타인을 위한 보험계약의 법적 성질을 민법상 제3자를 위한 계약의 일종으로 보면서도 그 결론에서는 민법과 다른 입장을 취한 판결에 대하여는, 상세한 근거를 들어 비판하면서 조속한 판례 변경을 기대하였다. 그리고 일부보험에서 보험자대위권의 범위와 관련하여 차액설을 무한정 유추적용할 것이 아니라, 담보되는 보험목적물에 한하여 발생한 손해만을 대상으로 한다는 판결은 타당하면서도 중요한 선례로 평가한다. 보험자대위권은 피보험자가 손해를 본 이상으로 이득을 취할 수 없다는 이득금지의 원칙에서 생겨난 것이기 때문이기도 하다. 그리고 보험계약자의 지위변경시 보험자의 승낙을 요구한 약관규정의 유효성을 확인한 판결, 보장성 보험을 정의한 판결도 모두 의의가 있다. 또한 책임보험의 보험금청구권 소멸시효의 기산점은 배상책임액이 확정된 때라는 판결은 과거 판례의 입장을 그대로 따른 것이기는 하나, 보험금청구권의 소멸시효가 단기이고 기산점에 관한 엄격한 입장을 취하는 것에 대한 비판이 있는 상황에서 중요한 의의가 있다. 그런데 최근 출간되거나 개정된 보험법 기본서 등을 충실히 반영하는 작업은 추후 개정 시로 미루었으니, 양해를 부탁드린다.

저자는 이 책이 앞으로도 보다 정치하면서도 튼튼한 보험법 이론과 정신을 담아내어 훌륭한 책이 될 수 있도록 노력할 것을 다짐한다. 이 책의 출간과 개정에 애써주고 계시는 법문사 김용석 과장님, 김제원 이사님, 권혁기 대리님 및 관계자분들께 감사드린다. 끝으로, 소중한 가족에게 다시 한 번 감사드리며, 고령이신 어머님께서 조금이라도 더 세상의 기쁨을 누리시면서 행복하게 사셨으면 하는 소망을 담아본다.

2019년 12월 5일
저 자 드림

제4판 머리말

이 책의 제3판을 2016년 1월 출간한 이후 근 2년 동안 보험법 관련 판례와 이론의 추이를 지켜보며 수정 및 보완을 하여 왔고, 이를 반영한 제4판을 낸다. 제4판의 주요 개정 내용은 다음과 같다. 첫째, 새로운 판례들을 추가하였다. 이 책의 제3판 출간 이후 나온 보험법 관련의 판례들을 정리하고 분석하였다. 둘째, 내용을 정비하였다. 최대한 오류들을 줄이고자 지속적으로 노력하여 왔고, 문장의 표현도 명료하고 정확하게 이해될 수 있도록 다듬었다. 셋째, 논문이나 기본서 등의 참고문헌들을 업데이트하는 작업을 하였다. 최근 출간되거나 개정된 보험법 기본서 등을 가급적 반영하고자 노력하였으나, 부족한 부분에 대하여는 추후 개정시 보완할 예정이다. 혹시 미흡한 부분이 있다면 너그러운 양해를 부탁드린다.

그리고 최근 개정된 상법을 반영하였다. 이 상법개정안은 2017. 9. 28. 국회를 통과하여 2017. 10. 31. 공포되어 시행을 앞두고 있다. 이 개정안은 타인의 생명보험에 관한 상법 제731조의 개정으로서, 전자금융거래가 활성화되고 있는 사회적인 현상을 반영하여 타인의 사망을 보험사고로 하는 보험계약 체결시 동의를 얻어야 하는 타인의 서면의 범위에 「전자서명법」등 신뢰성을 갖춘 전자문서를 포함한 것이다.

저자는 이 책 서술시 보험계약 관련의 실정법을 정치하게 해석하면서도, 아울러 단순한 기계적 해석을 넘어 정의에 바탕하여 미래의 올바른 지향점을 항상 탐구하는 자세도 견지하고자 노력하고 있다. 이 책이 앞으로도 튼튼한 보험법 이론과 정신을 담아내어 보다 훌륭한 책이 될 수 있도록, 그리고 우리나라 보험법과 보험산업의 발전에 조금이라도 기여할 수 있도록 항상 노력할 것을 다짐한다. 끝으로 이 책의 출간과 개정에 애써주신 법문사 김용석 과장님, 김제원 이사님, 장지훈 부장님과 권혁기 대리님 및 관계자분들께 감사드린다.

2017년 12월 5일

저 자 드림

제3판 머리말

2016년 새해가 밝았다. 항상 되새기려 하지만, 새해를 맞아 다시 한 번 성실하고 공정한 학자가 되리라 다짐하여 본다. 제2판 출간 후 약 1년 만에 제3판을 출간하게 되었다. 제2판의 오류나 부족하였던 부분들을 수정 또는 보완하였으며, 안전띠 미착용 면책약관 등 제2판 출간 이후의 대법원 판례들을 추가하였다. 우리의 판례와 학설들이 상법 제663조의 존재의의에 대한 고민을 조금 더 하였으면 하는 바람을 하면서, 이 책이 보다 훌륭한 보험법 저작물이 될 수 있도록 노력할 것을 다짐드린다. 소중한 가족과 법문사 관계자분들께 감사드린다.

2016년 1월 4일
저　자 드림

제2판 머리말

이 책이 출간된 지도 어느덧 3년이 흘렀다. 책을 출간하면서 많은 노력을 기울였으나, 막상 출간하고 보니 여러 군데 미흡한 부분도 발견되어 개정을 준비하고 있었다. 그러던 중 2014년 5월 20일 상법 보험편 개정안이 국회를 통과하였다. 금번 상법 보험편 개정은 보험관련 법률관계의 획기적인 변혁 또는 개선이라고 하기보다는 대체로 과거 통설과 판례를 입법으로 반영한 것들이라 평가된다. 하지만 금번 개정된 법률에서도 해석상 논란의 소지가 되는 규정들이 있고 제2판에서는 이 부분에 집중하여 그 개정의 해석론과 입법론적 공과 등에 대하여 상세히 평가하고자 하였다. 예컨대 제646조의2 보험대리상 등의 권한, 제732조 15세 미만자 등에 대한 계약의 금지, 제735조의3 단체보험의 개정법 규정들은 향후 논란이 야기될 수 있는 것들로서, 이번 제2판에서는 이 규정들의 해석에 많은 힘을 쏟았다. 또한 초판 이후 새로이 나온 대법원 판례, 대표적으로 청구권대위에서 차액설을 취한 판례들을 추가하였으며 초판에서의 오류도 수정하였다.

이 책을 사랑하고 성원해주시는 독자 여러분들께 깊이 감사드리며, 이 책의 미비한 점에 대하여 끊임없는 비판을 고대한다. 앞으로도 이 책이 보다 훌륭한 보험법 연구물로서 거듭나, 우리나라 보험법의 발전에 지속적인 기여를 하였으면 하는 바램이다. 이 책의 출간에 힘써 주신 법문사 관계 여러분께 고마운 마음을 전한다.

2014년 12월 12일

저 자 드림

머 리 말

이 책의 교정을 마치고 나니 여러 감회가 새롭다. 양승규 은사님의 지도를 받아 박사학위를 받고 학자의 길에 접어들면서 하였던 다짐들이 생각난다. 강직하고 정직한 욕심부리지 않는 정도를 걷겠다는 다짐과 학문에 대하여 성실한 자세로 남다른 연구를 하겠다는 각오를 다진 바 있다. 이후 다행히도 대학교에 자리를 잡고 원하는 분야에 대한 연구를 진행하면서 항상 초심을 잃지 않으려고 노력하고 있다.

이 책은 상법 보험편을 다루었다. 보험회사와 고객 사이의 사법적 법률관계에 관하여 상법을 중심으로 판례와 학설들을 검토하고 저자의 의견을 개진하였다. 이 책의 집필을 시작하면서 몇 가지 원칙을 세우고 이를 지키고자 하였다. 첫째, 현재 보험거래의 법률관계에서 별 실익이 없는 학설상 논쟁은 아주 간략히 소개하거나 다루지 않는다. 둘째, 학자로서 반드시 지켜야 하는 공정하고 중립적인 자세로 접근하고 분석한다. 보험법을 둘러싼 법률해석론과 입법정책론 등의 논리전개에서 공정성을 엄정히 유지하는 것이다. 셋째, 대법원의 보험판례에 관하여는 빠짐없이 다룬다. 보험에 관한 대법원 판례는 상당 정도에 이르고 판례 스스로도 많은 법리를 쏟아내고 있어 이를 망라하여 모두 검토하고 평가하고자 하였다. 이러한 원칙을 가지고 집필하고자 하였으나 저자의 연구가 부족함도 절실히 느끼는 계기가 되었다. 보험법 분야에 대하여 나름 꾸준히 연구한다고 하였으나 이 책을 쓰면서는 많은 부족함을 깨달았고, 앞으로 보다 더 성실히 노력하는 학자가 되리라 다짐하여 본다. 독자 여러분의 질정을 부탁드리면서 이 책의 지속적인 보완과 수정을 약속드린다.

부족하나마 이 책이 나올 수 있었던 것은 스승이신 양승규 은사님의 덕이다. 청렴강직한 학자로서의 길을 밝혀주시는 은사님께 깊은 감사를 드리며 건강 장수하시기를 다시 한번 기원드린다. 그리고 훌륭하신 여러 선배 및 동료 교수님들과 이 책의 출간에 애써 주신 법문사의 김용석 과장님과 이선욱 과장님, 교정 수고를 덜어 준 서강대 법학전문대학원생 홍범식군에게 감사드린다.

끝으로 저자의 존재 가치를 항상 새롭게 깨닫게 하여 주는 소중한 나의 가족, 어머님 홍복순 여사와 아들 성욱, 처 은영에게 무한한 감사와 사랑의 마음을 전한다.

2011년 7월 21일

저 자 드림

대 목 차

세부목차

일러두기 및 인용약어

Ⅰ. 참고도서 약어

저 자	서 명	발행연도	인용약어
김성태	보험법강의	2001	김성태
김은경	보험계약법	2016	김은경
박세민	보험법(제4판)	2017	박세민
양승규	보험법(제5판)	2005	양승규
이기수/최병규/김인현	보험·해상법	2003	이기수 외
정찬형	상법강의(하)	2011	정찬형
채이식	상법(Ⅳ)	2003	채이식
최기원	보험법	1998	최기원
한기정	보험법	2017	한기정
한창희	보험법(개정3판)	2017	한창희

Ⅱ. 법 령
상법 조문을 인용하는 경우 상법 명칭은 생략하였음
(예: 상법 제663조는 제663조로 인용)

제**1**장

보험제도

제 1 절   보험의 정의

제1   법률상의 정의

1. 정의의 어려움

보험을 법적으로 명확히 정의하는 것은 어려운 일이다. 보험은 법적 측면 이외에 경제적·경영적 기타 다양한 측면에서 고찰될 필요가 있고, 그러한 관점도 모두 고려되어야 정확한 정의를 내릴 수 있기 때문이다. 보험의 기능에 주목할 것인지 또는 목적을 강조할 것인지 여부에 의하여도 정의가 달라질 수 있다. 또한 보험의 정의규정을 두는 것이 바람직한 것인지에 대한 논의도 있다.[1] 오히려 명시적 규정을 두지 않는 것이 보험산업에 유용할 수 있다는 주장도[2] 있음은 상기할 만하다. 그 주장의 요지는 정의 규정의 부존재가 해석의 유연성을 통하여 개념의 발전을 가져 올 수 있고 다양한 보험상품의 개발을 유도할 수 있다는 것이다. 보험에 대한 구체적 정의 방식은 보험산업의 발전에 오히려 저해가 될 수 있다는 것으로, 새로운 상품이 개발되었으나 이것이 보험의 정의에 반하는 경우를 배제할 수 없기 때문이다.[3]

하지만 보험을 명확히 정의하는 것이 난해한 일이라 하더라도 이를 방기할 수는 없다. 보험의 정의를 내릴 수밖에 없는 이유는 첫째, 보험업법에 의하여 보험업을 영위하고자 하는 자는 금융위원회의 허가를 받아야 하며(보험업법 제4조 제1

---

1) Malcolm A. Clarke, 「Insurance contracts」, Informa (2009), 1.

2) Law Commission and The Scottish Law Commission, Insurance Contracts Law Analysis of Response and Decisions on Scope, 2006, 11-13. http://www.lawcom.gov.uk/insurance_contract. htm.

3) 그 반면 역으로 정의가 너무 광범위하면 보험의 의의에 반하여 신종 투자상품 등을 모두 포괄하게 되는 문제도 생긴다. 예를 들면 International Swaps and Derivatives Association은 보험상품의 정의가 파생상품 시장에 미치는 영향을 부정적으로 평가한다. 신용파생상품 시장이 급속도로 팽창하고 있고 이 시장에서는 한 시장의 참가자가 그 위험을 여타 시장에 전가할 수 있는데 이 경우에 있어서도 보험상품의 정의는 원하지 않았던 결과를 나타낼 수도 있다는 의견이다. 또한 규제 회피의 문제이다. 보험계약의 정의는 보험사업의 규제에 있어 필수적 역할을 하고, 이는 감독의 대상범위를 확정하는 기준이 된다. 따라서 보험상품에 대한 정의가 존재하면 그 규제를 피하기 위한 다양한 방법이 동원될 수도 있다.

항), 이를 위반하는 경우 처벌을 받는다(보험업법 제200조).[4] 둘째, 상법 보험편의 적용과 관련하여서도 보험의 정의가 필요한 것으로 보험이라는 용어를 사용하지 않더라도 실체가 보험이면 상법이 적용되기 때문이다.[5]

2. 법률의 규정

상법은 제638조에서 보험계약은 당사자 일방이 약정한 보험료를 지급하고 상대방이 재산 또는 생명이나 신체에 불확정한 사고가 발생할 경우에 상대방이 일정한 보험금이나 그 밖의 급여를 지급할 것을 약정하는 계약이라 한다. 또한 보험업법은 제2조에서 "보험업"이라 함은 사람의 생사에 관하여 약정한 급여의 제공을 약속하거나 우연한 사고로 인하여 발생하는 손해의 보상을 약속하고 금전을 수수하는 것 등을 업으로 행하는 것으로 생명보험업·손해보험업 및 제3보험업을 말한다고 정의한다. 상법에서는 '불확정(不確定)'이라는 용어를 사용함에 반하여 보험업법에서는 '우연(偶然)'이라고 표현한다.[6]

3. 일반적 정의

보험은 동질의 위험에 놓여 있는 다수인이 위험보장을 목적으로 한 위험단체를 구성하여 통계적 기초(대수의 법칙)에 의하여 산출된 보험료를 내어 기금을 마련하고 불확정한 사고를 당한 사람에게 보험금을 지급하는 제도라 정의한다.[7] 따라서 그 구성요소는 (i) 동질의 위험에 속해 있는 다수인(위험단체)이 (ii) 불확정한 사고로 인하여 입을 수 있는 경제적 불안을 제거 또는 경감시킬 목적(위험보장

---

4) 대법원 1987. 9. 8. 선고 87도565 판결.

5) 대법원 1998. 3. 13. 선고 97다52622 판결(수산업협동조합법 제132조 제1항 제6호의 규정에 의하여 수산업협동조합중앙회가 회원을 위하여 행하는 선원보통공제는 그 가입자가 한정되어 있고 영리를 목적으로 하지 아니한다는 점에서 보험법에 의한 보험과 다르기는 하지만 그 실체는 일종의 보험으로서 상호보험과 유사한 것이고, 단기소멸시효에 관한 상법 제662조의 규정은 상법 제664조에 의하여 상호보험에도 준용되므로, 공제금청구권의 소멸시효에 관하여도 상법 제664조의 규정을 유추 적용하여 상법 제662조의 보험금 지급청구에 관한 2년의 단기소멸시효에 관한 규정을 준용하여야 한다); 대법원 1999. 8. 24. 선고 99다24508 판결(구 주택건설촉진법상의 주택사업공제조합이 조합원으로부터 보증수수료를 받고 조합원이 주택건설사업과 관련하여 주택건설자재를 구입하는 경우에 채권자에 대하여 하는 채무보증인 '기타 지급보증'은 그 성질에 있어서 조합원 상호의 이익을 위하여 영위하는 상호보험으로서 보증보험과 유사한 것이라고 할 것이므로 이에 대하여도 보험에 관한 법리가 적용된다).

6) 참고로 일본 보험법은 제2조 제1호에서 보험계약의 정의를 "당사자 일방이 일정한 사유가 생긴 것을 조건으로 재산상의 급부(생명보험계약 및 상해질병정액보험 계약에 있어서는 금전의 지불로 제한한다)를 행하는 것을 약속하고, 상대방이 이것에 대해서 해당 일정한 사유의 발생가능성에 따른 것으로써 보험료 지불을 약속하는 것"이라고 규정하여 포괄적이고 추상적으로 규정하고 있다.

7) 양승규, 22면.

의 목적)으로 (iii) 대수의 법칙에 의하여 계산된 (iv) 보험료를 납부하고 (v) 불확정한 사고가 발생하는 경우 (vi) 보험금을 지급하는 것이다.

(1) 위험단체(危險團體) – 동질의 위험에 속해 있는 다수인

보험은 동종의 위험에 놓여 있는 다수의 경제주체가 위험단체를 구성하여 그 위험으로 인한 경제적 불안을 극복하는 제도이다. 여기서 동질의 위험에 처해 있는 다수의 경제주체가 구성하는 위험단체의 개념이 등장한다. 보험에 있어서는 다수의 동질적인 위험의 결합이 있는 것이므로 위험의 동질성이 필요하다.[8]

(2) 위험보장의 목적

불확정한 사고로 인하여 입을 수 있는 경제적 불안을 제거 또는 경감시킬 목적을 위한 것이다.

(3) 보험료

보험은 위험단체를 기초로 일정기간 동안 사고발생의 확률을 계산하여 그 단체구성원으로부터의 보험료를 산출하고 이를 공동기금으로 하여 손해에 대한 보상을 하는 제도이다.

(4) 보험금(그 밖의 급여)

보험은 불확정한 사고의 발생시 보험금이나 그 밖의 급여를 지급하는 것으로서 보험의 중요한 요소이다. 보험금이 금전이 아니라 그 밖의 급여로 지급되는 경우는 아래에서 상세히 다룬다.

(5) 수리적 기초 – 대수의 법칙

보험의 중요한 특질로 대수의 법칙이 있다.[9] 위험은 개별적으로 보면 우연한 것이며 예측할 수 없는 것이나, 장기에 걸쳐 대량적으로 관찰한다면 그 발생에 관하여 일정한 확률로 나타나게 되고 이를 대수의 법칙이라 한다. 즉 보험은 위험의 동질성을 전제로 하는 수리적 기초 위에서 위험단체 안에서 그 위험을 전가하고 분산시키려는 제도이다. 위험단체를 구성하는 구성원이 납부하는 보험료는 대수의 법칙에 따라 계산된 것이고, 보험은 위험의 인수와 보험료지급 사이에 균형이 요구된다. 따라서 대수의 법칙을 이용하여 총량으로서의 보험료수입과 보험

---

8) 최기원, 7면.
9) 양승규, 23면; 최기원, 8면; 김성태, 19면 등.

금지급 사이에 균형을 유지하도록 하는 수지상등의 원칙 또는 급여반대급여균형의 원칙이 존재한다.[10]

(6) 불확정(우연)한 사고

보험은 불확정한 사고가 발생한 경우 보험금을 지급하는 것으로서 불확정성(우연성)은 보험의 중요한 요소가 된다.

4. 판 례

(1) 보험을 구성하는 요소

보험의 정의와 관련한 판례는 대부분 허가를 받지 아니하고 보험업을 영위하였는지 여부를 판단하는 형사사건에 관한 것들이다. 판례도 보험을 정의함에 있어 "동종의 우연한 사고를 당할 위험이 있는 다수인이 경제생활의 불안을 제거 또는 경감시킬 목적으로 미리 일정률의 금액(보험료)을 출연하여 공통준비재산을 형성하고 현실적으로 사고를 당한 사람에게 일정한 재산적 급여(보험금)를 지급"이라 하고 있어 일반적 개념정의와 같은 입장을 보인다.[11] 위험에 대비하기 위한 것, 동질의 위험과 다수인이라는 위험단체의 개념과 보험료와 보험금 등의 구성요소를 포괄한다. 다만 대수의 법칙에 대하여는 고찰할 필요가 있다.

(2) 대수의 법칙

보험정의의 구성요소에 대수의 법칙이 포함된다. 그런데 이 점에 대하여는 판례가 일관된 것으로 보이지는 않는다. (i) 먼저 대수의 법칙에 관한 소극적 입장의 판례이다. 대법원 1989. 9. 26. 선고 88도2111 판결의 원심은 회원들이 출연하는 상조회비와 사망회원에게 지급하는 상조부의금을 정함에 있어 대수의 법칙을 응용한 확률계산에 의하지 아니하였다는 점 등에서 보험의 본질적인 요건에

---

10) 양승규, 24면.

11) 대법원 1987. 9. 8. 선고 87도565 판결(보험업법 제5조 제1항의 보험사업은 동종의 우연한 사고를 당할 위험이 있는 다수인이 경제생활의 불안을 제거 또는 경감시킬 목적으로 미리 일정률의 금액(보험료)을 출연하여 공통준비재산을 형성하고 현실적으로 사고를 당한 사람에게 일정한 재산적 급여(보험금)를 지급하거나 매매, 고용, 도급 기타의 계약에 의한 채무 또는 법령에 의한 의무의 이행에 관하여 발생한 채권자 기타 권리자의 손해를 보상할 것을 채무자 기타 의무자에게 약정하고 채무자 기타 의무자로부터 그 보수를 수수하는 것을 내용으로 하는 사업을 말하고 여기에서 우연한 사고(보험사고)라 함은 계약성립당시 특정의 사고가 그 발생여부, 발생시기가 불확정하다는 것을 의미하는 것으로 그 불확정성은 객관적임을 요하지 아니하고 주관적으로 계약당사자에게 불확정하면 되는 것이므로 보험은 사행성을 그 특질로 하는 한편 보험사고는 일정한 기간(보험기간) 내에 생긴 것이어야 한다).

들어맞지 않는 성격을 띠고 있다는 등의 이유로 보험사업이 아니라고 하였으나, 대법원은 문제된 상조사업은 실질적인 면에서 고찰할 때 동질적인 경제상의 위험에 놓여 있는 다수의 회원이 사망이라는 우연한 사고가 발생한 경우의 재산상 수요를 충족시키기 위하여 가입회비, 상조회비라는 명목으로 일정한 금액을 출연하고 사고가 발생할 때 상조부의금의 명목으로 일정한 금액을 지급한다는 점에서 그 사업의 명칭이나 출연 또는 지급금의 명칭에 불구하고 보험사업에 해당한다고 하였다. (ii) 다음으로 대수의 법칙에 적극적 입장의 판결이다. 대법원 1989. 1. 31. 선고 87도2172 판결은 보험업법은 보험사업의 단체성, 사회성 등으로 인한 국가와 사회경제생활에 미치는 영향을 고려하여 그 사업에 대하여 정부의 허가를 받도록 하고 있을 뿐만 아니라 각종 감독에 관한 규정을 두고 있는바 보험사업의 규제를 위한 법률의 정신에 비추어 볼 때 보험사업의 범위는 그 사업의 명칭이나 법률적 구성형식에 구애됨이 없이 그의 실체 내지 경제적 성질에 즉응하여 해석할 것이라고 하면서, 대수의 법칙에 대하여 적극적으로 고려하였다. 기타 동일한 입장의 판결들이 있다.12)

종합하면 판례도 대수의 법칙은 보험의 중요한 특질 또는 요소로 판단하는 것으로 보인다. 소극적 입장의 판결도 대수의 법칙이 보험의 구성요소가 된다는 점은 인정한 것이나, 다만 공법적 감독의 의미에서 보험사업의 판단은 대수의 법칙이 일부 미약한 경우에도 공공의 복지증진 등의 취지에서 보험사업의 범주에 포함시키는 것으로 이해된다. 따라서 대수의 법칙이 요소로 포함되어 있다면 보험성을 인정함에 있어 보다 중요한 기준이 된다고 보겠다.13)

---

12) 대법원 1989. 10. 10. 선고 89감도117 판결(대수의 법칙을 응용한 확률계산에 의하지 아니하는 등 보험의 특질이라 할 여러 요건을 지니지 아니하여 피고인이 운영한 위 상조사업이 보험업법에서 규정하는 보험사업이라 단정하기 어렵다고 판단한 원심에 대하여 "원심이 들고 있는 바와 같은 고유의 의미의 보험과 일치하지 아니하는 부분이 있다고 하여 피고인이 운영한 사업이 보험업법 소정의 보험사업에 해당하지 아니한다고 할 수는 없을 것); 대법원 1989. 1. 31. 선고 87도2172 판결(상조회원의 자격에 관하여 사망률이 낮은 연령층을 제외한 것이라든지, 건강상태를 고려함이 없이 회원으로 가입케 하면서도 100일이 경과하기 전에 사망한 경우에는 상조부의금을 지급하지 않도록 하고 있는 점이라든지 상조회원으로 가입한 기간이 길어짐에 따라 상조회비 출연의 기회가 많은 만큼 사망시에 지급되는 상조부의 금액도 연차적으로 증가하도록 되어 있는 점 등을 보면, 급부와 반대급부의 균형을 유지하기 위하여 대수의 법칙을 응용한 확률계산의 방법을 고려한 것이라고 할 수 있다).
13) 대법원 1990. 6. 26. 선고 89도2537 판결(또한 상조회에 가입한 후 100일 이내에 사망한 회원에게 상조부의금을 지급하지 아니하도록 되어 있다고 하더라도 이는 보험자의 보험금 지급책임에 관한 효력발생의 시기를 정한 것이며 이러한 특약이 있다고 해서 보험의 본질에 반한다고 해석할 수도 없으며 상조회원의 자격에 관하여 사망률이 낮은 연령층을 제외한 점과 건강상태를 고려함이 없이 회원으로 가입케 하면서도 100일이 경과하기 전에 사망한 경우에는 상조부의금을 지급하지 않도록 하고 있는 점이라든지 상조회원으로 가입한 기간이 길어짐에 따라 상조회비 출연의 기회가 많은 만큼 사망시에 지급되는 상조부의금액도 연차적으로 증가하도록 되어 있는 점 등을 보면 급부와 반대급부의 균형을

보험의 정의에 관한 판례

◯ **사건번호** 대법원 1987. 9. 8. 선고 87도565 판결

[급여내용] 관혼상제업을 목적으로 하는 회사를 설립하여 매월 3,000원씩 60개월 적립하면 결혼·장의행사제공

[판결요지] 무허가보험사업부정(회사는 가입자의 청구에 따라 결혼 또는 장의행사와 같은 역무를 제공할 의무를 부담하게 되며, 가입자가 월부금을 완납한 후에는 언제든지 결혼 또는 장의행사 제공을 받을 수 있고, 가입자의 필요에 따라 월부금 불입완료 전에도 결혼 또는 장의행사의 제공을 요구할 수 있는데 이 경우에는 월부금 잔액을 현금으로 전액 불입하여야 하고, 또한 가입자는 언제든지 1건당 300원의 수수료만 내면 가입자 명의를 변경할 수도 있고, 가입자뿐만 아니라 미리 가입신청서에 기재한 가족도 결혼 또는 장의행사를 제공받을 수 있으며(이를 가족의 이용권이라 한다) 월부금을 완납한 후에는 가입자 및 이용권자가 결혼 또는 장의행사 제공을 받을 때까지 그 이용권이 계속 보존)

◯ **사건번호** 대법원 1989. 5. 9. 선고 88도1288 판결

[급여내용] 사단법인 대한상록수복지협의회를 설립하여 사망, 출산, 결혼, 회갑 등의 경우 차등적으로 상조금 지급

[판결요지] 무허가보험사업인정(보험사업의 범위는 그 사업의 명칭이나 법률적 구성형식에 구애됨이 없이 그의 실체 내지 경제적 성질에 즉응하여 해석할 것이므로 보험사업과 구별할 공제사업은 그 제도의 목적이나 기능, 그 규모나 조직, 운영방법 및 지급금액의 한도, 보험료 등을 종합적으로 보아 보험사업의 폐해방지라는 목적에 비추어 그 실체를 파악하여야 함)

◯ **사건번호** 대법원 1989. 9. 26. 선고 88도2111 판결

[급여내용] 보건사회부장관의 허가를 받은 사단법인으로, 사망시 상조부의금지급사업

[판결요지] 무허가보험사업인정(지급금액을 정함에 있어 대수의 법칙을 응용한 확률계산에 의하지 아니하였더라도 실질적으로는 보험사업의 성질을 가졌다 함)

◯ **사건번호** 대법원 1989. 10. 10. 선고 89감도117 판결

[급여내용] 현역 또는 재향 군, 경 가족들을 상대로 상조회를 조직하여 사망시 일정한 재산상의 급여(1,564명의 회원모집, 4,200만원 징수하여 4,100만원 지급)

[판결요지] 무허가보험사업인정(지급금액을 정함에 있어 대수의 법칙을 응용한 확률계산에 의하지 아니하였더라도 실질적으로는 보험사업의 성질을 가졌다 함)

유지하기 위하여 대수의 법칙을 응용한 확률계산의 방법을 고려한 것이라고 할 수 있다).

◉ **사건번호** 대법원 1990. 6. 26. 선고 89도2537 판결
[급여내용] 보건사회부장관으로부터 허가받아 설립된 사단법인으로 상조사업수행
[판결요지] 무허가보험사업인정(사망률이 낮은 연령층(55세이하)을 제외한 점과
건강상태를 고려함이 없이 회원으로 가입케 하면서도 100일이 경과하기 전에 사망
한 경우에는 상조부의금을 지급하지 않도록 하고 있는 점이라든지 상조회원으로 가
입한 기간이 길어짐에 따라 상조회비 출연의 기회가 많은 만큼 사망시에 지급되는
상조부의금액도 연차적으로 증가하도록 되어 있는 점-확률계산의 방법을 고려한
것 참작)

◉ **사건번호** 대법원 1993. 3. 9. 선고 92도3417 판결
[급여내용] 약6년 동안 5,000여명의 계약자에 대한 상조사업
[판결요지] 무허가보험사업인정(60세이상 회원 정액징수-통계활용 언급 않음)

◉ **사건번호** 대법원 1993. 12. 24. 선고 93도2540 판결
[급여내용] 자동차운송사업조합을 구성하여 자손사고와 자기차량보상사업 수행
(조합원 7,741명, 2년 9개월간 31억 징수하여 24억원 지급)
[판결요지] 무허가보험사업인정(비영리적이거나 구성원이 한정되어 있다는 것은
무시함)

◉ **사건번호** 대법원 2001. 12. 24. 선고 2001도205 판결
[급여내용] 연회비를 납부시 교통 범칙금 통보한 경우 상당액 대신 납부하는 행
위-775명, 1억8천4백만원 납부 받음
[판결요지] 유사수신행위규제에 관한 법률적용하여 무허가보험사업인정

◉ **사건번호** 헌법재판소 2003. 2. 27. 선고 2002헌바4 전원재판부 결정
[급여내용] 주식회사를 설립하여 상품의 종류별로 1년회비를 받고 교통사고시 범
칙금 상당액 대신 납부
[판결요지] 무허가보험사업인정

제2 보험정의 관련한 쟁점

1. 불확정성(우연성)

(1) 위 험

보험은 각종 위험에 대비하기 위한 것이므로 보험은 위험을 전제로 한다. "위험 없으면 보험 없다(Ohne Gefahl, keine Versicherung)"는 말은 이를 대변한다. 여기서 위험을 '우연한 사고발생의 가능성으로서 불확정한 것',[14] 또는 '사고의 불확실성'[15]이라고도 한다. 이를 상법에서는 불확정이라 하고, 보험업법에서는 우연이라는 용어를 사용한다. 용어를 불문하고 그 불확정성은 손해보험에서의 화재와 같이 발생 여부가 불확정한 것이 있는 반면, 사람의 사망 등과 같이 발생 시기만이 불확정한 것도 있다. 주목할 점은 그 사고발생이 반드시 객관적으로 불확정일 필요는 없고 주관적으로 불확정한 것이 요구된다는 것이다(제644조).[16] 위험과 관련하여서는 두 가지 관점에서 검토가 요구된다.

(2) 우연성

보험업법상 보험업의 정의에서 우연이라는 용어를 사용하고 있으며, 다수의 약관에서도 우연이라는 용어를 사용한다. 그런데 보험의 정의가 난해한 이유 중의 하나가 '우연(偶然)'이라는 용어를 명확히 풀이하는 것이 어려운 점에도 있다. 상해보험에서의 상해의 개념요소로서의 우연성은 중요하게 다루어지고 있으나 일반보험에서의 우연성이라는 개념은 항상 사용되는 개념임에도 불구하고 명확한 정의의 시도가 없었다. 과거 이 점에 대한 논의가 풍부하지 못하여 견해로 소개하기에는 미흡한 부분도 있으나, 보험정의의 기본적인 요소로 통칭되는 경향이 있어

---

14) 양승규, 23면.
15) 김성태, 18면.
16) 대법원 2010. 12. 9. 선고 2010다66835 판결(상법 제644조는 보험계약 당시 보험사고가 이미 발생한 때에 그 계약을 무효로 한다고 규정하고 있으므로, 설사 시간의 경과에 따라 보험사고의 발생이 필연적으로 예견된다고 하더라도 보험계약 체결 당시 이미 보험사고가 발생하지 않은 이상 상법 제644조를 적용하여 보험계약을 무효로 할 것은 아니다). 이 사건은 보험계약 체결 당시 피보험자가 이미 근긴장성 근이양증의 증세를 보였고, 근이양증이 발병한 이상 보험사고인 제1급 장해의 발생을 피할 수 없으며, 근이양증으로 인하여 건강상태가 일반적인 자연속도 이상으로 급격히 악화되어 사망에 이를 개연성이 매우 높다는 이유로 보험계약이 무효라고 판단한 원심을 파기한 사례이다.

검토를 요한다.[17)

1) 우연성 정의에 관한 학설

첫째, 일반 보험계약과 상해보험에서의 우연성을 다르게 파악하는 견해이다. 이 견해는 "보험의 일반원칙상 보험사고는 우연한 사고임이 요구된다. 이러한 일반원칙상의 우연성이란 장래에 있어서는 사고의 발생과 불발생이 모두 가능하나 계약성립 당시에는 그 어느 것도 아직 객관적으로 확정되지 않았다는 이른바 객관적 불확정성을 뜻한다"고 하면서도 상해보험에서의 우연성은 "이와 전적으로 일치되는 것은 아니고, 보험사고의 발생이 피보험자의 주관적 행태에 기인하지 아니한다는 점이 더욱 강조되는 개념으로서"라고 한다.[18) 하지만 이 견해는 타당한 것으로 보이지 않는다. 일반의 보험계약과 상해보험계약에서의 우연성을 서로 다른 것으로 파악하는 설득력 있는 이유를 제시하지도 아니하여 그 주장을 수긍하기는 쉽지 않다.

둘째, 우연성의 개념을 예견가능성에 중점을 두고 피보험자 등의 고의로 인한 것이 아님을 의미하는 것보다 넓게 파악하는 견해이다. 예컨대 피보험자가 의도하거나 예상하지 못했던 사고이어야 한다는 것[19)으로 이는 일반의 보험계약과 상해보험에서의 우연성의 개념을 명확히 구분하지 않는 것으로 보이면서도, 인위적인 사고라는 뜻보다는 포괄적으로 파악한다. 하지만 이도 타당하다 볼 수 없다. 우연성의 개념을 지나치게 추상적이고 막연하게 정의하면서 그 입증책임을 보험금청구자에게 부담시키는 경우, 보험금청구자가 과연 무엇을 입증해야 하는 것인지도 명확하지 못하다. 예견가능성이 없다거나 또는 예상할 수 없었다는 점들을 입증하는 것은 그 대상이 명료하지 않다는 점 등에서, 보험금청구자가 입증책임을 이행하는 것은 거의 불가능하다.

셋째, 보험계약에서의 우연성의 개념을 인위적 사고라는 측면에서만 파악하는 것이다. 생각건대 이러한 파악이 보다 타당한 것이 아닌가 한다. 그리고 이 경우 그 입증책임은 상법 제659조의 반면으로 보아 보험자가 부담하는 것이 타당하다.[20) 판례도 이러한 입장으로 보인다.[21)

---

17) 우연성의 개념은 상해보험에서의 논의가 주된 것이었다. 또한 일반의 보험계약에서의 우연성과 상해보험에서의 우연성이라는 개념을 통일적으로 설명하는 견해도 찾기가 쉽지 않았다. 하지만 판례에서와 같이 우연성의 입증책임이 문제된다면 우연성의 개념과 그 입증책임에 관한 명확한 한계설정이 필요함을 부인할 수 없다.

18) 최윤성, "상해보험약관상의 보험사고인 '급격하고 우연한 외래의 사고'의 의미와 그에 대한 입증책임의 소재", 「판례연구」 제14집, 2003, 582면.

19) 김성태, 863면.

2) 비교법

외국의 입법례에서는 보험계약을 정의함에 있어 우리가 사전적 의미로 이해하는 뜻에서의 '우연성' 개념은 도입하지 않고 있다. 일본은 신보험법 제2조에서 '우연성' 이라는 용어를 사용하고 있긴 하나, 이는 우리의 '불확정성'과 동일하게 해석한다. 그런 반면 상해보험에서의 보험사고는 우연성이 요구되어 있으므로 그 범위에서는 우연성의 개념에 관하여 각국에서 논의가 있고, 독일에서는 입법적으로 해결하여 피보험자 등의 고의로 인한 사고로 한정하면서 그 입증책임을 명확히 보험자에게 부담시키고 있다.[22] 또한 일본에서도 과거와는 달리 보험자가 피보험자 등의 고의를 입증하여야 하는 것으로 입법하였다고 이해한다. 그리고 영미에서는 약관에 맡기고 있음이 원칙이긴 하나 담보범위의 예외사유에 해당하는 것은 보험자가 입증하도록 한다. 이와 같이 비교법적 검토에서는 최소한의 공통점 두 가지를 발견할 수 있다. 하나는 보험의 정의에 관한 규정에서 사전적 의미[23]에서의 우연성에 관한 요소를 넣지 않는다는 점, 다른 하나는 피보험자 등의 고의사고에 대하여는 보험자가 입증하도록 하는 점이다.

---

20) 보험사고가 고의 등에 의하지 않았다는 소극적 사실에 대한 입증을 보험금청구자에게 부과한다면 사실상 불가능에 가까운 일이라고 할 수도 있어 보인다. 그리고 다음과 같은 구체적 근거들을 제시하여 본다. 첫째, 우연성은 입증책임이 대두되는 개념이므로 그 입증의 대상이 무엇인지 명확하여야 한다. 입증의 대상 자체가 광범위하고 명확하지 못하다면 그에 대한 끊임없는 논쟁이 생겨날 뿐이다. 상해보험에서의 우연성에 관한 판례의 입장대로라면 그 입증대상을 파악하는 것부터 어려움이 있다. 둘째, 만약 약관상 보험사고에 대한 부가요건을 제시함에 의하여 보험금청구자가 입증책임을 부담한다면 보험자에게 강력한 방어권을 부여하는 결과가 된다. 우연성의 존재가 보험금청구권의 권리발생요건이라면 보험금청구자가 이를 입증하여야 하고, 이러한 해석이 지속된다면 보험자의 입장에서는 약관을 통하여 사고의 우연성을 권리발생요건으로 규정하고자 노력하게 될 것이다. 즉 보험자가 약관으로 규율하기만 하면 그에 대한 입증책임을 보험금청구자가 부담한다는 결과가 되는 경우, 보험자들은 약관상 여러 요건을 부가함에 의하여 손쉽게 입증책임을 보험금청구자에게 전가할 수 있기 때문이다(山下友信, "オール リスク損害保険と保険金請求訴訟における立證責任の分配", 川井健＝田尾桃二編 『轉換期の取引法－取引法判例10年の軌跡』, 商事法務, 2004, 517 이하).

21) 대법원 2009. 12. 10. 선고 2009다56603,56610 판결. 이 사건에서 대법원은 우연성의 개념을 보험계약자 또는 피보험자의 고의 또는 중과실로 인한 경우, 즉 인위적 사고가 아닌 것으로 해석하면서 그 입증책임이 보험자에게 있다고 판시하였다.

22) 독일은 보험계약법에서 보험의 정의에서는 우연성의 개념을 사용하지 않고 단지 제2조에서 우리의 불확정성에 해당하는 것으로 소급보험의 규정에서 주관적 불확정에 대하여 규정한다. 반면 상해보험에서는 우리와 달리 상해사고의 정의로 우연성에 대한 법률규정을 둔다. 상해보험에 관한 규정 제178조에서 "보험사고는 피보험자가 급격한, 외래의 사고로 인하여 우연하게 건강에 손상을 입었을 경우에 존재한다"고 한다. 그런데 여기서 우연에 해당하는 용어를 "Unfreiwilligkeit"라고 규정하여 "자유의사에 기인하지 않는"이라는 뜻으로 피보험자 등의 고의에 중점을 두는 것으로 보인다. 또한 상해보험에서 우연성의 입증책임의 문제가 입법적으로 해결되어 있다. 독일보험계약법 제178조 단서에서는 "우연성은 반대의 입증이 있기까지는 추정된다"고 하여 입증책임을 명확히 보험자에게 부과하고 있는 것이다.

23) 또는 상식적으로 이해하는 의미라고도 할 수 있겠다.

3) 판 례

판례도 화재보험약관에서의 우연성의 개념을 인위적인 의미의 것으로 이해하고 그 입증책임도 보험자에게 부과하고 있다.[24] 대법원[25]은 화재보험에서 화재발생의 우연성이 추정되는지의 여부에 관하여 "상법 및 화재보험약관 규정의 형식 및 취지, 화재가 발생한 경우에 보험자에게 면책사유가 존재하지 않는 한 소정의 보험금을 지급하도록 함으로써 피보험자로 하여금 신속하게 화재로 인한 피해를 복구할 수 있게 하려는 화재보험제도의 존재의의에 비추어 보면, 화재보험에서 화재가 발생한 경우에는 일단 우연성의 요건을 갖춘 것으로 추정되고, 다만 화재가 보험계약자나 피보험자의 고의 또는 중과실에 의하여 발생하였다는 사실을 보험자가 증명하는 경우에는 위와 같은 추정이 번복되는 것으로 보아야 한다"고 하여 우연성이 추정되는 것으로 보았다.

(3) 보험의 정의에서의 우연성

보험의 개념을 정의함에 있어 우연성의 용어에 대하여는 다음의 점을 유의하여야 하겠다.

첫째, 우연성은 상법전상의 법률용어가 아니다. 상법에는 우연이라는 용어가 없고, 보험계약의 의의에 관한 상법 제638조는 "불확정"을 사용한다.

둘째, 불확정성과의 구별이다. 일반적으로 불확정의 의미는 상법 제644조와 관련하여 해석하고 상법 제644조는 "보험계약 당시에 보험사고가 이미 발생하였거나 또는 발생할 수 없는 것인 때에는 그 계약은 무효로 한다"고 규정한다. 그리고 이러한 보험사고의 불확정성은 반드시 객관적임을 요하지 아니하고 계약당사자들이 모두 계약 당시에 이미 발생하였거나 발생할 수 없는 것임을 주관적으로 알지 못한 때에는 보험계약의 성립에는 아무런 영향이 없는 것으로 한다. 일본에서는 보험법 제2조에서 사용하는 우연성이라는 개념을 우리 상법의 불확정성의 의미와 동일하게 보험계약 성립시에 사고의 발생과 불발생이 아직 확정되지 않았다는 의미로 해석하는 견해가 통설이다.[26]

셋째, 보험계약을 정의함에 있어 법률의 규정에 의하여 '인과율에 의하지 않는다거나 예측가능성이 없다'는 등의 의미에서의 우연성의 개념을 사용하는 것은 신

---

24) 대법원 2009. 3. 26. 선고 2008다72578,72585 판결; 대법원 2009. 12. 10. 선고 2009다56603, 56610 판결.

25) 대법원 2009. 12. 10. 선고 2009다56603,56610 판결.

26) 江頭憲治郎, 『商取引法』, 弘文堂, 2004, 392; 山下友信, 『保險法』, 有斐閣, 2005, 356.

중한 검토가 요구된다. 법률상 그러한 정의조항을 두는 경우에도 실제 사건을 접하였을 때 별반 도움이 되지 않는다.[27]

(4) 소 결

결론적으로 보험계약을 정의함에 있어 우연성이라는 개념을 끌어들여 법률상 그 개념요소로 삼는 것은 적당하지 않다. 일반의 보험계약을 법률적으로 정의함에 있어 불확정성이라는 개념을 사용하여야 하고, 우연성이라는 용어를 사용하지 않는 것이 타당하다. 하지만 만약 입증책임과 관련하여 각종 보험약관에서의 우연성 개념을 정의하여야 한다면 피보험자 등의 고의가 아닌 즉 인위적인 사고가 아닌 것으로 풀이함이 옳다. 우연성의 개념을 군이 법률상의 용어로 도입할 필요가 없으나, 어쩔 수 없이 사용된다면 피보험자 등의 고의가 아닌 경우로 한정하여 정의하고, 예견가능성이 없다거나 인과율에 의하지 않는다는 등의 사전적인 의미에서의 광범위한 파악은 타당하지 않다.

2. 그 밖의 급여

(1) 용역 등의 급여성과 법률 규정

보험정의에서 상법 제638조는 "일정한 보험금이나 그 밖의 급여"로 규정하고, 보험업법 제2조 2호에서도 "그 밖의 급여"로 규정한다. 이때 그 밖의 범위에 용역 등의 급여에 대하여 어느 범위까지를 포함할 것인가가 문제된다.

(2) 판 례

대법원에서 다투어진 사안은 다음과 같다. A가 정부기관, 공공기관 및 일반기업 등의 해외파견 직원을 대상으로 제공하는 긴급의료지원서비스는 의료상담과 의료기관 알선 서비스 및 심각한 의료 상태에 있는 회원의 이송과 본국 송환 서비스를 주된 내용으로 하고, A가 이러한 서비스를 제공함에 있어서 Service Membership Program 방식으로 계약을 체결하는 경우 가입자로부터 모든 서비스 비용을 미리 지급받아 약정된 서비스를 제공하게 되고, Access Membership Program 방식으로 계약을 체결하는 경우 의료상담 서비스에 대하여는 가입자로부터 미리 비용을 지급받고, 이송 및 송환 서비스에 대하여는 심각한 의료상태가 발생한 회원에게 먼저 서비스를 제공하고 사후에 그 비용을 지급받으며, 이송 및

---

27) 이러한 점에서는 보험업법에서의 보험 정의 규정은 상법 보험편 정의와의 정합성 문제에서 재검토의 필요가 있는 것으로, 가급적 상법 보험편과 통일적으로 정의하는 것이 바람직하다.

송환 서비스는 회원들을 다른 지역의 의료기관으로 이송하거나 본국으로 송환하는 서비스를 제공하는 것이므로 직접적인 치료나 치료비 지급과는 차이가 있으며, 서비스 제공 여부에 관한 결정권이 A에게 있는 경우가 보험사업에 해당하는지가 문제되었다.

이에 대하여 판례[28]는 "경제적 위험보장의 목적이 보험업 영위가 문제되는 대상영업의 주된 목적인지에 따라 판단"하여야 할 것이라고 하면서, "보험업법이 규정하는 '그 밖의 급여'에 포함되는 용역은 경제적 위험보장을 목적으로 제공되는 용역, 즉 위험에 대한 보상으로서 원칙적으로 금전으로 급부가 이루어져야 하지만 보험사 내지는 고객의 편의 등을 위하여 금전에 대한 대체적 의미에서 용역이 제공되는 경우만을 의미하는 것"이라고 하면서 위 A가 제공한 용역은 보험업법상의 보험상품이 아니라고 하였다. 즉 용역 제공 등 영업의 주된 목적이 경제적 위험보장에 있는지 여부라 하면서 이 사건은 경제적 위험보장이 아니라 용역 제공 자체에 그 주된 목적이 있는 것이어서 보험상품이 아니라는 것이고, 그 중요한 근거는 용역제공 여부와 그 방식 등에 대한 판단을 용역 제공자인 A가 한다는 것이다.

(3) 관련 이론 및 검토

외국에서는 파생상품의 규제와 관련하여 이에 관한 논의가 이루어지고 있고 이때 그 제시되는 기준으로 세 가지가 있다.[29] ① 첫째, Substantial Control(실질적 지배) 기준이다. 보험자가 보험료를 받고서 피보험자의 위험을 인수하고 대수의 법칙에 의하여 정해진 보험금지급을 위하여 그 위험을 동질의 단체에 배분하는 것이 보험이라고 하면서, 그 위험이 보험자에게 이전되었고 다시 단체에 재분배되는 과정을 거치는지에 집중하는 이론이다. ② 둘째, Principle Object(주된 목적) 기준이다. 이는 당 거래에서 위험의 이전과 분배가 그 거래의 주된 목적인가 하는 기준이다. 위험의 이전과 배분이 주된 목적인지 또는 부수적 목적인지에 따라 결정된다. 이 이론이 압도적이지는 않으나 상대적으로 미국에서는 다수의 주가 채택하는 이론인 듯하다.[30] ③ 셋째, Regulatory Value(규제가치) 기준이다. 이는 규제측면에서 보험사업으로 파악할 것인지 여부를 판단한다. 특정 거래가 도덕적

---

28) 대법원 2014. 5. 29. 선고 2013도10457 판결.

29) Arthur Kimball—Stanley, Insurance and Credit Default Swaps: Should Like Things Be Treated Alike?, 15 Connecticut Insurance Law Journal, 242, 264 (2008).

30) Malcolm A., Clarke, The Law of Insurance Contracts, Informa, 20 (2009); Benjamin Boyd, Ibid., 231; Steven J. Williams, Distinguishing "Insurance" from Investment Products under the McCarran—Ferguson Act: Crafting a Rule of Decision, 98 Colum. L. Rev. 1996 (1998).

위험 등을 감안하여 보험사업의 범주에 넣어서 규제하여야 할 것인지를 기준으로 삼는 것이다. 그 특정거래에서 보호되는 사적 이익, 위험을 인수하는 자가 누구인지를 파악하고 또한 그 거래에서 보호될 수 있는 공적 이익, 그 거래를 규제함으로 인하여 공공의 복지가 증진되는지 여부를 기준으로 한다.

판례는 용역과 보험을 구분함에 있어 사업자측의 '주된 목적'이라는 주관적 기준을 사용하고 있으나 몇 가지 검토할 점이 있다. (i) 위험보장이라는 의도 또는 목적의 경중을 정확하게 파악하는 것이 가능할지 의문이며 그것은 또한 사업자의 주관적 의도에 불과하다는 점,31) (ii) 그 주관적 의도의 판단 주체가 사업자이어서 보험적 요소가 명백하게 모두 갖추어져 있음에도 불구하고 그 주된 목적이 위험보장이 아니라고 하여 보험사업이 아니라고 판단할 것인가의 문제가 있는 점, (iii) 그 밖의 급여가 원칙적으로 금전으로 이루어져야 하는 것에는 동의하지만 그것이 반드시 금전에 대한 대체적 의미에서 용역이 제공되는 경우만을 의미하는 것은 아닌 점, (iv) 그 용역제공의 최종 결정권이 A회사에게 있음을 중요한 근거로 내세우나, 이도 그다지 설득력 있지 않다. 객관적으로 심각한 상태임에도 불구하고 A회사가 용역을 제공하지 않을 수 없을 것이고, 이것이 보험상품과의 중요한 구별기준이 되지 않아 보인다.

결국 이 사건 용역 제공의 주된 목적이 경제적 위험보장에 있다고 볼 수 있고, 경제적 위험보장을 목적으로 한 것이라면 급여를 금전으로 한정할 필요도 없어 보험상품으로 분류함이 옳겠다.

3. 보증보험의 경우

(1) 보험성의 논란

보증보험이라 함은 보험자가 보험료를 받고 채무자인 보험계약자가 채권자인 피보험자에게 계약상의 채무불이행 또는 법령상의 의무불이행으로 손해를 입힌 경우에 그 손해를 보상하는 것을 목적으로 하는 보험이다(제726조의5). 그런데 고의 또는 과실로 인한 채무불이행을 보험사고로 하는 보증보험의 보험성은 꾸준한 논쟁거리가 되고 있다. 그 인정 여부와 관련하여 가장 논란이 되는 점은 보험사고의 우연성과 면책사유의 문제이다. 보증보험에서는 보상하기로 정해둔 보험사고에 관하여 보험계약자가 결정적인 영향력을 행사할 뿐 아니라, 그 보험금지급여부를 직접 지배할 수 있는 지위에 있다.32) 보증보험은 상법과 보험업법에 존재하는

31) Marac Life Assurance Ltd. v. IRC (1986), 1 NZLR 694.

보험의 종목이므로, 보험제도의 하나로서 인정할 수밖에 없겠으나 그 보험성에 대하여는 현재도 논쟁거리다.

(2) 불확정성(우연성)

보험사고의 우연성과 관련하여 보증보험 자체가 고의 또는 과실로 인한 사고를 보상하는 것이므로 보험의 중요한 요소인 우연성을 결여하므로 보험으로 볼 수 없다는 점이다. 그러나 보험성을 인정하는 통설적 견해는, 우연성의 의미가 '특정인의 의사와 관계없는 사고'라는 의미에서 우연성을 뜻하는 것이 아니라, 보험계약의 체결시 그 사고발생여부가 불확정 상태에 있는 것을 의미하고, 보증보험도 이러한 의미에서는 우연성의 요건을 충족한다는 것이다. 그리고 면책사유와 관련하여서는 보험자가 보험계약자에 대하여 보험자대위권을 행사할 수 있고 결과적으로는 손해발생의 결과를 초래한 자가 책임을 지게 되므로, 보증보험이 선량한 풍속 등에 반하지 않는다는 것이다.[33] 보증보험에서의 보험사고도 보험계약자인 채무자의 고의나 과실로 인한 채무불이행이고 이는 계약의 체결시 그 사고가 발생할 것인가의 여부가 확정되어 있지 않은 관계로, 최소한 이 점에 있어서는 보험사고의 우연성이라는 요건은 충족된다고 한다.

(3) 보증보험의 보험성 결여

통설에서의 우연성에 관한 설명은 설득력이 약하다. 첫째, 판례[34]는 우연성의 개념을 피보험자 등의 고의 또는 중과실에 의한 사고가 아니라는 것으로 보고 있고, 판례의 해석이라면 보증보험은 우연성을 결하게 된다. 이런 점에서, 우연성을 보험계약의 체결시 그 사고발생여부가 불확정 상태에 있는 것을 의미한다는 통설은 의문이다. 둘째, 보험사고의 불확정성은 객관적이 아니고, 주관적으로 확정되지 않아야 한다(제644조). 그런데 만약 보증보험의 보험계약자인 채무자가 계약의 체결 당시부터 채무불이행할 것을 명백히 의도하고 있는 경우에는 보험계약자의 행위는 기망에 해당한다. 그리고 이를 주관적 확정상태로 볼 수 있다면 보험법의 원리에 따라 당해 계약은 무효가 되어야 하는 것이고,[35] 이러한 점에서는 보증보

32) 그리고 보험계약에서 고의나 중과실을 면책사유로 정해 두고 있는 취지는(제659조) 고의나 중과실의 경우, 첫째 보험사고의 우연성이 결여되어 보험사고성이 상실될 뿐 아니라, 둘째 도덕적 위험으로 인한 것으로 손해발생의 결과를 초래한 자의 책임으로 하는 것이 당연하다거나, 셋째 인위적 사고로 인한 도덕적 위험을 방지하기 위한 것이라는 점 등이다.
33) 한창희, "보증보험의 법적 고찰", 「보험학회지」 제33집, 한국보험학회, 1989, 209면.
34) 대법원 2009. 12. 10. 선고 2009다56603,56610 판결.
35) 그러나 보증보험에서의 고지의무 위반의 경우 피보험자의 신뢰를 보호한다는 취지에서 보험자의

험이 보험의 요소로서의 불확정성 또는 우연성을 충족하는 것인지 의문이 아닐 수 없다. 보증보험을 보험제도의 하나로 인정할 수밖에는 없겠으나, 보증보험 관련의 분쟁 발생시 적용하여야 할 규정의 판단여부와 관련한 중요한 지적이다.

제3 보험유사제도

1. 도박 등의 사행행위

보험도 사행계약으로서의 성질을 가지고 있다. 도박과 복권 등은 우연한 사건의 발생에 의하여 급여관계가 생겨나고, 수리적 기초를 가지고 다수인으로부터 소수인에게 금원이 이동한다는 점 등에서 보험과 유사한 면이 있다. 하지만 보험은 위험에 대비한 경제생활의 안정을 추구하는 것임에 반하여, 도박은 일확천금을 목적으로 하는 것이다. 또한 보험은 사회의 필수불가결한 제도인 반면, 도박은 사법상 선량한 사회질서에 어긋나 무효이며(민법 제103조) 형사상 처벌을 받는다(형법 제246 – 249조).

2. 저축과 자가보험

(1) 저 축

저축은 개별적 경제주체가 자신의 경제생활을 위하여 수입의 일부를 적립하는 것이다. 저축은 개별적 경제주체의 행위이지만, 보험은 동질의 위험에 처해 있는 다수의 경제주체가 위험단체를 구성하는 것이라는 점에서 양자간 차이가 있다. 따라서 개별 경제주체가 그 저축에 대하여는 자유로이 사용하고 처분할 수 있는 것이다. 다만 생명보험에서는 보험상품에 따라 저축적인 요소가 강한 보험도 있다. 위험에 대비하는 보장성이 아니라 저축성에 해당하는 상품에 있어서는 해당 보험료를 보험료적립금으로 적립하고 중도해지의 경우 보험계약자에게 반환하도록 한다.

해지권을 제한하는 통설과 판례에 비추어 볼 때, 보험계약자의 주관적인 사정만으로 보험자가 계약을 해지할 수 있을지는 의문이다. 여기서 논리적인 법리전개에 문제가 발생한다(대법원 1998. 3. 10. 선고 97다20403 판결이 이러한 정황을 담고 있고, 보험자는 당해 계약을 취소할 수 없었다).

(2) 자가보험

자가보험은 개별 경제주체가 특정의 손실에 대비하기 위하여 스스로 사고발생률을 계산하여 그에 의하여 산출된 필요자금을 미리 비축하는 방법이다. 그러나 자가보험은 개별 경제주체의 행위로서 다수의 경제주체가 위험단체를 구성하고 위험을 분산하는 보험과는 구별된다.

3. 보 증

보증은 주채무자의 채무불이행을 조건으로 하여 보증인이 채권자에 대하여 주채무자의 채무와 동일한 내용의 독립한 채무를 부담하는 채권담보제도이다. 독립된 계약에 의하여 채무불이행이라는 위험을 이전하려는 점에서는 유사한 면도 있다. 하지만 보증은 개별적인 거래관계라는 점, 보충성을 가지고 있는 점, 무상이 원칙인 점, 대수의 법칙이 반영되어 있지 아니한 점 등은 보험과 구별되는 성질이라 할 수 있다. 다만 보증을 보험방식으로 영위하는 보증보험이라는 특수한 형태의 보험이 있다.

4. 공제(共濟)

(1) 의 의

공제는 동일한 직장, 직업 또는 지역의 사람들이 상부상조를 목적으로 단체를 만들어 그 소속원의 경조사에 공제금을 지급하는 제도이다. 공제는 단체를 구성하여 우연한 사고를 당한 사람에게 금원을 지급하는 점에서 보험과 유사하나, 그 구성원의 자격을 제한하는 점이 다르다. 요컨대 공제는 일정한 직장, 직업 또는 지역으로 한정하여 그 구성원만이 가입할 수 있도록 하는 점에서 보험과 구별된다. 공제가 성립되기 위하여는 특별법에 근거규정이 필요하다.

(2) 상법규정의 준용

공제는 폐쇄적이고 구성원이 제한되어 있다는 점에서 보험과 차이가 있는 것이나, 농업협동조합이나 수산업협동조합, 교직원공제조합 등은 전국적 규모를 가지고 있으며 또한 그 사업의 대상도 일반인으로까지 개방되어 있는 경우가 많다. 기타 선원공제, 건설공제, 군인공제 등도 대규모로 운영되고 보험과의 구별이 쉽지 않아 유사보험이라 부른다.[36] 그리고 공제에서 이용되는 각종의 공제약관 등은 그 종류의 보험약관의 내용과 별반 다를 것이 없다. 이러한 점에서 공제계약은 상법 보험편 규정에 따르는 것이 바람직하고, 판례도 공제에 대하여 상법 규정을 유추적용한다.[37] 2014년 개정에 의하여 공제, 그 밖에 이에 준하는 계약에 상법 보험편의 규정을 준용한다(제664조).

(3) 문제점

공제는 그 실체가 일종의 보험으로서 상호보험과 유사한 것으로 파악되고, 판례도 이를 긍정한다. 그런데 공제와 관련된 주요한 쟁점은 그 감독에 관한 것이다. 보험업을 영위함에 있어서는 금융위원회와 금융감독원의 엄격한 감시감독을 받음에 반하여, 특별법에 의하여 설립된 공제의 경우는 그러하지 아니하다. 예를 들면 농업협동조합의 경우 농림축산식품부장관이 감독을 하도록 되어 있어(농업협동조합법 제162조 제1항), 보험의 경우와 균형이 맞지 아니하고 그 적정한 감독에 있어 의문이 있다. 이러한 요청이 부분적으로 반영되어 보험업법 제193조에서는 금융위원회의 협의요구권을 명문화하여 둔다.[38]

---

36) 양승규, 25면; 박세민, 23면.

37) 대법원 1998. 3. 13. 선고 97다52622 판결(수산업협동조합법 제132조 제1항 제6호의 규정에 의하여 수산업협동조합중앙회가 회원을 위하여 행하는 선원보통공제는 그 가입자가 한정되어 있고 영리를 목적으로 하지 아니한다는 점에서 보험법에 의한 보험과 다르기는 하지만 그 실체는 일종의 보험으로서 상호보험과 유사한 것이고, 단기소멸시효에 관한 상법 제662조의 규정은 상법 제664조에 의하여 상호보험에도 준용되므로, 공제금청구권의 소멸시효에 관하여도 상법 제664조의 규정을 유추 적용하여 상법 제662조의 보험금 지급청구에 관한 2년의 단기소멸시효에 관한 규정을 준용하여야 한다); 대법원 1999. 8. 24. 선고 99다24508 판결(구 주택건설촉진법(1999. 2. 8. 법률 제5908호로 개정되기 전의 것)상의 주택사업공제조합이 조합원으로부터 보증수수료를 받고 조합원이 주택건설사업과 관련하여 주택건설자재를 구입하는 경우에 채권자에 대하여 하는 채무보증인 '기타 지급보증'은 그 성질에 있어서 조합원 상호의 이익을 위하여 영위하는 상호보험으로서 보증보험과 유사한 것이라고 할 것이므로 이에 대하여도 보험에 관한 법리가 적용된다).

38) 보험업법 제193조 (공제에 대한 협의) ① 금융위원회는 법률에 따라 운영되는 공제업과 이 법에 따른 보험업 간의 균형 있는 발전을 위하여 필요하다고 인정하는 경우에는 그 공제업을 운영하는 자에게 기초서류에 해당하는 사항에 관한 협의를 요구할 수 있다.

제 2 절 보험의 기능과 폐단

제1 보험의 기능

1. 경제적 안정

보험은 경제활동에서 발생하는 위험을 보험자에게 이전시킴으로써 사고가 발생한 경우에도 큰 어려움 없이 생활할 수 있도록 한다. 이는 개인의 경제생활이나 기업이 경영안전을 추구하는 것을 지원하여 준다.

2. 자금의 공급

다수의 보험계약자가 납부한 보험료의 액수는 국가 전체적으로 보아서는 막대한 금액이 된다. 특히 생명보험과 같은 장기보험의 경우에는 그 환수에 제한이 있어 장기 투자기금으로 사용할 수도 있다. 따라서 보험은 자본을 형성하는 기능도 하며, 국가의 엄격한 감독하에 산업자본이나 금융자본에 이용된다.

3. 신용의 수단

국제간의 무역거래에 있어서도 보험제도는 필수적이다. 신용장이나 선하증권 등과 결합하여 보험제도가 이용되고 있으며 투하자본회수도 용이하게 하여 준다. 보증보험은 각 채권관계에 있어 채무자의 신뢰도를 높여주는 제도이고, 보험자는 자산운용의 한 방법으로서 약관대부를 실시하여 직접 신용을 제공하기도 한다.

4. 사회보장제도(피해자 보호)

사회보장이 완벽하게 제도화되지 못한 상황에서, 자동차강제책임보험 등은 피해자를 보호하는 중요한 역할을 한다.

5. 사고방지 등에의 기여

보험자는 사고방지 등에 대한 전문가로서 각 보험가입자들로 하여금 사고예방을 하도록 하는 예방활동을 담당한다. 또한 보험료율을 조정함으로써 보험가입자들이 사고를 억제하도록 노력하게 하여 종국적으로는 국가경제적으로도 도움이 된다.

제2 폐 단

1. 도덕적 위험

보험의 대표적인 폐단이 도덕적 위험(moral hazard)이다. 보험에서는 도덕적 위험이 발생할 소지가 높은 까닭에 보험계약의 특성으로 윤리성과 선의성이 강조되며, 보험법의 중요한 의의가 '도덕적 위험의 방지'에 있다고도 본다. 도덕적 위험은 크게 두 가지로 나누어 볼 수 있다. 보험금을 노리고 고의로 사고를 일으키는 경우와, 보험에 가입하였다는 이유로 사고예방에 소홀하게 되는 경우이다.

2. 예방의 효과 감소

보험가입자가 보험에 가입함으로 인하여 주의를 게을리함으로써 사고발생의 가능성이 높아지는 것이다. 특히 책임보험은 불법행위법의 예방의 기능과 배치되는 것은 아닌가 하는 지적이 있다. 불법행위법상 예방기능은 가해자에게 손해배상 책임을 부과함으로써 가해행위를 억지하는 것이다.[39] 그런데 책임보험은 불법행위법의 예방기능을 순화하고, 더구나 예방기능은 발휘하기 힘든 것으로 보는 견해가 있다. 그러나 이에 반해 책임보험 보험료와 부보범위의 합리적 설정, 그리고 보험자의 위험관리에 의하여 예방기능을 일부 수행할 수 있다는 법경제학자들의 견해도 있다.[40] 즉 보험료의 책정에 있어 과거 경력만을 토대로 하는 것이 아니라, 적절한 예방조치를 취하도록 하는 취지에서의 보험료 산정은 예방기능을 수행할 수

---

39) 장덕조, "책임보험으로 부보가능한 위험의 범위", 「상사법연구」 제23권 제1호, 한국상사법학회, 2004, 53면.
40) A. Mitchell Polinsky/Steven Shavell, "Punitive Damages: An Economic Analysis," 111 Harv. L. Rev. 869 (1998), 932.

있다고 한다.[41)]

3. 인위적 사고

보험계약자 등이 보험금을 취득할 목적으로 고의로 사고를 유발하는 것이다. 생명보험에서 보험금을 노리고 피보험자를 살해하거나 화재보험에서 보험목적인 건물에 고의로 방화를 하는 등의 행위가 그것이다. 또한 보험금을 편취할 목적으로 중병에 걸린 사실을 숨기고 보험에 가입하는 것 등도 그러하다. 이를 일반적으로는 보험사기라 부르는 것으로 보험사기를 방지하기 위한 여러 노력이 이루어진다.

제3 보험폐단의 억제

1. 억제를 위한 대책들

보험의 폐단으로 인한 문제는 사회적 문제이기도 하다. 그러나 보험의 폐단이 있다고 하여 보험제도를 폐지하기에는 보험의 효용이 훨씬 긍정적인 것으로 그 사회적 비용은 충분히 치르고도 남는다. 다만 그 폐단의 문제는 지속적으로 제거하고 대비하여야 하고, 상법 보험편의 상당수 규정들이 도덕적 위험을 방지하기 위한 것이다. 대표적인 것들을 보면, 고지의무(제651조)와 위험변경증가의 통지의무(제652조), 인위적 사고에 대한 면책(제659조) 등이 있다. 또한 보험범죄에 대한 제재로서 사기죄, 살인죄, 사문서위조죄 등 각종의 형벌법규가 있고 금융감독당국도 이러한 문제를 미연에 방지하기 위하여 노력한다.

2. 새로운 보험상품의 개발과 관련하여

경제사회가 발달할수록 사회가 다원화되고 보험상품도 끊임없이 개발되고 있다. 그런데 그러한 상품들이 도덕적 위험과 관련한 의문을 낳기도 한다. 일부 운전자보험은 벌금이나 피해자와의 합의금도 보상의 범위에 넣고 있으나, 이러한 보상은 불법행위법이나 형법이 형벌의 제재나 예방을 주요한 기능과 목적으로 하

---

41) Gary T. Schwartz, "The Ethics and the Economics of Tort Liability Insurance," 75 Cornell L. Rev. 313 (1990), 337–349.

고 있음에 비추어 볼 때 도덕적 위험의 방지와 배치될 수 있다.

하나의 사례를 보면 도로교통법상 교통범칙금은 범칙자가 도로교통법상의 범칙행위에 대한 통고처분에 의하여 국고에 납부하여야 할 금전을 말하고(도로교통법 제162조 제3항),[42] 교통범칙금의 법적 성격에 대하여 논란이 있긴 하나 행정형벌과 행정질서벌의 중간형태에 해당한다고 본다.[43] 그런데 이 범칙금을 대납해주는 업종이 1998년 4월경 생겨났고, 당시 국세청은 이러한 업종에 대하여 '범칙금대행업'이라는 새로운 업종코드를 만들어 사업자등록을 받았었다.[44] 그러나 1999년부터 유사수신행위를 규제하여 선량한 거래자를 보호하고 건전한 금융질서를 확립한다는 취지하에 유사수신행위의 규제에 관한 법률(법률 제6105호)을 제정·시행하였고, 이후 2001년 대법원은 교통범칙금대행업이 일종의 보험사업에 해당하는 것임에도 보험업법에 의하지 않고 영위하는 무허가 유사수신행위에 해당한다고 판결하였으며,[45] 2003년 헌법재판소도 유사수신행위의 규제에 관한 법률 제3조에 대한 위헌소원에서 당해 법률이 합헌임을 결정하며 대법원의 판결을 고수한 바 있다.[46] 그렇다면 이러한 법원의 입장은 교통범칙금대행업이 보험업법상의 적법절차에 의하는 경우 보험사업의 한 종목이 될 수 있다는 것이고, 교통범칙금에 대한 책임보험의 부보를 긍정하는 견해도 있다.[47]

생각건대, 이는 타당하지 않다. 그러한 유형의 보험을 인정하는 것은 재산형에 해당하는 범칙금의 대납을 허용하는 결과가 되고, 자력 없는 가해자로 말미암아

---

42) 범칙행위는 도로교통법 제156조 각호 또는 제157조 각호의 죄에 해당하는 위반행위를 말한다고 규정하고 있다.

43) 최봉석, "행정제재로서의 범칙금통고제도에 관한 일고", 「토지공법연구」 제16집, 한국토지공법학회, 2002, 361면; 원혜욱/김찬, "교통범죄의 비범죄화와 그 방안으로서의 통고처분제도", 「형사정책연구」 제13권 제1호, 형사정책연구원, 2002, 134-135면. 기본적으로는 형벌로서의 성격에 바탕을 두고 있으나 행정질서벌로 이행되어 가는 제도 중의 하나로 파악하고 있다.

44) 장경환, "교통범칙금대행업과 보험법", 「보험학회지」 제54집, 한국보험학회, 1999, 116면.

45) 대법원 2001. 12. 24. 선고 2001도205 판결에서 "보험사업이라 함은 같은 위험에 놓여 있는 다수의 보험가입자로부터 위험을 인수하여 그 대가로서 위험률에 따른 보험료를 받아 이를 관리·운영하고, 그 가입자에게 불확정한 사고가 생길 때에는 일정한 보험금액 기타의 급여를 지급하는 것을 내용으로 하는 사업으로서, 보험사업의 범위는 그 사업의 명칭이나 법률적 구성형식에 구애됨이 없이 그의 실체 내지 경제적 성질을 실질적으로 고찰하여 판단하여야 한다"고 판시하며, 교통범칙금 상당액을 보상해 주기로 약정하고 연회비를 납부받은 영업행위가 실질적으로 무허가 보험사업으로 유사수신행위의 규제에관한법률 제2조 제4호 소정의 '유사수신행위'에 해당한다고 하였다.

46) 헌법재판소 2003. 2. 27. 선고 2002헌바4 결정.

47) 장경환, 앞의 논문, 124면. 그 근거는 "벌금·과료 등 재산형은 자유형의 경우와는 달리 사실상 대납이 이루어지는 것을 방지하기가 어렵고 재산형이 부과되는 행위는 자유형의 경우보다 상대적으로 죄질이 가볍고, 고의에 의하지 않는 행위는 고의에 의한 경우보다 상대적으로 비난가능성이 적고, 책임보험의 피보험자는 보험계약자로서 보험료를 부담하므로 전혀 금전적인 불이익이 없는 경우라고 할 수 없으며"라고 한다.

피해자가 손해전보를 받지 못하는 경우에 대비하는 것이 책임보험의 중요한 기능인데 범칙금에 대한 보험보상은 피해자 보호와 관련이 없으며, 그 보상은 과속 등의 위법행위를 조장하고 사고발생의 가능성을 증가시켜 피해자 속출의 결과를 초래할 우려가 있고, 위법행위에 대한 대납은 처벌과 예방의 기능에 반하며, 손해보험에서의 피보험이익은 적법하여야 한다는 점 등에서 타당하지 못하다. 새로운 보험상품을 개발함에 있어 다른 법체계와의 균형을 비롯하여 피해자보호와 도덕적 위험의 방지 등과 관련한 종합적인 검토가 필요하다.

제3절 보험의 분류

제1 공보험과 사보험

1. 공보험

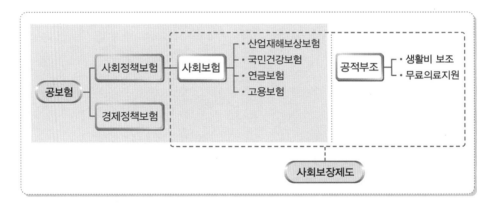

(1) 의 의

공보험(public insurance)은 국가 또는 공공단체의 정책수행을 위하여 운영하는 보험이다. 공보험은 다시 사회정책보험과 경제정책보험으로 나눌 수 있다. 공보험은 사보험의 영역이 미치지 않는 곳에 운영되고, 주로 특별법에 의하여 규율되므로 상법이 적용될 여지는 적으며, 국가의 재정적 지원이 있고 그 가입이 강제되는 경우가 많다는 특징이 있다.

(2) 사회정책보험

사회보험(social insurance)이 이에 해당하는 것으로 산업재해보상보험, 국민건강보험, 연금보험, 고용보험 등이 이에 속한다. 이들 사회보험은 사회복지의 개념과도 밀접한 것으로 사회보장제도의 핵심을 이룬다. 또한 사회보장제도로서 사회보험 이외의 중요한 한 축을 형성하는 것이 공적부조 제도인데, 경제적 빈곤층에 대한 생활비의 보조나 무료의료지원 등이 그것이다. 요컨대 사회안전망으로서의 사회보장제도는 사회보험과 공적 부조를 포괄하는 개념이다. 그런데 사회보험은 여러 어려움에 처해 있다. 국민건강보험과 국민연금 등의 경우 재정난을 겪고 있으며 보험료부담의 불공평, 비효율적 운영 등으로 인한 문제점들도 있다.

(3) 경제정책보험

산업의 보호, 육성을 목적으로 독자적 정책목적에 의하여 실시되는 보험이다. 수출지원정책의 하나로 수출보험, 국가의 재정수입을 목적으로 한 체신보험, 금융기관의 영업정지 또는 파산으로 인한 예금지급불능사태에 대비하여 예금자를 보호하기 위한 예금보험 등이 이에 속한다.

2. 사보험

(1) 의 의

사보험(private insurance)은 사보험의 운영주체가 사인을 대상으로 운영하는 보험으로서 이에 관한 기본법이 상법 보험편이다. 공보험과는 달리 사경제적 입장에서 사기업의 형태로 보험업법에 의하여 설립된 보험회사에 의하여 운영되는 대부분의 영리보험을 말한다. 사보험은 일반적으로 사법상의 법률관계에 의하고 국가의 재정적 지원이 없으며 그 가입이 강제되지 않는 것이 보통이다. 이외에도 공보험과는 제도의 목적, 가입방식, 보험료의 납입방법 등에서 차이가 있다. 상법 보험편에서의 보험은 사보험을 그 대상으로 함이 원칙이다.

(2) 사보험과 사회보험

사보험은 각 개인이 경제생활의 안정을 위하여 사경제적 입장에서 이용하는 보험이고, 사회보험은 사회정책적 목적에서 구성원의 최저생활 등을 확보하기 위하여 시행하는 보험이다. 양자의 차이점은 사회보험은 가입이 강제되는 강제보험으로 영위되고, 운영의 주체가 국가 또는 공공기관이며, 재원이 보험료 이외의 조세가 될 수도 있고, 보험료미납시 국세체납처분의 예에 의하는 경우가 많으며,[48) 그 적용법규도 특별법의 형태로 존재한다.

그런데 사보험 시장의 발전과 더불어 사회보험은 국가나 공공기관에 의하여

---

48) 예를 들면 국민건강보험법 제71조 제1항에서 "공단은 보험료등의 납부의무자가 납부기한까지 이를 납부하지 아니한 때에는 그 납부기한이 경과한 날부터 체납된 보험료등의 100분의 3에 해당하는 연체금을 징수한다"고 규정한다.

영위된다는 원리가 반드시 지켜지는 것은 아니다. 연금제도의 확충을 위하여 영리법인이 개인연금보험을 판매하는 것이 대표적이다. 사회보험의 성격을 띠는 자동차손해배상책임보험은 영리법인인 주식회사에 의하여 영위되고, 가입이 강제되며(자동차손해배상 보장법 제5조), 자동차보유자를 알 수 없는 자동차의 운행으로 사망하거나 부상한 경우에 대하여 보상을 하며(자동차손해배상 보장법 제30조), 자동차손해배상 보장사업 분담금제(자동차손해배상 보장법 제37조) 등이 있어 사회보험적인 성격이 강하다. 결국 사회보험과 사보험의 구별이 그렇게 명확한 것은 아니라 하겠고 양자의 접근현상이 일어나고 있다. 이러한 상황에서 양자의 부보범위와 관련하여 사보험인 자동차보험에서 사회보험인 산업재해보상보험을 초과하는 손해에 대하여만 보상을 하겠다는 약관의 효력이 문제된다. 자동차종합보험약관에서 피보험자의 피용자의 자동차사고로 인한 인적 손해에 대하여 보상하지 아니한다는 면책약관은 상법 제659조의 규정보다 피보험자에게 불리하게 규정하여 상법 제663조에 의하여 또는 약관규제법에 위반하여 무효가 되는 것이 아니냐는 다툼이 있었다.[49]

(3) 사보험의 분류

사보험은 여러 방법의 분류가 가능하다. 여기서는 영리를 기준으로 한 영리보험과 상호보험의 구별만을 본다.

1) 영리보험

영리보험은 보험자가 보험의 인수를 영업으로 하는 보험이다(제46조). 보험사업의 운영주체는 당연상인이 되며(제4조) 상법상 보험은 모두 영리보험에 속한다. 보험사업을 영위하고자 하는 주체는 반드시 금융위원회의 허가를 얻어야 한다(보

---

49) 대법원 1990. 4. 27. 선고 89다카24070 판결(대인배상에 관한 보험회사의 면책사유의 하나로 피해자가 배상책임 있는 피보험자의 피용자로서 근로기준법에 의한 재해보상을 받을 수 있는 사람인 경우를 들고 있는 자동차종합보험약관의 규정은 노사관계에서 발생하는 재해보상에 대하여는 산업재해보상보험에 의하여 전보받도록 하고 제3자에 대한 배상책임을 전보하는 것을 목적으로 한 자동차보험의 대인배상범위에서는 이를 제외한 취지라고 보는 것이 타당하며, 위와 같은 면책조항이 상법 제659조 소정의 보험자의 면책사유보다 보험계약자 또는 피보험자에게 불이익하게 면책사유를 변경함으로써 같은 법 제663조에 위반된다고 볼 수 없다); 대법원 1991. 5. 14. 선고 91다6634 판결(자동차종합보험보통약관에서 피해자가 배상책임 있는 피보험자의 피용자로서 근로기준법에 의한 재해보상을 받을 수 있는 사람인 경우를 보험자의 면책사유로 규정한 것은 사용자와 근로자의 노사관계에서 발생한 업무상 재해로 인한 손해에 대하여는 노사관계를 규율하는 근로기준법에서 사용자의 각종 보상책임을 규정하는 한편 이러한 보상책임을 담보하기 위하여 산업재해보상보험법으로 산업재해보상보험제도를 설정하고 있음에 비추어 노사관계에서 발생하는 재해보상에 대하여는 원칙적으로 산업재해보상보험에 의하여 전보받도록 하려는 데에 그 취지가 있는 것이므로, 근로기준법상의 업무상 재해라고 할지라도 산업재해보상보험법에 의하여 보상을 받을 수 없는 경우는 위 면책사유의 적용대상에서 제외하여야 한다).

험업법 제4조 제1항). 그런데 영리보험업을 할 수 있는 자는 주식회사, 상호회사, 외국보험회사로 한정된다(보험업법 제4조 제6항). 이 경우 영리보험사업자는 개별적으로 보험계약자와 보험계약을 체결하게 되고 보험계약자 상호간에는 아무런 법률관계가 존재하지 않는다.

2) 상호보험

① 의 의

상호보험은 사원상호의 이익을 위하여 영위하는 보험으로서, 대외적 영리추구 활동을 하지 않는 까닭에 영리보험이 아니다. 그 사업자는 금융위원회로부터 보험사업의 허가를 받은 상호회사가 된다(보험업법 제2조 제7호). 상호회사는 영리를 목적으로 하지 않는 점에서 영리보험과 차이가 있고 비영리사단법인이 된다. '회사'의 표현을 사용하고 있기는 하나 영리성이 없어 상법상의 회사가 아니다. 동종의 위험에 처해 있는 다수가 상호부조의 정신에서 단체를 결성하여 그 구성원이 되는 것으로 회사의 사원이 동시에 보험계약자가 되어 사원관계와 보험관계가 병존하게 된다.

상호보험과 영리보험의 차이를 보면 영리보험의 주체인 주식회사는 상인이나 상호회사는 상인이 아닌 점, 영리보험회사는 주주총회의 의사결정이 1주 1의결권에 의하나 상호회사는 두수주의(頭數主義)에 의하여 1인 1의결권인 점, 영리보험회사의 보험계약자는 회사의 경영과 아무런 관계가 없으나 상호회사의 사원에 해당하는 계약자는 간접의 책임을 부담하는 점, 영리보험회사에서는 '자본금'임에 반하여 상호회사는 '기금'인 점 등이다.

하지만 상호보험에도 영리보험의 규정이 준용되고(제664조), 영리보험에서도 보험가입자의 보호를 위하여 보험계약자에 대한 이익배당을 실시하는 경우도 있어 영리보험과 상호보험은 서로 접근하고 있다.[50] 이는 그 형식 등에 있어서는 차이가 있으나 대수의 법칙 등의 운영원리는 유사하고 또한 상호보험도 규모가 방대하게 되는 경우 일반의 영리보험과 큰 차이가 없는 이유이기도 하다.

② 상호보험에 관한 법률의 규정

상호보험에 관한 상법상의 규정은 1개 조문이 유일하다. 그 성질이 상반되지 아니하는 한도에서 상호보험에 준용한다는 제664조가 그것이다. 상호보험에 대하여는 보험업법 제34조 내지 제73조에서 상세한 규정을 두고 있다. 상호회사는

---

50) 양승규, 32면.

100명 이상의 사원으로써 설립되고(보험업법 제37조), 기금은 금전으로만 납입이 가능하며(보험업법 제36조), 상호회사의 사원은 회사의 채권자에 대하여 직접적인 의무를 지지 아니하며(보험업법 제46조), 상호회사의 사원은 사원총회에서 각각 1개의 의결권을 가진다(보험업법 제55조). 보험업법은 상호회사의 기관 등과 회사의 계산, 해산, 청산 등에 관하여 상법의 규정을 준용한다(보험업법 제59조, 제64조, 제70조, 제73조).

③ 상호보험에 관한 사례

상호회사를 직접적으로 다룬 판례는 없으나, 공제사업에 대하여 그 성격이 상호보험과 유사하다는 근거하에 상법 제664조를 유추적용하여 상법 보험편의 규정을 준용한다.[51]

④ 선주상호보험조합(P&I Club)

상호보험의 한 종류라고도 볼 수 있는 것이 선주상호보험조합이다. 이는 P&I (Protection and Indemnity) Club이라고도 부르는 것으로서 '선박소유자의 제3자에 대한 손해배상책임을 담보하는 선박소유자들 상호간의 공제조합'이라 할 수 있다. 선박운항과 관련하여 발생한 사고로 인하여 제3자가 입은 손해에 대한 선박소유자의 배상책임을 선박소유자 상호간에 담보하는 보험이다. 그 책임의 측면을 강조하여 선주책임상호보험(船主責任相互保險)이라고도 한다. 이는 해상위험의 담보범위가 불확실하고 다양하여 그 평가가 곤란하고 일반적인 해상보험증권에서 담보되지 않은 제3자에 대한 배상책임을 선박소유자 상호간에 담보하기 위한 것으로서, 선박소유자 자신이 보험자이자 피보험자의 지위를 갖는 비영리보험이다. 그리고 사고발생 정도에 따라 보험료를 추가 징수하는 정산보험료 방식(mutual base)을 채택하고 있는 것이 특징이다. 선박소유자의 선박충돌 및 인명사상에 대한 배상책임의 담보인 보호와 화물손상에 대한 배상책임의 담보인 배상을 내용으로 하기 때문에 P&I라고 하며, 선박운항에 따른 위험이 다양화되고 이에 따른 배상책임이

---

51) 대법원 1996. 12. 10. 선고 96다37848 판결(육운진흥법 제8조, 같은법시행령 제11조의 규정에 의하여 자동차운송사업조합연합회가 하는 공제사업은 비록 보험업법에 의한 보험사업은 아닐지라도 그 성질에 있어서 상호보험과 유사한 것이므로, 상법 제664조를 유추적용하여 보험료의 지급과 지체의 효과에 관한 상법 제650조, 보험계약자 등의 불이익변경금지에 관한 상법 제663조를 준용할 수 있다); 대법원 1998. 3. 13. 선고 97다52622 판결(수산업협동조합법 제132조 제1항 제6호의 규정에 의하여 수산업협동조합중앙회가 회원을 위하여 행하는 선원보통공제는 그 가입자가 한정되어 있고 영리를 목적으로 하지 아니한다는 점에서 보험법에 의한 보험과 다르기는 하지만 그 실체는 일종의 보험으로서 상호보험과 유사한 것이고, 단기소멸시효에 관한 상법 제662조의 규정은 상법 제664조에 의하여 상호보험에도 준용되므로, 공제금청구권의 소멸시효에 관하여도 상법 제664조의 규정을 유추 적용하여 상법 제662조의 보험금 지급청구에 관한 2년의 단기소멸시효에 관한 규정을 준용하여야 한다).

강화되는 추세에 맞추어 P&I의 담보범위가 확대되는 추세이다. 우리나라에서도 1999년 '선주상호보험조합법'이 제정되어 관련 조합이 설립·운영되고 있다.

제2 가계보험과 기업보험

1. 구별의 중요성

가계보험과 기업보험은 법률상 용어는 아니다. 하지만 이 구별은 상법 제663조와 관련하여 중요한 의미가 있다. 가계보험에 대하여만 "보험계약자 등의 불이익변경금지의 원칙"이 적용되기 때문이다. 이 원칙은 상법 제663조에서 명정하고 있는 것으로 보험계약 당사자간의 특약으로 상법 보험편보다 보험계약자 또는 피보험자나 보험수익자에게 불이익하게 변경하지 못한다는 원칙이다. 이로 인하여 상법 보험편을 편면적 강행규정 또는 상대적 강행규정이라고도 한다. 이는 일반적인 가계보험의 경우에는 보험사업자인 보험회사와 보험계약자 등 사이에는 보험에 대한 전문적 지식뿐 아니라 경제적 교섭의 힘 등 현격한 차이가 있다고 보아, 상법 보험편의 규정을 보험계약자 등의 보호를 위한 최소한의 기준으로 설정하는 것이다. 따라서 이 범위 내에서는 국가가 후견적 개입을 하는 것이고 당사자자치 또는 사적자치의 원칙이 제한된다.

2. 가계보험과 기업보험의 구별

기업보험은 제663조에 의하면 '재보험 및 해상보험 기타 이와 유사한 보험'이고, 이에 속하지 않는 보험들이 가계보험이라 할 수 있다. 가계보험에 대하여는 가계의 안정을 위하여 이용하는 보험,[52] 또는 일반 대중이 이용하는 보험으로서 보험가입자가 가계생활의 경제적 불안을 극복하기 위해 체결하는 보험[53]이라고 설명한다. 그리고 기업보험은 보험계약자가 보험자와 대등한 관계에서 보험계약의 조건을 흥정할 수 있는 보험,[54] 또는 기업이 기업경영위험을 처리하기 위하여 이용하는 보험이라고 설명한다. 이를테면 공장화재보험, 해상보험, 항공보험, 재보험 등이 그러하다. 보다 상세한 내용은 상대적 강행법성에서 다룬다.[55]

---

52) 양승규, 36면.
53) 박세민, 20면.
54) 양승규, 36면.

제3 보험계약의 내용에 의한 분류

1. 손해보험과 인보험

(1) 상법전의 분류방식

이는 상법전의 분류형식이다. 손해보험은 보험사고로 인하여 생길 피보험자의 재산상의 손해를 보상할 것을 목적으로 하는 보험이고(제665조), 인보험은 사람의 생명 또는 신체에 관하여 보험사고가 생길 경우에 보험계약이 정하는 바에 따라 보험금액 기타의 급여를 하기로 하는 보험이다(제727조). 상법에서 손해보험의 종류로 규정하는 것은 화재보험, 운송보험, 해상보험, 책임보험, 자동차보험, 보증보험이 있고, 인보험에는 생명보험과 상해보험, 질병보험이 있다.

그런데 상해보험 및 질병보험에서는 피보험자가 지출한 치료비 등을 보상하는 손해보험적 성격도 가지고 있어 손해보험, 생명보험, 상해보험으로 3분하는 입법례도 있다.

(2) 손해보험과 인보험의 겸영금지

손해보험과 인보험은 성질이 다르고, 보험사업의 운영방식도 상이하기 때문에 보험사업의 전문성을 확보하고 경영의 안정성을 위하여 인보험과 손해보험의 겸영을 금지한다(보험업법 제10조). 다만 상해보험, 질병보험, 간병보험 등의 제3보험업과 인보험의 재보험 등은 예외로 한다.

2. 생명보험, 손해보험, 제3보험

이는 보험업법에 의한 구별방식으로서 생명보험, 손해보험, 제3보험으로 구분하면서 제3보험에는 상해보험, 질병보험, 간병보험이 속하는 것으로 정한다(보험업법 제4조 제1항). 생명보험은 위험보장을 목적으로 사람의 생존 또는 사망에 관하여 약정한 금전 및 그 밖의 급여를 지급할 것을 약속하고 대가를 수수하는 계약, 손해보험은 위험보장을 목적으로 우연한 사건으로 발생하는 손해에 관하여 금전 및 그 밖의 급여를 지급할 것을 약속하고 대가를 수수하는 계약, 제3보험은 위험

---

55) 제2장 제2절 제2. 보험법의 특성 참조.

보장을 목적으로 사람의 질병·상해 또는 이에 따른 간병에 관하여 금전 및 그 밖의 급여를 지급할 것을 약속하고 대가를 수수하는 계약이라 정의한다(보험업법 제2조).

3. 정액보험과 부정액보험

이는 보험급부의 내용이 보험사고로 인하여 생긴 손해를 전보하는 것인지, 아니면 손해액과 관련없이 미리 약정한 금액을 지급하는 것인지에 의한 분류이다. 정액보험은 보험사고가 발생하는 경우 미리 정하여진 보험금을 지급하는 보험이고 생명보험이 여기에 속한다. 손해보험은 사고로 피보험자가 입은 재산상의 손해액에 따라 보험금을 지급하는 보험으로서 부정액보험이라 할 수 있다. 그런데 손해보험 중에서도 보증보험의 경우 정액보상특약에 의하여 정액을 보상하는 경우도 있다. 상해보험은 정액보험과 부정액보험의 성질을 모두 가지고 있다.

4. 원보험과 재보험

보험자가 인수한 보험에 관하여 구체적으로 보험금지급의무를 부담하는 위험을 다시 다른 보험자에게 전가하는 경우가 있다. 전자를 원보험이라 하고 후자를 재보험이라 한다. 원보험은 손해보험과 생명보험 모두 될 수 있으나, 재보험은 원보험자의 보험금지급채무에 대한 손해를 보상하는 보험으로서 손해보험의 일종으로 본다.

5. 임의보험과 강제보험

임의보험은 보험가입이 강제되지 아니하는 보험으로서 사보험의 대부분이 여기에 속한다. 강제보험은 법률상 보험계약자의 보험가입이 강제되고 보험자도 특별한 사유가 없는 한 그 계약체결을 거절할 수 없는 보험이다. 공보험은 대부분 강제보험에 속하나, 사보험 중에서도 강제보험인 것이 있다. 대표적으로 자동차손해배상책임보험이 있다.

6. 기 타

이외에도 여러 분류가 가능하다. 물건보험과 재산보험, 해상보험과 육상보험, 특정보험과 집합보험 등의 구별들이 있을 수 있다. 관련 부분에서 다룬다.

제4절 보험감독

제1 보험감독의 필요성

사보험이라 하더라도 공공의 이익과 밀접한 연관을 맺고 있고 국민경제에 미치는 영향이 지대하므로 국가가 보험업에 대하여 감독을 한다. 보험업법은 보험사업에 대한 감독을 위한 기본법으로서 공법이다. 보험업법 제1조는 "보험업을 경영하는 자의 건전한 경영을 도모하고 보험계약자, 피보험자, 그 밖의 이해관계인의 권익을 보호함으로써 보험업의 건전한 육성과 국민경제의 균형 있는 발전에 기여함을 목적으로 한다"고 규정한다.

1. 보험계약자 등의 보호

보험업법 제1조에서 감독의 제일의적 목적은 보험계약자 등의 보호에 있다고 한다. 최근 여러 국가에서 보험계약법을 개정하였고 그 개정의 목적도 보험소비자 보호에 둔다.[56]

(1) 정보비대칭

보험상품은 그 성질상 내용을 쉽게 이해하기 어렵다. 대수의 법칙에 기반한 확률계산이라는 보험의 기술성으로 인하여 보상범위 등에 관한 정확한 이해에 있어 경제·경영 등의 전문적 지식이 필요할 뿐 아니라 법적인 지식이 요구된다. 보험료의 계산에서도 위험의 단체성을 반영하는 등 보험규제의 독자적 정치한 원리가 반영되어 있다.[57] 즉 일반인이 보험상품을 이해함에 있어서는 어려움이 있으며 전문가인 보험회사와의 지식과 비교하면 큰 차이가 있고, 이를 '정보비대칭(情報非對稱)'이라 한다. 변액보험 등의 출현으로 이것이 보다 심화되는 경향이다.

---

56) 일본보험법 제1조.
57) 보험업법 제176조에서도 그러하다.

(2) 교섭력의 차이

보험은 위험단체를 전제로 영위되는 것이므로 다수계약이 일반적이고, 보험자가 일방적으로 작성한 보통보험약관에 의하여 체결되는 부합계약이어서 보험계약자의 이익을 해칠 우려가 있다. 보험계약자로서는 제시된 보험계약상의 조건을 수용하는지 여부만 결정할 수 있을 뿐이고 세부적인 내용에 대하여는 협상을 할 수 없는 경우가 대부분이다.

(3) 보험금지급의 확보

보험자가 판매하는 보험상품은 매수인에 해당하는 보험계약자가 먼저 보험료를 지급하고 보험자는 보험사고가 생긴 때에 보험금을 지급하게 된다. 보험자는 다수의 가입자를 상대로 하여 보험료를 수령하고 관리하는 사업을 하는 주체인 까닭에 수집된 보험료의 안정적인 운영과 사고발생시 적절한 절차를 거쳐 지급하도록 하는 것은 필수적이며, 여기서도 소비자보호가 요구된다. 보험회사의 자산이 불확정한 사고에 기초한 보험금청구를 충족시켜주지 못한다면 보험사업은 유지될 수 없다. 즉 피보험자에 대한 지급안정성의 확보는 보험규제의 중요한 목적이다.

2. 보험업의 건전한 경영

(1) 국민경제적 지위

보험사업이 거두어 들이는 보험료는 국민경제에서 중요한 지위를 차지한다. 그 금액도 어마어마할 뿐 아니라, 보험자는 기관투자가로서도 국민경제상 중요한 역할을 한다. 보험은 국민경제적으로도 큰 비중을 차지하고 국민의 경제생활에서 필수적인 제도이어서 국가의 엄격한 감독이 필요한 것이다. 이 점에서 보험회사는 비록 사영보험회사라 하더라도 준공기업의 성격을 띤다.

(2) 보험자의 지급능력확보

보험자의 지급능력을 확보하는 것은 보험소비자 보호를 위하여도 필수적인 것이고 또한 거시적으로 국민경제적 입장에서 보더라도 중요한 의의가 있다. 보험자가 파산을 하는 경우 일차적으로는 보험소비자에게 큰 피해를 끼치게 되나 이는 국민경제에도 심대한 영향을 미친다. 그런데 자산운용의 방식이나 회계가 전문적이고 복잡하여 이를 감독할 수 있는 능력과 지위를 갖추는 것은 쉬운 일이 아니어서 국가의 개입이 정당시된다. 보험자의 지급능력확보를 위하여는 준비금의 적립이 의무화되어 있다. 책임준비금과 비상위험준비금 등이 그것이고 보험업법이 상세한 규정을 두고 있다.

3. 영업행위감독과 건전성감독

감독을 크게 두 가지로 대별할 수 있고 소비자보호와 관련한 감독을 영업행위 (conduct of business)감독, 건전한 운영과 관련된 것을 건전성(prudential)감독이라 한다.

(1) 영업행위감독

영업행위감독은 주로 소비자 보호와 관련되며, 불공정한 영업 관행으로부터 고객을 보호하는 데 치중하는 것이다. 보험시장 내에서의 정보비대칭 문제해결을 위하여 정부당국이 규제하는 것으로, 보험회사와 고객 간 이해관계상충 문제를 조정하는 등의 포괄적인 감독을 하게 된다. 영업행위 관련 기준은 주로 규정, 기준, 규범의 해석 사항으로 법률 적용에 관한 문제가 많다.

(2) 건전성감독

건전성감독은 개별 보험회사의 위험관리와 보험산업의 안정적인 시스템유지에 목표를 두는 것으로 미시적으로는 개별 보험회사의 지급능력(solvency)에 중점을 두고, 거시적으로는 특정 보험회사의 위기가 금융권 전체에 위협이 되는 것을 방지하는 것이다.

제2 감독의 구조

1. 감독원칙

국가의 보험사업에 대한 감독의 방식에는 크게 세 가지가 있다. 첫째, 공시주의로서 국가가 보험자로 하여금 정기적으로 기업의 회계장부 등을 공시하도록 하여 일반 공중의 판단에 맡기는 것으로 감독의 가장 약한 방법이다. 둘째, 준칙주의로서 보험사업의 허가를 위한 요건을 정해두고 그 요건을 충족하도록 하는 방법이다. 그 규정을 지키는지 여부만을 감독할 뿐 그 이상의 감독은 하지 않는다. 셋째, 실질적 감독주의로서 보험사업의 허가로부터 그 영업활동에 이르기까지 모든 보험사업을 지속적으로 감독하는 것이다. 이는 국가가 보험자에 대한 형식적 감독에 그치는 것이 아니라 실질적으로 보험사업에 개입하게 되는 것으로 거의 모든 나라가 이 방법을 채택한다.[58] 우리도 이 방법에 기초하여 보험업법이 규정되어 있다.

2. 감독법률

첫째, 보험업법이다. 보험업법은 보험회사의 감독에 관한 기본법으로서의 역할을 한다.

둘째, 약관의 규제에 관한 법률(이하 '약관규제법'이라 함)이다. 보험계약은 약관에 의하여 체결되는 경우가 대부분이고 따라서 약관규제법에 의한 규율은 실질적 의미를 가진다.

셋째, 독점규제 및 공정거래에 관한 법률(이하 '독점규제법'이라 함)이다. 현행 독점규제법상 보험업에 대한 일반적 적용제외를 규정하고 있지 않아 독점규제법이 적용된다. 다만 동법 제10조의2 제1항에 의하여 채무보증금지제도의 적용이 제외되는 등의 예외적 규정이 존재할 뿐이다.

넷째, 2009년 2월부터 시행한 자본시장과 금융투자업에 관한 법률(이하 '자본시장법'이라 함)이 그것이다. 동법은 기능을 중심으로 '금융투자상품'을 파악하고 이를 대상으로 매매, 중개, 운용 등을 업으로 하는 행위를 '금융투자업'으로 정의[59]하며 이들 업에 관하여 진입규제, 건전성규제, 영업행위규제, 지배구조규제 등을 통일적으로 규제한다. 자본시장법은 제3조 제1항에서 "금융투자상품"이란 이익을 얻거나 손실을 회피할 목적으로 현재 또는 장래의 특정 시점에 금전, 그 밖의 재산적 가치가 있는 것을 지급하기로 약정함으로써 취득하는 권리로서, 그 권리를 취득하기 위하여 지급하였거나 지급하여야 할 금전 등의 총액이 그 권리로부터 회수하였거나 회수할 수 있는 금전 등의 총액을 초과하게 될 위험이 있는 것을 말한다고 정의한다. 즉 금융투자상품과 비금융투자상품의 구별은 원본손실의 가능성에 따른 것으로,[60] 자본시장법은 기본적으로 금융투자상품에 대한 기능적 규제를 목

---

58) 양승규, 43면.

59) 그리고 금융투자상품은 증권과 파생상품으로 구분되고 그 개념이 자본시장법에 정의되어 있다. 이 두 가지의 구분기준은 원본손실위험이 100%이하인 경우는 증권, 100%를 초과하는 경우는 파생상품으로 보고 있다.

60) 또한 투자자의 투자능력에 대하여 전문투자자와 일반투자자로 구분하여 일반투자자에 대하여는 규제를 보다 강화하고 있다. 전문투자자자는 금융투자상품에 대한 전문성 구비여부, 소유자산 규모 등 투자에 따른 위험감수능력을 고려하여 정한다. 금융투자회사는 모든 금융투자상품의 설계와 취급이 허

적으로 하고 있다.

다섯째, 상법 보험편 또한 계약관계에 있어서의 보험자를 규제하는 역할을 한다. 전문적 그리고 기술적 내용을 담고 있는 보험계약의 특성으로 인하여 보험계약 관계에 있어 보험계약자의 보호가 필요하고 이를 주로 담당하는 것이 상법이다. 상법 제663조가 이를 선언한다.

기타 금융관련 법률들이 있다. 또한 "금융위원회의 설치 등에 관한 법률"과 "금융산업의 구조개선에 관한 법률" 등은 보험업을 포괄하는 규제체제를 갖추는 경우가 있다.

제 도	관 련 법 규
파산시 보호제도	예금자보호법, 보험업법
	금융위원회의 설치 등에 관한 법률
약관제도	약관의 규제에 관한 법률
	독점규제 및 공정거래에 관한 법률
	보험업법
	자본시장과 금융투자업에 관한 법률
공시제도	표시 · 광고의 공정화에 관한 법률
	주식회사의 외부감사에 관한 법률
	보험업법
	자본시장과 금융투자업에 관한 법률
공정한 정보이용	신용정보의 이용 및 보호에 관한 법률
분쟁조정제도	소비자기본법
	금융위원회의 설치 등에 관한 법률
교육	소비자기본법
시장구조 개선	독점규제 및 공정거래에 관한 법률
	금융산업의 구조개선에 관한 법률
불공정거래 해소	독점규제 및 공정거래에 관한법률
	금융위원회의 설치 등에 관한 법률
건전경영지도	보험업법
	자본시장과 금융투자업에 관한 법률
효율적 정보이용	신용정보의 이용 및 보호에 관한 법률

용되고 모든 금융투자상품에 대하여 투자자보호규제가 적용된다.

3. 보험업법에 의한 규제의 개관

(1) 시장의 진입과 퇴출, 소유 지배 등에 대한 구조적 규제

보험업법 제4조 제1항에 의하여 보험업을 영위하고자 하는 자는 보험종목별로 금융위원회의 허가를 받을 것을 규정하고, 각 허가조건에 대하여는 동법 제6조에서 규정하며 그 퇴출에 있어서도 일정한 규제가 있다. 보험회사의 해산 사유는 보험업법 제137조 제1항이 규정하며, 그 사유 중에서 해산의 결의, 합병, 보험계약의 이전은 금융위원회의 인가 대상이 되며(동법 제139조), 보험회사의 영업양도, 양수의 경우에도 금융위원회의 인가가 요구된다(동법 제150조). 또한 보험회사는 존속하면서도 보험업의 전부 또는 일부를 폐지하는 경우 그 60일 전에 정리계획서를 금융위원회에 제출하도록 요구하고 있다(동법 제155조). 그리고 보험계약의 이전에 있어서도 그 결의의 공고와 보험계약자의 이의제출을 받을 것이 요구되고(동법 제141조), 보험계약 이전에 수반하여 회사자산이 이전되는 경우 보험회사의 채권자의 이익을 위하여 필요하다고 인정되는 자산은 금융위원회에 의하여 유보될 수 있는 규정을 두고 있다(동법 제140조 제2항). 합병에 관하여는 보험업법 제137조에 의하여 규율되기도 하나 합병 그 자체는 금융산업의 구조개선에 관한 법률에 의하여 규율된다. 보험회사도 지주회사 형태로 존재할 수 있으며, 이 경우 보험회사는 금융기관으로서 금융지주회사법에 의하여 규율된다. 그러나 보험회사의 상당수가 대규모 기업집단 내에서 비금융계열사와 지분관계를 가지고 있어, 독점규제법 제8조의2 제2항 제4호 및 제5호에 근거한 금산분리의 원칙에 따른 현실적 제한이 존재한다.

(2) 규 제

보험업법은 보험회사에 관한 규제를 다양하게 한다. 이는 보험영업의 공정성과 업무의 적정성을 보장하기 위한 것으로 건전성규제, 상품의 가격규제, 업무영역의 규제 등이 있다.

첫째, 보험모집단계에서이다. 이와 관련하여 보험모집자에 대한 규제를 두고 있고(동법 제83조), 보험안내자료에 관한 내용의 법정(동법 제95조), 통신수단을 이용한 모집에 대한 규정(동법 제96조), 보험계약자 또는 피보험자에게 보험계약의 내용을 사실과 다르게 알리거나 그 내용의 중요한 사항을 알리지 아니하는 행위 등 보험모집과 관련한 금지행위에 관한 규정(동법 제97조), 보험모집 과정에서의 발생 손해에 대한 보험회사의 엄격한 책임에 관한 규정(동법 제102조) 등이 그것이다.

둘째, 보험회사의 건전성과 관련된 것이다. 보험금지급의 확보를 위한 것으로 자산운용도 엄격히 규제한다. 보험회사의 자산운용 원칙으로 안정성, 유동성, 수익성, 그리고 공익성을 제시하며(동법 제104조), 상품 또는 유가증권에 대한 투기를 목적으로 하는 자금의 대출 등에 대하여 금지하고 있으며(동법 제105조 제3항), 자산운용에 있어서의 일정한 비율을 동시에 제한하고 있으며(동법 제106조 제1항), 이는 궁극적으로는 보험계약자의 이익보호를 위한 것이라 할 수 있다. 이러한 자산운용과 관련하여 재무제표 등의 제출의무(동법 제118조), 서류비치의무(동법 제119조), 책임준비금 등의 적립의무(동법 제120조), 배당보험계약의 구분계리 의무(동법 제121조) 등의 의무를 부담한다.

셋째, 이상과 같은 규제를 효율적으로 이행하기 위한 감독과 제재권을 규정한다. 보험회사에 대한 제재로서 보험회사에 대한 주의·경고 또는 그 임직원에 대한 주의·경고·문책요구, 시정명령, 임원의 해임권고 또는 직무정지의 요구 등의 조치를 취할 수 있고(동법 제134조 제1항), 허가조건을 위반한 경우 등에는 보험업 허가를 취소할 수도 있다(동법 제134조 제2항).

4. 감독기관

(1) 금융위원회

보험자의 감독기관은 금융위원회이다. 과거 재정경제부장관이 법령의 제·개정권한을 가진 적이 있으나 현재는 금융위원회가 보험을 비롯한 금융사업 전반에 대한 감독권을 가진다. 금융위원회의 설치 등에 관한 법률 제17조 제1호 내지 제3호에서 금융에 관한 정책 및 제도에 관한 사항, 금융기관 감독 및 검사·제재에 관한 사항, 금융기관의 설립, 합병, 전환, 영업 양수·양도 및 경영 등의 인·허가에 관한 사항 등을 그 소관업무로 정하고 있고, 제6호에서 관련된 법령 및 규정의 제·개정 및 폐지에 관한 사항을 정하고 있어 모든 권한이 집중되었다. 금융위원회는 국무총리 소속하에 두며 총 9인의 위원으로 구성된다. 금융위원회는 보험사업의 허가 등 거의 모든 감독권한을 가지고 있고, 필요한 경우 금융감독원에 위임할 수 있다.

(2) 금융감독원

금융위원회의 지도·감독을 받아 금융기관에 대한 검사·감독업무 등을 수행하기 위하여 금융감독원을 설립하고, 금융감독원은 무자본특수법인으로 한다(금융위원회의 설치 등에 관한 법률 제24조). 금융감독원의 원장은 금융위원회의 의결을 거쳐 금융위원회 위원장의 제청으로 대통령이 임명한다(동법 제29조). 금융감독원은 금융위원회의 지시에 의하여 보험감독업무를 수행하나 보험기관의 업무 및 재산상황에 대한 검사에 있어서는 독립적인 권한을 가지는 중요한 기관이다(동법 제37조). 검사의 대상이 되는 보험회사에 대하여 자료제출요구권을 가지며, 위법사항이 발견되는 경우 시정명령이나 징계요구권도 가진다(동법 제41조).

5. 금융관련법의 개혁과 보험산업의 감독

(1) 금융위기와 금융개혁

2008년 미국의 서브프라임 모기지 부실에서 촉발된 세계적 금융위기로 인하여 금융시스템의 개혁에 대한 광범한 논의가 이루어지고 있다. 주요한 개혁법안으로 2010년 7월 미국의 '도드−프랭크 월가개혁 및 소비자보호법(The Dodd−Frank Wall Street Reform and Consumer Protection Act (H.R. 4173))'이 있고, 영국도 2010년 6월 16일 신임 재무장관인 George Osborne이 기존의 Financial Services Agency(FSA)를 폐지하고 금융감독기능을 영란은행으로 집중하는 금융감독체계 개편안을 발표하였다. 기존의 영국법은 통합감독기구 설립을 골자로 하는 1997년 개혁에 의한 것으로, 우리나라에서 이상적인 모델로 주장되기도 하는 등 우리 법제에 상당한 영향을 미친 바 있다.

(2) 감독기관의 분리

독립된 소비자보호기구의 설립이 주요한 논제이다. 건전성감독으로부터 영업행위감독을 분리하여 독립된 소비자보호기구를 설립함에 의하여 소비자보호를 보다 강화하자는 것이다. 미국이 독립된 금융소비자보호청을 신설하였고, 영국도 그러한 방향의 개혁을 진행 중에 있다. 우리나라에서도 2009년 9월 2일 금융소비자보호원의 설치를 위한 입법안이 제출된 바 있다.

보험자를 비롯한 금융기관에 대한 감독은 크게 건전성감독과 업무행위감독으로 나누어지고, 양자 감독의 목표가 충돌할 수 있기 때문에 동일한 규제기관에 의해 수행되어야 하는가에 대한 회의가 있다. 일반적으로 건전성감독과 업무행위감독의 목표가 충돌하는 사례로, 금융기관의 불법적인 판매행위에 의해 야기된 고객의 손해를 보상하라는 업무행위규제상의 조치는 그 금융기관의 재무건전성에 심각한 영향을 미칠 수 있다는 예를 든다. 이를 분리하는 형태의 감독을 일명 'Twin-Peaks'체제라 하는 것으로, 이는 건전성감독과 영업행위감독의 기능을 분리하고 각 감독기구가 각각의 목표에 집중하여 감독업무를 수행하는 체계이다.

1) 찬성론

찬성론에서는 첫째, 건전성규제와 소비자보호를 염두에 두는 영업행위규제가 규제의 중복성에서 문제되는 것은 소비자보호와 건전성규제 사이에 충돌이 있는 경우만 해당된다고 하면서, 만약 그 두 가지 목적이 조화롭다면 단순히 규제기관이 여러 개 있다는 것만으로 문제를 야기하지는 않는다고 본다.[61] 즉 기구의 창설이 과거 전혀 존재하지 않던 문제에 대하여 새로운 갈등을 야기하지 않는다는 논지이다. 둘째, 기구의 창설이 새로운 갈등을 조장하거나 또는 만들어 내는 것이 아니라 그 대신 기관 내부에서의 갈등 문제를 기관들 사이의 갈등 문제로 옮겨 놓을 뿐이라 하며, 규제 조정의 비용도 그러한 관점에서 설명한다. 요컨대 현재 소요되는 기관 내부에서의 조정비용에 비하여 독자적 기구의 설립으로 인한 비용이 그다지 과다한 것도 아니고, 또한 그 비용은 이사진의 구성을 통하여 일부 조정이 가능하다고 본다. 그리고 기구나 건전성규제기관 간의 갈등이 발생하는 경우 양 기관의 합의를 통하여 충분히 해결될 수 있다고 본다. 셋째, 금융소비자의 관점에서 업무를 하는 기구 설립은 소비자보호의 가치를 건전성에 종속시키지 않고 그와 동등한 정도의 지위를 가지는 것으로 격상시킨다는 것이다. 기존 건전성규제기관과 그 구성원들의 시각과 관점은 금융시장과 금융기관의 입장에 섰던 것이나,[62] 여기서 탈피하여 금융소비자보호의 관점과 금융소비자의 입장에서 판단하도록 하는 장점이 있다고 한다. 요컨대 건전성규제와 업무행위규제가 서로 상이한 것이어서 충돌할 여지가 있고 분리하는 것이 옳다는 주장이다.

2) 반대론

독립된 소비자보호기구의 설립에 대한 비판론은 기존 감독기관과 규제의 중복 또는 규제기준의 상이함으로 인한 혼란을 우려하면서, 건전성을 규제하는 기관과 소비자보호를 위한 업무행위를 규제하는 기관이 분리되는 경우 여러 어려움이 생긴다고 본다. 또한 감독의 대상이 되는 보험회사들이 2중의 감독기관으로부터 감

---

61) Adam J. Levitin, The Consumer Financial Protection Agent, 1789 PLI/Corp 105 (2010), 118.

62) Alan L. Beller, Cleary Gottlieb Alert Memo-President Obama's Financial Regulatory Reform Plan: A Closer Look (2009), 1773 PLI/Corp 365, 368.

독을 받음에 의하여 지나치게 과중한 부담을 주게 된다는 점도 지적된다.

3) 지향점

보험소비자보호가 중요한 과제로 인식되고 그러한 방향을 지향해야 한다는 것은 관련 업무를 관장하는 기관 또는 기구의 위상강화와 직결된다. 독립된 기구의 설립에는 이르지 않는다 하더라도 상당 정도의 독자성이 부여되는 소비자보호기구의 조직구성과 그 바람직한 운영은, 보험을 비롯한 금융소비자 보호에 있어 보다 책임감을 증대시키고 금융시장에 대한 신뢰 등에 있어 일조할 수 있을 것이다.

제 **2** 장

보험계약과 보험계약법

제 1 절 보험계약의 의의

제1 보험계약

(1) 의 의

보험은 그 종류도 다양하고 항상 발전되어가고 있어 그 의의를 명확하게 파악하는 것은 쉬운 일이 아니다. 제1장에서 다룬 바 있는 보험의 요소를 가지는 계약을 보험계약으로 파악한다. 따라서 보험계약을 '보험자가 동질의 위험에 놓여 있는 다수인을 대상으로 하나의 위험단체를 구성하여 통계적 기초(대수의 법칙)에 의하여 산출된 금액(보험료)을 내어 기금을 마련하고 불확정한 사고를 당한 사람에게 재산적 급여(보험금)를 할 것을 약정하는 채권계약'이라고 정의한다.

(2) 상법 규정

상법은 제638조에서 "보험계약은 당사자 일방이 약정한 보험료를 지급하고 재산 또는 생명이나 신체에 불확정한 사고가 발생할 경우에 상대방이 일정한 보험금이나 그 밖의 급여를 지급할 것을 약정함으로써 효력이 생긴다"고 규정한다. 손해보험과 인보험을 통일적으로 규정하고 있으며, 여기서의 '일정한 보험금'은 손해보험에서의 보상액과 정액보험에서의 약정된 금액을 지칭하며, '그 밖의 급여'는 치료나 현물급여 등과 같은 현금 이외의 급여를 의미한다. 그런데 보험자의 책임에 관한 각 규정을 보면 손해보험에 관한 제665조에서는 "손해보험계약의 보험자는 보험사고로 인하여 생길 피보험자의 재산상의 손해를 보상할 책임이 있다"고 하고, 인보험에서는 제727조에서 "인보험계약의 보험자는 피보험자의 생명이나 신체에 관하여 보험사고가 발생할 경우에 보험계약으로 정하는 바에 따라 보험금이나 그 밖의 급여를 지급할 책임이 있다"고 하며, 상해보험에서는 제737조에서 "상해보험계약의 보험자는 신체의 상해에 관한 보험사고가 생길 경우에 보험금액 기타의 급여를 할 책임이 있다"고 규정한다. 여기서 '기타의 급여'는 상해보험의 경우만을 상정한 것으로 여겨진다.[1]

제2　보험계약의 성질

1. 낙성계약성, 불요식계약성

(1) 의사의 합치

보험계약은 보험자와 보험계약자 사이의 의사의 합치만으로 성립하고, 특별한 요식행위를 요하지 않는다(제638조).[2] 보험계약은 요식계약도 아니고 요물계약도 아니다. 합의만으로 계약이 성립하므로 보험료의 수령이 계약성립의 요건도 아니다. 또한 보험증권의 작성이나 발행유무와도 무관하다. 보험계약은 약관에 의한 거래가 일반적인 것이나, 약관의 규정이 바로 계약의 내용이 되는 것이 아니라 그 약관의 규정을 계약내용으로 포함한다는 의사의 합치가 있어야 한다. 따라서 그 약관 규정과 다른 내용의 합의를 한 경우에는 그 합의가 우선하게 된다.[3]

실제의 보험거래에서는 정형화된 보험청약서가 사용되고 보험증권의 교부로 승낙에 갈음하기도 하나 이는 거래상 편의에 지나지 않는다. 보험증권(insurance policy, Versicherungss chein)은 계약당사자 쌍방이 합의하에 작성하는 것이 아니라 보험자가 작성하는 것이므로 계약서가 아니며, 보험증권의 교부를 통하여 보험계약상의 권리를 이전하거나 또는 보험증권의 소지만으로 권리를 행사하는 것도 아니어서 유가증권도 아니다. 보험증권은 계약의 성립을 증명하는 증거증권에 해당하기는 하나, 분쟁발생시 유일한 증거방법이 되는 것도 아니다.[4]

---

1) 양승규, 80면.

2) 이를 확인한 판례로 대법원 1997. 9. 5. 선고 95다47398 판결(보험계약은 당사자 일방이 약정한 보험료를 지급하고 상대방이 재산 또는 생명이나 신체에 관하여 불확정한 사고가 생길 경우에 일정한 보험금액 기타의 급여를 지급할 것을 약정함으로써 효력이 생기는 불요식의 낙성계약이므로)라고 하여 낙성계약성과 불요식계약성의 용어를 사용한다.

3) 대법원 1998. 9. 8. 선고 97다53663 판결(약관이 계약당사자 사이에 구속력을 갖는 것은 그 자체가 법규범이거나 또는 법규범적 성질을 가지기 때문이 아니라 당사자가 그 약관의 규정을 계약내용에 포함시키기로 합의하였기 때문이므로 계약당사자가 명시적으로 약관의 규정과 다른 내용의 약정을 하였다면, 약관의 규정을 이유로 그 약정의 효력을 부인할 수는 없다); 대법원 1998. 10. 13. 선고 97다3163 판결(보험계약은 당사자 일방이 약정한 보험료를 지급하고, 상대방이 재산 또는 생명이나 신체에 관하여 불확정한 사고가 생길 경우에 일정한 보험금액 기타의 급여를 지급할 것을 약정함으로써 효력이 생기는 불요식의 낙성계약이므로, 계약 내용이 반드시 보험약관의 규정에 국한되는 것은 아니고, 당사자가 특별히 보험약관과 다른 사항에 관하여 합의한 때에는 그 효력이 인정된다). 대법원 2003. 7. 11. 선고 2001다6619 판결도 같은 취지이다.

4) 대법원 1996. 7. 30. 선고 95다1019 판결(보험계약은 당사자 사이의 의사합치에 의하여 성립되는 낙성계약으로서 별도의 서면을 요하지 아니하므로 보험계약을 체결할 때 작성·교부되는 보험증권

(2) 보험자의 승낙

보험계약의 특성 중 하나는 보험자가 승낙권을 가진다는 것이다. 보험소비자가 보험청약을 하게 되면, 위험을 인수하는 사업자로서의 보험자가 당 위험을 평가하여 자신이 관리하는 위험단체에 적합한지를 판단한 이후 승낙 여부를 결정한다. 그런데 보험자의 승낙권이 보험소비자에게 피해를 줄 우려도 있다. 긴급히 보험보호가 필요한 소비자의 청약에 대하여 보험자가 그 승낙을 만연히 지체하는 경우로서, 상법은 그러한 폐단을 방지하기 위한 규정을 두고 있다. 제638조의2 제1항에서는 보험자가 보험계약자로부터 보험계약의 청약과 함께 보험료 상당액의 전부 또는 일부의 지급을 받은 때에는 다른 약정이 없으면 30일 내에 그 상대방에 대하여 낙부의 통지를 발송하여야 한다고 하여 낙부통지의무를 부과하고, 만약 이를 해태한 때에는 승낙을 의제한다. 다만 인보험계약의 피보험자가 신체검사를 받아야 하는 경우에는 그 기간은 신체검사를 받은 날부터 기산한다(제638조의2 제1항 단서).

(3) 보험자의 책임개시시기

보험자의 책임은 당사자간 다른 약정이 없으면 최초보험료의 지급을 받은 때로부터 개시된다(제656조). 그러나 이는 보험계약의 성립시기 또는 효력발생시기를 정한 것이 아니라, 보험자의 책임개시의 시기(始期)를 정한 것으로 낙성계약성에 영향을 미치지 않는다.

2. 유상 · 쌍무계약성, 그리고 단체성

(1) 대가관계

보험계약은 보험자와 보험계약자 사이에 이루어지는 채권계약으로서 보험료와

이나 보험계약의 내용을 변경하는 경우에 작성·교부되는 배서증권은 하나의 증거증권에 불과한 것이어서 보험계약의 성립 여부라든가 보험계약의 당사자, 보험계약의 내용 따위는 그 증거증권만이 아니라 계약체결의 전후 경위, 보험료의 부담자 등에 관한 약정, 그 증권을 교부받은 당사자 등을 종합하여 인정할 수 있다). 같은 취지의 판결로 대법원 2003. 4. 25. 선고 2002다64520 판결; 계약 당사자의 의사가 제일의적 기준이 된다고 확인한 판결로 대법원 1998. 5. 12. 선고 97다36989 판결(계약을 체결하는 행위자가 타인의 이름으로 법률행위를 한 경우에 행위자 또는 명의인 가운데 누구를 계약의 당사자로 볼 것인가에 관하여는, 우선 행위자와 상대방의 의사가 일치하는 경우에는 그 일치한 의사대로 행위자 또는 명의인을 계약의 당사자로 확정하여야 하고, 행위자와 상대방의 의사가 일치하지 아니하는 경우에는 그 계약의 성질·내용·목적·체결 경위 등 그 계약 체결 전후의 구체적인 제반 사정을 토대로 상대방이 합리적인 사람이라면 행위자와 명의자 중 누구를 계약의 당사자로 이해할 것인가에 의하여 당사자를 결정하여야 한다).

보험금은 대가관계에 있는 것으로 봄이 일반적이다. 상법도 보험계약은 보험계약자가 '보험료'를, 보험자가 '보험금액 기타의 급여'를 지급할 것을 약정하는 계약(제638조)으로 규정하고 있어 유상계약과 쌍무계약으로 본다.

(2) 보험자의 지급책임

보험자의 보험금지급은 보험사고의 발생을 조건으로 하고 있어 보험사고가 발생하지 않고 보험기간이 경과한 때에는 보험자는 보험금액을 지급하지 않고도 보험계약관계가 종료하게 된다. 여기서 보험계약자의 보험료지급책임과 대가관계를 이루는 보험자의 책임이 무엇인지에 대한 다툼이 있다. 이에 관하여는 크게 세 가지 학설이 있다.

1) 금액급여설

보험자의 책임은 보험사고의 발생을 조건으로 하여 금액을 지급하는 것이라는 견해이다.[5] 하지만 보험자는 보험사고가 발생하지 아니하면 보험금지급 책임을 지지 아니하여 쌍무계약성을 정확하게 설명하지 못한다. 보험계약은 그 계약의 성립과 더불어 효력이 생기므로 조건부계약도 아니다.

2) 위험부담설

보험자의 책임은 위험을 부담하고 담보하는 것이라는 견해이다. 이 설은 보험계약을 체결하는 목적은 만일 사고가 생기면 보험금이 지급된다는 기대에 입각하여 장래 경제생활의 불안을 제거하는 데 있다고 보아, 그 '기대'의 급부가 위험부담이며 위험부담 자체가 보험료와 대가관계에 선다는 견해이다.[6] 하지만 위험부담이라는 것이 사법상 의미에 있어 급여라 할 수도 없고, 이것이 보험자가 부담하는 주채무도 아니다.

3) 단체설

보험계약의 단체성을 강조하여 "보험계약의 유상·쌍무계약성은 보험제도의 특성에 따라 보험계약의 단체적 구조와 연관시켜 그 뜻을 찾을 수밖에 없다고 할 것이다"고 하면서 "보험단체 전체의 구조에서 볼 때에는 보험료와 보험금의 등가성이 유지되고 급여와 반대급여의 균형이 이루어져 비로소 보험계약의 유상·쌍무계약성이 그대로 나타난다"는 것이다.[7] 보험계약의 단체성을 강조하여 보험계

---

5) 한기정, 45면.
6) 최기원, 64면; 박세민, 94면.
7) 양승규, 84면.

약관계는 다수의 보험계약자로 구성되는 보험단체를 전제로 성립되고 그 단체에 기초한 총보험료와 지급되는 총보험금의 사이에 대가관계가 있다는 것이다. 현재는 이것이 우리나라의 다수 견해로 보인다.

생각건대 보험계약은 개별적으로 체결되는 것이기는 하나 위험단체를 전제하는 것으로 보험계약의 해석과 운용에 있어서도 보험계약의 단체성을 고려하는 이 견해가 가장 타당한 것으로 보인다.

3. 상행위성

(1) 기본적 상행위

보험의 인수를 영업으로 하는 경우 기본적 상행위가 되므로(제46조 제17호), 보험자는 당연상인이 된다(제4조). 따라서 영리보험자가 체결하는 보험계약은 상행위가 되며, 상법전 제4편에 보험계약을 규정함으로써 상법전과 일체를 이루고 있다.[8] 그런데 보험계약은 그 기술성과 전문성 등으로 정보비대칭의 문제가 발생하여 소비자보호가 필요하고, 따라서 일반의 상행위와는 달리 계약자유의 원칙이 제한되는 등(제663조) 많은 제약이 있다.

(2) 상호보험

상호회사는 대외적 영리추구활동을 하지 아니하여 영리성이 없고 상행위성이 없다. 하지만 보험계약관계에 있어서는 실질적으로 영리보험과 다를 바가 없으므로 그 성질에 반하지 않는 한 보험계약법의 규정이 준용된다(제664조).

4. 사행계약성

보험계약은 보험자의 보험금지급책임이 우연한 사고의 발생에 달려 있으므로 사행계약에 속한다. 보험계약의 사행계약성으로 인하여 상법은 도덕적 위험을 방지하고자 하는 다수의 규정을 두고 있다(제651조, 제659조 등). 보험계약은 우연한 사건에 의존한다는 점에서 다른 사행계약인 도박계약과 유사하지만, 도박은 선량한 풍속 기타 사회질서에 어긋나는 것으로 법률상 허용되지 아니한다. 이러한 점에서 보험계약의 피보험자는 적법한 피보험이익을 가져야 한다는 것이 강조되고 피보험이익의 존재 여부가 도박과의 큰 차이점으로 지적된다. 그런데 새로운 보험

---

8) 독일, 일본 등 각국에서는 보험계약법을 상법전에서 분리하여 단행법화하고 있고 우리나라에서도 이에 관한 논의가 진행중이다.

상품이 끊임없이 개발되고 있어 도박과 보험의 구별이 어려운 경우도 종종 발생한다.9)

5. 선의계약성

(1) 최대선의와 영국해상보험법

보험계약은 선의계약이다. 보험계약은 우연한 사고에 기초하는 사행계약이라는 점 때문에 선의계약성이 더욱 강조된다. 고지의무(제651조), 인위적 사고의 면책(제659조) 등은 모두 선의계약성을 반영한 것으로 볼 수 있다. 기원이 되는 영국해상보험법 제17조는 "해상보험은 최대선의를 기초로 하는 계약이다(A contract of marine insurance is a contract based upon the utmost good faith)"고 규정하고 있고, 이는 해상보험뿐 아니라 모든 보험계약에서의 지도원리로 삼고 있다. 우리 대법원이 영국법에서의 선의의무에 관하여, "영국 해상보험법상 최대선의의무는 해상보험계약의 체결·이행·사고 발생 후 보험금 청구의 모든 단계에서 적용된다. 특히 계약의 체결 단계에서 가장 엄격하게 요구된다"고 하면서 이 의무는 계약 전반에 있어서 준수되어야 하지만, 계약체결 이후의 계약의 이행 단계에서는 광범위한 일반적 의무로 적용되는 것은 아니고 상대방에게 손해를 일으키거나 계약관계를 해치지 않을 의무로 완화된다고 판시한 바 있다.10)

(2) 상법규정에의 명문화 문제

보험계약은 선의계약이라는 점에 대하여는 이견이 없으나 이것을 상법에 명문화함에 대하여는 논란이 있다. 이는 전체적 법체계와 관련된 문제이다. 우리의 민법 제2조에서 신의성실의 원칙을 선언하고 있고, 민법 제2조는 특별결합관계의 존재 즉 계약 등의 채권관계 기타 일정한 사회적 접촉을 가지는 사람 사이에 적용되는 것으로,11) 신의칙에 의하여 보호되는 신뢰는 규범적으로 평가되는 신뢰를

<hr>

9) 'contingency insurance'가 그러하다. 이 보험은 확률상의 불확실성에 기초한 돌발적 사고의 발생 여부에 따라 간접적으로 발생하는 재산적 손실 또는 약정에 따라 피보험자가 지는 경제적 부담을 전가하는 형태의 보험을 말한다.

10) 대법원 2018. 10. 25. 선고 2017다272103 판결(영국 해상보험법상 최대선의의 의무는 보험계약 체결 이후에도 계속되는 공정거래의 원칙(a principle of fair dealing)으로 계약 전반에 있어서 준수되어야 하지만, 보험계약의 이행 단계에서도 최대선의의무를 광범위하고 일반적인 의무로 인정하면 피보험자에게 과도한 부담을 초래하고 계약관계의 형평을 훼손할 우려가 있다. 따라서 일단 계약이 성립된 이후에는 계약 상대방의 편의를 증대시키기 위하여 적극적으로 행동할 것을 요구하는 정도에는 이르지 않고 상대방에게 손해를 일으키거나 계약관계를 해치지 않을 의무로 완화된다고 보아야 한다).

11) 양창수, 『민법주해(1)』, 박영사, 2002, 94면.

의미하며 규범적 신뢰의 인정 여부는 그 채무자를 동일한 상황에 있는 다른 채무자와 개연성계산의 도움을 받아 평가적으로 비교함으로써 판단된다. 그렇다면 보험계약관계에서의 선의성에 관한 기저가 민법 제2조의 신의칙에 의하여 해결될 수도 있다.

그런데, 영국법은 우리와 달리 보험계약을 제외한 일반의 계약에서는 최대선의를 인정하지 않고,[12] 이는 대륙법계 국가와의 큰 차이점이다. 최대선의원칙을 보험계약에서 확립한 Carter v. Boehm 판결[13]은 해상보험에 관한 것이었으나 이후 모든 보험계약에 적용되는 것으로 하였다. 또한 비교법적으로 고려할 중요한 점은 1906년 영국해상보험법 제17조에 규정된 최대선의 의무위반시 효과가 소급(ab initio)한 취소(avoid)뿐이라는 점이다. 그 효과를 손해배상으로 인정할 수도 있지 않은가 등에 대한 주장만 있을 뿐, 법률상 규정은 취소만을 허용한다.[14] 따라서 최대선의 의무를 도입하여 규정하면서 그 위반의 효과에 대하여 규정을 두지 않는 경우, 해석·적용 과정에서 혼선이 야기될 수 있다.[15] 2008년의 정부 개정안에서는 최대선의성을 명문화한 초안이 제시된 바 있으나, 위와 같은 지적으로 결국은 통과되지 못하였다.

6. 계속계약성

보험계약은 일정한 기간에 생기는 보험사고를 예정하고 있고 그 기간은 각종의 보험계약에 따라 정도의 차이가 있으나 일정 기간 동안 계속하는 계속적 계약의 성질을 가진다. 여기서의 일정한 기간을 '보험기간' 또는 '위험기간'이라 하고 손해보험의 경우는 보통 1년이고, 생명보험은 보다 장기인 것이 보통이다. 보험기간이 통상 장기인 까닭에 보험계약자 등은 통지의무를 부담하며(제652조) 소급효가 없는 해지제도가 존재한다(제649조 제2항).

---

12) Walford v. Miles [1992] 2 A.C. 128 at 138; Michael G. Bridge, "Does Anglo-Canadian Law Need a Doctrine of Good Faith?" (1984) 9 Can. Bus. L.J. 385; Malcolm A. Clarke, "The Common Law of Contract in 1993: Is There a General Doctrine of Good Faith?" (1993) 23 H.K.L.J. 318; Beatson and Friedmann (eds), Good Faith and Fault in Contract Law (1995). Alan Berg, "Promises to Negotiate in Good Faith" (2003) 119 L.Q.R. 357.

13) Carter v. Boehm (1766) 3 Burr. 1905.

14) 이는 보험자에게 고지의무를 인정하였던 Skandia 사건에서의 판결도 그 위반의 효과에 대하여 손해배상은 인정할 수 없다고 확인한 바 있다. (1988) 2 Lloyd's Rep. 513, 547-550.

15) 박세민, 36면에서는 보험자의 권리남용을 통제할 수 있는 입법적 기초가 될 수 있는 점에서 조항의 신설을 긍정적으로 검토할 필요가 있다고 보는 반면, 한기정, 50면에서는 영국에서도 최대선의성은 선의성으로 크게 축소되어 과거의 개정안은 부적절하였던 것이라는 의견을 제시한다.

7. 독립계약성

보험계약은 상법상의 규정에 의하여 독자적인 틀을 가진 독립적 계약이다. 민법상 전형계약의 일종인 보증계약과는 달리 주계약의 일부나 보조적 수단으로 체결되는 것은 아니어서 부종성이 없다. 다만 법률상 보험계약이 독립성을 가진다는 의미로서, 경제상으로는 이것이 다른 계약과 결합하여 또는 다른 계약과 부수하여 행하여질 수는 있다.[16)]

8. 부합계약성

보험계약은 위험단체에 기초하여 보험자가 다수의 보험계약자와 동일한 내용의 계약을 체결하는 다수계약에 속하고 정형화된 보험약관에 의하여 이루어진다. 이러한 점에서 보험계약은 부합계약이다. 보험약관은 보험자가 일방적으로 작성하는 것이어서 보험계약자 등의 보호가 필요하며, 상법과 약관규제법·보험업법 등이 이를 규제한다.

---

16) 양승규, 88면.

제2절 보험법

제1 보험법의 의의

1. 광의의 보험법

보험법을 광의로 파악하면 보험을 규율하는 법규 전체를 일컫는 것으로서 보험공법과 보험사법이 있다. 보험공법은 보험에 관한 공법의 전체를 말하고 이에는 보험감독법 등 공보험에 관한 법들로서 보험감독법인 보험업법과 산업재해보상보험법, 수출보험법 등이 있다.

보험사법은 보험에 관한 사법의 전체를 말하고 보험자의 조직에 관한 법과 보험자와 보험계약자 등과의 관계에 관한 법으로 나눌 수 있다. 상법 제3편 회사편과 보험업법에서의 조직법적 규정들이 전자에 해당하고, 상법 제4편 보험편과 보험업법에서의 거래법적 규정들(예를 들면 보험업법 제102조 등)이 후자에 해당한다.

2. 협의의 보험법

사보험, 특히 영리보험에서의 보험관계를 규율하는 법을 말하고, 실질적 의미에서의 협의의 보험법을 보험계약법이라 한다. 형식적 의미로 파악할 때는 우리나라 상법전 제4편 보험에 관한 규정을 말한다.

그런데 보험공법에 해당하는 보험업법도 실질적 의미에서의 보험계약법에 해당하는 규정들을 다수 가지고 있다. 보험관계에서의 법률관계를 파악함에 있어서는 보험업법에 관한 규정들을 참조하여야 하는 이유가 여기에 있다.[17]

---

17) 법률의 제 · 개정권한과 관련하여 상법은 법무부가, 보험업법은 금융위원회가 가지고 있어, 일관되지 못한 규정들이 있다. 법률용어에서도 그러하며 각 규정들에서도 의문이 있는 부분들이 있어 해결되어야 할 과제이다.

제2 보험법의 특성

협의의 보험법, 즉 영리보험에 관한 보험계약법은 상행위법에 속한다고 할 수 있으나 보험계약법은 다른 상행위법이나 일반의 거래법과 비교하여 다른 특성을 가지고 있다.

1. 선의성

보험계약이 장래의 불확정한 사고발생에 의존한 것이므로 도덕적 위험이 발생할 소지가 있음을 보았다. 이에 선의성을 유지하기 위한 상법상의 장치들을 보면 아래와 같다. 보험금의 부정취득만을 위한 과다한 보험계약을 체결하는 경우에 있어서는 보험자는 사회질서위반을 이유로 보험금지급을 거절할 수 있음은 물론이다.[18)

(1) 통 칙

주관적 확정인 경우 보험계약의 무효(제644조), 고지의무제도(제651조), 위험변경증가의 통지의무제도(제652조), 고의·중과실의 면책(제659조), 보험사고발생시의 보험계약자의 통지의무(제657조) 등이 있다.

(2) 손해보험

손해보험에서는 피보험이익 개념의 존재, 사기적 초과보험의 무효(제669조), 중복보험에 대한 비례적 보상(제672조), 보험자대위제도(제681조, 제682조), 손해방지

---

18) 대법원 2009. 5. 28. 선고 2009다12115 판결(민법 제103조에 의하여 무효로 되는 반사회질서 행위는 법률행위의 목적인 권리의무의 내용이 선량한 풍속 기타 사회질서에 위반되는 경우뿐만 아니라, 그 내용 자체는 반사회질서적인 것이 아니라고 하여도 법률적으로 이를 강제하거나 법률행위에 반사회질서적인 조건 또는 금전적인 대가가 결부됨으로써 반사회질서적 성질을 띠게 되는 경우 및 표시되거나 상대방에게 알려진 법률행위의 동기가 반사회질서적인 경우를 포함하고, 보험계약자가 다수의 보험계약을 통하여 보험금을 부정취득할 목적으로 보험계약을 체결한 경우, 이러한 목적으로 체결된 보험계약에 의하여 보험금을 지급하게 하는 것은 보험계약을 악용하여 부정한 이득을 얻고자 하는 사행심을 조장함으로써 사회적 상당성을 일탈하게 될 뿐만 아니라, 또한 합리적인 위험의 분산이라는 보험제도의 목적을 해치고 위험발생의 우발성을 파괴하며 다수의 선량한 보험가입자들의 희생을 초래하여 보험제도의 근간을 해치게 되므로, 이와 같은 보험계약은 민법 제103조 소정의 선량한 풍속 기타 사회질서에 반하여 무효라고 할 것이다); 같은 취지의 판결로 대법원 2005. 7. 28. 선고 2005다23858 판결; 대법원 2000. 2. 11. 선고 99다49064 판결 등이 있다.

의무의 부과(제680조) 등이다.

(3) 인보험

타인의 사망보험시 피보험자의 동의요건(제731조), 15세미만자와 심신상실자 등에 대한 사망보험계약의 금지(제732조) 등이 그것이다.

2. 기술성

보험제도 요소 중의 하나가 대수의 법칙이고, 보험은 위험단체를 기초로 그 위험을 기술적으로 분산시키고 있는 제도이다. 보험계약을 개별적으로 관찰하면 우연적인 것이나 일정한 기간에 걸쳐서 단체의 구조로 판단하면 규칙적이다. 이에 따라서 보험사업을 영위하고자 하는 경우 보험업의 보험종목별 사업방법서, 보험약관, 보험료 및 책임준비금의 산출방법서 등을 금융위원회에 제출하여야 한다(보험업법 제5조).

3. 공공성

다수의 보험계약자로부터 받은 보험료가 국가경제적으로는 중요한 거대한 자본을 형성하게 되고 이를 규율하는 보험법은 공공성을 띠게 된다. 보험업법에서 보험회사의 자격 등을 제한하여 주로 이를 규제하고 있으나(보험업법 제6조), 보험계약법도 일반 대중의 이익보호를 위하여 공공성을 가진다.

4. 상대적 강행법성

(1) 보험계약자 등의 불이익변경금지의 원칙

보험계약은 보험약관을 이용하는 부합계약인 경우가 일반적이고, 보험자와 보험계약자 사이에 교섭력의 차이가 있으며, 보험자와 보험계약자의 정보력과 이해력에 있어서 비대칭적이다. 이에 상법은 "이 편의 규정은 당사자간의 특약으로 보험계약자 또는 피보험자나 보험수익자의 불이익으로 변경하지 못한다(제663조 본문)"라고 규정하여 상대적 강행법성을 명문화한다. 상법의 규정은 보험계약에서 보험계약자 등을 보호하기 위한 최소한도의 조건을 법정한 것으로서, 보험약관으로 상법보다 보험계약자 등에게 보다 유리한 조건을 정하는 것은 무방하나 불리하게 정한다면 무효가 됨을 선언한 것이다. 이러한 점에서 상법 보험편이 상대적 강행법성을 띤다고 하고 제663조를 보험계약자 등의 불이익변경금지의 원칙을 선언한 것으로 본다. 다만 "재보험 및 해상보험 기타 이와 유사한 보험의 경우에는 그러하지 아니하다(제663조 단서)"고 규정하여, 기업보험의 경우 상대적 강행규정성의 적용이 제외되어 있다.[19)]

(2) 가계보험과 기업보험의 구별

보험계약자 등의 불이익변경금지의 원칙이 가계보험에만 적용되는 점에서 가계보험과 기업보험의 구별기준을 정하는 것이 중요하다.

1) 학 설

학설은 "기업보험은 기업인이 기업경영에 따르는 위험에 대비하기 위하여 이용하는 보험으로서 이 보험거래에서 있어서는 보험자와 보험계약자는 다 같이 기업인으로서 서로 대등한 지식과 재력을 가지고 자주적으로 처리할 수 있으므로, 가계보험의 경우와 같이 특히 피보험자의 이익보호의 요청이 강한 것이 아니므로 이 보험에서는 어느 정도 당사자 사이의 사적 자치의 원칙을 인정할 필요가 있다"[20)]고 하거나 "기업보험은 기업가가 기업활동으로부터 야기되는 위험에 대처하기 위한 보험으로서 해상보험, 항공보험, 재보험, 기업용건물이나 공장기계 등에 대한 화재보험 등이 여기에 속한다"[21)]고 한다. 구별기준을 명확하게 제시하는 학설은 없으나 일응 경제적 교섭력이나 전문지식 등에서의 대등한 점을 기준으로 삼는 듯하다.

2) 판 례

판례는 그 구별기준을 대등한 경제적 지위라는 점에서 찾고 있다. 선도적 판례인 대법원 1996. 12. 20. 선고 96다23818 판결[22)]은 기업보험은 보험계약자와 보험자가 "대등한 경제적 지위에서 계약조건을 정하는 보험"이고, 상대적 강행규정

---

19) 일본 보험법은 보험계약자 기타 보험계약자 측의 관여자의 보호를 위하여 특히 필요한 규정에 대하여서는 그 규정보다 보험계약자 등에게 불리한 것은 무효로 하는 상대적 강행규정성이 조문 각각에 명문화되어 있다.

20) 양승규, 36면.

21) 박세민, 20면.

22) 이 사건의 사실관계는 다음과 같다. 총톤수 89톤의 어선의 소유자가 보험기간은 1년, 공제료는 3회분납, 공제대상은 침몰 등 해상고유의 위험으로 인한 선박손해 등을 내용으로 하는 어선공제계약을 수산업협동조합과 체결하였다. 제2회 분납공제료에 대하여서는 당시 효력이 인정되고 있던 실효약관(분납공제료의 미납시 14일간의 유예기간을 두고 이때까지 공제료를 납입하지 않는 경우 공제계약은 효력을 상실함)이 삽입되어 있었다. 제2회 분납공제료를 납입유예기간이 경과한 후까지 납입하지 않고 조업을 하다가 선박이 폭풍으로 인한 기상악화로 침몰하였다. 법원은 분납 공제료 체납시 상법 제650조 제2항 소정의 최고 및 해지절차 없이 곧바로 공제계약의 실효를 규정한 어선보통공제약관 조항은 무효라고 하고 보험금지급을 명하였다.

의 적용을 배제하는 이유로는 "보험계약자의 이익보호를 위한 법의 후견적 배려
는 필요하지 않고 오히려 어느 정도 당사자 사이의 사적 자치에 맡겨 특약에 의
하여 개별적인 이익조정을 꾀할 수 있도록 할 필요가 있기 때문이다"고 하면서,
해상위험을 담보한 어선공제조합에서 계약의 당사자가 대등한 경제적 지위에 있
지 않다는 이유로 기업보험이 아니라 하였다. 이후 대기업인 보험계약자와 수출보
험공사 사이의 수출보험사건,[23] 금융기관종합보험에서 보험계약자가 은행인 사
건,[24] 보험계약자가 증권회사인 신원보증보험사건[25]에서 "상법 제663조 소정의
보험계약자 등의 불이익변경 금지원칙은 보험계약자와 보험자가 서로 대등한 경
제적 지위에서 계약조건을 정하는 이른바 기업보험에 있어서의 보험계약의 체결
에 있어서는 그 적용이 배제된다"고 한다.

3) 비교법

영국은 소비자보험과 기업보험을 구별하면서, 소비자를 "거래, 사업 또는 직업
이외의 목적을 위하여 행위하는 자연인"이라고 정의한다. 이에 의하면 소비자보험
에서의 보험계약자는 (i) 자연인이어야 하고, (ii) 자연인인 경우라도 영업목적으
로 보험계약을 체결하는 경우는 제외된다. 만일 자영업자인 건축업자가 일부는 영
업목적으로 다른 일부는 개인적 목적으로 자동차보험에 가입하는 경우 계약의 주
요한 목적을 고려하여 결정한다.[26] 즉 영국의 경우 가계보험의 보험계약자는 자
연인이어야 하고, 또한 자연인이라도 사업상 또는 직업상 계약을 체결하여서는 가
계보험으로 보호받지 못한다. 배우자를 생명보험에 가입하는 경우 이는 가계보험
임에 반하여, 사업상 동반자를 생명보험에 가입하는 경우는 기업보험이 된다.[27]

일본 보험법은 우리의 상법 제663조와 같은 일반규정은 두지 않고, 보험계약
자 등의 보호를 위하여 특히 필요한 조문에 대하여는 개별적인 상대적 강행규정
을 두어 조문 각각에 명문화하는 점이 우리와 다르다.[28] 예컨대 손해보험계약 중

---

23) 대법원 2000. 11. 14. 선고 99다52336 판결.
24) 대법원 2005. 8. 25. 선고 2004다18903 판결.
25) 대법원 2006. 6. 30. 선고 2005다21531 판결.
26) Law Commission, Insurance Contract Law: Misrepresentation, Non-Disclosure and Breach of Warranty by the Insured (TSO, London, 2007), para 4.8, 74.
27) 「A Joint Consultation Paper」, 8. 이러한 기준이 적용되어 영업용 택시를 보험에 가입하면서 일부는 자신의 사적인 여행 등을 목적으로 한 경우라도 소비자의 범주에 포함되지 않는다. 따라서 자신의 집을 보험에 가입하면서 동시에 약 10%정도의 가액에 이르는 사무실집기를 보험에 가입하는 경우는 소비자보험이다. 물론 판단하기 어려운 경우도 있고, 이때는 법원과 옴부즈만이 보험의 주요한 목적이 무엇인지를 결정하게 된다.
28) 山下友信, "新しい保險法-總論的事項および若干の共通事項,"「ヅェリスト」, No. 1364, 2008. 10. 1, 15.

① 해상보험계약, ② 항공보험계약, ③ 원자력보험계약, ④ 법인 기타 단체 또는 사업을 행하는 개인의 사업활동에 수반하여 생기는 손해를 보상하는 손해보험계약의 경우 상대적 강행규정성의 적용이 제외되어 있다.[29] 또한 일본보험법은 "개인사업자의 사업활동에 수반하여 생기는 손해를 보상하는 손해보험계약"을 상대적 강행규정에서 제외하는 것으로 명시하고 있어 영국과 유사한 입장이다.[30] 그러나 영국과 일본의 입장을 우리가 그대로 따르는 것에 대하여는 신중한 검토가 필요하다. 우리의 경우는 보험계약자 등의 불이익변경금지의 원칙이 상법 보험편 전체에 적용되는 규정임에 반하여, 그 국가들에서는 이러한 전제되는 사정이 우리와 다르기 때문이다.

4) 소 결

가계보험과 달리 기업보험에서는 사적자치의 원칙이 적용되는 것으로, 그 구별은 중요한 의의가 있다. 그런데 학설과 판례에 의하면, 보험계약자와 보험자가 '대등한 지위에서 계약의 조건을 정하는 것'은 기업보험이라는 취지이다. 따라서 구별기준이 보험계약자가 기업 또는 자연인인지, 계약의 종류가 무엇인지보다는 보험계약자와 보험자의 지위가 '대등한 경제적 지위인지의 여부'가 핵심이다. 그런데 이 기준은 모호하다. 대등한 경제적 지위라는 기준으로 보면 보험계약자가 소기업인 경우는 물론이거니와, 대기업이라 하더라도 보험계약의 내용에 대하여는 정통하지 않을 수 있고 따라서 보험자와 보험계약의 조건을 정함에 있어 서로 대등하지 않은 경우도 충분히 있을 수 있다. 즉 기업이 체결한다고 하여 모두 기업보험인 것은 아니고, 또한 개인이 사업목적으로 체결한다고 하더라도 그러하다. 특히 판례에 의하는 경우 "해상보험에 계약한 것이라고 할 수 있으나, 어선공제는 공제계약 당사자들의 계약교섭력이 대등한 기업보험적인 성격을 지니고 있다고 보기는 어렵다"고 한 것[31]에서 더욱 그러하다. 향후 법적 안정성을 위하여 이에 대한 보다 명확한 기준의 정립이 필요하다.

---

29) 일본보험법 제36조.

30) 山下友信, "新しい保險法－總論的事項および若干の共通事項,"「ヅェリスト」, No. 1364, 2008. 10. 1, 13에서 山下友信교수는 예컨대 점포의 화재보험은 사업을 행하는 점포의 리스크에 대한 보험으로 주택에 대한 화재보험과는 달리 상품이 구성되는 인수판단이 행해지는 한 가끔은 영세한 점포의 사업에 대한 보험도 4호에 해당한다고 한다. 이에 대하여 업무용자동차에 대한 자동차보험이어도 자가용자동차(보험료율의 차이가 있어도)와 동일한 보험상품으로 구성되어 인수되는 경우에는 4호에 해당한다고 한다.

31) 대법원 1996. 12. 20. 선고 96다23818 판결.

상법 제663조 단서의 적용여부에 관한 판례의 동향[32)]

◉ **사건번호** 대법원 1996. 12. 20. 선고 96다23818 판결

[쟁 점] 수산업협동조합이 영세어민의 소형어선의 해상위험을 담보하는 어선 공제계약에 대한 상법 제663조 단서 적용여부

[판결내용] 소형 어선을 소유하며 연안어업 또는 근해어업에 종사하는 다수의 영세어민들을 주된 가입대상자로 하고 있어 공제가입자들의 경제력이 미약하여 공제 계약 체결에 있어서 공제가입자들의 이익보호를 위한 법적 배려가 여전히 요구되므로 불이익변경금지 원칙의 적용을 배제하지 아니함

◉ **사건번호** 대법원 2000. 11. 14. 선고 99다52336 판결

[쟁 점] 삼성물산주식회사와 수출보험공사 간에 체결된 단기수출보험포괄보험 특약 및 단기수출보험(선적 후)약관을 내용으로 하는 보험계약에 상법 제663조 단서 적용여부

[판결내용] 보험계약자와 보험자가 서로 대등한 경제적 지위에서 계약조건을 정하는 기업보험에 상법 제663조 소정의 보험계약자 등의 불이익변경 금지원칙의 적용이 배제됨

◉ **사건번호** 대법원 2005. 8. 25. 선고 2004다18903 판결

[쟁 점] 중소기업은행이 보험계약자인 금융기관종합보험에 상법 제663조 단서 적용여부

[판결내용] 보험계약의 당사자가 모두 금융기관으로서 서로 대등한 경제적 지위에서 계약조건을 정할 수 있어 보험계약자의 이익보호를 위한 법의 후견적 배려가 필요하다고 보이지 아니하는 점 등에 비추어 원래 경제적으로 약한 처지에 있는 일반 대중을 보호하기 위하여 인정된 상법 제663조 본문 소정의 불이익변경 금지원칙은 그 적용이 배제됨

◉ **사건번호** 대법원 2006. 6. 30. 선고 2005다21531 판결

[쟁 점] 현대증권주식회사가 보험계약자인 신원보증보험계약에 손해방지의무에 관하여 보험자의 동의없이 지출한 비용의 지급을 구할 수 없다고 한 약관조항에 상법 제663조 단서 적용여부

[판결내용] 이 사건 각 신원보증보험계약은 금융기관인 원고와 피고가 서로 대등한 경제적 지위에서 계약조건을 정한 이른바 기업보험계약에 해당하여 상법 제663조에 규정된 '보험계약자 등의 불이익변경 금지원칙'이 적용되지 아니함

---

32) 장덕조/한창희, 『보험법판례연구집』, 법영사, 2010, 23 – 24면.

5. 국제성

보험은 국제적 성격을 지니는 것이다. 위험분산이라는 보험의 중요한 기능은 재보험을 통하여 국제적으로 이루어지고,[33] 보험은 대수의 법칙이 적용되며, 보험은 자금의 공급이나 신용의 수단이 되고, 각국에서 나타나는 보험의 폐단이 다를 바 없다는 점 등에서 보험제도는 국제적으로 공통점이 많은 제도 중의 하나이다. 그리고 보험의 법리에서도 상당한 공통점을 가지고 있어 국제적 정합성이나 세계적 추세가 중요하게 된다.

제3 각국의 보험계약법과 동향

1. 영미법

1906년 영국해상보험법(Marine Insurance Act: MIA)은 비단 해상보험뿐 아니라 보험 전 분야에 걸친 기본법으로서의 중요한 지위를 차지하는 법이다. 이 법률은 1세기에 걸쳐 개정된 바가 없었으나, 그 개정논의가 활발하며 폭넓은 의견수렴 등의 개정과정을 거치고 있다. 영국은 보험법 분야에서 많은 국가에 상당한 영향력을 미치고 있어 그 개정도 주목할 필요가 있다. 미국은 보험계약 자체에 관한 연방법이 없고, 각 주에서 주법으로 제정한 보험법들이 있으며 캘리포니아주보험법, 뉴욕주보험법 등이 있다.

2. 대륙법

독일은 상법으로부터 분리 · 독립된 단행법으로서 보험계약법(Versicherungsver-tragsgesetz, VVG)을 가지고 있으며, 2008년 1월 1일부터 개정보험계약법이 시행되고 있고, 다시 2009년 1월부터 일부 새로운 내용이 적용되고 있다. 일본은 보험법과 관련하여 중요한 개정을 하였다. 일본의 보험계약법은 상법에서 분리된 독립된 법전으로서 2008년 5월 30일 국회를 통과하였다.

---

33) 양승규, 29면.

3. 보험계약법의 개정동향

여러 국가가 보험계약법을 개정하거나 개정작업이 진행 중에 있다. 독일, 일본 등은 개정작업을 이미 마쳤으며 영국에서도 2012년 가계보험에서의 고지의무를 수정한 법률안이 의회를 통과하였고, 2013년 4월부터 「Consumer Insurance Act 2012」로서 시행되고 있다. 또한 유럽에서는 영국과 독일, 프랑스 등의 보험법 등의 비교 검토를 통한 보험법의 통일작업을 진행 중이다.[34] 그런데 각 국가 개정의 공통점으로는 첫째, 보험계약자 보호로서, 영국법[35], 일본법, 독일법의 개정이유에서 모두 나타난다. 보험회사들도 보험산업의 신뢰도 제고를 위하여 이 방향의 개정을 지지한다고 한다. 둘째, 현대 보험실무를 반영하지 못하는 낡은 규정의 정비이다. 기타, 영국과 독일 등은 현재 유럽에서 논의되는 단일 보험계약법에 대비하기 위하여 그 경쟁력을 확보하기 위한 차원에서라고 한다.

---

34) 보험법의 통일을 연구하는 Malcolm Clarke 교수를 회장으로 하는 리스테이트먼트 프로젝트 그룹은 2007년 12월에 '보험계약법준칙'의 초안을 발표하였다(Project Group "Restatement of European Insurance Contract Law," Draft Common Frame of Reference, Chapter III, Section IX, Insurance Contract, 17 Dec. 2007, available at http://restatement.info/cfr/Draft－CFR－Insurance－Contract－17122007－FINAL.pdf).

35) The Law Commission & The Scottish Law Commission, A Joint Scoping Paper for Insurance Contract Law (2006), §1.9.

제3절 보험계약법의 법원

제1 총 론

법원(法源)은 법의 타당한 근거 또는 법의 존재형식을 말하는 것으로 제정법, 관습법 등의 다양한 형태로 존재한다. 보험계약은 기본적 상행위에 속하는 것으로, 보험계약에 관하여 상법의 규정이 적용되고, 상법의 규정이 없으면 상관습법, 상관습법이 없으면 민법이 적용된다. 이 경우 상법 이외의 상사특별법이 있는 경우 이것이 상법보다 먼저 적용된다. 여기서는 주로 상법과 보험약관을 다룬다.

제2 제 정 법

(1) 상법전 제4편 보험편

보험법의 가장 중요한 제정법은 상법 제4편 보험편이다. 보험계약이 상행위인 점에서 상법 제2편 상행위도 적용된다. 상법 보험편은 1962년 제정되어 1963년 1월 1일부터 시행된 것으로 1991년 개정된 이후 2014년 개정되었다. 상법 보험편의 규정은 그 성질이 상반되지 않는 범위 내에서 상호보험 공제, 그 밖에 이에 준하는 계약에도 준용된다(제664조).

(2) 보험업법

보험업법은 보험공법에 속하는 것이고 보험감독법규이지만 사법적인 거래질서에 관한 내용도 일부 담고 있어 법원으로서의 역할을 한다. 예를 들면 보험자의 손해배상책임에 관한 보험업법 제102조는 보험계약에서 중요한 규정이다.

(3) 자본시장법

2007년 제정되고 2009년 시행된 자본시장법도 보험계약법의 법원이 된다. 보

험회사가 투자성 있는 보험계약을 체결하거나 그 중개 또는 대리를 하는 경우에
는 자본시장법 제12조에 따라 투자매매업 또는 투자중개업에 관한 금융투자업인
가를 받은 것으로 본다. 투자성 있는 보험에 대하여는 원칙적으로 자본시장법상의
투자권유규제가 그대로 적용된다.[36)]

(4) 기타 제정법

이외에도 자동차손해배상보장법, 원자력손해배상법, 무역보험법, 산업재해보상
보험법, 국민건강보험법 등의 많은 특별법이 있다.

제3 보통보험약관(보험약관)

1. 의 의

약관규제법 제2조 제1항은 "약관"이라 함은 그 명칭이나 형태 또는 범위를 불
문하고 계약의 일방 당사자가 다수의 상대방과 계약을 체결하기 위하여 일정한
형식에 의하여 미리 마련한 계약의 내용이 되는 것을 말한다"고 정의한다.[37)] 이에
의하면 보험약관은 그 명칭이나 형태 또는 범위를 불문하고 보험자가 다수의 상
대방과 보험계약을 체결하기 위하여 미리 마련한 계약의 내용이 되는 것으로서
보통거래약관의 일종을 말한다. 보험약관의 의의를 몇가지로 분설하면 다음과
같다.

---

36) 자본시장법상의 규정 중 보험사업에 적용이 배제되는 규정들로 제15조(인가요건의 유지), 제39
조부터 제45조까지(명의대여의 금지 등), 제49조 제3호(불초청투자권유), 제51조부터 제53조까지(투자
권유대행), 제56조(약관), 제58조(수수료), 제61조부터 제65조까지(소유증권의 예탁 등), 제2편 제2장
(금융투자업자의 지배구조), 제3장(건전경영 유지), 제4장 제2절 제1관(투자매매업자 및 투자중개업자
의 영업행위 규칙) 및 제3편 제1장(증권신고서)을 적용하지 아니한다.

37) 이러한 취지에서 다수의 수요자에게 전기를 공급하는 공급규정은 공급계약조건을 당사자가 개별
적으로 협정하는 것을 금지하고 오로지 공급규정의 정함에 따를 것을 규정하고 있어, 그 공급규정은
보통계약약관으로서의 성질을 가진다. 대법원 2002. 4. 12. 선고 98다57099 판결(전기사업법은 다수의
일반 수요자에게 생활에 필수적인 전기를 공급하는 공익사업인 전기사업의 합리적 운용과 사용자의 이
익보호를 위하여 계약자유의 원칙을 일부 배제하여 일반 전기사업자와 일반 수요자 사이의 공급계약조
건을 당사자가 개별적으로 협정하는 것을 금지하고 오로지 공급규정의 정함에 따를 것을 규정하고 있
는바, 이러한 공급규정은 일반 전기사업자와 그 공급구역 내의 현재 및 장래의 불특정 다수의 수요자
사이에 이루어지는 모든 전기공급계약에 적용되는 보통계약약관으로서의 성질을 가진다).

(1) 구성요소

첫째, 보험자가 일방적으로 작성하는 것이다. 보험자가 보험계약자와 계약체결시에 협상하여 개별적으로 내용을 정하는 것이 아니라 보험자가 일방적으로 작성한다.

둘째, 다수의 계약을 체결하기 위한 것이다. 이러한 점에서 보험계약은 부합계약성을 띠는 것이다.

셋째, 사전에 미리 작성하여 둔다. 계약체결시 작성하는 것이 아니라 미리 작성하여 두는 것으로, 보험자는 보험사업의 허가를 취득하고자 할 때 금융위원회에 보험약관을 제출하여야 한다.

위 요건을 충족하는 경우 보험약관이 되고 그 명칭이나 형태 등을 불문한다. 즉 약관의 명칭을 사용하지 않는 경우에도 위 세 가지 요소가 있다면 약관으로 분류되고 약관규제법의 적용을 받는다. 판례도 이러한 취지에서 "약관법의 적용대상이 되는 약관이라 함은, 그 명칭이나 형태 또는 범위를 불문하고 계약의 일방 당사자가 다수의 상대방과 계약을 체결하기 위하여 일정한 형식에 의하여 미리 마련한 계약의 내용이 되는 것을 말한다"고 한다.[38]

(2) 종 류

보험약관의 규제내용을 보면 상법의 규정을 그대로 원용하는 원용조항, 상법의

---

38) 약관이라는 명칭을 사용하지 않는 경우에도 약관의 범주에 들어간다고 한 판결로 대법원 1998. 12. 23. 선고 96다38704 판결(지방자치단체가 택지공영개발사업에 의하여 조성된 택지를 그 지상에 주택을 신축하여 분양하고자 하는 여러 건설업체들에게 공급하게 될 것을 예상하여 미리 그 계약의 내용을 위 지방자치단체의 택지공영개발선수금운영규정에서 별지 서식에 의한 형태로 마련하여 두고 있던 중, 위 택지개발사업으로 조성된 택지를 분양받아 주택을 신축하고자 하는 약 30개의 건설업체들과 사이에 택지공급계약을 체결함에 있어 거의 대부분의 계약 내용은 위 운영규정에서 미리 정하여 둔 별지 서식에 따르되 일부 조항만 수정한 택지공급계약서를 미리 마련한 후 그 택지공급계약서에 의하여 택지공급계약을 체결한 경우, 지방자치단체가 택지개발사업에 참여한 약 30개의 건설업체와 사이에 택지공급계약을 체결할 것을 예정하여 위 운영규정상의 별지 서식에 따라 만든 택지공급계약서는 지방자치단체가 다수의 상대방과 계약을 체결하기 위하여 일정한 형식에 의하여 미리 마련한 계약의 내용이 되는 것으로서 약관의규제에관한법률 소정의 약관에 해당한다고 할 것이므로, 당해 건설업체와 지방자치단체 간의 위 택지공급계약은 약관의규제에관한법률 소정의 약관에 의한 계약에 해당하여 같은 법의 적용 대상이 된다). 골프클럽의 운영에 관한 회칙도 약관이라 한 경우로서 대법원 2000. 3. 10. 선고 99다70884 판결(회원 가입시에 일정 금액을 예탁하였다가 탈퇴 등의 경우에 그 예탁금을 반환받는 이른바 예탁금 회원제로 운영되는 골프클럽의 운영에 관한 법률관계는 회원과 클럽을 운영하는 골프장 경영 회사 사이의 계약상 권리·의무관계이고, 그 운영에 관한 회칙은 불특정 다수의 입회자에게 획일적으로 적용하기 위하여 골프장을 경영하는 회사가 제정한 것으로서 이를 승인하고 클럽에 가입하려는 회원과 회사와의 계약상 권리·의무의 내용을 구성하며, 그 중 회원권의 양도·양수 절차와 같은 당사자의 권리·의무에 관한 규정은 약관으로서의 성질을 가진다).

규정을 변경하는 변경조항, 상법의 규정을 보충하는 보충조항으로 나눌 수 있다. 또한 보험증권이 하나의 증거증권으로서의 성질을 가지고 있으므로 상법은 보험약관에 그 증권내용의 정부에 관한 이의를 제기할 수 있는 이른바 이의약관을 둘 수 있음을 규정한다(제641조).

(3) 존재이유

보험약관은 위험단체라는 관념을 기초로 다수의 가입자를 전제하고 있어 그 내용을 정형화하여야 할 실질적인 이유가 있다. 보험약관의 존재이유는 다음과 같다.

첫째, 보험은 위험단체의 개념에 기초를 두고 있어, 그 구성원들을 개별적으로 다루지 않고 평등하고 동일하게 취급하여야 한다. 보험업법 제98조의 특별이익의 제공금지가 이를 뒷받침한다.[39]

둘째, 거래비용을 절감하기 위한 것이다. 다수의 거래상대방과 계약을 체결하면서 개별적인 계약에 대하여 일일이 협상하여 계약내용을 정하는 경우, 시간 및 노력 등 각종 경비의 면에서 상당한 부담이 들고 불가능할 수도 있다. 이에 미리 작성한 정형적인 계약내용에 의하도록 함으로써 각종의 거래비용을 절감하기 위한 것이다.

셋째, 보험제도는 공공성과 사회성이 있어 사회경제적으로 약자인 보험계약자를 보호할 필요가 있다. 이에 국가가 후견적 입장에서 보험계약자의 이익을 보호하기 위하여 미리 정형화된 계약서를 작성하게 하고 이를 감독하는 것이다. 여기서 보험계약자에 대한 규제나 감독이 필요하게 된다.

2. 보험약관에 대한 규제

보험약관은 보험자가 보험계약자와 협상하여 작성하는 것이 아니라 사전에 미리 만들어 두는 것이고, 기술적이고 복잡한 내용도 많이 포함한다. 그리하여 사회경제적 약자인 보험계약자의 보호를 위하여 약관에 대한 규제가 필요하고, 보험약관을 규제하는 중요한 법률은 약관규제법과 보험업법이다.

(1) 입법적 통제

보험약관은 보통거래약관의 일종으로서 약관규제법의 적용을 받는다. 또한 보

---

39) 동조는 보험계약의 체결 또는 모집에 종사하는 자는 그 체결 또는 모집과 관련하여 보험계약자나 피보험자에게 다음 각 호의 어느 하나에 해당하는 특별이익을 제공하거나 제공하기로 약속하여서는 아니 된다고 규정하고 있어 단체성에 입각하고 있다.

험약관은 상법에 의하여도 통제를 받는다. 상법 제663조에 의하여 보험계약자 등의 불이익변경금지의 원칙이 적용되어 상법에 의하여도 통제받는 결과가 된다.

(2) 행정적 통제

보험약관은 보험자가 금융위원회에 보험사업의 허가신청시 제출하여야 하고(보험업법 제5조), 일정한 경우에는 금융위원회가 그 변경을 명할 수 있다(보험업법 제131조 제2항). 이와 같이 금융위원회로 하여금 보험약관에 대한 후견적 감독을 하여 보험계약자의 이익을 보호하고 있다.

(3) 공정거래위원회에 의한 통제

보험약관조항과 관련하여 법률상 이익이 있는 자 등은 법위반 여부에 관한 심사를 공정거래위원회에 청구할 수 있고(약관규제법 제19조), 공정거래위원회는 보험사업자에 대하여 불공정약관조항의 삭제·수정 등 시정에 필요한 조치를 권고할 수 있으며(동법 제17조의2 제1항, 제17조), 불공정약관조항의 삭제·수정 등의 시정조치를 명할 수 있고(동법 제17조의2 제2항), 다른 사업자에게도 같은 내용의 약관을 사용하지 말 것을 권고할 수 있다(동법 제17조의2 제3항). 공정거래위원회는 구체적 계약관계를 전제하지 아니하고 오로지 약관조항 자체의 불공정성을 심사하여 그 효력유무를 결정하는 방식으로 약관에 대한 추상적 통제를 한다.

(4) 사법적 통제

법원은 보험약관의 내용을 구체적 사건에서 해석하고 적용함에 의하여 사법적 통제를 한다. 보험약관을 금융위원회의 인가를 받아 사용하고 있고 공정거래위원회로부터 공정하다고 결정을 받은 경우에도, 법원은 그 약관의 내용이 불공정하거나 신의칙 또는 강행법규에 반하는 경우 이를 무효로 하여 내용통제를 한다. 사법부가 개별사건에서의 약관의 해석을 통하여 통제를 하는 것을 구체적 통제라한다. 만약 공정거래위원회의 추상적 통제와 충돌하는 경우 법원의 구체적 통제가우선한다. 즉 약관의 유효성에 대한 최종적 판단은 사법부가 한다. 사법적 규제는 개별적·구체적·사후적·최종적이라는 점이 특징이다.

3. 보험약관의 교부 · 명시의무

(1) 법률규정

보험계약을 체결할 때 보험자는 자기가 작성한 보험약관을 보험계약자에게 제시하여 이해할 수 있도록 하여야 한다. 이에 상법은 보험자는 보험계약을 체결할 때에 보험계약자에게 보험약관을 교부하고 그 약관의 중요한 내용을 설명하여야 한다고 규정한다(제638조의3 제1항). 또한 약관규제법에 의하면 사업자는 계약체결에 있어서 고객에게 약관의 내용을 계약의 종류에 따라 일반적으로 예상되는 방법으로 명시하고, 고객이 요구할 때에는 당해 약관의 사본을 고객에게 교부하여 이를 알 수 있도록 하여야 하고, 또한 사업자는 약관에 정하여져 있는 중요한 내용을 고객이 이해할 수 있도록 설명하여야 한다(약관규제법 제3조 제2항, 제3항). 그 위반의 효과와 관련하여 약관규제법은 당해 약관을 계약의 내용으로 주장할 수 없다고 하고(약관규제법 제3조 제4항), 상법은 보험계약자는 보험계약이 성립한 날로부터 3월 내에 그 계약을 취소할 수 있다고 한다(제638조의3 제2항).

(2) 의무의 이행

1) 중요한 내용

보험자는 보험계약을 체결할 때에 보험계약자에게 보험약관을 교부하여 주고, 계약조항에서 중요한 내용을 밝히고 설명하여야 한다. 계약의 조항 중에서 중요한 내용이 무엇이냐는 각 보험의 특성을 감안하여 파악할 문제이나, 일반적으로 보험금액·보험기간·보험자의 면책사유·보험사고·보험계약의 해지사유 등은 중요한 사항으로서 명시설명을 하여야 할 것이다. 판례도 설명의무의 대상이 되는 '중요한 내용'이라 함은 사회통념에 비추어 고객이 계약체결의 여부 또는 대가를 결정하거나 계약체결 후 어떤 행동을 취할지에 관하여 직접적인 영향을 미칠 수 있는 사항을 말하고,[40] 약관조항 중에서 무엇이 중요한 내용에 해당하는지에 관하여는 일률적으로 말할 수 없으며, 구체적인 사건에서 개별적 사정을 고려하여 판단하여야 한다고 판시한다.[41]

2) 방 법

소비자가 약관의 전체에 대하여 인지할 수 있는 가능성을 제공하는 것이 명시이고, 명시된 약관 중 중요한 내용에 대하여 구두나 문서를 통하여 이해유무에

---

40) 대법원 2016. 9. 23. 선고 2016다221023 판결(위 보험계약은 화물자동차 운수사업법에 따라 일정 규모 이상의 화물자동차를 소유하고 있는 운송사업자나 특정 화물을 취급하는 운송주선사업자 등이 반드시 가입하여야 하는 의무보험으로서, 보험계약자인 甲 회사로서는 보험금 지급대상이 되는 보험사고가 '차량운송 및 화물운송 부수업무'가 이루어지는 육상운송 과정 동안에 발생한 보험사고에 한정되고 수탁화물을 적재한 차량이 선박에 선적되어 선박을 동력수단으로 해상구간을 이동하는 경우에는 제외된다는 설명을 들었더라도 보험계약을 체결하였을 것으로 보이므로, 위 약관조항은 명시·설명의무의 대상이 되는 보험계약의 중요한 내용이라고 할 수 없다).

41) 대법원 2010. 7. 15. 선고 2010다19990 판결; 대법원 2008. 12. 16. 자 2007마1328 결정.

관계없이 설명하도록 한다. 설명의무의 이행은 고객에 대하여 직접 구두로 하는 것이 원칙이나, 특별히 중요한 조항을 일목요연하게 정리한 문서에 서명날인을 받음으로써 설명에 갈음할 수 있는 것으로 본다.[42] 설명의 정도는 구체적이고 상세한 것이어야 하나, 그 조항의 법적 의미와 효과까지 상세하게 설명하여야 하는 것은 아니다. 설명의무의 입증책임은 보험자에게 있으며, 입증을 위하여 구두 설명의 경우 설명필의 확인서를, 별도의 설명문으로 대신하는 경우에는 설명문에 서명날인을 받아둘 필요가 있다. 일방적 설명이 있으면 되고 당해 조항에 대한 고객의 구체적이고 개별적 동의를 얻을 필요까지는 없다. 수령인이 관심을 가지고 실제로 들었는가, 읽었는가 또는 인지하였는가 등은 묻지 않는다. 요컨대 보험회사가 소비자에게 관련 정보를 구체적으로 이해시킬 의무가 아니라, 정보를 적극적으로 제공할 의무를 규정하는 것이다.

3) 새로운 형태의 보험계약 체결

정보통신기술의 발달로 통신판매 또는 인터넷을 이용한 보험계약의 체결이 이루어지고 있다. 이런 방식의 경우 전통적인 명시설명의무가 그대로 적용되기 어려운 면이 있고 그 구체적인 범위에 관한 연구가 필요하다. 판례는 통신판매의 경우 보험약관의 명시설명의무를 인정하면서, 통신판매 방식으로 체결된 상해보험계약에서 보험자가 약관 내용의 개요를 소개한 것이라는 내용과 면책사고에 해당하는 경우를 확인하라는 내용이 기재된 안내문과 청약서를 보험계약자에게 우송한 것만으로는 보험자의 면책약관에 관한 설명의무를 다한 것으로 볼 수 없다고 하였다.[43]

---

42) 손지열, 『민법주해XII』, 박영사, 320면; 김진환, "약관의 계약편입과 전자약관", 「법조」 제50권 제6호에서는 "이제까지의 일반적인 형태의 계약 체결 방법인 대면거래와 점차 보편화될 것으로 예상되는 새로운 형태의 계약 체결 방법인 비대면거래의 차이는, 약관의 설명의무의 '정도'에 있는 것이 아니라, 그 '방식'에 있다고 하여야 한다. 따라서 비대면거래 유형에서도 대면거래에서 행하는 설명과 동일한 정도의 효과를 얻을 수 있는 설명 방식을 취하였다면 규범적으로 의당 약관법상의 설명의무를 이행한 것으로 평가하여야 할 것이다."고 서술한다. 판례로는 운전자연령 26세이상한정운전 특별약관을 알리기 위하여 구두로 설명함과 아울러 그 취지가 기재된 보험료영수증, 연령스티커 등을 교부한 경우에 설명의무가 이행된 것으로 판시한 대법원 1998. 6. 23. 선고 98다14191 판결과, 주운전자의 고지의무와 관련하여 보험계약자로부터 주운전자 변경시 연락을 하겠다는 서면확약을 받은 경우 설명의무가 이행되었을 개연성이 높다는 취지로 판시한 대법원 1997. 3. 14. 선고 96다53314 판결이 있다.

43) 대법원 1999. 3. 9. 선고 98다43342,43359 판결에서 통신판매에 의한 상해보험계약에서 청약을 유인하는 안내문에 보험약관의 내용을 추상적 개괄적으로 소개하고, 보험약관의 개요를 소개한 것이라는 내용과 면책사고에 해당하는 경우를 확인하라는 내용이 기재된 안내문과 청약서를 보험계약자에게 우송한 경우에도 면책약관에 대한 설명의무를 이행하였다고 보기 어렵다고 한 사례가 있다. 그리고 대법원 1997. 9. 26. 선고 97다4494 판결에서는 보험계약을 체결한 이후 보험약관을 우송하면서 주운전자를 허위로 기재하면 보험금을 지급받지 못하는 경우가 있으므로 기존의 계약내용중 잘못된 내용이

(3) 의무이행의 당사자

약관의 교부명시의무자는 보험자이다. 보험대리점 중에서 체약대리점은 보험자를 대리할 수 있는 계약체결권을 가지고 있으므로 약관의 교부명시의무자가 되는 것이나, 보험설계사와 보험중개인은 보험계약의 체결권을 가지고 있지 않으므로 그 의무자인지 의문이 있다. 그러나 판례는 보험계약자는 그들을 통하여 보험계약을 청약하고 보험료를 지급하고 있으므로 그들에 의하여 교부명시의무가 이루어지는 것을 인정한다.[44] 2014년 개정법은 명시적으로 보험설계사에게 보험료수령권한과 보험증권의 교부권한을 인정한다(제646조의2 제3항). 이 점에 관하여는 보험설계사의 계약체결대리권 부분에서 상론한다.[45] 그리고 그 설명의 상대방이 반드시 보험계약자 본인일 필요는 없고, 보험계약자의 대리인과 보험계약을 체결하는 경우에는 그 대리인에게 하는 것으로 족하다.[46]

(4) 위반효과

위반의 효과가 바로 다음에서 살필 보험약관의 구속력의 문제이다.

4. 보험약관의 구속력

보험약관의 법원성은 보험약관이 계약의 당사자를 구속하는 근거가 무엇이냐에 대한 문제이기도 하다. 그 이론은 규범설과 계약설(의사설)로 대별되나, 판례는 계약설에 입각한다.

(1) 규범설

규범설은 보험제도의 특성을 근거로 보험약관이 존재하는 거래에 있어 특별한

있으면 이를 즉시 신고하여야 한다는 취지의 안내문을 동봉하여 우송한 경우 설명의무를 이행하지 않았다고 보았다. 하지만 후자의 판례에 대하여는 의문이 있다.

44) 대법원 2007. 9. 6. 선고 2007다30263 판결(타인의 사망을 보험사고로 하는 보험계약의 체결에 있어서 보험모집인은 보험계약자에게 피보험자의 서면동의 등의 요건에 관하여 구체적이고 상세하게 설명하여 보험계약자로 하여금 그 요건을 구비할 수 있는 기회를 주어 유효한 보험계약이 체결되도록 조치할 주의의무가 있고, 그럼에도 보험모집인이 위와 같은 설명을 하지 아니하는 바람에 위 요건의 흠결로 보험계약이 무효가 되고 그 결과 보험사고의 발생에도 불구하고 보험계약자가 보험금을 지급받지 못하게 되었다면 보험자는 보험업법 제102조 제1항에 기하여 보험계약자에게 그 보험금 상당액의 손해를 배상할 의무가 있다).

45) 제3장 제1절 제1. 보험계약관계자 참조.

46) 대법원 2001. 7. 27. 선고 2001다23973 판결(그 설명의무의 상대방은 반드시 보험계약자 본인에 국한되는 것이 아니라, 보험자가 보험계약자의 대리인과 보험계약을 체결할 경우에는 그 대리인에게 보험약관을 설명함으로써 족하다).

사정이 없는 한 '그 거래는 약관에 의한다'는 사실인 관습 또는 상관습이 존재하는 결과라 본다.[47) 보험계약은 다수계약으로서 보험약관에 따라 이루어지고 있는 것이 거래의 실정이므로 법사회학적으로 볼 때 보험약관은 객관적인 법과 비슷하고 보험계약상의 법원으로 다루게 되는 것이라 하면서, 보험약관의 구속력의 근거를 보험약관 자체의 규범성에서 찾는다. 이 설은 상법 제638조의3을 중요한 근거로 하여, 보험약관은 개별적인 보험계약의 내용을 정하고 있긴 하나 그것은 보험에 든 위험의 개별적 차이를 고려함이 없이 동질적인 위험에 관한 다수의 보험계약을 기초로 작성된 계약조항으로서, 보험계약의 단체적 구조에서 보험계약자가 약관에 따를 것에 동의하지 아니하였더라도 취소없이 3월을 경과한 후에는 그 구속력을 인정하는 것이 마땅하다고 한다.[48) 이 설의 근거는 다음과 같다.

(i) 먼저 계약설이 소비자의 보호에 충실할 수 있다는 점에 대하여 의문을 제기한다. 보험의 단체성이라는 특성으로 인하여 개별 소비자의 보호보다는 보다 상위의 위험단체를 구성하는 일반 소비자의 보호문제를 간과해서는 안 된다고 한다. 보험업법에서도 보험계약의 단체성이라는 특성을 염두하여 "보험계약자 또는 피보험자에 대하여 특별한 이익의 제공을 약속하거나 보험료의 할인 기타 특별한 이익을 제공하는 행위"를 금지하고 있다(보험업법 제98조). 즉 계약설의 엄격한 적용으로 말미암아 오히려 해당 위험단체에 속하는 일반소비자를 역차별하는 결과가 발생한다고 본다. (ii) 약관규제법 제3조에 사업자가 설명을 하지 않은 경우 계약의 내용이 되지 않는다는 규정이 있음에도 불구하고 상법에 보험약관의 설명의무 위반 효과를 따로이 규정(제638조의3)하는 입법적인 배경을 고려하여 볼 때, 입법자의 의도는 보험약관에 대하여는 일반 약관과는 다른 효력을 부여한 것으로밖에 볼 수 없다는 것이다. (iii) 계약설은 보험약관의 존재의의를 무색하게 한다는 비판이다. 다수의 계약체결을 전제로 하여 시간과 비용을 줄이고자 하는 것이 보험약관의 존재의의이나, 보험자가 설명하고 보험계약자가 이해한 경우에 한하여 계약의 내용이 된다는 것은 약관의 존재의의를 무시하는 이론이라는 것이다. (iv) 계약설의 주요한 논거 중의 하나가 소비자보호[49)이나, 규범설에 따르면서도 보험업법에 의하여 소비자보호가 가능하다고 본다. 보험업법은 보험의 특성을 배려하면서도 보험회사의 무분별한 모집에 쐐기를 박을 수 있는 중요한 근거를 가지고

---

47) 양승규, 71면.
48) 양승규, 114면; 장경환, "보험약관의 교부설명의무", 「보험학회지」제46집, 1995, 103면 이하; 정호열, "약관 명시설명의무와 고지의무의 관계", 『二十一世紀 商事法의 展開』, 법문사, 1995, 583면 이하.
49) 손지열, 앞의 책, 311면. 약관규제법 제1조.

있다는 것이다. 보험업법 제102조는 보험회사에 무거운 책임을 지우는 법리로서 민법 제756조의 사용자책임에 관한 특칙을 이루고 있다.[50]

(2) 계약설

계약설은 보험약관은 그 자체로서는 결코 법규범이 될 수 없고, 전통적인 법률행위이론에 의하여 보험약관에 의한 계약을 보통의 계약과 같이 보아 당사자가 계약의 개별 조항을 알고 계약을 체결하였기 때문에 당사자를 구속한다는 견해로서 통설이다.[51] 계약설에서는 약관은 계약의 문례(文例)에 불과하고 그 자체로써 효력을 가지는 것이 아니라 당사자 사이의 편입합의에 의하여 계약의 내용이 된다고 한다.[52] 계약설의 근거는 (i) 약관규제법 제3조 제3항으로서 당사자가 약관의 명시·설명의무를 위반하여 계약을 체결한 때에는 그 약관은 계약의 내용으로 주장할 수 없다고 규정하고 있고, (ii) 법률행위이론의 원칙에 의하면 계약 당사자가 이를 개별계약으로 하였기 때문이라는 설명이 보다 합리적이며, (iii) 보험계약자의 보호와 관련하여 계약설이 보다 우수하다는 점이다. 보험계약자가 알지 못하는 한 계약의 내용으로 편입되지 아니한다고 하여 계약자보호에 보다 충실할 수 있다는 것이다.

그런데 약관의 편입합의는 완화되어 있어, 판례는 약관을 계약의 내용에 포함시키기로 하는 보험계약서가 작성된 경우에는 계약자가 그 약관의 내용을 알지 못하는 경우에도 구속력을 가지는 것으로 설시한다.[53] 이와 같이 포괄적 합의로

---

50) 대법원 1994. 11. 22. 선고 94다19617 판결; 대법원 1995. 7. 14. 선고 94다19600 판결 등. 보험회사는 그 임직원의 행위에 대하여는 무과실책임을 부담하고, 보험설계사 또는 보험대리점의 행위에 대하여는 모집을 위탁함에 있어서 상당한 주의를 하였다는 점, 그리고 이들이 행하는 모집에 있어서 보험계약자에게 가한 손해의 방지에 노력하였다는 점을 입증한 경우에 한하여 그 책임에서 벗어날 수 있다.

51) 손지열, 앞의 책, 308면; 박철, "보통보험약관의 구속력", 『보험법의 쟁점』, 법문사, 2002, 45면. 여기서는 또한 "약관규제법이 제정된 현재로서는 두 견해의 거의 유일한 차이점은 약관의 해석이 법률문제인가, 사실문제인가의 문제에만 영향을 미칠 수 있다"라고 한다.

52) 대법원 1989. 11. 14. 선고 88다카29177 판결에서는 "보통보험약관이 계약당사자에 대하여 구속력을 가지는 것은 그 자체가 법규범 또는 법규범적 성질을 가진 약관이기 때문이 아니라 보험계약 당사자 사이에서 계약내용에 포함시키기로 합의하였기 때문이라고 볼 것인 바, 일반적으로 보험계약자가 보통보험약관을 계약내용에 포함시킨 보험계약서를 스스로 작성한 이상 그 약관의 내용이 일반적으로 예상되는 방법으로 명시되어 있지 않다든가 또는 중요한 내용이어서 특히 보험업자의 설명을 요하는 것이 아닌 한 보험계약자가 위 약관내용을 자세히 살펴보지 아니하거나 보험업자의 설명을 듣지 아니하여 알지 못한다는 이유로 약관의 구속력에서 벗어날 수 없다"고 하여 이를 명백히 한다.

53) "보통보험약관이 계약당사자에 대하여 구속력을 갖는 것은 그 자체가 법규범 또는 법규범적 성질을 가진 약관이기 때문이 아니라 보험계약당사자 사이에서 계약내용에 포함시키기로 합의하였기 때문이라고 볼 것인 바, 일반적으로 당사자 사이에서 보통보험약관을 계약내용에 포함시킨 보험계약서가 작성된 경우에는 계약자가 그 보험약관의 내용을 알지 못하는 경우에도 그 약관의 구속력을 배제할 수

서 약관을 계약내용에 편입시킬 수 있다는 계약설에서는, 개인소비자와의 계약체결 과정은 최소한의 수준에서 투명해질 필요가 있으며 입법적으로 사업자에게 최소한의 정보제공의무를 설정하여 약관계약에서 소비자의 정보력열세를 희석화할 필요에서 설명의무를 부과한다고 본다.

(3) 설명의무 위반의 효과(상법 제638조의3 해석과 관련하여)

보험자가 약관의 설명의무를 위반한 경우 약관규제법 제3조 제4항에서는 "사업자가 당해 약관을 계약내용으로 주장할 수 없다"고 규정한다. "주장할 수 없다"의 의미는 보험자는 설명의무를 이행하지 않은 당해 보험약관 조항을 계약내용으로 주장할 수 없으나, 보험계약자는 그 약관조항을 계약내용으로 주장하여도 무방하다는 취지로 해석된다.[54] 그런데 상법 제638조의3 제2항에서는 "보험계약자는 보험계약이 성립한 날부터 3개월 이내에 그 계약을 취소할 수 있다"고 규정하면서 보험계약자가 취소권을 행사하지 않은 경우에는 명문의 규정이 없어 양법의 적용에 대하여 학설이 대립하고 있다. 학설로는 상법단독적용설과 중첩적 적용설이 있다.

1) 상법단독적용설(규범설)

상법단독적용설은 규범설을 취하는 학자들이 주장하는 견해로서, 약관규제법 제30조 제2항은 "특정한 거래분야의 약관에 대하여 다른 법률에 특별한 규정이 있는 경우에는 이 법의 규정에 우선한다"고 정하고 있고, 상법 보험편의 규정은 약관규제법에 대한 특별 규정이므로 상법 제638조의3 제2항만이 적용된다고 본다. 따라서 보험계약자는 보험계약 성립일로부터 3월 내에 계약을 취소하여 보험관계에서 탈퇴할 수 있으나, 보험계약을 취소하지 않는 한 보험약관은 유효하며, 취소기간이 경과함으로 설명의무 위반의 하자가 치유되어 취소권이 소멸하면 당해 보험약관이 확정적으로 유효하게 된다는 견해이다.[55] 이 견해는 약관의 개별조항의 설명여부에 따라 보험계약자에게 서로 다른 규율을 적용하는 것은 보험계약자 평등대우의 요청에 반하고, 위험단체의 유지를 위해서는 교부 설명되지 않은 약관이라도 적용해야 할 필요가 있으며, 보험계약자로서도 약관의 설명이 없었더라도 그 약관에 의해 계약을 유지시키는 것이 계약을 해소시키는 것보다 바람직

없는 것이 원칙이나 다만 당사자 사이에서 명시적으로 약관의 내용과 달리 약정한 경우에는 위 약관의 구속력은 배제된다고 보아야 한다." 대법원 1989. 3. 28. 선고 88다4645 판결.

54) 손지열, 앞의 책, 319면.
55) 양승규, 115면; 장경환, 앞의 논문, 116면.

하다는[56] 점을 근거로 든다.

2) 중첩적 적용설(계약설)

중첩적 적용설은 상법과 약관규제법이 중첩적으로 적용된다고 보아, 보험계약자가 3개월 이내에 취소하지 않는 경우 약관규제법에 의하여 계약의 내용이 되지 않는다는 견해이다. 약관규제법 제30조 제2항의 해석에서 특정 거래분야에 대하여 개별법이 규율한다고 하여 그 분야에 항상 개별법만이 적용되고 약관규제법은 완전히 배제된다고 볼 수 없으며, 개별법 규정의 내용이 불충분하거나 규율하지 않는 부분에 대하여는 약관규제법이 여전히 보충적용된다고 한다.[57] 따라서 상법에서 보험약관에 관하여 규율하고 있는 상법 제638조의3의 내용이 불충분하므로 보험자가 설명의무를 위반한 경우 보험자는 약관규제법 제3조 제2항에 의하여 설명되지 아니한 약관조항을 계약내용으로 주장할 수 없다는 견해로서 우리 판례의 입장이기도 하다.

(4) 판례의 입장과 설명의무의 예외

1) 계약설

판례는 계약설에 입각하여 있고, 상법 제638조의3과 관련하여서는 중첩적 적용설에 의한다. 대법원 1985. 11. 26. 선고 84다카2543 판결은 "보통보험약관이 계약당사자에 대하여 구속력을 갖는 것은 그 자체가 법규범 또는 법규범적 성질을 가진 계약이기 때문이 아니라 보험계약당사자 사이에서 계약내용에 포함시키기로 합의하였기 때문이라고 볼 것인바, 일반적으로 당사자 사이에서 보통보험약관을 계약내용에 포함시킨 보험계약서가 작성된 경우에는 계약자가 그 보험약관의 내용을 알지 못하는 경우에도 그 약관의 구속력을 배제할 수 없는 것이 원칙이나 다만 당사자 사이에서 명시적으로 약관에 관하여 달리 약정한 경우에는 위 약관의 구속력은 배제된다"고 하였고, 이는 보통보험약관의 효력을 계약설에서 구한 효시가 되는 판결이다. 이후 판례는 일관되게 계약설에 입각하여 있다.[58]

---

56) 장경환, "보험약관과 약관규제법", 「보험법연구」, 2, 삼지원, 1998, 147면.
57) 김영천, "보험약관의 명시설명의무", 「재판실무연구」, 2002, 144-145면; 김경철, "보험약관의 설명의무", 「재판과 판례」 제9집, 2000, 180-181면 등 대다수의 견해이다.
58) 그 판결들로는 대법원 1986. 10. 14. 선고 84다카122 판결, 대법원 1989. 3. 28. 선고 88다4645 판결, 대법원 1989. 11. 14. 선고 88다카29177 판결, 대법원 1990. 4. 27. 선고 89다카24070 판결, 대법원 1991. 9. 10. 선고 91다20432 판결, 대법원 1996. 10. 11. 선고 96다19307 판결, 대법원 1997. 9. 5. 선고 95다47398 판결, 대법원 1999. 4. 9. 선고 98다20714 판결, 대법원 2004. 11. 11. 선고 2003다30807 판결, 대법원 2007. 6. 29. 선고 2007다9160 판결 등이 있다.

2) 설명의무의 면제

판례는 설명을 하지 않아도 계약의 내용이 되는 사항으로 크게 세 가지의 예외를 인정한다. 그 세 가지의 예외의 경우는 규범설에 의한 결론과 동일하다. 다만 보험자가 고객에게 약관의 내용을 따로 설명할 필요가 없는 특별한 사정이 있다는 점은 이를 주장하는 보험자가 증명하여야 한다.[59]

① 보험계약자나 그 대리인이 약관의 내용을 충분히 잘 알고 있는 경우

이 면제를 정확히 적용한 보험약관 사건은 주운전자에 관한 것이다.[60] 여기서는 보험계약자가 주운전자의 고지의무에 관한 보험약관상의 내용을 충분히 잘 알면서 보험료 절감을 위하여 주운전자를 허위로 고지하였다고 보아, 보험자가 그에 관한 약관설명의무를 다하지 아니하였다는 보험계약자의 항변을 배척하고 고지의무 위반을 이유로 보험계약의 해지를 인정하였다. 이러한 사안에서 보험계약자가 해당 약관의 내용을 충분히 잘 알고 있었다는 점에 대한 입증책임은 보험자가 부담한다.[61]

② 거래상 일반적이고 공통된 것이어서 당사자가 알고 있다고 예상할 수 있는 사항

이 예외에서 판례는 해당 약관을 보험거래에서 일반적으로 사용하고 있다는 근거를 내세운다. 그 판례들로 자동차종합보험의 대인배상에서 피해자가 피보험자의 피용자로서 근로기준법에 의한 재해보상을 받을 수 있는 경우를 면책사유로 한 조항,[62] 비사업용 자동차의 경우 요금이나 대가를 받고 자동차를 사용한 때에 생긴 사고로 인한 손해에 대하여는 보험자에게 책임이 없는 것으로 규정한 조항,[63] 작업기계로 사용되는 중기를 교통승용구로 보지 않는다는 조항[64] 등을 예시할 수 있다.[65]

상해보험약관의 기왕증 감액규정이 설명의무의 대상이 되는지 여부가 문제된

59) 대법원 2001. 7. 27. 선고 99다55533 판결; 대법원 2003. 8. 22. 선고 2003다27054 판결; 대법원 2010. 7. 15. 선고 2010다19990 판결 등 참조
60) 대법원 1998. 4. 14. 선고 97다39308 판결.
61) 대법원 2003. 8. 22. 선고 2003다27054 판결; 대법원 2001. 7. 27. 선고 99다55533 판결 등 참조.
62) 대법원 1990. 4. 27. 선고 89다카24070 판결.
63) 대법원 1992. 5. 22. 선고 91다36642 판결.
64) 대법원 2002. 2. 8. 선고 2001다72746 판결.
65) 그런데 다음의 판결들은 면제사유가 아니라 하였다. 선박미확정의 해상적하보험계약에서 사용된 영국협회선급약관(대법원 2001. 7. 27. 선고 99다55533 판결), '피보험자가 자동차정비업, 주차장업, 급유업, 세차업, 자동차판매업 등 자동차 취급업무상 수탁받은 자동차를 운전중 생긴 사고로 인한 손해' 조항이 보험계약의 중요한 내용에 대한 것으로서 설명의무의 대상이 된다고 판단한 사례이나 이는 모든 자동차보험회사가 그 약관에 포함시키고 있다(대법원 2001. 9. 18. 선고 2001다14917,14924 판결). 자기신체사고보험의 공제(대법원 2004. 11. 25. 선고 2004다28245 판결)

사안에서, 판례66)는 정액보험인 상해보험에서는 기왕장해가 있는 경우에도 약정 보험금 전액을 지급하는 것이 원칙이고 예외적으로 감액규정이 있는 경우에만 보험금을 감액할 수 있으므로, 기왕장해에 해당하는 보험금 부분을 감액하는 것이 거래상 일반적이고 공통된 것이어서 보험계약자가 별도의 설명 없이도 충분히 예상할 수 있는 내용이라고 볼 수 없다고 하였다. 타당한 판결이다.

③ 법령에 규정된 사항

법령에 규정된 사항을 구체적으로 부연하는 정도에 불과한 경우에는 설명의무가 면제된다. 자동차보험약관에서 통지의무조항,67) 수출계약의 의미,68) 화재보험 보통계약상의 증개축시 통지의무이행,69) 증권에 관한 판례70)들이 그것이다. 어떤 면허를 가지고 운전하여야 무면허운전이 되지 않는지에 관한 조항,71) 보험약관상 고지의무에 관한 조항,72) 계약자 또는 피보험자가 손해의 통지 또는 보험금청구에 관한 서류에 고의로 사실과 다른 것을 기재하였거나 그 서류 또는 증거를 위조하거나 변조한 경우를 면책사유로 정한 조항73) 등을 예시할 수 있다.

다만 고지의무 그 자체와 고지의무의 대상이 되는지 여부와는 구별하여야 한다. 오토바이 사용 여부가 고지의무의 대상으로 되어 있는 경우 그 약관의 내용이 법령에 의하여 정해진 것을 되풀이하거나 부연하는 정도에 불과하다고 볼 수 없어, 보험자의 명시·설명의무가 면제되지 않는다.74) 같은 취지에서 보험약관상

---

66) 대법원 2015. 3. 26. 선고 2014다229917,229924 판결. 또한 그 "감액규정이 이미 법령에 정하여진 것을 되풀이하거나 부연하는 정도에 불과한 사항이라고 볼 수도 없다. 따라서 보험계약자나 그 대리인이 그 내용을 충분히 잘 알고 있지 않는 한 보험자는 위 감액규정을 명시·설명할 의무가 있다"고 하였다.

67) 대법원 1998. 11. 27. 선고 98다32564 판결. 자동차 구조변경 등과 관련된 약관상 통지의무가 상법 제652조 제1항에서 이미 규정된 통지의무를 구체적으로 부연한 정도에 불과한 경우 그 약관 내용에 관하여 보험자에게 별도의 설명의무가 없으며, 보험계약자가 자동차의 구조변경(크레인장착) 사실을 통지하지 않은 경우 상법 제652조 제1항에 의하여 보험계약자의 통지의무위반을 이유로 보험계약을 해지할 수 있다고 한 사례이다.

68) 대법원 1999. 9. 7. 선고 98다19240 판결.

69) 대법원 2000. 7. 4. 선고 98다62909,62916 판결(화재보험보통약관에서 보험계약을 체결한 후 뚜렷한 위험의 변경 또는 증가와 관련된 피보험 건물의 구조변경·개축·증축 등의 경우 보험계약자 또는 피보험자는 지체 없이 이를 보험자에게 알릴 의무를 규정하고 있다고 하더라도 이는 상법 제652조 제1항에서 이미 정하여 놓은 통지의무를 화재보험에서 구체적으로 부연한 정도의 규정에 해당하여 그에 대하여는 보험자에게 별도의 설명의무가 인정된다고 볼 수가 없다).

70) 증권에 관한 것으로 대법원 2003. 12. 11. 선고 2001다33253 판결(이 사건 투자신탁약관 제16조 제3항의 규정은 구 투신업법 제7조 제4항 단서에 규정된 내용과 동일한바 위와 같이 약관의 내용이 이미 법령에 의하여 정하여진 것을 되풀이 하는 것에 불과한 경우에는 약관 작성자에게 명시·설명의무가 있다고 할 수 없으므로).

71) 대법원 2000. 12. 12. 선고 2000다48036 판결.

72) 대법원 2001. 1. 5. 선고 2000다31847 판결.

73) 대법원 2003. 5. 30. 선고 2003다15556 판결.

오토바이 사용 여부가 통지의무 대상으로 되어 있는 경우 그 약관의 내용이 법령에 의하여 정해진 것을 되풀이하거나 부연하는 정도에 불과하다고 볼 수 없어, 명시·설명의무가 면제되지 않는다 하였다.[75)]

그런데 법령에 규정된 사항을 부연하는 정도에 불과한지 여부를 판단하는 일은 쉽지 않다. 법률전문가가 아닌 일반의 소비자는 법령에 규정된 사항이라 하더라도 알기 어려운 내용이 많은 만큼, 이 예외를 인정함에 있어서는 극히 소극적이어야 한다.

④ 기타 특별한 사정

'자동차종합보험의 가족운전자 한정운전 특별약관에서의 가족의 범위에 기명피보험자의 자녀와 사실혼관계에 있는 사람은 포함되지 않는다는 것이 문제된 사안이었다. 판례[76)]는 그 특별약관은 보험자의 면책과 관련되는 중요한 내용에 해당하는 사항으로서 일반적으로 보험자의 구체적이고 상세한 명시·설명의무의 대상이 된다고 하면서도, 그러나 보험계약자가 기명피보험자의 사위나 며느리가 될 자가 자동차를 운전하다가 발생하는 사고에 대하여도 종합보험을 적용받기 원하는 의사를 표시하는 등의 특별한 사정이 없는 한, 보험자가 기명피보험자의 자녀가 사실혼관계에 있을 경우를 상정하여 그 자녀와 사실혼관계에 있는 사람은 가족의 범위에 포함되지 않는다고까지 약관을 명시·설명할 의무가 있다고 볼 수는 없다고 하였다. 요컨대 관련된 사고가 대단히 예외적이면서도 특별한 경우이므로 이런 모든 경우까지 예상하여 설명할 필요는 없다는 근거이다.

그러하다면 판례는 예외사유를 하나 더 추가한 것으로 볼 수 있다. 기존의 세 가지 예외사유 이외에도 특별한 경우를 상정하여 그에 대하여는 설명할 의무가 없다고 한 것이다. 그런데 설명의무와 관련한 많은 사건이 새로우면서도 특별한 경우의 다툼이라면 법적 안정성의 측면에서 의문이 생긴다. 판례가 계약설에 입각하고 있어 법리적으로 택할 수 있는 범위가 제한되는 점에서 이해되는 면도 있으나, 장기적으로는 고객보호의무로서의 설명의무의 법리 등으로 해결하는 방향을 고려해야 한다.

---

74) 대법원 2005. 10. 28. 선고 2005다38713(본소), 2005다38720; 대법원 2020. 1. 16. 선고 2018다242116 판결도 같은 취지이다.
75) 대법원 2021. 8. 26. 선고 2020다291449 판결.
76) 대법원 2014. 9. 4. 선고 2013다66966 판결.

3) "중요한" 내용에 관한 판례의 유형화

① 설명의 대상이 되는 중요한 내용이 된다고 한 경우

판례는 중요한 내용에 대한 설명의무를 위반한 경우에만 그 설명되지 않은 약관조항은 계약의 내용으로 주장하지 못한다고 한다. 그 중요한 내용에 해당한다고 한 판례를 본다.

첫째, 고지의무 위반과 관련한 판례로서 주운전자의 고지의무 위반 사건이 다수이다. 보험자가 고지의무 위반을 이유로 보험계약을 해지하고자 할 때, 보험계약자는 설명의무 위반을 문제삼아 당 약관상 조항이 보험계약의 내용이 되지 않는다고 주장한 경우 등이다.[77] 그 판례들은 계약설을 취하면서 약관을 계약의 내용으로 편입하고자 하는 당사자 사이의 합의가 있어야 하는 점, 고지의무도 당사자에게 설명을 하지 않는다면 그 위반을 이유로 계약을 해지할 수 없다는 점 등을 근거로 한다.

둘째, 기타 "중요한"에 해당한다고 한 판례들이다. 먼저, 한정운전특별약관은 중요한 내용이 된다고 한 것으로, 26세이상한정운전특별약관,[78] 21세이상한정운전특별약관,[79] 가족운전자한정운전특약[80] 등이다. 그리고 안전설계보험약관 소정의 자동차소유자에 자동차등록명의자만이 포함된다는 사실,[81] 재해보험상 오토바이운

---

77) 이들로 대법원 1992. 3. 10. 선고 91다31883 판결; 대법원 1996. 3. 8. 선고 95다53546 판결; 대법원 1996. 4. 12. 선고 96다4893 판결; 대법원 1997. 3. 14. 선고 96다53314 판결(기타 대법원 1997. 3. 14. 선고 96다53314 판결도 그 취지는 동일한 것이나 설명의무를 다하였다고 보았다. 주운전자의 고지의무와 관련하여 보험계약자로부터 주운전자 변경시 변경신청을 하겠다는 서면확약을 받은 경우 설명의무가 이행되었을 개연성이 높다는 취지로 판시한 사례이다); 대법원 1997. 9. 26. 선고 97다4494 판결; 대법원 1998. 4. 10. 선고 97다47255 판결 등이 있다. 다만 대법원 1998. 4. 14. 선고 97다39308 판결에서는 그 취지는 동일하나 보험계약자가 알고 있는 사실에 대하여는 설명할 필요가 없다고 하여 보험자의 승소를 판결하였다(상법 제638조의3에서 보험자의 약관설명의무를 규정한 것은 보험계약이 성립되는 경우에 각 당사자를 구속하게 될 내용을 미리 알고 보험계약의 청약을 하도록 함으로써 보험계약자의 이익을 보호하자는 데 입법취지가 있고, 보험약관이 계약 당사자에 대하여 구속력을 갖는 것은 보험계약 당사자 사이에 그것을 계약 내용에 포함시키기로 합의하였기 때문이라는 점 등을 종합하여 보면, 보험계약자나 그 대리인이 약관의 내용을 충분히 잘 알고 있는 경우에는 그 약관이 바로 계약 내용이 되어 당사자에 대하여 구속력을 갖는다고 할 것이므로, 보험자로서는 보험계약자 또는 그 대리인에게 약관의 내용을 따로이 설명할 필요가 없다고 보는 것이 상당하다고 할 것이다. 이러한 취지에서 이 사건 보험계약자나 그 대리인이 주운전자의 개념이 무엇인지 또 주운전자의 나이나 보험경력 등에 따라 보험료율이 달라진다는 사실에 대하여 잘 알고 있었다면 보험자로서는 다시 이를 설명할 필요가 없다고 한 원심 판단도 정당하고 거기에 소론 주장과 같은 설명의무, 고지의무에 관한 법리오해 등의 위법이 있다고 할 수 없다).
78) 대법원 1998. 6. 23. 선고 98다14191 판결; 대법원 1997. 8. 29. 선고 97다16343 판결.
79) 대법원 2003. 11. 14. 선고 2003다35611 판결.
80) 대법원 2003. 8. 22. 선고 2003다27054 판결.
81) 대법원 1996. 6. 25. 선고 96다12009 판결.

전자의 보험가입 배제,[82] 자동차종합보험계약의 승계절차,[83] 상해보험의 면책사유,[84] '다른 자동차운전담보 특별약관' 중 보상하지 아니하는 손해,[85] 업무용자동차보험에서 유상운송면책조항,[86] 자기신체사고보험의 보상범위,[87] 선박미확정의 해상적하보험계약에서 사용된 영국협회선급약관[88] 등이 있다.

② 중요한 내용이 아니라고 한 경우

판례는 다음의 경우들에 있어서는 중요한 내용에 포함되지 않는다고 하였다. 여기서의 판례 근거는 두 가지로 구별되고, 이 두 가지 근거를 모두 제시한 경우도 있다.

첫째, 거래상 일반적이고 공통된 것이어서 설명의 대상이 되는 중요한 내용이 아니라고 한 것이다. 자동차보험에 있어서의 산재보험수혜자면책조항,[89] 비사업용자동차에 있어서 유상운송행위면책조항[90]이 있다.

---

82) 대법원 1995. 8. 11. 선고 94다52492 판결. 보험상품의 내용·보험료율의 체계·보험청약서상 기재사항의 변동사항·보험계약자 또는 그 대리인의 고지의무 등이 중요내용이라고 하였다. 재해를 직접원인으로 사망한 경우 주계약보험금의 10배를 지급하는 보험계약에서 보험자가 약관의 위험직종 1급 또는 2급으로 분류되는 영업상 또는 비영업상 오토바이 사용자는 가입할 수 없다는 규정 및 이에 관한 고지의무사항을 설명하지 않은 경우 위 약관상의 고지의무조항을 들어 계약을 해지할 수 없다고 한 사례이다.

83) 대법원 1994. 10. 14. 선고 94다17970 판결.

84) 대법원 1999. 3. 9. 선고 98다43342,43359 판결. 통신판매 방식의 상해보험계약의 약관에서 피보험자가 전문등반, 글라이더조종, 스카이 다이빙, 스쿠버다이빙, 행글라이딩, 또는 이와 비슷한 위험한 운동을 하는 동안에 생긴 손해에 대하여는 보상하지 아니한다는 규정을 설명하지 않은 경우 피보험자가 보험기간중 스킨스쿠버다이빙을 하던 중 사망한 사안에서 보험자가 면책을 주장할 수 없다고 한 사례이다.

85) 대법원 2001. 9. 18. 선고 2001다14917,14924 판결. 보상하지 아니하는 손해인 '피보험자가 자동차정비업, 주차장업, 급유업, 세차업, 자동차판매업 등 자동차 취급업무상 수탁받은 자동차를 운전중 생긴 사고로 인한 손해' 조항이 보험계약의 중요한 내용에 대한 것으로서 설명의무의 대상이 된다고 하였다.

86) 대법원 1999. 5. 11. 선고 98다59842 판결(피보험차량을 유상운송에 제공할 경우에는 보험자가 면책될 수 있다는 등의 약관조항에 대하여는 아무런 설명도 하지 아니하였음을 알 수 있고, 피고가 위와 같은 면책약관 등의 내용에 대하여 알고 있었다거나 위 약관조항이 거래상 일반적이고 공통된 것이어서 별도의 설명이 없더라도 충분히 예상할 수 있었던 사항이거나 이미 법령에 의하여 정하여진 것을 되풀이하거나 부연하는 정도에 불과한 사항이라고 볼 수도 없으므로, 원고가 위 면책약관에 대하여 피고에게 구체적이고 상세하게 명시·설명하지 아니한 이상 원고는 위 약관을 근거로 면책을 주장할 수 없다고 보아야 한다.

87) 대법원 2004. 11. 25. 선고 2004다28245 판결.

88) 대법원 2001. 7. 27. 선고 99다55533 판결.

89) 대법원 1990. 4. 27. 선고 89다카24070 판결(보험업자의 설명을 요할 정도의 중요한 것이라고 보기 어려운 이 사건에 있어서 (위 면책조항은 자동차종합보험보통약관에 있어서 일반적이고 공통되는 규정이다), 보험계약자인 원고가 위 약관내용을 자세히 살펴보지 아니하거나 보험업자의 설명을 듣지 아니하여 알지 못한다는 이유로 위 약관의 구속력에서 벗어날 수 없다고 할 것이다). 이 판결은 자동차보험약관상 일반적이고 공통된 규정이어서 설명의 대상이 되는 중요한 사항이 아니라고 한다.

90) 대법원 1992. 5. 22. 선고 91다36642 판결. 그러나 업무용자동차보험에서의 유상운송면책조항은

둘째, 그러한 사정을 알았더라도 계약체결에 영향을 미치지 않았을 경우이어서 중요한 내용이 아니라고 한 것이다. 사실혼 배우자가 피해자일 경우의 면책조항,91) 복합화물운송배상책임보험계약의 보상한계 또는 별도의 부보위험을 담보하는 특약의 구체적인 담보내용92)이 있다.

셋째, 두 가지를 모두 근거로 제시한 판례로 무보험자동차에 의한 상해보상특약,93) 보험금청구권상실조항94)이 있다.

〈중요한 내용에 관한 판례의 유형화〉95)

중요한 내용으로 본 것	중요한 내용이 아니라고 본 것
한정운전특별약관	무면허운전시 면허의 종류
자동차소유자에 자동차등록 명의자만이 포함된다는 사실	사실혼 배우자가 피해자일 경우의 면책조항
재해보험상 오토바이운전자의 보험가입 배제	보험금청구권상실조항
자동차종합보험계약의 승계 절차	화재보험에 있어서의 폭발면책조항

반드시 설명이 필요한 중요한 내용이라는 판결이 대법원 1999. 5. 11. 선고 98다59842 판결이다.

91) 대법원 1994. 10. 25. 선고 93다39942 판결(객관적으로 보아 보험계약자인 소외 OOO이 위 약관면책조항의 배우자에 사실혼관계의 배우자가 포함됨을 알았더라면 피고 회사와 이 사건 보험계약을 체결하지 아니하였으리라고 인정할 만한 사정도 엿보이지 않는 이 사건에서 위 사실은 약관의 중요한 내용이 아니라고 한 원심의 판단은 정당하고).

92) 대법원 2005. 10. 7. 선고 2005다28808 판결(복합화물운송주선업자들이 통상 체결하는 복합화물운송 배상책임보험계약의 보상한계 또는 별도의 부보위험을 담보하는 특약의 구체적인 담보 내용은, 보험모집인이 그에 관하여 구체적이고 상세하게 명시·설명하였다고 하더라도 보험계약자가 거액의 보험료를 추가로 지출하면서까지 위 특약에 가입하였을 것으로는 볼 수 없는 점 등에 비추어 명시·설명의무의 대상이 되는 약관의 중요한 내용에 해당한다고 볼 수 없다).

93) 대법원 2004. 4. 27. 선고 2003다7302 판결(보험계약 체결 당시 그 구체적인 산정기준이나 방법에 관한 명시·설명을 받아서 알았다고 하더라도 이 사건 특약을 체결하지 않았을 것으로는 보이지 않고, 나아가 이러한 산정기준이 모든 자동차 보험회사에서 일률적으로 적용되는 것이어서 거래상 일반인들이 보험자의 설명 없이도 충분히 예상할 수 있었던 사항이라고도 볼 수 있는 점 등에 비추어 보면, 위의 무보험자동차에 의한 상해보상특약에 있어서 그 보험금액의 산정기준이나 방법은 약관의 중요한 내용이 아니어서 명시·설명의무의 대상이 아니라고 보는 것이 옳다).

94) 대법원 2003. 5. 30. 선고 2003다15556 판결(위 약관조항에 관하여 설명이 있었다고 하여 당해 계약을 체결하지 않았으리라고는 인정되지 아니하므로 이를 설명의무가 있는 약관의 중요한 내용이라고 보기 어렵고, 더욱이 이 사건 보험약관 제30조에 정해진 보험금청구권의 상실사유는 보험계약에 있어서 신의성실의 원칙에 반하는 사기적 보험금청구행위를 허용할 수 없다는 취지에서 규정된 것으로서, 보험계약 당사자의 윤리성이나 선의성을 요구하는 보험계약의 특성 및 상법에 보험의 투기화·도박화를 막고 피보험자에게 실제의 피해 이상의 부당한 이득을 취득하지 못하도록 하기 위하여 고의로 인한 보험사고의 경우에는 보험자의 면책을 인정하고, 보험계약이 사기로 인한 초과보험인 경우 그 계약 자체를 무효로 규정하고 있는 점 등에 비추어 볼 때 이는 거래상 일반인들이 보험자의 설명 없이도 당연히 예상할 수 있던 사항에 해당하여).

95) 장덕조, "보험자의 설명의무", 「민사판례연구」 제29권, 민사판례연구회, 2007, 1067면.

96) 대법원 2001. 7. 27. 선고 99다55533 판결.

상해보험의 면책사유	무보험자동차에 의한 상해보상특약
다른 자동차 운전담보 특별약관 중 보상하지 아니하는 손해	복합화물운송 배상책임보험 계약의 보상한계
업무용자동차보험에서 유상운송면책조항	비사업용자동차에 있어서 유상운송행위 면책조항
자기신체사고보험의 보상범위	자동차보험에 있어서의 산재보험수혜자 면책조항
선박미확정의 해상적하보험계약에서 사용된 영국협회 선급약관96)	금융기관종합보험계약(Bankers Policy)의 일반 조건(General Conditions) 제12조 (ii)호97)
보험약관에서 피보험자의 폭행 또는 구타에 기인하는 배상책임은 보상하지 아니한다는 면책조항을 규정하고 있는 경우에 그 면책조항이 상법 제659조 제1항의 내용을 초과하는 범위98)	피보험자동차의 양도에 관한 통지의무를 규정한 보험약관99)

기타, 위의 근거와는 다른 근거하에 중요한 내용이 아니라고 한 경우로 화재보험에 있어서의 폭발면책조항,100) 무면허운전이 되는 면허의 종류101)가 있다.

(5) 소　결

판례는 보험약관의 구속력을 계약설에 입각하는 한편, 그 예외를 점차 늘려나가는 추세이다. 보험계약자나 그 대리인이 약관의 내용을 충분히 잘 알고 있는 경우, 거래상 일반적이고 공통된 것이어서 당사자가 알고 있다고 예상할 수 있는 사항, 그리고 법령에 규정된 사항에 대하여는 설사 그것이 중요한 내용이라 하더

---

97) 대법원 2008. 8. 21. 선고 2007다57527 판결.
98) 대법원 2006. 1. 26. 선고 2005다60017,60024 판결.
99) 대법원 2006. 1. 26. 선고 2005다60017,60024 판결.
100) 대법원 1993. 4. 13. 선고 92다45261,45278 판결. 법원은 "위 화재보험체결 이전에도 피고는 원고와 사이에 (중략) 화재보험을 체결하여 오다가 그 기존화재보험을 해지하고 에프.오.씨(에프) 약관 [F.O.C.(F) Policy]에 따른 담보조건으로 이 사건 화재보험계약을 체결한 사실이 인정되고 그 폭발면책 약관의 내용에 해석상 차이가 없다고 보이므로 원고가 피고에게 위 면책약관을 특별히 설명하여 주지 않았다 하더라도 위 법률 제3조 제2항이 정하는 설명을 하지 아니한 것이라고도 할 수 없으며"라고 하여 과거에 계속해서 사용하여 오던 것이어서 설명의무의 대상이 아니라고 하였다.
101) 대법원 2000. 5. 30. 선고 99다66236 판결. 법원은 "피고의 주장은 원고가 무면허운전 면책약관 자체에 대한 설명을 하여 주지 않았다는 것보다는 이 사건 피보험자동차를 어떤 면허를 가지고 운전하여야 무면허운전이 되지 않는지에 관한 설명을 하여 주지 않았다는 점에 중점이 있는 것으로 보이고, 이 점은 보험자의 약관설명의무 범위 밖의 사항이라 할 것이어서, 원고가 그와 같은 점에 관하여 정확한 설명을 하여 주지 않았다는 이유만으로 약관설명의무를 위반하였다고 볼 수는 없으므로"라고 하고 있으나, 설시만으로는 그 근거를 찾기 어렵다.

라도 설명할 필요 없이 계약의 내용으로 편입된다는 예외를 인정하면서도, 또한 일부 약관에 대하여는 중요한 내용이 되지 않아 설명의무가 면제된다는 것도 그러하다. 그런데 이러한 판례의 입장에는 의문이 있다. 거래상 일반적이고 공통된 것이어서 당사자가 알고 있다고 예상할 수 있는 사항에 대하여, 대법원은 그 논거로 '다른 보험약관에서도 일반적으로 사용하는 것'을 내세운다. 그러나 이 논거라면 보험회사가 사용하는 모든 표준약관이 이에 해당할 수 있어 사건들 사이의 형평상 논리적으로 수용되기 어렵다. 예컨대 자동차보험 표준약관에서 공통적으로 사용하는 면책사유는 거래상 일반적인 것이 되고 결과적으로는 설명의 대상이 되지 않는다는 논리가 될 수 있기 때문이다.

전통적인 법률행위이론이 사법이론의 기초인 점, 약관규제법 제3조의 규정 등을 보면 현재의 법체계에서는 계약설이 보다 설득력이 있다. 그러나 보험약관의 존재이유인 시간과 비용의 절약, 위험단체의 기초 등을 본다면 규범설의 주장에 귀기울일 필요가 있다. 판례가 설명의 예외를 점차 늘려가고 있어 규범설의 입장에 접근하는 것으로 보이고, 이는 규범설의 비판 중 보험의 단체성 등 설득력 있는 근거에 일부 기인하는 것으로도 보인다. 다만 현재로서의 큰 문제는 대법원이 다루지 않은 새로운 사건을 접함에 있어서 판례의 입장을 예측하기 어렵다는 점이다. 법적 안정성의 차원에서 보다 분명한 기준이 필요하다.

5. 보험약관의 소급적용

금융위원회는 보험계약자 등의 보호를 위하여 보험회사의 업무운영이 적정하지 아니하거나 자산상황이 불량하여 보험계약자 및 피보험자 등의 권익을 해칠 우려가 있다고 인정되는 경우에는 보험약관의 변경을 명할 수 있다(보험업법 제131조 제2항). 따라서 그 개정된 보험약관은 계속적 보험계약관계에 있어서 기존의 보험계약에 대하여 아무런 영향을 미치지 아니함이 원칙이다. 그러나 예외가 존재한다.

첫째, 보험계약의 당사자가 기존의 보험계약에 대하여 개정된 보험약관을 적용하기로 합의하면 기존의 보험계약에 대하여도 개정된 보험약관이 적용된다.[102]

둘째, 금융위원회가 보험약관의 변경을 명하는 경우 보험계약자·피보험자 또는 보험금을 취득할 자의 이익을 보호하기 위하여 특히 필요하다고 인정하면 이미 체결된 보험계약에 대하여도 장래에 향하여 그 변경의 효력을 미치게 할 수 있다(보험업법 제131조 제3항). 이 경우는 개정된 보험약관이 기존에 체결된 보험계

---

102) 박세민, 64면.

약에 대하여 소급적용되는 결과가 된다.

6. 보험약관의 해석

보험약관의 법원성을 어떻게 보느냐에 따라 해석원칙이 다르다. 규범설에 의하면 법규범의 해석원칙에 의할 것이나, 계약설에 의하면 당사자의 의사와 법률행위의 해석원칙에 의할 것이다.

(1) 계약해석과 구별되는 약관해석

대법원 판결[103]에서 약관해석과 관련한 중요한 쟁점이 되었다. 2년 경과시의 자살은 면책사유가 아니라는 약관 규정의 해석과 관련하여 약관해석은 계약해석과 동일한 것이어서 오표시무해의 원칙 등이 적용된다고 한 원심판결[104]을 지지하는 견해에서는, 약관이 계약인 이상 약관의 해석은 계약의 해석과 본질적으로 다르지 않다고 하면서 계약의 해석에서 고려될 수 있는 모든 요소가 약관의 해석에서도 적용될 수 있다고 한다. 형식과 내용, 약관의 체결 동기 및 경위, 당사자가 약관을 통해 달성하려는 목적과 진정한 의사, 약관을 둘러싼 거래 관행 등을 종합적으로 고려하여 합리적으로 당사자의 의사를 해석해야 한다고 하며 이와 함께 약관규제법 제5조에 따른 해석도 함께 고려해야 한다고 한다.[105]

그런데 계약설에 의한다 하더라도 약관에 대하여 일반적 계약해석의 원칙이 그대로 적용될 수는 없고, 따라서 계약해석에 관한 일반적 원칙이 약관해석 원칙으로 그대로 적용되기에는 여러 제한이 있을 수밖에 없다. 약관해석은 일반적 계약해석과는 다음의 점에서 구별되기 때문이다. (i) 약관의 법적 성질에 대한 논쟁에서 계약설 이외에 규범설이 있고, 규범설이 주장하는 근거들도 설득력이 있어 귀기울일 필요가 있다. 보험약관은 단체성의 원리를 반영하여 특정 당사자에게 우대조건을 주는 등의 특별한 이익공여가 금지되며(보험업법 제98조), 표준화된 약관을 통하여 위험의 분산관리를 한다는 등의 근거가 그것이다. (ii) 당사자들이 협상하여 조건을 정하는 일반적인 계약과의 차이점은 일부 기업보험을 제외한 보험약관은 표준화된 것으로서, 현실적으로 보험약관은 협상의 대상이 아니다.[106] (iii)

---

103) 대법원 2016. 5. 12. 선고 2015다243347 판결.

104) 서울중앙지방법원 2015. 10. 7. 선고 2015나14876 판결.

105) 권영준, 앞의 논문, 218면 이하 ; 김진우, "약관의 해석에 대한 일고찰 - 객관적 해석과 작성자 불이익의 원칙의 유럽법과의 비교를 통한 검토 -,"「재산법연구」제28권 제3호, 2011, 179면 이하.

106) Westlye v. Look Sports, 17 Cal. App. 4th 1715, 22 Cal. Rptr. 2d 781, 93 C.D.O.S. 6319, 93 Daily Journal D.A.R. 10825 (3d Dist. 1993). 보험계약의 보험료나 면책사유 등의 개별조건은 약

약관해석의 원칙은 약관규제법 제4조에서 규정하는 개별약정우선의 원칙, 신의성실의 원칙, 객관적 해석의 원칙, 통일적 해석의 원칙, 그리고 동 법률 제5조에서 규정하는 작성자불이익의 원칙 등이 있다. (iv) 약관해석에서는 일반적인 계약해석과 달리 개별적 거래상대방인 소비자의 목적이나 의사를 참작하지 않고 평균적인 고객의 이해가능성을 기준으로 한다.

판례도 약관해석과 계약해석은 다른 것으로 보는 듯하다. 판례는 "약관의 해석에 있어 보험약관은 신의성실의 원칙에 따라 해당 약관의 목적이나 취지를 고려하여 공정하고 합리적으로 해석하되, 개개 계약 당사자가 기도한 목적이나 의사를 참작하지 않고 평균적 고객의 이해가능성을 기준으로 보험단체 전체의 이해관계를 고려하여 객관적·획일적으로 해석하여야 하며, 위와 같은 해석을 거친 후에도 약관조항이 객관적으로 다의적으로 해석되고 그 각각의 해석이 합리성이 있는 등 해당 약관의 뜻이 명백하지 아니한 경우에는 고객에게 유리하게 해석하여야 한다"고 판시한다.[107]

(2) 작성자불이익의 원칙

보험약관의 내용이 명확하지 않은 경우 보험자에게 불리하게, 보험계약자에게 유리하게 해석하여야 한다는 원칙으로 '불명확조항해석의 원칙'이라고도 불린다. 약관이 모호한 경우 그 작성자에게 책임을 지우고, 또한 상대적 약자인 보험계약자를 보호하겠다는 취지이다. 약관규제법도 약관의 뜻이 명백하지 아니한 경우에는 고객에게 유리하게 해석되어야 한다고 규정하고(동법 제5조 제2항), 이 원칙을 선언한 판례도 다수이다.[108] 다만, 보험약관의 목적과 취지를 고려하여 공정하고 합리적으로, 그리고 평균적 고객의 이해가능성을 기준으로 객관적이고 획일적으로 해석한 결과 약관 조항이 일의적으로 해석된다면, 고객에게 유리하게 해석할 여지

관의 규정과 다른 내용을 정할 수 있는 협상의 대상, 즉 교섭의 대상이 아닌 것이다. Colin Croly, Doubts about Insurance Codes, J.B.L. 559 (2001).

107) 대상판결 및 대상판결이 인용하고 있는 대법원 2009. 5. 28. 선고 2008다81633 판결 등 다수의 판례가 있다.

108) 대법원 2022. 3. 17. 선고 2021다284462 판결; 대법원 2019. 3. 14. 선고 2018다260930 판결 (보험약관은 신의성실의 원칙에 따라 해당 약관의 목적과 취지를 고려하여 공정하고 합리적으로 해석하되, 개개 계약 당사자가 기도한 목적이나 의사를 참작하지 않고 평균적 고객의 이해가능성을 기준으로 보험단체 전체의 이해관계를 고려하여 객관적·획일적으로 해석하여야 하며, 위와 같은 해석을 거친 후에도 약관조항이 객관적으로 다의적으로 해석되고 그 각각의 해석이 합리성이 있는 등 해당 약관의 뜻이 명백하지 아니한 경우에는 고객에게 유리하게 해석하여야 한다); 대법원 2016. 5. 12. 선고 2015다243347 판결; 대법원 2011. 8. 25. 선고 2009다79644 판결; 대법원 2010. 3. 25. 선고 2009다38438,38445 판결; 대법원 2005. 4. 15. 선고 2004다65138,65145 판결; 대법원 2007. 2. 22. 선고 2006다72093 판결; 대법원 2005. 10. 28. 선고 2005다35226 판결 등.

가 없어 작성자불이익의 원칙이 적용되지 않는다.[109]

(3) 평균적 고객의 이해가능성에 따른 객관적 해석의 원칙

보험약관은 객관적으로 해석되어야 하고 보험계약자에 따라 다르게 해석되어서는 안 된다(약관규제법 제5조 제1항 후단). 보험약관은 다수의 보험계약자를 대상으로 하므로 당사자의 개별적인 의사보다는 법률의 일반 해석원칙에 따라 보험계약의 단체성·기술성 등을 고려하여 각 규정의 뜻을 합리적으로 해석하여야 하기 때문이다. 판례도 이를 확인하면서 개개 계약체결자의 의사나 구체적인 사정을 고려함이 없이 평균적 고객의 이해가능성을 기준으로 하여 객관적·획일적으로 해석함이 원칙이라고 한다.[110]

그런데 평균적 고객을 어떻게 이해할 것인지도 중요한 쟁점이다. 자살재해면책사건의 최근 판결에서도 그 원심[111]은 명시적 약관상의 문언에도 불구하고 평균적 고객이라면 자살이 재해에 해당하지 않고 따라서 재해보상금의 지급대상이 아님을 분명히 이해할 수 있었다고 함에 반하여, 대법원[112]은 전혀 다른 입장을 취한 것이다.

현재의 법제에 있어 보험거래에서의 평균적 고객은 '합리적이기는 하지만, 보험에 관한 법률지식 등의 전문지식이 부족하여 보험계약의 내용을 이해하기 어려운 자로서 보험자와 대등한 경제적 지위에 있지 않은 자'로 정의할 수 있겠다. 각 요소별로는 다음과 같이 정리할 수 있다. 첫째, 보험자와 대등한 경제적 지위에 있지 않은 자이다. 교섭력이나 개별적인 이익조정을 위하여 보험자와 대등하게 교섭을 할 수 있는 능력이 없는 자이다. 둘째, 보험계약에 관한 전문성 등이 부족하여 보험계약의 내용을 이해하기 어려운 자이다. 보험에 관한 법률지식 등 보험거래에 관한 전문지식이 없는 자이다. 셋째, 일반적 통설에서와 같이 평균적 고객이 '합리적'이어야 한다. 그렇다면, 객관적 해석에 있어 문제가 된 약관상의 문언 이외에도 그 약관의 대상이 되는 보험약관의 문언 자체뿐만 아니라 그 문언의 형식과 내용, 대상 보험약관의 목적, 당해 조항이 포함된 경위, 관련 거래관행, 당해 당사자와 사회의 이익 상황 등을 모두 종합적으로 고려하여 체계적으로 해석할 것을 고객에게 요구하여야 하는가? 그렇지 않다. 고객에게 체계적 해석 등의 종합적 해석을 요구하는 것은 보험에 대한 전문지식이 없는 평균인에 대하여 법률전

---

109) 대법원 2021. 10. 14. 선고 2018다279217 판결.
110) 대법원 2009. 5. 28. 선고 2009다9294,9300 판결.
111) 서울중앙지방법원 2015. 10. 7. 선고 2015나14876 판결.
112) 대법원 2016. 5. 12. 선고 2015다243347 판결.

문가가 수행하는 법률해석 수준 정도를 요구하는 측면이 없지 않아, 이를 받아들
일 수는 없다.[113]

(4) 개별약정우선의 원칙

보험약관에서 정하고 있는 사항에 관하여 사업자와 고객이 약관의 내용과 다
르게 합의한 사항이 있을 때에는 그 합의 사항은 약관보다 우선한다(약관규제법 제
4조).[114] 따라서 보통보험약관과 다른 특별보험약관이 있는 경우에는 특별보험약
관이 우선하게 된다. 보험약관의 성질에 대하여 계약설을 취하는 한 당연한 원칙
인 것으로 보이기도 하나, 보험의 단체성으로 인하여 제한이 따르게 된다. 위험단
체의 구성원들을 평등하게 대우하여야 한다는 기초에서 보험업법은 특별한 이익
을 제공하는 것을 금지하고 있다(보험업법 제98조).

(5) 신의성실의 원칙

약관은 신의성실의 원칙에 따라 공정하게 해석되어야 한다(약관규제법 제5조 제
1항 전단).

(6) 수정해석 또는 효력유지적 축소해석

수정해석과 그 취지를 같이 하는 약관해석 방법으로 당해 규정의 유무효의 판
단을 넘어서 그 규정내용을 일정한 범위로 제한 내지 축소해석하여 그 효력을 유
지하는 방법이다. 보험약관을 포함한 보통거래약관은 기업이 일방적으로 작성한
것이기 때문에 사법부에 의한 수정해석이 일반적으로 승인된다. 면책약관 등의 경
우 이를 무제한적으로 해석하면 그 약관은 무효가 되므로, 이를 제한해석하여 법
적으로 허용되는 범위 내에서 약관의 효력을 유지하고자 하는 해석원칙이다. 판례
는 이 원칙을 채택하고 있고 이를 최초로 선언한 판결이 대법원 1991. 12. 24.
선고 90다카23899 전원합의체 판결로서 "약관의 내용통제원리로 작용하는 신의성
실의 원칙은 보험약관이 보험사업자에 의하여 일방적으로 작성되고 보험계약자로
서는 그 구체적 조항내용을 검토하거나 확인할 충분한 기회가 없이 보험계약을

---

113) 장덕조, "재해사망보험금지급약관의 유효성", 「금융법연구」 제13권 제2호, 2016, 167-204면.
    114) 대법원 1989. 3. 28. 선고 88다4645 판결(보통보험약관이 계약당사자에 대하여 구속력을 갖는
것은 그 자체가 법규범 또는 법규범적 성질을 가진 약관이기 때문이 아니라 보험계약당사자 사이에서
계약내용에 포함시키기로 합의하였기 때문이라고 볼 것인 바, 일반적으로 당사자 사이에서 보통보험약
관을 계약내용에 포함시킨 보험계약서가 작성된 경우에는 계약자가 그 보험약관의 내용을 알지 못하는
경우에도 그 약관의 구속력을 배제할 수 없는 것이 원칙이나 다만 당사자 사이에서 명시적으로 약관의
내용과 달리 약정한 경우에는 위 약관의 구속력은 배제된다고 보아야 한다). 하지만 이 판결은 보험설
계사(구보험모집인)의 법적 지위와 관련하여서는 비판을 받는 판결이다.

체결하게 되는 계약성립의 과정에 비추어, 약관작성자는 계약상대방의 정당한 이익과 합리적인 기대 즉 보험의 손해전보에 대한 합리적인 신뢰에 반하지 않고 형평에 맞게끔 약관조항을 작성하여야 한다는 행위원칙을 가리키는 것이며, 보통거래약관의 작성이 아무리 사적자치의 영역에 속하는 것이라고 하여도 위와 같은 행위원칙에 반하는 약관조항은 사적자치의 한계를 벗어나는 것으로서 법원에 의한 내용통제 즉 수정해석의 대상이 되는 것은 지극히 당연하다. 그리고 이러한 수정해석은 조항전체가 무효사유에 해당하는 경우뿐만 아니라 조항일부가 무효사유에 해당하고 그 무효부분을 추출배제하여 잔존부분만으로 유효하게 존속시킬 수 있는 경우에도 가능한 것이다"고 하였다.

제4 보험계약법의 적용범위

1. 적용범위

(1) 영리보험

상법 제4편 보험편은 영리보험 일반에 적용된다. 산업재해보상보험 등의 공보험에는 적용되지 않는 것이 원칙이다.

(2) 상호보험

상호보험은 상행위가 아니지만 그 성질에 상반되지 않는 한 상법 제4편의 규정이 준용된다(제664조).

(3) 공제 등의 유사보험

공제 등의 유사보험에도 상법 제4편이 준용된다(제664조). 공제는 명칭과 상관없이 그 운용원리 등이 보험에 해당하는 것으로 판례도 보험계약의 법리가 적용되어야 하는 것으로 본다. 판례는 그 근거로 공제가 상호보험과 유사하고 상법 제664조의 규정을 유추적용함을 제시하고 있었다.[115] 그리고 공제가 아니라 하더

---

115) 대법원 1989. 12. 12. 선고 89다카586 판결(육운진흥법 제8조, 같은법시행령 제11조의 규정에 의한 공제사업은 성질상 상호보험과 유사한 것이므로 상법 제664조를 유추적용하여 보험자대위에 관한 상법 제682조를 준용할 수 있다고 보는 것이 타당하다); 대법원 1995. 3. 28. 선고 94다47094 판결(상법 제664조는 상법의 보험편에 관한 규정 중 그 성질에 상반되지 않는 한도에서 상호보험에 준용한다고 규정하고 있는데, 보험금청구권에 대한 시효기간을 단축할 필요성의 점에 있어서는 상호보험이나 주식회사 형태의 영리보험 간에 아무런 차이가 있을 수 없으므로, 단기시효에 관한 위 상법 제662조의

라도 그 성질이 보험제도에 부합하는 것이라면 상법 보험편이 적용됨이 원칙이다.

2. 준거법

(1) 보험의 국제성

보험은 국제적으로 발생하는 거래가 많고 재보험관계 등 보험거래 자체는 국제적인 성격을 띤다. 특히 해상보험에서는 보험자간의 통일적인 약관이용이 보편화되어 있는 반면, 외국법이 적용될 여지가 많은 관계로 외국법 준거약관이 삽입된 경우도 많다. 실무상으로도 국내보험자와 국내기업간의 순수한 국내 해상화물운송의 경우에도 대부분 영국법 준거약관이 이용되고 있다.

(2) 준거법에 관한 합의

1) 원 칙

국제사법 제25조에 의하면 당사자는 계약의 성립과 효력의 준거법을 자유로이 선택할 수 있으므로 외국법 준거약관은 그 효력을 인정하여야 한다. 판례도 이를 명확히 한다. 대법원 1991. 5. 14. 선고 90다카25314 판결은 "보험증권 아래에서 야기되는 일체의 책임문제는 외국의 법률 및 관습에 의하여야 한다는 외국법 준거약관은 동 약관에 의하여 외국법이 적용되는 결과 우리 상법 보험편의 통칙의 규정보다 보험계약자에게 불리하게 된다고 하여 상법 제663조에 따라 곧 무효로 되는 것이 아니고 동 약관이 보험자의 면책을 기도하여 본래 적용되어야 할 공서법의 적용을 면하는 것을 목적으로 하거나 합리적인 범위를 초과하여 보험계약자에게 불리하게 된다고 판단되는 것에 한하여 무효로 된다고 할 것인데, 해상보험증권 아래에서 야기되는 일체의 책임문제는 영국의 법률 및 관습에 의하여야 한다는 영국법 준거약관은 오랜 기간 동안에 걸쳐 해상보험업계의 중심이 되어 온

규정은 상법 제664조에 의하여 상호보험에도 준용된다고 보아야 할 것이다. 그런데 육운진흥법 제8조, 같은법시행령 제11조의 규정에 의하여 자동차운송사업조합이나 자동차운송사업조합연합회가 하는 공제사업은 비록 보험업법에 의한 보험사업은 아닐지라도 그 성질에 있어서 상호보험과 유사한 것이므로, 결국 위 공제사업에 가입한 자동차운수사업자가 공제사업자에 대하여 갖는 공제금청구권의 소멸시효에 관하여도 상법 제664조의 규정을 유추적용하여 상법 제662조의 단기소멸시효에 관한 규정을 준용하여야 할 것이다); 대법원 1996. 12. 10. 선고 96다37848 판결; 대법원 1998. 3. 13. 선고 97다52622 판결(수산업협동조합법 제132조 제1항 제6호의 규정에 의하여 수산업협동조합중앙회가 회원을 위하여 행하는 선원보통공제는 그 가입자가 한정되어 있고 영리를 목적으로 하지 아니한다는 점에서 보험법에 의한 보험과 다르기는 하지만 그 실체는 일종의 보험으로서 상호보험과 유사한 것이고, 단기소멸시효에 관한 상법 제662조의 규정은 상법 제664조에 의하여 상호보험에도 준용되므로, 공제금청구권의 소멸시효에 관하여도 상법 제664조의 규정을 유추 적용하여 상법 제662조의 보험금 지급청구에 관한 2년의 단기소멸시효에 관한 규정을 준용하여야 한다).

영국의 법률과 관습에 따라 당사자간의 거래관계를 명확하게 하려는 것으로서 우리나라의 공익규정 또는 공서양속에 반하는 것이라거나 보험계약자의 이익을 부당하게 침해하는 것이라고 볼 수 없으므로 유효하다"고 한다.[116)

2) 예외 또는 제한

준거법에 관한 합의조항이 무효인 경우가 있다. 그 외국법의 적용으로 인하여 우리 나라의 공서양속에 반하는 것이거나 보험계약자의 이익을 부당하게 침해하는 것이라면 효력을 인정할 수 없다.[117) 또한 그 준거약관의 해석에 의하여 제한을 받는다. 판례 중에는 준거되는 외국의 영문 보험증권에 "이 보험증권에 포함되어 있거나 또는 이 보험증권에 첨부되는 어떠한 반대되는 규정이 있음에도 불구하고, 이 보험은 일체의 전보청구 및 결제에 관해서 영국의 법률과 관습에만 의한다"고 명기[118)되어 있는 사건에서, 보험계약의 보험목적물 등 성립 여부에 관한 사항에까지 영국의 법률과 실무에 따르기로 하기로 한 것으로 볼 수 없어 우리나라의 법률이 적용된다고 하였다. 이는 보험계약에서 제한된 형태의 영국법 준거조항, 즉 전보청구 및 결제에 관하여 영국의 준거법을 정하고 있으므로, 이와 다른 보험목적물의 해석이나 보험계약의 성립 문제에 관하여 우리나라의 법률을 적용하여 처리한 것이다.

3) 설명의무에 의한 제한

판례 중 영국법 준거조항으로 되어 있기는 하나 warranty에 관한 설명을 제대

---

116) 같은 취지의 판결로 대법원 1996. 3. 8. 선고 95다28779 판결(해상보험증권 아래에서 야기되는 일체의 책임문제는 영국의 법률 및 관습에 의하여야 한다는 영국법준거약관은 오랜 기간 동안에 걸쳐 해상보험업계의 중심이 되어 온 영국의 법률과 관습에 따라 당사자간의 거래관계를 명확하게 하려는 것으로서 우리 나라의 공익규정 또는 공서양속에 반하는 것이라거나 보험계약자의 이익을 부당하게 침해하는 것이라고 볼 수 없어 유효하므로, 영국법준거약관이 적용되는 선박보험계약에 있어서 고지의무 위반을 이유로 한 보험계약의 해지에 관하여는 영국 해상보험법 제18조, 제17조가 적용되고 같은 법 소정의 고지의무 위반을 이유로 한 보험계약의 해지는 우리 상법 제651조 소정의 그것과는 그 요건과 효과를 달리하고 있어 이에 대하여 상법 제655조의 인과관계에 관한 규정은 적용될 여지가 없다); 대법원 2005. 11. 25. 선고 2002다59528,59535 판결(영국 협회선박기간보험약관은 그 첫머리에 이 보험은 영국의 법률과 관습에 따른다고 규정하고 있는바, 이러한 영국법 준거약관은 오랜 기간에 걸쳐 해상보험업계의 중심이 되어 온 영국의 법률과 관습에 따라 당사자 사이의 거래관계를 명확하게 하려는 것으로서, 그것이 우리나라의 공익규정 또는 공서양속에 반하는 것이라거나 보험계약자의 이익을 부당하게 침해하는 것이라고 볼 수 없어 유효하다).

117) 대법원 1996. 3. 8. 선고 95다28779 판결과 대법원 2005. 11. 25. 선고 2002다59528,59535 판결의 판결문 중에 그 예외가 나타나 있다.

118) Notwithstanding anything contained herein or attached hereto to the contrary, this insurance is understood and agreed to be subject to English law and practice only as to liability for and settlement of any and all claims.

로 하지 않았다고 하여 이것이 계약 내용으로 편입되지 않아, 보험자는 그 위반을 이유로 보험계약을 해지할 수 없다고 한다. 이러한 취지라면 영국법에 규정된 사항이라 하더라도 설명하지 않는 경우 계약으로 편입되지 않는 것이고, 그 범위에서는 제한을 받는 결과가 된다.[119)]

---

119) 대법원 2010. 9. 9. 선고 2009다105383 판결(영국 해상보험법상 워런티 제도는 상법에 존재하지 아니하는 낯설은 제도이고 영국 해상보험법상 워런티 위반의 효과는 국내의 일반적인 약관해석 내지 약관통제의 원칙에 비추어 이질적인 측면이 있음을 부정할 수 없다. 비록 워런티라는 용어가 해상보험 거래에서 흔히 사용되고 있다 하더라도 해상보험계약을 체결한 경험이 없거나 워런티에 관한 지식이 없는 보험계약자가 워런티의 의미 및 효과에 관하여 보험자로부터 설명을 듣지 못하고 보험계약을 체결할 경우 워런티 사항을 충족시키지 않으면 어떠한 불이익을 받는지에 관하여 제대로 인식하지 못한 채 그 위반 즉시 보험금청구권을 상실할 위험에 놓일 뿐만 아니라 그와 같은 상실 사실조차 모른 채 보험사고를 맞게 되는 곤란한 상황에 처할 수 있다. 따라서 이러한 워런티 조항을 사용하여 해상보험을 체결하는 보험자로서는 원칙적으로 당해 보험계약자에게 워런티의 의미 및 효과에 대하여 충분히 설명할 의무가 있다고 할 것이고, 단순히 워런티 조항이 해상보험 거래에서 흔히 사용되고 있다는 사정만으로 개별 보험계약자들이 그 의미 및 효과를 충분히 잘 알고 있다거나 충분히 예상할 수 있다고 단정하여 이를 언제나 설명의무의 대상에서 제외될 수 있는 사항이라고 볼 수는 없다).

제**3**장

보험계약의 성립

제1절 보험계약의 요소

보험계약의 요소는 보험계약의 종류에 따라 차이가 있다. 예컨대 피보험이익은 손해보험계약의 요소이고 보험가액은 물건보험에서만 인정된다. 이러한 내용들은 관련 보험계약에서 다루기로 하고, 여기서는 모든 보험계약에 공통적으로 적용되는 요소들을 살펴본다.

제1 보험계약관계자

1. 보험계약의 당사자

(1) 보험자

보험자(insurer, underwriter, Versicherer)는 보험계약의 당사자로서 보험사고가 발생한 때에 보험금의 지급의무를 부담하는 자이다. 보험업법에서는 '보험회사'의 용어를 사용하고 금융위원회의 허가를 받아 보험업을 경영하는 자로 정의한다(보험업법 제2조). 보험의 공공성·사회성으로 인하여 보험업법은 보험자의 자격을 엄격히 제한한다. 보험업을 영위할 수 있는 자는 주식회사, 상호회사 및 외국보험회사로 제한하며(보험업법 제4조 제6항), 금융위원회의 허가를 받아야만 한다. 허가를 받지 아니하고 보험사업을 하는 경우 5년 이하의 징역 또는 3천만원 이하의 벌금에 처한다(보험업법 제200조). 또한 누구든지 보험회사가 아닌 자와 보험계약을 체결하거나 중개 또는 대리하지 못하며(보험업법 제3조), 이를 위반하여 허가없는 보험회사와 보험계약을 체결한 사람에 대하여도 1천만원 이하의 과태료를 부과한다(보험업법 제209조 제3항).

보험자가 영업으로 하는 보험의 인수는 기본적 상행위에 속하므로(제46조), 그 보험자에 대하여는 상법 제4편 보험편 이외에도 상법의 규정이 적용된다.

(2) 보험계약자

보험계약자(insured, assured, Versicherungsnehmer)는 보험계약의 당사자로서 보험자와 자기명의로 보험계약을 체결하는 자이다. 보험계약자의 자격에는 제한이 없고 대리인이 보험계약을 체결할 수도 있다(제646조).

2. 피보험자

(1) 의 의

피보험자는 손해보험과 인보험에 따라 서로 다른 개념으로 사용된다.

1) 손해보험

손해보험의 경우 피보험자는 피보험이익의 주체로서 보험사고의 발생시 손해의 보상을 받을 권리를 가진 자로 설명된다.

그런데 피보험이익의 주체와 보험금청구권의 주체가 구별되는 경우 누구를 피보험자로 볼 수 있을지가 문제되고, 이는 주로 타인을 위한 보험계약과 관련된다. 손해보험에서 피보험이익의 주체와 보험금청구권의 주체가 동일한 경우는 별 문제가 없으나 구별되는 경우 누가 피보험자인가? 판례에 의하면 타인을 위한 보험계약에서의 타인은 피보험이익의 주체로서의 피보험자를 의미하는 것이지 보험금청구권자가 아니라고 한다.[1] 학설로서 이를 정면으로 다루는 견해를 찾아보기는 어렵다. 생각건대, 만약 양 지위가 구별되는 경우는 피보험이익의 주체를 피보험자로 해석하는 것이 타당해 보인다. 관련 법규정을 보면 제658조에서 보험자는 "피보험자 또는 보험수익자에게 보험금액을 지급하여야 한다"고 하여 보험금청구권자로도 해석할 여지가 있으나, 제665조에서는 손해보험계약의 보험자는 "피보험자의 재산상의 손해를 보상할 책임이 있다"고 하며, 제679조, 제680조와 제682조 등의 해석상 피보험자를 피보험이익의 주체로 해석하는 것이 옳다. 또한 피보험이익이 손해보험의 중심 개념이므로 피보험이익의 주체를 피보험자로 해석한다. 다만 타인을 위한 보험계약에서 그 타인이 피보험이익의 주체만을 의미하는 것인

---

1) 대법원 1999. 6. 11. 선고 99다489 판결(보험계약자가 체결한 단기수출보험의 보험약관이 보험계약자의 수출대금회수불능에 따른 손실만을 보상하는 손실로 규정하고 보험금수취인의 손실에 대해서는 아무런 언급이 없다면, 보험약관에 의한 보험계약으로 보험에 붙여진 피보험이익은 보험계약자의 이익 즉, 보험계약자가 수출계약 상대방의 채무불이행 등의 보험사고로 자신에게 귀속되는 수출물품의 대금채권이 멸손되어 장차 손해를 받을 지위에 있으나 아직 손해를 받지 아니하는 데 대하여 가지는 이익이 될 뿐, 보험금수취인의 이익은 그 피보험이익이 아니므로, 그 보험계약은 보험금수취인을 위한 타인을 위한 보험계약으로 볼 수 없다).

지는 또 다른 문제이다.[2]

2) 인보험

인보험에서의 피보험자는 손해보험과는 달리 그 사람의 생명이나 신체에 관하여 보험에 붙여진 자, 즉 보험사고의 객체를 말하는 것으로, 보험금청구권의 주체가 아니다. 인보험에서 보험금청구권의 주체는 보험수익자이다.

(2) 보험계약자와의 관계

1) 손해보험

보험계약자와 피보험자가 동일인이면 '자기를 위한 손해보험계약'이고, 서로 다른 경우에는 '타인을 위한 손해보험계약'이다. 타인을 위한 손해보험계약의 경우 보험계약자가 타인을 위하여 자기의 이름으로 계약을 체결하는 것으로서, 보험계약자는 계약자로서의 권리와 의무를 가지고, 그 계약으로 인한 이익인 보험금지급청구권은 피보험자가 가진다.[3]

2) 인보험

보험계약자와 피보험자가 동일인인 경우, 즉 자기의 생명이나 신체를 보험으로 부보한 경우에는 '자기의 생명보험계약'이고, 보험계약자와 피보험자가 서로 다른 타인의 생명이나 신체를 보험으로 부보한 경우에는 '타인의 생명보험계약'이다. 그리고 후자와 같이 타인의 생명이나 신체를 보험계약으로 부보할 수는 있으나, 그것이 타인의 사망을 보험사고로 하거나 생사혼합보험인 경우에는 도덕적 위험의 발생을 우려하여 일정한 제한을 두고 있다. 타인의 사망보험이나 타인의 생사혼합보험인 경우에는 보험계약의 체결 및 그로 인한 권리이전은 계약체결 이전에 서면(대통령령이 정하는 전자문서 포함)에 의한 동의가 있어야 한다(제731조). 그리고 타인의 생명보험에서 피보험자는 보험계약의 당사자가 아님은 물론이다.

인보험에 있어 '타인의 생명보험'은 '타인을 위한 생명보험'과는 구별된다. 타인을 위한 생명보험은 피보험자가 보험계약자와 동일인인지의 여부를 묻지 않고, 보험계약자와 보험금청구권자인 보험수익자가 다른 경우이다. 예를 들면 보험계약자와 피보험자는 동일인이나 보험수익자가 다른 경우는 '타인을 위한 자기의 생명보험'이 되고, 보험계약자와 보험수익자는 동일인이나 피보험자가 다른 경우는 '자기를 위한 타인의 생명보험'이 된다.

---

2) 이 점에 대하여는 제3장 제7절 타인을 위한 보험계약에서 다룬다.
3) 이 설명은 일반적인 경우인 피보험이익의 주체와 보험금청구권자가 동일한 상황에 대한 것이다.

(3) 피보험자의 자격

손해보험의 경우에는 피보험자는 자연인 이외에 법인도 피보험자가 될 수 있으나, 인보험의 경우에는 그 성질상 자연인에 한한다. 단, 사망보험의 경우 도덕적 위험이나 인위적 사고의 초래 등을 미연에 방지하기 위하여 15세미만자, 심신상실자 또는 심신박약자는 피보험자가 될 수 없다(제732조 본문). 다만, 심신박약자가 보험계약을 체결하거나 제735조의3에 따른 단체보험의 피보험자가 될 때에 의사능력이 있는 경우에는 그러하지 아니하다(제732조 단서). 태아가 인보험의 피보험자가 될 수 있는지 여부에 관한 쟁점이 있으나, 이는 상해보험에서 다룬다.

(4) 손해보험에서의 피보험자의 지위

손해보험에 있어서의 피보험자는 피보험이익의 주체로서 보험계약의 당사자인 보험계약자와는 다르나 법은 다음과 같은 권리와 의무를 인정하고 있다.

1) 권 리

피보험자는 일반적으로 보험사고의 발생시 보험금청구권을 취득한다(제658조). 타인을 위한 보험계약의 경우에도 피보험자가 보험계약체결 당시 그 사실을 알든 모르든, 보험계약자에게 위임을 하였든 안 하였든 불문하고, 또한 수익의 의사표시를 하지 않았다 하더라도 그 계약의 이익을 받는다(제639조 제2항).

2) 의 무
① 고지의무

상법이 손해보험과 인보험을 구별함이 없이 피보험자를 고지의무자로 규정하고 있어, 손해보험의 피보험자도 보험계약자와 같이 보험계약 당시에 고의 또는 중대한 과실로 인하여 중요한 사항을 고지하지 아니하거나 부실의 고지를 하지 아니할 의무를 부담한다(제651조). 다만 그 피보험자가 보험계약의 체결을 알지 못하였고, 보험계약자가 그 피보험자의 위임이 없이 보험계약을 체결한다는 사실을 고지하였거나(제639조 제1항 단서) 또는 피보험자가 고지의무를 이행할 수 있는 상황에 있지 아니한 때에는 피보험자의 고의 또는 중대한 과실의 문제가 없으므로, 보험계약에 영향을 미치지 않게 된다.

② 보험료지급의무

보험료지급의무는 보험계약의 당사자인 보험계약자가 부담함이 원칙이다. 다만 타인을 위한 보험계약에서는 피보험자가 예외적으로 2차적 보험료지급의무를 부담하기도 한다. 타인을 위한 보험계약에서 보험계약자가 파산선고를 받거나 보험료의 지급을 지체한 때에는 피보험자가 그 계약상의 권리를 포기하지 않는 한 보험료를 지급할 의무를 부담한다(제639조 제3항 단서).

③ 통지의무

피보험자는 위험변경증가와 보험사고 발생의 통지의무를 부담한다. 먼저 피보험자는 보험기간 중에 사고발생의 위험이 현저하게 변경 또는 증가한 사실을 안 때에는 지체없이 보험자에게 통지하여야 할 의무를 지고, 이를 게을리하면 보험자가 그 사실을 안 때로부터 1월 내에 계약을 해지할 수 있다(제652조). 이 통지의무의 법적 성질은 순수히 채무의 성질을 가진다는 견해와 일종의 간접의무라는 입장이 있고 후자가 타당하다. 그리고 보험자는 피보험자로부터 위험변경증가의 통지를 받은 때에는 1월 내에 보험료의 증액을 청구하거나 계약을 해지할 수 있다(제652조 제2항). 또한 피보험자는 보험사고발생의 통지의무를 부담하여, 보험사고의 발생을 안 때에는 지체없이 보험자에게 통지하여야 한다(제657조).

④ 위험유지의무

피보험자는 보험기간 중에 보험자가 인수한 위험을 그대로 유지시켜야 할 위험유지의무를 진다. 그러므로 피보험자의 고의 또는 중대한 과실로 인하여 사고발생의 위험이 현저하게 변경 또는 증가한 때에는 보험자는 그 사실을 안 날로부터 1월 내에 보험료의 증액을 청구하거나 계약을 해지할 수 있다(제653조).

⑤ 손해방지의무

피보험자는 피보험이익의 주체로서 보험사고의 발생시 적극적으로 손해의 방지와 경감을 위하여 노력하여야 한다(제680조). 이것은 보험자에 대한 신의성실의 원칙상의 요구와 공익상의 요구에 기하는 것이다. 이 의무를 게을리하여 증가된 손해에 대하여는 보험자는 보상책임을 부담하지 않는다. 상법은 손해방지를 위하여 필요 또는 유익하였던 비용과 보상액이 보험금액을 초과한 경우라도 보험자가 부담하도록 한다(제680조 제1항).

(5) 인보험에서의 피보험자의 지위

인보험에 있어서의 피보험자는 손해보험에서의 피보험자와는 달리 보험계약상의 수익자가 아니고 보험사고의 객체이다. 생명보험에서의 보험금청구권자는 보험수익자이다. 생명보험에서는 보험계약자, 피보험자 그리고 보험수익자의 각 당사자가 있게 된다.

1) 권 리

① 타인의 사망보험

타인의 사망을 보험사고로 하는 보험계약에는 보험계약 체결시에 피보험자의 서면(대통령령이 정하는 전자문서 포함)에 의한 동의를 얻어야 하고(제731조 제1항), 또 그 보험계약으로 인하여 생긴 권리를 피보험자가 아닌 자에게 양도하는 때에도 피보험자의 동의를 요한다(제731조 제2항). 따라서 보험계약자가 타인의 사망보험계약체결 후 보험수익자를 지정·변경할 때에도 그 피보험자의 동의가 있어야 하고(제734조 제2항), 사망보험계약의 경우 피보험자는 자기 이외의 제3자가 보험계약자와 보험수익자로 되어 있는 때에 한하여 동의권을 가진다. 이것은 타인의 생명보험을 인정할 때 생기는 폐단을 방지하려는 뜻이다.

② 타인을 위한 생명보험

타인을 위한 생명보험계약에서는 보험계약자가 보험수익자의 지정변경권을 가지고(제733조 제1항), 보험계약자가 그 지정권을 행사하지 아니하고 사망한 때에는 그 승계인이 그 권리를 행사할 수 있다는 약정이 없는 한 피보험자가 보험수익자의 지위를 차지한다(제733조 제2항). 그리고 보험계약자가 보험수익자의 지정권을 행사하기 전에 보험사고가 생긴 경우에는 피보험자의 상속인이 보험수익자로 된다(제733조 제4항).

2) 의 무

생명보험계약에서의 피보험자도 손해보험의 경우와 같이 고지의무(제651조), 각종의 통지의무(제652조, 제657조), 위험유지의무(제653조) 등을 부담한다. 또한 고의로 보험사고를 일으키지 않아야 함은 물론이다(제659조, 제732조의2, 제739조).[4]

3. 보험수익자

보험수익자(beneficiary, Bezugberechtiger)는 인보험계약에서 보험금을 받을 자로 지정된 자이다(제733조, 734조). 보험수익자는 인보험계약에만 존재하는 개념으로서 손해보험에서의 피보험자에 해당하는 개념이다. 인보험계약에서 보험계약자와 보험수익자가 동일한 경우 자기를 위한 보험이고, 보험계약자와 보험수익자가 다른 경우에는 타인을 위한 보험이 된다. 보험수익자를 지정·변경할 권한은 보험계약자에게 있다.

---

4) 인보험의 경우에는 피보험자 등의 중대한 과실로 인하여 보험사고가 생긴 경우에도 보험자는 보험금을 지급할 책임을 부담한다(제732조의2).

(1) 권 리

보험수익자는 특별한 수익의 의사표시 없이도 당연히 보험금청구권을 가진다 (제639조 제2항).

(2) 의 무

보험수익자는 고지의무나 위험변경증가의 통지의무자는 아니나(제651조, 제652 조), 위험유지의무를 부담한다(제653조). 그리고 타인을 위한 생명보험에서 보험계 약자가 파산선고를 받거나 보험료의 지급을 지체한 때에는 보험수익자가 그 권리 를 포기하지 아니하는 한 보험료를 지급할 의무가 있다(제639조 제3항).

4. 보험계약의 보조자

(1) 보험대리상

1) 의 의

보험대리상(insurance agent, Versicherungsagenten)은 일정한 보험자를 위하여 상시 그 영업부류에 속하는 보험계약의 체결을 대리(보험체약대리상)하거나 중개(보 험중개대리상)함을 영업으로 하는 독립된 상인이다(제87조). 보험업법에서는 보험대 리점의 용어를 사용한다(보험업법 제2조 제10호).

보험대리상은 일정한 보험자의 위탁을 받아 그 자를 위하여만 상시 계속적으 로 보조하는 자인 점에서 불특정다수의 보험자를 위하여 일하는 보험중개사와 다 르다. 또한 보험자에게 고용되어 보조하는 것이 아니라 자기의 영업을 하는 독립 된 상인인 점에서 보험자의 단순한 상업사용인과도 다르다.

개정법에 의하여 보험대리상은 다음의 권한을 가진다(제646조의2 제1항). (i) 보 험료를 수령할 수 있는 권한이 있다. (ii) 보험자가 작성한 보험증권을 보험계약자 에게 교부할 수 있는 권한이 있다. (iii) 보험계약자로부터 청약·고지·통지·해 지·취소 등 보험계약에 관한 의사표시를 수령할 수 있는 권한이 있다. (iv) 보험계 약자에게 보험계약의 체결, 변경, 해지 등 보험계약에 관한 의사표시를 할 수 있는 권한을 인정하고 있다. 결과적으로 보험계약의 체결에 관한 모든 대리권을 가진다.

2) 보험대리상의 권한과 외관법리의 도입
① 구법상 보험대리상의 종류와 권한

보험대리상에는 보험체약대리상과 보험중개대리상이 있다(제87조 참조). 보험체약대리상은 보험자의 대리인으로서 보험계약체결권을 가진다. 따라서 고지수령권과 보험료수령권을 가짐은 물론이다. 반면, 보험중개대리상은 보험계약의 체결을 중개하는 권한을 가질 뿐 대리권을 가지지 아니하므로 구법상으로는 보험계약체결권, 고지수령권, 보험료수령권을 모두 가지지 아니한다고 보고 있었다.

그런데 보험대리상이라는 명칭을 사용하고 있음에도 불구하고 보험중개대리상에 해당하게 되면 대리권이 없는 결과, 보험계약자로서는 그 대리상에게 보험료를 납입하였는데도 보험보호를 받을 수 없거나, 고지의무를 이행하였는데도 고지수령권이 없다는 이유로 고지의무 위반에 해당하는 등의 문제가 생긴다. 보험계약자는 거래 상대방이 보험대리상인 경우 이를 구별하지 않고 보험계약을 체결하는 것이 보통이므로, 보험계약자를 보호하기 위하여는 보험중개대리상에 대하여도 일정한 권한을 법정하는 것이 주장되고 있었다.

② 개정법

2014년 개정법은 보험체약대리상과 보험중개대리상 양자를 구별하지 않고 일정한 권한을 부여하고 있다(제646조의2 제1항). 보험대리상은 보험계약자로부터 보험료를 수령할 수 있는 권한, 보험자가 작성한 보험증권을 보험계약자에게 교부할 수 있는 권한, 보험계약자로부터 청약·고지·통지·해지·취소 등 보험계약에 관한 의사표시를 수령할 수 있는 권한, 보험계약자에게 보험계약의 체결, 변경, 해지 등 보험계약에 관한 의사표시를 할 수 있는 권한을 인정하고 있다(제646조의2 제1항). 그리고 보험자는 보험대리상의 제1항 각 호의 권한 중 일부를 제한할 수 있으나, 보험자는 그러한 권한 제한을 이유로 선의의 보험계약자에게 대항하지 못한다고 규정한다(제646조의2 제2항).

보험체약대리상은 대리권이 있으므로 개정법의 규정이 없다 하더라도 위 권한이 있겠으나, 보험중개대리상의 경우 그 권한에 큰 변화가 생긴다. 이는 보험대리상에도 명의대여자책임(제24조)이나 표현지배인(제14조) 등의 외관법리를 도입한 것으로 해석된다. 그리고 보험대리상에 대하여 일부 권한을 제한하는 경우에도 선의의 보험계약자에게 대항하지 못한다고 하여(제646조의2 제2항) 선의의 보험계약자에 대한 보호장치까지 마련하여 두고 있다. 이는 포괄적 대리권이 있는 지배인의 대리권 제한에 관한 규정과 동일하다(제11조 제3항).

③ 보험중개대리상과 보험체약대리상 구별의 소멸

개정법에 의하면 보험대리상의 경우 보험중개대리상과 보험체약대리상의 구별이 소멸되었다고 보겠다. 개정법 제646조의2 제1항은 보험중개대리상과 보험체약대리상을 구별하지 않고 제1호는 보험료수령권, 제2호 내지 제4호는 계약체결대리권과 고지수령권이 있다고 규정한다. 따라서 보험대리상의 경우 상법 제87조에 대한 특별규정이 된다.

3) 보험대리상 제도 운영과 과제
① 보험중개대리상의 문제

체약대리상은 계약체결에 관한 모든 권한을 가지고 있으므로 일반인의 신뢰를 굳이 보호할 필요가 없다. 보험소비자와의 관계에서 문제가 되는 것은 중개대리상이고 중개대리상을 모든 권한이 있다고 믿은 소비자와 관련하여 문제가 된다.

② 보험대리상의 판단문제
(i) 상법의 규정과 의의

상법에서는 대리상의 정의를 "일정한 상인을 위하여 상업사용인이 아니면서 상시 그 영업의 부류에 속하는 거래의 대리 또는 중개를 하는 자"라고 정의한다 (제87조). 이를 분설하면 다음과 같다.

첫째, 일정한 상인을 위하여 거래의 대리 또는 중개를 하여야 한다. 둘째, 상시 거래의 대리 또는 중개를 하여야 한다. 셋째, 일정한 상인의 영업부류에 속하는 거래의 대리 또는 중개를 하여야 한다. 넷째, 대리상은 상업사용인이 아닌 독립한 상인이다.

(ii) 실질에 의하여 판단

먼저, 대리상인지의 여부는 '대리'라는 용어를 사용한다고 하여 인정되는 것이 아니라, 실질에 의하여 판단한다는 점이다. 경제계에서는 상품의 공급자가 상품의 판매활동에 전문적으로 종사하는 특정한 업자에게 상품을 계속적으로 공급하고 이 판매업자(매매업자 또는 위탁매매인)의 판매활동을 통하여 그 상품의 판로를 유지하고 확장하고자 하는 경우 이 판매업자는 법률상 대리상이 아님에도 불구하고 일반적으로 대리상이라 부르고 이들의 영업소를 대리점이라 부르는 경우가 많다. 그런데 이러한 대리상(또는 대리점)들이 상법상의 대리상(또는 대리점)에 해당하는지 여부는 그 구체적인 실질에 의하여 결정된다. 이에 관한 판결로 대법원 2013. 2. 14. 선고 2011다28342 판결 등이 있다.[5]

---

5) 대법원 2013. 2. 14. 선고 2011다28342 판결(상법 제87조는 일정한 상인을 위하여 상업사용인이 아니면서 상시 그 영업부류에 속하는 거래의 대리 또는 중개를 영업으로 하는 자를 대리상으로 규정하고 있는데, 어떤 자가 제조자나 공급자와 사이에 대리점계약이라고 하는 명칭의 계약을 체결하였다고 하여 곧바로 상법 제87조의 대리상으로 되는 것은 아니고, 그 계약 내용을 실질적으로 살펴 대리상에 해당하는지 여부를 판단하여야 한다. 원심이 적법하게 확정한 사실관계에 의하면, 원고와 피고는

다음으로, 대리상의 요건과 관련하여 검토해 본다. 위 대리상의 요건에서 보면 첫째 내지 셋째의 요건은 일반적인 보험대리상의 요건과 관련하여 문제가 없는 것으로 보인다. 다만 넷째의 요건인 대리상은 상업사용인이 아닌 독립한 상인이라는 것과 관련하여 보면, 상업사용인은 기업의 내부에서 기업의 인적 요소를 구성하며 종속적 경영보조를 담당하는 자이지만, 그 반면 대리상은 기업의 외부에서 독립한 상인으로서 기업을 보조하는 자이다. 이때 그 구별 표준이 되는 것은 (i) 본인과 계약의 내용, (ii) 자기영업소의 유무, (iii) 영업비의 부담유무, (iv) 보수가 수수료 본위인가 정액봉급 본위인가, (v) 특정한 수 기업을 위하여 활동할 수 있는가 또는 한 기업만을 위하여 활동할 수 있는가 등을 종합하여 판단해야 한다.[6]

결국 보험대리상에서는 중개대리상과 체약대리상의 구별을 없앤 것으로 해석되므로, 상법에서의 대리상에 해당하는 것인지의 여부는 보험자와 대리상 간의 계약서에 의하여 정해지게 된다. 모집위탁계약서의 규정내용을 실질적으로 살펴 대리상으로 해석되는 경우라면 일괄적으로 그 권한을 인정하는 것으로 보아야 한다.

③ 선의 문제

개정법 제646조의2 제2항에서는 "보험자는 보험대리상의 제1항 각 호의 권한 중 일부를 제한할 수 있다. 다만, 보험자는 대리상의 권한 제한을 이유로 선의의 보험계약자에게 대항하지 못한다"고 규정한다. 즉 내부적으로 그 권한을 제한할 수는 있으나 선의자에게 대항할 수 없다는 취지이고 이러한 규정들은 상법에 산재하여 있다.

첫째, 보험자가 대리상의 권한을 제한하고자 하는 경우라면 정확하고 명시적인

이 사건 메가대리점계약을 체결하면서, 피고가 원고에게 제품을 공급하면 원고는 피고에게 해당 제품의 대금을 지급하고 제품 공급 이후 제품과 관련된 일체의 위험과 비용을 부담하여 자신의 거래처에 제품을 재판매하기로 약정한 후, 실제 피고가 기준가격에서 일정한 할인율을 적용하여 제품을 원고에게 매도하면, 원고가 자신의 판단 아래 거래처에 대한 판매가격을 정하여 자신의 명의와 계산으로 제품을 판매하였다는 것이므로, 원고가 피고의 상법상의 대리상에 해당하는 것으로 볼 수 없다). 대법원 1999. 2. 5. 선고 97다26593 판결도 동지.

6) 대법원 1962. 7. 5. 선고 62다244 판결(그러나 원심이 인용한 갑 제6호증은 원고와 소외 이응기 간에 체결된 화재보험도급계약서라는 제목의 계약서로서 그 내용은 원고 회사 대전지점의 설치 및 운영관계를 규정한 것이며 이응기는 소관 구내에서 원고 회사의 명의로 보험계약의 모집 및 체결을 하고 또 보험료를 영수하며 원고는 이응기에 대하여 보수로서 매월 금 2만환을 지급하는 외에 보통 화재보험에 있어서는 순 보험료의 40% 월불 화재보험에 있어서는 순 보험료의 30%를 지급하고 보험계약모집에 필요한 제반경비 관내 대리점에 대한 수수료 교통비 및 교제비기타 일절 비용은 이응기가 부담하기로 한 기재가 있으나 갑 제6호증의 내용을 면밀히 살펴본 즉 제8조 및 제11조등의 규정등을 보면 이응기는 원고회사의 상업사용인에 불과하며 단지 이응기가 받을 보수에 관하여 위와 같은 수수료제를 취하는 동시 그 경비에 관하여도 위와 같은 약정을 한 것에 불과한 취지이며 갑 제6호증으로서 원고와 이응기 간의 계약이 대리상 계약이라고 인정할 수 없을 뿐만 아니라).

방법을 통하여야만 한다. 이는 내부적인 제한으로만은 가능하지 않을 것이며, 예컨대 청약과 승낙의 과정에 있어 그 승낙은 보험자가 심사를 거친 이후 하게 된다는 점을 분명하게 고지하는 경로 등이 필요할 것이다.

둘째, 악의에 대한 입증책임은 판례가 악의로 인하여 면책을 주장하는 자에게 있다고 판시하고 있으므로[7] 이 경우도 마찬가지일 것으로 보인다. 보험자가 악의에 대한 입증책임을 지게 될 것이다.

셋째, 다만 제도 운영과 관련하여 일부 분쟁의 소지가 있다. 대리상인지의 여부는 판례 및 통설이 그 명칭만이 아니라 계약서 등의 실질관계에 의하여 판단된다고 보고 있으므로 이러한 경우 선의 판단을 여하히 할 것인지의 문제가 있다. 즉 대리상이라는 용어를 사용하는 경우라 하더라도 그 실질이 대리상이 아니라면, 선의의 자도 보호받지 못할 수 있다는 점이다. 이는 표현지배인에 관한 상법 제11조 해석에 있어 지배인이라는 용어를 사용하더라도 영업소로서의 실질을 구비하지 못한 경우 선의자로서 보호받지 못한다는 판례[8]의 입장과 동일한 문제가 생겨날 수 있다. 물론 역으로 대리상이라는 명칭을 사용하지 않는 경우에도 대리상으로 인정된다면 개정법에 의한 책임을 부담할 수 있다는 논리도 가능하나, 이러한 경우 '선의'로 인정할 수 있을지 의문이 있다.

4) 책 임
① 계약상의 책임

보험대리상이 한 법률행위에 대하여는 대리의 법리에 의하여 본인에 해당하는 보험회사가 책임을 지고, 대리상은 거래상대방에 대하여 의무와 책임을 지지 않는다. 그러나 대리상이 그의 업무수행 중 제3자에게 불법행위를 한 경우에는 대리상만이 책임을 지고 보험회사는 책임을 지지 않는다. 이 규정에 의한 책임은 계약상의 책임이므로, 당연한 결과이겠으나 그 불이행시 채무불이행책임을 부담한다. 이 점에서 보험업법 제102조와 차이가 있다. 따라서 과실상계 등이 문제되지 않고 계약상 약정된 보험금을 지급하여야만 한다.

② 구상권 행사

보험회사는 약정 위반을 이유로 보험대리상에게 구상권을 행사할 수 있다.

---

7) 대법원 2001. 4. 13. 선고 2000다10512 판결.
8) 대법원 1983. 10. 25. 선고 83다107 판결.

5) 평가와 전망

보험대리상으로 인정되는 경우라면 내부적 제한을 할지라도 보험회사가 보험계약자에 대하여 계약상의 책임을 진다는 것이 골자이다.

보험대리상의 선정은 보험회사측의 지배영역이고 보면, 보험대리상의 귀책사유로 말미암은 것은 보험회사가 일차적으로 책임을 부담한다는 취지이다. 보험회사의 입장으로서는 보험대리상의 선정과 그 관리에 있어 한층 주의가 요구되게 되었다.

(2) 보험중개사

보험중개사(insurance broker, Versicherungsvermittler)는 보험자의 사용인이나 대리인이 아니면서 보험자와 보험계약자 사이의 보험계약의 체결을 중개하는 것을 영업으로 하는 독립한 상인이다(제93조, 제46조). 보험중개사는 보험자의 대리인이 아니어서 특별한 수권이 없는 한 계약체결권, 고지수령권, 보험료수령권을 가지지 못함이 원칙이다. 보험중개사는 특정한 보험자만을 위하여 보조하는 자가 아니라는 점에서 보험대리상과 구별되며, 독립된 상인이라는 점에서 상업사용인과도 구별된다. 영국과 같은 나라에서는 보험중개사에 의한 보험계약의 중개가 일반적이다.

보험중개사는 중개라는 사실행위를 하는 자이므로 대리권을 인정할 수 없음이 원칙이다. 그런데 이 제도가 활성화된 영국 등의 국가에서는 보험중개사는 일반적으로 보험계약자의 대리인으로 파악되고 있다. 특히 계약의 체결과정뿐 아니라 보험금지급에 이르기까지 전문적 역할을 수행하는 것이고 보면, 우리나라에서도 보험중개사 제도가 보다 활성화되기를 기대한다.

(3) 보험의

보험의는 생명보험계약에 있어서 피보험자의 신체검사를 맡아 위험측정자료를 수집하고 병적인 소견을 보험자에게 제공하여 주는 의사로서 진단의라고도 한다.[9] 보험의는 상업사용인이나 보험대리상은 아니나 고지수령권이 인정된다(통설). 그러므로 고지의무에 관한 한 보험의의 고의 또는 중과실은 보험자의 그것과 동일시된다(제651조). 하지만 보험의는 계약체결권과 보험료수령권은 가지지 아니한다.

---

9) 양승규, 98면.

(4) 보험설계사(보험모집인)

1) 의 의

보험설계사는 보험대리점이 아니면서 특정한 보험자를 위하여 계속적으로 보험계약의 체결을 중개하는 자(제646조의2 제3항)로서 보험외판원 또는 보험모집인이라 한다. 보험업법에서는 보험회사·보험대리점 또는 보험중개사에 소속되어 보험계약의 체결을 중개하는 자로 정의한다(보험업법 제2조 제9호). 중개라는 사실행위를 하는 자이므로 대리권이 없음이 원칙이다. 또한 보험설계사는 보험자에게 종속되어 있으므로 독립된 상인인 보험대리상이나 보험중개사와는 다르다.

2) 보험자와의 고용관계 여부

보험설계사는 보험자에게 고용된 피용자로서 보험자와 고용관계에 있는 것인가? 보험설계사는 보험자에게 고용된 피용자로서 보험자와 보험설계사 사이의 내부관계는 고용계약 등에 의하여 정하여진다는 견해[10]도 있으나, 판례는 보험설계사는 보험자에 대하여 민법 제655조에 의한 고용관계에 있지 않고 근로기준법 제14조 소정의 근로자에도 해당하지 않는다고 한다.[11] 요컨대, 일반적으로는 보험설

---

10) 정찬형, 529면.

11) 생명보험회사의 외무원(보험설계사)이 보험회사와의 사이에 종속적 근로관계에 있지 않다고 한 대법원 1990. 5. 22. 선고 88다카28112 판결(원고들이 피고 생명보험회사에서 외무원으로 근무할 당시 외무원에 대하여는 사원 및 별정직 직원에 대한 인사규정과는 별도로 외무원 규정을 두고 있었으며 피고 회사의 외무원은 위 규정에 따라 위임·위촉계약에 의하여 그 업무를 위촉받도록 되어 있고 외무원의 보수에 관하여서도 피고 회사의 직원에 대한 보수규정과는 별도로 외무사원지급규정, 일반외무원제수당지급규정, 일반외무원단체보험수당지급규정을 두고 이에 따라서 그 보수를 산정하고 있었던 사실, 피고 회사의 직원이 매월 일정한 고정급과 상여금을 지급받고 있음에 비추어 외무원은 피고 회사로부터 부여받은 보험모집책임액과 그 실적에 따라 일정비율의 제수당을 지급받았을 뿐이고 기본급이나 고정급의 임금이 따로이 정해져 있었던 것은 아닌 사실, 피고 회사의 직원은 배속된 부서에서 출퇴근 시간을 지키고 엄격한 통제를 받음에 반하여 외무원은 출퇴근사항이나 활동구역등에 특별한 제한을 받지 않고 또한 보험가입의 권유나 모집, 수금업무 등을 수행함에 있어서 피고 회사로부터 직접적이고 구체적인 지휘감독을 받음이 없이 각자의 재량과 능력에 따라 업무를 처리하여 왔다면, 원고들과 같은 외무원은 피고 회사에 대하여 종속적인 근로관계에 있었다고 보기 어렵다); 대법원 2000. 1. 28. 선고 98두9219 판결(근로기준법상의 근로자에 해당하는지 여부는 그 계약이 민법상의 고용계약이든 또는 도급계약이든 그 계약의 형식에 관계없이 그 실질에 있어 근로자가 사업 또는 사업장에 임금을 목적으로 종속적인 관계에서 사용자에게 근로를 제공하였는지 여부에 따라 결정되는 것이고, 여기서 종속적인 관계가 있는지 여부를 판단함에 있어서는 업무의 내용이 사용자에 의하여 정하여지고 취업규칙·복무규정·인사규정 등의 적용을 받으며 업무수행 과정에 있어서도 사용자로부터 구체적이고 직접적인 지휘·감독을 받는지 여부, 사용자에 의하여 근무시간과 근무장소가 지정되고 이에 구속을 받는지 여부, 근로자 스스로가 제3자를 고용하여 업무를 대행케 하는 등 업무의 대체성 유무, 비품·원자재·작업도구 등의 소유관계, 보수가 근로 자체의 대상적(對償的) 성격을 갖고 있는지 여부와 기본급이나 고정급이 정하여져 있는지 여부 및 근로소득세의 원천징수 여부 등 보수에 관한 사항, 근로제공관계의 계속성과 사용자에의 전속성의 유무와 정도, 사회보장제도에 관한 법령 등 다른 법령에 의하여 근로자로서의 지위를 인정받는지 여부, 양 당사자의 경제·사회적 조건 등 당사자 사이의 관계 전반에 나타나는

계사가 보험자에 고용된 직원이 아닌 것이다. 근거로 보험설계사는 매월 일정한 고정급과 상여금이 정해진 것이 아니라 보험모집 책임액과 그 실적에 따라 일정 비율의 제수당을 지급받고, 보험모집업무 등을 수행함에 있어 보험자로부터 직접 적이고 구체적인 지휘감독을 받지 않고 각자 재량과 능력에 따라 업무를 처리한 다는 점 등을 들 수 있다.

3) 권 한

보험설계사는 보험자에 고용된 피용자도 아니고, 단지 보험상품을 소개하고 권 유하며 중개하는 등의 사실행위를 담당하는 자이므로 대리권이 없다. 따라서 계약 체결권, 고지수령권 및 보험료수령권도 인정되지 않음이 원칙이다. 그러나 보험설 계사의 권한과 관련하여 여러 문제가 제기되고 있었던 바, 개정법은 보험료수령권 (보험자가 작성한 영수증을 교부하는 경우만 해당)과 보험증권 교부권을 인정하여 보 험설계사의 권한을 명확히 하였다(제646조의2 제3항).

① 보험료수령권

보험설계사는 보험자와 고용관계가 인정되는 직원이 아니고 보험자를 대리할 권한도 없으므로 보험료수령권은 없음이 원칙이다. 그런데 실무상 보험설계사의 중개에 의하여 보험계약자는 보험계약의 청약을 하고 보험설계사에게 보험료를 지급하고, 보험설계사는 보험료영수증 또는 가수증을 교부하고 있어 보험료수령 권을 인정함이 타당하고(통설, 판례), 개정법은 이를 입법화하였다(제646조의2 제3 항).[12]

② 보험증권 교부권

개정법은 또한 보험자가 작성한 보험증권을 보험계약자에게 교부할 수 있는 권한을 인정하였다(제646조의2 제3항). 거래의 실정을 반영한 것으로 타당하다. 그 러나 보험증권을 교부한다 하더라도 보험설계사가 설명한 대로 계약의 내용이 되 는 것은 아니다. 이는 아래의 계약체결 대리권에서 살핀다.

사정을 종합적으로 고려하여 판단하여야 한다. 보험회사의 보험모집인이 근로기준법상의 근로자에 해 당되지 않는다).

12) 대법원 1989. 11. 28. 선고 88다카33367 판결(이 사건과 같은 생명보험의 모집인이 그의 권유에 응한 청약의 의사표시를 한 보험계약자로부터 제1회 보험료로서 선일자 수표를 발행받고 보험료 가수 증을 해준 경우에는 비록 보험모집인이 소속 보험회사와의 고용계약이나 도급적 요소가 가미된 위임계 약에 바탕을 둔 소속보험회사의 사용인으로서 보험계약의 체결대리권이나 고지수령권이 없는 중개인에 불과하다 하여도 오늘날의 보험업계의 실정에 비추어 제1회 보험료의 수령권이 있음을 부정할 수는 없 으나).

③ 고지수령권의 논의

보험설계사에게 고지수령권은 인정되지 않는다(통설, 판례[13]). 보험설계사는 보험계약체결을 권유, 중개하는 권한을 가질 뿐이므로 특별히 보험자로부터 고지수령의 대리권을 부여받은 경우가 아닌 한 고지수령권이 없다. 따라서 보험계약자가 보험설계사에게 고지하였다고 하더라도 보험설계사가 보험자에게 그러한 내용을 전달하지 않는다면 보험자에 대하여 고지한 것과 같은 효력이 생기지 않는다. 보험설계사가 비록 중요사항을 알거나 중대한 과실로 알지 못한 경우에도(제651조 단서) 당연히 그것이 보험자가 알거나 중대한 과실로 알지 못한 것으로 동일시되지 않는다. 따라서 보험설계사에게만 고지를 이행한 경우 고지의무를 이행한 것이 아니다.

그러나 학설상 보험설계사의 권한 중 고지수령권을 인정하자는 주장이 있다.[14] 보험계약자는 보험계약을 체결함에 있어 직접 보험계약체결권자와 상대하는 일은 드물고 보험청약서도 일반적으로 보험설계사에게 교부되는 실정이며, 보험설계사들이 실적을 올리는 데 급급하여 보험계약자로부터 고지받은 중요사항을 보험자에게 알리지 않거나 또는 보험자에게 고지하는 것을 방해하거나 불고지를 권유하는 등의 행위 위험도 있다는 점을 지적하면서 보험설계사에게도 고지수령권을 인정하자는 주장이다.

생각건대, 입법론적으로는 몰라도 현재의 관련 법체계상으로는 고지수령권을 인정할 수 없다고 본다. 불량위험에 의하여 보험단체의 이익을 해할 수 있고, 보험설계사들이 주로 연고모집에 의존하여 보험계약자와 공모하는 경우도 발생하며, 보험계약청약서는 서면에 의하는 점 등을 본다면 고지수령권을 인정할 수 없다. 보험설계사의 행위로 인하여 보험계약자 등에게 손해가 발생한 경우 보험자는 손해배상책임을 부담할 수 있다(보험업법 제102조).

④ 계약체결대리권의 논의

보험설계사는 대리권이 없으므로 계약체결권 또한 없다(통설, 판례[15]). 그런데 이 문제를 보험약관의 설명의무와 관련하여 검토할 필요가 있다. 대법원 1989. 3.

---

13) 대법원 1979. 10. 30. 선고 79다1234 판결(보험가입청약서에 기왕병력을 기재하지 아니하고 보험회사의 외무사원에게 이를 말한 것만으로는 위 기왕병력을 보험회사에 고지하였다고 볼 수 없다); 대법원 1998. 11. 27. 선고 98다32564 판결(일반적으로 보험모집인이 독자적으로 보험자를 대리하여 보험계약을 체결할 권한이 없을 뿐만 아니라 고지 내지 통지의 수령권한도 없는 점에 비추어 볼 때).

14) 최기원, 82면.

15) 대법원 1998. 11. 27. 선고 98다32564 판결 등에서 일반적으로 보험모집인이 독자적으로 보험자를 대리하여 보험계약을 체결할 권한이 없다고 하고 있다.

28. 선고 88다4645 판결에서는 "(보험)회사를 대리한 보험대리점 내지 보험외판원이 원고에게 피고 회사 보험보통약관과 다른 내용으로 보험계약을 설명하고 이에 따라 계약이 체결되었으므로 그때 설명된 내용이 보험계약의 내용이 되고 그와 배치되는 보통약관의 적용은 배제된다"고 한 바 있다. 실제 거래계의 보험계약체결 과정에서는 보험계약자는 보험대리점 또는 보험설계사의 권유와 설명만을 듣고 보험계약을 체결하는 예가 대다수인데, 그 설명이 약관과 다른 경우 설명에 따른 계약의 성립을 인정할 수 있는가의 문제가 발생하고 이에 대하여 위 판결은 이를 인정한 것이다. 그런데 계약체결의 대리권이 없는 보험설계사인데도 불구하고, 그가 설명한 대로 계약의 내용이 된다는 점은 의문이 있다.

한편 이 판결에 대하여 보험설계사의 권유에 의한 보험계약체결이 상례화되어 있는 거래실정을 감안하여 획기적인 의의를 부여하는 견해도 있다.[16] 이 견해는 보험설계사가 보험료를 지급받고 영수증을 발급하며 그때부터 보험책임이 개시되는 것으로 기대되고 있으므로 그 보험설계사에게 계약체결의 대리권이 있다고 보아야 한다는 주장이고, 이 판결이 보험설계사에게 계약대리권이 있음을 간접적으로 시인한 것이라 한다. 하지만 그 판결에서 보험설계사와 관련된 설시부분은 방론이라는 점에서 선례로 볼 수는 없겠다. 이후의 판례는 일관되게 보험설계사의 계약체결대리권을 부정하고 있기 때문이다.[17]

다만 보험약관의 명시설명의무와 관련하여 짚어볼 점이 있다. 보험자가 보험설계사에게 보험약관의 내용과 의미를 설명할 권한을 위임하였다면, 보험설계사의 계약체결대리권의 유무를 불문하고 '설명'에 대한 대리권을 부여한 것으로 볼 여지도 있다.

〈보험보조자 각 권한의 비교〉

	보험대리상	보험중개사	보험의	보험설계사
보험료수령권	있음	없음	없음	있음
계약체결대리권	있음	없음	없음	없음
고지수령권	있음	없음	있음	없음

---

16) 손지열, "보험외판원의 잘못된 설명과 개별약정의 성립", 「민사판례연구」 제12집, 1990, 237면 이하.

17) 대법원 1989. 11. 28. 선고 88다카33367 판결; 대법원 1998. 11. 27. 선고 98다32564 판결 등.

(5) 보험자의 보조자와 선의의 보험계약자의 보호

위 표에서와 같이 보험자의 보조자가 대리권이 없음으로 인하여 보험계약자에게 손해를 끼칠 우려가 있다. 보험계약자로서는 그가 상대하는 자의 법적 지위에 대하여 알지 못하는 경우가 대다수일 것이다. 이러한 경우 보험계약자 등을 보호할 수 있는 법적인 제도를 검토한다.

1) 보험자의 손해배상책임
① 보험업법 제102조

보험업법 제102조는 보험자의 임직원, 보험설계사, 보험대리점이 보험모집과 관련하여 보험계약자에게 손해를 가한 경우 보험자에게 손해배상책임을 부과하고 있다. 동규정은 "보험회사는 그 임직원·보험설계사 또는 보험대리점(보험대리점 소속 보험설계사를 포함한다. 이하 이 조에서 같다)이 모집을 하면서 보험계약자에게 손해를 입힌 경우 배상할 책임을 진다. 다만, 보험회사가 보험설계사 또는 보험대리점에 모집을 위탁하면서 상당한 주의를 하였고 이들이 모집을 하면서 보험계약자에게 손해를 입히는 것을 막기 위하여 노력한 경우에는 그러하지 아니하다"고 규정한다. 이 규정은 민법 제756조의 사용자책임에 관한 특칙으로서 민법 제756조에 우선하여 적용된다.[18]

② 내 용

보험업법 제102조 제1항의 규정은 보험모집에 관하여 보험계약자에게 가한 손해에 대하여 보험자에게, 그 손해가 보험자의 임원·직원의 행위로 인한 경우에는 무과실책임을 지우고, 보험설계사와 보험대리점의 행위로 인한 경우에는 무과실책임에 가까운 손해배상책임을 지움으로써 보험계약자의 이익을 보호함과 동시에 보험사업의 건전한 육성을 기하고자 하는 데 그 의의가 있다.[19] 보험설계사와 보험대리점의 경우에는 (i) 모집을 위탁함에 있어서 상당한 주의를 하였고 (ii) 모집시 보험계약자에게 손해를 입히는 것을 방지하기 위하여 노력한 것을 입증하지 못하는 한, 손해를 배상할 책임을 지게 된다.

'모집을 하면서'의 의미는 민법 제756조 제1항의 '그 사무 집행에 관하여'와 같

---

18) 대법원 1994. 11. 22. 선고 94다19617 판결(보험사업자의 직원이 보험모집을 함에 있어서 보험계약자에게 손해를 가한 경우에 있어서 그 직원의 소속 보험사업자의 배상책임을 규정하고 있는 보험업법 제158조는 사용자의 배상책임에 관한 일반규정인 민법 제756조에 우선하여 적용되어야 한다); 대법원 1995. 7. 14. 선고 94다19600 판결; 대법원 1998. 6. 23. 선고 98다14191 판결 등도 같은 취지이다.

19) 대법원 2007. 9. 6. 선고 2007다30263 판결; 대법원 1998. 11. 27. 선고 98다23690 판결.

이 해석하여야 할 것으로서, 실질적으로는 그 모집행위 자체에 속하는 것이 아니더라도 그 행위를 외형적으로 관찰할 때 객관적으로 보아 모집인 등의 본래 직무집행행위와 밀접한 관련이 있거나 유사하여 그 직무집행행위 범위 내의 행위로 보이는 경우도 포함한다. 판례[20]도 동일하게 해석한다.

③ 구체적 사례

이 규정과 관련하여서는 보험자가 모집행위를 할 당시 약관의 설명의무를 제대로 이행하지 않음으로써 보험계약이 무효로 된 결과 피보험자 등이 보험금을 지급받지 못한 경우가 주로 문제된다. 타인의 사망보험에서 보험설계사 등이 피보험자인 타인의 서면동의를 받아야 한다는 점에 대하여 설명의무를 이행하지 아니하여 보험계약이 무효로 되어 보험금을 지급받지 못한 경우[21]로서 그 손해의 범위는 보험금 상당액이라 본다.[22] 기타 보험계약자에게 운전면허별 운전가능차종을 잘못 설명해 주었고 그로 인하여 운행하다 발생한 사고에 대한 경우 등이 있다.[23]

---

20) 대법원 2006. 11. 23. 선고 2004다45356 판결('모집을 함에 있어서'라는 규정의 뜻은, 보험모집인의 모집행위 그 자체는 아니더라도 그 행위를 외형적으로 관찰할 때 객관적으로 보아 보험모집인의 본래 모집행위와 밀접한 관련이 있거나 유사하여 마치 그 모집행위 범위 내에 속하는 것과 같이 보이는 행위도 포함하는 것으로 새겨야 한다).

21) 대법원 1998. 11. 27. 선고 98다23690 판결(보험모집인과 영업소장은 보험업에 관한 전문가로서 타인의 사망을 보험사고로 하는 보험계약을 체결할 때에는 피보험자인 타인의 서면에 의한 동의를 얻지 않으면 그 보험계약이 무효로 된다는 사실을 보험계약자에게 설명하여 피보험자의 서면 동의를 받아오게 하여 보험계약을 체결하도록 조치할 주의의무가 있음에도 불구하고, 보험모집인이 그와 같은 사실 자체를 모른 채 보험계약자의 말만 믿고 피보험자 동의란에 자신이 직접 피보험자인 타인의 서명을 대신하였으며, 영업소 소장은 그 사실을 알고 있으면서도 이를 방치함으로써 보험계약자가 피보험자의 서면 동의가 없어도 보험회사가 보험금지급책임을 지는 것으로 잘못 알고 위 보험계약을 체결한 결과, 그 후 피보험자가 교통사고로 사망하는 보험사고가 발생하였으나 위 보험계약이 피보험자의 서면 동의가 없었다는 이유로 보험계약자가 보험금을 지급받지 못하게 된 경우, 위 보험모집인과 영업소장이 보험모집을 하면서 범한 위와 같은 잘못과 보험계약자가 보험금을 지급받지 못하게 된 손해 사이에는 상당인과관계가 있다는 이유로 보험회사에게 보험업법 제158조 제1항 소정의 손해배상책임을 인정한 사례); 대법원 2001. 11. 9. 선고 2001다55499,55505 판결.

22) 대법원 2006. 4. 27. 선고 2003다60259 판결(타인의 사망을 보험사고로 하는 보험계약의 체결에 있어서 보험모집인은 보험계약자에게 피보험자의 서면동의 등의 요건에 관하여 구체적이고 상세하게 설명하여 보험계약자로 하여금 그 요건을 구비할 수 있는 기회를 주어 유효한 보험계약이 체결되도록 조치할 주의의무가 있고, 그럼에도 보험모집인이 위와 같은 설명을 하지 아니하는 바람에 위 요건의 흠결로 보험계약이 무효가 되고 그 결과 보험사고의 발생에도 불구하고 보험계약자가 보험금을 지급받지 못하게 되었다면 보험자는 구 보험업법(2003. 5. 29. 법률 제6891호로 전문 개정되기 전의 것) 제158조 제1항에 기하여 보험계약자에게 그 보험금 상당액의 손해를 배상할 의무가 있다); 대법원 2007. 9. 6. 선고 2007다30263 판결; 대법원 1999. 4. 27. 선고 98다54830,54847 판결; 대법원 2004. 4. 23. 선고 2003다62125 판결 등.

23) 대법원 1997. 11. 14. 선고 97다26425 판결(보험계약을 체결함에 있어 제2종보통운전면허로 4.5톤 화물트럭을 운전하다가 사고를 일으키는 경우 무면허운전에 해당하지 않아 그 손해에 대하여 보험자가 보험금 지급 책임을 지는 것인지 여부가 계약의 체결 여부를 결정함에 있어 가장 중요한 사항이

그런데 소수이기는 하나 보험자의 책임을 부정한 사례도 있다. 타인의 사망보험에서 보험계약자가 보험금을 지급받지 못하게 된 것이 전적으로 보험계약자의 책임있는 사유에 의한 것이고 보험설계사에게 보험계약자 배려의무 위반의 잘못이 있다고 하더라도 손해발생과 인과관계가 없다고 판단한 경우가 있다.[24] 또한 화물자동차 소유자가 그 자동차로 인한 교통사고 전력이 있어 보험료의 할증이 예상되자 보험설계사의 권유를 받아들여 무사고 경력의 다른 사람 명의로 보험계약을 체결하였다가 그 피용자가 교통사고를 낸 뒤 고지의무 위반으로 보험계약이 해지된 사안에서 보험설계사의 행위로 인한 보험자의 손해배상책임을 부인하였다.[25]

④ 과실상계

보험업법 제102조에 의한 보험자의 책임을 인정하는 경우 그 손해배상의 범위를 산정함에 있어서는 피해자인 피보험자 등의 과실이 인정되면 과실상계를 할 수 있다.[26]

2) 표현대리

보험에 관한 지식이 부족한 일반 대중은 그들이 상대하는 자들의 권한을 알기 어렵고, 특히 보험계약체결의 중개권한만 갖는 보험설계사에게도 보험계약체결의 권한이 있는 것으로 믿는 경향이 강하기 때문에 이러한 선의의 보험계약자를 보호하기 위하여 민법상 표현대리의 법리가 적용될 수 있다(민법 제125조, 제126조, 129조).

3) 개별약정우선의 원칙

① 보험계약자의 보호

개별약정우선의 원칙은 약관의 본질을 계약의 일종으로 보는 계약설의 당연한 결과로서 약관규제법에서도 이를 명시적으로 규정한다. 보험약관에서 정하는 사항에 관하여 보험자와 보험계약자가 약관의 내용과 다르게 합의한 사항이 있을 때

된 것인데, 보험대리점의 사용인이 이 점을 잘못 설명함으로써 보험계약자가 위와 같은 경우 보험자가 보험금 지급 책임을 지는 것으로 잘못 알고 보험계약을 체결하고, 자신과 동일한 운전면허를 소지하고 있는 피용인으로 하여금 4.5톤 화물트럭을 운전하게 하다가 사고가 발생하였으나 자동차종합보험보통약관상의 무면허면책 조항이 적용되어 보험금을 지급받지 못하게 된 경우, 그 보험대리점의 사용인의 위 잘못과 보험계약자가 위 보험금을 지급받지 못하게 된 손해 사이에는 상당인과관계가 있다고 한 사례).
  24) 대법원 2008. 8. 21. 선고 2007다76696 판결.
  25) 대법원 2002. 4. 26. 선고 2000다11065,11072 판결.
  26) 대법원 1994. 11. 22. 선고 94다19617 판결(보험사업자가 보험업법 제158조에 의하여 손해배상 책임을 부담할 경우에도 보험계약자에게 과실이 있는 때에는 법원은 손해배상의 책임 및 그 금액을 정함에 있어 마땅히 이를 참작하여야 할 것이다).

에는 그 합의 사항은 약관보다 우선하고(약관규제법 제4조), 이에 의하여 보험계약
자를 보호하는 기능을 일부 할 수 있다. 하지만 보험자의 임직원 또는 보험체약
대리상과 약정한 경우에는 별 문제가 없으나, 보험설계사 등은 대리권이 없으므로
계약체결 대리권이 없고 따라서 그들이 계약조건을 정할 수도 없다. 그렇다면 그
들이 설명한 대로 계약의 내용이 되는 것은 아니어서 개별약정우선의 원칙은 이
점에서 한계가 있어 보이기도 한다.[27) 다만, 이들에게 대리권이 인정되지 아니하
여 개별약정이 성립되지 않는다 하더라도, 보험업법 제102조의 규정에 의하여 보
험자가 책임을 질 수 있는 점은 차이가 없다.

② 특별이익제공의 금지(보험업법 제98조)와의 관계

보험의 단체성으로 인한 제한으로 위험단체의 구성원들을 평등하게 대우하여
야 한다는 기초에서, 보험업법은 특별한 이익을 제공하는 것을 금지하고 있다(보
험업법 제98조). 이러한 보험업법상의 특별이익제공금지와 개별약정우선의 원칙은
상충되는 면이 없지 않다. 이 둘 사이의 관계에 대하여는 견해가 나뉜다.

첫째, 보험의 단체성을 강조하여 개별약정우선원칙은 특별한 이익을 제공하는
범위 내에서 제한된다는 견해이다.[28) 보험제도가 보험단체 안에서 대수의 법칙에
의한 사고발생의 개연율에 따라 보험료의 총액과 그 부담비율을 정하여 이를 합
리적으로 공정하게 부담시키는 것으로서, 그 범위에서 개별약정우선의 원칙이 제
한된다고 보는 견해이다.

둘째, 개별약정 우선의 원칙은 보험의 단체성이나 보험업법 제98조의 특별이
익제공의 금지 규정에 의하여 제한받지 않는다는 견해이다.[29) 이 견해에서는 보
험자가 보험계약의 조건과 보험약관의 내용을 결정하고 이를 보험계약자들에게
상품으로서 제시하는 것이나, 당초 결정된 계약조건에 따라 계약을 체결함으로써
보험금액과 보험료의 균형을 유지하는 것은 보험자 자신의 책임일 뿐, 자신의 잘
못으로 자기에게 불리한 계약을 체결하고 나서 위의 원리를 내세워 실제 합의된
것과 다른 내용의 계약성립을 주장할 수는 없다는 점을 근거로 한다. 또한 관련
보험업법 제98조 해석에 있어서도, 동조항이 약관조항과 다른 개별약정을 일체
금지하는 취지의 것인지도 의심스러울 뿐만 아니라, 동 조항 위반의 약정을 사법

---

27) 단지 고려할 점으로는 보험자가 보험설계사에게 보험약관의 내용과 의미를 설명할 권한을 위임
하였다면 보험설계사의 계약체결대리권의 유무를 불문하고, 설명에 대한 대리권을 부여한 것으로 볼
수 있다는 주장이다.

28) 양승규, 55면.

29) 손지열, "보험외판원의 잘못된 설명과 개별약정의 성립", 「민사판례연구」 제12집, 243면.

상 무효로 할 성질의 규정도 아니라 한다. 따라서 특별이익제공의 금지가 개별약정우선 원칙을 배제하는 근거가 될 수 없다는 것이다.

생각건대, 보험의 단체성이나 특별이익제공금지에 관한 보험업법 제98조가 개별약정우선의 원칙을 배제할 수는 없다고 본다. 첫째, 보험업법 제98조는 "특별이익을 제공하거나 제공하기로 약속하여서는 아니 된다"고 규정하고 있으나 그 제공을 한 경우 사법상 무효라고 해석할 수는 없다. 이 규정을 효력규정으로 해석하여 위반행위의 사법적 효력을 무효라고 하는 것은 무리한 해석이다. 둘째, 보험계약의 단체성이라는 특성과 보험자와 보험계약자 사이에 개별적으로 체결된 보험계약을 해석하는 것은 구별하여야 한다. 셋째, 판례와 약관규제법이 계약설을 채택하는 한 개별약정이 우선됨은 어쩔 수 없다. 요컨대 단체성은 보험의 기본적 속성이기는 하나, 이를 근거로 개별약정의 사법상 효력을 무효화할 수는 없다.

제2 보험의 목적

1. 의 의

보험은 보험의 객체에 대하여 사고가 생긴 경우 책임을 지는 것이므로, 보험계약에서는 구체적으로 보험목적이 무엇인가를 정하여야 한다(제666조 제1호). 손해보험에서는 피보험자의 재화 등이고 인보험에서는 피보험자의 생명 또는 신체가 된다. 보험의 목적인 단일물일 수도 있고 집합물일 수도 있으나, 집합된 물건인 경우에는 그 물건이 처음부터 확정되어 있는 특정보험(제686조)과 그 물건이 보험기간 중에 수시로 바뀌는 것이 예정된 총괄보험(제687조)이 있다.

2. 보험계약의 목적(피보험이익)과 구별

보험의 목적은 손해보험에 있어서의 보험계약의 목적인 피보험이익과는 구별되는 개념이다.

3. 인보험에서의 제한

인보험에서는 보험의 목적에 제한이 있다. 사망보험에서 원칙적으로 15세미만자, 심신상실자 또는 심신박약자는 피보험자로 할 수 없다(제732조 본문).

제3   보험기간과 보험료기간

1. 보험기간

(1) 의   의

보험기간은 보험자의 책임이 개시되고 종료할 때까지의 기간으로서, 책임기간 또는 위험기간이라고도 한다. 보험기간 내의 보험사고 발생에 의하여 손해보험에 서는 손해의 보상, 생명보험에서는 일정한 금액의 지급을 약정한다. 보험기간은 당사자의 약정에 의하여 정하여지는 것이나 통상 손해보험에서는 1년, 생명보험 에서는 보다 장기간으로 정해진다.

(2) 보험계약기간과의 구별

보험기간은 보험계약이 성립하여 존속하는 기간인 보험계약기간과 구별된다. 따라서 보험계약의 성립시기와 보험자의 책임개시의 시기는 다르다. 상법은 원칙 적으로 보험자의 책임은 최초보험료를 받은 때로부터 개시된다고 정하고 있으며 (제656조), 분쟁의 방지를 위하여 명시적으로 보험자의 책임기간인 보험기간을 정 하여 두는 경우가 많다. 보험계약에서 보험기간이 정해진 이상 비록 보험계약이 성립하여 보험료의 지급이 있었다 하더라도 그 보험기간 전 또는 후에 생긴 보험 사고에 대하여는 보험자의 책임이 없다.

(3) 소급보험

소급보험은 보험계약 전의 어느 시기부터 보험기간이 시작되는 것으로 정한 보험을 말한다(제643조). 해상적하보험 등에서 이미 선박이 출항한 이후 적하의 선적시로부터 보험자의 책임이 개시되는 것으로 하는 경우 발생할 수 있다. 통상 의 경우 보험자는 보험계약이 성립하고 최초의 보험료를 받은 때로부터 발생한 보험사고에 대하여 책임을 지는 것이나(제656조), 소급보험의 경우 보험계약 성립 이전의 보험사고에 대하여도 책임을 지게 된다. 보험계약에서 보험사고의 불확정 성은 객관적일 것을 요구하지 않고 주관적인 것으로 족하다. 따라서 이미 사고가 발생한 경우라 하더라도 당사자가 그 사고의 발생사실을 알지 못하고 보험계약을 체결하였다면, 주관적으로 불확정한 경우로서 그 효력이 인정되므로 소급보험은 효력이 있게 된다(제644조). 만일 보험계약자와 피보험자가 보험사고의 발생을 알고 있으면서 보험계약을 체결한 경우 그 보험계약은 무효가 되며, 보험계약자는 보험자로부터 보험료를 반환받을 수 없다(제648조). 보험계약의 성립과 승낙전 보험보호제도(제638조의2 제3항)와 관련하여서 다음에서 보다 구체적으로 다룬다.

2. 보험료와 보험료기간

(1) 보험료

보험료는 보험계약에서 보험자가 보험금지급책임을 지는 대가로서 보험계약자가 지급하는 금액이다(제638조). 보험료는 대수의 법칙에 의해 사고발생개연율에 따라서 계산된다.

보험료에서 특히 그 구별이 중요한 것으로 제1회보험료, 최초보험료, 계속보험료가 있다. 제1회보험료는 첫 번째 지급하는 보험료를 말하고, 이에 대응하는 기타의 보험료는 제2회 이후의 보험료이다. 최초보험료는 보험자의 책임을 시작하게 하는 보험료이고, 계속보험료는 최초보험료 이후의 보험료로서 그 지급이 없으면 이미 개시된 보험자의 책임이 계속되지 아니하는 보험료이다.

최초보험료는 항상 제1회보험료가 되는 것이나, 그 역은 성립하지 않는다. 외상보험의 경우 보험자의 책임은 보험료의 지급이 없이도 이미 개시되어 있고, 따라서 이 경우 제1회보험료는 계속보험료에 해당한다.

(2) 보험료기간

보험료기간은 보험료를 산출하는 단위기간을 말한다. 보험자는 일정한 기간을 단위로 하여 그 기간 내에 발생하는 보험사고의 발생률을 통계적으로 측정하여 그 위험률에 따라 정한 기간을 보험료기간이라 한다. 보험료기간은 보험기간과는 다른 개념으로 양 기간이 일치하지 않을 수 있다.

(3) 보험료불가분의 원칙

보험료는 일정한 위험측정의 단위기간을 기초로 산출되는 것으로서 이 기간에 대응하는 보험료는 이를 더 이상 기술적으로 세분할 수 없다. 즉 보험료불가분의 원칙은 보험료산출의 기준이 되는 보험료기간의 보험료를 관념적으로 하나로 보아야 한다는 원칙이다. 이를 상법에서 명시적으로 규정하고 있지는 않으나 초과보험의 경우 보험료의 감액은 장래에 향하여서만 효력이 있다는 것 등은 이 원칙을 반영하고 있다(제669조 제1항 단서).

제 2 절   보험계약의 체결

제1   보험계약의 성립

1. 낙성계약

보험계약은 불요식의 낙성계약으로서 보험계약자가 약정한 보험료를 지급하고 보험자가 재산 또는 생명이나 신체에 관하여 불확정한 사고가 생길 경우에 일정한 보험금액 기타의 급여를 지급할 것을 약정함으로써 효력이 생긴다. 따라서 보험자와 보험계약자 사이에 의사가 합치되면 보험계약은 성립하는 것이고 보험료의 납입이나 보험증권의 교부는 보험계약의 성립요건이 아니다. 그러나 일반적으로는 보험자는 별도의 승낙의 의사표시를 행하지 않고 보험증권의 교부로 그 승낙을 갈음하고 있고 보험자의 책임은 최초보험료를 지급한 때부터 발생한다.

2. 보험계약의 성립

(1) 보험계약의 청약

모든 계약은 청약과 승낙에 의하여 성립하는 것이고, 낙성계약에 있어서는 청약과 승낙이 어떤 방식에 따르도록 하는 것은 아니다. 보험계약도 보험계약 당사자의 의사가 합치되면 그 계약은 성립되어 효력이 생기는 것이 원칙이다. 그러나 보험계약에 있어서는 보험설계사 등의 권유에 따라 보험계약청약서에 의하여 일정한 사항을 기재하여 청약하고, 특히 생명보험 등 진단보험의 경우에는 피보험자의 신체검사를 거쳐 보험자가 그 보험의 인수 여부를 결정한다. 보험계약청약서는 보험자가 그 인수할 위험과 관련되는 여러 가지 사항에 관한 질문란을 두어 보험계약자로 하여금 이를 기재하도록 한다. 따라서 보험계약자가 그 청약서의 필요사항을 기재하여 보험자에게 교부할 때 보험계약을 청약한 것으로 된다. 이러한 보험계약의 청약은 보험계약자의 대리인이 할 수도 있다(제646조 참조).

(2) 보험계약의 승낙

보험자의 승낙은 특정한 보험계약의 청약에 대하여 보험자가 보험계약의 성립을 목적으로 하는 의사표시로서 보험계약의 청약에 대하여 보험자가 승낙의 통지를 발송한 때에 성립한다(민법 제531조). 승낙의 방법에는 제한이 없고 명시적이든 묵시적이든 상관없다. 실무에서는 보험증권의 교부로 승낙에 갈음하고 있다.

(3) 보험계약자 보호의 필요성

원칙적으로 보험계약의 성립은 청약과 승낙이 있은 이후이고, 보험계약의 효력이 발생하여야 보험자의 급부의무도 개시된다. 그러나 이러한 원칙을 관철시키고자 한다면 보험계약자 보호와 관련하여 큰 결함이 생겨날 수 있다. 보험자가 승낙을 지체하는 경우 소비자들이 보험보호를 받을 수 없고, 또한 청약과 승낙에 관한 이해가 없는 소비자들은 최초보험료를 납부한 때로부터 보험보호를 누리는 것으로 생각하는 경우도 많다. 현실 거래에서도 보험자는 보험설계사 등을 동원하여 불특정다수인을 상대로 보험계약의 청약을 유인하여 보험계약의 청약과 함께 보험료상당액을 받고 있는 실정이다. 이러한 실정도 감안하여 상법은 보험계약자 보호를 위한 제도를 두고 있고, 낙부통지의무와 승낙의제제도(제638조의2 제1항과 제2항), 그리고 승낙전 보험보호제도(제638조의2 제3항)가 그것이다.

3. 낙부통지의무와 승낙의제제도

(1) 낙부통지의무

보험계약자의 청약에 대하여 보험자의 승낙이 있어야만 보험자의 책임이 개시되는 것을 보험계약에도 엄격히 적용한다면, 보험자는 가능한 한 승낙을 지연시키고자 할 수도 있다. 보험자의 승낙이 존재하지 않는 한 보험보호가 있을 수 없기 때문이다. 경우에 따라서는 피보험자가 신체검사절차에 통과되었음에도 불구하고 보험자가 승낙절차를 부당하게 장기간 지체하는 상황에서 피보험자가 사망한 경우에도 보험자의 책임은 없다. 이에 보험계약자의 보호를 위하여 보험자가 승낙을 해태함으로써 보험계약자가 불이익을 받는 일이 없도록 상법은 특별규정을 두고 있다. 즉 보험자가 보험계약의 청약과 함께 보험료상당액의 전부 또는 일부의 지급을 받은 때에는 30일 이내에 그 상대방에 대하여 낙부의 통지를 발송하여야 한다(제638조의2 제1항). 인보험계약에서 신체검사를 요하는 경우 위 기간은 신체검사를 받은 날로부터 기산한다(제638조의2 제1항 단서).

(2) 승낙의제제도

보험거래에 있어서는 보험계약청약자가 보험모집인 등의 권유에 따라 보험계약청약서를 작성하여 보험료의 전부 또는 일부에 상당하는 금액과 함께 보험자에게 교부하고, 보험자는 그 청약서를 근거로 보험인수 여부를 결정함에 따라, 그 청약 후 상당한 기간이 경과하도록 보험자의 승낙통지가 없을 때에는 이를 어떻게 처리할지가 문제된다. 이에 상법은 다른 약정이 없으면 30일 이내에 낙부의 통지를 해태하게 되면 보험자가 승낙한 것으로 본다(제638조의2 제2항). 이 규정은 보험자가 보험계약자로부터 보험계약의 청약과 함께 보험료 상당액의 전부 또는 일부를 지급받은 경우에 한하여 적용되는 것이므로, 그 이외에는 적용되지 않는다.

승낙의제제도는 승낙전 보험보호제도(제638조의2 제3항)와도 차이가 있다. 승낙의제제도는 승낙전 보험보호제도와 청약과 함께 보험료 상당액의 전부 또는 일부를 받고 인보험에서의 신체검사를 받아야 하는 등의 요건은 동일하나, 승낙의제제도는 적격피보험체(適格被保險體)의 여부를 묻지 않고 30일의 경과로 승낙을 의제한다는 점이다.

제2 승낙전 보험보호제도

1. 의 의

승낙의제제도에 의하면 보험자는 30일 이내에 낙부통지의무를 부담하고 이 기간의 경과로 보험자의 책임이 개시된다. 하지만 거래의 실정상 보험계약청약서를 작성함과 동시에 보험료 상당액을 납부하는 것이 현실이고 소비자로서는 이때부터 보험이 담보되는 것으로 생각하는 경우도 많다. 이러한 소비자의 이유있는 오신(誤信)을 구제하고 보험산업에 대한 신뢰를 확보하기 위하여, 승낙전 보험보호제도가 1991년 개정시 상법 제638조의2 제3항으로 신설되어 상법의 일반적인 제도로 수용되었다. 상법 제638조의2 제3항은 "보험자가 보험계약자로부터 보험계약의 청약과 함께 보험료 상당액의 전부 또는 일부를 받은 경우 그 청약을 승낙하기 전에 보험계약에서 정한 보험사고가 생긴 때에는 그 청약을 거절할 사유가 없는 한 보험자는 보험계약상의 책임을 진다. 그러나 인보험계약의 피보험자가 신체검사를 받아야 하는 경우 그 검사를 받지 아니한 때에는 그러하지 아니하다"고

정한다.

2. 성립요건 및 효과

(1) 요 건

첫째, 최초보험료의 지급이 있어야 한다. 대리권을 가진 보험대리상이 보험계약자에 대하여 보험료의 대납약정을 하는 경우 약정일에 보험료가 지급된 것으로 해석한다. 판례도 보험회사를 대리하여 보험료를 수령할 권한이 부여되어 있는 보험대리점이 보험계약자에 대하여 보험료의 대납약정을 하였다면 그것으로 곧바로 보험계약자가 보험회사에 대하여 보험료를 지급한 것과 동일한 법적 효과가 발생하는 것이라 본다.[30]

둘째, 청약을 거절할 사유가 없는 적격피보험체일 것이 요구된다. '청약을 거절할 사유'란 보험계약의 청약이 이루어진 바로 그 종류의 보험에 관하여 해당 보험회사가 마련하고 있는 객관적인 보험인수기준에 의하면 인수할 수 없는 위험상태 또는 사정이 있는 것으로서, 통상 피보험자가 보험약관에서 정한 적격피보험체가 아닌 경우를 말한다.[31] 고지의무 위반사실 등을 일컫는 것이 아님을 유의하여야 한다.

셋째, 승낙전 보험사고의 발생이다. 보험자가 청약을 승낙하기 전에 보험계약에서 정한 보험사고가 발생하여야 한다. 청약을 하면서 최초보험료를 납입한 이후 보험자가 승낙하기 전에 보험사고가 발생한 경우이다. 그런데 보험계약의 성립은 청약과 승낙이 있어야 하는 것으로 승낙이 있기 전의 사고는 소급보험에 해당하는 것은 아닌가 하는 의문이 있을 수 있고, 이 점은 아래에서 다룬다.

(2) 효 과

보험자의 승낙이 있기 전이라 하더라도 이상의 요건에 해당하면 보험자는 보험계약상의 책임을 부담한다. 그러나 보험자의 승낙 이전에는 보험계약은 아직 존재하지 아니하는 것이고 보험자의 승낙이 의제된다고 입론하는 것도 아니어서, 엄격히는 보험계약상의 책임으로 보기는 어렵다. 결국 보험계약은 성립되지 아니하였음에도 불구하고 상법규정에 의하여 보험자에게 특별히 인정된 법정책임이라고 풀이하는 것이 타당하다. 법문상의 '보험계약상의 책임'이란 보험계약이 성립하였

---

30) 대법원 1995. 5. 26. 선고 94다60615 판결. 박세민, 150면; 한기정, 186면.
31) 대법원 2008. 11. 27. 선고 2008다40847 판결.

으면 보험자가 부담할 책임의 뜻으로 해석하고, 이 책임은 법정책임으로 본다.

3. 적격피보험체

(1) 청약을 거절할 사유

'청약을 거절할 사유'란 보험계약의 청약이 이루어진 바로 그 종류의 보험에 관하여 해당 보험회사가 마련하고 있는 객관적인 보험인수기준에 의하면 인수할 수 없는 위험상태 또는 사정이 있는 것을 말한다. 판례는 '청약을 거절할 사유'를 보험회사가 마련하고 있는 객관적인 보험인수기준이라고 보고 있다. 따라서 보험 인수기준에 부합하지 않는 것이 아니라 보험자의 책임발생 이후 무사고확인서와 같은 허위기재의 사정은 '청약을 거절할 사유'에 해당하지 않는다고 하였다.[32]

(2) 입증책임

그런데 입증책임을 누가 부담하는지에 관하여 견해가 대립된다. 보험가입자 측 에 입증책임이 있다는 견해로서 "승낙전 보험보호제도는 선의의 보험가입자측을 보호하려는 취지에서 예외적으로 계약의 성립 전에도 보험자의 책임을 인정하는 것이므로, 보호를 주장하는 보험가입자측이 적극적으로 부보적격체였음을 입증하 도록 함이 형평에 맞다" 등의 주장이 있고,[33] 그 반면 입증책임은 보험자가 진다

---

32) 대법원 2008. 11. 27. 선고 2008다40847 판결이 중요한 의의가 있다. 이 사건의 사실관계를 보면, 상수도공사 중 철근콘크리트공사를 시행하던 A회사는 2005. 4. 4. B보험자에게 보험기간을 2005. 1. 20.부터 2005. 5. 31.까지로 하고 A회사 및 원도급업체를 피보험자로 하여 사용자배상책임을 담보하는 국내근로자재해보장책임보험계약을 청약하고 보험료 전액을 납입한 후 B로부터 보험료영수증을 교부받았다. C는 2005. 4. 13. A회사와 근로계약을 체결하고 같은 날 17:50경 공사현장의 도로에서 수신호로 차량통제를 하고 있었는데 같은 차로에서 작업중이다가 후진하던 포크레인의 바퀴 부분에 부딪혀 상해를 입는 사고가 발생하였다. 그런데 A회사는 2005. 4. 14. B에게 관련 서류를 제출하면서 "당사는 2005. 1. 20. ~ 2005. 4. 14. 현재까지 무사고임을 확인합니다"라고 기재된 무사고확인서를 제출하였고, B는 A회사로부터 위 무사고확인서 등 관련서류를 받은 후 이 사건 보험계약의 청약을 승낙하고 A회사에게 보험증권을 발급하였다. 이 사건에서 대법원은 "상법 제638조의2 제3항에 의하면 보험자가 보험계약자로부터 보험계약의 청약과 함께 보험료 상당액의 전부 또는 일부를 받은 경우에 그 청약을 승낙하기 전에 보험계약에서 정한 보험사고가 생긴 때에는 그 청약을 거절할 사유가 없는 한 보험자는 보험계약상의 책임을 진다고 할 것인데, 여기에서 청약을 거절할 사유란 보험계약의 청약이 이루어진 바로 그 종류의 보험에 관하여 해당 보험회사가 마련하고 있는 객관적인 보험인수기준에 의하면 인수할 수 없는 위험상태 또는 사정이 있는 것으로서 통상 피보험자가 보험약관에서 정한 적격 피보험체가 아닌 경우를 말하고, 이러한 청약을 거절할 사유의 존재에 대한 증명책임은 보험자에게 있다. 그리고 이른바 승낙 전 보험사고에 대하여 보험계약의 청약을 거절할 사유가 없어서 보험자의 보험계약상의 책임이 인정되면, 그 사고발생사실을 보험자에게 고지하지 아니하였다는 사정은 청약을 거절할 사유가 될 수 없고, 보험계약 당시 보험사고가 이미 발생하였다는 이유로 상법 제644조에 의하여 보험계약이 무효로 된다고 볼 수도 없다"고 판결하였다.

33) 김성태, 184면; 박세민, 151면; 한기정, 186면.

고 하는 견해[34]가 있다. 판례[35]는 청약을 거절할 사유의 존재에 대한 입증책임은 보험자에게 있다고 한다.

생각건대, 법문이 '청약을 거절할 사유가 없는'이라고 규정하는 점, 적격피보험체의 의미가 해당 보험회사가 마련하고 있는 객관적인 보험인수기준에 바탕하는 점을 본다면, 보험자에게 입증책임이 있다고 보아야 한다.

4. 승낙전 보험보호와 소급보험

(1) 문제점

소급보험은 보험계약 성립 전의 어느 시기부터 보험기간이 시작되는 것으로 정한 보험을 이르고(제643조), 당사자가 그 사고의 발생사실을 알지 못하고 보험계약을 체결하여 주관적으로 불확정한 때에는 그 효력이 인정되므로 소급보험을 인정할 수 있다(제644조). 소급보험은 계약 성립 이전의 시기부터 보험기간이 시작되는 것으로 정하므로, 원칙적으로 최초보험료의 납입 여부와는 관련이 없다.

(2) 최초보험료 납입 이후 보험자의 승낙 이전에 발생한 보험사고의 소급보험성

그런데 '최초보험료를 납입한 이후 보험자의 승낙 이전'에 발생한 사고의 경우, 계약이 체결되기 이전이므로 소급보험으로 볼 여지는 있지 않은가 하는 점이다. 이에 관하여는 다음 두 가지의 해석이 가능하다.

첫째, 보험계약도 청약과 승낙에 의하여 계약이 성립하는 것으로 보고 "계약 전"이라고 하는 상법 제643조를 문리대로 해석하여, 승낙이 아직 없었으므로 소급보험에 해당한다고 보는 견해다.[36] 이와 유사한 견해로 "소급보험은 보험자의 승낙에 의한 보험계약의 성립을 전제하기 때문에 보험자의 승낙이 없는 한 원칙적으로 승낙 전의 사고에 대하여 보험자가 소급하여 책임을 지지는 않는다. 이러한 사정에서 계약법의 일반원칙에 따라 보험자가 청약의 승낙 여부를 자유롭게 결정할 수 있다면 책임소급조항의 실질적 의미는 상실될 것이다. 왜냐하면 이미 보험사고가 발생한 사실을 알고 있는 보험자는 승낙하지 아니할 가능성이 높기

---

34) 최기원, 105면.

35) 대법원 2008. 11. 27. 선고 2008다40847 판결.

36) 이 견해에 의한다면 대법원 2008. 11. 27. 선고 2008다40847 판결 사건의 경우, 보험자가 승낙을 하는 당시에는 보험계약자가 사고발생을 알고 있었으므로 상법 제644조에 의하여 무효라고 하겠다. 이 견해에 의하면 위 사건 보험계약은 무효가 되고 보험자는 보상책임이 없다.

때문이다"고 한다.[37]

둘째, 승낙전 보험보호제도에 관한 상법 제638조의2 제3항을 우선적으로 해석하는 것이다. 최초보험료 납입 이후 승낙 이전까지 발생하는 사고에 대하여는 청약을 거절할 사유가 없는 한 보험자가 책임을 진다고 보게 되고, 결과적으로 소급보험이라 함은 최초보험료를 납입하는 시점 이전을 보험기간의 개시시점으로 정하는 보험이라는 견해이다. 판례가 이 견해를 취한다.[38] 따라서 보험계약의 청약과 함께 최초보험료를 납입받은 이후로부터 승낙이 있기 전에 발생한 사고에 대하여는 그 '청약을 거절할 사유'가 없는 한 보험자는 승낙전 보험보호제도에 의하여 책임을 지는 것이고, 최초보험료 납입 이전에 해당하는 부분이 소급보험에 해당하게 된다.

생각건대, 상법 제638조의2 제3항의 문리해석과 승낙전 보험보호제도의 입법 취지에서 볼 때 판례의 입장인 후자가 타당하다. 따라서 최초보험료 납입 이전의 일정 시점으로 기산되는 것으로 정한다면 이는 소급보험이 되고, 그렇지 않다면 승낙전 보험보호제도가 된다. 그리하여, 보험자는 청약과 최초보험료 납입 이후에 발생한 사고에 대하여 그 '청약을 거절할 사유'가 없는 한 보험계약상의 책임을 지게 되고, 이때 '청약을 거절할 사유'란 보험자가 위험을 측정하여 보험계약의 체결여부 또는 보험료액을 결정하는 데 영향을 미치는 사실에 관한 것을 의미한다.

---

37) 권기범, "소급보험", 「보험법연구」 1, 삼지원, 1995, 95면.

38) 따라서 대법원 2008. 11. 27. 선고 2008다40847 판결의 보험계약에 있어서는 보험계약의 청약과 함께 보험료의 전부를 납입받은 2005. 4. 4. 이후로부터 승낙이 있은 4. 14. 전에 발생한 사고에 대하여는 그 '청약을 거절할 사유'가 없는 한 보험자는 승낙전사고담보제도에 의하여 책임을 지는 것이고, 최초보험료 납입 이전에 해당하는 2005. 1. 20.부터 2005. 4. 3.까지 사이에 발생한 보험사고에 대하여는 소급보험에 해당하게 된다.

제3절 고지의무

제1 총 설

1. 고지의무의 의의

(1) 뜻

고지의무는 보험계약자 또는 피보험자는 보험계약을 체결함에 있어서 보험자에 대하여 중요한 사실을 고지하고, 부실의 사실을 고지하지 아니할 의무이다(제651조). 고지의무는 보험계약자 또는 피보험자에게 보험계약의 체결에 즈음하여 보험사고 발생의 가능성을 측정하는 데 보험자에게 도움이 되는 중요한 사항을 진실하게 알릴 것을 요구하는 보험계약상의 특수한 의무이다.[39]

(2) 인정이유

보험계약은 우연한 사고의 발생을 전제로 하여 보험자가 책임을 지는 사행계약의 일종이므로, 보험금을 지급하게 되는 보험자로서는 보험계약을 체결함에 있어 보험기술상의 개별적인 위험상황을 정확하게 파악할 필요가 있다. 보험자는 보험료율을 산출함에 있어 과거의 경험에 입각한 확률 원리에 의존한다.[40] 이것을 위하여 보험자는 개별적인 위험상황을 정확하게 조사할 수도 있으나, 다수의 보험계약자를 상대로 하는 보험계약에 있어서는 보험자의 일방적인 조사만으로는 부족하고 이러한 상황을 잘 알 수 있는 보험계약자의 협력을 얻어야 한다. 이러한 과정을 통하여 적정한 보험료를 산출할 수 있을 뿐만 아니라 동질적인 우연한 사고의 범위에 속하지 아니하는 불량한 위험에 대하여는 이를 배제할 수 있게 된다. 그 과정에서 보험계약자나 피보험자가 진실한 사실을 알려야 한다는 것은 보험계

---

39) 양승규, "고지의무에 관한 연구", 「서울대학교 법학」 제26권 제1호, 1985, 152면.
40) 예를 들면 생명보험에 있어서는 과거에 경험한 사망 통계나 생존 통계에 확률 이론을 적용하여 생명표나 생존표를 작성하고 보험료율을 결정하며, 화재보험에 있어서는 과거 경험한 지역별, 위험종목별, 구조별 이재(罹災)경험에 입각하여 장래의 우연한 사고발생가능성을 추정하여 보험료율을 산출하게 된다.

약에서 필수적 요소가 된다. 일반적으로 계약을 체결할 때 진실을 알려야 한다는 원칙은 민법상의 신의성실에서도 찾아 볼 수 있는 것으로(민법 제2조 제1항), 특히 보험계약에서의 고지의무는 선의계약성을 대표하는 것으로 설명되고,[41] 보험관계 에서 중요한 지위를 차지하고 있다.

고지의무의 근거에 대하여는 여러 가지 설로 갈려 있으나 보험의 기술적 기초 에 있다고 풀이하는 기술설 또는 위험측정설이 다수설이다.[42] 보험제도는 동질적 인 위험에 놓여 있는 다수의 보험계약자가 이른바 위험단체를 구성하여 공동비축 금에 의하여 보험사고에 대비하는 것을 그 본질로 하므로, 보험금과 대가관계에 있는 보험료산출을 위하여 필요한 위험률의 측정을 가급적 정확하게 하여야 한다. 그런데 보험자가 직접 모든 사항을 조사할 수는 없으며 보험계약자 등의 협력을 구할 수밖에 없고, 여기에서 고지의무제도의 인정 근거를 구한다.

(3) 위험변경증가의 통지의무와의 구별

고지의무는 계약체결시에 부담하는 의무라는 점에서 계약존속 중의 의무인 위 험변경증가의 통지의무와 구별된다.[43] 상법 제652조에 의하면 보험계약자 또는 피보험자가 사고발생의 위험이 현저하게 변경 또는 증가된 사실을 안 때에는 지 체없이 보험자에게 통지하여야 한다. 그 정도의 위험이 계약체결 당시에 존재하였 다면 적어도 동일한 조건으로는 그 계약을 체결하지 아니하였으리라고 생각되는 위험의 변경 또는 증가가 통지의 대상이며, 이 의무를 위반하였을 때 보험자는 그 사실을 안 때로부터 1월내에 계약을 해지할 수 있다(제652조 제1항 후단). 그러 나 그 구별의 법적 실익은 없는 듯하다. 상법에서 고지의무 위반과 위험변경증가 의 통지의무 위반의 효과가 보험자는 그 사실을 안 날로부터 1월 내에 해지권을 행사하는 등으로 동일하다.[44]

---

41) Seaton v. Burnand 1 QB 782, 792 (1899); Greenhill v. Federal Ins. 1 KB 65, 76 (1927); 고지의무의 근거에 관한 제학설에 관한 설명은 최기원, 132－142면 참조.

42) 양승규, 117면.

43) 영미법상으로는 고지의무와 위험변경증가의 통지의무의 구별이 엄격하지 아니하다. 영미에서는 보험상의 담보위험의 성질을 변경하거나 그 범위를 보험자의 동의없이 변경하는 것이 금지되고 이러한 행위는 고지의무 위반의 효과와 마찬가지로 계약취소(avoidance)의 사유가 된다고 한다. 이와 같이 당 해 위험이 증가하여 만약에 그 위험이 계약체결시에 존재하였다면 보험자의 계약체결에 영향을 미쳤을 것이라는 전제하에 새로운 계약이 성립한 것으로 보고 고지의무의 문제로 해결하고 있다.

44) 영미에서도 고지의무 위반의 효과와 보험자의 동의없는 위험변경증가의 효과로 동일하게 계약의 취소권이 부여되고 있다. St. Nicholas Ins. Co. v. Merchants' Mut Fire & Marine Ins. Co., 83 N.Y. 604; 그러나 Faneuil Hall Ins. Co. v. Liverpool & London & Globe Ins. Co., 26 N.E. 244, 153 Mass. 63. 사건에서는 그 계약의 조건을 취소하는 것이 선의의 적법한 절차에 의하여 이루어지고 재보 험자의 책임부담을 증가시킨다거나 손해의 발생에 아무런 영향을 미치지 아니하면 문제되지 아니한다

2. 법적 성질

고지의무 위반의 효과는 보험자가 보험계약을 해지할 수 있을 뿐이고(제651조 본문), 보험계약자 등에게 직접 그 의무이행을 강제하거나 불이행으로 인한 손해 배상을 청구할 수는 없다. 이런 점에서 고지의무는 보험계약의 전제조건으로서 보 험계약자 등이 지는 간접의무이고, 보험계약자 등이 자기의 불이익을 방지하기 위 한 자기의무라고 한다(통설).[45] 또한 고지의무는 보험계약에 의하여 부과되는 의 무가 아니라 상법에 의하여 당연히 인정되는 법정의무이다.

3. 고지의무자

(1) 보험계약자와 피보험자

보험계약상의 고지의무자는 보험계약자와 피보험자이다(제651조). 보험계약자가 여러 명이 있는 경우에는 각 보험계약자 모두가 이 의무를 진다. 피보험자는 인 보험계약의 피보험자 이외에 손해보험에 있어서의 피보험자를 포함하느냐는 의문 이 있다. 상법은 손해보험과 인보험을 일률적으로 규정하고 있고 손해보험에서의 피보험자는 피보험이익의 소유자로서 이해관계를 가지므로 그 의무를 진다. 따라 서 보험계약자와 인보험의 피보험자뿐 아니라 손해보험의 피보험자도 고지의무자 가 된다. 그러나 생명보험의 보험수익자는 고지의무자에 포함되지 아니한다.

(2) 타인을 위한 손해보험

타인을 위한 손해보험의 타인인 피보험자도 고지의무를 부담한다. 다만 타인을 위한 손해보험계약의 경우 피보험자는 계약의 당사자가 아니어서 그 계약의 체결 을 알지 못할 수 있고 따라서 고지의무를 이행하지 못할 수도 있다. 그리고 만약 타인을 위한 손해보험의 경우 그 타인의 위임이 없는 때에는 보험계약자는 이를 보험자에게 고지하여야 하고, 그 고지가 없는 때에는 그 타인이 보험계약이 체 결된 사실을 알지 못하였다는 사유로 보험자에게 대항하지 못한다(제639조 제1항 단서).

(3) 대리인

상법은 "대리인에 의하여 보험계약을 체결한 경우에 대리인이 안 사유는 그

고 한다.

45) 양승규, 116면; 박세민, 188면; 한기정, 194면.

본인이 안 것과 동일한 것으로 한다"고 규정한다(제646조). 대리인에 의하여 고지할 때에는 본인이 알고 있는 사실뿐 아니라 대리인 자신이 알고 있는 사실도 고지하여야 한다. 이는 대리인의 독자적인 고지의무를 인정하는 결과가 되어, 보험계약자는 전혀 모르는 사항이라 하더라도 대리인만이 알고 있는 사항을 대리인이 고지하지 않으면, 보험자가 고지의무 위반을 이유로 계약을 취소할 수 있다. 하지만 이 규정은 검토의 여지가 있다.

이 규정은 1906년 영국해상보험법 제19조에 기원을 두는 것이나,[46] 영국에서도 대리인의 독립적 귀책사유에 의하여 피보험자가 보험금을 받지 못하는 것은 부당하다 보고, 최소한 가계보험에서만큼은 삭제하였다.

4. 고지수령권자

고지를 수령할 수 있는 자는 보험자와 보험자를 위하여 고지를 받을 대리권을 가지고 있는 자이다. 따라서 보험자와 보험대리상은 고지수령권을 가지나, 보험중개사는 대리권이 없으므로 고지수령권도 가지지 않음이 원칙이다. 인보험의 경우 피보험자의 신체검사를 하는 보험의는 계약체결권이나 보험료수령권은 없으나, 고지수령권은 가진다. 보험계약상 고지수령권과 관련하여 문제가 되는 자는 보험설계사이다. 보험설계사는 개별소비자와 접촉하고 보험가입을 권유하고 계약청약서를 수령하는 실정에서 보험설계사에게 고지수령권을 인정하자는 주장이 있다. 그러나 보험설계사는 보험계약의 체결을 중개하는 사실행위만을 하는 자로서 대리권을 인정할 수 없고, 고지의무의 이행은 보험계약청약서를 통하여 이루어지고 있으며, 또한 만약 고지수령권을 인정한다면 연고모집으로 인한 보험계약자와의 담합이 생길 수 있다는 등의 이유로 고지수령권이 인정되지 않는다(통설). 판례도 같은 취지이다.[47]

---

46) 영국해상보험법 제19조는 다음과 같이 규정되어 있다.

"고지할 필요가 없는 사항에 관한 전조의 규정에 반하지 않는 한, 보험계약이 피보험자를 위하여 대리인에 의하여 체결된 경우, 대리인은 다음 사항을 보험자에게 고지하여야 한다.

(a) 대리인이 알고 있는 모든 중요한 사항, 그리고 보험을 부보하는 대리인은 그의 통상의 업무수행 과정에서 당연히 알고 있어야 하거나 또는 대리인에게 당연히 통지되었어야 할 모든 사항은 알고 있는 것으로 간주된다.

(b) 피보험자가 고지하여야 할 의무를 지는 모든 중요한 사항, 단 피보험자가 늦게 알게 되었기 때문에 대리인에게 통지할 수 없었던 사항은 제외한다."

47) 대법원 1979. 10. 30. 선고 79다1234 판결(보험가입청약서에 기왕병력을 기재하지 아니하고 보험회사의 외무사원에게 이를 말한 것만으로는 위 기왕병력을 보험회사에 고지하였다고 볼 수 없다); 대법원 2006. 6. 30. 선고 2006다19672,19689 판결(보험모집인은 특정 보험자를 위하여 보험계약의 체결을 중개하는 자일 뿐 보험자를 대리하여 보험계약을 체결할 권한이 없고 보험계약자 또는 피보험자

제2 고지의무의 내용

1. 고지의 시기와 방법

고지의 시기는 보험계약 당시이다(제651조). 보험계약의 청약시가 아니라 승낙시이고, 보험계약의 청약 이후 성립시까지 고지할 사항의 발생이나 변경이 있으면 이것도 고지하여야 한다.[48] 고지의 방법에는 법률상 특별한 제한이 없으나 실제 거래계에서는 보험계약청약서에 질문표를 두고 이에 답하는 방법으로 한다. 입법론으로는, 보험자의 질문에 한정하여 고지의무를 인정하는 고지의무의 수동화가 타당하다.

2. 중요한 사항

(1) 의 의

1) 중요한 사항

고지의무의 대상이 되는 사항은 중요한(material) 사항이다. 중요한 사항의 해석에 관하여는 과거 여러 견해가 있었다.

첫째, 보험자가 그 사실을 알았더라면 계약체결을 거절하였을 사실에 한한다는 것이나 이를 따르는 견해는 거의 없다.

둘째, 보험자가 그 사실을 알았더라면 계약체결을 거절하였을 사실과 보험자가 계약조건을 변경하였을 사실이라는 견해이다. 소위 결정적 영향설(decisive influence test)이다. 이는 합리적인 보험자가 알았다면 계약체결을 하지 않았으리라 또는 다른 조건 하에 계약을 체결하였으리라고 판단되는 것을 중요사항이라고 보는 입장이다. 보험자의 계약 여부나 조건에 '합리적으로 영향을 미쳤으리라' 여겨지는 사항만 중요사항이라고 보기 때문에, 다음의 비결정적 영향설보다 중요사항의 인정범위가 좁다.

가 보험자에 대하여 하는 고지나 통지를 수령할 권한도 없으므로). 대법원 1998. 11. 27. 선고 98다 32564 판결도 같은 취지이다.

48) 그런데 최초보험료의 납입이 있었으나, 보험자의 승낙이전 고지의무의 이행이 없었던 경우 문제가 생길 수 있다. 판례의 입장대로 최초보험료 납입시부터 보험자의 승낙이전 사이에 보험자가 청약을 거절할 사유가 없어 책임을 지게 된다면, 그 기간 중의 고지의무 불이행의 처리가 문제될 수 있다.

셋째, 위의 경우 이외에도 보험자가 알았더라면 다른 계약조건을 체결할 '가능성'이 있었을 것이나 특정 경우에 있어서 당해 사실 하나만으로는 별다른 의의가 없는 사항도 포함한다는 견해이다. 중요의 정도를 가장 넓게 해석하는 견해로서 비결정적 영향설(non-decisive influence test)이라 한다. 이 견해는 중요성의 판단기준이 되는 것은 합리적인 보험자가 계약을 체결할 것인가의 여부 및 체결한다면 보험료는 어떻게 결정할 것인가를 판단하기 위해서 알기를 원했으리라고 판단되는 사항을 의미하고, 합리적인 보험자가 알기를 원했으리라고 판단되면 계약체결 여부나 조건이 달라지지 않았으리라고 판단되는 경우에도 중요사항이 된다. CTI 판결[49] 이후 영국법원은 이 기준을 따른다.

생각건대, 둘째의 견해인 결정적 영향설이 타당하다 본다. 고지의무에 있어서 중요성 판단의 기준으로 비결정적 영향설을 취한다면 중요한 사항의 판단기준이 보험자로 되어 있음에도 불구하고, 다시 그 기준마저 보험자가 알기를 원하는 사항으로 확대하는 것으로 바람직하지 않다. 통설[50]과 판례도 두 번째의 기준에 의한다.

2) 판례의 기준

판례[51]는 "보험자가 보험사고의 발생과 그로 인한 책임부담의 개연율을 측정하여 보험계약의 체결 여부 또는 보험료나 특별한 면책조항의 부가와 같은 보험계약의 내용을 결정하기 위한 표준이 되는 사항으로서, 객관적으로 보험자가 그 사실을 안다면 그 계약을 체결하지 않든가 또는 적어도 동일한 조건으로는 계약을 체결하지 않으리라고 생각되는 사항"이라 한다.[52] 또한 어떠한 사실이 이에 해당하는가는 보험의 종류에 따라 달라질 수밖에 없는 사실인정의 문제로서 보험의 기술에 비추어 객관적으로 관찰하여 판단되어야 하고, 최종적으로는 보험의 기술에 정통한 전문가의 감정에 의하여 결정될 수밖에 없다 한다.[53] 판례의 기준은 다음과 같이 정리가 가능하다.

---

49) CTI v. Oceanus (1984) 1 Lloyd's Rep 476. "특정 보험자가 불고지의 결과 그 위험을 인수하고 그 조건을 택하였다고 하는 것은 요건이 아니다"라고 판시하였다; Pan Atlantic Insurance Co. v. Pine Top Insurance Co. (1994) 2 Lloyd's Rep. 427; Container Transport International Inc. v. Oceanus Mutual Understanding Association (1984) 1 Lloyd's Rep. 467.

50) 최기원, 145면; 양승규, 120면; 한기정, 204면 등.

51) 대법원 1996. 12. 23. 선고 96다27971 판결.

52) 대법원 1997. 9. 5. 선고 95다25268 판결; 대법원 2001. 11. 27. 선고 99다33311 판결; 대법원 2003. 11. 13. 선고 2001다49623 판결; 대법원 2004. 6. 11. 선고 2003다18494 판결; 대법원 2005. 7. 14. 선고 2004다36215 판결 등도 모두 동일한 표현을 한다.

53) 대법원 1996. 12. 23. 선고 96다27971 판결 등.

첫째, 중요한 사항의 판단기준은 보험계약자가 아니라 보험자이다. 보험자가 그 사실을 알았던 경우를 기준으로 한다. 따라서 고지의무자인 보험계약자 등이 중요한 사항을 판별하기는 쉬운 일이 아니므로 이 문제를 기술적으로 해결하기 위하여 질문표를 두고 있고, 상법은 질문표의 기재사항을 중요한 사항으로 추정한다(제651조의2).[54]

둘째, 보험자가 그 사실을 안다면 계약을 체결하지 않든가 또는 적어도 동일한 조건으로는 계약을 체결하지 않으리라고 생각되는 사항이다. 위 둘째의 결정적 영향설에 해당한다.

셋째, 사실인정의 문제로서 보험의 종류에 따라 달라질 수밖에 없고, 객관적으로 판단되어야 한다.

(2) 구체적 사례

주택화재보험에서의 가옥의 물리적 성상과 구조, 사용목적 등과 생명보험에서는 계약 당시의 피보험자의 건강상태뿐 아니라 기왕증 등이 이에 속한다.[55] 판례에서 나타난 사례들은 다음과 같다.

1) 중요한 사항에 해당한다고 한 경우

손해보험에서는 공사도급계약에 대한 이행보증보험계약을 체결하는 경우 공사금액과 공사기간 등,[56] 자동차보험에서의 유상운송,[57] 주운전자[58] 등이 있다. 인보험에서는 중대한 병력,[59] 다른 생명보험계약에의 가입[60] 등이 중요한 사항에 해당한다고 보았다.

---

54) 보험청약서에 기재되지 않은 사항에 관하여는 원칙적으로 고지의무 위반이 문제될 여지가 없다고 한 판례로 대법원 1996. 12. 23. 선고 96다27971 판결.

55) 양승규, 120면.

56) 대법원 1987. 6. 9. 선고 86다카216 판결(공사도급계약에 대한 이행보증보험계약을 체결하는 경우에 공사금액과 공사기간등은 일반적으로 그 이행보증의 대상이 되는 도급공사의 내용을 특정하고 보험사고의 발생여부를 판정하는 기준으로서 고지의무의 대상이 되는 중요사항에 해당한다); 대법원 1998. 6. 12. 선고 97다53380 판결(공사도급계약과 관련하여 체결되는 이행(계약)보증보험계약이나 지급계약보증보험에 있어 보험사고에 해당하는 수급인의 채무불이행이 있는지 여부는 보험계약의 대상으로 약정된 도급공사의 공사금액, 공사내용 및 공사기간과 지급된 선급금 등을 기준으로 판정하여야 하므로, 이러한 보증보험계약에 있어 공사기간이나 선급금액도 공사대금 등과 함께 계약상 중요한 사항으로서 이를 허위로 고지하는 것은 기망행위에 해당할 수가 있고, 따라서 이러한 경우에는 민법의 일반원칙에 따라 보험자가 그 보험계약을 취소할 수 있다); 대법원 2002. 7. 26. 선고 2001다36450 판결.

57) 대법원 1993. 4. 13. 선고 92다52085,52092 판결.

58) 대법원 1994. 2. 25. 선고 93다52082 판결; 대법원 1997. 3. 14. 선고 96다53314 판결.

59) 대법원 1999. 8. 20. 선고 98다40763,40770 판결.

60) 대법원 2001. 11. 27. 선고 99다33311 판결; 대법원 2004. 6. 11. 선고 2003다18494 판결.

2) 중요한 사항이 아니라고 한 경우

판례는 자동차보험에서 보험가입차량이 기명피보험자의 소유인지 여부는 중요한 사항이 아니라고 하였다.[61] 또한 구체적인 사정에 따라 자동차의 운행형태가 중요한 사항이 아니라고 한 판결들이 있다. "지입차주가 승합차를 렌터카 회사에 지입만 하여 두고 독자적으로 운행하여 일정 지역을 거점으로 통학생들을 등·하교시켜 주는 여객유상운송에 제공한 경우, 그 운행형태는 고지의무의 대상이 되는 중요한 사항에 해당하지 않을 뿐 아니라 이를 고지하지 않은 것에 중대한 과실이 없다"고 본 판례,[62] "렌터카 회사인 소외 회사가 이 사건 피보험차량을 지입차주로 하여금 소외 회사의 감독을 받지 아니하고 독자적으로 렌터카 영업을 하는 것을 허용하는 형태로 차량임대사업을 영위한 때에는, 그 운행 형태는 대여자동차의 본래의 운행 형태와 거의 같은 것이어서 사고위험률이 현저히 높다고 볼 수 없는 점 등에 비추어 볼 때, 영업용 자동차보험계약에 있어 고지의무의 대상이 되는 중요한 사항, 또는 통지의무나 위험유지의무의 대상이 되는 '위험의 현저한 변경이나 증가된 사실'에 해당된다고 인정하기 어렵고, 달리 이를 인정할 자료도 없다"고 한 사례[63]가 있다.

또한 보증보험에서 보험계약자(주채무자)의 보증인에 관한 사항에 대하여 보증보험에서는 "보증인이 누구인가는 보험사고 발생의 가능성 등과는 관계없이 보험사고가 이미 발생한 후에 보험자가 구상권을 행사하기 위한 대비를 해 두기 위한 것이므로, 보증인에 관한 사항은 일반적으로는 고지의무의 대상이 되지 않는 것"이라고 하면서 중요한 사항이 아니라 하였다.[64]

3) 다른 보험계약의 체결사실

주의할 점으로 판례는 인보험의 경우 다른 보험계약의 체결사실이 중요한 사항에 해당한다고 보나, 손해보험의 경우에는 다른 손해보험계약의 체결사실이 중요한 사항이 아니라는 것이다. 이를 보다 상세히 다룬다.

① 인보험

다른 생명보험에 가입한 사실은 고지의무의 대상이 되는 중요한 사항인가? 통설과 판례[65]는 타보험에 가입한 사실이 고지의무의 대상이 되는 '중요한 사항'에

---

61) 대법원 2005. 7. 14. 선고 2004다36215 판결.
62) 대법원 1996. 12. 23. 선고 96다27971 판결.
63) 대법원 1997. 9. 5. 선고 95다25268 판결.
64) 대법원 2001. 2. 13. 선고 99다13737 판결. 하지만 이 판결에 대하여는 비판론이 우세하다. 보증보험에서 살핀다.

해당하는 것으로 본다. 학설이 내세우는 근거는, 피보험자의 보험이용 실태는 상해보험의 경우 도덕적 위험의 여부를 판단하는 기준이 된다거나,[66] 인보험의 경우 다수의 생명보험계약을 체결하고 있는 때에는 피보험자의 생명에 대한 위험이 그만큼 증대된다고 하여 인위적 사고발생의 위험이 증가한다는 취지이다. 인보험에서는 피보험이익이 인정되지 않으므로 원칙적으로 각 보험자로부터 약정된 보험금액 전액을 받을 수 있다는 점에서도 중요한 사항이 된다.

② 손해보험

학설은 손해보험에서도 다른 보험가입 사실이 고지의 대상이 되는 중요한 사항이라고 보는 견해도 있으나,[67] 판례[68]는 손해보험의 경우 인보험과는 달리 다른 보험에 가입한 사실이 중요한 사항이 아니라는 입장이다. 판례는 "부당한 이득을 얻기 위한 사기에 의한 보험계약의 체결을 사전에 방지하고 보험자로 하여금 보험사고 발생시 손해의 조사 또는 책임의 범위의 결정을 다른 보험자와 공동으로 할 수 있도록 하기 위한 것일 뿐, 보험사고발생의 위험을 측정하여 계약을 체결할 것인지 또는 어떤 조건으로 체결할 것인지 판단할 수 있는 자료를 제공하기 위한 것이라고 볼 수는 없으므로"라는 근거를 든다. 이 판결에 찬성하는 입장으로 화재보험과 같은 손해보험에서 다른 보험계약의 체결사실에 관하여 고지의무를 규정한 취지가 사기에 의한 중복보험을 방지하기 위한 것이거나 보험자가 각자 부담하는 보상비율을 알게 하기 위한 것일 뿐 다른 보험계약의 체결사실이 위험의 증가와 관련된 사항이기 때문은 아니고, 보험자도 다른 보험계약의 체결사실에

65) 대법원 2001. 11. 27. 선고 99다33311 판결; 대법원 2004. 6. 11. 선고 2003다18494 판결.
66) 양승규, "다른 보험계약의 존재사실에 대한 고지의무", 「보험법연구」 4, 삼지원, 2002, 18면. "보험자가 보험계약청약서에 다른 보험에 관한 질문란을 두고 이를 명시적으로 질문한 것은 다른 보험에의 가입 여부는 보험계약자가 고지할 중요한 사항임을 뚜렷이 한 것이다."
67) 최기원, 165면 등.
68) 대법원 2003. 11. 13. 선고 2001다49623 판결(상법 제672조 제2항에서 손해보험에 있어서 동일한 보험계약의 목적과 동일한 사고에 관하여 수개의 보험계약을 체결하는 경우에는 보험계약자는 각 보험자에 대하여 각 보험계약의 내용을 통지하도록 규정하고 있으므로, 이미 보험계약을 체결한 보험계약자가 동일한 보험목적 및 보험사고에 관하여 다른 보험계약을 체결하는 경우 기존의 보험계약에 관하여 고지할 의무가 있다고 할 것이나, 손해보험에 있어서 위와 같이 보험계약자에게 다수의 보험계약의 체결사실에 관하여 고지 및 통지하도록 규정하는 취지는, 손해보험에서 중복보험의 경우에 연대비례보상주의를 규정하고 있는 상법 제672조 제1항과 사기로 인한 중복보험을 무효로 규정하고 있는 상법 제672조 제3항, 제669조 제4항의 규정에 비추어 볼 때, 부당한 이득을 얻기 위한 사기에 의한 보험계약의 체결을 사전에 방지하고 보험자로 하여금 보험사고 발생시 손해의 조사 또는 책임의 범위의 결정을 다른 보험자와 공동으로 할 수 있도록 하기 위한 것일 뿐, 보험사고발생의 위험을 측정하여 계약을 체결할 것인지 또는 어떤 조건으로 체결할 것인지 판단할 수 있는 자료를 제공하기 위한 것이라고 볼 수는 없으므로 중복보험을 체결한 사실은 상법 제651조의 고지의무의 대상이 되는 중요한 사항에 해당되지 아니한다).

대하여 보험계약의 체결 여부를 결정하거나 보험료율을 결정하는 자료로 사용하지도 않은 이상 다른 보험계약 체결사실이 고지의무의 대상이 되는 중요한 사항에 해당된다고 볼 수 없다는 견해[69]가 있다.

③ 소 결

생각건대, 인보험뿐 아니라 손해보험에서도 다른 보험계약의 체결사실은 중요한 사항으로 보아야 한다. 보험자가 보험청약서에 질문란을 두어 다른 보험에 관한 정보를 취득하는 것이 초과나 중복보험을 미연에 방지하고 이로 인한 사고발생의 위험증가를 사전에 막고자 하는 취지인 점, 수개의 보험계약을 체결하는 일련의 행위로 인한 보험금 취득을 노린 기망적 보험인지 등에 대한 조사기회를 가지고자 하는 점, 보험자가 수개의 보험계약체결로 인한 인위적 사고발생의 가능성 등에 대비하기 위하여 자기보호수단으로 질문하는 점[70] 등이 그 근거이다. 그리고 중요사항에 대한 결정은 법률문제라기보다는 보험의 종류에 따라 달라질 수밖에 없는 사실인정의 문제로서 이는 보험자가 결정하는 점 등에서 본다면 판례의 입장은 비판의 여지가 있다.

또한 판례[71]는 중복보험 규정(제672조)을 임의규정으로 파악하여 다른 보험계약이 담보하였을 손해에 관하여는 이를 담보하지 아니한다는 초과전보조항의 유효성을 인정하고 있어, 이 점에서도 다른 보험계약의 체결사실은 중요한 사항으로 보아야 한다.

(3) 질문표

고지의무자는 무엇이 고지하여야 할 중요한 사항인지 여부를 알기가 어렵다. 중요한 사항의 판단기준은 보험자로 되어 있을 뿐 아니라 최종적으로는 전문가의 판단에 맡기는 것이기 때문이다. 따라서 일반적으로 보험계약청약서에 질문표를 통하여 해결하고 있으며 상법도 "서면으로 질문한 사항은 중요한 사항으로 추정한다"는 규정을 두고 있다(제651조의2). 다만 추정력을 가질 뿐이므로, 질문표 이외의 사항도 중요한 사항인 경우 모두 고지하여야 하는 부담이 있다.[72] 이런 점

---

69) 문영화, "손해보험계약에 있어서 중복보험계약의 체결사실이 상법 제651조 소정의 고지의무의 대상이 되는 '중요한 사항'인지 여부", 「대법원판례해설」 제47호, 2004, 346면.

70) 특히 이러한 경우는 책임보험에서 많이 발생한다고 설명하기도 한다. 무과실책임의 경향과 관련하여 관련 피보험자는 보다 두터운 보험보호에 대한 요구가 있고 이것이 병존보험으로 이어질 수 있다는 설명이다. Marcy Louise Kahn, "The Other Insurance Clause", 19 Forum (1984), 591.

71) 대법원 2002. 5. 17. 선고 2000다30127 판결.

72) 판례도 같은 입장이어서 질문하지 않은 경우라 하더라도 보험계약자가 중요한 사항임을 알았다면 고지하여야 한다고 본다. 대법원 2004. 6. 11. 선고 2003다18494 판결(이 사건 보험계약들을 해지

에서 고지의무가 답변의무 또는 수동의무로 전환되는 추세에서 보험계약자는 질문되지 않은 사실에 대하여는 고지할 의무가 없도록 하는 것이 마땅하다. 입법적 개선이 필요하다.

제3 고지의무 위반의 요건

1. 주관적 요건

상법은 고지의무 위반의 주관적 요건으로 고지의무자의 고의 또는 중대한 과실을 요구한다(제651조).

(1) 고 의

고의와 중과실의 개념정의는 서로 연관되어 있고 고의의 개념부터 살핀다.

1) 광의로 파악

고지의무 위반의 주관적 요건이 되는 고의는 광의로 파악하여, 사기의 경우와는 달리 그 인정범위가 상당히 넓고 기타 법영역에서의 고의와 다르게 해석된다.[73] 그리고 이 점이 고지의무라는 제도를 도입함에 의하여 불량위험의 배제와 도덕적 위험의 방지, 기타 보험사고발생의 개연율을 측정하고, 특히 보험자를 위하여는 고지의무 위반시 민법상 사기로 인한 취소의 경우에 비하여 보다 쉽게 계약을 무효로 할 수 있는 장점이 된다.[74] 왜냐하면 보험자로서는 주관적 요건에

하려면 망인이 이 사건 보험계약의 체결에 있어서 다른 보험계약의 존재 여부가 보험사고의 발생과 그로 인한 책임부담의 개연율을 측정하여 보험계약의 체결 여부 또는 보험료나 특별한 면책조항의 부가와 같은 보험계약의 내용을 결정하기 위한 표준이 되는 사항으로서, 객관적으로 보험자가 그러한 사실을 안다면 그 계약을 체결하지 아니하던가 또는 적어도 동일한 조건으로는 계약을 체결하지 아니하리라고 생각되는 사항에 해당한다는 사실 또는 이 사건 보험계약들의 보험청약서에서 다른 보험계약의 존재 여부에 대하여 질문하고 있다는 사실을 알거나 중대한 과실로 알지 못하였다는 사실을 입증하여야 할 것이다).

73) 이상훈, "고지의무 위반의 효과", 『보험법의 쟁점』, 법문사, 2000, 151면; 장덕조, "고지의무 위반의 요건과 효과에 대한 체계적 해석", 『보험법연구』, 삼지원, 1999, 155-162면; 양승규, 121면에서는 "고의라 함은 해칠 의사가 아니고 중요한 사항에 관하여 알면서 고지하지 아니하거나 부실의 고지를 한 것을 말한다. 다시 말하면 상법 제651조에서 정한 고의라 함은 사기 등의 방법으로 보험자를 착오에 빠지게 하려는 것이 아니고, 가령 피보험자가 지난날의 병력을 밝히고 싶지 아니하여 이를 고지하지 아니한 것이 이에 해당하는 것이다"라고 설명하고, 김성태, 223면에서도 "고의는 고지하지 아니한 중요한 사실의 존재를 알고 있거나 고지한 사항이 부실임을 알고 있음을 가리키며, 반드시 사기 등과 같은 적극적 기망의사를 요하지 않는다"고 한다.

74) Malcolm A. Clarke, The Law of Insurance Contracts, Lloyds of London Press (2006), 550.

대한 입증책임이 사기 등의 경우와는 달리 상당히 경감되어 있어, 해지권 행사의
기간 이내이기만 하면 사기로 인한 취소를 하는 것보다는 고지의무 위반을 이유
로 해지하는 편이 훨씬 간이하기 때문이다.

2) 두 가지의 인식

고의의 의의에 대하여 전통적으로 해당 중요사항 자체에 대하여 아는 것을 강
조하여 왔으나, 그 사항이 고지의무의 대상이 된다는 인식을 고의의 내용에 포함
시킬 것인지의 문제가 있다. 이 점에 대한 견해를 보면, 첫째, 해칠 의사가 아니
고 중요한 사항에 관하여 알면서 고지하지 아니하거나 부실의 고지를 한 것이라
는 설명이다.[75] 둘째, 해의가 아니고 중요한 사항의 존재와 이를 고지하여야 된다
는 것을 알면서도 고지하지 않았거나 사실과 다르게 고지한 것이라는 설명이 있
다.[76] 양 설명의 차이는 고지의무의 대상이 된다는 인식을 포함시킬지 여부에 관
한 것이다. 엄밀히 구분하면 '해당 중요사항 자체에 대한 인식'과 '고지의무의 대
상이 된다는 인식'으로 구분하여, 후자인 '고지의무의 대상이 된다는 인식'을 구체
적으로 파악한 것인지의 차이이다. '특정 사실을 인식'하는 것과 '그 사실이 고지
할 중요사항에 해당'한다는 인식은 구별할 수 있기 때문이다.

생각건대 고지의 대상이 된다는 인식을 고의 개념에 포함시키는 후자의 설명
이 보다 정확하다. 판례도 두 가지를 구별하면서 양자 모두의 인식이 있어야 고
의라고 한다.[77] 대법원 2001. 11. 27. 선고 99다33311 판결은 "보험자가 다른 보
험계약의 존재 여부에 관한 고지의무 위반을 이유로 보험계약을 해지하기 위하여
는 보험계약자 또는 피보험자가 그러한 사항에 관한 고지의무의 존재와 다른 보
험계약의 존재에 관하여 이를 알고도 고의로, 또는 중대한 과실로 인하여 이를
알지 못하여, 고지의무를 다하지 않은 사실이 입증되어야 할 것이다"고 하였다.[78]

---

75) 양승규, 118면. 김성태, 223면도 고지하지 아니한 중요한 사실의 존재를 알고 있거나, 고지한 사
항이 부실임을 알고 있음이라면서 반드시 사기 등과 같은 적극적 기망의사를 요하지 않는다고 보아 같
은 취지로 읽힌다.

76) 최기원, 157면. "고의란 중요한 사항의 존재와 이를 고지하여야 된다는 것을 알면서도 고지하지
않았거나 사실과 다르게 고지한 것을 말하며 이 경우에 고지의무자의 해의까지를 필요로 하지 않는다"
고 한다.

77) 대법원 2001. 11. 27. 선고 99다33311 판결.

78) 위 판결에서는 "보험계약을 체결할 때 작성된 청약서에는 다른 보험계약사항을 기재하도록 되어
있고, 고지의무자가 이를 기재하지 않은 사실은 인정되나, 나아가 고지의무자가 위와 같은 고의 또는
중과실로 보험자에게 다른 보험계약의 체결 사실을 알리지 않았다고 볼 만한 증거는 찾을 수 없으므로
피고 보험자는 그와 같은 고지의무 위반을 이유로 보험계약을 해지할 수 없다고 할 것이다"고 하면서
고지의무 위반으로 인한 해지권 행사를 인정하지 않았다. 그런데 질문표에 의하여 해당 사항이 질문되
었음에도 불구하고 답을 하지 아니한 경우로서 질문된 사실의 인식이 문제되지 않는 것이라면 '그 사

(2) 중대한 과실

1) 의의(3단계로 파악)

고지의무자가 그 의무를 이행하는 과정은 다음의 세 단계로 구분해 볼 수 있다. 제1단계는 고지사항에 해당하는 중요한 사실을 인식하는 것이다. 제2단계로 고지사항에 해당하는 사실을 알고 있으면서 보험계약자의 주관적 판단으로 중요한 사항이라고 인식하는 것이다. 이것이 고의의 뜻에서 고지의무의 대상이 된다는 인식을 말하고, 질문표가 여기서 중요한 역할을 한다(상법 제652조의2). 제3단계에서는 고지의무자가 고지사항을 알고 있고 그 중요성에 대하여 인식하고 있는 상태에서, 고지를 착오 없이 하는 것이다. 위와 같이 세분화하여 단계별로 보면, (i) 제1단계로 중요한 사항의 존재를 알지 못한 경우, (ii) 제2단계로 고지대상이 된다는 것을 알지 못한 경우, (iii) 제3단계로 질문표에의 답변 등 고지의무이행 과정에서 제대로 고지하지 못한 경우 등에서 중과실 여부가 문제된다.

2) 중대한 과실로 고지하여야 할 중요한 사실을 인식하지 못한 경우(제1단계에서의 중과실)

이는 제1단계의 문제로서, 고지의무자가 중요한 사항의 존재를 중과실로 알지 못한 경우 고지의무 위반이 되는가? (i) 불포함설로서 탐지의무를 근거로 하여 포함되지 않는다는 견해가 다수로 보인다.[79] 다만 적극적인 탐지의무는 없으나, 예외적으로 고지의무자의 개인적 직업이나 전문적인 지식으로 보아 당연히 알고 있어야 할 사항이나 업무상 당연히 알 수 있는 사항에 대하여는 중과실이 있다고 본다.[80] (ii) 이와 달리 "중요한 사항의 존재를 중대한 과실로 인하여 알지 못한 경우뿐만 아니라 그 사항을 불고지·부실고지했음을 중대한 과실로 인하여 알지 못한 경우를 포함한다"는 견해가 있다.[81] 하지만 포함한다는 견해도 새로운 사실의 존재를 탐지하여 고지할 것까지를 요구하지는 않아,[82] 양 학설은 그 결과에서는 별 차이가 없다. (iii) 판례는 과거의 판결문은 포함하지 않았으나,[83] 대법원

실이 고지되어야 할 중요사항'인지를 인식하였음에 대한 입증이 없었다는 뜻으로 읽힌다.

79) 양승규, 122면; 김성태, 224면; 정찬형, 548면 등.

80) 양승규, 122면.

81) 최기원, 160면.

82) 최기원, 160면.

83) 대법원 1996. 12. 23. 선고 96다27971 판결부터 대법원 2012. 11. 29. 선고 2010다38663,38670 판결까지의 판례들로서 "<u>중대한 과실이란 고지하여야 할 사실은 알고 있었지만 현저한 부주의로 인하여 그 사실의 중요성의 판단을 잘못하거나 그 사실이 고지하여야 할 중요한 사실이라는 것을 알지 못하는 것</u>을 말한다"고 하고 있었다.

2013. 6. 13. 선고 2011다54631,4648 판결에 이르러 "중대한 과실이란 현저한 부주의로 중요한 사항의 존재를 몰랐거나 중요성 판단을 잘못하여 그 사실이 고지하여야 할 중요한 사항임을 알지 못한 것을 의미하고"라고 하여 포함설의 입장을 취한다. 다만 그 판결에서 "피보험자와 보험계약자가 다른 경우에 피보험자 본인이 아니면 정확하게 알 수 없는 개인적 신상이나 신체상태 등에 관한 사항은, 보험계약자도 이미 그 사실을 알고 있었다거나 피보험자와의 관계 등으로 보아 당연히 알았을 것이라고 보이는 등의 특별한 사정이 없는 한, 보험계약자가 피보험자에게 적극적으로 확인하여 고지하는 등의 조치를 취하지 아니하였다는 것만으로 바로 중대한 과실이 있다고 할 것은 아니다"고 하는 제한적 입장을 취하여, 결국 그 결과에서는 학설과 큰 차이가 없다.

이는 탐지의무의 문제이나, 원칙적으로는 탐지의무를 부과하지 않는 것이 옳다. 고지의무자가 탐지를 하였다면 알 수 있었던 사실을 고지하지 않았다는 이유로 보험자의 해지권을 인정한다면 보험자와 고지의무자를 동일한 지위에 두겠다는 고지의무 부과의 취지와 어울리지 않기 때문이다.[84] 따라서 중과실로 고지하여야 할 중요한 사실을 알지 못한 경우 고지의무 위반이 되지 않음이 원칙이라고 봄이 옳다. 다만 제한된 범위 내에서는 예외적으로 탐지의무를 인정한다. 요컨대 원칙적으로는 탐지의무를 인정하지 않으나 제한적 범위에서 인정하는 것이다. 그 기준은 영국의 보험법이 되고 있다. 영국해상보험법 제18조 제1항은 "통상의 업무수행 과정에서 자신이 알고 있어야만 하는 모든 사항은 알고 있는 것으로 간주된다"고 하고 있다. 이 규정을 기초로 기준을 설정하여, 고지의무자가 그의 경험이나 업무상 객관적인 기준에 의하여 당연히 알고 있으리라고 요구되는 사항에 대하여는 그가 알지 못하였다는 이유로 항변할 수 없으므로, 그 부분까지는 탐지의무가 부과되는 셈이다.[85] 그 이상의 부분, 즉 객관적으로 요구되는 알았어야만 한다는 기준 이상에 대하여는 중요한 사실의 존재를 인식하지 못한데 대하여 중과실을 인정할 수는 없다. 결론적으로 탐지의무가 인정되지는 않으나, 보험계약의 체결시 고지의무자가 업무상으로나 경험상 그가 처한 지위에서 당연히 알고 있어야만 하는 사항을 고지하지 아니하였다면, 이는 중과실에 해당하고 보험자는 계약

---

84) General Reinsurance Corp. v. Southern Surety Co. of Des Moines, 27 F.2d (1928).

85) 양승규, 122면; 정찬형, 559면. 이러한 취지로 Clark 교수는 다음과 같이 말하고 있다. "만약에 고지의무자가 그에게 경험이나 업무상 요구되는 지식 이외에 탐지(investigation)를 통하여 위험의 중대성에 관하여 알 수 있었다면, 그런데 그가 탐지를 하지 않았다면, 그것이 고지의무 위반이 되는가? 이에 대한 법적인 해답은 합리적인 사람이 그의 지위에 대하여 일반적으로 부과되는 수준 이상의 의무를 요구하지 않았다는 것이다"(Malcolm A. Clarke, 459).

을 해지할 수 있다고 본다.

3) 중요한 사실을 알고는 있었으나 중요도 판단을 과실로 그르친 경우(제2단계에 서의 중과실)

제2단계의 문제로서, 고지의무자가 중요한 사항을 알고는 있었으나 그가 주관적으로 중요한 사항이 아니라 판단하여 고지하지 아니한 경우, 중과실의 범위에 포함되는가? 이는 고의의 해석에서 관련 사항이 <u>고지의무의 대상이 된다는 인식을 포함할 것인가와 표리를 이루는 논의</u>이다. 중과실을 정의하는 과거의 학설상으로는 보험계약자 등이 조금만 주의를 기울였으면 제대로 고지할 수 있었을 것을 그 주의를 다하지 아니함으로써 불고지 또는 부실고지한 것이라면서 질문표에 의해서 고지할 때 기재사항을 한번만 훑어보았으면 잘못 고지된 것을 알 수 있었으나 이를 게을리 해서 알지 못한 경우라고만 하고 있어,[86] 이 경우를 배제하고 있는 것으로 읽힌다. 그러하다면, 이 경우 일견 고의에 해당하게 된다.[87] 그러나 '고지의무 대상이 된다는 인식'을 고의에 포함시킨다면 이 단계에서의 과실이 있는 것도 고의가 아니라 과실문제로 귀착된다. 따라서 이 단계에서 경한 과실만이 있는 경우에는 고지의무 위반이 되지 않는다.

생각건대 중요한 사항은 객관적으로 해석하여야 하므로 질문표에 기재되지 않은 사항도 중요한 사항은 그 '중요성'을 유지하나, 단지 그것을 보험계약자는 과실 없이 알지 못하였다고 보는 것이 논리적이다. 그리하여 중요한 사항이 되는 사실을 알고는 있었으나 고지의무자가 주관적으로 '중요한' 사항이 아니라고 판단한 경우, 즉 '고지의무의 대상이 된다는 인식'에 있어 과실이 있는 경우도 과실로 분류한다. 판례도 이러한 입장이다. 판례는 중대한 과실은 "고지하여야 할 사실은 알고 있었지만 현저한 부주의로 인하여 그 사실의 중요성의 판단을 잘못하거나 그 사실이 고지하여야 할 중요한 사실이라는 것을 알지 못하는 것을 말한다"고 하고 있어 같은 입장을 취한다.[88]

---

86) 양승규, 123면.

87) 예를 들어 과거의 병력이 중요한 사항이 됨에도 불구하고 고지하지 않은 심리상태는 다음과 같이 분류할 수 있지 않을까 한다. 먼저, 그것이 중요한 사항이 되는 것을 아는 상태에서 보험자를 기만하기 위하여 밝히지 않은 경우이다. 이것은 사기에 의한 경우로 민법과 상법의 적용을 받게 된다. 둘째는 그것이 중요한 사항이 되는 것을 아는 상태에서 사기 등의 의사는 없으나 위의 설명과 같이 단지 과거의 병력을 밝히고 싶지 아니하여 고지하지 아니한 경우(이러한 경우는 드물 것으로 보인다)이다. 이것은 고의에 해당한다고 본다. 셋째로, 과거의 병력이 중요한 사항이 되는 것을 알지 못하는 상태에서 고지하지 아니한 경우이다. 이 경우도 이상의 설명에 따르면 고의가 되는 것으로 보인다.

88) 대법원 2011. 4. 14. 선고 2009다103349,103356 판결(중대한 과실에 대한 해석에 있어 '중대한 과실'이란 고지하여야 할 사실은 알고 있었지만 현저한 부주의로 인하여 그 사실의 중요성의 판단을

(3) 주의를 기울이지 못하여 제대로 고지하지 못한 경우(제3단계에서의 중과실)

제3단계에서의 과실이다. 고지의무의 이행과정에서 주의를 기울이지 못하여 중과실로 질문표에 제대로 답하지 못한 경우 등이다.

〈고지의무 위반의 주관적 요건에 관한 판례〉

주관적 요건을 충족하여 고지의무 위반을 인정한 판례	주관적 요건을 충족하지 못하여 위반을 부정한 판례
대법원 2012. 11. 29. 선고 2010다38663, 38670 판결	대법원 2013. 6. 13. 선고 2011다54631,4648 판결
대법원 2012. 8. 23. 선고 2010다78135, 78142 판결	대법원 2011. 4. 14. 선고 2009다103349, 103356 판결
대법원 2010. 10. 28. 선고 2009다59688, 59695 판결	대법원 2004. 6. 11. 선고 2003다18494 판결
대법원 1999. 11. 26. 선고 99다37474 판결	대법원 2001. 11. 27. 선고 99다33311 판결
대법원 1993. 4. 13. 선고 92다52085,52092 판결	대법원 1996. 12. 23. 선고 96다27971 판결

2. 객관적 요건

중요한 사항에 대한 불고지 또는 부실고지가 있어야 한다. 불고지는 중요한 사항을 알리지 아니하는 것을 말하고 묵비(默秘)에 해당한다. 부실고지는 중요한 사항에 관하여 사실과 다르게 말하는 것이다. 예를 들면 질문표의 기재사항에 답하지 않는 것은 불고지, 사실과 다른 기재를 하는 것은 부실고지에 해당한다.

잘못하거나 그 사실이 고지하여야 할 중요한 사실이라는 것을 알지 못하는 것을 말한다); 대법원 2004. 6. 11. 선고 2003다18494 판결; 대법원 1996. 12. 23. 선고 96다27971 판결. 이 사건에서는 "보험자가 고지의무의 대상이 되는 사항에 관하여 스스로 제정한 보험청약서 양식을 사용하여 질문하고 있는 경우에 보험청약서에 기재되지 않은 사항에 관하여는 원칙적으로 고지의무 위반이 문제될 여지가 없다 할 것이므로, 보험자가 제공한 보험청약서에 당해 차량이 지입차량으로서 지입차주에 의하여 유상운송에 제공되고 있는지 여부에 관한 사항이 없었다면 그 사실을 특별히 부기하지 않았다고 하여 보험계약자인 렌터카 회사에게 중대한 과실이 없다고 볼 수 없다"고 하였다. 이후 대상판결에 이르기까지 판례는 이 입장이다.

3. 입증책임

고지의무 위반에 대한 입증은 보험자가 부담한다. 즉 고지의무 위반을 이유로 보험계약을 해지하고자 하는 보험자가 입증하여야 한다(통설, 판례).[89]

제4 고지의무 위반의 효과

1. 보험계약의 해지

(1) 해지권의 부분적 소급효

고지의무 위반이 있으면 보험자는 그 계약을 해지할 수 있다(제651조 본문).[90] 해지의 효력은 장래에 향하여 효력이 발생하는 것임에도 이미 지급한 보험금액이 있는 경우 그 보험금액의 반환을 청구할 수 있다(제655조). 해지의 효력에도 불구하고 보험자가 이미 수령한 보험료반환의무를 부담하지 아니하는 것에 대하여 제재적 의미가 있다고 보는 견해는 "보험자는 이미 수령한 보험료를 반환할 필요가 없을 뿐만 아니라 오히려 미수의 보험료가 있으면 이를 '보험료 불가분의 원칙'에 의하여 청구할 수 있다"고도 한다.[91] 그러나 인보험의 경우에는 보험수익자를 위한 적립금을 보험계약자에게 지급하여야 한다(제736조). 이는 인보험이 저축성 기능도 겸유하고 있어 고지의무 위반이 있더라도 보험료에서 저축을 위한 부분은 보험계약자에게 반환하도록 한 것이다.

(2) 보험목적이 수개인 경우

판례[92]는 경제적으로 독립한 여러 물건에 대하여 보험계약을 체결함에 있어 집합된 물건 전체에 대하여 단일의 보험금액으로써 계약을 체결하거나 물건을 집

---

89) 대법원 2013. 6. 13. 선고 2011다54631,4648 판결; 대법원 2001. 11. 27. 선고 99다33311 판결 등.

90) 하지만 해지의 효력에도 불구하고 고지의무 위반의 주관적인 요건이 사기 등을 요구하지 아니하여 선의의 고지의무 위반자를 상정하고 있으므로 이에 대한 제재를 일방적으로 허용하는 점에 대하여는 숙고하여야 한다.

91) 최기원, 166면.

92) 대법원 1999. 4. 23. 선고 99다8599 판결. 화재보험계약의 사건이다. 다만 이 경우 보험계약자가 일부 물건에 대하여 고지하지 아니한 사항이 보험계약의 나머지 부분에 있어서도 상법 제651조에서 정한 중요한 사항에 해당하는 경우에만 그 불고지를 들어 계약 전체를 해지할 수 있다.

단별로 나누어 따로이 보험금액을 정하거나 간에, 수개의 물건 가운데 일부에 대하여만 고지의무 위반이 있는 경우 보험자는 나머지 부분에 대하여도 동일한 조건으로 그 부분만에 대하여 보험계약을 체결하지 않았으리라는 사정이 없는 한 그 고지의무 위반이 있는 물건에 대하여만 보험계약을 해지할 수 있다고 한다. 즉 고지의무 위반이 없는 나머지 부분에 대하여는 보험계약의 효력에 영향이 없다는 것이다.

생각건대, 경제적으로 독립한 물건들의 경우 일부 물건에 대한 고지의무 위반으로 나머지 부분에 대한 계약체결 여부나 계약의 조건에 영향을 미치지 아니한다면 계약 전체를 해지할 수 없다는 판례의 입장은 타당하다.

(3) 해지권 행사의 상대방

해지권은 계약의 상대방인 보험계약자 또는 그 대리인에 대하여 일방적 의사표시로 행사할 수 있다. 그런데 보험계약의 당사자가 아닌 보험수익자에 대하여 한 계약해지의 의사표시는 효력이 없다.[93] 다만 보험계약자가 사망한 경우라면 보험계약자의 상속인에 대하여 해지권을 행사하면 된다.

2. 해지권의 제한

해지권이 제한되는 경우는 크게 세 가지이다. 제척기간의 경과, 인과관계의 부존재, 보험자의 악의 또는 중과실이 그것이다.

(1) 제척기간의 경과

보험자가 고지의무 위반의 사실을 안 날로부터 1월, 계약이 성립한 날로부터 3년이 지나면 그 계약을 해지할 수 없다(제651조 본문). 이 기간은 제척기간으로서 이 기간이 경과된 후에는 고지의무 위반의 사실을 다툴 수 없고, 당 약관을 '불가

---

93) 대법원 1989. 2. 14. 선고 87다카2973 판결(생명보험계약에 있어서 고지의무 위반을 이유로 한 해지의 경우에는 계약의 상대방 당사자인 보험계약자나 그의 상속인(또는 그들의 대리인)에 대하여 해지의 의사표시를 하여야 하고, 타인을 위한 보험에 있어서도 보험금 수익자에게 해지의 의사표시를 하는 것은 특별한 사정(보험약관상의 별도기재 등)이 없는 한 효력이 없다); 대법원 2002. 11. 8. 선고 2000다19281 판결(보증보험계약은 보험계약자인 채무자의 채무불이행으로 인하여 채권자가 입게 되는 손해의 전보를 보험자가 인수하는 것을 내용으로 하는 타인을 위한 손해보험계약이라고 할 것인바, 이러한 보증보험계약에 있어서 보험계약자의 고지의무 위반을 이유로 한 해지의 경우에 계약의 상대방 당사자인 보험계약자나 그의 상속인에 대하여 해지의 의사표시를 하여야 하고, 보험금 수익자에게 해지의 의사표시를 하는 것은 특별한 사정이 없는 한 효력이 없다고 할 것이며, 이러한 결론은 그 보증보험계약이 상행위로 행하여졌다거나 혹은 보험계약자의 소재를 알 수 없다는 이유만으로 달라지지는 않는다).

쟁약관'이라 부른다. 그런데 '안 때'에 대한 해석에 있어, 고지의무 위반사실이 있음을 의심할 만한 사유가 있는 때가 아니라 "고지의무 위반에 관한 확실한 증거를 잡은 때"라고 해석하는 견해,[94] "단순히 의심이 가는 경우를 말하는 것이 아니라 해지권의 행사를 위하여 필요한 요건을 확인하는 때"라는 견해가 있다.[95]

생각건대, '안 때'를 '의심이 가는 때'라고 하는 해석은 타당하지 않다. 그런데 '안 때'를 지나치게 엄격하게 해석하면 법률관계를 속히 확정하려는 취지와 어긋나고, 반면 의심이 가는 경우 등으로 완화하여 해석하는 것은 고지의무제도와 부합하지 않을 수 있다. 판례는 "불고지가 보험계약자의 고의 내지 중대한 과실에 기인된 것임을 알았다고 봄이 상당할 것인바"라 하고 있으나,[96] 그 기산점을 분명히 밝히지는 않고 있다. 고지의무 위반에 대한 입증책임을 보험자가 부담하는 이상 가급적 엄격하게 해석하여야 하겠다.

(2) 인과관계 부존재

1) 상법규정과 비판론

보험계약자가 고지의무에 위반한 사실이 위험의 발생과 인과관계가 없다는 것을 증명한 때에는 보험금을 청구할 수 있다(제655조 단서). 따라서 고지의무자가 불고지 또는 부실고지한 사항과 위험의 발생 간에 인과관계가 없으면 보험자는 보험금을 지급하여야 한다. 그런데 이 규정을 삭제해야 한다는 입법론적 비판이 상당하고 그 근거들도 설득력이 있다.[97] 비판의 근거는 첫째 보험사고 발생 이전에는 보험자가 보험계약을 해지할 수 있었을 것임에도 사고의 발생 전후에 따라 효과가 달라지는 점, 둘째 보험자가 관련 사실을 알았더라면 적어도 동일한 계약조건으로는 보험계약을 맺지 않았을 것이라는 점, 셋째 불량위험을 배제하고자 하는 고지의무제도 자체의 존재의의와 반하는 점, 넷째 비교법적 예를 찾기가 쉽지

---

94) 양승규, 122면.

95) 최기원, 174면.

96) 대법원 1986. 11. 25. 선고 85다카2578 판결(보험자인 피고로서는 위 보고서를 통하여 보험계약자인 소외 ○○사가 위와 같은 일련의 사실을 알면서도 그와 같은 사실을 숨기고 이건 보험계약을 체결한 사실을 알았을 것으로 짐작되고 설사 그렇지 않다고 하더라도 앞서본 을 각 호증에 의하면 이건 보험사고 발생후 수사기관에서 위 사고선박의 선장 ○○○을 업무상과실 선박파괴죄로 입건하여 조사하는 과정에서 소외 ○○사는 이건 보험계약 체결당시 이미 선장 ○○○으로부터의 전문보고를 통하여 위 선박이 고장으로 표류중에 있었던 사실을 알고 있었음이 명백히 밝혀진 사실을 인정할 수 있으므로 이와 같은 일련의 사정을 종합하면 보험금 지급의무의 유무와 관련하여 이건 보험사고의 발생경위에 남달리 관심을 기울여야 할 지위에 있던 피고로서는 늦어도 위 ○○○이 기소될 무렵인 1982. 11. 26경에는 위에서 본 중요사항의 불고지가 보험계약자인 소외 ○○사의 고의 내지 중대한 과실에 기인된 것임을 알았다고 봄이 상당하다 할 것인바).

97) 양승규, 126면.

않다는 점98) 등이다. 이 규정의 해석시 비판 논거들을 충분히 고려하여야 한다.

2) 입증책임

① 입증책임의 부담

고지의무 위반의 사실과 보험사고발생과의 인과관계의 부존재에 관한 입증책임은 보험계약자에게 있다(통설, 판례).99) 다만, 입증책임의 소재에 관하여 당사자 간에 특약이 있으면 특별한 사정이 없는 한 그에 따르는 것으로, 약관상 고지의무 위반이 보험사고의 발생에 영향을 미쳤다는 사실에 대한 입증책임이 보험자에게 있다고 규정한 경우에는 그에 의한다.100)

② 입증의 정도

원칙적으로 보험계약자에게 입증책임을 부담시키면서, 강한 정도의 입증을 요구한다. 따라서 만일 그 인과관계의 존재를 조금이라도 엿볼 수 있는 여지가 있으면 보험자의 해지권을 제한하여서는 아니 된다.101) 이와 같이 강한 입증을 요구하는 것은 이 규정에 대한 비판론이 설득력이 있는 까닭이다.

3) 해지권 인정

① 상법의 개정

2014년 인과관계가 부존재하는 경우 보험금은 지급하되 해지권을 행사할 수 있다는 개정이 있었다(제655조 단서). 그런 점에서 인과관계 부존재의 경우는 해지권의 제한 사유로 설명하기 어렵게 되었다. 개정이유는 현재 보험계약자 등이 고지의무를 위반한 상태에서 보험사고가 발생한 경우 보험자가 계약을 해지함으로

---

98) 영국에서는 이에 관한 논의가 없고, 미국에서는 부실고지에 관하여 이 문제를 논의하고 있는데 절대다수 법원의 견해는 고지의무 위반사실과 보험사고 간의 인과관계를 요구하고 있지 아니하다. Shafer v. John Hancock Mutual Life Insurance Company, 189 A.2d 234 (1963)(부실고지와 사망사고 사이에 인과관계는 요구되지 아니한다); Jones v. Prudential Insurance Company of America, 388 A.2d 476 (1978).

99) 대법원 1994. 2. 25. 선고 93다52082 판결.

100) 대법원 1997. 10. 28. 선고 97다33089 판결.

101) 대법원 1994. 2. 25. 선고 93다52082 판결(만일 그 인과관계의 존재를 조금이라도 엿볼 수 있는 여지가 있으면 위 단서는 적용되어서는 안된다고 할 것이고, 그 인과관계의 존재여부에 관하여 법률적 가치판단을 하기 위하여는 그에 관한 사실관계가 먼저 확정되어야 함은 당연하다 할 것이다); 대법원 1992. 10. 23. 선고 92다28259 판결(보험계약을 체결함에 있어 중요한 사항의 고지의무를 위반한 경우 고지의무 위반사실이 보험사고의 발생에 영향을 미치지 아니하였다는 점, 즉 보험사고의 발생이 보험계약자가 불고지하였거나 부실고지한 사실에 의한 것이 아니라는 점이 증명된 때에는 상법 제655조 단서의 규정에 의하여 보험자는 위 부실고지를 이유로 보험계약을 해지할 수 없을 것이나, 위와 같은 고지의무 위반사실과 보험사고 발생과의 인과관계가 부존재하다는 점에 관한 입증책임은 보험계약자측에 있다 할 것이므로, 만일 그 인과관계의 존재를 조금이라도 규지할 수 있는 여지가 있으면 위 단서는 적용되어서는 안될 것이다).

써 면책되도록 하면서도, 고지의무 위반 등과 보험사고 사이에 인과관계가 인정되지 아니하는 경우에는 보험자가 면책되지 아니하는 것으로만 되어 있어, 이 경우 보험자에게 계약해지권이 인정되는지 여부에 관하여 해석상 논란이 있었고, 이에 고지의무 위반 등과 보험사고 사이에 인과관계가 인정되지 아니하더라도 보험자가 보험금은 지급하되 계약을 해지할 수 있도록 명문으로 규정한 것이다.[102]

② 과거의 논의와 판례

과거 인과관계의 부존재는 일반적으로 해지권 행사의 제한으로 설명되고 있었고, 구상법 제655조 단서가 "그러나 고지의무에 위반한 사실이 보험사고의 발생에 영향을 미치지 아니하였음이 증명된 때에는 그러하지 아니하다"고 규정하고 있었던 바, '그러하지 아니하다'의 의미가 쟁점이 되었었다. 보험계약해지긍정설은 인과관계의 부존재는 보험금지급의 거절사유에 대한 제한만이 되는 것이어서 보험금은 지급하고 해지권행사는 가능하다는 주장이었던 반면, 보험계약해지부정설은 제655조 "그러하지 아니하다"의 문구를 강조하면서 보험계약도 해지할 수 없다고 하였다.

판례는 보험계약해지긍정설을 따르고 있었다.[103] 판례는 보험자는 고지의무에 위반한 사실과 보험사고 발생 사이의 인과관계가 인정되지 않아 제655조 단서에 의하여 보험금액 지급책임을 지게 되더라도, 제651조에 의하여 고지의무 위반을 이유로 계약을 해지할 수 있다고 한다. 상법 제651조는 고지의무 위반으로 인한 계약해지에 관한 일반적 규정으로 이에 의하면 고지의무 위반 사실과 보험사고 발생 사이에 인과관계를 요하지 않고 해지할 수 있는 점, 상법 제655조 단서의 '그러하지 아니하다'의 의미는 보험금 지급책임을 진다고 해석함이 옳은 점, 보험사고가 발생하기 전에 제651조에 따라 고지의무 위반을 이유로 계약을 해지할 수 있다고 한다면 보험사고가 발생한 이후라도 보험계약을 해지할 수 있어야 하는 점, 만약 그렇지 않다면 인과관계가 인정되지 않는 한 해지를 하지 못하고 향후 계속하여 고지의무 위반 상태의 위험을 감내하여야 하는 불합리한 결과가 발생하는 점 등에 비추면, 보험계약을 해지할 수 있도록 하는 보험계약해지긍정설이 옳다. 이러한 점에서 위 개정은 타당한 것으로 평가할 수 있다.

(3) 보험자의 악의 또는 중과실

보험자가 계약 당시에 고지의무 위반의 사실을 알았거나 중대한 과실로 알지

---

102) 대한민국 정부, 위의 문서, 3면.
103) 대법원 2010. 7. 22. 선고 2010다25353 판결.

못한 때에는 보험자는 그 계약을 해지할 수 없다(제651조 단서). 보험자 자신의 악의 또는 중과실이 아니더라도 고지수령권이 있는 보험대리상이나 보험의의 악의 또는 중과실이 있는 경우에도 보험자의 해지권은 인정되지 않는다.[104] 따라서 고지수령권이 없는 보험중개사나 보험설계사의 악의 또는 중과실이 있는 경우에는 해지권 제한사유에 해당하지 않는다.

보험자의 악의 또는 중과실에 대한 입증책임은 보험계약자가 부담한다.

(4) 기타 해석상 제한사유

해석상 다음과 같은 경우에도 해지권이 제한된다.

첫째, 보험자의 해지권포기이다. 보험자는 보험계약 체결 이전에 고지받는 것에 관하여 전부 또는 일부를 포기할 수 있고, 계약체결 이후 보험자가 고지의무 위반을 발견하였으나 계약을 추인하고 그 효력의 유지를 원하는 것이다. 포기는 단독행위이므로 상대방의 동의없이 해지권의 포기가 가능할 것이고 또한 묵시적인 해지권의 포기도 인정할 수 있다.[105] 다만 묵시적인 해지권 포기의 경우도 보험자는 그 위반의 사실을 알고서 보험증권을 교부하거나 보험계약을 갱신하는 등의 행위가 있어야만 한다.[106]

둘째, 보험자의 귀책사유로 인한 고지의무 위반이다. 고지의무 위반이 보험자의 책임 있는 사유로 비롯된 경우에는 보험자는 해지권을 행사할 수 없다고 보아야 한다. 예를 들면 보험계약자가 질문표에 대한 상세한 질의를 하였음에도 기재하지 않아도 된다는 식의 답변을 한 경우이다.

---

104) 대법원 2001. 1. 5. 선고 2000다40353 판결(보험계약 당시에 보험계약자 또는 피보험자가 고의 또는 중대한 과실로 인하여 중요한 사항을 고지하지 아니하거나 부실의 고지를 하였다고 하더라도 보험자가 계약 당시에 그 사실을 알았거나 중대한 과실로 인하여 알지 못한 때에는 그 고지의무 위반을 들어 계약을 해지할 수 없다고 할 것인바, 여기에서 말하는 보험자의 악의나 중대한 과실에는 보험자의 그것뿐만 아니라 이른바 보험자의 보험의를 비롯하여 널리 보험자를 위하여 고지를 수령할 수 있는 지위에 있는 자의 악의나 중과실도 당연히 포함된다고 할 것이나, 보험자에게 소속된 의사가 보험계약자 등을 검진하였다고 하더라도 그 검진이 위험측정자료를 보험자에게 제공하는 보험자의 보조자로서의 자격으로 행해진 것이 아니라면 그 의사가 보험자에게 소속된 의사라는 사유만으로 그 의사가 검진 과정에서 알게 된 보험계약자 등의 질병을 보험자도 알고 있으리라고 보거나 그것을 알지 못한 것이 보험자의 중대한 과실에 의한 것이라고 할 수는 없다고 할 것이며, 이와 같이 해석하는 것이 환자에 대한 비밀의 누설이나 기록의 공개를 원칙적으로 금지하고 있는 의료법의 취지에도 부합한다).

105) "보험자가 고지의무의 위반을 알았음에도 불구하고 보험증권을 교부하였거나, 계약의 연장을 인정하였거나, 손해를 인정한 경우 그리고 고지의무의 위반을 안 다음에도 보험료의 지급을 유예한 경우 등의 경우는 묵시적인 포기의 의사표시가 있는 것이라고 할 수 있다"(최기원, 175면).

106) CNA Reins. of London, Ltd. v. Home Ins. Co., 58 Civ. 5681 (1990); Prudential Insurance Co. of America v. BMC Industries, Inc., 630 F.Supp. 1298 (1986)에서는 "추인이라고 하는 것은 해지권을 가진 보험계약의 당사자가 그 계약으로부터의 이익을 취하거나, 또는 해지가 가능한 시점으로부터의 상당기간 침묵한 때에도 발생한다"라 하였다.

제5 고지의무 위반과 민법규정의 중복적용

1. 문제점

고지의무 위반과 민법상의 착오나 사기가 경합하는 경우, 보험자는 보험계약을 해지할 수 있는 이외에 민법상의 일반원칙에 따라 착오 또는 사기를 이유로 보험계약을 취소할 수 있는가의 문제이다. 만약 상법만이 적용된다면 보험계약은 원칙적으로 해지한 때부터 장래에 대하여만 무효가 되고 또한 보험자는 일정한 제척기간이 경과하면 해지할 수 없다. 그러나 민법도 적용된다고 보는 경우 보험자가 민법에 의하여 보험계약을 취소하면 그 계약은 처음부터 무효가 되고(민법 제141조), 또한 보험자는 상법상 일정한 제척기간이 경과한 이후에도 보험계약을 취소하여 무효로 할 수 있다. 따라서 이러한 경우 민법도 적용되는지 여부는 당사자의 이해관계에 중대한 영향을 미치게 된다.

2. 학설과 판례

(1) 민·상법중복적용설(판례)

이 견해는 상법의 고지의무제도와 민법의 착오와 사기에 관한 규정은 근거와 요건, 효과를 달리하는 것이므로 민·상법의 규정이 중복하여 적용된다는 것이다. 상법상 고지의무제도가 보험자를 보호하기 위한 것인데 보험계약에 민법의 착오와 사기에 관한 규정의 적용을 배제한다면 보험자에게 현저하게 불리하므로 민법과 상법을 동시에 적용하는 것이 타당하다고 본다.[107] 판례가 취하는 견해로서, 사기의 경우[108] 보험자는 민법 규정에 의하여 보험계약을 취소할 수 있다고 하고, 착오의 경우 보증보험에 관한 것이기는 하나 고지의무 위반의 경우 법률행위의

---

107) 채이식, 462면.
108) 대법원 2017. 4. 7. 선고 2014다234827 판결(보험계약을 체결하면서 중요한 사항에 관한 보험계약자의 고지의무 위반이 사기에 해당하는 경우에는 보험자는 상법의 규정에 의하여 계약을 해지할 수 있음은 물론 보험계약에서 정한 취소권 규정이나 민법의 일반원칙에 따라 보험계약을 취소할 수 있다. 따라서 보험금을 부정취득할 목적으로 다수의 보험계약이 체결된 경우에 민법 제103조 위반으로 인한 보험계약의 무효와 고지의무 위반을 이유로 한 보험계약의 해지나 취소는 그 요건이나 효과가 다르지만, 개별적인 사안에서 각각의 요건을 모두 충족한다면 위와 같은 구제수단이 병존적으로 인정되고, 이 경우 보험자는 보험계약의 무효, 해지 또는 취소를 선택적으로 주장할 수 있다); 대법원 1991. 12. 27. 선고 91다1165 판결; 대법원 1998. 6. 12. 선고 97다53380 판결.

중요한 부분에 관한 착오로 인한 것으로서 민법의 일반원칙에 따라 보험자가 그 보험계약을 취소할 수 있다고 한다.[109] 판례는 같은 취지에서 "보험금을 부정취득할 목적으로 다수의 보험계약이 체결된 경우에 민법 제103조 위반으로 인한 보험계약의 무효와 고지의무 위반을 이유로 한 보험계약의 해지나 취소는 그 요건이나 효과가 다르지만, 개별적인 사안에서 각각의 요건을 모두 충족한다면 위와 같은 구제수단이 병존적으로 인정되고, 이 경우 보험자는 보험계약의 무효, 해지 또는 취소를 선택적으로 주장할 수 있다"고 한다.[110]

(2) 민법적용배제설

상법이 보험계약자 등의 고지의무를 인정하는 것은 보험계약의 단체적, 기술적 요청에 기인한 것으로 고지의무에 위반할 경우 보험계약이 그 체결 당시에 소급하여 무효로 되는 것을 피하여 일부러 해지할 수 있는 것으로 하였으므로, 민법의 적용을 배제하고 상법 규정에 따라 해결하는 것이 옳다고 한다.

(3) 착오·사기구별설(다수설)

이 설은 보험자의 착오의 경우에는 민법의 적용을 배제하나, 보험계약자의 사기의 경우에는 상법 외에 민법의 사기규정(민법 제110조)도 적용된다는 것이다. 이 견해가 다수설이다.[111] 고지의무자에게 사기가 있는 경우에는 그 이익을 보호할 필요가 없으나 착오의 경우에는 해의가 없으므로 보험자와 더불어 보험계약자의 이익도 고려하여야 하기 때문이라 한다.

3. 소 결

생각건대 다수설인 착오·사기구별설이 타당하다고 본다. 사기로 인한 고지의무 위반은 보험자를 기망하여 착오에 빠지게 하는 위법행위이므로 보험계약자를 보호하는 것은 보험제도의 원리에도 맞지 아니하므로, 민법 제110조에 의하여도

---

109) 대법원 2002. 7. 26. 선고 2001다36450 판결(공사도급계약과 관련하여 체결되는 이행(계약)보증보험계약이나 지급계약보증보험에 있어 그 보험사고에 해당하는 수급인의 채무불이행이 있는지 여부는 그 보험계약의 대상으로 약정된 도급공사의 공사금액, 공사내용 및 공사기간과 지급된 선급금 등을 기준으로 판정하여야 하므로, 이러한 보증보험계약에 있어 공사계약 체결일이나 실제 착공일, 공사기간도 공사대금 등과 함께 그 계약상 중요한 사항으로서 수급인측에서 이를 허위로 고지함으로 말미암아 보험자가 그 실제 공사의 진행상황을 알지 못한 채 보증보험계약을 체결한 경우에는 이는 법률행위의 중요한 부분에 관한 착오로 인한 것으로서 민법의 일반원칙에 따라 보험자가 그 보험계약을 취소할 수 있다).

110) 대법원 2017. 4. 7. 선고 2014다234827 판결.

111) 양승규, 128면; 한기정, 243면 등.

취소할 수 있는 것으로 해석함이 옳다.[112] 암 등 중병을 앓고 있으면서 이를 속였거나 대리진단을 하는 등 보험자를 기망한 경우 그 보험계약의 효력을 인정하는 것은 부당하므로 민법에 따라 계약을 취소하여 무효로 돌리는 것이 바람직하다.[113]

하지만 착오의 경우는 이와 다르다. 민법상 착오로 인한 의사표시의 취소는 법률행위 내용의 중요부분에 대한 착오로 한정되고(민법 제109조) 상법상 고지의무의 대상도 중요한 사항에 한정되는 점(제651조), 그 착오가 보험자의 중과실로 인한 경우는 취소(해지)할 수 없도록 하는 점(제651조 단서, 민법 제109조 1항 단서)은 민법과 상법이 동일하다. 요컨대 고지의무 위반에 해당하는 경우, 이를 기초로 한 보험자의 승낙의 의사표시는 민법 제109조의 중요부분의 착오로 의사표시를 한 경우에 해당한다. 판례와 같이 민·상법중복적용설에 의하여 사기뿐 아니라 착오의 경우에도 민법규정이 적용되는 것으로 한다면, 고지의무 위반의 경우 민법 제109조의 요건을 충족하게 되고 따라서 보험자는 승낙의 의사표시를 취소할 수 있다는 것이다. 그리고 착오로 인한 의사표시의 취소의 제척기간은 법률행위를 한 날로부터 10년의 기간이 되고(민법 제146조) 민법상의 일반적 취소의 효과에 관한 규정이 적용된다. 따라서 고지의무 위반시 해지권 제한과 관련한 제척기간이나 인과관계의 부존재 등의 상법규정이 의의가 없어지게 되고 기타 보험료의 반환과 관련하여서도 난점이 발생한다. 결국 고지의무제도의 근간이 흔들릴 수 있고 또한 상법의 독자적이고 특유한 제도인 고지의무제도가 사문화되는 결과가 발생할 수 있다. 상법 제651조는 민법 제109조 제1항의 특별규정으로 이해하는 것이 옳다.

제6 각국의 동향과 우리의 과제

1. 인정이유의 변화

우리 상법의 고지의무 관련 규정은 국제적 추세에 뒤떨어진다. 최근 보험법을 개정한 국가들은 모두 고지의무를 개정하였고, 영국법도 고지의무가 주요한 개정

---

112) 대법원 1991. 12. 27. 선고 91다1165 판결. "보험계약을 체결함에 있어 중요한 사항에 관하여 보험계약자의 고지의무 위반이 사기에 해당하는 경우에 보험자는 상법의 규정에 의하여 계약을 해지할 수 있음은 물론 민법의 일반 원칙에 따라 그 보험계약을 취소할 수 있다."
113) 양승규, 129면. 입법론으로는 고지의무에 관한 주관적인 요건과 그 효과에 있어 사기나 해의에 해당하는 경우를 분리하여 제척기간을 연장하여야 한다고 생각한다.

의 대상이다. 우리가 현재 채택하고 있는 고지의무제도는 1908년 영국해상보험법에서 기원한 것이고 그 법의 기원은 1760년의 Carter v. Boehm 사건에서 찾고 있다. 전통적 고지의무의 적용요건과 효과는 보험계약자에게 상당히 엄격한 것이어서 선의의 고지의무 위반이 있는 경우에도 보험금 전액을 지급받을 수 없도록 하였다. 하지만 보험계약자의 정보우위 등에 대한 시대적 상황이 과거와는 전혀 다르다. 이메일이나 인터넷 등 현재의 정보습득 수단은 Carter v. Boehm 판결 당시인 1760년과는 비교도 할 수 없다. 당시의 보험자는 보험계약자가 제공하는 정보에 의존할 수밖에 없었으나, 현재는 당시의 상황과 전혀 다르고 그에 기반한 제도 또한 옛날의 것이 통용될 수 없다.[114] 오히려 보험자가 광범한 자료를 수집할 인적·물적 능력이 있고, 또한 과거의 고지의무제도를 대체할 수 있는 보다 효율적 체계도 있다.

2. 세계적 추세

각국은 시대에 뒤떨어진 고지의무를 개정하고 있다. 전통적 고지의무제도에 대하여는 고지의무 위반의 효과가 가혹하고, 중요성의 판단기준이 보험자로 되어 있어 보험계약자들은 알 수 없다는 점 등이 비판의 대상이다. 불고지라는 개념을 삭제하고, 고지의무 위반의 효과를 보험계약자의 주관적 요건에 따라서 다양하게 규정하며, 보험금 전액지급의 거절이 아니라 비율적 보상원리 등을 도입한다. 그 방향은 크게 세 가지로 나타난다.[115]

첫째, 현재 중요성의 판단을 보험자 기준으로 한다는 문제점의 인식이다. 중요성의 판단은 보험계약자가 아니라 보험자를 기준으로 하고 있어, 그 결과 보험계약자 측으로서는 고지의무의 이행시 신중한 보험자가 중요하다고 판단할 모든 사항을 고지하여야 한다. 요컨대 신중한 '보험계약자'가 아니라, 신중한 '보험자'가 중요한 사실로 판단하는 모든 사항을 고지하여야 한다.[116] 이러한 문제점을 인식하여 그 중요성 판단의 기준을 보험계약자로 변경하는 것이다. 호주[117]와 벨기에[118]가 중요성의 판단기준을 보험계약자로 변경하였다.

---

114) John Birds, Modern Insurance Law, London Sweet & Maxwell (2001), 96.

115) Malcolm Clarke, Policies and Perceptions of Insurance Law in the Twenty-First Century, New Yok: Oxford University Press (2007), 119-126.

116) 영국해상보험법 제18조. Pan Atlantic Insurance Co. Ltd. v. Pine Top Insurance Co. Ltd. [1995] 1 A.C. 501.

117) 1984년 보험계약법 제21조 제1항.

118) 1992년 벨기에 보험법 제5조.

둘째, 답변의무 또는 수동의무로의 전환이다. 보험소비자는 질문하지 않은 사실에 대하여는 고지할 의무가 없고, 또한 합리적인 소비자가 판단하기에 보험자의 질문이 특정한 정보를 요구하는 것이 아닌 불완전한 추상적 질문의 경우 보험자에게 구제수단이 인정되지 않는다. 즉 고지의무는 보험자에 의한 서면의 질문과 그에 대한 정직한 응답으로 충분하다는 입장으로 1994년 핀란드 보험법, 1989년 개정 프랑스 보험법, 2006년 개정 스위스 보험계약법, 2008년 개정 독일 보험계약법, 2008년 일본의 제정 보험법이 취하는 입장이고, 2012년 개정 영국 보험법도 이러한 방향이다. 거의 모든 국가에서 답변의무로 전환되었다.

셋째, 비율적 보상의 채택이다. 고지의무 위반의 효과가 해지라는 점은 가혹하다는 근거에서 독일,[119] 덴마크,[120] 핀란드[121]와 같은 유럽의 다수의 법이 채용하고 있다. 이는 전부(全部) 또는 전무(全無)식의 접근방법을 수정하여 사안의 중요성에 따라 위반의 효과를 완화하는 장점을 가진다. 프랑스의 경우 악의적인 불고지 또는 부실고지의 경우 보험계약은 무효이지만, 그 밖의 경우에는 보험자가 충분하고 정확한 정보가 제공되었더라면 지급될 보험료와 지급된 보험료와의 비율에 따라 보험금을 지급하는 비율적 보상원칙이 채용된다.[122]

---

119) **보험계약법 제28조 제2항** 보험계약자가 이행하여야 할 책무를 위반한 때에는 보험자가 급부할 의무가 없다는 약정을 한 경우, 중과실로 의무를 위반한 경우에는 보험계약자의 의무위반의 비율에 따라 보험자의 급부의무는 공제된다. 중과실이 없었다는 입증책임은 보험계약자가 진다.
120) 1930년 보험계약법 제16조 제2항.
121) 1994년 보험법 제24조와 제25조.
122) 보험법 제113-8조와 제113-9조.

제4절 보험자의 의무

제1 보험증권교부의무

1. 보험증권의 교부

보험자는 보험계약이 성립하면 지체없이 보험증권을 작성하여 보험계약자에게 교부하여야 한다(제640조 제1항 본문). 보험자는 보험계약자의 청구가 없더라도 보험증권을 지체없이 작성하여 교부하여야 하지만, 보험계약자가 보험료의 전부 또는 최초의 보험료를 지급하지 아니한 때에는 교부할 의무가 없다(제640조 제1항 단서). 또한 기존의 보험계약을 연장하거나 변경한 경우에는 보험자는 보험증권에 그 사실을 기재함으로써 보험증권의 교부에 갈음할 수 있다(제640조 제2항).

2. 보험증권의 의의와 기재사항

(1) 의 의

보험증권이라 함은 보험계약이 성립한 후 보험계약의 내용을 증명하기 위하여 보험자가 발행하는 일종의 증거증권이다. 보험증권은 보험계약이 성립한 이후 계약당사자의 편의를 위하여 발행되는 것이므로 계약성립의 요건도 아니고 보험자만이 기명날인 또는 서명하는 것이므로 계약서도 아니다.

(2) 기재사항

보험증권은 상법 제666조에서 정한 일정한 사항을 기재하고 보험자가 기명날인 또는 서명하여야 한다. 기재사항은 어음이나 수표 등의 유가증권에 비하면 엄격하지 아니하여 법정기재사항을 기재하지 않거나 또는 법정기재사항 이외의 사항을 기재하여도 보험증권의 효력에는 영향이 없다. 손해보험증권에는 보험의 목적, 보험사고의 성질, 보험금액, 보험료와 그 지급방법, 보험기간을 정한 때에는 그 시기와 종기, 무효와 실권의 사유, 보험계약자의 주소와 성명 또는 상호, 피보

험자의 주소, 성명 또는 상호, 보험계약의 연월일, 보험증권의 작성지와 그 작성
년월일을 기재하여야 한다(제666조). 기본적 사항 이외에도 화재보험증권(제685조),
운송보험증권(제690조), 해상보험증권(제695조), 자동차보험증권(제726조의3), 인보험
증권(제728조), 상해보험증권(제738조) 등에서는 특별한 기재사항을 법정하여 두고
있다.

(3) 기재에 대한 이의

보험증권은 증거증권으로서 사실상의 추정력을 가질 수 있으므로 증권상 기재
내용이 실제 계약과 다른 경우에는 이를 정정하여 당사자 사이의 분쟁을 예방할
필요가 있다. 보험증권의 기재내용에 관하여 이의가 있는 경우, 보험계약의 당사
자는 보험증권의 교부가 있은 날로부터 일정한 기간 내에 한하여 그 증권내용의
정부에 관한 이의를 할 수 있음을 약정할 수 있다(제641조). 이 약관조항을 이의
약관(異議約款)이라 한다. 다만 그 기한을 부당하게 단기간으로 정한 때에는 계약
당사자를 해할 염려가 있으므로 1개월 이하로는 정할 수 없다(제641조 후문). 그러
나 이의제기기간 내에 이의를 제기하지 아니한 경우의 효과에 대하여는 규정을
두고 있지 않다.

그런데 이의를 제기하지 않는다고 하더라도 약관의 중요한 내용에 대하여 보
험자가 명시설명의무를 이행하지 아니한 경우, 당 약관이 당사자를 구속할 수 없
다는 계약설이 판례와 통설인 점에서 보면 이 규정의 실효성은 의문이다.

3. 보험증권의 법적 성질

(1) 증거증권

보험증권은 보험계약의 성립을 증명하기 위하여 보험자가 발행하는 증거증권
이다. 보험증권의 발행은 보험계약의 성립요건도 아니며, 보험증권을 작성하여야
비로소 보험계약상의 권리의무가 발생하는 설권증권(設權證券)도 아니다. 보험증권
은 증거증권으로서 보험계약자가 이의없이 수령하는 때에는 그 기재가 계약의 성
립 및 내용에 대하여 사실상의 추정력을 가질 뿐이다.[123]

---

[123] 대법원 1992. 10. 27. 선고 92다32852 판결(보험계약은 당사자 사이의 의사합치에 의하여 성
립되는 낙성계약이고, 보험계약을 체결할 때 작성교부되는 보험증권은 하나의 증거증권에 불과한 것이
어서 보험계약의 내용은 반드시 위의 증거증권만에 의하여 결정되는 것이 아니라 보험계약 체결에 있
어서의 당사자의 의사와 계약 체결의 전후 경위 등을 종합하여 그 내용을 인정할 수도 있다). 대법원
1996. 7. 30. 선고 95다1019 판결도 같은 취지이다.

(2) 유가증권성

인보험에서의 보험증권은 그 성질상 유통과 관련하여 지시식 또는 무기명식의 보험증권으로 발행할 수 없고, 설사 그러한 형식으로 발행되었다 하더라도 유가증권성을 인정할 수 없다(통설). 이는 타인의 사망보험계약에서 서면(대통령령이 정하는 전자문서 포함)에 의한 동의가 필요하고, 피보험자 아닌 자에게 그로 인한 권리를 양도하는 경우에도 동의가 필요한 점(제731조) 등에 비추어 보면 더욱 그러하다. 그런데 물건보험에서의 보험증권은 기명식에 한하지 않고 지시식 또는 무기명식으로 발행할 수도 있고, 그 유가증권성에 관하여는 견해가 나뉜다.

첫째, 지시식 또는 무기명식 보험증권의 유가증권성을 부정하는 부정설이다. 보험금청구권은 그 성질상 증권 이외의 사정에 달려 있다는 점과, 손해보험에 있어서는 보험증권의 점유의 이전으로 권리만을 이전할 수 없고 보험의 목적의 양도에 수반하여 이전되는 점(제679조) 등을 근거로 유가증권성을 부인한다.

둘째, 긍정설이다. 거래의 안전의 확보 및 권리의 행사에 증권의 점유를 필요로 하는 것을 이유로 유가증권성을 전면적으로 인정하는 견해로서 지시식 보험증권은 보험사고의 발생으로 인하여 생길 보험금청구권을 표창하는 증권으로서 동 증권의 소지인은 그러한 보험금청구권을 행사할 수 있다고 한다.

셋째, 일부긍정설이다. 보험의 목적인 물건에 대한 권리가 화물상환증이나 선하증권에 화체되어 유통하는 운송보험증권과 해상보험증권, 특히 적하보험증권 등에 유가증권성을 인정하는 견해이다(통설). 보험의 목적에 대한 보험사고의 발생으로 생길 손해를 담보하기 위하여 보험증권이 이용되고 있고, 운송증권 등에 보험증권이 첨부되어 있을 때 거래의 안전을 꾀할 수 있어 유가증권성을 부정할 이유가 없다는 견해이다.[124]

생각건대, 일부긍정설이 옳다고 본다. 지시식 또는 무기명식 보험증권 중에서 운송보험증권 등에 첨부되어 유통되는 것은 유가증권성을 인정할 수 있다. 하지만 그 보험증권은 문언증권이나 무인증권이 아니므로 보험자는 보험계약에 기한 항변으로써 그 소지인에게 대항할 수 있다. 따라서 고지의무 위반이나 보험료의 부지급 등의 경우에 보험계약이 해지되면 그 영향이 증권소지인에게 미치며 보험관계 자체로부터 생긴 보험자의 항변은 배서에 의하여 절단되지 않는다. 또한 그 보험증권이 표창하고 있는 권리인 보험금청구권도 불확정한 사고의 발생에 달려 있는 것이므로 가장 불완전한 의미에서의 유가증권이라 할 수 있다.

---

124) 양승규, 134면.

4. 보험증권의 재교부

보험증권을 멸실 또는 현저하게 훼손한 때에는 보험계약자는 보험자에 대하여 증권의 재교부를 청구할 수 있고 이때 그 증권작성의 비용은 보험계약자의 부담으로 한다(제642조). 보험증권은 보험계약의 증거방법의 하나로서 발행된 증서이므로 보험계약자는 보험증권을 소지함으로써 일단 보험계약의 내용의 추정을 받아 입증하기가 편리하기 때문이다. 다만 유가증권성이 인정되는 지시식 보험증권 등의 경우에는 공시최고의 절차(민사소송법 제496조 이하)를 거쳐야 한다.

제2 보험금지급의무

1. 보험금지급책임의 발생

보험금지급의무 또는 보상의무는 보험자의 가장 중요한 의무라 할 수 있다. 보험자는 보험기간 안에 보험사고가 생긴 때에는 피보험자 또는 보험수익자에게 보험금을 지급할 의무를 부담한다(제638조). '보험금'이라 함은 손해보험에서는 보험자가 보험금액의 한도 내에서 보험사고로 인하여 피보험자가 입은 재산상의 손해액이고, 인보험에서는 계약에서 정한 보험금액이다. 보험금지급책임의 발생요건은 다음과 같다.

첫째, 보험계약에서 정한 보험사고가 발생하여야 한다. 건물을 화재보험에 가입한 경우 홍수로 건물이 멸실된다 하더라도, 보험계약에서 정한 보험사고가 아니므로 보험금지급책임이 없다. 또한 보험사고의 경우에도 보험자의 보험금지급책임을 면제하는 면책사유에 해당하지 않아야 한다.

둘째, 보험사고가 보험기간 내에 발생하여야 한다.

셋째, 보험계약자의 보험료지급이 있어야 한다. 다른 약정이 없는 한 최초보험료를 지급받은 때로부터 보험자의 책임이 개시된다(제656조). 여기서 '다른 약정'이라 함은 외상보험 등과 같이 일정한 기간 동안 보험료의 지급을 받지 아니하고 보험자가 보험계약상의 책임을 지기로 약속한 경우이다. 또한 보험자로서는 상법 제656조에 의하여 보험계약자로부터 보험계약의 청약과 함께 보험료 상당액의 전부 또는 일부를 받은 경우, 그 청약을 승낙하기 전에 보험사고가 생긴 때에 그 청약을 거절할 사유가 없는 한 보험자는 보험계약상의 책임을 진다(제638조의2 제3항 본문). 다만 인보험에서 피보험자가 신체검사를 받아야 하는 진단보험의 경우에 그 검사를 받지 아니한 때에는 보험계약자가 보험료를 지급하였거나 피보험자의 건강에 이상이 없었다 하더라도 보험자는 보험금지급책임을 지지 아니한다(제638조의2 제3항 단서).

2. 보험금의 지급

(1) 보험금청구권자

보험금청구권자는 손해보험의 경우 피보험자이고, 인보험의 경우 보험수익자이다.

(2) 보험금지급의 시기

보험자는 보험금액의 지급에 관하여 약정기간이 있는 경우에는 그 기간 내에, 약정기간이 없는 경우에는 보험사고 발생(제657조 제1항)의 통지를 받은 후 지체없이 지급할 보험금액을 정하고 그 정하여진 날부터 10일 내에 피보험자 또는 보험수익자에게 보험금액을 지급하여야 한다(제658조). 이는 보험금지급채무를 신속히 진행시키고자 둔 규정이나 실효성 측면에서는 의문이다. 그 위반에 대한 제재규정이 없고 보험금액을 정하는 기한이 따로 정하여져 있지 않아 보험자가 손해사정 등을 부당하게 지연시킬 수 있기 때문이다.[125] 이 점은 입법론적 검토가 필요하다. 다만 피보험자와 보험자는 보험금지급기한 유예의 합의를 할 수는 있다.[126]

(3) 소멸시효

1) 단기의 소멸시효

보험자의 보험금지급의무는 3년이 지나면 시효로써 소멸한다(제662조). 이는 모든 손해보험과 인보험에 적용되는 규정으로서 상해담보특약에 기한 보험금청구권도 3년의 시효에 의하여 소멸한다.[127] 민법상 채권의 소멸시효기간이 10년, 상

---

125) 실제 기왕증(旣往症) 등을 이유로 하여 보험금지급이 지체되는 경우는 빈번하다.

126) 대법원 1981. 10. 6. 선고 80다2699 판결(피보험자와 보험자 사이의 보험금지급기한 유예의 합의는 보험금지급청구권에 관한 소멸시효의 이익을 미리 포기하는 것에 해당하지 아니한다).

127) 대법원 2000. 3. 23. 선고 99다66878 판결(보험금액의 청구권 등의 소멸시효기간에 관하여 규정한 상법 제662조는 달리 특별한 규정이 없는 한 모든 손해보험과 인보험에 적용되는 규정이고, 무보험자동차에 의한 상해담보특약에 의한 보험이 실질적으로 피보험자가 무보험자동차에 의한 사고로 사망 또는 상해의 손해를 입게 됨으로써 전보되지 못하는 실손해를 보상하는 것이라고 하더라도 그 보험금청구권은 상법 제662조에 의한 보험금액의 청구권에 다름 아니어서 이를 2년간 행사하지 아니하면

사채권의 시효가 5년으로 규정되어 있는 것에 비하여 보험금청구권의 소멸시효는 이보다 훨씬 단축되어 있다. 그 취지는 보험제도의 특수성을 고려하여 신속한 결제와 보험관계의 종결을 통하여 보험사업의 원활을 도모하는 데 있다고 설명된다.

2) 시효제도 일반론

상법 제662조는 보험금청구권의 소멸시효기간에 관한 규정만 두고 그 기산점에 관하여는 정하지 않아, 결국 민법 제166조 제1항에서 정하는 "소멸시효는 권리를 행사할 수 있는 때로부터 진행한다"의 일반원칙에 의한다. 그리고 "권리를 행사할 수 있는 때"라는 의미에 대하여, 통설과 판례[128]는 권리행사에 관한 장애를 법률상 장애와 사실상 장애로 나누면서 법률상 장애는 시효의 기산점에 영향을 미치지만, 사실상 장애는 영향을 미치지 않는다는 법률상·사실상 장애 이분론에 입각해 있다. 판례[129]가 인정하는 법률상 장애로는 ① 기간의 미도래, ② 조건의 불성취, ③ 공정력 있는 행정처분이 취소되지 않고 있는 것, 그리고 ④ 다른 법령에 의하여 보상을 받을 수 있음을 이유로 청구권을 제한하는 법률이 존재하는 경우에 그 다른 법령에 의한 보상을 받을 수 없음이 판명되지 않고 있다는 사정[130] 등이다. 학설도 마찬가지로 설명한다.[131] 그리고 사실상 장애에 해당하는 사유로는 권리자의 법률적 지식의 부족, 권리의 존재의 부지 또는 채무자의 부재 등 개인적 사정을 든다.[132] 요컨대 권리를 행사할 수 없는 때라 함은 그 권리행사에 법률상 장애사유가 있는 경우를 말하는 것이지 사실상 장애사유는 시효진행에

소멸시효가 완성된다고 할 것이고, 보험금청구권은 보험사고의 발생으로 인하여 구체적으로 확정되어 그 때부터 그 권리를 행사할 수 있게 되는 것이므로 그 소멸시효는 달리 특별한 사정이 없는 한 민법 제166조 제1항의 규정에 의하여 보험사고가 발생한 때로부터 진행한다). 대법원 2009. 7. 9. 선고 2009다14340 판결도 동일한 취지의 판결이다.

128) 대법원 1984. 12. 26. 선고 84누572 판결 ; 대법원 1992. 3. 31. 선고 91다32053 판결.

129) 대법원 2004. 4. 27. 선고 2003두10763 판결(소멸시효는 객관적으로 권리가 발생하여 그 권리를 행사할 수 있는 때로부터 진행하고 그 권리를 행사할 수 없는 동안만은 진행하지 않는바, '권리를 행사할 수 없는' 경우라 함은 그 권리행사에 법률상의 장애사유, 예컨대 기간의 미도래나 조건불성취 등이 있는 경우를 말하는 것이고, 사실상 권리의 존재나 권리행사 가능성을 알지 못하였고 알지 못함에 과실이 없다고 하여도 이러한 사유는 법률상 장애사유에 해당하지 않는다).

130) 대법원 1998. 7. 10. 선고 98다7001 판결(군인 등이 공상을 입은 경우에 구 국가유공자예우 등에 관한 법률 등 다른 법령에 의하여 보상을 받을 수 없음이 판명되어 국가배상법 제2조 제1항 단서 규정의 적용이 배제됨이 확정될 때까지는 같은 항 본문에 기한 손해배상청구권은 법률상 이를 행사할 수가 없으므로, 이처럼 다른 법령에 의하여 보상을 받을 수 없음이 판명되지 않고 있다는 사정은 위 손해배상청구권의 행사에 대한 법률상의 장애라고 할 수 있다).

131) 곽윤직 편집대표, 앞의 책, 462면 참조.

132) 대법원 1977. 4. 26. 선고 76다1700 판결 ; 대법원 1981. 6. 9. 선고 80다316 판결 ; 대법원 1982. 1. 19. 선고 80다2626 판결 ; 대법원 1984. 12. 26. 선고 84누572 판결 ; 대법원 1992. 3. 31. 선고 91다32053 판결 ; 대법원 1992. 7. 24. 선고 91다40924 판결.

영향을 미치지 아니한다는 것이다.

3) 보험금청구권의 기산점

(가) 법률 규정과 학설

상법은 보험금청구권에 관하여 단기소멸시효제도를 두고 있다(제662조). 그 이유는 일반적으로 보험제도의 특수성을 고려하여 신속한 결제와 보험관계의 종결을 통하여 보험사업의 원활을 도모하는 데 그 목적이 있다고 한다.[133] 소멸시효의 기산점에 관하여는 다음의 학설들이 있다. ① 첫째, 이행기설로서 "권리를 행사할 수 있는 때"의 의미를 "이행기"와 같은 의미로 보아, 보험사고발생 후 보험금청구권자 측에서 통지와 청구 등의 절차를 하고 또 소정의 유예기간을 경과한 날이 이행기가 되며, 그 날이 시효의 기산점이 된다는 견해이다. 일본에서는 이행기의 경과시로부터 소멸시효가 기산된다고 보고 있으나,[134] 우리의 경우는 그렇지 않다.[135] 이행기설에 대한 비판은 채권자가 이행을 청구하지 않는 한 언제까지나 소멸시효가 완성하지 않는다는 결과가 된다는 점이다. ② 둘째, 보험사고의 발생을 안 때로부터 기산된다는 견해이다. 보험사고의 발생에 대하여 보험금청구권자가 그 발생을 모르는 경우도 많을 수 있는데, 그 모르는 사이에 권리의 소멸시효가 진행하는 것은 불합리하고, 보험금청구권자가 채권의 발생을 아직 모르고 있는 이상 '권리 위에 잠자는 자'라고는 할 수 없으며, 이 경우에도 시효가 진행한다면 보험금청구권자에게 가혹하다는 것이다.[136] 후술하는 입법례에서와 같이 세계 각국의 추세는 이 견해에 입각하여 있고, 다만 보완적으로 사고발생일로부터는 최장 시효기간을 두고 있다. ③ 셋째, 보험사고발생시설이다. 이는 보험금청구권은 보험사고의 발생에 의해 구체적인 권리로서 확정되고, 그때로부터 행사할 수 있는 것이 되므로 특별한 사정이 없는 한 보험사고발생시로부터 소멸시효가 진행한다는 견해이다. 우리나라 판례의 기본적 입장이다.

(나) 판 례

1993년 보험사건에 관한 첫 번째 판결이 나온 이후 확립된 판례의 입장은 보

---

133) 최기원,『상법학신론』, 제14판, 박영사, 2005, 641면.

134) 김선정, "재해보험약관상 자살면책조항에 관한 최근 판례의 검토 – 면책기간 경과 후의 자살이 재해사고로 되는지 여부 –,"「보험학회지」제73집, 한국보험학회, 2006, 161면 이하 참조.

135) 지급유예기간의 경우에는 그 기간이 경과하기 전에도 보험금청구권자가 그 권리를 행사할 수 있고 다만 유예기간이 경과하기 전에는 채무자가 이행지체에 이르지 않는다는 점이 다르다. 유예에 관한 판결은 대법원 1993. 7. 13. 선고 92다39822 판결이 있다.

136) 배기원, "소멸시효의 기산점 – 대법원판례를 중심으로 –,"「사법논집」제12집, 법원행정처, 1981, 250면 ; 오종근, "소멸시효에 관한 판례분석,"「사법연구」제1집, 2003, 292면.

험금청구권의 소멸시효는 "원칙적으로 보험사고가 발생한 때부터 진행하고, 다만 보험사고가 발생한 것인지의 여부가 객관적으로 분명하지 아니하여 보험금청구권자가 과실 없이 보험사고의 발생을 알 수 없었던 특별한 사정이 있는 경우에는 그가 보험사고의 발생을 알았거나 알 수 있었을 때로부터 진행한다"는 것이다.[137) 보험에서는 보험금청구권자가 보험사고 발생을 알았거나 알 수 있었던 때를 기준으로 하면서 이에 관한 제한으로 객관적 인식가능성이라는 기준을 추가하고 있다. 그렇다면 판례는 보험금청구권에서는 '사실상 장애'도 기산점에 영향을 미치는 것으로 보는가? 판례의 입장은 원칙적으로 법률상 장애에 국한시키고 있다. 보험금청구권자가 사실상 그 권리의 존부나 권리행사의 가능성을 알지 못하였거나 알지 못함에 과실이 없다고 하여도 이러한 사유는 '법률상 장애' 사유에 해당한다고 할 수 없다는 것이다.[138)

판례의 입장에 관한 해석들로는, ① 첫째, 사실상 장애가 있는 경우에도 소멸시효가 진행되지 않는 것이라고 보는 견해,[139) ② 둘째, 보험금청구권의 경우 불법행위와 같이 특수하게 기산점을 사고발생시로부터 뒤로 늦추어주고 있다는 평가를 하는 견해가 있다.[140) 이 견해는 보험사고발생의 부지라는 주관적 사정에 기한 사실상 장애를 보험사고 발생의 객관적 확인가능성 여하에 따라 신축적으로 운영함으로써 구체적 타당성을 확보하는 판결이라고 한다. ③ 셋째, 일반적인 소멸시효의 기산점에 대한 명시적 예외를 인정했다고 하기보다는 기존의 입장을 유지하면서 형평에 맞게 재해석했다는 견해이다. 그런데 이후 판례들이 그 기산점을 적용하는 기준을 보면 보험금청구에서도 보험사고발생이라는 원칙을 유지하고 있

---

137) 대법원 2021. 2. 4. 선고 2017다281367 판결(보험금청구권의 소멸시효는 특별한 다른 사정이 없는 한 원칙적으로 보험사고가 발생한 때부터 진행한다. 그렇지만 보험사고가 발생한 것인지 여부가 객관적으로 분명하지 아니하여 보험금청구권자가 과실 없이 보험사고의 발생을 알 수 없었던 경우에도 보험사고가 발생한 때부터 보험금청구권의 소멸시효가 진행한다고 해석하는 것은, 보험금청구권자에게 너무 가혹하여 사회정의와 형평의 이념에 반하고 소멸시효 제도의 존재이유에도 부합하지 않으므로, 이와 같이 객관적으로 보아 보험사고가 발생한 사실을 확인할 수 없는 사정이 있는 경우에는 보험금청구권자가 보험사고의 발생을 알았거나 알 수 있었던 때부터 보험금청구권의 소멸시효가 진행한다. 원고가 망인의 자살 당시 이 사건 보험계약의 존재와 구체적인 내용을 파악할 수 없거나 상당히 곤란하였을 여지도 있다. 그러나 원고가 망인이 공무상 생긴 우울증으로 인해 자살한 것이라고 주장하며 유족보상금의 지급을 신청하고 이어 행정소송도 제기하였던 이 사건에서 과실 없이 보험사고의 발생을 알 수 없었던 경우에 해당한다고까지 보기는 어렵다); 대법원 1993. 7. 13. 선고 92다39822 판결 ; 대법원 2005. 12. 23. 선고 2005다59383 판결 등.
138) 대법원 2021. 1. 14. 선고 2018다209713 판결.
139) 김학동, "소멸시효의 기산점에 관한 판례분석,"『민법의 과제와 현대법의 조명』, 1997, 76면.
140) 이주현, "채권자의 권리행사가 객관적으로 불가능한 사실상의 장애사유가 있음에 불과한 경우 채무자의 소멸시효항변이 신의칙에 반한다는 이유로 허용하지 않을 수 있는지 여부,"『대법원판례해설』, 법원도서관, 2003, 558면.

어[141] 가장 후자의 입장을 취하는 것으로 해석된다.

(다) 책임보험

책임보험에서는 그 기산점이 다르다. 판례도 책임보험의 경우에는 그 기산점을 달리 본다. 책임보험에서 피보험자가 가지는 보험금청구권은 그 소멸시효가 피보험자의 제3자에 대한 법률상의 손해배상책임이 상법 제723조 제1항이 정하는 변제, 승인, 화해 또는 재판의 방법 등에 의하여 확정됨으로써 그 보험금청구권을 행사할 수 있는 때로부터 진행된다고 한다.[142] 책임보험의 경우에는 피보험자가 가지는 보험금청구권의 소멸시효 기산점은 원인이 되는 사고의 발생시가 아니라 피보험자의 제3자에 대한 채무가 확정된 때로부터라는 것이다. 단 판례는 피해자가 보험자에 대하여 가지는 직접청구권의 소멸시효는 보험금청구권이 아니라 불법행위로 인한 손해배상청구권으로 보므로, 직접청구권의 소멸시효는 일반 민사시효에 의하여 해결한다.

(라) 예외를 인정한 판례: 객관적으로 인식가능하지 않다고 본 경우

첫째, 수사 또는 재판의 결과가 나중에 뒤집어진 경우이다.[143] 이 사건에서 실제 운전자가 아닌 다른 사람이 교통사고를 낸 것으로 공소가 제기되어 피해자들이 실제 운전자의 보험회사에 대하여 보험금청구를 하지 못하고 있다가, 나중에 무죄판결이 선고되어 보험금청구를 한 사례이다. 다만 비록 수사나 재판의 결과가 나중에 뒤집어졌다 하더라도 진실을 처음부터 알고 있었다고 볼 수밖에 없는 당사자에 대하여는 사고발생시부터이다.[144]

둘째, 신원보증보험에서의 보험사고, 즉 피보증인인 피용자의 불법행위에 대한

---

141) 대법원 2021. 2. 4. 선고 2017다281367 판결; 대법원 2021. 1. 14. 선고 2018다209713 판결.

142) 대법원 2018. 12. 13. 선고 2015다246186 판결; 대법원 2017. 1. 25. 선고 2014다20998 판결; 대법원 2002. 9. 6. 선고 2002다30206 판결(책임보험의 성질에 비추어 피보험자가 보험자에게 보험금청구권을 행사하려면 적어도 피보험자가 제3자에게 손해배상금을 지급하였거나 상법 또는 보험약관이 정하는 방법으로 피보험자의 제3자에 대한 채무가 확정되어야 할 것이고, 상법 제662조가 보험금의 청구권은 2년간 행사하지 아니하면 소멸시효가 완성한다는 취지를 규정하고 있을 뿐, 책임보험의 보험금청구권의 소멸시효의 기산점에 관하여는 상법상 아무런 규정이 없으므로, "소멸시효는 권리를 행사할 수 있는 때로부터 진행한다"고 소멸시효의 기산점에 관하여 규정한 민법 제166조 제1항에 따를 수밖에 없는바, 약관에서 책임보험의 보험금청구권의 발생시기나 발생요건에 관하여 달리 정한 경우 등 특별한 다른 사정이 없는 한 원칙적으로 책임보험의 보험금청구권의 소멸시효는 피보험자의 제3자에 대한 법률상의 손해배상책임이 상법 제723조 제1항이 정하고 있는 변제, 승인, 화해 또는 재판의 방법 등에 의하여 확정됨으로써 그 보험금청구권을 행사할 수 있는 때로부터 진행된다고 봄이 상당하다).

143) 대법원 1993. 7. 13. 선고 92다39822 판결.

144) 대법원 2001. 4. 27. 선고 2000다31168 판결. 어느 쪽이 중앙선을 침범하여 교통사고가 발생하였는지 수사 결과가 번복되는 바람에 자차 및 자손 보험금 청구를 하지 않고 있다가 나중에 청구한 사례이다.

고용자의 인식에 관한 판결이다.145) 피보증인의 횡령행위가 객관적으로 보아 그 발생여부가 분명하지 아니하여 증권회사가 과실 없이 그 사고의 발생을 알지 못한 때에 해당하지 않는다고 보았다.

셋째, 보험금청구에 필요한 절차를 마친 때부터 소멸시효가 진행한다고 한 판결이다.146) 판례는 "보험금액청구권의 소멸시효의 기산점은 특별한 사정이 없는 한 보험사고가 발생한 때라고 할 것이지만, 약관 등에 의하여 보험금액청구권의 행사에 특별한 절차를 요구하는 때에는 그 절차를 마친 때, 또는 채권자가 그 책임 있는 사유로 그 절차를 마치지 못한 경우에는 그러한 절차를 마치는 데 소요되는 상당한 기간이 경과한 때로부터 진행한다고 보아야 할 것이므로, 보험금액청구금의 소멸시효기산점을 판단함에 있어서는 그 보험사고가 무엇인지와 보험금액청구권을 행사하는 데 특별한 제한이 있는지를 확정하는 것이 중요한 전제가 된다. (중략) 따라서 이 사건 보험금액청구권의 소멸시효는 앞서 본 법리에 따라 위 운영규정 소정의 절차를 마쳤거나, 채권자가 그 책임 있는 사유로 이를 마치지 못하였다면 운영규정에 정한 채권신고 마감절차를 거치는 데 필요하다고 볼 수 있는 시간이 경과한 때로부터 진행한다고 할 것이다"고 하였다.

4) 신의칙항변과 소멸시효

대법원 판결147)로 자살재해약관의 유효성에 관한 문제는 일단락되었지만, 그 사건들이 다시 소멸시효라는 법적 쟁점으로 다투어졌고, 대법원148)은 구상법 제662조에 의하여 자살이라는 사고발생일로부터 이미 2년이 경과하여 보험금청구권이 시효로 소멸되었다고 판결하였다. 그런데 그 판결은 법적 안정성에만 의존하여 경제적으로 보험자와 대등한 지위에 있지도 않고 보험에 관한 전문지식도 부족한 보험금청구권자의 권리를 박탈시키는 결과가 될 수 있다. 채무자인 보험자가 명확한 약관의 작성이나 보험금지급시의 설명의무 등의 위반으로 책임이 있는 상황에서 채무자 자신의 유책적 행위를 기초로 이익을 취득하는 것은 허용될 수 없어야 하고, 약관에 기초한 다수의 거래라는 특성상 이미 보험금을 수령한 다른 채권자들과의 형평의 문제, 세계적 입법추세에서도 단기소멸시효제도의 폐지 등을 본다면 단기시효 완성으로 보험금지급을 거절하는 것은 바람직하지 않다.

---

145) 대법원 1999. 2. 23. 선고 98다60613 판결.
146) 대법원 2006. 1. 26. 선고 2004다19104 판결.
147) 대법원 2016. 5. 12. 선고 2015다243347 판결.
148) 대법원 2021. 1. 14. 선고 2018다209713 판결; 대법원 2016. 9. 30. 선고 2016다218713 판결 (소멸시효 완성의 주장이 신의성실의 원칙에 반하여 허용되지 아니한다고 평가하는 것은 신중을 기할 필요가 있다).

5) 보험금청구권 시효제도의 개선

기산점의 설정에 관한 입법주의로는 채권자의 인식 내지 인식가능성을 요건으로 하는 주관적 체계와, 이와 무관하게 권리발생 후 일정기간의 경과를 요건으로 하는 객관적 체계가 있고, 양 체계는 치열한 논란의 대상이 되어 왔다. 객관적 체계는 법적 안정성과 기준시점의 명확성 면에서는 우월하나, 권리발생의 인식가능성이 없었던 자의 권리마저도 시효완성의 대상으로 삼고 있어 권리박탈을 정당화하기 어렵다. 이에 독일, 프랑스, 유럽연합, 그리고 일본 개정안도 소멸시효의 기산점에 대하여 주관적 체계를 취하였고, 권리자가 그 자신의 권리발생을 안 때로부터 소멸시효가 진행한다.[149] 기타 국제적 입법추세로는 단기소멸시효의 삭제이다. 단기소멸시효의 특례를 인정할 합리적 이유가 없으며, 복잡한 소멸시효체계로 인하여 국민의 법적 혼란과 소모적 법적 분쟁이 발생하므로, 이를 시정하여 소멸시효체계의 통일성과 법적 안정성을 증진시키기 위한다는 취지에서 단기시효를 없애고 있다.

우리의 경우도 기산점을 주관주의에 의하고, 그 시효도 일반 민사채권과 통일시키는 것이 타당하다고 본다.

(4) 보험금에 대한 부당이득반환청구권의 소멸시효

1) 쟁점과 학설

보험계약자가 다수의 계약을 통하여 보험금을 부정 취득할 목적으로 보험계약을 체결하여 그것이 민법 제103조에 따라 선량한 풍속 기타 사회질서에 반하여 무효인 경우, 보험자의 보험금에 대한 부당이득반환청구권의 소멸시효 기간이 문제된다. 이에 관하여는 다음 견해들이 가능하다.

첫째, 민사시효설이다. 부당이득반환청구권은 법률행위에 의하여 발생하는 것이 아니고 법률의 규정에 의하여 발생하는 채권이므로 비록 부당이득반환청구권의 발생원인으로 된 급부가 상사시효가 적용되는 채권에 기한 것이라고 하더라도 10년의 민사시효에 의하여야 한다는 견해이다.

둘째, 상사시효설이다. 부당이득반환청구권이 법률의 규정에 의하여 발생하는

---

149) 독일에서는 보험금청구권도 일반 민사채권의 시효인 3년이 주관적 요건하에 적용된다. 독일민법 제199조는 일반소멸시효기간의 기산 및 최장기간이란 표제로 "① 일반소멸시효기간은 다음의 연도가 끝나는 때로부터 진행한다. 1. 청구권이 성립하고, 또한 2. 채권자가 청구권을 발생시키는 사정 및 채무자의 신원을 알았거나 중대한 과실 없이 알았어야 했던 연도"라고 규정한다. 프랑스도 독일과 유사한 입장을 취한다. 다만 그 기간이 3년이 아니라 5년으로 되어 있다.

채권이더라도 이는 상행위로 인하여 발생한 법률관계를 청산하는 것이라는 점에서 계약해제로 인한 원상회복청구권은 계약해제라는 법률행위를 매개로 하여 발생하는 법률관계이므로, 양자를 다르게 취급할 합리적인 이유가 되지 못한다고 한다. 따라서 부당이득반환청구권도 상사시효가 적용되어야 한다.

셋째, 보험금청구권과 같은 3년 시효설이다. 보험자의 보험계약자 등에 대한 부당이득반환청구권의 소멸시효는 보험계약자의 보험금지급청구권과 보험료반환청구권과 같이 3년의 시효에 걸린다는 견해이다. 보험계약자의 보험금 청구권이나 보험료 반환채권에는 상법 제662조에 따라 3년의 단기 소멸시효기간이 적용된다. 그렇다고 한다면 보험계약자 권리의 소멸시효와 균형적인 측면에서 보험자가 행사하는 보험금에 대한 부당이득반환청구권에 대하여도 3년의 시효에 걸린다고 보아야 한다는 것이다.

2) 판 례

대법원은 최근 전원합의체 판결[150]로 보험계약이 무효인 경우 보험금 반환청구권에 대하여 10년의 민사 소멸시효기간을 적용하는 것은 보험계약 당사자인 보험계약자와 보험자 사이의 형평에 부합하지 않는다고 보면서, 과거 이와 달리 공제회사가 선량한 풍속 기타 사회질서에 반하여 무효인 공제계약에 기초하여 지급한 공제금의 반환을 구하는 사안에서 부당이득반환청구권의 소멸시효기간을 10년이라고 본 대법원 2016. 10. 27. 선고 2014다233596 판결은 이 판결의 견해에 배치되는 범위에서 이를 변경하였다.

그 판결에서 대법원은 먼저 ① 3년의 시효가 적용되지 않는다는 점을 지적하면서 보험계약자의 보험금 청구권이나 보험료 반환채권에는 상법 제662조에 따라 3년의 단기 소멸시효기간이 적용되지만 그 규정은 보험계약 무효의 특수성 등을 감안한 입법정책적 결단인 이상 이를 보험자가 보험금 반환을 청구하는 경우에까지 확장하거나 유추하여 적용하는 것은 적절하지 않다고 판시하였다. ② 또한 10년의 민사시효도 적용되지 않는다고 하면서 보험계약의 정형성이나 법률관계의 신속한 처리 필요성에 비추어 상사 소멸시효기간에 관한 규정을 유추적용하여야 한다고 판결하였다. 그 전원합의체 판결의 선고 직후 같은 취지의 대법원 2021. 8. 19. 선고 2018다258074 판결이 나왔다.[151]

---

150) 대법원 2021. 7. 22. 선고 2019다277812 전원합의체 판결.

151) 그 판결에서, 부당이득반환청구권이 상행위인 계약에 기초하여 이루어진 급부 자체의 반환을 구하는 것으로서 채권의 발생 경위나 원인, 당사자의 지위와 관계 등에 비추어 법률관계를 상거래 관계와 같은 정도로 신속하게 해결할 필요성이 있는 경우 등에는 상법 제64조가 유추적용되어 같은 조항

그런데 주의할 점은 **판례**는 여전히 보험금 이외에 상행위 관련의 부당이득반환청구권 소멸시효기간을 정함에 있어서는 **신속하게 해결할 필요성이 있는지를 기준으로 민사시효 또는 상사시효의 적용여부를 결정하고 있다는 것이다.** 요컨대 과거 상행위로 인한 계약의 무효의 결과 생겨난 부당이득반환청구권의 소멸시효가 신속하게 해결할 필요성이 있는지를 기준으로 한다는 점에 대하여 판례를 변경한 것은 아니다. 상행위 중에서 보험계약에 한정하여 그 계약의 무효로 기지급한 보험금의 반환을 구하는 경우 신속하게 해결할 필요가 있다는 것이고 따라서 항상 상사시효가 적용된다고 본 것이다.

3) 평 가

보험자의 보험금에 대한 부당이득반환청구권은 상법 제64조를 유추적용하여 5년의 상사 소멸시효기간이 적용된다는 전원합의체 판결은 타당하다고 평가한다. 다만 원인행위가 상행위인 경우 '신속하게 처리할 필요성'을 기준으로 할 것이 아니라 일괄하여 상사시효 5년을 적용하는 것이 옳다고 본다.

3. 보험금청구권상실조항

(1) 의 의

약관상 면책사유의 하나로서 "계약자 또는 피보험자가 손해의 통지 또는 보험금 청구에 관한 서류에 고의로 사실과 다른 것을 기재하였거나, 그 서류 또는 증거를 위조 또는 변조한 경우 피보험자는 손해에 대한 보험금청구권을 상실한다"는 규정을 두는 경우가 많다. 보험금청구권상실조항을 '사기적 보험금청구조항'이라고도 부른다. 이는 상법상 규정이 있는 것은 아니고 약관상 보험자의 면책사유로 규정하는 것으로 보험계약의 최대선의성에 기초한 것이라고는 하나 그 유효성에 대하여 논란의 소지가 많다.

판례는 유효성을 인정하면서 그 약관의 취지에 대하여 피보험자 등이 서류를 위조하거나 증거를 조작하는 등 신의성실의 원칙에 반하는 사기적인 방법으로 과다한 보험금을 청구하는 경우에는 그에 대한 제재로서 보험금청구권을 상실하도록 하려는 데 있는 것으로 본다.[152]

보험금청구권상실조항이 보험약관에 등장하기 시작한 것은 19세기 화재보험에

이 정한 5년의 상사 소멸시효기간에 걸린다고 하면서, 실제 발생하지 않은 보험사고의 발생을 가장하여 청구·수령된 보험금 상당 부당이득반환청구권의 경우에도 마찬가지로 적용할 수 있다고 하였다.
   152) 대법원 2007. 2. 22. 선고 2006다72093 판결 등.

서 부터이나,[153) 각국의 논의 동향을 보면 그 내용이 일정치 않아 정의를 내리는 것도 쉽지 않다. 영국에서는 일반적으로 "if there appear fraud in the claim made, or false swearing or affirming in support thereof, the claimant shall forfeit all benefit under such policy"라는 문구가 사용되고,[154) 일본 보험법은 "보험급부청구에 대해서 사기를 행하고"라 한다.[155)

보험금청구권상실조항은 보험금청구의 과정에서 피보험자 등이 사기적인 방법으로 허위 과대청구하는 경우를 말하는 것으로 정의하기로 한다.

(2) 효 과

그 효과에 있어서도 각국 입장이 서로 다르게 나타난다. (i) 우리의 약관과 영국과 같은 경우는 보험계약은 효력을 유지하나 당 청구로 인한 보험금청구권만을 상실하도록 한다. 즉 보험계약을 소급하여 취소하거나 해지할 수는 없고, 문제된 당 보험금청구권만을 상실하도록 한다. (ii) 호주법과 같은 입장으로 억지효과 등을 감안하여 법원에 재량권을 부여하여 사기의 행위가 있는 경우 보험금을 적절히 감액할 수 있도록 한다. (iii) 일본법과 같은 경우로 실제 발생한 손해에 대하여는 보상을 하나, 신뢰관계의 붕괴를 원인으로 향후의 보험계약을 해지할 수 있는 것으로 정한다.

(3) 학설과 판례

이 문제에 대하여는 판례도 비교적 근자에야 다루기 시작한 것이다.[156) 사기적 보험금청구조항이 최초로 언급된 판례는 대법원 2003. 5. 30. 선고 2003다15556 판결이다.[157) 그 판결은 사기적 보험금청구조항이 거래상 일반인들이 보험자의 설

---

153) Cf Levy v. Baillie (1831) 7 Bing. Rep 349사건이 최초라고 한다. 이후 Goulstone v. Royal Insurance Co. (1858) 1 F&F 276와 Britton v. Royal Insurance Co. (1866) 4 F&F 905는 모두 화재보험사건이다.

154) James Davey, Unpicking the fraudulent claims jurisdiction in insurance contract law: sympathy for the evil?, [2006] LMCLQ 129−288, 223, 228.

155) 일본 보험법 제30조 제2호.

156) 장덕조, "사기적 보험금청구", 「인권과정의」 제386호, 2008, 50−69면.

157) 이 판결에서 "보험금청구권의 상실사유는 보험계약에 있어서 신의성실의 원칙에 반하는 사기적 보험금청구행위를 허용할 수 없다는 취지에서 규정된 것으로서 보험계약당사자의 윤리성이나 선의성을 요구하는 보험계약의 특징 및 보험의 투기화, 도박화를 막고 피보험자에게 실제의 피해 이상의 부당한 이득을 취하지 못하도록 하기 위하여 고의로 인한 보험사고의 경우에는 보험자의 면책을 인정하고, 사기초과보험의 경우 그 계약 자체를 무효로 규정하고 있는 점 등에 비추어 볼 때 이는 거래상 일반인들이 보험자의 설명 없이도 당연히 예상할 수 있었던 사항에 해당하여 설명의무의 대상이 아니다"라고 하였다.

명 없이도 당연히 예상할 수 있었던 사항에 해당하여 설명의무의 대상이 아니라
고 하였다. 하지만 사기적 보험금청구조항의 유효성을 정면으로 인정한 최초의 판
결이 대법원 2006. 11. 23. 선고 2004다20227(본소),2004다20234(반소) 판결이
다.[158] 그리고 대법원 2007. 2. 22. 선고 2006다72093 판결은 그 조항의 유효성
을 인정하긴 하였으나 제한적으로 해석한 또 다른 중요 판결이다. 그 판결은 모
든 보험금청구권이 상실되는 것이 아니라 피보험자가 허위의 청구를 한 당해 보
험목적물에 한하는 것으로 해석한다. 그리하여 동산에 관한 부분의 청구에 있어서
만 사기적 청구가 있었다고 하여 동산 부분에 대하여만 무효로 하였다.[159] 이후
제한적인 효력만을 인정하는 판결들이 뒤를 따랐다.[160]

(4) 소 결

판례는 약관 조항을 문리 그대로 해석하여 조금이라도 그 조항에 해당하면 곧
바로 보험금청구권을 상실시키는 것이 아니라 보험금청구권자의 청구와 관련한
부당행위의 정도 등과 보험의 사회적 효용 내지 경제적 기능을 비교·교량하여
종합적으로 판단한다는 입장이다.

생각건대, 일본이나 호주에서의 입법 등이 우리의 것으로 도입되기 이전이라면

---

158) "사기적 보험금청구 조항을 둔 취지는 보험자가 보험계약상의 보상책임 유무의 판정, 보상액의
확정 등을 위하여 보험사고의 원인, 상황, 손해의 정도 등을 알 필요가 있으나 이에 관한 자료들은 계
약자 또는 피보험자의 지배·관리영역 안에 있는 것이 대부분이므로 피보험자로 하여금 이에 관한 정
확한 정보를 제공하도록 할 필요성이 크고, 이와 같은 요청에 따라 피보험자가 이에 반하여 서류를 위
조하거나 증거를 조작하는 등으로 신의성실의 원칙에 반하는 사기적인 방법으로 과다한 보험금을 청구
하는 경우에는 그에 대한 제재로서 보험금청구권을 상실하도록 하려는 데 있는 것으로 보아야 할 것"
이라고 하면서 그 유효성을 인정하였다.

159)

보험목적물	피보험자 청구 손해액	실제 손해액
건물	263,478,000원	118,864,362원
시설	251,621,971원	190,918,896원
동산	899,268,560원	534,077,160원
총 계	1,414,367,431원	843,860,358원

160) 대법원 2007. 6. 14. 선고 2007다10290 판결도 동일한 취지에서 조항의 유효성을 인정은 하였
으나, 제한적 해석을 하였다. 또한 대법원 2007. 12. 27. 선고 2006다29105 판결도 그러하다. 그 사건
에서는 실제 감정가는 153,000,000원인 물건에 대하여 165,000,000원으로 청구한 사건이었는데, "이
사건 약관조항에 의한 보험금청구권의 상실 여부는 이 사건 약관조항을 둔 취지를 감안하여 보험금청
구권자의 청구와 관련한 부당행위의 정도 등과 보험의 사회적 효용 내지 경제적 기능을 종합적으로 비
교·교량하여 결정하여야 할 것이다. 따라서 피보험자가 보험금을 청구하면서 실손해액에 관한 증빙서
류 구비의 어려움 때문에 구체적인 내용이 일부 사실과 다른 서류를 제출하거나 보험목적물의 가치에
대한 견해 차이 등으로 보험목적물의 가치를 다소 높게 신고한 경우 등까지 이 사건 약관조항에 의하
여 보험금청구권이 상실되는 것은 아니라고 해석함이 상당하다 할 것이다"라고 판시하였다.

판례의 이러한 입장이 타당하다. 다만 '보험목적물별'이라는 판례의 기준은 명확하지 못하여 재고를 요한다. 사견으로는, 수개의 보험목적물에 관하여 단일한 보험금액이 정하여진 경우라 하더라도, 보험업계의 통상적 인수관행에 의할 때 그 보험료와 보험금액의 책정에 있어 각개로 분리가능하고, 또한 당사자들이 계약체결을 할 당시 그 분리가능한 보험목적물에 대하여만으로도 유효한 계약을 체결하였으리라고 인정되는 경우로 그 기준을 설정하는 것이 바람직하다고 본다.

제3 보험자의 면책사유

1. 의 의

보험계약법이나 보험약관은 보험기간 내에 보험사고가 발생하였음에도 불구하고 보험자의 보험금지급책임을 면제하는 사유를 정하고 있고 이를 면책사유라 한다. 면책사유는 대수의 법칙을 적용하기 곤란한 비정상적 위험에 대한 보상책임으로부터 보험자를 면책시킴에 의하여 보험단체의 균형을 유지하고, 도덕적 위험의 방지를 위한 목적에서 이용된다. 그런데 면책사유는 보험사고가 발생하였음에도 보험금지급을 거절하는 사유가 되어 당사자 사이에 분쟁의 소지가 된다.

면책사유는 법률의 규정에 의하여 보험자의 책임을 면제하는 사유인 법정면책사유, 보험약관의 규정에 의한 약관면책사유로 구분할 수 있다. 법정면책사유로는 인위적인 보험사고(제659조)와 전쟁위험 등으로 생긴 보험사고(제660조)가 있다.

2. 인위적인 보험사고

(1) 의 의

상법 제659조는 보험사고가 보험계약자 등의 고의로 인하여 생긴 때에는 보험자는 보험금을 지급할 책임이 없다고 정한다. 보험계약에서 보험자는 우연한 사고가 생긴 때에 보험금을 지급하기로 한 것이지, 보험계약자 등이 고의적으로 일으킨 사고에 대하여까지 담보하는 것은 아니다. 보험계약자 등이 인위적으로 보험사고를 일으킨 것은 보험사고의 우연성에 어긋나는 것이고, 피보험자를 고의로 살해하는 등의 인위적 사고로 인한 도덕적 위험을 막고자 보험계약자 등의 고의 또는 중과실로 생긴 보험사고에 대하여는 보험자의 면책사유로 한 것이다. 또한 이러한 경우에도 보험금을 지급하도록 한다면 보험금의 취득을 목적으로 빈번하게 인위적인 보험사고가 발생함으로써 사회적인 불안이 조성되고 막대한 경제적 손실이 초래될 우려가 있다. 그리고 예방과 제재(처벌),[161] 공정한 보험료의 산정[162] 등의 보험정책적인 면에서도 보험자의 책임을 인정할 수 없다. 요컨대 피보험자가 고의에 의하여 보험사고를 일으키는 것은 보험계약상의 신의성실의 원칙에 반할 뿐만 아니라, 그러한 경우에도 보험금이 지급된다면 보험계약이 보험금 취득 등 부당한 목적에 악용될 가능성이 있기 때문이다.

(2) 고의의 뜻

1) 고의 개념에 관한 학설과 판례

① 민법과 동일하게 파악

학설은 상법 제659조의 '고의' 해석을 민법에 기초하고 그 의미도 동일하게 파악하며, 판례도 "어떠한 것이 보험사고인가는 기본적으로 불법행위의 법리에 따라 정하여야 할 것"이라고 하여 같은 입장이다.[163] 판례는 고의라 함은 자신의 행위에 의하여 일정한 결과가 발생하리라는 것을 알면서 이를 행하는 심리 상태를 말하고, 여기에는 확정적 고의는 물론 미필적 고의도 포함된다고 한다.[164] 그런데 학설에 따라서는 그 고의는 "원인행위에만 존재하면 되는 것이지 그 결과의 발생에 대해서까지 인식하여야 하는 것도 아니고"라고도 한다.[165]

---

161) Römer/Langheid, Versicherungsvertragsgesetz mit PflVG und KfzPFIVV, 2 Aufl., C.H. Beck, München (2003), S. 989. 양승규, 142면에서 "보험금의 취득을 목적으로 빈번하게 인위적으로 보험사고가 발생함으로써 사회적인 불안이 조성되고 막대한 경제적인 손실이 초래될 우려가 있기 때문에 보험정책적인 면에서도 보험자의 책임을 인정할 수 없다"는 이와 유사한 취지이다.

162) Russel B. Wuehler, Rethinking Insurance's Public Policy Exclusion: California's Befuddled Attempt to Apply an Undefined Rule and a Call for Reform, 49 UCLA L. Rev. 651 (2001), 671.

163) 양승규, 142면. 판례도 동일한 입장이다. 대법원 1991. 3. 8. 선고 90다16771 판결에서도 "책임보험은 피보험자의 법적 책임 부담을 보험사고로 하는 손해보험이고, 보험사고의 대상인 법적 책임은 불법행위 책임이므로 이 경우에 어떠한 것이 보험사고인가는 기본적으로는 불법행위의 법리에 따라 정하여야 할 것인데, 불법행위 법리에 있어서는 미필적 고의도 고의의 한 태양으로 보므로 특별한 사정이 없는 한 위 공제약관상의 고의에는 미필적 고의를 포함하는 것으로 해석할 것이다"; 대법원 1997. 9. 30. 선고 97다24276 판결; 대법원 2001. 3. 9. 선고 2000다67020 판결; 대법원 2001. 4. 24. 선고 2001다10199 판결 등은 모두 위의 판결에 기초하고 있다.

164) 대법원 2010. 1. 28. 선고 2009다72209 판결.

165) 양승규, 142면; 김성태, 269면에서도 "고의에는 미필적 고의도 포함되며, 원인행위에 관하여 인정되면 족하고 결과에 관해서까지 존재할 필요는 없다"고 하여 동일하다. 원인행위에 대한 고의만으로 충분하다고 표현한 대법원 판례는 찾을 수 없었고 고등법원 판결문은 있다. 서울고등법원 1988. 12. 6. 선고 88나25721 판결에서 "원인행위에 대한 고의가 있었던 이상 사망이라는 결과가 초래된 경우에도 고의로 일으킨 사고라고 해석하여 보험자는 그로 인한 보험금지급의무를 면한다"라고 판시하였다.

② 책임능력

판례는 민법 제754조와 관련하여 고의행위라고 구분짓기 위하여는 특별한 사정이 없는 한 구체적인 정신능력으로서의 책임능력이 전제되어 있다고 본다.[166] 그런데 판례 중에는 가해자의 심신미약상태에서의 행위를 민법에서의 고의의 범주에 넣어 가해자의 책임을 인정하면서도, 상법 제659조의 고의는 민법에서의 책임능력을 전제하는 것이어서 고의사고에 해당하지 않는다고 설시한 것이 있다.[167] 그러나 이러한 논리라면 가해자의 책임을 확정함에 있어 그 책임이 부정되거나 최소한 과실상계가 있었어야 할 것이다. 당 판결은 책임능력이 없는 심신미약상태에서의 불법행위책임이 발생한다고 하면서도, 상법 제659조의 고의로 보기에는 책임능력이 없다고 하면서 면책사유에서의 고의가 아니라 본 것이다.

③ 원인에 있어 자유로운 행위(민법 제754조 단서)

민법 제754조 단서는 "고의 또는 과실로 인하여 심신상실을 초래한 때에는 그러하지 아니하다"고 규정하고 있어 예외적으로 심신상실자의 가해행위에 대하여 배상책임을 인정하고, 이것이 이른바 '원인에 있어 자유로운 행위'에 관한 것이다. 그리고 "고의나 과실로 심신상실 상태를 초래한 자는 심신상실 중의 가해행위로 발생한 손해에 대하여는, 가해행위 자체에 고의나 과실이 없더라도 배상책임을 부담하여야 한다"는 의미로 해석한다.[168] 요컨대 심신상실의 상태 하에서 가한 손해에 대하여 비록 그 가해행위에 대하여 직접적으로 고의가 없더라도 손해의 공평한 배분상 배상책임을 지게 한다는 뜻으로, 그 고의는 '심신상실을 초래' 하는 것에 관한 고의로 본다.

---

166) 대법원 2001. 4. 24. 선고 2001다10199 판결.

167) 대법원 2001. 4. 24. 선고 2001다10199 판결(그 사실을 토대로 소외인은 이 사건 사고 당시 정신분열증으로 인하여 정상적인 사물판별 능력이나 행위통제 능력이 미약한 상태에 있었다고 판단한 다음 소외인은 고의에 의하여 이 사건 사고를 일으켰다고 볼 것이나 그때에 그는 심신미약 상태로서 그의 행위의 결과에 대한 책임의식 역시 현저히 미약하였기에 스스로의 행위를 통제하여 이 사건 사고에 나아가지 않을 것을 기대할 수 없었으니 고의의 범주에 해당하는 사고라고 할 수 없고 또한 보험계약의 선의성, 윤리성에도 어긋나지 않아 위의 면책조항에 해당하는 사고라 할 수 없다는 요지로 판단하였다. 책임보험은 피보험자의 법적 책임 부담을 보험사고로 하는 손해보험이고 보험사고의 대상인 법적 책임은 불법행위책임이므로 어떠한 것이 보험사고인가는 기본적으로는 불법행위의 법리에 따라 정하여야 할 것인바, 책임보험 계약 당사자간의 보험약관에서 고의로 인한 손해에 대하여는 보험자가 보상하지 아니하기로 규정된 경우에 고의행위라고 구분짓기 위하여는 특별한 사정이 없는 한 구체적인 정신능력으로서의 책임능력이 전제되어 있다고 볼 것이어서 '피보험자의 고의에 의한 손해'에 해당한다고 하려면 그 피보험자가 책임능력에 장애가 없는 상태에서 고의행위를 하여 손해가 발생된 경우여야 할 터이다).

168) 『주석민법 채권각칙 8』, 한국사법행정학회, 2000, 368면; 곽윤직, 『채권각론』, 박영사, 1996, 703면 등.

이를 명시적으로 다룬 판례는 아직 없으나, 유사한 것이 음주운전 면책약관을 한정적 무효로 보는 판결이다. 위 민법에서의 고의의 해석을 상법이 수용한다면 판례의 논리에 대하여는 의문이 있다. 판례는 "고의는 특별한 사정이 없는 한 음주운전 자체에 관한 것이고 직접적으로 사망이나 상해에 관한 것이 아니어서"라고 하고 있으나,[169] 이는 민법 제754조 단서 해석과는 사뭇 다르다. 민법에서의 통설적 해석은 심신상실 상태의 초래에 대한 고의로 충분하다는 입장이므로, 음주에 대한 고의만 있으면 상법 제659조 고의로 해석하는 것이 일관성이 있다. 즉 손해발생에 대하여는 고의가 아니어도 음주상태를 고의로 초래하였다면 그로 인한 사고는 민법에서의 고의행위에 해당하고 따라서 상법 제659조의 고의에 해당하는 결과, 보험자는 면책되는 것으로 보아야 하기 때문이다.

2) 비판적 검토

상법 제659조 고의의 개념에 대하여는 보다 명확한 정의가 필요하다. 판례도 민법에서의 개념에 구속되어 있는 듯하며, 특히 책임능력과 관련하여 모순이 있어 보이기도 한다. 그리고 원인행위에 대한 고의만으로 충분하다는 학설에 의하면 과속에 대한 고의만으로 운전하다가 타인을 치사케 한 경우에도 고의면책이 적용될 수 있는 등 구체적 기준을 제시하지 못한다. 상법 제659조의 보험자 면책사유로서의 고의는 다음과 같이 정의하여야 한다.

첫째, 원인행위에만 존재하는 고의는 상법 제659조의 고의로 볼 수 없다.[170] 과속으로 사람을 사상케 한 경우, 과속은 위법행위이고 그 과속에 대한 고의만 있었다면 이는 원인행위에 대한 고의가 있는 경우이다. 이 때 사상이라는 손해에 대한 미필적 고의도 전혀 없었다면 상법 제659조의 면책사유로 볼 수 없다. 결과의 모든 경우의 수에 대한 정확한 인식을 필요로 하는 것은 아닐지언정, 배상책임을 지게 되는 사망·상해·손괴 등 결과에 대한 인식이 있고 그 인식이 있음에도 불구하고 용인하고 행위한 경우, 즉 결과에 대한 미필적 고의가 있는 경우 여기서의 고의가 된다. 판례도 이러한 입장이다.[171]

둘째, 최소한 고의의 의사형성을 할 수 있어야 하므로, 책임능력은 상법 제659조 '고의'의 필요조건이다. 고의적 불법행위를 억제하기 위한 것이 고의사고 면책

---

169) 대법원 1998. 4. 28. 선고 98다4330 판결. 그리고 이러한 취지의 판결은 대단히 많다. 근자 많은 논란 끝에 헌법재판소의 결정(헌법재판소 1999. 12. 23. 선고 98헌가12 결정)까지 귀착되었다.

170) 이러한 해석은 독일에서도 유사하다. Römer/Langheid, a.a.O., S. 989. 그렇다고 하여 특정 손해를 반드시 의도하여야만 하는 것은 아니고 손해 발생에 대한 인식은 필요하다.

171) 상법 제659조 고의의 해석과 관련한 판례로는 대법원 1991. 3. 8. 선고 90다16771 판결; 대법원 1997. 9. 30. 선고 97다24276 판결; 대법원 2001. 3. 9. 선고 2000다67020 판결이 있다.

의 근거라면, 그 의미를 이해하고 고의의 의사형성도 할 수 있는 자이어야만 한다. 판례도 이러한 입장이다. 혹시나 향후에 민법에서는 입법적으로 고의가 책임능력을 전제하지 않게 되더라도, 상법에서는 피해자 보호와 불법행위법의 보완·이상적 실현의 차원에서 고의에 책임능력을 요구하는 것이 바람직하다.[172)]

셋째, 민법 제754조 단서에 대한 통설적 해석은 보험자 면책사유로서의 제659조의 고의에 해당되지 않는다. 심신상실 상태를 초래하는 행위, 즉 음주나 약물복용에 대한 고의만으로는 상법 제659조의 고의라 할 수 없고, 결과에 대한 미필적 고의라도 있어야 한다. 가해자가 심신상실 초래에 대한 고의만 있는 경우 민법에서는 고의의 배상책임을 인정하더라도, 여기서의 고의에는 해당하지 않는다.

3) 독자적인 뜻을 지닌 상법 제659조 면책사유로서의 고의

상법 제659조의 면책사유로서의 고의가 민법의 고의와 유사하다 할 수도 있으나 동일하지는 않다. 보험자 면책사유로서의 고의는 민법 불법행위에서의 고의와는 달리 해석하여야 한다. 결과발생에 대한 미필적 고의가 있어야 한다는 점, 책임능력이 전제된다는 점 등은 민법과 같다고 할 수 있지만, 상법 제659조 고의와 민법에서 책임발생 요건으로서 고의는 여러 점에서 차이가 있다.

민법에서의 고의는 과실과 함께 책임발생의 원인이 되는 것으로 과실과 엄격한 구별이 문제되지 않음에 반하여, 책임보험에서의 고의는 과실과의 구별이 중요시된다. 특히 손해의 공평·타당한 분배라는 이상을 실현·보완하는 뜻에서, 또한 피해자보호라는 중요한 가치에 보다 근접할 수 있는 사회부조로서의 책임보험을 생각한다면, 그 '고의'를 민법과 반드시 동일하게 해석할 필요는 없다. 또한 면책사유로서의 고의는 그 전제가 되는 책임능력을 민법에서보다 엄격히 요구하여야 하는 점, 민법 제754조 단서가 적용되지 않는다는 점 등은 민법과 다르다. 고지의무에서의 고의(상법 제651조)도 민법상 고의와 구별되는 개념임은 이미 보았다.

(3) 중과실

1) 의 의

중대한 과실이란 통상인에게 요구되는 주의를 현저하게 다하지 못한 경우를 말한다. 판례도 "중대한 과실"이라 함은 통상인에게 요구되는 정도의 상당한 주의를 하지 않더라도 약간의 주의를 한다면 손쉽게 위법, 유해한 결과를 예견할 수

---

172) 43 Am. Jur. 2d Insurance (2002), § 708 "가해자가 심신상실 상태하에 있다면 책임능력이 없고 고의를 구성하기 어렵게 되어서 면책이 되지 않는다."

있는 경우인데도 불구하고, 만연히 이를 간과함과 같은 거의 고의에 가까운 현저
히 주의를 결여한 상태를 말한다고 한다.[173]

2) 인보험의 특칙

사망을 보험사고로 하는 인보험에서는 중과실로 인한 보험사고에 대하여도 보
험자는 보상책임을 지고(제732조의2), 이는 상해보험에도 준용된다(제739조). 이 규
정은 상법 제663조와도 관련되어 약관해석에 있어 중요한 지위를 점하고 있다.
상해보험에서 음주무면허면책조항이 한정적 무효라는 판결[174]도 이 조항에 근거
한다. 이 점은 인보험에서 다룬다.

(4) 입증책임

면책사유에 대한 입증책임은 보험자에게 있다. 따라서 원인불명의 보험사고에
대하여도 보험자는 보험금지급의무를 면하지 못한다. 판례는 피보험자의 자살을
보험자의 면책사유로 규정하는 경우 보험자가 보험금 지급책임을 면하기 위하여
는 위 면책사유에 해당하는 사실을 입증할 책임이 있는 바, 이 경우 자살의 의사
를 밝힌 유서 등 객관적인 물증의 존재나, 일반인의 상식에서 자살이 아닐 가능
성에 대한 합리적 의심이 들지 않을 만큼 명백한 주위 정황사실을 입증하여야 한
다고 하였다.[175]

(5) 대표자책임이론

1) 의 의

대표자책임이론이란 보험계약자 또는 피보험자에게 고의나 중과실 등의 책임
사유가 없더라도, 피보험자 본인을 대신해서 위험관리를 행하는 일정한 제3자의
보험사고 유발에 대해서는 보험자가 면책이 되어야 한다는 이론이다. 피보험자의
부부, 가족 또는 피용인과 같이 피보험자와 특별한 관계가 있는 자가 보험사고를
일으킨 때에는 보험자의 면책을 인정하는 것으로 독일 판례상 확립된 이론이다.
과거 우리나라의 보험실무상 화재보험약관에 "피보험자에게 보험금을 받도록 하
기 위하여 피보험자와 세대를 같이 하는 친족 또는 고용인이 고의로 사고를 일으
킨 손해에 대해서는 보험자가 보상하지 아니한다"고 규정된 바 있었다.

---

173) 대법원 1991. 7. 12. 선고 91다6351 판결.
174) 대법원 1998. 3. 27. 선고 97다48753 판결 등.
175) 대법원 2002. 3. 29. 선고 2001다49234 판결; 대법원 2010. 5. 13. 선고 2010다6857 판결도
같은 취지이다.

대표자책임이론의 근거로는 보험계약자 등이 스스로 위험의 관리를 행함이 없이 이것을 제3자에게 맡기고 있고 이 제3자가 보험사고를 유발한 경우 보험계약자 등은 책임이 없다는 것은 보험계약자들에 대한 평등취급에 반하고, 또한 보험단체의 이익을 해하게 되므로 대표자의 행위에 대하여도 보험자의 면책을 인정할 필요성이 있다는 것이다.

2) 학 설

과거 긍정설로 이를 전적으로 수용하거나[176) 또는 보험약관상 규정이 있는 경우 인정하자는 견해 등이 있었으나, 현재 이를 부정하는 것이 통설[177)이다. 이를 부정하는 견해에서 "보험계약자 등과 밀접한 생활관계에 있는 가족이나 고용인 등에 의한 보험사고의 발생에 보험계약자 등의 공모, 교사 또는 방조와 같은 책임있는 사유가 있는 경우에는 보험자는 그 책임을 면하는 것이다"고 한다.[178)

3) 판 례

판례도 이 이론을 부정하기는 하나,[179) 약관상의 대표자책임이론 조항을 전적으로 무효로 선언하지는 않음을 주목하여야 한다. 판례는 위 면책조항의 효력을 문언 그대로 인정하지는 않으면서도 무효로 선언하지도 않는다. 오히려 그 조항을 추정조항으로 해석하여 입증책임을 전환시킨다. 그 조항에 열거된 세대를 같이 하는 친족 또는 고용인의 행위는 피보험자의 고의 또는 중과실에 기인한 것으로 추정할 수 있을 만큼 밀접한 생활관계에 있고, 따라서 입증책임이 전환되므로 피보험자 자신이 '자신'의 고의 또는 중대한 과실이 개재되지 아니하였음을 입증하여야 한다는 것이다.

이러한 취지에서 대법원 1984. 1. 17. 선고 83다카1940 판결은 "보험계약의 보통약관중 '피보험자에게 보험금을 받도록 하기 위하여 피보험자와 세대를 같이 하는 친족 또는 고용인이 고의로 사고를 일으킨 손해에 대해서는 보험자가 보상하지 아니한다'는 내용의 면책조항은 그것이 제3자가 일으킨 보험사고에 피보험자

---

176) 최기원, 206면. 보험계약자 등과 법률상·사실상 특수한 관계에 있는 대표자, 법정대리인, 그리고 보험계약자와 동거하는 남편의 고의 또는 중과실로 인하여 보험사고가 발생한 경우 보험자는 면책된다고 본다.

177) 양승규, 144면; 박세민, 282면; 한기정, 291면 등.

178) 양승규, 144면.

179) 대법원 1998. 4. 28. 선고 97다11898 판결(동산종합보험보통약관 소정의 '보험계약자, 피보험자 또는 이들의 법정대리인의 고의 또는 중대한 과실로 생긴 손해'라는 면책조항이 적용되기 위하여는 '보험계약자, 피보험자 또는 이들의 법정대리인'의 고의 또는 중대한 과실로 생긴 손해에 한하여 면책되는 것이지, 위 '보험계약자나 피보험자 또는 이들의 법정대리인에게 단순히 고용된 자'의 고의 또는 중대한 과실로 생긴 손해는 여기에 해당되지 않는 것으로 보아야 한다).

의 고의 또는 중대한 과실이 개재되지 않은 경우에도 면책하고자 한 취지라면 상법 제659조, 제663조에 저촉되어 무효라고 볼 수밖에 없으나, 동 조항은 피보험자와 밀접한 생활관계를 가진 친족이나 고용인이 피보험자를 위하여 보험사고를 일으킨 때에는 피보험자가 이를 교사 또는 공모하거나 감독상 과실이 큰 경우가 허다하므로 일단 그 보험사고 발생에 피보험자의 고의 또는 중대한 과실이 개재된 것으로 추정하여 보험자를 면책하고자 한 취지에 불과하다고 해석함이 타당하며, 이러한 추정규정으로 보는 이상 피보험자가 보험사고의 발생에 자신의 고의 또는 중대한 과실이 개재되지 아니하였음을 입증하여 위 추정을 번복할 때에는 위 면책조항의 적용은 당연히 배제될 것이므로 위 면책조항은 상법 제663조의 강행규정에 저촉된다고 볼 수 없다. 위 면책조항을 추정규정이라고 본 이상, 그에 열거된 친족 또는 고용인이라 함은 그들의 행위가 피보험자의 고의 또는 중대한 과실에 기인한 것이라고 추정케 할 만큼 피보험자와 밀접한 생활관계를 가진 자에 국한된다고 보아야 하므로 고용인도 세대를 같이 하는 자임을 요한다고 해석함이 타당하다"고 하였다.

4) 소 결

판례가 취하는 추정의 이론은 입증책임의 전환을 가져오게 되어 피보험자에게 불리하다. 판례의 해석대로라면 과거의 약관 규정은 상법 제659조의 규정보다 피보험자에게 불리한 입증책임에 관한 특약임에 틀림없다. 또한 보험목적물을 관리하는 지위에 있는 등의 제한적 요건 없이 일반적인 고용인이 사고를 초래한 경우까지 면책규정을 둔 외국의 예[180]가 없는 점을 보면, 판례는 그 고용인이 피보험자를 위하여 보험목적물을 관리한다는 등의 '사실상의 관계'도 요구하지 않아 소위 진정한 의미에서의 대표자책임이론으로 인정하기도 어렵다. 입증책임을 전환하는 면책약관은 상법 제663조에 위반되어 무효라고 해석함이 옳다.[181] 현재의 표준약관에는 이 규정이 존재하지 않는다.

---

180) 이 이론을 확립한 독일의 경우 대표자개념의 결정에 대해 법률적으로 보험계약자 등과 대리관계에 있는지의 여부를 중시하는 입장으로부터, 사실상으로 피보험위험의 관리자로서의 지위를 가지는지의 여부를 중시하는 입장으로 판례가 변천하여 왔다고 한다. 일반적으로 대표자란 보험계약자 등이 자기 대신에 보험의 목적물에 대해서 필요한 계속적 관리를 행할 지위에 위치시킨 자를 의미한다는 것이다(조윤신, "화재보험 면책약관상의 '법인의 이사 또는 그 업무를 집행하는 기타 기관'의 의미", 「대법원판례해설」 제54호, 2006, 법원도서관, 388면).

181) 손지열, "자동차보험약관 해석상의 제문제", 「재판자료」 제20집, 317면.

3. 전쟁위험 등으로 생긴 보험사고

(1) 의 의

보험사고가 전쟁 기타 변란으로 인하여 생긴 경우에는 당사자 사이의 특약이 없는 한 보험자는 보험금액을 지급할 책임이 없다(제660조). 이는 전쟁 등의 변란은 위험산정의 기초가 된 통상의 사고가 아니고, 또 통상의 보험료로써는 그 위험을 인수할 수 없기 때문이다. 이 같은 취지에서 지진·태풍·홍수·해일 등으로 인한 사고도 통상의 보험료로써 그 위험을 인수할 수 없다는 점에서, 실제 각종의 보험약관에서는 이를 면책사유로 정하고 있다.

(2) '전쟁 기타 변란'의 의미

전쟁이라 함은 선전포고의 여부를 묻지 아니하며, 기타 변란이라 함은 내란, 폭동 또는 소요(騷擾)와 같이 통상의 경찰력으로써 치안을 유지할 수 없는 상태를 의미한다. 판례는 화재보험약관에서 면책사유로 규정된 소요의 해석과 관련하여 소요는 폭동에는 이르지 아니하나 한 지방에서의 공공의 평화 내지 평온을 해할 정도로 다수의 군중이 집합하여 폭행, 협박 또는 손괴 등 폭력을 행사하는 상태라고 한다.[182]

---

[182] 대법원 1994. 11. 22. 선고 93다55975 판결(화재보험보통약관에서 '지진, 분화, 해일, 전쟁, 외국의 무력행사, 혁명, 내란, 사변, 폭동, 소요, 기타 이들과 유사한 사태'를 보험자의 면책사유로 규정하고 있다면, 이러한 규정의 취지는 위와 같은 사태하에서는 보험사고 발생의 빈도나 그 손해정도를 통계적으로 예측하는 것이 거의 불가능하여 타당한 보험료를 산정하기 어려울 뿐만 아니라 사고발생시에는 사고의 대형화와 손해액의 누적적인 증대로 보험자의 인수능력을 초과할 우려가 있다는 데에 있는 바, 본래 보험제도 자체가 쉽게 예측하기 어려운 장래의 우연적, 돌발적 사고로 인한 손해를 담보하기 위한 것이므로 위와 같은 사고발생의 예측 곤란과 피해 극대화를 이유로 한 면책사유의 요건은 이를 엄격하게 해석하여야 할 것이고, 따라서 위 조항에 열거된 면책사유 중 소요는 폭동에는 이르지 아니하나 한 지방에서의 공공의 평화 내지 평온을 해할 정도로 다수의 군중이 집합하여 폭행, 협박 또는 손괴 등 폭력을 행사하는 상태를 말하는 것으로 보아야 할 것이다. 화재 당시 대학생들이 단순히 범민족대회 참가를 봉쇄하려는 경찰의 저지선을 뚫기 위하여 화염병을 투척하기에 이르렀고, 그 폭력 행사의 정도도 경찰에 대하여서만 화염병을 투척하였을 뿐이고 인근의 다른 상가나 행인에 대하여는 아무런 폭행이나 협박 또는 손괴 등을 하지 아니하였으며, 그 시위장소 또한 지하철 역에서 대학교 정문에 이르는 도로에 한정되었고 다른 지역으로는 확산되지 아니하였음이 분명하다면, '가'항의 보험약관상 면책사유요건의 엄격해석의 원칙을 참작하여 그 대학생들의 폭력사태는 발생경위와 장소 및 당시에 있어서의 폭력행사의 정도 등에 비추어 한 지방의 평화 내지 평온을 해할 정도의 소요 기타 유사한 상태에 해당하는 것으로 보기 어렵고 한 사례); 대법원 1991. 11. 26. 선고 91다18682 판결(전쟁, 혁명, 내란, 사변, 폭동 기타 이들과 유사한 사태 등 보험자의 면책사유 가운데 '소요'는 폭동에는 이르지 아니하나 한 지방에서의 공공의 평화 내지 평온을 해할 정도로 다수의 군중이 집합하여 폭행, 협박 또는 손괴등 폭력을 행사하는 상태를 말하는 것으로 보아야 할 것이다).

(3) 임의규정

이는 강행규정이 아니어서 당사자는 이와 다른 특약을 할 수 있다. 보험자가 특약에 의하여 추가의 보험료를 받고서 전쟁위험을 인수하는 것은 상관이 없고 이러한 특약을 전쟁위험담보특약이라 한다.

4. 각칙의 면책사유

(1) 손해보험 일반의 경우

상법에서 인정되는 보험자의 특수한 면책사유는 손해보험에만 존재하는데 이는 다시 손해보험 전반에 걸치는 것과 운송보험과 해상보험에만 해당하는 것이 있다. 손해보험에서는 보험목적의 성질, 하자 또는 자연소모로 인한 손해는 보험자가 이를 보상할 책임이 없다(제678조). 보험사고는 우연한 것이어야 하는데, 위 손해의 발생은 이미 확정되어 있기 때문이다.

(2) 운송보험의 경우

운송보험에 있어 운송보험사고가 송하인 또는 수하인의 고의 또는 중과실로 인하여 발생한 때에는 보험자는 이로 인하여 생긴 손해를 보상할 책임이 없다(제692조). 이것은 송하인과 수하인은 비록 보험계약자 또는 피보험자가 아니라 하더라도 운송계약상의 일정한 권리의무를 가지므로 보험계약자, 피보험자의 고의·중과실과 같이 취급하여 보험자의 면책을 인정한 것으로 상법 제659조와 그 뜻을 같이 한다.

(3) 해상보험의 경우

해상보험자는 해상사업에 관한 사고로 인하여 생길 손해를 배상할 책임을 지는데, 해상기업의 특수성에 따라 보험사고도 다른 손해보험에 비하여 보다 빈번하고 그 책임범위도 넓은 것이 보통이다. 이에 따라 상법과 약관은 그 면책범위를 넓히고 있고 상법상의 면책사유로는 선박 또는 운임보험의 경우에는 선박의 감항능력의 흠결로 인한 손해, 적하보험의 경우에는 용선자, 송하인 또는 수하인의 고의 또는 중과실로 인한 손해, 도선료, 입항료, 등대료, 검색료 기타 선박 또는 적하에 관한 통상비용, 일정한 경우에 항해변경, 이로, 발항 또는 항해의 지연, 선박변경 등이 있다(제706조).

5. 약관상 면책사유

각종 보험약관은 보험자의 면책사유를 정하고 있고 이를 면책약관이라 한다. 이 보험약관이 정하는 면책사유는 보험계약법에서 인정하고 있는 사유 이외에 그 보험의 특성에 따라 정하고 있다. 약관상 면책사유가 분쟁의 대상이 되는 경우가 많고 그 효력유무도 문제된다. 중요한 점은 상법 제663조에 저촉되지 않는 범위 내에서 유효하다는 것이다.

제4 보험료반환의무

1. 의 의

보험계약의 전부 또는 일부가 무효인 경우에 보험계약자와 피보험자 또는 보험수익자가 선의이며 중대한 과실이 없는 때에는, 보험자는 보험료의 전부 또는 일부를 반환하여야 한다(제648조). 보험계약자는 보험사고가 발생하기 전에는 언제든지 계약의 전부 또는 일부를 해지할 수 있는데, 이 경우에 보험자는 미경과보험료를 반환하여야 한다(제649조 제1항, 제3항). '미경과보험료'란 보험계약의 해지 시점이 속하는 보험료기간 이후의 보험료기간에 해당하는 보험료를 말한다. 그리고 인보험의 경우에는 보험계약이 해지된 때에 보험자는 보험료적립금을 보험계약자에게 반환하여야 한다(제736조 제1항 본문).

또한 보험계약을 체결할 때 보험자가 보험약관의 교부·명시의무를 이행하지 아니함으로써 보험계약자가 보험계약이 성립한 후 3월 이내에 그 계약을 취소한 경우(제638조의3)에도 보험자는 지급받은 보험료를 모두 보험계약자에게 반환하여야 한다.

2. 소멸시효

보험료반환의무도 3년의 시효로 인하여 소멸한다(제662조).

제5 고객보호의무로서의 설명의무와 적합성원칙

1. 고객보호의무의 법리

(1) 보험자의 설명의무와 적합성원칙

상법 보험편에서는 그 규정이 없으나 보험자의 중요한 의무로서 보험자의 설명의무와 적합성원칙이 있다. 최근 이목이 집중되고 있는 보험자의 의무이다.

(2) 금융기관의 고객보호의무

근자 금융기관의 고객보호의무가 판례[183] 등을 통하여 강조되어 왔고, 그 과정에서 설명의무 등이 법률상으로 도입되었다. 과거 투자거래에서 주로 발전하여 왔던 고객보호의무의 법리가 금융기관의 일반적 의무로 인정되고 있다. 증권투자는 자기책임의 원칙이 중요한 것이었으나 부당한 투자권유는 자기책임의 원칙을 훼손할 수 있어 금융기관의 고객보호의무가 적용된다는 것이다. 금융기관이 경험이 부족한 일반투자가에게 수익만을 강조하면서 거래행위에 필연적으로 수반되는 위험성에 관한 올바른 인식형성을 방해하거나 또는 고객의 투자상황에 비추어 과대한 위험성을 수반하는 거래를 적극적으로 권유한 경우 고객보호의무를 위반한 것이 될 수 있다.

(3) 보험자에의 적용

고객보호의무의 법리는 애초 증권거래와 관련하여 발전되어 왔으나 이제는 전 금융기관으로 확대되면서 보험거래에도 일반적으로 적용된다. 자본시장법은 원본 상실의 우려가 있는 변액보험상품에 대하여만 적용되었으나, 2010년 개정된 보험업법은 일반적 보험상품에 대하여도 적용되는 것으로 정하였다. 2021년 시행된 『금융소비자 보호에 관한 법률』(이하 '금융소비자보호법'이라 약칭함)이 제정되면서 금융소비자보호법에서는 제17조와 제19조에 관련 규정을 두어 보험업법과 금융소비자보호법 양자가 규율하는 형태가 되었다.

---

183) 대법원 1996. 8. 23. 선고 94다38199 판결; 대법원 1999. 6. 11. 선고 97다58477 판결 등.

2. 설명의무

(1) 의 의

보험자가 일반보험계약자에게 보험계약 권유 등을 하는 경우 및 일반보험계약자가 설명을 요청하는 경우, 보험계약의 중요사항을 일반보험계약자가 이해하도록 설명하여야 할 의무가 설명의무이다(금융소비자보호법 제19조 제1항).[184] 먼저 이를 규정한 것은 자본시장법이었고, 2010년 개정 보험업법 제95조의2에서 명시적으로 보험자의 설명의무를 일반적 의무로 규정하기에 이르렀다. 2021년 시행된 금융소비자보호법에 제19조에 규정을 두었고 여기서는 개별 금융상품별 중요한 사항과 금융상품 전반에 포괄적으로 적용하는 대상을 열거하는 방식을 취하고 있다.

보험업법 제95조의2 제1항에서 "보험회사 또는 보험의 모집에 종사하는 자는 일반보험계약자에게 보험계약 체결을 권유하는 경우에는 보험료, 보장범위, 보험금 지급제한 사유 등 대통령령으로 정하는 보험계약의 중요 사항을 일반보험계약자가 이해할 수 있도록 설명하여야 한다"고 규정한다. 자본시장법과 구별되는 점은 보험계약의 체결시만 아니라 계약체결 이후에도 적용된다는 점이다. 예컨대 제4항에서는 "보험회사는 일반보험계약자가 보험금 지급을 요청한 경우에는 대통령령으로 정하는 바에 따라 보험금의 지급절차 및 지급내역 등을 설명하여야 하며, 보험금을 감액하여 지급하거나 지급하지 아니하는 경우에는 그 사유를 설명하여야 한다"고 규정한다. 그런데 보험업법에서는 자본시장법과 달리 그 위반의 효과에 대한 규정이 없다.

(2) 설명의 객체

일반보험계약자이다. 일반보험계약자는 전문보험계약자가 아닌 자를 말하고 '전문보험계약자'란 보험계약에 관한 전문성, 자산규모 등에 비추어 보험계약의 내용을 이해하고 이행할 능력이 있는 자로서 국가, 한국은행, 대통령령으로 정하는 금융기관, 주권상장법인, 그 밖에 대통령령으로 정하는 자를 말한다(보험업법 제2조

---

184) 대법원 2013. 6. 13. 선고 2010다34159 판결(보험회사 또는 보험모집종사자는 고객과 사이에 보험계약을 체결하거나 모집함에 있어서 보험료의 납입, 보험금·해약환급금의 지급사유와 그 금액의 산출 기준, 변액보험계약인 경우 그 투자형태 및 구조 등 개별 보험상품의 특성과 위험성을 알 수 있는 보험계약의 중요사항을 명확히 설명함으로써 고객이 그 정보를 바탕으로 보험계약 체결 여부를 합리적으로 판단을 할 수 있도록 고객을 보호하여야 할 의무가 있고, 이러한 의무를 위반하면 민법 제750조 또는 구 보험업법 제102조 제1항에 기하여 이로 인하여 발생한 고객의 손해를 배상할 책임을 부담한다).

19호).

(3) 설명사항과 설명정도

보험자가 설명할 사항은 보험상품에 관한 중요한 사항이다(금융소비자보호법 제
19조 제1항). 보험계약의 중요사항은 반드시 보험약관에 규정된 것에 한정된다고
할 수 없고, 보험약관만으로 보험계약의 중요사항을 설명하기 어려운 경우에는 상
품설명서 등 적절한 추가자료를 활용하는 등의 방법을 통하여 개별 보험상품의
특성과 위험성에 관한 보험계약의 중요사항을 고객이 이해할 수 있도록 설명하여
야 한다.[185]

보장성 상품으로서 보험계약은 ① 보장성 상품의 내용, ② 보험료, ③ 보험금
지급제한 사유 및 지급절차, ④ 위험보장의 범위, ⑤ 위험보장 기간 등 외 기타
사항에 대하여 설명이 있어야 하며, 만일 보장성 상품과 연계되거나 제휴된 금융
상품 또는 서비스가 있는 경우 그 내용, 이행책임 등에 관한 사항을, 청약 철회의
기한·행사방법·효과에 관한 사항 및 기타 소비자 보호를 위한 사항에 대해서도
설명이 필요하다(금융소비자보호법 제19조 제1항). 설명에 필요한 설명서를 일반금융
소비자에게 제공할 의무와 함께 보험업법과 마찬가지로 설명한 내용을 일반금융
소비자가 이해하였음을 서명, 기명날인, 녹취 등으로 확인을 받아야 한다(금융소비
자보호법 제19조 제2항). 또한 보험자는 일반보험계약자가 설명을 거부하는 경우를
제외하고는 보험계약의 체결시부터 보험금 지급시까지의 주요 과정을 대통령령으
로 정하는 바에 따라 설명하여야 한다(보험업법 제95조의2 제3항). 그리고 일반보험
계약자가 보험금 지급을 요청한 경우에는 대통령령으로 정하는 바에 따라 보험금
의 지급절차 및 지급내역 등을 설명하여야 하며, 보험금을 감액하여 지급하거나
지급하지 아니하는 경우 그 사유를 설명하여야 한다(보험업법 제95조의2 제4항).

설명정도에 관하여 금융소비자보호법은 일반금융소비자가 이해할 수 있도록
설명할 것을 요구한다(금융소비자보호법 제19조 제1항). 고객에게 보험계약의 중요사
항에 관하여 어느 정도의 설명을 하여야 하는지에 관하여 판례는 보험상품의 특
성 및 위험도 수준, 고객의 보험가입경험 및 이해능력 등을 종합하여 판단한
다.[186]

---

185) 대법원 2018. 4. 12. 선고 2017다229536 판결; 대법원 2013. 6. 13. 선고 2010다34159 판결.
186) 대법원 2018. 4. 12. 선고 2017다229536 판결; 대법원 2013. 6. 13. 선고 2010다34159 판결.

(4) 설명의무 위반과 손해배상책임

설명의무를 위반하여 계약을 체결한 경우 5년 이내 기간 내에 서면 등으로 해당 계약의 해지를 금융소비자가 요구할 수 있고, 이 경우 금융상품판매업자 등은 해지를 요구받은 날부터 10일 이내에 금융소비자에게 수락 여부 및 거절 시 거절 사유를 통지하여야 한다. 소비자 요구에 의하여 계약이 해지되더라도 수수료, 위약금 등 계약의 해지와 관련된 비용을 요구할 수 없다(금융소비자보호법 제47조).

금융상품판매업자등이 설명의무를 위반하여 소비자에게 손해를 발생시킨 경우에는 그 손해를 배상할 책임을 지고, 다만 그 금융상품판매업자등이 고의 및 과실이 없음을 입증한 경우에는 그러하지 아니하다(금융소비자보호법 제44조). 즉 고의와 과실이 없음에 대한 입증책임을 금융상품판매업자에 부과하여 채무불이행 책임과 같은 결과가 된다. 하지만 자본시장법과 같은 손해액의 추정 규정은 없다.

자본시장법은 설명의무 위반의 효과에 대한 중요한 규정을 두고 있다. 소비자의 입장에서 설명의무 위반만 입증하면 손해의 발생과 손해액, 그리고 의무 위반과 손해 사이의 인과관계는 추정된다는 규정을 둔 것이다.[187] 이는 설명의무를 위반한 경우 그 손해액에 대한 입증책임이 투자자에서 금융투자업자로 전환되었다고 할 수 있다. 그런데 보험상품에 관하여 이에 관한 일반적 규정은 없으나, 변액보험 등 원본상실의 우려가 있는 투자성 있는 보험상품에 대한 설명의무 위반의 경우에는 자본시장법이 적용되어 설명의무 위반만 입증하면 손해의 발생과 손해액, 그리고 의무 위반과 손해 사이의 인과관계가 추정된다.

3. 적합성원칙

(1) 의 의

적합성 원칙은 미국의 증권법제에서 생성, 발전한 법리로 금융투자업자는 투자자의 정보를 파악한 후 그에게 부적합한 상품을 권유하지 말아야 한다는 원칙이다.[188] 변액보험에 적용되는 것을 원칙으로 정하고 있어(금융소비자보호법 제17조

---

187) 동법 제48조에서는 "① 금융투자업자는 제47조 제1항 또는 제3항을 위반한 경우 이로 인하여 발생한 일반투자자의 손해를 배상할 책임이 있다. ② 금융투자상품의 취득으로 인하여 일반투자자가 지급하였거나 지급하여야 할 금전등의 총액(대통령령으로 정하는 금액을 제외한다)에서 그 금융투자상품의 처분, 그 밖의 방법으로 그 일반투자자가 회수하였거나 회수할 수 있는 금전등의 총액을 뺀 금액은 제1항에 따른 손해액으로 추정한다"고 규정한다.

188) 투자자에게 적합한 상품을 권유할 의무, 즉 적극적 의무로 규정하고 있지 않으며, 고객파악의무와 부적합한 상품을 권유하지 말아야한다는 소극적 의무로 규정하고 있다. 정경영, '보험계약체결에

제2항 1호) 사실상 투자기능이 있는 금융상품에 대하여 적합성 원칙을 적용하려는 취지임을 알 수 있다.

보험자는 계약체결등을 하거나 자문업무를 하는 경우에는 상대방인 보험계약자가 일반보험계약자인지 전문보험계약자인지를 확인하여야 하며(금융소비자보호법 제17조 제1항), 일반보험계약자에게 변액보험이나 투자성상품 등의 계약 체결을 권유하는 경우에는 면담·질문 등을 통하여 다음 각 호의 구분에 따른 정보를 파악하고, 일반금융소비자로부터 서명(「전자서명법」 제2조제2호에 따른 전자서명을 포함한다. 이하 같다), 기명날인, 녹취 또는 그 밖에 대통령령으로 정하는 방법으로 확인을 받아 이를 유지·관리하여야 하며, 확인받은 내용을 일반보험계약자에게 지체없이 제공하여야 한다(금융소비자보호법 제17조 제2항).[189]

(2) 적합성의 원칙이 적용되는 보험상품과 객체

금융소비자보호법은 적합성원칙이 적용되는 상품의 범위를 정하면서 일부 대통령령으로 위임하고 있고(금융소비자보호법 제17조 제2항 각호), 보험상품은 변액보험계약으로 정하고 있다. 즉 모든 보험계약이 아니라 원본상실의 우려가 있는 변액보험에 한하여 적합성원칙이 적용된다. 그리고 보험자가 적합성원칙을 준수하여야 하는 객체는 설명의무와 마찬가지로 일반보험계약자이다.

(3) 위반시 효과

보험자가 고의 또는 과실로 적합성 원칙에 관한 금융소비자보호법을 위반하여 보험소비자에게 손해를 발생시킨 경우에는 그 손해를 배상할 책임이 있다(금융소비자보호법 제44조 제1항). 적합성 원칙의 위반에 따른 손해배상책임의 존부는 고객

서 적합성원칙', 『사법』 통권 20호, 2012, 43−44면에서 "부당한 영업행위로부터 계약자를 보호하기 위한 규정이고 계약자의 최대의 이익을 보장하기 위한 규정이 아니라는 점, 보험계약자에게 적합한 보험상품을 적극적으로 권유하는 것을 법적의무로 하기에는 부적합하다는 점 등에서 볼 때, 적합성 원칙은 소극적 의무로만 한정하는 것이 타당하다"라는 견해를 밝히고 있다.

189) 대법원 2013. 6. 13. 선고 2010다34159 판결(보험회사나 보험모집종사자는 고객의 연령, 재산 및 소득상황, 사회적 경험, 보험가입의 목적 등에 비추어 투자성이 있는 보험이나 변액보험이 고객에게 적합하지 아니하다고 인정되면 그러한 보험계약의 체결을 권유하여서는 아니 되고, 이러한 적합성 원칙을 지키지 않은 채 과대한 위험성을 수반하는 보험계약의 체결을 권유함으로써 그 권유행위가 고객에 대한 보호의무를 저버려 위법성을 띤 행위로 평가되면, 민법 제750조 또는 구 보험업법 제102조 제1항에 기하여 그로 인하여 발생한 고객의 손해를 배상할 책임을 부담한다. 여기서 적합성 원칙의 위반에 따른 손해배상책임의 존부는 고객의 연령, 재산 및 소득상황과 보험가입의 목적, 가입한 보험의 특성 등 여러 사정을 종합적으로 충분히 검토하여 판단하여야 하고, 이에 관한 주장·증명책임은 보험계약 체결을 권유받은 고객에게 있으므로, 단지 그 체결을 권유받은 변액보험상품에 높은 투자위험이 수반된다거나 소득에서 보험료 지출이 차지하는 비중이 높다는 단편적인 사정만을 들어 바로 적합성 원칙을 위반하여 위법한 권유행위를 하였다고 단정해서는 아니 된다).

의 연령, 재산 및 소득상황과 보험가입의 목적, 가입한 보험의 특성 등 여러 사정
을 종합적으로 충분히 검토하여 판단하여야 하고, 이에 관한 증명책임은 보험계약
체결을 권유받은 고객에게 있다.[190]

4. 보험자의 설명의무, 적합성원칙, 그리고 약관설명의무

(1) 용어 및 법률체계상의 혼란

과거 보험거래에서는 주로 약관설명의무가 문제되었고, 이는 보험계약법의 법
원에서 살펴보았다.[191] 보험자가 약관설명의무를 위반하면 원칙적으로 계약설에
따라 계약의 내용이 되지 않는다는 것이었다. 그런데 판례에 의하여 발전된 고객
보호의무의 법리와 투자상품에서의 미국의 설명의무 등의 이론이 들어왔고, 그것
이 보험거래에도 적용되는 것으로 규정함으로써, 용어 사용 자체에서도 어려움이
생겨난다.

예컨대 설명의무라고 하면 그것이 약관설명의무를 일컫는 것인지, 또는 고객보
호 차원에서의 보험자의 설명의무를 일컫는 것인지 하는 문제가 있다. 양자의 효
과 자체도 다르고 그 설명의 대상도 다르기 때문이다. 이러한 인식하에 그 비교
를 하여 본다.

(2) 보험자의 설명의무와 약관설명의무와의 관계

1) 약관설명의무와의 비교

지금까지는 보험거래에서의 설명의무는 약관설명의무가 많이 논의되어 왔다.
사회경제적으로 강자의 지위를 점하는 보험자 측에서 일방적으로 작성한 약관이
계약의 내용으로 편입되는 경우 소비자에게 심각한 손해를 끼칠 수 있다는 점에
서이다. 약관설명의무와 보험자의 설명의무와의 관계를 본다.

양자는 그 입법도 상이하고, 발전되어 온 양태도 전혀 다르다. 하지만 보험자
의 고객에 대한 정보제공 의무에 기초한 것으로서 유사한 점도 있다. 약관설명의
무(전자)와 보험자의 설명의무(후자)의 유사한 점들은 다음이다.

첫째, 거래당사자 사이의 정보비대칭성으로 인한 문제가 발생하므로, 소비자를
보호하겠다는 취지가 동일하다. 계약의 체결 과정에서 무형의 상품에 대하여 소비
자의 합리적 선택을 유도하고 그 상품을 이해한 이후 구입하도록 한다는 취지에

---

190) 대법원 2013. 6. 13. 선고 2010다34159 판결.
191) 제2장 제3절 보험계약법의 법원 참조.

서 상품에 관한 충분한 정보를 제공하겠다는 것이다.

둘째, 약관(전자) 또는 계약(후자)의 모든 사항이 아니라 중요한 사항에 대하여 설명하도록 하는 점에서도 동일하다.

2) 약관설명의무와의 차이점

하지만 양자는 다음과 같은 차이점이 있다.

첫째, 설명의무의 대상에서 차이가 있다. 전자는 약관의 중요한 사항을 설명하여야 한다. 그러나 후자는 약관의 내용이 아니라 하더라도 당해 상품의 선택에 있어 중요한 사항을 설명하여야 한다. 판례도 후자의 경우 보험약관만으로 보험계약의 중요사항을 설명하기 어려운 경우에는 상품설명서 등 적절한 추가자료를 활용하는 등의 방법을 통하여 고객이 이해할 수 있도록 설명하여야 한다고 판시한다.[192] KIKO 사건에서 제공된 상품이 약관에 의한 것이 아님에도 설명의무가 중요한 쟁점으로 되고 있음은 이를 반영한다.[193]

둘째, 위반의 효과이다. 전자를 위반한 경우에는 계약의 내용이 되지 않음에 반하여, 후자를 위반한 경우 손해배상책임이 논하여진다.

셋째, 전자가 인정되는 것은 어디까지나 소비자가 알지 못하는 가운데 약관에 정하여진 중요한 사항이 계약 내용으로 되어 소비자가 예측하지 못한 불이익을 받는 것을 피하고자 하는 데 그 근거가 있음에 반하여,[194] 후자는 과거 주로 투자 상품의 영역에서 자기책임원칙과 관련한 전제로서 발달되어 왔다.

넷째, 전자는 약관에 대한 설명의무이지만, 후자는 고객에게 거래의 내용 및 투자의 위험성에 대하여 판단을 잘못하지 않도록 배려해야 할 의무를 지고 이를 위해 금융기관은 고객에 대하여 필요한 조언·설명을 하여야 한다는 것이다.

다섯째, 전자는 계약의 편입과 관련하여 계약의 성립시에 문제되는 것이나, 후자는 계약의 성립시뿐 아니라 존속시 등에도 문제된다.

여섯째, 예외의 경우로서 전자에 대하여는 판례가 법령에 규정된 의무, 고객이나 그 대리인이 약관의 내용을 충분히 잘 알고 있는 경우,[195] 그리고 거래상 일반적이고 공통된 것이어서 당사자가 알고 있다고 예상할 수 있는 사항[196]에 대하여 그 예외를 인정하고 있다. 하지만 후자를 객관적·보편적인 것으로 이해한다면

---

192) 대법원 2018. 4. 12. 선고 2017다229536 판결.
193) 대법원 2013. 11. 28. 선고 2013다23891 판결.
194) 대법원 2001. 7. 27. 선고 99다55533 판결.
195) 대법원 1998. 4. 14. 선고 97다39308 판결.
196) 대법원 1990. 4. 27. 선고 89다카24070 판결; 대법원 1992. 5. 22. 선고 91다36642 판결; 대법원 2004. 4. 27. 선고 2003다7302 판결; 대법원 2003. 5. 30. 선고 2003다15556 판결.

이러한 예외를 인정할 수 없게 된다. 왜냐하면 고객의 주관적 사정과는 무관하게 금융기관은 그 상품에 대한 객관적 설명의무를 다하여야 하기 때문이다. 과거 타인의 사망보험계약에서 계약체결시 피보험자의 서면에 의한 동의가 필요하다는 사실을 설명하지 아니한 경우 계약의 내용으로서의 문제가 아니라 손해배상책임을 논하는 판례는[197] 이러한 점에서 수긍할 수 있다.

결론적으로, 양자의 의무 모두 정보비대칭성으로 인한 문제를 극복하기 위하여 소비자를 보호하겠다는 취지인 점은 같으나, 약관설명의무는 그 설명의무의 대상이 약관임에 반하여 보험자의 설명의무는 자기책임 원칙의 전제로서 발전된 것으로서 그 설명의 대상이 약관에 국한되지 아니한다. 그리고 그 위반의 효과도 전혀 다르다.

3) 미국의 합리적 기대원칙과 규범설

금융기관의 설명의무는 미국법상의 증권거래에서 발달된 것으로서 미국에서는 약관의 구속력이 기본적으로 합리적 기대원칙에 의한다. 이는 우리의 법제와 달라서 설명을 하지 않더라도 일단 계약의 내용이 되는 것에는 별 문제가 없으나, 단지 소비자의 합리적 기대와 부합하지 않는 것이라면 계약의 내용이 되지 않는다는 원칙이다.[198] 이와 같이 미국은 약관의 구속력 등에서 우리와는 많은 차이가 있다. 따라서 금융기관의 설명의무가 우리나라에서 판례를 통하여 일부 독자적인 발전을 하였더라도 계약의 내용과 관련한 중요 쟁점인 약관설명의무와는 조화롭지 못한 점이 있어, 향후 명확한 법리의 정립이 요구된다.

약관설명의무에서 판례가 그 예외를 점차 늘려가는 추세이고 보면,[199] 보험자의 설명의무가 앞으로 보다 중요한 역할을 떠맡게 될 것으로 보인다. 또한 금융기관의 설명의무가 판례나 입법상 별도의 의무로서 도입되는 상황이고 보면 양자의 보완적이면서도 조화로운 해석이 기대된다.[200]

---

197) 대법원 1998. 11. 27. 선고 98다23690 판결; 대법원 2001. 11. 9. 선고 2001다55499,55505 판결; 대법원 2007. 9. 6. 선고 2007다30263 판결 등.

198) Howard Ende, Eugene R. Anderson and Susannah Crego, Liability Insurance: A Primer for College and University Counsel, 23 J.C. & U. L. 609, 663 (1997), Globe & Rutgers Fire Ins. Co. v. Indiana Reduction Co., 113 N.E. 425, 428 (Ind. App. Ct. 1916); American States Ins. Co. v. Kiger, 662 N.E.2d 945 (Ind. 1996), reh'g denied(May31,1996).

199) 제2장 제3절의 보험약관 참조.

200) 그런데 대법원 2010. 11. 11. 선고 2010다55699 판결은 보험거래에 관한 것은 아니지만, 금융기관은 소비자가 알고 있는 사항을 설명할 필요가 없다고 하여 결과적으로 약관설명의무의 예외와 동일하게 인정하고 있다. 그런데 이는 심히 우려된다. 만약 향후에도 약관설명의무의 예외로 인정되고 있는 것들을 모두 금융기관 설명의무에서도 예외사유로 받아들인다면, 금융기관 설명의무의 도입 취지가 무색하게 될 수도 있다.

(3) 보험자의 설명의무와 적합성원칙

1) 별개의 독립된 의무

금융기관의 설명의무와 적합성원칙이라는 양자의 관계에 대하여는 적합성원칙은 설명의무의 일부라는 견해, 적합성원칙과 설명의무를 별개의 독립된 의무로 인정하면서도 적합성 원칙에 위반하더라도 설명하여 이해할 수 있으면 된다고 하여 설명의무를 우위에 두는 견해 등이 있으나, 우리나라에서의 일반적 견해는 양자는 동시에 성립할 수 있는 서로 다른 것으로 보는 듯하고, 이것이 입법태도로 읽힌다. 보험자의 설명의무는 객관적 판단기준에 의한 것으로 보험자가 상품에 대한 객관적 설명을 충실히 다할 것을 요구하는 측면에서의 의무이고, 적합성원칙은 고객의 능력이나 경험 등에 기초한 주관적인 것이다. 변액보험에 관한 판례에서도 보험자의 설명의무 위반은 인정하면서도 적합성원칙 위반은 인정하지 않아 양자를 별개로 다루고 있다.[201)

2) 차이점

첫째, 설명의무의 이행에 있어서는 그 설명의 대상이 되는 사항과 정도가 문제됨에 반하여, 적합성의 원칙에서는 당해 고객의 목적을 파악하고 이에 적합한 상품을 제공하였는지 여부가 문제되고, 양자는 각자 기능을 달리하는 것으로 본다.[202) 즉 설명의무는 객관적·보편적 의무로서, 적합성원칙은 주관적·개별적 의무로서의 성질을 지닌다.

둘째, 적합성원칙은 개인의 능력이나 경험 등에 비추어 그 보험상품이 적합한지 여부를 판단하는 것이고, 설명의무는 당해 거래에 수반하는 위험성에 관하여 정당한 인식을 형성하기에 족한 정보를 제공하였는지 여부에 대하여 객관적으로

---

201) 대법원 2013. 6. 13. 선고 2010다34159 판결(보험회사나 보험모집종사자는 고객의 연령, 재산 및 소득상황, 사회적 경험, 보험가입의 목적 등에 비추어 투자성이 있는 보험이나 변액보험이 고객에게 적합하지 아니하다고 인정되면 그러한 보험계약의 체결을 권유하여서는 아니 되고, 이러한 적합성 원칙을 지키지 않은 채 과대한 위험성을 수반하는 보험계약의 체결을 권유함으로써 그 권유행위가 고객에 대한 보호의무를 저버려 위법성을 띤 행위로 평가되면, 민법 제750조 또는 구 보험업법 제102조 제1항에 기하여 그로 인하여 발생한 고객의 손해를 배상할 책임을 부담한다. 여기서 적합성 원칙의 위반에 따른 손해배상책임의 존부는 고객의 연령, 재산 및 소득상황과 보험가입의 목적, 가입한 보험의 특성 등 여러 사정을 종합적으로 충분히 검토하여 판단하여야 하고, 이에 관한 주장·증명책임은 보험계약 체결을 권유받은 고객에게 있으므로, 단지 그 체결을 권유받은 변액보험상품에 높은 투자위험이 수반된다거나 소득에서 보험료 지출이 차지하는 비중이 높다는 단편적인 사정만을 들어 바로 적합성 원칙을 위반하여 위법한 권유행위를 하였다고 단정해서는 아니 된다).

202) 성희활, "금융투자상품의 투자권유규제에서 적합성원칙과 설명의무", 「인권과정의」 제389호, 대한변호사협회, 2009, 73-74면; 김택주, "이익보장약정에 의한 증권거래와 투자자보호", 「상사법연구」 제21권 제2호, 한국상사법학회, 2002, 461면.

판단하는 것이다.

셋째, 설명의무는 자기결정에 대하여 보조적인 기능을 하는 것이고, 반면 적합성원칙은 후견적인 기능을 하는 것으로 이해되는 점에서도 차이가 있다. 설명의무는 적절한 정보가 제공되면 그 고객의 행위에 대해서 자기책임을 부과하는 것이 가능함에 반해서, 적합성원칙은 아무리 설명을 하여도 이해할 적성이 없거나 그 거래에 실패하면 위험부담이 너무 큰 경우 애초에 권유를 하지 말아야 하는 것이 된다. 이처럼 적합성의 원칙에 따르면 정보개시만으로는 충분하지 않다.

넷째, 적합성의 원칙은 고객에 대한 정보를 획득하여 고객에게 적합한 상품을 권유해 준다는 것이고, 설명의무란 자기가 상품에 대하여 가지고 있는 정보를 기초로 하여 고객에게 정보를 제공해 준다는 것이다. 따라서 고객에 대한 정보를 기반으로 하는 점에서도 차이가 있다.

다섯째, 적합성원칙은 권유단계에서만 문제되는 것이나, 설명의무는 권유단계뿐만 아니라 전 계약기간을 걸쳐서 보험자가 부담하는 의무이다.

여섯째, 그 대상이 되는 보험계약의 차이다. 설명의무는 모든 보험계약에 대하여 적용되는 것임에 반하여, 적합성원칙은 현재로서는 변액보험계약에 대하여만 적용되는 것으로 한다(금융소비자보호법 제17조 제2항).

제5절 보험계약자 · 피보험자 · 보험수익자의 의무

제1 보험료지급의무

1. 총 설

(1) 보험료의 의의

보험계약은 유상계약으로서 보험계약이 성립하면 보험계약자는 보험자에게 보험료를 지급할 의무를 진다(제638조). 여기서 보험료는 보험자가 보험계약상의 책임을 지는 대가로서 보험계약자가 지급하는 것으로 보험자가 지급할 보험금과 대가관계를 이룬다. 그리고 보험료의 지급지체가 있으면 보험보호를 받지 못할 수 있다.

(2) 보험료지급의무자와 수령권자

보험료지급의무는 보험계약의 당사자인 보험계약자가 부담한다. 다만 타인을 위한 보험계약에서의 타인인 피보험자 또는 보험수익자는 보험계약자가 파산선고를 받거나 보험료의 지급을 지체한 때에는 그 권리를 포기하지 않는 한 제2차적으로 의무를 지므로(제639조 제3항 단서), 이러한 경우에는 손해보험의 피보험자나 생명보험의 보험수익자도 정당하게 그 보험료를 지급할 수 있다.

보험료는 보험자 또는 그 대리인에게 지급하여야 한다. 보험대리상에게는 보험료수령권이 인정되나, 보험의와 보험중개사 등에게는 인정되지 않는다. 다만 보험설계사에게는 보험료수령권이 인정됨은 살펴보았다. 만일 보험대리상이 자동차보험계약의 청약을 받으면서 보험료를 현실적으로 지급받기 전에 보험계약자를 위하여 이를 대납하기로 약정하였다면 위 약정일에 보험계약이 체결되어 보험회사가 보험료를 영수한 것으로 보아야 할 것이라는 판례가 있다.[203]

---

203) 대법원 1991. 12. 10. 선고 90다10315 판결(보험회사를 대리하여 보험료를 수령할 권한이 부여되어 있는 보험대리점이 보험계약자에 대하여 보험료의 대납약정을 하였다면 그것으로 곧바로 보험계약자가 보험회사에 대하여 보험료를 지급한 것과 동일한 법적 효과가 발생하는 것이고, 실제로 보험

(3) 보험료의 액

1) 보험료감액청구권

보험료액은 일반적으로 보험계약의 체결 전에 기준요율에 따라 결정되는 것이나 일반적으로 예기한 특별위험이 소멸한 경우에는 보험계약자의 보험료감액청구권을 인정한다. 즉 보험계약의 당사자가 특별한 위험을 예기하여 보험료의 액을 정한 경우 보험기간 중 그 예기한 위험이 소멸한 때에는 보험계약자는 그 후의 보험료의 감액을 청구할 수 있다(제647조). 보험료감액청구권은 일종의 형성권이고, 그 특별위험의 소멸에 관한 입증책임은 보험계약자에게 있다.

2) 보험료증액청구권

보험료 계산의 기초가 틀린 경우 보험자는 보험료증액을 청구할 수 있다. 그러한 경우로 상법은 위험변경증가의 통지를 받은 경우(제652조 제2항), 보험계약자 등의 고의 · 중과실로 인한 위험증가의 경우(제653조) 등을 인정한다. 다만 위 사실을 안 날로부터 1월 이내에 하여야 하며, 계약해지도 가능하다.

(4) 보험료의 지급장소(지참채무)와 지급시기

보험료의 지급장소에 관하여는 상법이 특별한 규정을 두지 않으므로 민법의 일반원칙에 따라 채권자인 보험자의 영업소에서 하여야 한다(민법 제467조 제2항). 즉 보험료채무는 추심채무가 아니라 지참채무이나 보험거래에서는 수금사원이 직접 보험계약자를 방문하여 보험료를 받도록 하는 경우가 있는데, 이때에는 특약으로 그 보험료채무는 추심채무가 된다.

보험계약자는 계약체결 후 지체없이 보험료의 전부 또는 제1회 보험료를 지급하여야 하며, 보험계약자가 이를 지급하지 아니하는 경우에는 다른 약정이 없는 한 계약성립 후 2월이 경과하면 그 계약은 해제된 것으로 본다(제650조 제1항). 보험료의 일시납인 경우에는 보험료 전액을 계약체결 후 지체없이 납부하여야 하고, 분납인 경우에는 제1회 보험료를 납부하여야 한다.

(5) 소멸시효

보험료청구권은 2년간 행사하지 않으면 시효로써 소멸한다(제662조). 그러므로 보험자는 최초의 보험료의 경우에는 보험계약이 성립한 날로부터 2년, 제2회 이후의 보험료의 경우에는 그 지급기일로부터 2년 내에 보험료청구권을 행사하지

대리점이 보험회사에 대납을 하여야만 그 효과가 발생하는 것은 아니다).

아니하면 시효로써 소멸하게 된다.

2. 보험료의 종류

(1) 일시납보험료와 분납보험료

이는 보험기간 전체에 대하여 보험료를 한 번에 내느냐 또는 나누어서 내느냐에 따른 구별이다. 일시납보험료는 전 보험기간에 대하여 1회에 전부 지급하는 보험료를 말한다. 분납보험료는 보험기간을 일정하게 분할하여 그 기간에 따라 계속적으로 지급하는 보험료이다.

(2) 최초보험료와 계속보험료

최초보험료라 함은 그 지급이 없으면 보험자의 책임이 개시되지 아니하는 보험료를 말한다. 즉 위험보장의 개시를 위하여 그 지급이 요구되는 일시납 보험료 또는 분납 보험료의 제1회분을 말하는 것으로, 보험자의 책임이 개시된 후에 지급되는 제1회 보험료나 일시지급보험료는 최초보험료가 아니다. 그리고 최초보험료가 아닌 일체의 보험료를 계속보험료라 하고, 계속보험료는 그 지급이 없으면 이미 개시된 보험자의 책임이 더 이상 계속되지 아니하는 보험료이다. 이와 같이 최초보험료와 계속보험료의 구별은 보험자의 위험보장의 개시 여부를 기준으로 한다.204) 다음은 최초보험료와 계속보험료의 구분이 문제되는 몇 가지의 경우이다.

(i) 위험담보의 특약하에 보험료의 지급이 유예된 소위 외상보험의 경우 제1회로 지급되는 보험료는, 이미 보험자의 위험보장이 개시되었으므로 계속보험료이다.

(ii) 신계약으로 종전의 보험계약을 갱신하는 경우 예컨대 자동차보험이 만기가 되어 갱신하는 경우, 그 신계약상 처음으로 지급하게 되는 보험료는 최초보험료이다.

(iii) 계속보험료의 지급지체로 말미암아 해지되거나 실효된 보험계약을 부활하는 경우 지급하는 연체보험료와 이자는, 구 계약이 해지된 후 부활될 계약의 연체보험료와 이자의 지급이 있기 전까지는 보험자가 위험을 담보하지 않으므로 최초보험료로 파악된다.

(iv) 최초보험료를 지급하지 아니한 때에는 다른 약정이 없는 한 계약성립 후

---

204) 이에 비해 제1회 보험료란 보험료분할지급의 약정이 있는 경우의 최초의 지급분을 의미한다. 즉 보험기간 전체에 대해 보험료를 한꺼번에 지급하는가 또는 분할지급하는가에 따라 보험료는 일시지급보험료와 분할지급보험료로 나눌 수 있으므로 제1회 보험료란 분할지급보험료의 제1회 지급분을 말한다.

2월이 경과하면 계약은 해제된 것으로 의제되고(제650조 제1항), 계속보험료의 지급을 지체한 경우에는 상당한 기간을 정하여 보험계약자에게 최고한 후 계약해지할 수 있다(제650조 제2항).

3. 어음 · 수표에 의한 보험료의 지급

(1) 문제점

보험료를 현금으로 지급하지 아니하고 어음 · 수표로 지급하는 경우 보험료의 지급시기를 어음 · 수표의 교부시로 볼 것인가, 아니면 어음 · 수표의 결제시로 볼 것인가가 문제된다. 그 시기에 따라 최초보험료의 경우 보험자의 책임개시 여부가, 계속보험료의 경우 책임계속 여부가 좌우된다.

(2) 학설과 판례

1) 해제조건부대물변제설

해제조건부대물변제설(解除條件附代物辨濟說)에 의하면 부도를 해제조건으로 하여 어음이나 수표를 현금의 지급에 갈음하여 교부한 것, 즉 대물변제한 것으로 보고 그 교부일로부터 보험자의 책임이 개시되는 것으로 한다.[205] 다만 부도시에는 대물변제의 효과가 증권의 교부시로 소급하여 소멸되고, 그 결과 보험료채무가 다시 생겨나는 등 보험료지급에 따른 모든 효과가 처음부터 발생하지 않는 것이 된다.

2) 유예설

유예설(猶豫說)에 의하면 보험계약자가 교부한 어음 · 수표를 보험자가 수령한 때에는 보험료지급을 유예하면서 보험위험을 인수한 것으로 본다.[206] 즉 그 교부일로부터 보험자의 책임이 개시되고, 어음 · 수표의 교부는 지급을 위하여 한 것으로 추정하는 동시에 보험료채무에 대한 지급을 어음 · 수표의 만기나 지급제시시까지 유예한다는 당사자 사이의 합의가 존재하는 것으로 추정한다.[207] 부도시 보험자는 어음의 지급이 거절된 때까지 일어나는 보험사고에 대하여 그 책임을 지고, 부도시부터 다시 보험계약상의 책임을 지지 않는다고 본다.

---

205) 채이식, 489면.
206) 한기정, 350면.
207) 최기원, 652면.

3) 어음 · 수표 구별설

어음의 경우에는 유예설, 수표의 경우에는 해제조건부대물변제설을 따르는 견해이다.[208] 수표는 지급증권으로서 돈의 지급에 갈음하여 사용하고 있으나, 어음은 신용증권으로서 그 교부는 보험료 자체의 지급이라고 볼 수는 없으므로 이 경우에 보험자의 책임관계를 구별하여 보아야 한다는 논지이다.

4) 어음 · 수표 일반법리설

판례가 취하는 견해로서[209] 어음 · 수표의 교부가 보험료의 지급에 갈음하여 이루어졌다면 이는 어음 · 수표의 교부시가 바로 보험료의 지급시기가 될 것이지만, 그 교부에 있어서 당사자간의 의사가 분명하지 않는 때에는 어음 · 수표의 일반법리에 의하면 보험료의 지급을 위한 또는 담보를 위한 것으로 보므로 어음 · 수표금의 지급이 있는 때(결제시)에 보험료가 지급되는 것이고 비로소 보험자의 책임이 개시된다는 견해이다. 이러한 취지에서 판례는[210] "선일자수표는 대부분의 경우 당해 발행일자 이후의 제시기간 내의 제시에 따라 결제되는 것이라고 보아야 하므로 선일자수표가 발행 교부된 날에 액면금의 지급효과가 발생된다고 볼 수 없으니, 보험약관상 보험자가 제1회 보험료를 받은 후 보험청약에 대한 승낙이 있기 전에 보험사고가 발생한 때에는 제1회 보험료를 받은 때에 소급하여 그 때부터 보험자의 보험금 지급책임이 생긴다고 되어 있는 경우에 있어서 보험모집인이 청약의 의사표시를 한 보험계약자로부터 제1회 보험료로서 선일자수표를 발행받고 보험료 가수증을 해주었더라도 그가 선일자수표를 받은 날을 보험자의 책임발생 시점이 되는 제1회 보험료의 수령일로 보아서는 안 된다"고 한다.

---

208) 양승규, 155면; 김성태, 302면. 정동윤, "선일자수표에 의한 보험료지급과 승낙전 사고에 대한 보험자의 책임", 「판례연구」 제5집, 서울지방변호사회, 1992, 299면.

209) 박세민, 302면; 정찬형, 574면도 이에 가까운 것으로 보인다.

210) 대법원 1989. 11. 28. 선고 88다카33367 판결. 이 사건에서 수산회사인 보험계약자는 1986. 7. 26. 보험자에게 이미 출항하여 조업중인 선박에 승선한 34명을 피보험자로 하는 단체생명보험계약을 청약하고 제1회 보험료에 상당하는 금원을 액면가로 하고 발행일을 1986. 8. 10.로 하는 선일자 당좌수표 1매를 작성하여 보험자의 보험설계사에게 교부하고 제1회보험료가수증을 수령하였다. 청약일 2일 후인 1986. 7. 29. 오전 4시경 조업중이던 어선에 승선한 선원 1명이 사망하였다. 약관에는 "보험자가 제1회 보험료를 받은 후 보험청약에 대한 승낙이 있기 전에 보험사고가 발생한 때에는 제1회 보험료를 받은 때에 소급하여 그때부터 보험자의 보험금지급 책임이 생긴다"고 규정되어 있었다. 대법원은 선일자수표의 수령일을 보험료의 수령일로 보아서는 안 되고 현실적인 보험료의 수령이 있는 때로부터 보험자가 책임을 진다고 판시하였다. 이 판결에 대하여서는 판결의 취지에 반대하는 견해(최기원, 법률신문 1992호(1989. 11. 28), 11면)와 찬성하는 견해(양승규, 『보험판례연구』, 156면)가 있다.

(3) 소결(유예설)

유예설이 타당하다. 판례가 취하는 어음·수표일반법리설과 해제조건부대물변제설을 비판하면서 유예설이 타당한 근거들을 살핀다.

1) 어음 · 수표일반법리설(판례의 입장) 비판

최초보험료를 선일자수표로 지급한 위 판결이 있은 후, 해제조건부대물변제설이나 유예설 등에 관한 이론이 소개되었고 아울러 판결의 부당성이 지적되고 있다. 그러나, 그 이후 이를 쟁점으로 다룬 대법원 판결은 아직 없다. 문제는 판례와 같이 만약 어음이나 수표로 최초보험료를 지급하는 경우 그 교부시가 아니라 결제시가 되어야만 보험료 지급이 있는 것으로 본다면, 보험계약자로서는 어음이나 수표를 교부할 아무런 이유가 없다는 점이다. 또한 어음·수표교부시로부터 보험보호를 받을 것이라는 보험계약자측의 합리적 기대에 반하는 문제도 있다. 그리고 판례와 같이 어음·수표상의 일반법리를 보험에 그대로 적용하여 해결하면, 어음이나 수표를 교부받은 보험자가 지급제시를 하는 시점에 의하여 보험자의 책임 발생시기가 좌우되어 그 결제 이전에는 보험보호를 받지 못하는 결과가 초래되고, 또한 최초보험료의 명목으로 어음이나 수표를 교부할 이유가 없게 되어, 판결은 부당하다는 비판을 면하기 어렵다.

이러한 점에서 어음·수표의 교부일로부터 보험자의 책임이 개시된다고 보는 해제조건부대물변제설 또는 유예설이 타당하게 된다.

2) 해제조건부대물변제설과 유예설의 비교

그렇다면 해제조건부대물변제설과 유예설을 비교하여 본다. 양 이론의 공통점으로는 어음이나 수표의 교부시부터 보험자의 책임이 개시(또는 계속)되게 함으로써, 보험거래의 관행이나 보험계약자의 보호에 충실한 이론이다. 따라서 어음이나 수표의 교부 후에 보험사고가 발생하면 보험자의 보험금지급책임을 인정한다.

그러나 해제조건부대물변제설(전자)과 유예설(후자)의 차이점으로는 다음이 있다. (i) 보험료채무의 병존여부이다. 전자는 어음·수표의 교부시에 보험료채무가 대물변제에 의하여 이행되어 소멸되는 것으로 보는데 반하여, 후자는 보험료채무가 병존하는 것으로 하되 보험료채무의 이행이 어음·수표의 결제시 또는 부도시까지 유예된 것으로 본다. (ii) 보험료의 공제 여부이다. 양 설은 어음·수표의 교부 후 결제 이전에 보험사고가 발생하면 보험자의 보험금지급책임을 인정하고는 있으나, 전자에 의하면 보험료채무가 소멸되었기 때문에 상법 제677조에 따라 보험금에서 당해 보험료를 공제할 수 없으나, 후자에 의하면 보험금에서 당해 보험료를 공제할 수 있다. (iii) 부도의 효과이다. 전자는 해제조건의 성취로 대물변제의 효과가 어음·수표의 교부시에 소급함에 반하여, 후자는 그 효과가 장래에 향하여만 인정된다. (iv) 보험사고 발생 후 부도가 난 경우이다. 전자에서는 보험사고발생시에 생겨났던 보험금청구권이 부도로 인하여 소급하여 소멸하게 되어 보험금을 다시 환급받을 수 있음에 반하여, 후자에서는 보험사고발생시에 보험금청구권이 확정적으로 발생하여 결과적으로 보험자는 보상책임을 진다.

생각건대, 위 공통점과 차이점들을 검토하여 보면 보험제도에 기반하면서도 유가증권의 법리에 보다 충실한 이론은 유예설로 파악된다. 유예설이 타당하다.

4. 보험료지급해태의 효과

(1) 최초보험료의 지급해태

최초보험료의 지급이 없으면, 보험자의 책임이 개시되지 않는다. 보험자의 책임은 특약이 없으면 최초보험료를 지급받는 때로부터 개시하기(제656조) 때문에, 최초보험료의 지급 이전에는 보험사고가 발생하는 경우에도 보험자가 보상책임을 지지 아니한다. 어음이나 수표가 최초보험료로 교부된 경우에는 위 각 이론에 따라 보험자의 책임개시가 달라진다. 그리고 보험계약의 성립 후 2월이 경과할 때까지 최초보험료의 지급이 없으면 그 계약은 해제된 것으로 본다(제650조 제1항). 따라서 그 보험계약은 소급하여 무효로 된다.

(2) 계속보험료의 지급해태

계속보험료가 약정한 지급기일에 지급되지 아니한 경우에 보험자는 바로 보험계약을 해지할 수 있는 것이 아니라 상당한 기간을 정하여 보험계약자에게 최고하고 그 기간 내에 지급되지 아니한 때에 그 계약을 해지할 수 있다(제650조 제2항). 즉 계속보험료가 약정한 시기에 지급되지 아니하였다고 하여 바로 계약을 해지할 수 있는 것이 아니라, 먼저 계속보험료의 지급지체가 있으면 보험자는 상당한 기간을 정하여 보험계약자에게 최고하여야 하고, 그 최고에도 불구하고 보험료를 지급하지 아니한 때에 비로소 해지의 의사표시에 의하여 보험계약을 해지할 수 있다. 또한 특정한 타인을 위한 보험의 경우 보험계약자가 보험료의 지급을 지체한 때에는 보험자는 그 타인에게도 상당한 기간을 정하여 보험료의 지급을 최고한 후가 아니면 그 계약을 해제 또는 해지하지 못한다(제650조 제3항). 계속보험료 해지의 요건은 다음과 같다.

첫째, 계속보험료가 약정된 시기에 지급되지 아니하여야 한다. 이때 보험료의 부지급은 보험계약자의 귀책사유로 인한 것이어야 한다.

둘째, 보험자는 상당한 기간을 정하여 최고하여야 한다. 최고의 방법은 제한이 없으나 입증책임은 보험자에게 있다.

셋째, 보험료지급 최고시에 정한 상당한 기간 내에 보험료의 지급이 없어야 한다.

넷째, 보험자는 계약해지의 의사표시를 하여야 한다.

다섯째, 계약해지의 의사표시가 보험계약자 등 보험료지급의무자에게 도달하여야 한다(민법 제111조 참조). 보험료지급의무자에 대한 보험료지급의 최고와 관련하여 보험계약자의 주소지가 변경되었음에도 불구하고 보험자에 대하여 이를 알리지 아니하여 보험자에게 기신고된 주소지로 최고한 경우 그 효력을 인정할지 여부가 문제된다.

보험계약자의 주소변경통보 불이행시 종전 주소지를 보험회사 의사표시의 수령장소로 본다는 보험약관의 효력과 관련하여 판례는 제한적인 효력만을 부여하여, 보험자가 과실 없이 보험계약자 또는 피보험자의 변경된 주소 등 소재를 알지 못하는 경우에 한하여 적용되는 것이라고 제한하여 해석한다.[211] 그 약관의 효력을 그대로 인정하는 것이 아니라 주소이전을 통지하지 않은 경우에도 보험자가 과실 없이 그를 알지 못한 경우에 한하여 적용된다는 것이다.

(3) 실효약관의 효력

1) 실효약관의 의의

과거 보험약관에서는 보험계약자가 보험료를 분할하여 지급하기로 하는 경우

---

211) 대법원 2000. 10. 10. 선고 99다35379 판결(보험계약자 또는 피보험자가 개인용자동차보험 보통약관에 따라 주소변경을 통보하지 않는 한 보험증권에 기재된 보험계약자 또는 기명피보험자의 주소를 보험회사의 의사표시를 수령할 지정장소로 한다고 규정하고 있는 개인용자동차보험 특별약관의 보험료 분할납입 특별약관 제3조 제3항 후단을 문언 그대로 보아 보험회사가 보험계약자 또는 피보험자의 변경된 주소 등 소재를 알았거나 혹은 보통일반인의 주의만 하였더라면 그 변경된 주소 등 소재를 알 수 있었음에도 불구하고 이를 게을리 한 과실이 있어 알지 못한 경우에도 보험계약자 또는 피보험자가 주소변경을 통보하지 않는 한 보험증권에 기재된 종전 주소를 보험회사의 의사표시를 수령할 지정장소로 하여 보험계약의 해지나 보험료의 납입최고를 할 수 있다고 해석하게 되는 경우에는 위 특별약관 조항은 고객의 이익에 중대한 영향을 미치는 사업자의 의사표시가 상당한 이유 없이 고객에게 도달된 것으로 보는 조항에 해당하는 것으로서 위 약관의규제에관한법률의 규정에 따라 무효라 할 것이고, 따라서 위 특별약관 조항은 위와 같은 무효의 경우를 제외하고 보험회사가 과실 없이 보험계약자 또는 피보험자의 변경된 주소 등 소재를 알지 못하는 경우에 한하여 적용되는 것이라고 해석하여야 한다); 대법원 2003. 2. 11. 선고 2002다64872 판결도 같은 취지이다.

제2회 이후의 계속보험료의 지급기일로부터 일정한 유예기간을 두고 그 기간 안에 보험료의 지급이 없는 때에는 보험계약은 효력을 잃는다는 뜻을 정하는 것이 일반적이었다. 실효약관(失效約款)은 보험계약자가 계속보험료의 지급기일로부터 유예해 준 일정한 기간 안에 보험료를 지급하지 아니한 때에는 그 보험계약은 당연히 효력을 잃는다고 정한 보험약관의 조항을 말한다.[212]

2) 효 력

실효약관의 효력은 상당기간 논쟁의 대상이 되었다. 실효약관이 무효라는 견해는, 그 약관은 상당한 기간을 정하여 최고하고 난 이후에야 보험계약을 해지하도록 한 상법 제650조 제2항에 어긋나 상법 제663조에 의하여 무효라고 본다. 이에 반하여 유효설은 계속보험료의 지급기일로부터 상당한 유예기간을 두고 그 기간 동안은 보험자가 위험을 담보하고 있으므로, 최고절차를 밟지 않고 보험계약의 실효를 인정하더라도 약관이 보험계약자에게 불이익하지 않다는 입장에서 유효라고 하였다.

과거 판례는 유효설의 입장을 취한 것이 있었으나,[213] 이후 대법원은 그 입장을 변경하여 무효라는 입장을 확고히 견지하고 있다.[214] 상당한 기간 보험료의 지급을 유예하더라도 최고를 하지 아니하고 보험계약의 효력을 잃도록 하는 약관조항은 상법 제650조 제2항보다 보험계약자 등에게 불이익하게 변경함으로써 제663조에 의하여 그 효력을 인정할 수 없다는 것이다.[215] 이후 실무에서도 실효약관을 더 이상 사용하지 않게 되었다.

다수의 보험계약을 체결하는 보험거래 실정과 보험단체의 이익을 보호하여야 한다는 점에서 볼 때 실효약관의 효력을 긍정하는 것이 바람직한 면도 있으나, 상법 제650조와 제663조가 있는 한 문리해석상으로는 판례가 타당해 보인다. 다행히 실무에서는 더 이상 실효약관을 사용하지 않아 논의의 실익이 없게 되었다.

---

212) 양승규, 158면. 한 예를 보면 "제2회 이후의 보험료 납입기일로부터 납입기일이 속하는 달의 다음 달 말일까지를 보험료 납입유예기간으로 하며, 보험계약자가 유예기간이 끝날 때까지 보험료를 납입치 아니한 경우에는 유예기간이 끝나는 날의 다음 날부터 이 계약은 더 이상 효력을 가지지 아니합니다. 이 경우 계약자의 청구에 의하여 회사는 해약환급금을 드립니다"가 그것이다.

213) 대법원 1987. 6. 23. 선고 86다카2995 판결(상법 제650조는 보험료미납을 원인으로 하여 보험자의 일방적인 의사표시로서 보험계약을 해지하는 경우에 있어 그 해지의 요건에 관한 규정으로서 보험자의 의사표시를 기다릴 필요없이 보험료납입유예기간의 경과로 인하여 보험계약이 당연히 실효되는 것으로 약정한 경우에는 그 적용의 여지가 없다); 대법원 1992. 11. 27. 선고 92다16218 판결 등도 유효설을 취하였다.

214) 대법원 1995. 11. 16. 선고 94다56852 전원합의체 판결.

215) 이후 대법원 1996. 12. 10. 선고 96다37848 판결; 대법원 1997. 7. 25. 선고 97다18479 판결; 대법원 2002. 7. 26. 선고 2000다25002 판결 등이 뒤따랐다.

3) 해지예고부최고약관

실효약관을 사용하지 않는 대신 실무에서는 해지예고부최고약관(解止豫告附催告約款)을 사용한다. 해지예고부최고약관은 약정된 기일에 계속보험료의 납부가 없는 경우, 보험자가 최고를 하면서 동시에 일정기간 내에 보험료의 지급이 없으면 보험계약은 당연히 해지된 것으로 본다는 내용의 약관이다. 그런데 상법 제650조에 의하면 최고절차와 해지절차를 각각 따로이 밟아야 하는데 최고를 하면서 동시에 일정기간 내에 보험료의 지급이 없으면 보험계약은 당연히 해지된 것으로 하고 있다는 점에서, 이 약관마저도 해지의 의사표시를 별도로 하지 않아 제650조에 반하고 결과적으로 제663조에 의하여 무효라 할 여지도 있다. 즉 실효약관이 무효라는 판례의 입장을 엄격히 적용한다면 이 역시 무효라 할 여지도 있다.

그런데 판례는 이 해지예고부최고약관에 대하여는 그 유효성을 인정하고 있다.[216)]

제2 위험변경증가의 통지의무

1. 의의와 법적 성질

보험계약자 또는 피보험자가 사고발생의 위험이 현저하게 변경 또는 증가된 사실을 안 때에는 지체없이 보험자에게 통지하여야 한다(제652조 제1항). 보험자는 일정한 위험발생률을 전제로 보험료 등의 조건을 정한 것이기 때문에 그에 현저한 변화가 생긴 경우 적절한 조치를 취할 수 있도록 한 것이다. 이는 보험계약 성립 후 보험기간 중에 지는 의무로서, 그 의무를 게을리 한 경우 보험자의 계약해지에 의하여 보험보호를 받을 수 없게 되는 점에서 고지의무와 같이 간접의무로 본다.

2. 의무이행의 시기

위험변경증가의 통지의무는 보험기간 중 보험계약자와 피보험자가 부담하는

---

216) 보험료의 납입을 최고하면서 보험료가 납입되지 않고 납입유예기간을 경과하면 별도의 의사표시 없이 보험계약이 해지된다는 취지의 통지(해지예고부 납입최고)를 하는 약관이 사용되고, 대법원 2003. 4. 11. 선고 2002다69419(본소),2002다69426(반소) 판결에서는 이 약관을 유효하다고 한다.

의무이다. 고지의무는 보험계약의 성립시까지 부담하는 의무임에 반하여, 이 의무는 보험계약이 체결된 이후의 의무라는 점에서 다를 뿐, 기타의 요건이나 효과 등은 대동소이하다. 예컨대 고지의무에서의 고지할 대상인 '중요한' 사항이 '현저한'으로 바뀌었을 뿐 내용은 동일하다. 그리고 보험계약자 또는 피보험자가 그 사실을 안 때에 지체없이 하여야 한다. '지체없이'라 함은 '자기의 책임있는 사유로 늦춤이 없이'라는 의미로 본다.[217]

3. 요 건

(1) 현저한 위험의 증가

위험의 변경 또는 증가가 현저한 것이어야 한다. 그 증가한 위험이 보험계약 체결 당시에 존재하였었다면 보험자가 계약을 체결하지 않았거나 실제의 보험료보다 고액의 보험료를 정한 경우이었을 정도의 위험을 말한다.[218] 구체적 사례로 나타난 것들은 다음과 같다.

1) 현저한 경우에 해당한다고 한 사례

화재보험계약의 체결 후에 건물의 구조와 용도에 상당한 변경을 가져오는 증·개축공사가 시행된 경우에는 그러한 사항이 계약 체결 당시에 존재하고 있었다면 보험자가 보험계약을 체결하지 않았거나 적어도 그 보험료로는 보험을 인수하지 않았을 것으로 인정되는 사실에 해당한다고 하였다.[219] 또한 화재보험의 목적인 공장건물에 대한 근로자들의 점거, 농성이 장기간 계속되고 있음에도 그 사실을 보험자에게 통지하지 아니한 보험계약자(피보험자)의 행위가, 보험사고 발생의 가능성이 현저하게 증가한 경우에 해당한다고 보았다.[220]

또한 자동차보험에 있어 보험계약 체결 후에 피보험자동차의 구조가 현저히 변경된 경우에는 그러한 사항이 계약 체결 당시에 존재하고 있었다면 보험자가 보험계약을 체결하지 않았거나 적어도 그 보험료로는 보험을 인수하지 않았을 것으로 인정되는 사실에 해당하여 상법 제652조 소정의 통지의무의 대상이 되고,

---

217) 양승규, 163면.
218) 대법원 1992. 11. 10. 선고 91다32503 판결(상법 제652조, 제653조의 규정취지등을 종합하여 고려해 볼 때, 위 약관의 면책조항에서 말하는 '위험의 현저한 증가'는 그 증가한 위험이 공제계약 체결당시 존재하였던 거라면 피고가 계약을 체결하지 않았거나 실제의 약정 공제분담금보다 더 고액을 분담금으로 정한 후에야 계약을 체결하였을 정도로 현저하게 위험이 증가된 경우를 가리킨다고 봄이 상당하다 할 것).
219) 대법원 2000. 7. 4. 선고 98다62909,62916 판결.
220) 대법원 1992. 7. 10. 선고 92다13301,13318 판결.

따라서 보험계약자나 피보험자가 이를 해태할 경우 보험자는 바로 상법 규정에 의하여 자동차보험계약을 해지할 수 있다고 하였다.[221]

2) 현저한 경우에 해당하지 않는다고 한 사례

화재보험의 목적물이 양도되었으나 그 소유자만 변경되었을 뿐 보험료율의 결정요소인 영위직종과 영위작업이나 건물구조 및 작업공정이 양도 전후에 동일한 경우, 보험목적물의 양도로 인하여 위험의 현저한 증가 또는 변경이 없다고 하였고,[222] 렌트카를 유상운송에 제공하거나 렌트카회사가 지입차주로 하여금 독자적으로 렌트카 영업을 하게 하는 경우는 그 운행 형태는 렌트카 본래의 운행 형태와 거의 같은 것이어서 사고위험률이 현저히 높다고 볼 수 없다 하였다.[223] 또한 서적도매상에서 일당을 받고 다른 차량과 함께 가끔 피보험자동차를 이용하여 서적을 배달하는 행위도 현저한 위험의 증가가 아니라고 하였다.[224]

(2) 객관적 위험의 증가

위험의 변경 또는 증가가 보험계약자 또는 피보험자의 행위로 말미암은 것이 아니어야 한다. 즉 제652조의 위험의 변경 또는 증가는 객관적인 것으로 보험계약자 또는 피보험자의 고의나 중과실로 위험이 변경 또는 증가된 경우에는 제653조의 위험유지의무 위반의 문제가 된다.

(3) 보험기간 중의 위험증가

위험의 변경 또는 증가는 보험기간 중에 생긴 것이어야 한다. 보험계약 성립 전의 위험의 상태는 상법 제651조의 고지의무의 문제에 속하는 것이다.

(4) 보험계약자 등의 인식

보험계약자 또는 피보험자가 그 위험의 현저한 변경이나 증가의 사실을 알았어야 한다. 그런데 위험의 변경 또는 증가의 사실을 알게 된 연유나 과정은 묻지 않는다. 그러나 보험자가 그 사실을 알았거나 중대한 과실로 알지 못한 때에는

---

221) 대법원 1998. 11. 27. 선고 98다32564 판결.
222) 대법원 1996. 7. 26. 선고 95다52505 판결.
223) 대법원 1997. 9. 5. 선고 95다25268 판결.
224) 대법원 1999. 1. 26. 선고 98다48682 판결(피보험자가 서적도매상에서 일당을 받고 서적의 상·하차, 분류 및 배달업무에 종사하면서 다른 차량과 함께 가끔 자신 소유의 피보험자동차를 이용하여 서적을 배달한 일이 있다는 정도의 사실만으로는 차량의 운송 경위나 목적, 빈도 등에 비추어 볼 때, 업무용자동차종합보험계약의 약관에서 보험자의 면책사유로 규정된 '계속적·반복적인 유상운송제공행위'나 통지의무의 대상인 '위험이 현저하게 변경 또는 증가된 경우'에 해당한다고 보기 어렵다).

통지할 필요가 없다.[225)]

4. 입증책임

위험변경증가의 사실이 존재하는 것에 대한 입증책임은 보험자가 부담한다.[226)]

5. 해태의 효과

(1) 계약해지권의 발생

통지의무를 해태한 때에는 보험자는 그 사실을 안 날로부터 1월 내에 계약을 해지할 수 있다(제652조 제1항). 1월의 기간은 제척기간이다. 보험사고의 발생 후에도 보험자는 안 날로부터 1월 내에 계약을 해지할 수 있다(제655조 본문). 이에 의하여 계약을 해지한 때에는 보험금을 지급할 책임이 없고 이미 지급한 보험금액의 반환을 청구할 수 있다(제655조).

(2) 해지권의 제한

그 위반의 효과는 고지의무 위반과 대동소이하다.

첫째, 보험계약자 등이 그 위험변경증가의 사실과 보험사고 발생 사이에 인과관계가 없음을 증명한 때에는 보험금지급을 청구할 수 있고 이미 지급받은 보험금의 반환을 거절할 수 있다(제655조 단서).

둘째, 제척기간의 경과로 안 날로부터 1월이 경과한 때에는 계약을 해지할 수 없다.

셋째, 판례에 의한 예외사유로서 보험자가 중대한 과실로 알지 못한 때에도 계약을 해지할 수 없다.[227)]

6. 위험변경증가의 통지의무 이행과 보험자의 권리

보험자가 위험변경증가의 통지를 받은 때에는 1월 내에 보험료의 증액을 청구

---

225) 대법원 2000. 7. 4. 선고 98다62909,62916 판결(보험계약자 또는 피보험자의 통지가 없었다고 하더라도 보험대리인이 피보험 건물의 증·개축공사가 본격적으로 시행된 후 공사현장에 있는 보험계약자 또는 피보험자를 방문하면서 피보험 건물의 증·개축공사와 이로 인한 보험사고 발생의 위험이 현저하게 증가된 사실을 알았거나 중대한 과실로 알지 못하였다고 보아 화재보험보통약관상의 해지권 소멸 규정에 의하여 보험자가 보험계약을 해지할 수 없다고 한 사례).
226) 대법원 1996. 7. 26. 선고 95다52505 판결.
227) 대법원 2000. 7. 4. 선고 98다62909,62916 판결.

하거나 계약을 해지할 수 있다(제652조 제2항). 또한 보험사고가 발생한 이후에도 계약을 해지한 때에는 보험금액을 지급할 책임이 없고, 이미 지급한 보험금액의 반환을 청구할 수 있다(제655조). 결과적으로는 고지의무를 해태한 경우와 유사하다.

제3 위험유지의무

1. 의 의

보험기간 중에 보험계약자, 피보험자 또는 보험수익자의 고의 또는 중대한 과실로 인하여 사고발생의 위험이 현저하게 변경 또는 증가된 때에는 보험자는 그 사실을 안 날부터 1월 내에 보험료의 증액을 청구하거나 계약을 해지할 수 있다(제653조). 이는 보험계약자 등에게 보험기간 동안 위험을 계약체결시의 상태로 유지할 의무를 부과한 것으로, 그 의무 위반시 계약해지 등의 효과가 부여되므로 간접의무로 해석한다.

2. 요 건

발생요건은 위험변경증가의 통지의무와 유사하다.

첫째, 위험의 변경 또는 증가가 현저한 것이어야 한다. 그 증가한 위험이 보험계약 체결 당시에 존재하였었다면 보험자가 계약을 체결하지 않았거나 실제의 보험료보다 더 고액의 보험료를 정할 정도의 위험을 말한다. 화재보험에서 건물 용도를 주택에서 공장으로 변경한 경우, 인보험에서의 보험료가 차등이 나는 직업으로 바꾼 경우 등이다.[228]

둘째, 위험의 변경 또는 증가가 보험계약자 또는 피보험자의 고의나 중과실로 인한 주관적인 것이어야 한다. 객관적인 위험의 변경 또는 증가는 제652조의 문제가 되고 여기서는 보험계약자 또는 피보험자의 고의나 중과실로 위험이 변경

---

228) 대법원 2003. 6. 10. 선고 2002다63312 판결(피보험자의 직업이나 직종에 따라 보험금 가입한도에 차등이 있는 생명보험계약에서 피보험자가 직업이나 직종을 변경하는 경우에 그 사실을 통지하도록 하면서 그 통지의무를 해태한 경우에 직업 또는 직종이 변경되기 전에 적용된 보험요율의 직업 또는 직종이 변경된 후에 적용해야 할 보험요율에 대한 비율에 따라 보험금을 삭감하여 지급하는 것은 실질적으로 약정된 보험금 중에서 삭감한 부분에 관하여 보험계약을 해지하는 것이라 할 것이므로 그 해지에 관하여는 상법 제653조에서 규정하고 있는 해지기간 등에 관한 규정이 여전히 적용되어야 한다).

또는 증가된 경우이다.

셋째, 위험의 변경 또는 증가는 보험기간 중에 발생한 것이어야 한다.

3. 위반의 효과

위험변경증가의 통지의무의 경우와 같다. 보험자는 그 사실을 안 날부터 1월 내에 보험료의 증액을 청구하거나 계약을 해지할 수 있다(제653조). 1월은 제척기 간이고 이 규정에 의하여 계약을 해지한 때에는 보험금액을 지급할 책임이 없으 며 이미 지급한 보험금액의 반환을 청구할 수 있다. 다만 위험의 현저한 변경이 나 증가된 사실이 보험사고의 발생에 영향을 미치지 아니하였음이 증명된 때에는 그러하지 아니하다(제655조 단서).

제4 보험사고발생의 통지의무

1. 의 의

보험계약자 또는 피보험자나 보험수익자는 보험사고의 발생을 안 때에는 지체 없이 보험자에게 그 통지를 발송하여야 한다(제657조 제1항). 사고의 발생을 보험 자에게 신속하게 통지하여 보험자로 하여금 사고의 원인과 손해의 범위 등을 조 사하고 적절한 조치를 취할 수 있도록 한다.

2. 법적 성질

이 의무의 성질에 대하여는 견해가 나누어져 있으나, 보험금청구를 위한 전제 조건인 동시에 보험자에 대한 진정한 의무라고 함이 통설이다.[229] 그 의무 위반의 효과로 고지의무와는 달리 해지권이 부여된 것이 아니라, 그 위반으로 말미암아 증가된 손해를 보상할 책임이 없도록 하는 점에서(제657조 제2항) 진정한 의무로 풀이함이 옳다.

3. 통지의 시기와 방법

보험사고의 발생을 안 때에는 지체없이 통지하여야 한다. '지체없이'라는 것은

---

229) 다만 고지의무나 위험변경증가의 통지의무와 같이 간접의무로 이해하는 견해는 김성태, 318면.

통지의무자의 귀책사유로 지연시키지 아니하는 것을 말한다. 통지의 방법은 구두로 하든 전화나 서면으로 하든 상관이 없다.

4. 통지의무 위반의 효과

보험계약자 또는 피보험자나 보험수익자가 제1항의 통지의무를 해태함으로 인하여 손해가 증가된 때에는 보험자는 그 증가된 손해를 보상할 책임이 없다(제657조 제2항). 고지의무나 위험변경증가의 통지의무와는 달리 계약해지권이 없다.

보험자의 보험금지급기간은 보험자가 보험사고발생의 통지를 받은 후 지체없이 지급할 보험금액을 정하고 그 정하여진 날로부터 10일 이내로 되어 있으므로(제658조), 보험계약자 등이 보험사고발생의 통지를 할 때까지는 보험자의 보험금지급책임은 연체되지 않는다.

제5 **손해의 방지 · 경감의무**

이는 손해보험에서 부과되는 의무로서 손해보험 통칙에서 다루기로 한다.

제6절 보험계약의 무효·변경·소멸·부활

제1 보험계약의 무효

1. 보험사고가 확정된 후의 보험계약

보험계약당시에 보험사고가 이미 발생하였거나 또는 발생할 수 없는 것인 때에는 그 계약은 무효로 한다. 그러나 당사자 쌍방과 피보험자가 이를 알지 못한 때에는 그러하지 아니하다(제644조). 즉 보험사고는 반드시 객관적으로 불확정일 필요는 없고 주관적 불확정으로 족하다.

2. 사회질서에 반하는 보험계약

(1) 민법 제103조

보험계약자가 보험금의 부정취득 등을 목적으로 보험계약을 체결한 경우 등에는 선량한 풍속 기타 사회질서에 반하는 행위(민법 제103조)로서 효력을 인정할 수 없다.

(2) 다수의 보험계약

보험계약자가 동일한 내용의 보험계약을 다수 체결하는 경우의 문제이다. 예컨대 자신의 월수입보다도 많은 고액의 보험료를 내면서도 여러 보험계약을 중첩적으로 체결하는 경우, 사회질서에 반한다고 볼 수 있을지의 여부이다.

보험계약자가 보험사고를 가장하여 보험금을 취득할 목적으로 보험계약을 체결한 경우에는 사회질서에 반하는 보험계약으로서 무효이다.[230] 그러나 이 경우 보험금편취의 목적이 충분히 입증되어야 하므로 단순히 다수의 보험계약을 체결하고 수입에 비하여 과다한 보험에 가입하였다는 사유만으로는 공서양속 및 사회질서에 위반된다고 볼 수는 없다.[231] 그런데 판례는 보험금을 부정취득할 목적으

---

230) 대법원 2018. 9. 13. 선고 2016다255125 판결; 대법원 2000. 2. 11. 선고 99다49064 판결 등.

로 다수의 보험계약을 체결하였는지에 관하여 직접적인 증거가 없더라도 보험계약자의 직업, 재산 상태 등 제반 사정에 기하여 그 목적을 추인할 수 있다고 한다.[232]

보험금의 부정취득 목적을 추인함에 있어 객관적으로 명확한 기준의 설정 또는 확립이 필요해 보이고 과거 판례들은 그러한 점에서 비판의 여지가 있었다. 보험금 부정취득의 목적을 추인하기 위한 간접사실들을 정리하여 보면 단기에 집중적으로 여러 보험에 가입, 저축성보다는 보장성 중심으로 가입, 많은 보험에 가입할 합리적인 이유의 부족, 보험금 총액이 지나치게 많아 그 상당성을 일탈, 고액 보험료를 납입할 수 있는 수입의 부족, 계약체결시 허위사실을 고지, 보험사고 발생의 우연성이 의심되는 등의 사정을 제시할 수 있고, 이들에 대하여 종합적으로 고려하여 판단하여야 한다.[233]

3. 사기로 체결된 보험계약

사기로 인한 초과보험(제669조 본문)과 중복보험(제672조 제3항)은 당연히 무효가 된다. 그러나 보험자는 그 사실을 안 때까지의 보험료를 청구할 수 있다(제669조 제4항 단서, 제672조 제3항). 수개의 책임보험에도 중복보험규정을 준용한다(제725조의2).

4. 심신상실자 등을 피보험자로 하는 사망보험

15세미만자, 심신상실자 또는 심신박약자의 사망을 보험사고로 한 보험계약은

---

231) 대법원 2018. 9. 13. 선고 2016다255125 판결; 대법원 2001. 11. 27. 선고 99다33311 판결(사실관계는 ○○은 수산업협동조합의 계장으로서 면세유를 부정유출시켰다는 혐의로 경찰에서 조사를 받고 있던 중, 자신의 승용차를 운전하고 가다가 위험한 곳에서 과속으로 운전하는 바람에 반대쪽에서 마주오던 화물차와 충돌하여 현장에서 사망하였다. ○○은 사건 사고 당시 월급 금 2,500,000원 가량을 받고 있었던 반면에, 총 39개의 보험 및 공제에 가입하여 그 보험료는 월 평균 금 5,000,000원 정도이고, ○○이 재해로 사망할 경우 수령할 수 있는 보험금은 금 5,000,000,000원 정도이다. 보험자는 사고발생후 ○○이 다른 보험에 가입하고서도 이를 고지·통지하지 않았음을 이유로 일부의 보험들을 해지한다는 취지의 통지를 그 보험금청구권자에게 하였다. 법원은 보험금을 지급하라는 판결을 하였다); 같은 취지로 대법원 2004. 6. 11. 선고 2003다18494 판결.
232) 대법원 2017. 4. 7. 선고 2014다234827 판결; 대법원 2009. 5. 28. 선고 2009다12115 판결(甲이 자신이나 그 처를 피보험자로 하는 다수의 보험계약을 체결하였다가 처가 교통사고로 사망하자 보험금의 지급을 청구한 사안에서, 甲이 처를 살해하도록 교사하였던 전력, 석연치 않은 보험사고 경위, 경제형편에 비해 지나치게 과다한 보험료 등 제반 사정에 비추어 볼 때, 위 다수의 보험계약은 보험금을 부정취득할 목적으로 체결한 것으로 추인되므로 민법 제103조에 정한 선량한 풍속 기타 사회질서에 반하여 무효라고 하였다).
233) 주기동, "중복체결된 보험과 공서양속", 「법조」 제54권 제10호, 2005, 233면.

일정한 경우를 제외하고는 당연 무효가 된다(제732조). 인보험편에서 상론한다.

5. 타인의 사망보험

타인의 사망을 보험사고로 하는 보험계약에서는 그 타인의 서면(대통령령이 정하는 전자문서 포함)에 의한 동의를 얻어야 하고(제731조 제1항), 이를 보험계약체결시까지 얻지 못하면 보험계약은 당연 무효가 된다. 인보험편에서 상론한다.

6. 보험계약의 취소

(1) 약관의 교부명시의무 위반

보험자는 보험계약을 체결할 때에 보험계약자에게 보험약관을 교부하고 그 약관의 중요한 내용을 알려주어야 하고 이를 위반한 때에는 보험계약자는 보험계약이 성립한 날부터 3월 내에 그 계약을 취소할 수 있다(제638조의3). 이 경우 보험계약은 처음부터 무효가 되고, 보험자는 보험계약자로부터 받은 보험료를 전부 반환하여야 한다(제648조).

(2) 민법상 사기로 인한 취소

보험계약자의 사기로 인한 고지의무 위반의 경우 보험자가 민법에 의하여 계약을 취소할 수 있고(민법 제110조), 그 계약은 처음부터 무효가 된다. 다만 보험자는 그 사실을 안 때까지의 보험료를 반환할 필요가 없다고 해석된다(제648조, 제669조 제4항의 유추해석).

제2 보험계약의 변경 · 소멸

1. 보험계약의 변경

(1) 당사자의 합의에 의한 변경

보험계약은 양 당사자의 합의로 성립하는 낙성계약으로서 보험기간 중이라도 당사자간의 합의로 종래의 계약을 종료시키고 새로운 계약을 체결하는 것이 가능하다. 이 경우 보험자는 새로운 보험증권을 발행하거나 기존의 보험증권에 그 사실을 기재함에 의하여 보험증권의 교부에 갈음할 수 있다(제640조 제2항).

(2) 위험의 변경

위험감소의 경우 보험계약의 당사자가 특별한 위험을 예기하여 보험료의 액을 정한 경우에 보험기간 중 그 예기한 위험이 소멸한 때에는 보험계약자는 그 후의 보험료의 감액을 청구할 수 있다(제647조).

주관적 위험증가의 경우, 위험유지의무의 문제로서 보험기간 중에 보험계약자, 피보험자 또는 보험수익자의 고의 또는 중대한 과실로 인하여 사고발생의 위험이 현저하게 변경 또는 증가된 때에는 보험자는 그 사실을 안 날부터 1월 내에 보험료의 증액을 청구하거나 계약을 해지할 수 있다(제653조). 객관적 위험증가의 경우는 위험변경증가의 통지의무의 문제로서 보험기간 중에 보험계약자 또는 피보험자가 사고발생의 위험이 현저하게 변경 또는 증가된 사실을 안 때에는 지체없이 보험자에게 통지하여야 한다. 이를 해태한 때에는 보험자는 그 사실을 안 날로부터 1월 내에 한하여 계약을 해지할 수 있다(제652조 제1항).

2. 보험계약의 소멸

(1) 당연 소멸사유

1) 최초보험료의 부지급

보험계약자는 계약체결후 지체없이 보험료의 전부 또는 제1회 보험료를 지급하여야 하며, 보험계약자가 이를 지급하지 아니하는 경우 다른 약정이 없는 한 계약성립 후 2월이 경과하면 그 계약은 해제된 것으로 본다(제650조 제1항).

2) 보험기간의 만료

보험자는 보험기간 내에 발생한 보험사고에 대하여만 책임을 지기로 보험계약에서 약정하고 있으므로 보험기간 내에 보험사고가 발생하지 않은 경우에도 보험기간의 만료로 보험계약은 소멸한다.

3) 보험자의 파산 후 3월을 경과

보험자가 파산의 선고를 받은 경우 보험계약자가 해지하지 아니한 보험계약은 파산선고 후 3월을 경과한 때에는 그 효력을 잃는다(제654조). 이 경우 3월의 기간은 제척기간이다.

4) 보험사고의 발생

사망보험 등에서 보험사고가 발생하는 경우 보험금액이 지급되면 보험계약은 그 목적의 달성에 의하여 소멸한다. 그러나 책임보험의 경우 보험사고의 발생으로 보험계약이 소멸하는 것이 아니고 기타 다수의 보험에서도 보험사고의 발생으로 보험계약이 소멸하는 것이 아니어서 일률적으로 다룰 수는 없다.

5) 보험목적의 멸실

보험사고와 관련 없는 보험목적이 멸실된 경우라도 보험계약의 기본적 요소인 위험이 존재하지 않게 되고, 손해보험의 경우는 피보험이익이 없게 되어 보험계약은 소멸한다.

(2) 보험계약자의 해지

1) 임의해지

보험계약자는 보험사고가 발생하기 전에는 언제든지 계약의 전부 또는 일부를 해지할 수 있다(제649조 제1항 본문). 그러나 타인을 위한 보험계약의 경우 보험계약자는 그 타인의 동의를 얻지 아니하거나 보험증권을 소지하지 아니하면 그 계약을 해지하지 못한다(제649조 제1항 단서). 예외적으로 보험사고의 발생으로 보험자가 보험금액을 지급한 때에도 보험금액이 감액되지 아니하는 보험의 경우(화재보험, 책임보험 등) 보험계약자는 그 사고발생 후에도 보험계약을 해지할 수 있다(제649조 제2항). 이 경우 보험계약자는 당사자간에 다른 약정이 없으면 미경과보험료의 반환을 청구할 수 있다(제649조 제3항).

2) 보험자의 파산으로 인한 해지

보험자가 파산선고를 받은 때에는 보험계약자는 그 계약을 해지할 수 있다(제654조 제1항).

(3) 보험자의 해지

1) 고지의무 위반으로 인한 해지

보험계약 당시에 보험계약자 또는 피보험자가 고의 또는 중대한 과실로 인하여 중요한 사항을 고지하지 아니하거나 부실의 고지를 한 때에는 보험자는 그 사실을 안 날로부터 1월 내에, 계약을 체결한 날로부터 3년 내에 한하여 계약을 해지할 수 있다(제651조).

2) 계속보험료의 부지급으로 인한 해지

계속보험료가 약정한 시기에 지급되지 아니한 때에는 보험자는 상당한 기간을 정하여 보험계약자에게 최고하고 그 기간 내에 지급되지 아니한 때에는 그 계약을 해지할 수 있다(제650조 제2항).

3) 위험변경증가로 인한 해지

보험기간 중에 보험계약자 등이 고의 또는 중대한 과실로 인하여 사고발생의 위험이 현저하게 변경 또는 증가된 때, 즉 주관적 위험의 변경 또는 증가가 있는 때에는 보험자는 그 사실을 안 날로부터 1월 안에 계약을 해지할 수 있다(제653조). 또한 객관적 위험의 변경 또는 증가가 있는 경우에도 통지의무의 이행을 불문하고 보험자는 계약을 해지할 수 있다(제652조).

4) 약관규정에 의한 해지

보험약관에서는 해지사유를 규정하고 있고, 그 해지사유가 상법 제663조 등에 위반되지 않는 한 보험자는 계약을 해지할 수 있다.

제3 보험계약의 부활

1. 부활의 의의

(1) 의 의

계속보험료의 부지급으로 인하여 보험계약이 해지되고(제650조 제2항) 해지환급금이 지급되지 아니한 경우에 보험계약자는 일정한 기간 내에 연체보험료에 약정이자를 붙여 보험자에게 지급하고 그 계약의 부활을 청구할 수 있고, 보험자가 이를 승낙함으로써 그 보험계약을 부활시키는 것이다(제650조의2).

(2) 취 지

보험계약이 해지되거나 실효된 경우에 보험계약자가 해지환급금을 받는 것은 손해이고 새로이 보험계약을 체결하면 보험료가 할증되거나 또는 보험계약 체결 자체가 불가능한 경우 이용된다. 손해보험의 경우 보험기간이 단기인 것이 보통이어서 인보험에서 주로 이용되는 제도이다.

(3) 법적 성질

당사자 사이의 합의에 의하여 해지 전의 보험계약을 다시 회복시키는 특수한 계약으로 보는 것이 통설이다. 보험계약의 부활은 보험계약자의 청약에 의하여 보험자가 구속되는 것이 아니고 새로운 계약을 체결할 때와 같은 절차에 의하여 보험자의 승낙이 있는 때에 성립한다. 종전의 보험계약이 부활하게 되면 효력을 상실하지 않았던 것이 된다.

2. 부활의 요건

(1) 계속보험료 부지급으로 인한 계약해지

보험료를 분할하여 지급하기로 하는 보험계약에서 보험계약자가 최초보험료를 지급하여 보험자의 책임이 개시되었으나, 계속보험료를 지급하지 않음으로 인하여 보험계약이 해지되거나 실효되었을 경우이다. 이와 같이 일단 보험자의 책임이 개시되었어야 보험계약의 부활이 있을 수 있다. 과거 실무에서 사용되던 실효약관은 무효라는 판례에 의하여 더 이상 사용되지 아니하고 해지예고부최고약관이 현재 사용되고 있고, 이 해지예고부최고약관에 의하여 무효 또는 실효되는 경우가 이에 해당한다.

(2) 해지환급금의 미지급

보험계약자가 이미 지급한 보험료 가운데 미경과보험료가 있거나 해지환급금을 반환하여야 하는 경우 보험자가 이를 아직 반환하지 않고 있어야 한다(제650조의2). 만약 보험계약자가 보험자의 계약해지에 의하여 소정의 해지환급금까지 지급받은 때에는 보험계약관계는 완전히 해소되고 보험계약의 부활을 인정할 필요가 없기 때문이다. 이 때 보험자가 반환하여야 할 해지환급금이 없는 경우라면 보험계약자는 보험계약의 부활을 청구할 수 있다.

(3) 보험계약의 청구와 고지의무

보험계약자는 그 보험계약이 해지된 후 일정한 기간 내에 연체보험료에 약정이자를 붙여 보험자에게 지급하여야 한다. 일정한 기간은 보험약관에서 정한 기간을 의미한다. 보험계약자의 청구는 해지된 종전의 계약을 회복시키는 것을 목적으로 하지만 새로운 보험계약의 체결에 의한 절차를 밟아야 한다. 그리하여 부활을 원하는 청약자는 실효시점부터 청약시까지 발생한 중요한 사항을 고지하여야 한다. 또한 인보험계약의 경우 신체검사를 받도록 하는 경우가 많다.

(4) 보험자의 승낙

보험자가 승낙하여야 보험계약이 부활된다. 그리고 부활청약에 있어서도 상법 제638조의2의 규정이 준용되어(제650조의2), 낙부통지의무·승낙의제·승낙전 보

험보호 제도가 적용된다. 따라서 보험자가 보험계약자로부터 보험계약의 부활청약
과 함께 보험료 상당액의 전부 또는 일부의 지급을 받은 때에는 다른 약정이 없
으면 30일 내에 낙부의 통지를 발송하여야 한다. 다만 인보험계약의 피보험자가
신체검사를 받아야 하는 경우에는 그 기간은 신체검사를 받은 날부터 기산한다(제
638조의2 제1항). 만약 보험자가 30일의 기간 내에 낙부통지를 해태한 때에는 승낙
한 것으로 본다(제638조의2 제2항). 또한 보험자가 보험계약자로부터 보험계약의
부활청약과 함께 보험료 상당액의 전부 또는 일부를 받은 경우에 그 청약을 승낙
하기 전에 보험계약에서 정한 보험사고가 생긴 때에는 그 부활청약을 거절할 사
유가 없는 한 보험자는 보험계약상의 책임을 진다. 다만 이 때에도 인보험계약의
피보험자가 신체검사를 받아야 하는 경우 그 검사를 받지 아니한 때에는 보험자
가 책임지지 아니한다.

3. 부활의 효과

(1) 해지된 보험계약의 부활

해지된 종전의 보험계약이 회복되는 것이므로, 해지된 보험계약과 동일한 내용
의 보험계약이 유효하게 존속하게 된다. 그러나 보험계약이 해지된 시점으로부터
부활이 되는 시점 사이에 발생한 보험사고에 대하여는 보험자가 책임을 지지 아
니한다.234) 그러나 보험자가 부활을 승낙하기 전에도 연체보험료와 약정이자를 지
급받은 후, 그 청약을 거절할 사유가 없는 한 발생한 보험사고에 대하여 책임을
진다(제650조의2 2문, 제638조의2 제3항).

(2) 부활시를 기준으로 한 고지의무

원칙적으로 보험계약자가 부활을 청구(청약)하고 보험자가 승낙하면 부활계약
이 성립하는 것이므로 고지의무 등도 부활시를 기준으로 한다. 그러므로 고지의무
위반을 이유로 하는 보험자의 계약해지권의 제척기간인 3년의 기산점은 보험계약
의 부활시를 기준으로 한다.

---

234) 대법원 1987. 6. 23. 선고 86다카2995 판결(보험계약의 약속상, 보험계약자가 보험료납입유예
기간 경과시까지 보험료를 납입하지 아니하여 보험계약이 실효된 후에도 보험계약자가 미납보험료를
납입한 때에는 보험계약은 유효하게 계속되나 그 경우 보험계약이 실효된 때로부터 미납보험료를 영수
한 날의 오후 6시까지 생긴 사고에 대하여는 보상하지 아니하기로 약정하였다면 보험자가 납입유예기
간 경과후에 보험계약자로부터 미납보험료를 영수하면서 아무런 이의가 없었다 하더라도 그로 인하여
납입유예기간 경과후 미납보험료 영수전에 발생한 사고에 대하여는 보험자는 보험금을 지급할 책임이
없다).

제 7 절 타인을 위한 보험계약

제1 총   설

1. 의의와 구별개념

타인을 위한 보험계약은 보험계약자가 타인의 이익을 위하여 자기명의로 체결한 보험계약을 말한다(제639조). 손해보험에서는 피보험자가 타인인 경우이고, 인보험에서는 보험수익자가 타인인 경우이다. 보험계약은 피보험자 또는 보험수익자를 특정하지 아니하고 체결할 수 있고 이를 '불특정인을 위한 보험계약'이라 한다. 타인을 위한 보험계약은 다음의 개념과 구별하여야 한다.

(1) 자기를 위한 보험계약과의 구별

타인을 위한 보험계약은 보험계약자가 동시에 피보험자 또는 보험수익자가 되는 '자기를 위한 보험계약'에 대비되는 개념이다.

(2) 타인의 보험계약과의 구별

인보험에만 존재하는 타인의 보험계약과도 구별하여야 한다. 타인의 보험계약은 인보험에서 보험계약자와 보험의 객체가 되는 피보험자가 서로 다른 경우를 말한다. 따라서 보험계약자가 타인을 피보험자로 지정하고 자신이 보험수익자가 되는 경우는 '타인의 자기를 위한 생명보험계약'이 되고, 보험계약자가 자기를 피보험자로 지정하고 타인을 보험수익자로 하는 경우는 '자기의 타인을 위한 생명보험계약'이 된다.

2. 손해보험계약에서 '타인'의 의미

(1) 피보험이익의 주체와 보험금청구권자

손해보험에서 타인의 의미는 통상 '피보험자'를 의미한다. 피보험자의 일반적 설명대로 피보험자가 '피보험이익의 주체로서 보험사고의 발생시 손해의 보상을 받을 권리를 가진 자'인 경우, 즉 피보험이익과 보험금청구권을 모두 가지는 경우는 별 문제가 없다. 그러나 피보험이익 주체로서의 지위와 보험금을 받는 지위(보험금청구권자)가 분리되는 경우, 타인은 누구를 지칭하는 것인지의 문제가 발생한다.

판례는 타인을 위한 손해보험계약에서 타인이란 보험계약자가 제3자를 주체로 하는 피보험이익에 관하여 보험계약을 체결한 경우 그 제3자 즉, 피보험이익의 주체인 피보험자를 말하는 것이고, 단지 보험금을 수취할 권리가 있는 자로 지정되었을 뿐인 자는 여기서 말하는 타인이 아니라 한다.[235] 요컨대 판례에 의하면 타인은 피보험이익의 주체로서의 피보험자를 의미하는 것이지 보험금청구권자로서의 피보험자가 아닌 것이다. 학설로서 이를 정면으로 다룬 견해는 찾기 어렵다.

(2) 소결(광의로 파악)

판례에 관하여는 의문이 있다. 타인을 위한 보험계약은 피보험이익의 주체가 타인인 제3자로 지정된 경우뿐 아니라 널리 보험금청구권자가 제3자로 지정된 경우도 포함하는 것으로 보아야 한다. 그 근거는 첫째, 피보험이익이 없으면 보험계약이 무효임이 원칙이나 절대적인 것은 아니며, 영국에서는 손해보험에서 피보험이익의 개념을 없애고자 하는 논의도 있다.[236] 둘째, 상법 제639조에서 수익의 의사표시 없이도 타인이 당연히 보험계약상의 이익을 받는다는 것의 해석에 있어서, 보험계약상의 '이익'이라는 것은 보험금청구권이라고 봄이 합리적이다. 판례와 같이 단지 보험계약에 부보되는 것 자체에 대한 것을 이익으로 보는 점은 의문이다. 제639조 제2항의 단서에서 예외적으로 보험계약자가 보험금청구권을 취득하는 것으로 규정하는 점도 이러한 맥락에서 이해하여야 한다. 셋째, 제639조 제3항에서는 예외적으로 타인이 보험료지급의무를 부담하는 것에 대하여 규정한다. 즉 원칙적으로 보험계약자가 보험료지급의무를 지고 제2차적인 보험료지급의무를 타인이

---

235) 대법원 1999. 6. 11. 선고 99다489 판결(보험계약자가 체결한 단기수출보험의 보험약관이 보험계약자의 수출대금회수불능에 따른 손실만을 보상하는 손실로 규정하고 보험금수취인의 손실에 대해서는 아무런 언급이 없다면, 보험약관에 의한 보험계약으로 보험에 붙여진 피보험이익은 보험계약자의 이익 즉, 보험계약자가 수출계약 상대방의 채무불이행 등의 보험사고로 자신에게 귀속되는 수출물품의 대금채권이 멸손되어 장차 손해를 받을 지위에 있으나 아직 손해를 받지 아니하는 데 대하여 가지는 이익이 될 뿐, 보험금수취인의 이익은 그 피보험이익이 아니므로, 그 보험계약은 보험금수취인을 위한 타인을 위한 보험계약으로 볼 수 없다). 이와 같은 취지에서 대법원 1990. 2. 9. 선고 89다카21965 판결은 "타인을 위한 손해보험계약은 타인의 이익을 위한 계약으로서 그 타인(피보험계약자)의 이익이 보험의 목적이 되는 것이지 여기에 당연히(특약없이) 보험계약자의 보험이익이 포함되거나 예정되어 있는 것은 아니라 할 것이므로"라 한다.
236) 제4장 손해보험총칙 제2절 피보험이익에서 상론한다.

부담한다고 하나, 보험금을 지급받지 못하는 타인에게 이러한 지급의무를 부담시키는 것 또한 의문이다. 넷째, 상법 제658조의 규정에 의하면 보험금청구권자가 광의의 피보험자로 해석될 여지가 있다.[237) 따라서 이때 타인의 의미를 피보험이익의 주체라는 의미로 좁게 해석할 필요가 없다. 손해보험에서의 타인은 보험금청구권자를 포함하는 것으로 새겨야 한다.

3. 효 용

타인을 위한 보험계약은 해상보험의 발달과 더불어 생겨난 것으로 오늘날에는 여러 분야에서 이용된다. 예컨대 운송업자 등이 송하인을 위하여 이들을 피보험자로 하여 보험계약을 체결하는 것 등이 있고, 인보험에서는 보험계약자가 가족을 보험수익자로 하여 사망보험에 가입하는 것 등이 그것이다. 보증보험계약도 보험계약자인 채무자가 계약에서 정한 채무를 이행하지 아니한 결과 초래되는 피보험자인 채권자의 손해를 보상하기로 하는 보험계약으로서, 타인을 위한 보험계약에 속한다.

4. 법적 성질

(1) 각 견해의 대립과 판례

법적 성질에 대하여는 두 가지의 견해로 나뉜다.

첫째, 상법상 특수한 계약이라는 견해이다.[238) 이 견해는 타인을 위한 보험계약에서 보험계약자 또는 피보험자가 수익의 의사표시를 하지 않더라도 당연히 보험계약상의 권리를 취득하는 점, 상법은 타인을 위한 보험에 관한 상세한 규정을 두어 굳이 민법 논리로 설명할 필요가 없다는 점 등을 근거로 한다.

둘째, 민법상 제3자를 위한 계약의 일종으로 이해하는 견해로서 통설[239)과 판례[240)이다. 이 견해는 민법상의 제3자를 위한 계약에서는 당사자의 개성을 중시하는 데 반하여 보험계약은 다수계약으로서 수익자의 의사를 문제삼을 필요가 없다

---

237) 상법 제658조는 보험자는 보험금액의 지급에 관하여 약정기간이 있는 경우에는 그 기간 내에, 약정기간이 없는 경우에는 제657조 제1항의 통지를 받은 후 지체없이 지급할 보험금액을 정하고 그 정하여진 날부터 10일 내에 피보험자 또는 보험수익자에게 보험금액을 지급하여야 한다고 규정하고 있어 피보험자를 보험금청구권자인 것으로 표현한다.

238) 김성태, 343면.

239) 양승규, 183면; 박세민, 376면; 한기정, 399면 등.

240) 대법원 2018. 9. 13. 선고 2016다255125 판결; 대법원 2015. 10. 15. 선고 2014다204178 판결; 대법원 1974. 12. 10. 선고 73다1591 판결; 대법원 1966. 6. 21. 선고 66다674 판결 등.

는 데에서 양자의 차이가 있는 것으로, 수익의 의사표시를 하지 않더라도 당연히
보험계약상의 권리를 취득하는 것이라 설명한다.

(2) 민법상 제3자를 위한 계약과 타인을 위한 보험계약의 차이점들

민법상 제3자를 위한 계약의 당사자는 요약자와 낙약자이고, 제3자는 수익자
일 뿐 계약 당사자는 아니지만, 제3자는 수익의 의사표시에 의하여 낙약자에 대
하여 직접적으로 급부청구권을 취득하고 행사한다. 이 구조만 놓고 보면, 보험계
약의 당사자는 보험자와 보험계약자가 되고, 보험수익자가 보험금청구권을 취득하
는 것과 유사하다. 그러나 민법상의 제3자를 위한 계약(전자)과 보험법상 제3자를
위한 보험계약(후자)은 다음과 같은 차이점들이 있다.

첫째, 기본구조에서의 차이점이다. 전자에서는 낙약자와 요약자 사이의 기본관
계, 요약자와 제3자 사이의 대가관계, 그리고 낙약자와 제3자 사이의 급부관계가
있다. 그런데 후자에서는 보험계약자와 보험자 사이의 법률관계에만 주목하고, 보
험계약자와 보험수익자 사이의 관계에서는 아무런 대가가 형성되지 않는 것이 일
반적이다.

둘째, 전자의 경우 제3자가 급부청구권을 취득하고 요약자가 취득하지 않는다.
그러나 후자의 경우 법률의 규정에 의하여 요약자에 해당하는 보험계약자가 2차
적으로 보험금청구권을 취득한다. 요컨대 타인을 위한 손해보험계약의 경우 보험
계약자가 피보험자에게 손해배상을 한 경우 보험계약자가 보험자에 대하여 보험
금청구권을 취득한다(제639조 제2항).

셋째, 전자와 달리, 후자에서는 타인인 피보험자나 보험수익자가 보험료지급의
무를 부담하는 경우에 관하여 법률이 규정하고 있다. 보험료지급의무는 제1차적
으로 보험계약자가 부담하는 것이지만, 보험계약자가 파산선고를 받거나 보험료의
지급을 지체한 때 그 타인이 그 권리를 포기하지 아니하는 한 그 타인도 보험료
를 지급할 의무가 있다(제639조 제3항).

넷째, 판례에 의하면 전자의 계약체결의 원인이 된 요약자와 제3자 사이의 법
률관계의 효력은 제3자를 위한 계약 자체는 물론 그에 기한 요약자와 낙약자 사
이의 법률관계의 성립이나 효력에 영향을 미치지 아니하므로 낙약자는 요약자와
제3자 사이의 법률관계에 기한 항변으로 제3자에게 대항하지 못하고, 요약자도
대가관계의 부존재나 효력의 상실을 이유로 자신이 기본관계에 기하여 낙약자에
게 부담하는 채무의 이행을 거부할 수 없다.[241] 반면, 후자의 경우에는 보험계약

---

241) 대법원 2003. 12. 11. 선고 2003다49771 판결.

자가 고지의무 등을 위반하거나, 최초보험료 등을 지급하지 아니한 경우 보험자는 보험수익자에 대하여 보험금지급을 거절할 수 있다.

다섯째, 전자의 경우 제3자의 채무자에 대한 급부청구권은 그가 채무자에 대하여 계약의 이익을 받을 의사를 표시한 때 생긴다. 제3자의 수익의 의사표시는 제3자의 급부청구권의 발생요건이다. 그 반면, 후자의 경우 보험수익자는 수익의 의사표시 없이도 보험금청구권을 당연히 취득한다.

여섯째, 전자에서 제3자가 수익의 의사표시를 할 수 있는 기간은 다른 특약이 없는 한 10년의 제척기간에 걸리고, 제3자의 급부청구권은 채권으로서 시효기간 10년의 경과로 소멸한다. 그러나 후자의 경우 수익의 의사표시가 필요 없고, 그 보험금청구권은 3년의 시효로 소멸한다.

일곱째, 후자의 경우 손해보험계약에서는 타인의 위임이 없으면 보험계약자가 이를 보험자에게 고지하여야 하는 점(제639조 제1항), 타인에 해당하는 피보험자 또는 보험수익자도 상법의 규정에 의하여 고지의무(제651조), 각종의 통지의무(제652조, 제657조), 위험유지의무(제653조)를 부담하고, 손해보험에서의 손해방지의무(제680조) 등도 부담한다. 그러나 이러한 점들이 전자에는 존재하지 않는다.

여덟째, 후자의 경우 보험자는 보험계약자가 보험료를 지급하지 아니한 때에 보험계약자에게만 최고하고 계약을 해지할 수 있는 것이 아니라, 피보험자 또는 보험수익자에게 보험계약자의 보험료 부지급의 사실을 알리고 상당한 기간을 정하여 보험료의 지급을 최고한 이후에야 비로소 보험계약을 해지 또는 해제할 수 있다(제650조 제3항).

아홉째, 후자에서는 타인을 위한 생명보험의 경우 보험계약자는 보험수익자의 지정변경권을 가지고 있고(제733조), 그 범위 내에서 보험수익자의 권리는 제한된다.

열 번째, 전자에서 판례에 의하면 제3자의 권리가 확정된 후에 낙약자의 채무불이행이 있으면 요약자는 자기의 채무를 면하기 위하여 제3자의 동의 없이도 계약을 해제할 수 있다.[242] 그러나, 후자에서 보험계약자는 보험수익자의 동의가 있거나 또는 보험증권을 소지하고 있는 경우에 한하여 보험계약을 해지할 수 있다(제649조 제1항 단서).

(3) 소결: 타인을 위한 보험계약은 상법상 특수한 계약

타인을 위한 보험계약을 민법상 제3자를 위한 계약의 일종으로 파악하는 판례는 타당하지 않고, 상법상의 특수한 계약으로 이해하여야 한다.

---

242) 대법원 1970. 2. 24. 선고 69다1410 · 1411 판결.

첫째, 무엇보다도 위에서 살핀 바와 같이 민법상 제3자를 위한 계약과 상법상 타인을 위한 보험계약은 상당한 차이점들이 있다. 이러한 차이점들이 있음에도 불구하고 타인을 위한 보험계약을 민법상 제3자를 위한 계약의 일종으로 파악할 수는 없겠다.

둘째, 법적 성질을 파악하는 실질적 이유 중의 하나는 관련 법규정 등이 없을 때 그 법적 성질로 분류되는 군의 법률관계를 적용 또는 유추적용하자는 것인데, 상법은 타인을 위한 보험계약에 대하여 상세한 규정을 가지고 있다. 그리고 상법 내에서도 보증보험이 타인을 위한 보험계약의 한 종류로 분류되고 있음에도 불구하고, 그 적용되는 법규는 일반적인 타인을 위한 보험계약과 상당히 다르다. 보증보험에서는 보험계약자가 고지의무 위반을 하거나 그 행위가 면책사유에 해당하는 경우에도, 보증보험자는 일반적인 타인을 위한 보험계약과는 달리 피보험자의 귀책사유가 없는 한 그 사유를 들어 항변하지 못한다(제726조의6 제2항).

셋째, 법률 규정상 민법과 상법의 조화로운 해석이 난해한 부분들이 여럿 있다. 예컨대 상법에 의하면 보험사고 발생 전에는 보험계약자가 언제든지 계약을 임의 해지할 수 있음에 반하여(제649조), 민법 제541조에 의하면 제3자의 수익의 의사표시 후 제3자의 권리가 생긴 후에는 당사자는 이를 변경 또는 소멸시키지 못한다. 따라서 민법상 제3자를 위한 계약의 일종으로 이해하는 경우, 보험계약자가 사고발생 전에 임의 해지할 수 있는지 여부에 관한 해석상 다툼의 소지가 있다. 이러한 사례는 이미 문제된 바 있다.[243] 타인을 위한 보험계약을 군이 민법상 제3자를 위한 계약의 일종으로 이해하는 한, 민법과 상법의 해석시 불필요한 논쟁이 지속될 수 있다.

결론적으로, 타인을 위한 보험계약을 민법상 제3자를 위한 계약의 일종으로 파악하는 것은 타당하지 않다. 만약 타인을 위한 보험계약의 법적 성질을 군이 정의해야 한다면, '상법상 특수한 계약'으로 이해하는 것이 옳고 그렇게 이해하여야만, 향후 발생하는 분쟁에 안정적으로 대비할 수 있다. 보험거래에서의 법률관계에 대하여는 원칙적으로 상법 보험편의 保險法理에 의하여 먼저 풀이를 시도해야 함에도, 민법적 시각에서 접근한다면 불필요한 논쟁뿐 아니라 타당하지 못한 결론에 이를 수도 있다.

---

243) 대법원 1974. 12. 10. 선고 73다1591 판결(상법 제649조 소정 사유 즉 보험사고가 발생하기 전에 보험계약자에 의하여 계약의 전부 또는 일부가 임의해지된 경우에는 그 해지의 효과로서 그 범위에서 민법 제541조의 적용이 배제되며 민법상의 제3자를 위한 계약에 있어서도 수익의 의사표시 후의 제3자의 지위를 규정한 민법 제541조의 규정은 계약 당사자가 제3자의 권리발생 후에 있어서도 그 권리를 변경 소멸시킬 수 있음을 미리 유보한 때에는 그 제한된 범위내에서만 적용이 있다).

관련 판례: 대법원 2018. 9. 13. 선고 2016다255125 판결

이 사건 타인을 위한 보험계약에서, 보험자가 보험수익자에게 보험금을 지급하였으나 다수의 보험계약 체결이 문제되어 그것이 선량한 풍속 기타 사회질서에 반하여 무효라고 판정난 후, 보험수익자에 대하여 부당이득반환청구권을 행사할 수 있는지 여부가 쟁점이 되었다. 원심(광주고등법원 2016. 9. 9. 선고 2016나10949 판결)은 타인을 위한 보험계약의 법적 성질에 대한 기존 판례에 따라 그 청구권행사를 부정하였다. 원심은 아래와 같이 논리학의 기본적 추론 방식인 3단 논법에 따랐다.

〈대전제〉 민법상 제3자를 위한 계약의 경우 낙약자(보험계약의 경우 '보험자')는 제3자 (보험계약의 경우 '보험수익자')에 대하여 부당이득반환청구권을 행사할 수 없다.
〈소전제〉 타인을 위한 보험계약은 민법상 제3자를 위한 계약의 일종이다.
〈결 론〉 타인을 위한 보험계약의 보험자는 보험수익자에 대하여 부당이득반환청구권을 행사할 수 없다.

위 〈대전제〉와 〈소전제〉는 기존 판례의 입장이고, 원심은 그 전제에 따른 〈결론〉만 도출하였다. 그런데 대법원은 원심을 파기하였다. 대법원이 위 〈대전제〉와 〈소전제〉의 입장을 변경한 것은 아니고, 이 사건 보험자가 '자신의 고유한 채무'를 이행한 것이기 때문에 보험자는 보험수익자에 대하여 부당이득반환청구권을 행사할 수 있다는 것이다. 하지만 부당이득반환청구권을 행사할 수 있다고 하는 결과에는 동의하나, 그에 이르는 법리는 타당하다고 보기 어렵다.

위 타인을 위한 보험계약은 민법상 제3자를 위한 계약의 일종이라고 하는 〈소전제〉가 잘못된 것이라 본다. 보험법은 일반 민사법 원리와는 구별되는 독자적 법원리를 가지고 있고, 그에 대한 이해와 해석이 요구된다. 이 사건 보험수익자의 법적 지위를 판단함에 있어 타인을 위한 보험계약에 관한 상법 규정들을 충분히 검토하여야 한다. 중요하게 지적할 점은, 기존 판례가 민법상 제3자를 위한 계약에서 3면의 쌍무관계를 전제하여 낙약자의 부당이득반환청구권 행사를 부정하는 논거가 보험계약 관계에는 적용되기 어렵다는 것이다. 본문에서와 설명한 것과 같이 타인을 위한 보험계약은 민법상 제3자를 위한 계약과는 상당히 다른 법률관계를 가지고 있으며, 이러한 점들이 상법 보험편에 충분히 나타나 있다. 타인을 위한 보험계약의 법적 성질에 대한 판례의 변경을 촉구한다. 또한 판시문의 '자신의 고유한 채무'라는 표현은 지나치게 추상적이어서, 향후 그 법적용시 어려움을 피할 수 없어 보인다.

제2 성립요건

1. 타인을 위한다는 의사표시

(1) 의사표시

보험계약의 당사자 사이에 타인을 위한다는 의사표시가 있어야 한다. 그 의사는 명시적일 필요는 없으나 구체적 사정에 따라 묵시적 의사가 판단될 수 있어야 한다. 학설은 그 뜻이 분명하지 않은 때에는 자기를 위한 보험계약으로 추정된다고 본다.[244] 그런데 판례는 통설과 입장을 달리 하여, 그 뜻이 분명하지 않은 경우 보험계약서 및 당사자가 보험계약의 내용으로 삼은 약관의 내용, 당사자가 보험계약을 체결하게 된 경위와 그 과정, 보험회사의 실무처리 관행 등 제반 사정을 참작하여 결정하여야 한다고 보고 있다.[245]

판례의 입장은 타당한 것으로 볼 수 없다. 타인을 위한다는 의사가 명확하지 않은 경우 보험계약자 자신을 위한 자기를 위한 보험계약으로 보아야 한다. 타인을 위한다는 의사가 명시적일 필요는 없으나 묵시적으로는 존재하여야 하고, 경제적 행위의 일종인 보험계약에서도 반대의 의사가 드러나지 않는 한 자신을 위한 행위로 봄이 상당하기 때문이다. 그리고 그 타인을 위한다는 의사 여부를 결정함에 있어 우선적으로 고려할 사항은 보험계약자가 그 타인에게 보험이익을 제공하게 되는 동기가 있는지 여부를 살피는 것이다.[246]

---

244) 양승규, 183면; 김은경, 293면 등.

245) 대법원 1997. 5. 30. 선고 95다14800 판결(손해보험에 있어서 보험의 목적물과 위험의 종류만이 정해져 있고 피보험자와 피보험이익이 명확하지 않은 경우에 그 보험계약이 보험계약자 자신을 위한 것인지 아니면 타인을 위한 것인지는 보험계약서 및 당사자가 보험계약의 내용으로 삼은 약관의 내용, 당사자가 보험계약을 체결하게 된 경위와 그 과정, 보험회사의 실무처리 관행 등 제반 사정을 참작하여 결정하여야 하는바, 위의 보험계약 체결시 건물의 임차인인 사업자가 건물주를 피보험자로 한다는 별다른 의사표시를 하지 않으므로 보험청약서의 소유자란에 사업자의 성명을 그냥 기재하였을 뿐인 점, 한편 건물의 임차인인 사업자가 그의 이름으로 보험계약을 체결한 경우에도 건물주의 동의서를 제출하게 한 후 보험금을 지급하여 온 점, 이 때 지급되는 보험금은 당해 건물에 발생한 손해액 전액에 해당하는 금원인 점 등에 비추어 볼 때, 위의 보험계약 중 건물에 관한 부분은 보험계약자인 임차인이 그 소유자를 위하여 체결한 것으로서, 보험회사는 보험사고가 발생한 경우에 보험계약자인 임차인이 그 건물의 소유자에 대하여 손해배상책임을 지는지 여부를 묻지 않고 그 건물의 소유자에게 보험금을 지급하기로 하는 제3자를 위한 보험계약을 체결하였다고 봄이 상당하다); 대법원 2003. 1. 24. 선고 2002다33496 판결; 대법원 2007. 2. 22. 선고 2006다72093 판결; 대법원 2009. 12. 10. 선고 2009다56603,56610 판결 등.

246) 그런 점에서 판례에 대한 비판을 가하고 있는 견해로 김창준, "타인 소유의 물건에 관하여 체

(2) 타인 특정의 불필요

타인을 위한 보험계약에서 타인이 특정될 필요가 없어 불특정인을 위한 보험계약의 체결도 가능하고 상법은 이를 명문으로 인정한다(제639조 제1항).

2. 타인의 위임

(1) 위임 요건의 배제

타인을 위한 보험계약은 타인의 위임이 없어도 유효하게 성립한다(제639조 제1항 본문). 타인을 위한 보험계약에서는 보험계약자가 그 타인의 대리인으로서가 아니라 자기의 이름으로 계약을 체결하는 것이므로 타인의 위임이 없어도 그 보험계약을 체결할 수 있다.

(2) 위임이 없는 때의 고지

타인을 위한 손해보험계약에서 타인에 해당하는 피보험자는 상법의 규정에 의하여 고지의무를 부담한다(제651조). 그런데 피보험자의 위임 없이 타인을 위한 보험계약이 체결되었다면 피보험자가 고지의무를 이행할 수 없는 상황이므로 피보험자의 고의 또는 중과실 요건이 충족되지 아니하여, 보험자로서는 고지의무 위반을 문제삼지 못할 수 있다.

이에 상법은 타인을 위한 보험계약의 성립에서 타인의 위임이 필요없으나, 손해보험계약의 경우 그 타인의 위임이 없는 때에는 보험계약자는 이를 보험자에게 고지하여야 하고, 그 고지가 없는 때 타인이 그 보험계약이 체결된 사실을 알지 못하였다는 사유로 보험자에게 대항하지 못한다고 규정한다(제639조 제1항 단서). 이로 인하여 피보험자의 위임 없이 체결한 손해보험계약이라는 점을 보험계약자가 보험자에게 고지하지 아니하면, 피보험자는 자기를 위하여 손해보험계약이 체결되었음을 알지 못하였다는 이유로 고지의무 위반이나 통지의무 위반 등으로 인한 불이익을 면할 수 없게 된다. 이 규정에 의하여 보험자는 위임을 하지 않은 피보험자에 대하여 당 보험계약의 체결사실을 알리고 관련 의무의 이행을 촉구하게 된다. 하지만 이 규정에 대하여는 타인인 피보험자가 대항하지 못한다고 규정할 것이 아니라(제639조 제1항 단서), 타인을 위한 손해보험에 있어서는 보험자에게 피보험자에 대하여 고지의무의 이행을 촉구할 의무를 부과하여야 한다는 비판

결된 보험계약의 성질", 『상사판례연구』 Ⅳ권, 2000, 박영사, 323–336면.

론이 있다.[247]

3. 화재보험의 특칙

집합된 물건을 일괄하여 보험의 목적으로 한 때에는 피보험자의 가족과 사용인의 물건도 보험의 목적에 포함된 것으로 한다. 이 경우에는 그 보험은 그 가족 또는 사용인을 위하여서도 체결한 것으로 본다(제686조).

제3 효　　과

1. 보험계약자의 권리와 의무

(1) 권　리

1) 원　칙

타인을 위한 보험계약에서의 보험계약자는 원칙적으로 보험금지급청구권 이외의 권리를 모두 가진다. 따라서 보험증권교부청구권(제640조), 보험료감액청구권(제647조), 보험료반환청구권(제648조), 보험계약의 해지권(제649조 제1항 본문) 등이 그것이다. 그리고 인보험의 경우 보험계약자는 보험수익자의 지정·변경권을 가진다(제733조).

2) 예　외

하지만 보험계약자의 권리가 일정한 범위 이내에서 제한을 받는다. 첫째, 보험사고 발생 전의 계약해지권은 보험계약자가 보험증권을 소지하고 있지 아니하면 그 타인의 동의를 얻어서만 행사할 수 있다(제649조 제1항 단서). 이는 이미 발생한 타인의 권리를 보호하기 위한 것이다. 둘째, 타인을 위한 손해보험에서 보험금청구권은 수익의 의사표시가 없더라도 피보험자가 당연히 가지는 것이 원칙이나 예외적으로 보험계약자가 취득할 때가 있다. 손해보험계약의 경우에 보험계약자가 그 타인에게 보험사고의 발생으로 생긴 손해의 배상을 한 때에는 보험계약자는 그 타인의 권리를 해하지 아니하는 범위 안에서 보험자에게 보험금액의 지급을 청구할 수 있다(제639조 제2항). 단 보증보험과 같이 보험자가 보험계약자의 피보험자에 대한 채무이행을 보증하고 있는 특수한 보험에서는 보험계약자의 보험금

---

247) 박세민, 380면; 한기정, 403면 등.

청구권은 인정할 수 없다(제726조의6 제1항).

(2) 의 무

보험계약자는 자기의 이름으로 보험계약을 체결하는 자이므로 보험계약상의 모든 의무를 부담한다. 따라서 보험료지급의무(제639조 제3항 본문), 각종 통지의무 (제652조, 제657조), 위험유지의무(제653조), 손해방지의무(제680조) 등을 부담한다. 또한 타인을 위한 손해보험의 경우 타인의 위임이 없으면 이를 보험자에게 고지 할 의무를 부담한다(제639조 제1항 단서).

2. 타인의 권리와 의무

(1) 권 리

1) 원 칙

피보험자 또는 보험수익자는 수익의 의사표시를 하지 아니한 경우에도 당연히 계약상의 이익을 받는다(제639조 제2항 본문). 그러므로 피보험자 또는 보험수익자 는 보험금청구권을 자기 고유의 권리로서 당연히 가지게 된다. 보험금청구권은 타 인을 위한 보험계약의 효과로서 타인이 원시적으로 취득하는 것이므로 보험계약 자의 권리를 승계적으로 취득하는 것이 아니다. 피보험자는 특별한 사정이 없는 한 보험계약자의 동의가 없어도 임의로 그 권리를 행사하고 처분할 수 있다.[248]

2) 예 외

피보험자 또는 보험수익자가 당연히 자기 고유의 권리로서 보험금청구권을 취 득하는 것이기는 하나 일정한 제한을 받는다.

첫째, 보험자는 보험계약자와의 관계에 기한 모든 항변, 예컨대 고지의무 위반 (제651조), 보험료부지급(제650조 제2항), 보험자의 면책사유(제659조, 제660조) 등으 로 피보험자 또는 보험수익자에게 대항할 수 있다. 만약 보험계약자가 기망행위를

---

248) 대법원 1981. 10. 6. 선고 80다2699 판결(타인을 위한 보험계약에 있어서 피보험자는 직접 자 기 고유의 권리로서 보험자에 대한 보험금지급청구권을 취득하는 것이므로 특별한 사정이 없는 한 피 보험자는 보험계약자의 지급기한을 연기하는 등 그 권리를 행사하고 처분할 수 있다); 대법원 1992. 11. 27. 선고 92다20408 판결(타인을 위한 보험계약에 있어서 피보험자는 직접 자기 고유의 권리로서 보험자에 대한 보험금지급청구권을 취득하는 것이므로 특별한 사정이 없는 한 피보험자는 보험계약자 의 동의가 없어도 임의로 권리를 행사하고 처분할 수 있다); 대법원 2006. 1. 26. 선고 2002다74954 판결(보증보험계약과 같은 타인을 위한 보험계약에 있어서 피보험자는 직접 자기 고유의 권리로서 보 험자에 대한 보험금지급청구권을 취득하는 것이므로, 특별한 사정이 없는 한 피보험자는 보험계약자의 동의가 없어도 임의로 그 권리를 행사하고 처분할 수 있다고 봄이 상당하다).

한 경우 보험자는 일반 보험계약과 같이 사기를 이유로 보험계약을 취소하고 보험사고 발생시에 보험금지급의무를 면할 수 있다. 그러나 타인을 위한 보험계약의 일종이라 할 수 있는 보증보험의 경우는 다르다. 보증보험에서는 보험자가 이미 보험증권을 교부하여 피보험자가 보험증권을 수령한 후 이에 터잡아 새로운 계약을 체결하거나 이미 체결한 계약에 따른 의무를 이행하는 등으로 보증보험계약의 채권담보적 기능을 신뢰하여 새로운 이해관계를 가지게 되었다면, 특단의 사정이 없는 한 그와 같은 피보험자의 신뢰를 보호할 필요가 있으므로 보험자는 보험계약을 취소할 수 없다.[249] 개정법도 이러한 취지에서 보증보험계약에 관하여는 보험계약자의 사기, 고의 또는 중대한 과실이 있는 경우에도 이에 대하여 피보험자에게 책임이 있는 사유가 없으면 제651조(고지의무), 제652조(위험변경증가의 통지의무), 제653조(위험유지의무) 및 제659조 제1항(보험자의 면책사유)을 적용하지 아니한다고 규정한다(제726조의6 제2항).

둘째, 인보험의 경우 보험계약자는 보험수익자의 지정·변경권을 가지고(제733조), 그 범위 내에서 보험수익자의 권리는 제한된다.

(2) 의 무

피보험자 또는 보험수익자도 상법의 규정에 의하여 고지의무(제651조), 각종의 통지의무(제652조, 제657조), 위험유지의무(제653조), 손해보험에서의 손해방지의무(제680조) 등을 부담한다.

보험료지급의무는 제1차적으로 보험계약자가 부담하는 것이지만 보험계약자가 파산선고를 받거나 보험료의 지급을 지체한 때 그 타인이 그 권리를 포기하지 아니하는 한 그 타인도 보험료를 지급할 의무가 있다(제639조 제3항). 타인을 위한 보험계약의 경우에는 보험자는 보험계약자가 보험료를 지급하지 아니한 때에 보험계약자에게만 최고하고 계약을 해지할 수 있는 것이 아니라, 피보험자 또는 보험수익자에게 보험계약자의 보험료부지급의 사실을 알리고 상당한 기간을 정하여 보험료의 지급을 최고한 이후에야 비로소 보험계약을 해지 또는 해제할 수 있다(제650조 제3항).

---

249) 대법원 1999. 1. 13. 선고 98다63162 판결 등 보증보험에서 상론한다.

제 **4** 장

손해보험 총론

제1절 손해보험계약

1. 의 의

손해보험계약은 보험계약자는 보험료를 지급하고 보험자는 보험사고로 인하여 생길 피보험자의 재산상의 손해를 보상(補償)할 것을 약정하는 계약이다(제665조). 손해보험은 물건이나 기타 재산상의 손해의 보상을 목적으로 하는 점에서 사람의 생명이나 신체에 대한 사고를 대상으로 하는 인보험과는 다르다.

2. 손해보상계약성

(1) 손해보상계약

손해보험계약은 보험자가 보험사고로 인하여 생긴 피보험자의 재산상의 손해를 보상할 책임을 지는 손해보상계약(Contract of Indemnity)의 일종이다.

(2) 손해배상과의 차이

보험자의 손해보상의 의무는 채무불이행자나 불법행위자가 부담하는 손해배상의무(민법 제390조, 제750조)와 유사한 면도 있으나, 다음과 같은 차이가 있다.

첫째, 손해배상에 있어서는 배상의무자의 행위와 상당인과관계가 있는 모든 손해(민법 제393조, 제763조)를 배상하는 것임에 반하여, 손해보상에 있어서는 보험금액의 한도 내에서 보험사고로 피보험자가 입은 재산상의 손해만을 보상하는 것이다. 따라서 손해배상에 있어서는 적극적 손해는 물론 소극적 손해 및 정신적 손해도 배상범위에 포함되는 것이나, 손해보상에 있어서는 소극적 손해와 정신적 손해는 제외됨이 원칙이어서 보험사고로 인하여 상실된 피보험자가 얻을 이익이나 보수는 당사자간에 다른 약정이 없으면 보험자가 보상할 손해액에 산입되지 아니한다(제667조).

둘째, 손해배상의무는 사법 일반의 이론으로서 손해발생의 경우 당사자간의 공평한 부담을 기하기 위하여 손해의 배상 그 자체를 본질적 내용으로 하는 의무이다. 그러나 손해보상의무는 보험제도의 본질적 목적인 위험부담의 실현방법으로서의 보험계약상의 의무이다.

셋째, 손해보상에 있어서는 손해액의 산정에 관한 비용은 보험자의 부담으로
하는 점(제676조 제2항), 손해방지비용도 보상대상이 되는 점(제680조)도 손해배상
과 차이가 있다.

넷째, 손해배상에서의 주관적 귀책사유는 고의, 중과실, 경과실이 요건으로서
이것이 있으면 배상책임이 발생한다. 그러나 손해보상에 있어서는 고의와 중과실
이 면책사유이고(제659조), 경과실이 있더라도 보상책임이 발생한다.

3. 손해보상의 원칙

손해보험계약에서는 보험자가 보험계약자로부터 위험을 인수하여 보험사고로
생길 피보험자의 재산상의 손해를 보상할 것을 목적으로 하는 손해보상의 원칙
또는 실손보상의 원칙(Principle of Indemnity)이 중요한 원칙으로 자리잡고 있다.
그리하여 실제 발생한 손해를 조사하여 그 손해만을 보상하며 어떠한 경우에도
보험가액이나 실제 손해 이상은 보상하지 않는 것이 원칙이다. 실제 발생한 손해
를 한도로 하여서만 보상을 하며 그 이상은 보상하지 않는 것으로, 이는 손해보
험에 가입함으로써 피보험자가 재산적 이득을 취할 수 없다는 뜻이어서 '이득금지
의 원칙'으로도 불린다.

손해보험계약에서 손해보상의 원칙 또는 이득금지의 원칙은 '절대적인 강행법
원리'로서 인위적 사고 등의 도덕적 위험으로 인한 폐해를 방지하는 근간이 되는
원리이다.

4. 인보험과의 차이

중요한 차이점만을 살피면, 인보험은 원칙적으로 정액보험이나 손해보험은 부
정액보험이다. 피보험이익은 손해보험의 요소로서 인보험에서는 요소가 아니고 따
라서 보험가액, 중복보험 및 초과보험 등의 개념은 손해보험에만 존재한다. 피보
험자가 인보험에서는 보험의 객체임에 반하여, 손해보험에서는 피보험이익의 주체
로서 보험금청구권자가 된다. 기타 인보험에서는 고의만이 면책사유임에 반하여
손해보험에서는 고의와 중과실이 면책사유로 되어 있는 등, 여러 차이가 있다.[1]
다만 인보험 중 상해보험은 손해보험적인 성격도 가지고 있다.

---

1) 제6장 제1절 인보험 통칙에서 상론한다.

5. 종 류

손해보험의 종류로서 상법은 화재보험, 운송보험, 해상보험, 책임보험, 자동차보험, 보증보험의 여섯 가지를 규정한다. 책임보험의 분야가 임원배상책임보험, 제조물배상책임보험 등 신종 보험의 등장과 함께 급속도로 발전하고 있으며 자동차보험 등도 없어서는 아니 될 중요한 보험이다. 그런데 이 여섯 가지 이외에도 항공보험, 원자력보험, 건설공사보험 등 수많은 형태의 보험이 존재하며 꾸준히 발전하고 있다. 상법에서 규정하지 않는 손해보험에 대하여도 상법 보험편 규정이 적용되고, 기타 각 보험약관에서 계약내용을 정한다.

제 2 절　피보험이익

제1　피보험이익의 의의

1. 개　념

(1) 손해보험계약의 요소

보험계약의 체결은 우연한 사고에 대비하여 경제적 불안을 극복하려는 데 그 목적이 있으며, "이익 없으면 보험 없다"는 말과 같이 피보험이익은 손해보험계약의 중심요소를 이루고 있다. 따라서 피보험이익의 관념은 사행계약으로서의 보험계약을 도박 등과 구별하는 데 중요한 의의가 있고, 상법은 피보험이익을 '보험계약의 목적'이라 하고 금전으로 산정할 수 있는 이익으로 한정한다(제668조). 피보험이익은 보험계약의 도박화를 방지하기 위하여 정책적으로 인정하는 것으로, 손해보험계약에서 손해보상의 원칙 또는 이득금지의 원칙이라는 절대적인 강행법원리를 실현하는 중요한 개념이다.

(2) 정　의

피보험이익(insurable interest, Versicherungsinteresse, intérêt d'assurance)의 의의에 대한 견해는 크게 관계설과 이익설로 나눌 수 있다.

첫째, 관계설은 독일 및 영미에서의 다수설로서 피보험이익을 보험의 목적에 대하여 보험사고가 발생함으로써 피보험자가 손해를 입게 되는 경우에 그 목적에 대하여 피보험자가 갖는 경제적 이해관계라고 한다. 영국의 Marine Insurance Act(1906)는 이 설을 취하여 제5조 1항에서 "본법의 규정에 따라서 해상모험(항해)에 관하여 이해관계가 있는 자는 모두 피보험이익을 가진다"고 한다.[2]

둘째, 이익설은 관계설이 피보험이익을 설명하는 데 있어서 손해라는 말을 사용하는 것은 순환논법이라 비판하고, 일정한 사고가 발생하면 특정인에게 재산적

---

2) 이기수 외, 155면.

손실을 일으키는 관계가 있기 때문에 사고가 발생하지 아니하는 동안에 그 특정인은 경제적 이익을 가지고 있다고 할 수 있으며, 피보험이익은 바로 이 경우 피보험자가 가지는 이익 또는 가치라고 설명한다. 이 설을 주장하는 대표적 학자는 Kisch이다.[3] 우리나라에서 이 설을 주장하는 견해는 '피보험자가 재산상의 손해가 발생할 수 있는 보험의 목적에 대하여 갖는 경제상의 이익'이라 한다.[4]

두 설은 그 표현방식과 이해방법이 다를 뿐 순환논법이 되고 결과와 실익에도 차이가 없다.[5] 따라서 피보험이익이란 보험의 목적에 대하여 보험사고가 발생함으로써 피보험자가 손해를 입는 관계에 있는 경우 피보험자가 가지는 경제상의 이해관계로 이해한다. 예를 들면, 甲은 그의 집을 소유하고 있다. 만약 그의 집에 화재가 발생한다면 그는 손해를 입게 될 것이고 복구를 하는 데도 비용이 들 것이다. 그러나 甲 또는 甲의 집과는 전혀 상관이 없는 단지 우연히도 甲의 집 앞을 지나가고 있는 乙에게는 甲의 집에 화재가 발생한다고 하여 입게 되는 경제적 손해가 없다. 그의 집이 아니고 아무런 이해관계가 없으므로 복구에 신경 쓸 필요도 없다. 위 예에서 甲의 집에 대하여, 甲은 피보험이익이 있고 乙은 피보험이익이 없다.

2. 보험목적과의 차이

피보험이익은 상법상 보험계약의 목적이라고 표현하고 있고(제668조), 이것은 보험의 목적과는 구별된다. 후자는 보험계약의 대상인 재화를 말하고, 전자는 그것이 가지고 있는 이익을 말한다. 그리하여 동일한 목적에 대하여도 경제적인 이익이 다름에 따라 수개의 피보험이익이 있을 수 있고, 동일한 재화에 대한 보험계약이라도 피보험이익이 다르면 별개의 보험계약으로 되는 것이다. 예를 들면 보험목적물인 동일한 건물에 대하여 건물의 소유자로서의 피보험이익, 임차인으로서의 피보험이익, 저당권자로서의 피보험이익이 각각 독립적으로 존재할 수 있고 따라서 보험계약의 체결도 각각 독립적으로 가능하다.

3. 인보험과 피보험이익

우리나라에서 피보험이익은 손해보험에 특유한 것으로 인보험에는 인정되지 않는다. 그러나 피보험이익은 보험계약에 의하여 보험자가 담보하고 있는 위험에

---

3) Wilhelm Kisch, Handbuch des Privatversicherungsrecht, Bd. Ⅲ (1922), S. 23.
4) 최기원, 253면.
5) 양승규, 195면; 김성태, 379면; 박세민, 399면; 한기정, 417면 등.

대하여 보험사고가 생길 때에 피보험자에게 보험보호를 하여야 할 경제적 이익이라는 점을 생각하여 보면 인보험에서도 피보험이익의 관념을 인정할 수 있다는 견해도 있다.[6]

제2 피보험이익의 지위

1. 상대설과 절대설

피보험이익의 지위에 관한 견해로는 상대설과 절대설이 있다. 상대설은 피보험이익이 선량한 사회질서에 어긋나지 않는 하나의 징표로서의 기능을 가지는 데 지나지 않는다고 하고, 상법 제644조를 근거로 하며 피보험이익이 없는 경우에도 손해보험계약의 효력을 인정할 수 있다고 한다. 기평가보험(제670조), 신가보험(제676조 제1항) 등도 근거로 한다.[7]

절대설은 피보험이익은 적어도 손해보험계약의 중심요소로서 보험계약의 당연한 논리적 전제로 인정하는 것으로, 피보험이익이 없으면 손해보험계약의 성립이나 존속을 인정하지 않는다.[8] 이 설이 다수설로서 상법 제644조 단서는 보험계약의 선의성에서 오는 극히 예외적인 경우로 보면서, 피보험이익의 법적 지위는 보험계약성립의 절대적 요소라 한다.[9] 따라서 피보험이익이 흠결된 손해보험계약은 무효라 한다.

2. 피보험이익에 관한 변화의 동향

(1) 영 국

피보험이익에 관한 기원은 영국이고 지금부터 200년 이전인 Lucena v. Craufurd 판결[10]에 기초한다. 이 판결은 "피보험이익이라 함은 당사자의 소유 또

---

6) 양승규, 194면.

7) 김성태, 384면.

8) 수정절대설도 있다. 수정절대설은 기본적으로는 절대설의 입장에 서면서도 종래 절대설이 설명할 수 없는 보상원칙의 예외현상에 대한 설명이 가능하도록 절대설을 수정하여야 한다는 견해이다.

9) 양승규, 196면; 정찬형, 600면.

10) [1806] 2 B&P (NR) 269, HL. 8명의 네덜란드 인과 함께 적하를 적재한 선박이 St. Helena에서 영국으로 항해하던 중 해상위험으로 인하여 훼손된 사건이다. 네덜란드에 대한 선전포고가 있기 전에 보험계약은 체결되었지만 그 선박이 영국국왕에 의하여 나포되어 St. Helena로 이송되었다. 8년이라는 오랜 기간을 거쳐 종결된 이 사건의 특이한 점은 피보험자가 네덜란드 인 상인에게 선박과 적하를 위한 피난처를 제공할 의도로 영국 의회법에 근거하여 임명된 감독관이었다는 점이다. 이 법은 나

는 향유에 영향을 미치는 사고가 발생하는 경우 상실될지도 모르는 재산에 대한 권리 또는 계약으로부터 유래하는 권리"라고 하여 피보험이익의 고전적 정의를 내리고 있고, 1906년 영국해상보험법 제5조 제2항도 이러한 취지로 규정되었다.[11] 영국에서는 전통적으로 손해보험뿐 아니라 생명보험 및 모든 보험계약에서 피보험이익을 요건으로 하여, 생명보험에서도 피보험이익이 계약상의 요건이다. 그런데 자신과 배우자 등의 생명에 관하여는 피보험이익이 인정되나, 직계비속이나 직계존속 또는 동거하는 자들을 피보험자로 하는 보험계약을 체결하기 위하여는 법률로 인정되는 경제적 이익을 입증하여야 하고 그 이익을 한도로 하여 보험계약을 체결할 수 있다.[12] 대법원이 영국법상 피보험이익의 존부에 관한 판결을 하였다.[13] 그 판결은 보험계약자가 상당한 기간 동안에 발생한 불특정 다수인의 사망 또는 상해에 관하여 정액의 보험금을 지급받기로 하는 보험계약에서, 보험계약자가 그들의 사망 또는 상해와 관련하여 금전적인 책임을 부담할 수 있는 지위에 있고, 보험계약을 체결한 의도가 그러한 법적 책임을 부보하기 위한 것인 때에는 보험계약자에게 영국 생명보험법 제1조에 따른 피보험이익을 인정할 수 있다고 하였다.

(2) 피보험이익의 문제점

최근 영국에서는 피보험이익 관련의 개정 필요성에 대하여 대다수 전문가가 동의하고 있다. 영국은 손해보험에서 피보험이익의 개념을 없애고자 한다. 그 이유로 지적되는 것은 다음과 같다.

첫째, 피보험이익의 의의와 그 적용이 난해하다. 무엇이 피보험이익인지에 대하여 보험의 목적에 따라 다양하고, 그 요구되는 시점도 계약의 체결시인지 또는

폴레옹 전쟁 기간중 공포되었는데, 당시 다수의 네덜란드 상인은 선박과 적하를 영국항구에 피난하고자 하였지만, 동법 제정 이전에는 이 재산을 관리하는 기구가 없었으나 동법 제20조에 따라 소유자는 선서를 하는 경우 재산을 점유하거나 거래할 수 있었고, 동법 제21조에 기하여 영국국왕은 재산이 위험에 처한 경우 부패할 염려가 있는 물건을 처분하고 영국 내의 재산을 관리하기 위한 감독관을 임명할 권한을 부여받았다. 즉 법률상의 수치인의 지위가 인정되었다. 쟁점은 감독관이 네덜란드 상인의 적하가 영국에 도착하기 이전에도 그 적하에 대한 권한이 있는가 여부이었다. 이에 대하여 영국법원은 감독관은 피보험이익이 없고 감독관은 보상을 받지 못한다는 것이었다.

11) 제5조 제2항은 해상사업에 대하여 또는 그 해상사업에서 위험에 노출되어 있는 일체의 피보험재산에 대하여 보통법상 또는 형평법상의 관계를 갖고 있는 자는, 그 관계를 갖고 있는 결과로서 피보험재산이 안전하게 유지되거나 예정대로 도착함으로써 이익을 얻게 된다든지, 또는 피보험재산이 멸실 또는 훼손되거나 또는 억류됨으로써 손해를 입게 된다든지, 또는 피보험재산에 관하여 배상책임을 지게 된다든지 할 경우, 그 해상사업에 대하여 이해관계를 갖고 있는 것이다.

12) 예컨대 연대채무자들 상호간에 생명보험계약을 체결하는 것으로 보험금액은 채무액을 초과할 수 없다.

13) 대법원 2019. 5. 30. 선고 2017다254600 판결.

보험사고의 발생시인지에 따라 다르다. 다음의 사례를 보자. (i) 환경오염물질을 배출하는 자에게 거액을 기부하도록 하는 것이 법률로 강제되지는 않지만 도의적으로 강하게 요청되는 지역이 있다. 그 곳에서 영업을 하는 정유회사의 경우, 거액 기부의 위험을 보험으로 담보할 수 있는가? (ii) 주택과 그 가구 등 동산 일체를 화재보험에 가입하였는데 대학에 간 아들의 물건들이 불타버린 경우 그 모는 자의 손해에 대한 보험금청구권을 가지는가? 피보험자는 자이고 모는 자의 대리인으로서 보험금을 청구할 수 있을 것이나, 그 모는 자의 집기에 대한 피보험이익을 가지는지의 여부이다.

둘째, 영국에서는 2005년 도박법의 제정으로 인하여 피보험이익의 요건이 소멸된 것으로 본다. 영국에서 도박은 오늘날 광범하게 용인되며 2005년 도박법(Gambling Act)은 1845년 게임법(Gaming Act)을 폐지하여, 국가정책은 도박을 더 이상 금지하는 것이 아니라 이를 규제하는 것이 되었다. 우리나라도 '복권및복권기금법' 등이 존재한다.

셋째, 다양한 파생금융상품의 등장으로 보험과 파생금융상품과의 구별이 희박하여 지고, 피보험이익이 이러한 다양한 상황을 설명할 수도 없다.[14]

넷째, 과거 피보험이익은 도덕적 위험을 방지하기 위하여 필요하였다. 하지만 피보험이익 없이도 손해보상의 원칙을 관철시킬 수 있어 도덕적 위험을 최소화할 수 있다.

따라서 영국도 호주[15]와 같이 손해보험에서는 피보험이익의 개념을 없애고자 한다. 손해보상의 원칙이 피보험자의 손해를 요건으로 하고, 이것으로 보험과 도박을 구별할 수 있으며 또한 도덕적 위험을 방지할 수 있다고 본다.[16]

---

14) FSA Policy Statement 4/19 (2004), § 2.10. FSA는 2004년 "보험계약의 식별"이라는 제목으로 정책보고서를 발간하였는데 이에 따르면 "(1) 제공자에 의한 위험의 인수가 모든 보험계약의 중요한 특징이고, (2) (가) 계약상 수령인이 지급하는 금액이 발생의 개연성 또는 불확정한 사고의 중대함 중의 하나 또는 둘을 참고하여 산정되거나, (나) 계약이 보험계약이라고 기술되고, 보험계약의 유형에 부합하는 조건으로 가령 최대선의의무를 포함하는 경우, 그 계약은 보험계약으로 고찰될 수 있으며, (3) 계약이 단지 손해의 위험과 같은 순수한 위험이 아니라 이익 또는 가능성을 수반하는 위험과 같은 특수한 위험을 제공자가 인수하는 것을 요건으로 하는 경우에는 보험으로 고찰되기 어렵다"는 적극적인 기준을 제시하고 있다.

15) 호주는 피보험이익을 보험의 요소로 삼지 않는다. 호주보험계약법 제16조는 "피보험이익은 요구되지 않음"이라는 제목 아래 "보험계약을 체결할 때 피보험자가 보험목적에 대하여 이익을 가지지 않았다는 이유만으로는 일반 보험계약은 무효가 아니다"라고 규정한다. 제17조는 "손해발생시에 법률상의 이익은 요구되지 않음"이라는 제목 아래 "보험목적물이 멸실 또는 훼손되어 보험계약상의 피보험자가 금전적 또는 경제적 손해를 입은 경우에, 보험자는 손해발생시에 피보험자가 보험목적상 법률상의 이익이 없다는 이유만으로 면책되지 않는다"라고 규정한다.

16) Law Commission, Insurance Contract Law Issues Paper 4, Insurable Interest (2008), 67.

3. 소 결

상대설이 타당한 것으로 보인다. 피보험이익의 개념이 분명하지 못한 경우가 있는 점, 도덕적 위험의 방지는 손해보상의 원칙이나 이득금지의 원칙으로 실현할 수 있는 점, 금융공학기술의 발달로 다양한 파생상품과 보험의 구별을 피보험이익으로 하는 것은 사실상 불가능한 점 등에서 본다면 피보험이익을 절대적 요소로 하여 보험계약의 유무효를 판단하는 것은 옳지 않다.

"이익 없으면 보험 없다"라는 명제에서 "손해 없으면 보험 없다"라는 명제로의 전환이 필요하다.

제3 피보험이익의 요건

손해보험계약이 유효하게 성립하고 존속하기 위하여는 원칙적으로 다음의 요건을 갖추어야 한다.

(1) 적법한 이익

피보험이익은 적법한 것이어야 한다. 탈세나 절도, 도박 등으로 인하여 받을 불법한 이익과 기타 선량한 풍속 기타 사회질서에 반하는 이익은 피보험이익이 될 수 없다. 그 적법성의 판단은 객관적 문제로서 당사자 또는 피보험자의 선의 · 악의에는 영향을 받지 않는다. 또 피보험이익의 적법성은 이익주체의 인적 상태와도 관계가 없다.

그런데 이것이 그렇게 명확한 것만은 아니어서 어려움이 있다. 과거 교통범칙금을 대납해주는 업종이 1998년 4월경 생겨났고,[17] 이후 대법원은 교통범칙금대행업이 일종의 보험사업에 해당하는 것임에도 보험업법에 의하지 않고 영위하는 무허가 유사수신행위에 해당한다고 판결하였으며,[18] 2003년 헌법재판소도 대법원

---

17) 당시 국세청은 이러한 업종에 대하여 '범칙금대행업'이라는 새로운 업종코드를 만들어 사업자등록을 받았다. 2000년부터 금융위원회는 유사수신행위를 규제하여 선량한 거래자를 보호하고 건전한 금융질서를 확립한다는 취지하에 유사수신행위의규제에관한법률(법률 제6105호)을 제정 · 시행하였다.

18) 대법원 2001. 12. 24. 선고 2001도205 판결에서 "보험사업이라 함은 같은 위험에 놓여 있는 다수의 보험가입자로부터 위험을 인수하여 그 대가로서 위험률에 따른 보험료를 받아 이를 관리 · 운영하고, 그 가입자에게 불확정한 사고가 생길 때에는 일정한 보험금액 기타의 급여를 지급하는 것을 내용으로 하는 사업으로서, 보험사업의 범위는 그 사업의 명칭이나 법률적 구성형식에 구애됨이 없이 그의

의 판결을 고수한 바 있다.[19] 즉 교통위반행위에 대하여 범칙금을 대납하여 주는 업이 보험에 해당한다는 것으로 본 바 있으나, 그 부보하고자 하는 이익이 적법한 것이 아니었다. 교통범칙금에 대한 보험보호는 위법행위를 조장하고 사회적 비용을 양산하는 결과가 초래될 수 있어 의문이 있다. 또한 벌금형을 대납해주는 운전자보험도 피보험이익의 적법성이라는 관점에서 보면 재고의 여지가 있다.

(2) 경제적 이익

피보험이익은 금전으로 산정할 수 있는 것이어야 한다(제668조). 즉 피보험이익은 경제적 이익을 가진 것이어야 하며 단순히 어느 특정인에 한하는 감정이익이나 기호이익, 그리고 도덕적·종교적인 가치 등은 피보험이익으로 할 수 없다. 그러나 반드시 법률상의 관계 또는 권리일 것을 요하지는 않는다. 화재로 인하여 영업불능으로 된 기간 동안에 얻을 것으로 기대되는 희망이익과 같은 사실상의 관계도 경제적 이익이 있으면 이를 피보험이익으로 할 수 있다. 보통의 경우 보험목적인 물건의 시세 가액이 피보험이익의 경제적 평가액이 될 것이고 이것을 보험가액이라 한다.

피보험이익이 경제적 이익을 요건으로 하는 것은 이것을 금전으로 산정할 수 없는 한 그 손해의 산정은 사실상 불가능하고, 사람의 생명이나 가치를 금전으로 평가하는 것은 불가능하여 생명보험에 피보험이익의 개념을 인정하지 않는 것도 바로 이 요건 때문이다.

(3) 확정성 있는 이익

피보험이익은 계약체결 당시 그 존재 및 소속이 확정되어 있거나 또는 적어도 사고발생시까지 확정할 수 있는 것이어야 한다. 이익이 확정되지 않으면 손해도 확정되지 않아 보험자는 보상할 수 없기 때문이다. 그러나 이익은 현존하는 확정이익에 한하지 않고 미필의 이익, 조건부이익 등 장래의 이익을 보험계약의 목적으로 할 수 있고(제698조), 장래의 이익이라도 사고발생시까지 확정할 수 있는 것이면 상관없다.

실체 내지 경제적 성질을 실질적으로 고찰하여 판단하여야 한다"고 판시하며, 교통범칙금 상당액을 보상해 주기로 약정하고 연회비를 납부받은 영업행위가 실질적으로 무허가 보험사업으로 유사수신행위의 규제에관한법률 제2조 제4호 소정의 '유사수신행위'에 해당한다고 하였다.
19) 헌법재판소 2003. 2. 27. 선고 2002헌바4 결정.

제4 피보험이익의 효용과 평가

손해보험은 피보험이익에 대하여 생긴 손해를 보상할 것을 목적으로 하므로 다음과 같은 효용이 있다.

(1) 보험자의 책임범위 결정

보험자의 책임범위를 결정한다. 손해보험은 피보험이익에서 생긴 손해를 보상할 것을 목적으로 하므로 보험자의 급여책임의 최고한도는 이 피보험이익의 평가액을 표준으로 하여 결정된다. 피보험이익의 평가액, 즉 보험가액을 보험자의 보상책임의 법률상의 최고한도액이라고 한다.

(2) 초과보험, 중복보험의 방지

물건보험은 피보험이익을 전제로 하고, 또한 이익획득의 수단이 아니므로 도박성을 배제하고 초과보험·중복보험 등의 폐해를 방지하는 기준이 된다.

(3) 인위적 사고의 방지

보험사고가 발생하여도 피보험자는 피보험이익의 평가액을 한도로 보상을 받게 되므로 인위적 사고유발을 방지하게 된다.

(4) 보험계약의 동일성을 판단

피보험이익은 보험계약의 동일성을 구별하는 표준이 된다.[20] 동일인 또는 다수인은 동일한 보험의 목적에 관하여 수개의 피보험이익을 가지게 되므로, 그에 따라 각각 독립한 보험계약을 체결할 수 있다.

---

20) 대법원 1997. 9. 5. 선고 95다47398 판결(임가공업자가 한 보험자와의 사이에 소유자로부터 공급받은 원·부자재 및 이를 가공한 원제품에 대하여 동산종합보험계약을 체결하고, 소유자가 다른 보험자와 그 원·부자재에 대하여 같은 보험계약을 체결한 경우에 전자는 목적물의 도난 또는 멸실, 훼손으로 손해가 생긴 때의 손해배상책임을 담보하는 소극적 이익을 피보험이익으로 한 일종의 책임보험의 성격을 가지는 것으로 봄이 상당하므로 소유자의 이익을 보험에 붙인 보험과는 피보험이익이 서로 달라 중복보험에 해당한다고 할 수 없다); 대법원 2005. 4. 29. 선고 2004다57687 판결(두 개의 책임보험계약이 보험의 목적, 즉 피보험이익과 보험사고의 내용 및 범위가 전부 공통되지는 않으나 상당부분 중복되고, 발생한 사고가 그 중복되는 피보험이익에 관련된 보험사고에 해당한다면, 이와 같은 두 개의 책임보험계약에 가입한 것은 피보험자, 피보험이익과 보험사고 및 보험기간이 중복되는 범위 내에서 상법 제725조의2에 정한 중복보험에 해당한다고 한 사례). 또한 대법원 2009. 12. 24. 선고 2009다42819 판결과 대법원 2009. 12. 24. 선고 2009다53499 판결도 같은 취지이다.

(5) 보험가액의 평가기능과 보험금액의 제한기능

피보험이익은 보험가액을 평가하는 기능을 한다. 보험가액은 피보험이익을 경제적으로 평가한 가치를 말하는 것으로, 여기서 보험가액의 평가기능이 있다. 또한 보험금액은 원칙적으로 피보험자가 가지고 있는 피보험이익의 평가액을 초과하여 보험에 가입할 수 없는 것이고, 초과하는 경우에도 보상액은 보험금액의 범위 내에서 제한된다. 따라서 피보험이익은 보험가입금액을 제한하는 기능을 한다.

제 3 절   보험가액과 보험금액

제1   의   의

1. 보험가액의 의의

보험가액은 피보험이익의 평가액이다. 보험가액은 피보험이익을 금전으로 평가한 가액을 말하는 것으로 손해보험에서만 인정되고 인보험에서는 인정되지 않는다. 이러한 보험가액은 원칙적으로 보험의 목적인 물건의 가액으로서 언제나 일정한 것이 아니고, 따라서 당사자 사이에 미리 피보험이익의 가액에 대하여 합의가 있었는지 여부에 따라 기평가보험과 미평가보험으로 나누어진다.

손해보상의 원칙 또는 이득금지의 원칙에 의하여 피보험자는 손해 이상으로는 보상을 받을 수 없다. 보험자가 보상할 최대한도가 되는 것이 피보험이익의 평가액인 보험가액이고 이것은 보험자 보상책임의 법률상의 최고한도가 된다.

2. 보험가액의 평가

물건보험계약은 보험사고로 인한 피보험이익상의 손해를 보상하는 것을 목적으로 하므로 피보험이익의 평가를 정확하게 하는 것이 요구된다. 피보험이익의 평가액을 보험가액이라 하는데 상법은 그 평가에 대하여 다음과 같이 두 경우로 나누어 규정한다.

(1) 기평가보험

보험계약의 체결시 당사자 사이에 미리 보험가액을 합의한 보험을 기평가보험이라 하고, 이 경우 보험가액은 사고발생시의 가액을 정한 것으로 추정하고 그 가액이 사고발생시의 가액을 현저하게 초과할 때에는 사고발생시의 가액을 보험가액으로 한다(제670조). 이때 양자 사이에 현저한 차이가 있는지의 여부는 거래의 통념이나 사회의 통념에 따라 판단하여야 하고, 보험자는 협정보험가액이 사고발생시의 가액을 현저하게 초과한다는 점에 대한 입증책임을 부담한다.[21] 그러나 기평가보험이 인정되는 이유는 보험사고 발생이 그 피보험이익의 평가를 둘러싸고 일어날 분쟁을 막는 데 있으므로, 보험가액 협정이 사기 또는 고지의무 위반 등에 의하지 않고 공정하게 이루어지는 한 확정적 효력을 인정하는 것이 타당하다.

기평가보험은 민법상의 손해배상액의 예정(민법 제398조)과 그 취지를 같이 하는 것이어서 당사자 사이의 보험가액에 대한 합의는 명시적이어야 한다. 하지만 반드시 협정보험가액 혹은 약정보험가액이라는 용어 등을 사용하여야만 하는 것은 아니고 당사자 사이에 보험계약을 체결하게 된 제반 사정과 보험증권의 기재 내용 등을 통하여 당사자의 의사가 보험가액을 미리 합의한 것이라고 인정할 수 있으면 충분하다.[22]

(2) 미평가보험

미평가보험이란 보험계약의 체결시 당사자간에 피보험이익의 평가에 관하여 아무런 합의를 하지 않은 보험을 말한다. 당사자 사이에 보험가액을 정하지 아니한 미평가보험의 경우에는 보험사고발생시의 가액을 보험가액으로 한다(제671조).

그러나 일반적으로 보험기간이 짧고 손해발생의 시간과 장소를 결정하기 어려운 보험에 있어서는 평가가 용이한 시점을 표준으로 하는 경우가 있는데 이것을 보험가액불변경주의라 한다. 이러한 것으로 다음이 있다. (i) 운송물의 보험에 있어서는 발송한 때와 곳의 가액과 도착지까지의 운임 기타의 비용을 보험가액으로 한다(제689조). (ii) 선박의 보험에 있어서는 보험자의 책임이 개시될 때의 선박가액을 보험가액으로 한다(제696조 제1항). (iii) 적하의 보험에 있어서는 선적한 때와 곳의 적하의 가액과 선적 및 보험에 관한 비용을 보험가액으로 한다(제697조). (iv) 적하의 도착으로 인하여 얻을 이익 또는 보수의 보험에 있어서는 계약으로 보험가액을 정하지 아니한 때에는 보험금액을 보험가액으로 한 것으로 추정한다

---

21) 대법원 2002. 3. 26. 선고 2001다6312 판결.

22) 대법원 2002. 3. 26. 선고 2001다6312 판결(원래 손해보험에 있어서 보험자가 보상할 손해액은 그 손해가 발생한 때와 곳의 가액에 의하여 산정하는 것이 원칙이지만, 사고발생 후 보험가액을 산정함에 있어서는 목적물의 멸실 훼손으로 인하여 곤란한 점이 있고 이로 인하여 분쟁이 일어날 소지가 많기 때문에 이러한 분쟁을 사전에 방지하고 보험가액의 입증을 용이하게 하기 위하여 보험계약체결시에 당사자 사이에 보험가액을 미리 협정하여 두는 기평가보험제도가 인정되는바, 기평가보험으로 인정되기 위한 당사자 사이의 보험가액에 대한 합의는, 명시적인 것이어야 하기는 하지만 반드시 협정보험가액 혹은 약정보험가액이라는 용어 등을 사용하여야만 하는 것은 아니고 당사자 사이에 보험계약을 체결하게 된 제반 사정과 보험증권의 기재 내용 등을 통하여 당사자의 의사가 보험가액을 미리 합의하고 있는 것이라고 인정할 수 있으면 충분하다); 대법원 2003. 4. 25. 선고 2002다64520 판결(공장화재보험계약에 관한 보험증권이나 보험청약서에 보험가입금액의 기재만 있고 보험가액의 기재나 보험가액에 해당하는 다른 유사한 기재가 없을 뿐만 아니라 협정보험가액 특별약관도 첨부되어 있지 않은 경우, 이를 보험가액을 협정한 기평가보험으로 보기 어렵다고 한 사례).

(제698조).

3. 보험금액의 의의

보험금액이란 보험계약의 당사자가 약정에 의하여 정한 보험자 급여의무의 최고한도액이다.[23] 손해발생시에 보험자가 실제로 지급하는 금액인 '보험금'과 구별하기 위하여 '약정보험금액'이라고도 한다. 보험금액은 손해보험과 인보험 모두에 존재하는 개념으로서, 피보험이익의 개념이 없는 생명보험에서는 보험금액과 보험금이 일치함이 원칙이다.

보험금액은 보험가액과 함께 보험료산정의 기준이 된다. 보험가액은 보험자 보상책임의 법률상의 최고한도액이 되고, 보험금액은 보험자 보상책임의 계약상의 최고한도액이 된다.

제2 보험금액과 보험가액의 관계

1. 보험금액과 보험가액의 관계

(1) 양 개념의 불일치

당사자간의 보험가액에 대한 합의의 유무와 관계 없이 보험가액과 보험금액이 일치하는 것은 아니다. 보험금액은 보험가액의 한도 내에서 그 이하로 정하는 것은 자유로우나 그 이상으로 정하는 경우는 제한을 받게 된다(제669조). 그런데 적하의 도착으로 인하여 얻을 이익 또는 보수의 보험인 희망이익보험에 있어서는 계약으로 보험가액을 정하지 아니한 때 보험금액을 보험가액으로 한 것으로 추정한다(제698조).

(2) 관 계

보험자의 보상범위는 법률상의 최고한도인 보험가액을 최고한도로 하고 그 범

---

23) 대법원 2002. 5. 17. 선고 2000다30127 판결(손해보험계약에서 정한 보험금액은 보험사고로 인하여 발생한 손해 가운데 다른 사유로 전보되지 아니한 금액 범위 내에서 보험자가 피보험자에게 지급하여야 할 금액의 한도를 정한 것으로서, 피보험자에게 보험사고로 인한 손해 가운데 다른 사유를 통하여 전보되고 최종적으로 남은 손해가 있는 경우 그 범위 내에서 보험금액을 한도로 보상한다는 뜻이지, 피보험자가 보험사고로 입은 손해 가운데 보험금액을 넘는 손해가 일단 전보되기만 하면 그 보상책임을 면한다는 취지는 아니다).

위 내에서 다시 계약상의 최고한도인 보험금액을 한도로 하여 구체적인 보상액을 산출하여 결정한다. 즉 보험사고로 인한 손해발생시 보험자가 지급해야 할 금액은 보험가액의 범위 내에서 보험금액을 한도로 하여 결정된다. 양자의 관계에 따라 다음과 같이 구별할 수 있다. 보험금액과 보험가액이 일치하는 경우는 전부보험, 보험가액이 보험금액보다 큰 경우는 일부보험이 된다. 손해보험은 손해보상계약으로서 보험사고로 인하여 적극적으로 피보험자에 어떤 이득을 주려는 것이 아니므로 보험가액 이상으로 보험금액을 지급하는 것이 아님을 유의하여야 한다. 따라서 보험자가 보상할 손해액은 보험금액과 보험가액에 의하여 그 범위가 제한된다. 그 관계는 다음과 같다.[24]

① 일반보험 : 보상액 ≦ 실손해액 ≦ 보험가액 ≧ 보험금액 ≧ 보상액
② 전부보험 : 보상액 = 실손해액 ≦ 보험가액 = 보험금액
③ 일부보험 : 보상액 < 실손해액 ≦ 보험가액 > 보험금액 ≧ 보상액

2. 초과보험

(1) 의 의

초과보험은 보험금액이 보험가액을 현저하게 초과하는 보험을 말한다. 상법은 보험금액이 보험계약의 목적의 가액을 현저하게 초과하는 보험이라고 표현한다(제 669조 제1항). 초과보험인지의 여부는 원칙적으로 보험계약 당시의 보험가액을 기준으로 하지만(제669조 제2항), 예외적으로 보험기간 중에 보험가액이 현저하게 감소된 때에는 그때의 보험가액을 기준으로 한다(제669조 제3항).

초과보험은 피보험이익이 존재하지 않는 범위에 대하여도 보상을 하는 경우 당사자의 일방이 부당하게 이득을 얻게 될 수 있어 이득금지의 원칙에 반할 뿐 아니라 고의로 보험사고를 발생시킬 위험도 있어 상법은 이를 제한한다(제669조).

(2) 요 건

첫째, 보험금액이 보험가액을 초과하여야 한다. 초과보험의 판단을 위한 보험가액의 평가시기는 보험계약의 체결당시를 기준으로 하지만, 예외적으로 보험가액이 보험기간 중에 현저하게 감소된 때에도 초과보험에 해당하게 된다(제669조 제3항).

---

24) 양승규, 204면.

둘째, 그 초과가 현저하여야 한다. '현저하게' 초과하였는지의 판단은 거래의 관념에 의한다. 현저하게 초과하였다는 사실은 그것을 주장하는 측에서 입증하여야 한다.

셋째, 보험가액의 산정기준은 보험계약 당시의 가액에 의한다. 단지 예외적으로 보험기간 중에 보험가액이 현저하게 감소된 때에는 그때의 보험가액을 기준으로 한다(제669조 제3항).

(3) 효 과

상법은 초과보험을 보험계약자의 선의·악의에 따라 구별하여 단순한 초과보험과 사기적 초과보험으로 구분하여 효력을 달리한다.

1) 보험계약자가 선의인 경우(단순한 초과보험)

보험자 또는 보험계약자는 보험료와 보험금액의 감액을 청구할 수 있다(제669조 제1항). 초과보험의 판단을 위한 보험가액의 평가시기는 보험계약의 체결당시를 기준으로 하지만, 예외적으로 보험가액이 보험기간 중에 현저하게 감소된 때에도 초과보험에 해당하게 되므로(제669조 제3항), 이때에도 감액청구권을 행사할 수 있다. 당사자의 이러한 감액청구권은 형성권이며 보험료불가분의 원칙에 의하여 보험료의 감액은 장래에 대하여서만 그 효력이 있다(제669조 제1항 단서).

만약 보험료감액청구권을 행사하지 않은 이후 보험사고가 발생하는 경우에도, 보험금액을 모두 받을 수 있는 것이 아니라 법률상의 최고한도액인 보험가액의 범위 내에서만 보상받을 수 있다. 이 점은 보험계약자가 유의하여야 한다.

2) 보험계약자가 악의인 경우(사기적 초과보험)

보험계약자의 사기로 인하여 체결된 때에는 그 계약은 무효로 한다(제669조 제4항 본문). 보험계약자의 사기에 의하여 초과보험이 된 경우에는 초과부분만 무효이거나 취소할 수 있는 것이 아니라, 보험계약 전체가 당연 무효가 되는 것이다. 사기는 민법 제110조의 사기의 개념과 같게 해석하여, 적극적 기망의도가 있어야 하며 위법하게 재산상의 이익을 얻을 목적이 있는 경우이다. 이 경우 초과보험이라는 점과 보험계약자의 사기로 인한 것이라는 점을 보험자가 입증하여야 한다.[25]

---

25) 대법원 1988. 2. 9. 선고 86다카2933,2934,2935 판결(상법 제669조 제4항은 보험금액이 보험계약의 목적의 가액을 현저하게 초과하는 계약의 체결이 보험계약자의 사기로 인한 것인 때에는 그 계약은 무효로 한다고 규정하고 있는바 이러한 기평가보험계약에 있어 당사자는 추가보험계약으로 평가액을 감액 또는 증액할 수 있는 것이며 초과보험계약이라는 사유를 들어 보험가액의 제한 또는 보험계약의 무효를 주장하는 경우 그 입증책임은 무효를 주장하는 보험자가 부담하여야 한다고 해석할 것이

그런데 사기로 인하여 초과보험계약이 무효인 경우에도 보험자는 그 사실을 안 때까지의 보험료를 청구할 수 있다(제669조 제4항 단서). 이는 보험계약의 선의성과 윤리성에 기하여 악의의 보험계약자를 제재하려는 데 그 목적이 있다.

3. 중복보험

(1) 의 의

동일한 보험계약의 목적과 동일한 사고에 관하여 수개의 보험계약이 동시에 또는 순차로 체결된 경우 그 보험금액의 총액이 보험가액을 초과하는 보험을 중복보험이라 한다(제672조 제1항). 즉 중복보험이라 함은 보험계약자가 수인의 보험자와 동일한 피보험이익에 대하여 보험계약을 체결하고 그 보험금액의 총액이 보험가액을 초과하는 보험을 말한다. 중복보험은 책임보험과 같은 소극보험의 경우에도 가능한 것으로 본다.

광의로는 각 계약에 의한 보험금액의 합계액이 보험가액에 미달되는 경우도 수인의 보험자와 계약을 체결하고 있으면 중복보험에 해당한다고 볼 수도 있으나, 이 경우는 일부보험의 병존에 불과한 것으로 일부보험의 규정으로 해결된다. 그런데 상법은 중복보험의 제목하에 광의의 의미에 관한 규정도 아울러 두고 있다(제672조 제2항).

중복보험은 고가물에 대한 보험이나 1인의 보험자와의 보험계약만으로는 불안한 경우, 매도인과 매수인 간의 연락이 안 되어 중복하여 운송보험계약이 체결되는 경우, 손해보험계약이 타인을 위한 것과 자기를 위한 것이 모두 체결된 경우 등에서 나타난다.

(2) 요 건

1) 피보험이익의 동일

수개의 보험계약이 동일한 피보험이익에 대한 것이어야 한다. 중복보험에서는 보험계약자가 동일할 필요는 없으나 피보험이익의 주체가 되는 피보험자가 동일인일 것이 요구된다는 것도 같은 취지이다.[26] 따라서 임가공업자가 소유자로부터

다); 대법원 1999. 4. 23. 선고 99다8599 판결(상법 제669조 소정의 초과보험계약이라는 사유를 들어 사고 발생 당시의 보험가액을 한도로 한 보험금지급의무의 제한을 주장하는 경우 그 입증책임은 이를 주장하는 보험자가 부담하여야 한다).

26) 대법원 2005. 4. 29. 선고 2004다57687 판결(한편 수개의 보험계약의 보험계약자가 동일할 필요는 없으나 피보험자가 동일인일 것이 요구되고, 각 보험계약의 보험기간은 전부 공통될 필요는 없고 중복되는 기간에 한하여 중복보험으로 보면 된다).

공급받은 원·부자재 및 이를 가공한 완제품에 대하여 동산종합보험을 체결한 경우, 그 보험계약은 임가공업자가 자신이 보관하고 있는 그 보험목적물의 멸실·훼손으로 인하여 손해가 생긴 때의 손해배상책임을 담보하는 소극적 이익을 피보험이익으로 한 책임보험의 성격을 가진 것이므로, 소유자가 동일한 목적물에 대한 소유자의 이익을 부보하기 위하여 체결한 동산종합보험계약과는 피보험이익이 서로 달라 중복보험에 해당하지 않는다.[27]

2) 보험사고의 동일

보험사고가 동일하여야 한다.[28] 보험사고가 다르면 피보험이익이 같더라도 중복보험이 될 수 없다. 예컨대 화재보험과 도난보험은 동일한 목적물에 대한 것이라 하더라도 보험사고가 다르므로 중복보험이 되지 않는다. 그러나 보험사고가 일부 중첩되는 부분이 있다면 그 범위 내에서는 중복보험이 된다.

3) 보험기간의 동일 또는 중복

수개의 각 보험계약의 보험기간은 전부 공통될 필요는 없으나 적어도 중복되는 기간이 있어야 중복보험이 된다.[29]

4) 2인 이상의 보험자

수개의 보험계약을 수인의 보험자와 체결하여야 한다. 따라서 보험목적의 양도가 있더라도 양수인이 그 승계를 포기하고 단독으로 한 보험자와 하나의 보험계약을 체결한 경우는 중복보험이 아니다.[30]

5) 각 보험금액의 총액이 보험가액을 초과

각각의 보험금액을 합친 것이 보험가액을 초과하여야 한다. 초과보험과 다른

---

27) 대법원 1997. 9. 5. 선고 95다47398 판결.

28) 대법원 1989. 11. 14. 선고 88다카29177 판결(산업재해보상보험과 자동차종합보험(대인배상보험)은 보험의 목적과 보험사고가 동일하다고 볼 수 없는 것이어서 사용자가 위 보험들에 함께 가입하였다고 하여도 동일한 목적과 동일한 사고에 관하여 수개의 보험계약이 체결된 경우를 말하는 상법 제672조 소정의 중복보험에 해당한다고 할 수 없다).

29) 대법원 2005. 4. 29. 선고 2004다57687 판결.

30) 대법원 1996. 5. 28. 선고 96다6998 판결(상법 제679조의 추정은 보험목적의 양수인에게 보험승계가 없다는 것이 증명된 경우에는 번복된다고 할 것인데, 보험목적의 양수인이 그 보험목적에 대한 1차 보험계약과 피보험이익이 동일한 보험계약을 체결한 사안에서, 제1차 보험계약에 따른 보험금청구권에 질권이 설정되어 있어 보험사고가 발생할 경우에도 보험금이 그 질권자에게 귀속될 가능성이 많아 1차보험을 승계할 이익이 거의 없고, 또한 그 양수인이 그 보험목적에 관하여 손해의 전부를 지급받을 수 있는 필요충분한 보험계약을 체결한 경우, 양수인에게는 보험승계의 의사가 없었다고 봄이 상당하고, 따라서 1차보험은 양수인에게 승계되지 아니하였으므로 양수인이 체결한 보험이 중복보험에 해당하지 않는다).

점은 보험자가 2인 이상이라는 점 이외에도, 보험금액이 보험가액을 '현저하게' 초과하는 것을 요건으로 하지 않는다는 점이다.

6) 보험계약자의 동일은 불필요

피보험이익의 주체로서의 피보험자가 동일인일 것이 요구되지만 보험계약자가 동일인일 필요는 없다.[31]

(3) 효 력

중복보험의 경우 피보험자가 보상액으로서 보험금의 전부를 지급받게 되면 보험가액 이상의 이득을 취하게 되므로 그와 같은 초과이득의 발생을 금지하기 위하여 초과보험에서의 법리와 같이 규율한다.

1) 선의의 경우
① 연대비례주의

보험자는 각자의 보험금액의 한도에서 연대책임을 진다. 이 경우에는 각 보험자의 보상책임은 각자의 보험금액의 비율에 따른다(제672조 제1항). 중복보험의 효과에 대한 입법주의로는 우선주의, 비례주의, 연대주의 등으로 나뉜다. 우리 상법은 동시중복보험이든 이시중복보험이든 묻지 않고 각 보험자는 각자의 보험금액의 한도에서 연대책임을 지고, 각 보험자의 보상책임을 각자의 보험금액의 비율에 따르도록 함으로써 연대비례주의를 취하고 있다(제672조 제1항). 예컨대 보험가액이 2억원의 주택에 대하여 보험금액을 각각 2억원, 1억 2천만원, 8천만원으로 하여 甲, 乙, 丙의 보험자와 각 화재보험계약을 체결한 경우, 전손의 보험사고가 발생하면 甲은 1억원, 乙은 6천만원, 丙은 4천만원을 지급하여야 하지만, 피보험자가 모든 보상을 받을 때까지는 甲은 2억원, 乙은 1억 2천만원, 丙은 8천만원의 한도 내에서 연대책임을 진다.

② 보험자 1인에 대한 권리의 포기

보험자 1인에 대한 권리의 포기는 다른 보험자의 권리와 의무에 영향을 미치지 않는다(제673조). 이는 피보험자가 한 보험자와 통모하여 다른 보험자를 해치는 것을 방지하기 위한 것이다. 중복보험에 있어 각 보험자는 보험금액의 비율에 따라 보상책임을 지게 되므로 보험사고가 발생한 때 각 보험자의 부담부분이 정해지고 따라서 피보험자가 어느 보험자에 대한 권리를 포기하였을 때에는 그 부

---

31) 대법원 2005. 4. 29. 선고 2004다57687 판결.

분에 대한 권리를 다른 보험자에게도 주장할 수 없다. 위 예에서 만약 피보험자가 乙에 대한 권리를 포기하였다 하더라도 甲과 丙의 책임은 변함이 없다는 것이고, 따라서 甲이 연대책임을 지는 부분인 2억원에 대하여 모두 지급을 하였다면 甲은 乙의 부담부분인 6천만원에 대하여도 구상권을 행사할 수 있다.

③ 구상권의 소멸시효

위 예에서 보험금 전액을 지급한 보험자 甲이 보험자 乙 또는 보험자 丙에 대하여 가지는 구상권의 소멸시효기간은 얼마인지가 문제된다. 피보험자가 각 보험자에 대하여 가지는 보험금청구권의 소멸시효는 3년이므로 3년이라고 주장할 여지도 있겠으나, 이는 피보험자의 권리를 대위하여 취득하는 것이 아니고 상법 제672조 제1항에 따라 취득하는 구상권이어서 상사채권 소멸시효인 5년이라고 보아야 한다. 요컨대 각 보험자들 사이의 구상금 청구권은 근본적으로 상행위에 해당하는 보험계약을 기초로 하여 발생한 것이고, 중복보험에 의한 구상관계에서는 당사자 쌍방이 모두 상인인 보험회사로서 그로 인한 거래관계를 신속하게 해결할 필요가 있는 점 등에서 상사채권의 소멸시효기간이 5년이라고 보는 것이 타당하고, 그 기산점은 보험자가 현실로 보험금을 지급한 날이 된다. 판례도 그러하다.[32)]

④ 보험금액과 보험료의 감액청구

보험금액이나 보험료의 감액청구에 대하여는 상법에 규정이 없다. 각 보험자의 보험금액의 비율에 따라 감액을 청구하는 방법, 특정 보험자의 보험금액의 감액만을 청구하는 방법 등이 있겠으나, 어느 방법에 의하든 보험사고의 발생 이전에는 보험계약자가 언제든지 보험계약의 전부 또는 일부를 해지할 수 있으므로(제649조 제1항) 문제없다.

2) 사기의 경우

중복보험이 보험계약자의 사기로 인한 경우에는 모든 계약이 당연 무효가 된다. 또한 보험계약자는 각 보험자가 그 사실을 안 때까지의 보험료를 지급하여야 한다(제672조 제3항, 제669조 제4항). 여기서의 사기라 함은 초과보험의 경우와 마찬가지로 보험계약자가 위법하게 재산적 이익을 얻을 목적으로 그 사실을 숨기고

---

32) 대법원 2006. 11. 23. 선고 2006다10989 판결; 대법원 2006. 11. 10. 선고 2005다35516 판결 (각각의 보험계약은 상행위에 속하는 점, 원고와 피고는 상인이므로 중복보험에 따른 구상관계는 가급적 신속하게 해결할 필요가 있다고 보여지는 점 등에 비추어, 상법 제64조가 적용되어 5년의 소멸시효에 걸리는 것으로 보아야 할 것이다).

각 보험계약을 체결한 경우이다.

(4) 중복보험규정의 임의성

1) 임의규정

판례는 중복보험에 관한 연대비례보상책임을 규정하는 제672조 제1항의 규정을 강행규정이라 해석하지 아니한다.[33] 따라서 각 보험계약의 당사자는 각개의 보험계약이나 약관을 통하여 중복보험에 있어서의 피보험자에 대한 보험자의 보상책임 방식이나 보험자들 사이의 책임 분담방식에 대하여 상법의 규정과 다른 내용으로 규정할 수 있다.

생각건대, 피보험자가 보험사고로 인한 손해를 보상받을 수만 있다면 보험자들 사이의 분담에 관한 것은 피보험자의 보호와 무관한 것이어서, 중복보험규정을 임의규정으로 해석하는 판례의 태도는 옳다.

2) 초과전보조항

① 의 의

초과전보조항은, "다른 보험계약이 담보하는 손해 또는 이 보험계약이 없었을 경우에 다른 보험계약이 담보하였을 손해에 관하여는 이를 담보하지 아니하고, 다만 이 보험계약이 없었을 경우에 다른 보험계약이 보상하였을 보험금액을 초과하는 손해에 대하여 당해 보험계약의 보상한도액을 상한으로 이를 담보한다"는 조항을 말한다.[34] 초과전보조항이라는 용어는 영미보험법의 'Excess of Loss Insurance'에서 비롯된 것으로 그 사용되는 표현은 일정하지 않고, '타보험'이라는 부제하에 동일한 취지의 조항을 두고 있기도 하다.

초과전보조항은 저렴한 보험료로 대형손해를 담보할 수 있는 장점이 있어 사용되는 것인 만큼, 초과전보보험자는 그 담보하는 위험에 관하여 적정한 평가를 하는 것이 중요하다. 그러나 초과전보보험자가 계약체결시 기본보험계약의 조건을 확인하는 등 정밀한 평가를 한다면 계약성립의 지연 등으로 피보험자에게 불측의 손해가 발생할 수도 있어 이러한 확인작업을 하지 않는 경우가 많고, 이것이 분

---

33) 대법원 2002. 5. 17. 선고 2000다30127 판결(수개의 손해보험계약이 동시 또는 순차로 체결된 경우에 그 보험금액의 총액이 보험가액을 초과한 때에는 상법 제672조 제1항의 규정에 따라 보험자는 각자의 보험금액의 한도에서 연대책임을 지고 이 경우 각 보험자의 보상책임은 각자의 보험금액의 비율에 따르는 것이 원칙이라 할 것이나, 이러한 상법의 규정은 강행규정이라고 해석되지 아니하므로, 각 보험계약의 당사자는 각개의 보험계약이나 약관을 통하여 중복보험에 있어서의 피보험자에 대한 보험자의 보상책임 방식이나 보험자들 사이의 책임 분담방식에 대하여 상법의 규정과 다른 내용으로 규정할 수 있다).

34) 대법원 2002. 5. 17. 선고 2000다30127 판결.

쟁이 생겨나는 원인이기도 하다.

② 기 원

초과전보조항은 타보험조항(Other Insurance Clause)의 일종이다. 타보험조항은 일반적으로 세 가지 유형으로 분류된다. (i) 다른 보험이 있는 경우 전혀 담보를 제공하지 않는다는 조항, (ii) 그 다른 보험과 비례적으로 보상한다는 조항, (iii) 그리고 초과전보조항이 그것이다. 그중 초과전보조항은 특히 책임보험과 종합보험 등의 전문직업인책임보험, 영업배상책임보험, 기타 금융기관종합보험 등에서 이용된다.[35] 책임보험에서는 보험가액의 개념이 인정되지 않으나 보험사고 발생시 수 개의 책임보험계약이 체결되어 있는 경우 중복보험과 유사한 문제가 발생할 수 있고, 이때 보험자가 비율적인 보상을 부정하는 초과전보조항 등을 두고서 대형손해에 대비하는 것이다. 그런데 이 초과전보조항은 인보험에서는 발견되지 않는다. 인보험에서는 실손해액의 산정이 어렵다고 보아 초과전보조항을 두지 않는 것이다.

③ 유효성

초과전보조항은 유효하다고 본다. 이 조항은 보험자들 사이의 분담에 관한 것으로서 피보험자의 보호와 무관하다. 즉 피보험자에게 불이익을 끼치는 것도 아니고 따라서 상법 제663조에 반하는 것이 아니므로 무효라는 주장은 타당하지 않다. 판례도 이러한 입장이다. 상법의 중복보험규정이 임의적이라는 판례는 초과전

---

35) 상당히 많은 약관에서 이러한 규정을 두고 있다. 영업배상책임보험약관 제4장 제4조에서 "나. 초과액보험. 다른 보험이 우선순위의 보험이거나, 초과액 보험이거나, 후순위 보험 및 기타 다른 방식의 보험여부에 관계없이 다음의 경우에는 이 보험은 초과액만 담보합니다. (중략) 이 보험이 초과액담보일 때에는 다른 보험회사가 방어의무를 지는 손해배상청구 또는 [소송]에 대하여 회사는 담보[A] 및 담보[B]의 방어의무를 부담하지 아니합니다. 다른 모든 회사가 방어를 하지 않을 때에는 우리회사가 이를 수행할 수 있습니다. 이때 피보험자가 다른 모든 보험회사에 대하여 갖는 권리를 회사가 취득합니다. 이 보험이 다른 보험의 초과액만을 담보할 때는 다음 금액을 초과하는 손해가 발생했을 때에만 회사는 이를 분담 지급합니다." 제조안전배상책임보험 제16조도 위와 동일한 취지의 규정을 두고 있다. 개인동산종합보험 제6조에서 "손해가 발생할 당시에 만약 이 보험계약이 유효하지 아니하면 첨부된 다른 보험으로서만 적용하며 어떠한 경우에도 기여하는 보험으로서만 적용합니다. 그리고 이 보험은 타보험이 소멸된 후에만 적용됩니다. 법령의 요청에 부합하기 위하여 보험증권이 이 보험증권에 의하여 보상하는 손해에 대하여 유효하고 보상할 수 있는 보험을 피보험자에게 발생한 경우에 이 보험증권하에서의 이 보험은 그러한 피보험에 대하여 초과보험으로 해석하며 보상한도액은 타보험의 보상한도액만큼 감액된 것으로 합니다." 제조안전배상책임보험, 임원배상책임보험, 도로운송사업자배상책임보험, 선주배상책임보험 등의 제6조 제2항 "회사는 1회의 사고에 대하여 손해배상금이 보험증권에 기재된 자기부담금을 초과하는 경우에 한하여 그 초과분을 보상합니다." 동일한 규정이 의사및병원배상책임보험, 보험중개인배상책임보험, 체육시설업자배상책임보험, 지방자치단체배상책임보험 제7조, 그리고 기자배상책임보험 제8조에 규정되어 있다. 금융·사고보상보험 제23조에서 "다른 보상되는 보험에 가입되어 있는 경우, 이 증권에 따른 보상은, 다른 모든 보험의 보험금을 합한 금액의 초과분에 대해서만 이 증권하의 공제금액을 공제하고 보상합니다."

보조항의 유효성을 다룬 것이다.[36)]

④ 법률관계

제1차적 책임을 부담하는 보험자를 기본보험자라 하고, 기본보험자의 보상범위를 초과하는 손해를 보상하는 보험자를 초과전보험자라 한다. 기본보험자는 보험사고발생시 일차적으로 보상할 의무를 부담하고 책임보험의 피보험자에 대한 방어의무도 이행하는 것이 일반이므로, 초과전보험자보다는 다액의 보험료를 받는다. 제2차적 책임을 부담하는 초과전보험자의 보험계약상의 의무는 기본보험의 보험금액을 초과하는 부분에 대하여만 개시되는 것으로, 초과전보험을 '2차적 보험(secondary insurance)', 또는 '보충보험(supplemental insurance)'이라고도 부른다. 기본보험의 보험금액 한도를 초과하기 이전까지는 기본보험자만이 보험자로서의 의무를 부담하고, 초과전보험자의 의무는 개시되지 않는다.

이 경우 기본보험금액의 한도를 초과하는 시점을 결정하는 것은 상당히 중요하고, 이 시점을 '소진(exhaustion)'으로 표현한다. 초과전보험자는 기본보험금액이 소진되기 이전에는 손해보상의무 등 보험계약상의 의무를 부담하지 않음이 원칙이고, 기본보험자만이 그 의무를 부담한다. 초과전보험과 기본보험은 계약상 직접적인 관련은 없다 하더라도 피보험자의 손해보상이라는 공동목적을 위하여 존재하는 것인 만큼 그 관련성을 전혀 배제할 수는 없다. 기본보험자는 피보험자에 대한 보험자로서의 일차적 의무를 부담하고 그의 의무이행의 정도가 피보험자뿐 아니라 초과전보험자에도 영향을 미치게 되기 때문에 선의로 합리적으로 처리해야 한다. 기타 기본보험자는 손해사정 등 보험금청구를 처리함에 있어 초과전보험자에 대한 통지와 정보제공, 기타 가능한 범위 내에서 협의가 요구된다 할 것이고, 이는 보험계약의 선의성 측면에서 정당화된다.

⑤ 기본보험자의 지급불능시 초과전보험자의 보상범위

이 조항과 관련하여 분쟁이 많은 경우가 기본보험자의 지급불능시 초과전보험자의 보상범위이다. 초과전보험자는 기본보험금액의 한도를 초과하는 부분에 대하여만 보상책임을 부담하는데, 기본보험자가 파산 등 지급불능의 사유로 그의 보상의무를 이행하지 못하는 경우 초과전보험자가 보상책임을 지는지 여부가 쟁점이다. 이도 일차적으로는 약관의 해석문제로서, 초과전보험계약이 부수적이라는 뜻과 그 보상의 범위를 명확하게 규정한 경우 초과전보험자는 기본보험자의 파산에 대하여 책임지지 않는다. 그러나 대다수의 초과전보험약관은 기본보

---

36) 대법원 2002. 5. 17. 선고 2000다30127 판결.

험자의 파산시 처리문제에 대하여 규정을 두고 있지 아니한다. 그리고 약관상 명시적 규정이 없다면 초과전보보험자가 기본보험자의 파산에 대하여 책임지지 않는다는 것이 다수의 미국 판례의 입장이다.[37]

우리의 경우, 개인동산종합보험에서와 같이 "보상가능한"이라는 표현을 사용하는 경우 그 의미가 명확하지 않은 관계로 실제 지급된 금액으로 해석될 여지도 있는데,[38] 이는 기본보험자의 지급불능시 보상가능한 보험이 존재하지 않는 것으로 볼 수 있기 때문이다. 그리하여 초과전보보험자로서는 "다른 보험에 의하여 보상받을 수 있는 손해"를 초과하는 경우라고 하면서 "실제로 보험금이 지급되는지 여부는 불문하고"라고 규정하는 방법도 있다.[39] 만약 약관상 이러한 뜻이 명확하지 않은 경우 상법 제663조 등으로 인하여 미국의 주류적 입장과 같이 해석할 수 있을지는 의문이다. 그 명확한 규정이 없다면 작성자불이익의 원칙에 의하여 초과전보보험자가 기본보험자의 보험금액의 범주에 대하여도 책임을 부담하여야 한다.

(5) 통지의무

1) 상법규정

상법은 동일한 보험계약의 목적과 동일한 사고에 관하여 수개의 보험계약을 체결하는 경우에는 보험계약자는 각 보험자에 대하여 각 보험계약의 내용을 통지하여야 한다고 규정한다(제672조 제2항). 이 통지의무는 협의의 중복보험뿐 아니라 광의의 의미에서의 중복보험에도 인정된다. 즉 보험금액의 총액이 보험가액을 초과하지 아니한 경우에도 통지의무를 부과한다. 그런데 상법은 그 위반시의 효과에 대하여는 규정을 하지 않아 불완전한 입법이다.

2) 통지의무 위반의 효과

① 학 설

상법은 그 위반의 효과에 대한 규정을 두고 있지 않으나 관련 약관에서는 보험자의 해지권을 인정하는 경우들이 있다. 이와 같이 약관상 타보험가입사실의 통

---

37) Barry R. Ostrager & Thomas R. Newman, op.cit, at 138; Hartford Accident & Indem. Co. v. Chicago Hous. Auth., 12 F.3d 92, 95, 97 (7th Cir. 1993); Revco D.S., Inc. v. Gov't Employees Ins. Co., 791 F.Supp. 1254, 1265 (N.D. Ohio 1991), aff'd, 984 F.2d 154 (6th Cir. 1992) 등 이에 관한 영미의 판례는 상당히 많다.

38) 금융기관 종합보험약관 제14조는 "다른 보험계약에 부보되었거나 이 증권이 없었더라면 부보되었을 손해"라고 하는 표현을 사용하고 있고 이는 이 점에 있어 보다 명확한 표현을 사용하고 있는 것으로 보인다.

39) Rummel v. Lexington Ins. Co., 945 P.2d 970, 978 (N.M. 1997) 사건에서의 보험자는 이러한 방법을 사용하였다.

지의무 위반시 해지권을 인정하고 있을 때 그 유효성의 인정 여부에 대하여 견해
가 나뉜다. 다수의 견해는 약관의 문언대로 해석하자는 입장으로 보이고,[40] 또한
정당한 사유없이 통지의무를 게을리 한 때에는 사기의 추정을 받는다고도 한다.[41]

　반면, 소수이나 그 해지권 인정의 약관은 무효라는 견해도 있다. 이 견해에서
는 중복보험 통지의무를 둔 취지는 고지의무에 있어서처럼 보험자가 보험사고 발
생의 위험을 측정하여 계약을 체결할 것인지 그리고 어떤 조건으로 체결할 것인
지 판단할 수 있는 자료를 제공하기 위한 것이 아니라 하고, 이러한 뜻에서 상법
에서 아무런 제재규정을 두지 않았다고 한다. 따라서 타보험가입사실의 통지의무
위반시 해지권을 부여한 약관은 무효라는 것이다.[42]

② 판 례

　그러나 판례는 학설의 입장과는 다르다. 먼저 통지의무를 게을리 하였다는 이
유로 사기의 추정을 받는 것은 아니라 하였다.[43] 또한 손해보험에서의 타보험가
입사실은 고지의무의 대상이 되는 중요한 사항이 아니고, 통지의무의 대상이 되는
현저한 사항이 아니라는 이유로 보험자의 해지권행사를 부정한다. 판례[44]는 "손해
보험에 있어서 위와 같이 보험계약자에게 다수의 보험계약의 체결사실에 관하여
통지하도록 규정하는 취지는 부당한 이득을 얻기 위한 사기에 의한 보험계약의
체결을 사전에 방지하고 보험자로 하여금 보험사고 발생시 손해의 조사 또는 책
임의 범위의 결정을 다른 보험자와 공동으로 할 수 있도록 하기 위한 것일 뿐,

---

　40) 양승규, 214면. 타보험가입사실은 '중요한 사항'이라고 하고, "정당한 사유없이 그 통지의무를 게
을리 한 때에는 보험자의 계약해지권을 인정하는 것이 있다"라고 서술한다; 정찬형, 610면; 최기원,
298면.

　41) 양승규, 214면.

　42) 주기동, "중복체결한 보험계약의 효력에 관한 연구", 「저스티스」 제75호, 2003. 10, 160－161면.
이 견해는 "중복보험 통지의무를 둔 취지는 부당한 이득을 얻기 위한 사기에 의한 보험계약 체결을 방
지하고 보험자가 각각 부담하는 보상비율을 알게 하기 위한 것이지, 고지의무에 있어서처럼 보험자가
보험사고 발생의 위험을 측정하여 계약을 체결할 것인지 그리고 어떤 조건으로 체결할 것인지 판단할
수 있는 자료를 제공하기 위한 것이 아니고, 이러한 뜻에서 상법에서 아무런 제재규정을 두지 않았다
고 보아야 할 것이며"라고 한다.

　43) 대법원 2000. 1. 28. 선고 99다50712 판결(사기로 인하여 체결된 중복보험계약이란 보험계약자
가 보험가액을 넘어 위법하게 재산적 이익을 얻을 목적으로 중복보험계약을 체결한 경우를 말하는 것
이므로, 통지의무의 해태로 인한 사기의 중복보험을 인정하기 위하여는 보험자가 통지의무가 있는 보
험계약자 등이 통지의무를 이행하였다면 보험자가 그 청약을 거절하였거나 다른 조건으로 승낙할 것이
라는 것을 알면서도 정당한 사유 없이 위법하게 재산상의 이익을 얻을 의사로 통지의무를 이행하지 않
았음을 입증하여야 할 것이고, 단지 통지의무를 게을리 하였다는 사유만으로 사기로 인한 중복보험계
약이 체결되었다고 추정할 수는 없다).

　44) 동일한 사건에 대하여 통지의무를 다룬 판례는 대법원 2003. 11. 13. 선고 2001다49630 판결이
고, 고지의무를 다룬 판례는 대법원 2003. 11. 13. 선고 2001다49623 판결이다. 양 판결의 내용은 동
일하다.

보험사고발생의 위험을 측정하여 계약을 체결할 것인지 또는 어떤 조건으로 체결할 것인지 판단할 수 있는 자료를 제공하기 위한 것이라고는 볼 수 없으므로, 손해보험에 있어서 다른 보험계약을 체결한 것은 상법 제652조 및 제653조의 통지의무의 대상이 되는 사고발생의 위험이 현저하게 변경 또는 증가된 때에 해당되지 않는다"고 한다.

요컨대 판례는 손해보험에서의 타보험가입사실은 보험청약서상의 질문표를 통하여 질문을 하는 경우라 하더라도 고지의무의 대상이 되는 중요한 사항도 아니고, 위험변경증가의 통지의무의 대상이 되는 현저한 사항도 아니라 본다.

③ 소 결

판례는 타당하지 않다. 손해보험에서도 다른 보험계약의 체결사실을 질문표에서 질문한 이상 고지의무의 대상이 되는 중요한 사항으로 보아야 옳고, 위험변경증가의 통지의무의 대상이 되는 현저한 사항에도 해당한다. 그 근거는 다음과 같다.

첫째, 고지의무의 대상이 되는 '중요한' 사항의 판단은 보험계약자가 아니라 보험자를 기준으로 한다. 그리고 중요사항에 대한 결정은 법률문제라기보다는 보험의 종류에 따라 달라질 수밖에 없는 사실인정의 문제로서 보험의 기술에 비추어 객관적으로 관찰하여 판단되어야 한다.[45] 따라서 보험자가 질문표를 통하여 질문하였다면 이는 보험자가 보험사고 발생의 위험을 측정하기 위한 것이다. 둘째, 타보험가입 사실에 대한 고지나 통지의무의 부여는 보험자가 인위적 사고발생의 가능성 등에 대비하기 위한 것으로, 조사기회의 확보를 통한 보험자의 자기보호수단으로 볼 수 있다.[46] 셋째, 판례의 논리에 의한다면 상법 제672조 제2항은 사문화된다. 즉 상법이 타보험가입 사실의 통지의무를 규정하고 있음에도 그 의무해태시의 효과는 전혀 없게 된다. 넷째, 타보험조항(other insurance clause)과 관련한 판례와의 일관성 문제이다. 판례는 연대비례보상책임에 관한 상법 제672조 제1항은 피보험자 보호와 관련 없는 임의규정으로 그와 달리 정하는 약관은 유효하다고 본다.[47] 그렇다면 다른 보험계약이 존재하는지의 여부가 초과전보조항을 둔 보험

---

45) 양승규, 123면. 대법원 1997. 9. 5. 선고 95다25268 판결; 대법원 1996. 12. 23. 선고 96다27971 판결에서도 고지의무의 대상이 되는 중요한 사항에 대하여 "어떠한 사실이 이에 해당하는가는 보험의 종류에 따라 달라질 수밖에 없는 사실인정의 문제"라고 하면서 "최종적으로는 보험의 기술에 정통한 전문가의 감정에 의하여 결정될 수밖에 없다"고 하고 있다.

46) 특히 이러한 경우는 책임보험에서 많이 발생한다고 설명하기도 한다. 무과실책임의 경향과 관련하여 관련 피보험자는 보다 두터운 보험보호에 대한 요구가 있고 이것이 다수의 보험으로 이어질 수 있다는 설명이다. Marcy Louise Kahn, "The Other Insurance Clause", 19 Forum (1984), at 591.

47) 대법원 2002. 5. 17. 선고 2000다30127 판결은 "초과전보조항의 취지는 피보험자가 입은 손해에 대하여 보상한도액을 상한으로 하여 보험금을 지급하되 다른 보험계약에 의하여 전보되는 금액을

자에게는 보험계약의 조건에 영향을 미치고 이는 의당 중요한 사항이 된다. 판례가 초과전보조항 등 타보험조항의 유효성을 인정한다면 타보험의 계약내용은 보험료나 기타 계약의 조건에 영향을 미치게 되는 것이다. 따라서 타보험가입 사실은 고지의무의 대상인 '중요한 사항'에 해당한다고 보겠다.

4. 일부보험

(1) 의 의

보험가액의 일부를 보험에 붙인 보험을 일부보험이라 한다(제674조). 일부보험이라 함은 보험금액이 보험가액에 미달한 경우의 보험을 말하고, 보험금액과 보험가액이 일치하는 전부보험에 대비되는 개념이다. 일부보험은 계약체결 당시부터 보험료를 절약하기 위하여 의식적으로 하는 경우도 있고, 또 계약성립 후 물가의 등귀로 인하여 자연적으로 발생하는 경우도 있다.

(2) 요 건

보험금액이 보험가액보다 적은 것을 그 요건으로 하는데, 이 경우 보험가액의 산정은 당사자 사이에 이에 관한 협정이 있으면 원칙적으로 그에 따르고(제670조), 협정이 없으면 이를 판정하는 때의 가액에 의한다.

(3) 효 과

1) 비례부담의 원칙

일부보험의 경우에는 보험자는 보험금액의 보험가액에 대한 비율에 따라 보상할 책임이 있다(제674조 본문). 이를 비례부담의 원칙이라 한다. 따라서 전손의 경우는 보험금액의 전액을 지급하여야 하나, 분손의 경우에는 손해액의 일부분이 보험자의 보상액이 되고, 그 나머지는 피보험자의 자기부담이 된다. 예컨대 보험가액이 2억원인 건물에 대하여 보험금액을 1억원으로 한 경우에 전손인 때에는 보험자는 1억원을 지급하고, 1억4천만원의 손해가 발생한 분손의 경우에는 보험금액의 보험가액에 대한 비율에 따라 1억4천만원×(1억원/2억원)＝7천만원을 지급하면 된다. 또한 만약 8천만원의 손해가 발생한 분손의 경우 8천만원×(1억원/2억원)＝4천만원을 지급한다.

공제한다는 것이어서 다른 보험자와 사이의 부담 부분의 조정에 관한 것일 뿐 피보험자의 보험이익을 감소시키는 것이 아니고 피보험자에게 다른 보험계약의 체결의무를 부과하는 것도 아니므로"라고 하여 초과전보조항이 유효하다고 판단한다.

2) 제1차위험보험

비례부담의 원칙은 임의규정이므로 일부보험의 경우 당사자 사이의 특약으로 보험자는 보험금액의 범위 내에서 손해액 전액을 지급할 것을 정할 수 있다(제674조 단서). 이 경우 보험자는 보험금액의 한도 내에서 그 손해를 보상할 책임을 진다. 이를 제1차위험보험 또는 실손해보상보험이라 한다. 실무상으로는 당사자 사이의 특약에 의하여 분손의 경우에도 보험금액의 범위 내에서는 전부보험과 같이 손해액의 전부를 받기로 약정하는 경우가 많다. 위 예에서 전손인 때 보험자가 1억원을 지급하는 것은 마찬가지이나, 1억4천만원의 손해가 발생한 분손의 경우에도 보험자는 1억원을 지급하게 된다. 만약 8천만원의 분손인 경우 보험자는 8천만원을 지급한다.

제 4 절   손해보험계약의 효과

제1   보험자의 손해보상의무

1. 요 건

손해보험계약의 보험자는 보험사고로 인하여 생길 피보험자의 재산상의 손해를 보상할 책임이 있다(제665조). 보험사고의 발생으로 인하여 보험자는 그가 부담하였던 위험에 대한 손해보상의무를 부담하고, 이것이 보험자의 가장 주된 의무가 된다.

(1) 보험사고의 발생

보험사고는 보험기간 내에 발생하여야 한다. 다른 약정이 없는 한 보험자가 최초의 보험료를 받은 때로부터 보험기간 동안에 생긴 것이어야 한다(제656조). 보험사고가 보험기간 내에 발생한 이상 손해가 보험기간이 경과한 이후에 나타난다 하더라도 상관이 없다. 또한 보험사고가 보험기간 내에 발생하였다는 입증책임은 보험금청구권자가 부담한다.

(2) 재산상의 손해

재산상의 손해를 입어야 하고 정신적인 손해는 포함되지 않는다. 이 점에서 채무불이행이나 불법행위에서의 손해배상책임과는 구별된다. 또한 원칙적으로 보험사고로 인하여 상실된 피보험자가 얻을 이익이나 보수는 당사자간에 다른 약정이 없으면 보험자가 보상할 손해액에 산입하지 아니한다(제667조). 당사자간의 특약에 의하여 이를 보상하기로 하는 보험을 이익보험이라고 한다.

(3) 인과관계

보험사고와 손해와는 상당인과관계에 있어야 한다.[48] 보험의 목적에 관하여 보

---

48) 대법원 1999. 10. 26. 선고 99다37603,37610 판결(보험자가 벼락 등의 사고로 특정 농장 내에 있는 돼지에 대하여 생긴 보험계약자의 손해를 보상하기로 하는 손해보험계약을 체결한 경우, 농장 주

험자가 부담할 손해가 생긴 경우에는 그 후 그 목적이 보험자가 부담하지 아니하는 보험사고의 발생으로 인하여 멸실된 때에도 보험자는 이미 생긴 손해를 보상할 책임을 면하지 못한다(제675조). 예컨대 화재보험의 목적이 화재로 일부 훼손된 이후 홍수로 인하여 전부 멸실되더라도 그 홍수 이전에 입은 재산상의 손해를 보상하여야 한다는 뜻이다.

2. 면책사유

보험통칙상의 보험계약자 등의 고의나 중과실로 인한 보험사고에 대한 면책(제659조), 전쟁 기타 변란의 면책(제660조) 이외에, 손해보험에만 적용되는 특유의 면책사유가 있다. 손해보험 특유의 면책사유는 보험의 목적의 성질, 하자 또는 자연소모로 인한 손해는 보험자가 이를 보상할 책임이 없다는 것이다(제678조). 이러한 손해는 목적물 자체에서 수반되는 필연적인 현상으로 생겨나는 것이므로 이를 보상하는 것은 보험의 본질에 반하기 때문이다. 또한 개별 손해보험계약에서는 각각 당해 보험의 특수성을 고려하여 별도의 면책사유가 규정되어 있다. 운송보험에서 송수하인의 고의와 중과실(제692조), 해상보험에서 현저한 위험변경(제701조, 제703조), 감항능력흠결(제706조) 등이 그것이다.

3. 손해의 보상

(1) 산 정

보험자가 보상할 손해액은 그 손해가 발생한 때와 곳의 가액에 의하여 산정한다(제676조 제1항 본문). 그러나 당사자간에 다른 약정이 있는 때에는 그 신품가액에 의하여 손해액을 산정할 수 있고(제676조 제1항 단서), 보험가액불변경주의가 인정되는 경우에는(제689조, 제696조, 제697조, 제698조) 상법의 규정에 의한다. 앞서 본 바와 같이 손해액의 산정에 있어 원칙상 피보험이익에 발생한 적극적 손해만을 고려하며 소극적 손해는 제외되므로 피보험자가 얻을 이익이나 보수의 상실분은 보상되지 않음이 원칙이다(제667조).

상법은 손해액의 산정비용은 보험자가 부담한다고 규정하고 있음을 유의하여야 한다(제676조 제2항).

변에서 발생한 벼락으로 인하여 그 농장의 돈사용 차단기가 작동하여 전기공급이 중단되고 그로 인하여 돈사용 흡배기장치가 정지하여 돼지들이 질식사하였다면, 위 벼락사고는 보험계약상의 보험사고에 해당하고 위 벼락과 돼지들의 질식사 사이에는 상당인과관계가 인정된다고 한 사례).

(2) 신가보험

물가상승 등으로 보험금의 실제 가치가 원상회복에 미흡할 수 있어, 보험사고 발생시 일정한 제한 하에 보험목적을 신품으로 보상하는 방식도 이용된다. 이러한 보험을 신가보험(新價保險)이라 하고 상법에서도 이를 규정한다. 상법은 보험자가 보상할 손해액은 그 손해가 발생한 때와 곳의 가액에 의하는 것이나, 당사자간 다른 약정이 있는 때에는 그 신품가액에 의하여 손해액을 산정할 수 있다고 한다 (제676조 제1항 단서). 손해보험은 이득금지의 원칙이 작용하여 손해를 당한 이상 으로는 보상하지 않는 것이 원칙이어서 신가보험은 이에 대한 예외라 할 수 있다. 하지만, 신가보험은 피보험자로 하여금 이득하게 하려는 것이 아니라 사고로 인한 경제적 수요를 실질적으로 충족시키려는 목적에서 보험정책상 허용되는 것이다.

(3) 방법과 범위

손해보상의 방법에는 상법상 특별한 규정이 없으나 원칙적으로 금전으로써 한 다. 하지만 당사자간의 합의로 손해의 전부 또는 일부를 현물로 보상할 수 있다. 피보험이익의 평가액인 보험가액을 한도로 하여 보험금액의 범위 이내에서 보상 받으므로, 신가보험의 예외를 제외하고는 실손해액 이상으로는 보상받을 수 없다. 그리고 보험자가 손해를 보상할 경우에 보험료의 지급을 받지 아니한 잔액이 있 으면 그 지급기일이 도래하지 아니한 때라도 보상할 금액에서 이를 공제할 수 있 다(제677조).

(4) 이 행

보험자는 보험금액의 지급에 관하여 약정기간이 있는 경우에는 그 기간 내에, 약정기간이 없는 경우에는 보험사고 발생의 통지를 받은 후 지체없이 지급할 보 험금액을 정하고 그 정하여진 날부터 10일 내에 피보험자에게 보험금액을 지급하 여야 한다(제658조). 보험자의 손해보상의무는 3년의 단기시효로 소멸한다(제662조).

4. 보험금청구권과 물상대위

(1) 보험목적에 대한 담보권

손해보험에 있어 보험목적에 저당권, 질권 등을 취득한 담보권자가 있는 경우, 그 목적물이 멸실되거나 훼손되면 담보권자가 손해를 입을 우려가 있다. 이러한 경우 담보권자는 다음과 같은 방법에 의하여 그의 이익을 보호할 수 있다. 첫째,

담보권자가 자신의 '담보권자로서의 이익'을 피보험이익으로 하여 자기를 위한 보험계약을 체결하는 방법이다. 둘째, 채무자인 담보권설정자가 채권자를 피보험자로 하여 '타인을 위한 보험계약'을 체결할 수도 있다. 셋째, 채무자인 담보권설정자가 '자기를 위한 보험계약'을 체결하고 담보권자는 그 보험금청구권에 질권을 설정하는 방법도 가능하다.

(2) 보험금에 대한 물상대위

담보로 제공되어 있는 물건에 채무자(담보권설정자)가 보험계약을 체결하였으나, 만약 담보권자가 그 보험에 관하여 위에 해당하는 아무런 조치를 취하지 않은 경우 담보권자가 물상대위를 할 수 있는가 하는 점이다. 민법에서 물상대위란 담보물권자가 담보물의 멸실, 훼손 또는 공용징수로 인하여 담보권설정자가 받은 금전 기타 물건에 대하여도 그 권리를 행사할 수 있는 제도이다(민법 제342조, 제355조, 제370조). 다만 그 권리행사를 위하여는 그 지급 또는 인도 전에 압류하여야 한다(민법 제342조 제2문). 담보권자는 보험금청구권에 대하여 물상대위할 수 있는가?

1) 부정설

담보목적물이 언제나 손해보험에 붙여지는 것도 아니고, 보험금청구권은 별도의 보험계약에 의하여 보험료의 대가로서 얻어진 것이므로 물상대위가 인정되지 않는다는 견해이다.

2) 긍정설

담보물권은 그 담보물의 실체를 목적으로 하는 권리가 아니라 그 교환가치의 취득을 목적으로 하는 권리이므로 그 담보물의 멸실과 훼손으로 채권자가 보험계약상 보험금을 받게 되는 경우 압류금지의 규정이 없는 한 담보물권자의 물상대위의 효력이 미친다고 본다.[49] 이 견해가 타당하다. 다만 담보권자가 물상대위권을 행사하는 경우에도 보험자는 피보험자에 대한 항변사유로써 대항할 수 있다.

다만 압류를 보험자 자신이 하여야만 하는가에 대하여는 견해가 다시 나뉜다. 먼저 보험금청구권에 대한 물상대위는 그 보험금의 지급 전에 압류를 요건으로 하는 점에서 담보권자 자신에 의하여 보험금 압류를 하지 아니하면 제3자에 대하여 우선변제권을 행사할 수 없다고 보는 견해가 있다.[50] 이에 반하여 채권압류를

---

49) 양승규, 229면.
50) 양승규, 229면.

요구하는 이유가 목적물의 특정성을 보존함에 있고, 제3채권자에 의하여 압류된 때에도 그 목적은 달성되므로 다른 제3채권자가 압류한 경우에도 물상대위를 할 수 있다는 견해도 있다. 판례는 보험사건에 관한 것은 아니나 후자의 견해를 채택한다.[51]

제2 보험계약자 · 피보험자의 손해방지의무

1. 의 의

(1) 뜻

보험계약자와 피보험자는 보험사고가 발생한 때에 적극적으로 손해의 방지와 경감을 위하여 노력하여야 하고(제680조), 이 의무를 손해방지의무라고 한다. 이미 보험사고가 발생한 후에도 손해의 확대를 적극적으로 방지하고 경감할 의무를 부과하는 것이다. 현재는 이 의무가 손해보험에서만 인정되고 있으나, 상해보험에서도 인정되어야 한다는 견해가 있다.[52] 이를 규정한 손해방지의무 조항(Sue and Labour Clause)은 영국해상보험상 이미 17세기경부터 보험증권에 등장하였다.[53]

(2) 인정근거

인정근거에 관하여는 신의칙 또는 보험의 본질인지에 따라 영미와 독일이 차이가 있다. 영국에서는 그 인정근거를 보험계약의 본질에서 구하는 것이 아니라, 보험자에 대한 신의성실의 원칙과 공익보호의 필요성에서 구한다. 즉 피보험자가 그 손해의 확대를 방지할 수 있음에도 불구하고 이를 방관하는 것은 사회경제적으로도 손해를 가져오고, 보험단체의 이익을 해치는 결과가 되며 신의칙에 어긋난다는 것이다. 보험사고로 인한 손해가 발생하는 경우 목전의 긴급한 손해를 방지

---

51) 대법원 1996. 7. 12. 선고 96다21058 판결(민법 제370조에 의하여 저당권에 준용되는 제342조 후문이 "저당권자가 물상대위권을 행사하기 위하여서는 저당권 설정자가 지급받을 금전 기타 물건의 지급 또는 인도 전에 압류하여야 한다"라고 규정한 취지는, 물상대위의 목적이 되는 금전 기타 물건의 특정성을 유지하여 제3자에게 불측의 손해를 입히지 아니하려는 데 있는 것이므로, 저당목적물의 변형물인 금전 기타 물건에 대하여 이미 제3자가 압류하여 그 금전 또는 물건이 특정된 이상 저당권자는 스스로 이를 압류하지 않고서도 물상대위권을 행사할 수 있다).

52) 양승규, 230면.

53) Christopher L. Troy/Andrew S. Granzow, Sue and Labor Provisions, 31-SPG Brief 30 (2002), 31. 여기서 "sue"는 소송을 의미하는 것이 아니라 추구한다(seek out 또는 go after)를 뜻하는 것이라 한다.

하고 경감하는 조치를 취하게끔 장려하고 구속지우기 위한 것이라는 설명도 같은 취지이다.[54]

그런데 독일에서는 그 인정근거가 달리 설명된다. 독일에서는 손해방지의무가 보험계약의 본질상 요구되는 것이라 한다. 독일보험계약법 제81조(제659조와 동지)와 관련하여, 인위적 사고인 고의나 중과실로 초래된 손해를 보상하지 않듯, 보험사고가 발생한 이후에도 손해의 확대방지를 위하여 보험계약자가 필요한 행위를 하지 않는다면 이 또한 보험자의 면책사유라고 설명한다.[55] 손해방지의무의 불이행은 보험사고의 요소인 우연성이 결여된다거나 보험사고의 불확정성에 반한다는 등의 근거이다.[56]

우리의 경우는 영미와 유사하게 신의칙과 공익보호라는 정책적 근거에서 구한다. 손해방지의무는 손해방지를 장려하려는 공익적 필요에서 법이 특별히 부과한 의무이고, 보험계약의 본질에 기한 것은 아니라고 설명된다.[57]

(3) 법적 성질

손해방지의무는 법이 특히 인정한 법적 의무라고 보는 것이 통설이다. 이 의무 위반시에는 보험자가 그로 인한 손해배상을 청구할 수 있으므로 고지의무 등의 간접의무와는 구별된다.

2. 손해방지의무의 요건

(1) 의무의 발생시기

1) 보험사고의 발생시

손해방지의무는 보험사고의 발생을 요건으로 하는 의무이므로 이 의무는 원칙적으로 '보험사고가 발생한 때'부터 부담한다.[58] 따라서 아직 보험사고의 발생은

---

54) Christopher L. Troy/Andrew S. Granzow, Ibid, 31.

55) Römer/Langheid, Versicherungsvertragsgesetz mit PflVG und KfzPFlVV, 2 Aufl., C.H.Beck, München (2003), S. 675. 구 독일보험계약법 제61조가 개정된 독일보험계약법의 제81조에 해당한다.

56) 이러한 독일에서의 설명은 우리와는 일부 다른 면이 있다. 예를 들면 김상준, 앞의 논문, 701면에서는 "이러한 의무는 손해방지를 장려하려는 공익적 필요에서 법이 특별히 부과한 의무이고 보험계약의 본질에 기한 것은 아니라고 설명되고 있다"고 서술한다.

57) 김상준, "책임보험에 있어서의 손해방지비용 및 방어비용", 「대법원판례해설」 제40호, 2002, 493면; 양승규, 228면. 이는 최기원, 276면에서도 "이 의무는 신의성실의 원칙과 손해액에 따라 보험금을 지급하는 보험자의 이익과 보험단체의 이익을 도모한 것이며, 손해의 방지 및 경감은 공익의 보호라는 점에서 국민경제적으로도 유익한 것이기 때문에 인정된 것"이라고 하여 동일한 뜻으로 보인다.

58) 대법원 2022. 3. 31. 선고 2021다201085, 201092 판결('손해방지비용'이란 보험자가 담보하고 있는 보험사고가 발생한 경우에 보험사고로 인한 손해의 발생을 방지하거나 손해의 확대를 방지함은

없으나 그 발생의 위험이 있을 때 그 위험을 방지하는 것은 이 의무의 내용이 되지 않는다. 그런데 보험의 목적에 보험사고가 발생한 것은 아니나 그것이 불가피한 때, 가령 옆집에 화재가 나서 보험의 목적 또는 그것을 수용하는 건물에 화재가 생길 것이 불가피한 경우 그 시점에서 손해방지의무가 생겨난다는 견해도 있다.59)

생각건대, 이러한 경우 아무런 조치를 취하지 않아 보험목적에 화재로 인한 보험사고가 발생하는 경우 이는 상법 제659조의 면책사유로 해결할 것이지 손해방지의무로 문제삼을 것은 아니라 하겠다.

2) 책임보험에서의 예외

손해방지의무의 개시시기는 원칙적으로 보험사고의 발생을 전제하는 것이므로, 손해보험의 일종인 책임보험에 있어서도 보험자가 보상책임을 지는 사고가 발생하지 아니하는 한 보험사고가 없고 피보험자의 손해방지의무도 없다. 그런데 판례는 책임보험에서 자동차사고로 인한 피해자가 발생하였으나, 피보험자의 법률상 책임여부가 판명되지 아니한 상태에서 피보험자가 손해확대방지를 위한 긴급한 행위를 하였다면, 이것은 손해방지의무의 범주에 포함시키고 있고 그로 인하여 소요된 비용을 손해방지비용에 포함시킨다.60)

피해사고가 발생하였음에도 불구하고 피보험자의 책임을 확정한 이후에야 손해방지의무가 개시되는 것으로 정한다면, 피해자보호 등의 문제가 생길 수 있어 판례의 입장은 공익적 견지에서도 타당하다고 본다. 피보험자로서는 법률전문가가 아닌 관계로 책임여부가 불분명한 사고발생 직후 보험사고가 발생한 것으로 생각하고 피해자를 위한 응급처치 비용 등을 지급하고도 이후 보험자로부터 보상받지 못하게 된다면 피보험자 보호의 문제가 발생한다. 또한 이를 손해방지비용에서 제외한다면 피보험자 등이 교통사고 발생 후 구호조치를 외면할 위험성마저 조장하

물론 손해를 경감할 목적으로 하는 행위에 필요하거나 유익하였던 비용을 말하는 것으로서, 원칙적으로 보험사고의 발생을 전제로 한다).

59) 정찬형, 617면.

60) 대법원 1993. 1. 12. 선고 91다42777 판결(손해보험에서 피보험자가 손해의 확대를 방지하기 위하여 지출한 필요·유익한 비용은 보험자가 부담하게 되는바(상법 제680조 제1항), 이는 원칙적으로 보험사고의 발생을 전제로 하는 것이므로, 손해보험의 일종인 책임보험에 있어서도 보험자가 보상책임을 지지 아니하는 사고에 대하여는 손해방지의무가 없고, 따라서 이로 인한 보험자의 비용부담 등의 문제도 발생할 수 없다 할 것이나, 다만 사고발생시 피보험자의 법률상 책임 여부가 판명되지 아니한 상태에서 피보험자가 손해확대방지를 위한 긴급한 행위를 하였다면 이로 인하여 발생한 필요·유익한 비용도 위 법조에 따라 보험자가 부담하는 것으로 해석함이 상당하다); 대법원 1994. 9. 9. 선고 94다16663 판결; 대법원 2002. 6. 28. 선고 2002다22106 판결; 대법원 2003. 6. 27. 선고 2003다6958 판결도 같은 취지이다.

게 되는 역기능이 우려된다. 따라서 이 같은 상황에서는, 비록 사후에 사고에 대한 피보험자의 법률상 책임이 없는 것으로 밝혀진 경우에도, 보험사고 발생에 준하여 응급처치를 위한 긴급비용에 대하여는 보험자가 부담하도록 함이 타당하다.

3) 의무부담자

보험계약자와 피보험자가 손해방지의무를 부담하는 자이다. 그리고 보험계약자와 피보험자의 대리인, 가령 지배인(제11조)이나 선장(제773조)과 같이 포괄적인 대리권을 가진 자도 손해방지의무를 부담한다.

(2) 의무의 내용

손해의 방지와 경감을 위하여 노력하여야 한다(제680조). 보험사고로 인한 손해의 발생을 방지하는 것뿐만 아니라 이미 발생한 손해의 확대를 방지하는 행위를 포함하는 것이고, 손해를 직접적으로 방지하는 행위는 물론이고 간접적으로 방지하는 행위도 포함된다.[61] 이를 위한 노력의 정도를 일률적으로 정할 수는 없을 것이나, 보험계약이 없는 경우에도 보험계약자나 피보험자가 자기의 이익에 대하여 손해의 방지와 경감을 위하여 기울이는 것과 같은 정도의 노력을 하여야 한다. 이러한 노력을 다한 이상은 그 의무를 이행한 것이 되고 손해방지와 경감의 효과가 반드시 나타나야 하는 것은 아니다.

상법상 규정은 없으나 보험계약자 또는 피보험자는 보험자의 지시가 있는 경우라면 그에 따라야 한다.

3. 의무 위반의 효과

손해방지의무를 위반한 경우의 효과에 관하여 상법에 규정이 없다. 통설과 판례[62]에 의하면 보험계약자와 피보험자가 고의 또는 중대한 과실로 손해방지의무를 위반한 경우에는 보험자는 손해방지의무 위반과 상당인과관계가 있는 손해, 즉 의무 위반이 없다면 방지 또는 경감할 수 있으리라고 인정되는 손해액에 대하여 배상을 청구하거나 지급할 보험금과 상계하여 이를 공제한 나머지 금액만을 보험

---

[61] 대법원 2018. 9. 13. 선고 2015다209347 판결(피보험자의 손해방지의무의 내용에는 손해를 직접적으로 방지하는 행위는 물론이고 간접적으로 방지하는 행위도 포함된다. 그러나 그 손해는 피보험이익에 대한 구체적인 침해의 결과로서 생기는 손해만을 뜻하는 것이고, 보험자의 구상권과 같이 보험자가 손해를 보상한 후에 취득하게 되는 이익을 상실함으로써 결과적으로 보험자에게 부담되는 손해까지 포함된다고 볼 수는 없다).

[62] 대법원 2016. 1. 14. 선고 2015다6302 판결. 이러한 법리는 재보험의 경우에도 마찬가지로 적용된다.

금으로 지급할 수 있으나, 경과실로 위반한 경우에는 그러하지 아니하다.

4. 손해방지비용의 부담

(1) 손해방지비용의 의의

손해방지비용은 보험자가 담보하고 있는 보험사고가 발생한 경우에 보험사고로 인한 손해의 발생을 방지하거나 손해의 확대를 방지함은 물론 손해를 경감할 목적으로 행하는 행위에 필요하거나 유익하였던 비용을 말하는 것으로서, 원칙적으로 보험사고의 발생을 전제로 한다.[63] 즉 손해방지의무를 이행함에 있어 소요된 비용을 손해방지비용이라 한다. 손해방지의무는 보험사고의 발생이 요건이므로 이 의무는 '보험사고가 발생한 때'부터 개시되는 것이고, 손해방지비용은 보험사고가 발생한 이후 손해의 확대방지에 소요된 비용과 손해를 방지 또는 경감할 목적으로 한 행위에 필요 또는 유익하였던 비용이 된다. 피보험자의 책임 있는 사유로 제3자에게 발생한 손해를 보상하는 책임보험에서는 건축물 등에 누수가 발생하더라도 그것이 피보험자의 책임 있는 사유로 제3자에게 손해를 입힌 경우에 비로소 보상 대상이 된다.[64]

(2) 손해방지비용의 부담

1) 보험자의 부담

손해방지비용은 보상액이 보험금액을 초과한 경우라도 보험자가 이를 부담한다(제680조 단서). 즉 손해방지비용에 대하여는 그 비용과 지급하여야 할 보상액이 보험금액을 초과하더라도 이를 보험자에게 부담시키고 있다.[65] 보험자가 부담하도

---

63) 대법원 2022. 3. 31. 선고 2021다201085, 201092 판결; 대법원 1995. 12. 8. 선고 94다27076 판결(상법 제680조가 규정한 손해방지 비용이라 함은 보험자가 담보하고 있는 보험사고가 발생한 경우에 보험사고로 인한 손해의 발생을 방지하거나 손해의 확대를 방지함은 물론 손해를 경감할 목적으로 행하는 행위에 필요하거나 유익하였던 비용을 말하는 것). 대법원 2002. 6. 28. 선고 2002다22106 판결; 대법원 2003. 6. 27. 선고 2003다6958 판결 등.

64) 대법원 2022. 3. 31. 선고 2021다201085, 201092 판결(누수 부위나 원인은 즉시 확인하기 어려운 경우가 많고, 그로 인한 피해의 형태와 범위도 다양하다. 또한 누수와 관련하여 실시되는 방수공사에는 누수 부위나 원인을 찾는 작업에서부터 누수를 임시적으로 막거나 이를 제거하는 작업, 향후 추가적인 누수를 예방하기 위한 보수나 교체 작업 등이 포함된다. 따라서 방수공사의 세부 작업 가운데 누수가 발생한 후 누수 부위나 원인을 찾는 작업과 관련된 탐지비용, 누수를 직접적인 원인으로 해서 제3자에게 손해가 발생하는 것을 미리 방지하는 작업이나 이미 제3자에게 발생한 손해의 확대를 방지하는 작업과 관련된 공사비용 등은 손해방지비용에 해당할 수 있다. 구체적인 사안에서 누수로 인해 방수공사가 실시된 경우 방수공사비 전부 또는 일부가 손해방지비용에 해당하는지는 누수나 그로 인한 피해 상황, 피해의 확대 가능성은 물론 방수공사와 관련한 세부 작업의 목적이나 내용 등을 살펴서 개별적으로 판단해야 한다.

록 하는 취지는 손해방지의무의 이행을 장려하는 공익적 이유와 손해방지의무의
이행은 보험자의 이익을 위하여도 필요하다는 점에 기초한 것이다. 만약 보험약관
으로 보험자가 손해방지비용을 부담하지 않는다거나 보험금액의 한도 내에서만
부담하기로 특약을 하는 것은 기업보험으로 인정되지 않는 한 보험계약자 등의
불이익변경금지원칙(제663조)에 의하여 무효가 된다.

입법론으로는 보험자의 지시에 의한 것이 아닌 한 손해방지비용은 보험금액의
한도 내에서 보험자가 부담하도록 하는 것이 바람직하다.[66]

2) 일부보험

일부보험에서는 제1차위험보험이 아닌 한 손해방지비용은 보험자가 손해보상
액의 비율에 따라 부담한다(제674조). 제674조는 손해보험통칙에 관한 규정이므로
준용규정이 없더라도 손해방지비용에 적용된다. 그리고 비율적으로 보상되지 않는
나머지 부분은 보험계약자 등이 부담하고, 그 계산에 따른 손해방지비용과 지급보
험금의 합계액이 일정한 일부보험금액을 초과한 경우 제680조 단서가 적용되어
보험자가 이를 부담한다.

3) 해상보험의 특칙

해상보험에서 '보험의 목적의 안전이나 보존을 위하여 지급할 특별비용'은 손
해방지비용에 해당하고 이 비용은 보험자가 부담하나, 다만 보험금액의 한도 내에
서 보상할 책임이 있다(제694조의3). 해상보험은 보험계약자 등의 불이익변경금지
원칙이 적용되는 분야가 아니어서(제663조 단서) 약관으로 유효하게 정할 수 있으
나, 상법에서 명시적으로 보험금액을 한도로 함을 정하고 있다.

4) 책임보험에서의 예외

판례는 책임보험에서는 손해방지의무의 개시시기와 손해방지비용의 산정과 관
련한 예외를 둔다. 보험사고의 발생은 없었으나 피보험자의 책임여부가 판명되지
아니한 상태에서 피보험자가 손해확대방지를 위한 비용을 지급하였다면 보험자는
그 비용도 부담하여야 한다는 것이다. 손해방지의무는 보험사고의 발생을 요건으
로 하는 의무이므로, 보험사고가 발생한 이후 손해의 확대방지는 경감을 위한 행
위에 필요 또는 유익하였던 비용이 손해방지비용에 해당하는 점에서 예외가 된

---

65) 대법원 2007. 3. 15. 선고 2004다64272 판결.
66) 예컨대, 독일법은 보험계약자가 보험자의 지시에 따라야 한다는 것이 의무로 구성되어 있고, 또
한 그 비용을 보험자가 부담하는 것이기는 하나 보험자의 지시가 있는 경우에 한하여만 보험금액의 초
과분에 대하여 책임을 지우고 있다(독일보험계약법 제82조 내지 제83조).

다.[67)]

(3) 보험자 상호간의 대위권(구상권)[68)]

피보험자가 2인 이상이며 그 각각의 보험자도 2인 이상인 경우, 각 피보험자들의 과실이 개입된 사고가 발생한 이후 한 피보험자만이 손해방지의무를 이행하고 그의 보험자가 그 피보험자에 대하여 손해방지비용을 지급하였다면 그 보험자는 다른 피보험자의 보험자에 대하여 구상권을 행사할 수 있는지가 문제된다.

이에 대하여 손해방지비용은 정책적 차원에서 보험자에게 부담시키는 비용이므로 대위할 수 없다는 견해도 있으나,[69)] 보험자가 대위할 수 있는 권리는 불법행위뿐 아니라 채무불이행은 물론 적법행위로 인한 피보험자의 청구권 모두를 그 대상으로 하는 것이므로 대위권의 대상이 된다고 본다. 판례도 이를 긍정한다.[70)] 공동불법행위로 말미암아 공동불법행위자 중 1인이 손해방지비용을 지출한 경우, 그 손해방지비용은 자신의 보험자뿐 아니라 다른 공동불법행위자의 보험자에 대하여도 손해방지비용에 해당하므로, 공동불법행위자들과 각각 보험계약을 체결한 보험자들은 각자 그 피보험자에 대한 관계에서뿐 아니라 그와 보험계약관계가 없는 다른 공동불법행위자에 대한 관계에서도 그들이 지출한 손해방지비용의 상환의무를 부담한다. 또한 그 보험자들 상호간에는 손해방지비용의 상환의무에 관하여 부진정연대채무의 관계에 있다고 볼 수 있으므로, 공동불법행위자 중의 1인과

---

67) 대법원 1993. 1. 12. 선고 91다42777 판결(손해보험의 일종인 책임보험에 있어서도 보험자가 보상책임을 지지 아니하는 사고에 대하여는 손해방지의무가 없고, 따라서 이로 인한 보험자의 비용부담 등의 문제도 발생할 수 없다 할 것이나, 다만 사고발생시 피보험자의 법률상 책임 여부가 판명되지 아니한 상태에서 피보험자가 손해확대방지를 위한 긴급한 행위를 하였다면 이로 인하여 발생한 필요·유익한 비용도 위 법조에 따라 보험자가 부담하는 것으로 해석함이 상당하다); 대법원 1994. 9. 9. 선고 94다16663 판결; 대법원 2002. 6. 28. 선고 2002다22106 판결; 대법원 2003. 6. 27. 선고 2003다6958 판결.

68) 대법원 2007. 3. 15. 선고 2004다64272 판결. 이 판결에서 공동불법행위자 중 1인이 다른 공동불법행위자의 보험자로부터 자동차종합보험의 대물배상 한도액인 2,000만 원을 지급받으면서 그 보험자에 대한 '법률상의 배상액'을 포기하기로 합의하였더라도 이로써 위 한도액과는 무관한 손해방지비용의 상환청구권을 포기한 것으로 볼 수 없다고 판단하였다.

69) 김성태, 435면.

70) 대법원 2007. 3. 15. 선고 2004다64272 판결에서의 사실관계를 보면 A는 유조차에 대하여 대물한도 1억원의 보험계약을 甲 보험회사와 체결하였고, B는 乙 보험회사와 대물보상한도 2천만원의 자동차종합보험계약을 체결하였다. 가해차량의 운전자인 B는 운전미숙으로 차량을 급제동하는 바람에 차체가 흔들리면서 중앙분리대의 방호벽을 들이받고, A는 이를 피하기 위하여 핸들을 꺾어 갓길로 피하려다 유조차가 전도되었고, 그 유조차에 실려 있던 백등유 1만리터가 인근 하천과 저수지에 유출되는 사고가 발생하였다. 이 사건 과실비율은 B의 과실이 95%인 것으로 확정되었다. A는 이 사건 오염의 확산을 방지하기 위하여 방제작업비 등으로 7,400만원을 지출하고 A의 보험인 甲에 대하여 청구하는 소송을 제기하여 승소하였다. 이에 甲은 B의 보험인 乙에 대하여 B의 과실비율에 해당하는 7,030만원을 구상금으로 지급할 의무가 있다고 주장하면서 대위권을 행사했다.

보험계약을 체결한 보험자가 그 피보험자에게 손해방지비용을 모두 상환하였다면, 그 손해방지비용을 상환한 보험자는 다른 공동불법행위자의 보험자가 부담하여야 할 부분에 대하여 직접 구상권을 행사할 수 있다.

제 5 절 보험자대위

제1 총 설

1. 의 의

보험자대위라 함은 보험자가 보험사고로 인한 손실을 피보험자에게 보상한 경우, 그 피보험자 또는 보험계약자가 보험의 목적이나 제3자에 대하여 가지는 권리를 법률상 당연히 취득하는 것을 말한다(제681조, 제682조). 상법은 보험자대위를 보험목적에 대한 것(제681조: 잔존물대위)과 제3자에 대한 것(제682조: 청구권대위)으로 나눈다.

보험자로부터 보험금지급을 받고 손해를 회복한 피보험자가 잔존물 혹은 제3자에 대한 권리를 그대로 보유하고, 이를 행사한다면 결과적으로 피보험자는 실제로 생긴 손해 이상의 손해전보를 받게 되어 보험사고로 인한 이득을 얻게 되는 것으로, 이는 손해보상의 원칙 또는 이득금지의 원칙에 정면으로 반한다. 그렇다고 하여 기존 법률관계의 정리까지 감안하여 보험자의 보험금지급의무를 인정하지 않는 것은 피보험자의 구제를 지연시켜 손해보험의 효용을 저해한다. 보험자대위는 이러한 문제점을 극복하기 위한 제도로서 일단 보험자가 보험사고를 당한 피보험자에게 보상한 이후, 그 피보험자의 권리를 보험자에게 이전시키는 손해보험 특유의 제도이다. 그리고 인보험에서는 원칙적으로 보험자대위가 금지되나, 인보험 중 상해보험계약의 경우 당해 보험급부가 실손보상적 성격이어서 피보험자의 권리를 해하지 않는 범위 내에서 대위약정을 허용하고 있다(제729조 단서). 이에 근거하여 상해보험약관에서도 실손보상적 급여에 대하여서는 대위한다는 취지를 규정함이 보통이다.

2. 근 거

보험자대위제도의 인정근거는 피보험자가 이중의 이득을 취한다거나 보험사고를 야기한 제3자가 책임을 면하는 일이 없도록 하자는 것이다. 그런데 이 제도의 근거에 대하여 어떤 측면을 중시하느냐에 따라 다음과 같은 견해가 있다.

첫째, 손해보상계약성에서 찾는 견해이다. 이는 손해보험계약은 일종의 손해보상계약으로서 보험사고로 인하여 피보험자에게 어떤 이득을 주려는 것이 아니라 단순히 손해의 보상만을 목적으로 하는 점, 다시 말하면 피보험자에게 이중의 이득을 주지 않으려는 데 그 근거를 두는 입장이다.[71]

둘째, 정책적 견지에서 찾는 견해이다. 이는 피보험자에 의한 보험사고의 유발이나 도박 등의 부정행위에 이용될 위험을 방지하기 위한 수단으로서 보험자대위가 인정된 것이라고 보는 입장이다. 오늘날 손해보험의 성격을 가진 상해보험의 경우 약관에 의하여 보험자대위를 인정하는 것 등으로 미루어 이 설을 지지하는 견해가 있다.[72]

어느 견해를 취하느냐에 따라 큰 차이는 없다. 보험자대위제도가 손해보상계약성에서 이득금지의 원칙을 반영하는 것이기는 하나, 의료보험이나 질병보험 등의 경우에도 보험자대위제도가 확대 인정되고 있다. 또한 청구권대위의 경우에는 이득금지의 원칙 이외에도 보험사고 발생의 가해자에 대한 책임추궁이라는 형평의 원칙도 작용하는 점을 본다면, 정책적 견지에서 찾는 견해가 타당하다.

3. 법적 성질

보험자대위권은 보험자가 보험금을 지급함으로써 법률상 당연히 발생한다. 보험자대위는 당사자 사이의 의사표시를 요하지 않으므로 양도행위가 아니고 이른바 민법상의 배상자대위(민법 제399조)와 같은 성질의 것이다. 그러므로 잔존물대위에서의 권리이전은 물권변동의 절차를 밟지 않고도 당연히 제3자에게 그 권리를 주장할 수 있고, 또 청구권대위에서도 지명채권양도의 대항요건의 절차 없이도 채무자 그 밖의 제3자에 대하여 대항할 수 있다.

---

71) 정찬형, 621면; 김성태, 440면.
72) 양승규, 238면.

제2 잔존물대위(보험목적에 대한 보험자대위)

1. 의 의

잔존물대위는 보험의 목적에 대한 보험자대위라고도 부르는 것으로, 보험사고로 인하여 보험목적이 전부멸실한 경우 보험금액의 전부를 지급한 보험자는 보험목적에 대한 피보험자의 권리를 취득하는 것을 말한다(제681조 본문). 보험실무상 전손이 생기면 약간의 잔존물이 있더라도 이를 무시하고 일정한 기준하에 전손으로 다루어 보험금액의 전부를 지급한다. 이때 그 보험목적의 잔존물에 대한 피보험자의 권리는 잔존물대위에 의하여 보험자에게 이전된다.

잔존물대위는 보험금을 지급하면 보험목적에 대한 권리를 보험자가 취득하는 점에서 해상보험에서의 보험위부와 유사한 면이 있다. 하지만 양자는 다음과 같은 점에서 다르다. 먼저 그 취지가 서로 다르다. 보험자대위는 보험사고로 피보험자에게 이중의 이득을 인정하지 않으려는 것이나, 보험위부는 손해산정에 따른 시간과 비용을 절약하려는 데에 그 취지가 있다. 그리고 잔존물대위에서는 그 권리가 당연히 이전되는 것이지만, 보험위부에서는 피보험자의 의사표시의 효과로서 목적물에 대한 권리가 이전된다. 또한 잔존물대위에서는 보험자는 피보험자에게 지급한 보험금액 이상을 대위하지 못하지만, 보험위부에서는 위부목적물의 가액이 지급한 보험금액을 초과하더라도 보험자에게 귀속하는 점에서 차이가 있다.

2. 요 건

(1) 보험목적의 전부 멸실

보험목적의 전부가 멸실하여야 한다. 여기서 멸실이라 함은 보험계약체결 당시 보험의 목적이 가진 형태의 멸실을 의미하고, 일부 잔존물이 있어도 경제적 가치가 전부 멸실하였으면 전손으로 본다. 따라서 분손의 경우에는 잔존물대위가 성립하지 않는다. 전손을 요건으로 하므로 보험목적의 일부에만 손해가 생긴 경우에는 잔존물대위를 하지 못한다. 차량이 파손된 경우 전부 멸실에 해당하는지 여부는 당해 재화의 경제적 가치 회복가능성을 기준으로 하며 보험실무상으로는 일정비율 이상의 손해를 넘으면 전손처리하는 약관을 두고 있음이 보통이다.

또 당사자 사이의 특약에 의하여 전손에 가까운 손해를 전손으로 보아 보험자가 보험금 전액의 지급과 동시에 잔존물의 소유권을 취득하는 것도 유효하다.

(2) 보험금액의 전액 지급

보험자가 해당 보험금 및 기타 보상급여 전액을 지급한 때에만 인정된다. 그러므로 보험금액의 일부만을 지급한 때에는 그 지급한 부분에 대하여 권리를 취득하는 것이 아니다. 보험자가 손해방지비용이나 기타의 비용을 부담한 때에는 보험금 이외에 그 비용도 지급한 경우에만 잔존물대위권을 취득한다고 봄이 통설이다. 예컨대 2억원 보험가액의 주택을 1억원 보험금액으로 하는 화재보험에 일부보험으로 가입하였는데 그 주택이 화재로 전부 멸실하는 사고가 발생한 경우, 피보험자 등이 그 화재의 진화를 위하여 2천만원의 손해방지비용을 부담하였다면, 보험자는 보험금액 1억원과 손해방지비용 1천만원을[73] 모두 지급한 이후라야 잔존물대위권을 취득한다.

3. 효 과

(1) 보험자의 권리취득

사고를 당한 보험목적에 대하여 피보험자가 가지고 있던 권리는 보험자에게 당연히 이전된다. 보험목적에 대한 권리란 선박보험의 경우 선박의 난파물에 대한 소유권 등이 그것이다. 보험자의 보험목적에 대한 대위권 취득시기는 보험금과 기타 비용 전부를 지급한 때이며, 권리의 이전은 법률의 규정에 의한 당연이전으로서 당사자의 특별한 의사표시나 물권변동 절차를 요하지 않는다. 만약 피보험자가 보험금을 지급받기 이전에 보험목적을 타인에게 처분한 경우에는 보험금에서 이를 공제할 수 있다.

(2) 일부보험

일부보험의 경우 보험금 전액을 지급한 보험자가 취득할 권리는 보험금액의 보험가액에 대한 비율에 따라 정하여지므로, 보험자와 피보험자는 잔존물에 대하여 공유관계가 성립하게 된다(제681조 단서).

---

73) 일부보험에서는 제1차위험보험이 아닌 한 보험자가 손해보상액의 비율에 따라 부담하고(제674조) 따라서 1천만원을 보험자가 부담한다.

(3) 대위권포기

대위에 의한 권리의 취득은 공법상의 잔존물제거의무를 지는 경우가 있어 보험자가 오히려 불이익을 받을 수 있다. 예컨대 선박보험에서 보험목적인 선박이 내항에서 침몰하여 다른 선박의 항해를 방해하고 있다면, 관련법규에 따라 선박의 권리자는 침몰선과 잔존물을 제거하여야 할 의무를 지는 경우가 있다. 그러므로 보험자는 보험금 이외 상당한 비용을 추가적으로 지출하여야 하고, 이를 제거하지 않아 사고가 생기면 책임을 져야 하므로 부담을 떠안게 된다. 따라서 약관으로 보험자가 대위권을 포기할 수 있도록 한다는 것이 통설이다. 다만 보험자가 대위권을 포기할 때에는 즉시 그 사실을 피보험자에게 통지하여야 한다.

제3 청구권대위(제3자에 대한 보험자대위)

1. 의 의

청구권대위란 피보험자의 손해가 제3자의 행위로 인하여 생긴 경우에 보험금액을 지급한 보험자는 그 지급한 금액의 한도에서 그 제3자에 대한 피보험자의 권리를 취득하는 것을 말하고, 제3자에 대한 보험자대위라고도 한다. 청구권대위의 인정 취지는 피보험자가 보험사고로 인한 이득을 보게 되는 결과를 방지하는 것과 동시에, 보험사고의 발생에 책임이 있는 자는 누구도 책임을 면할 수 없도록 하려는 데 있다.[74]

보험사고가 제3자의 행위로 생긴 경우에 피보험자는 제3자에 대하여 불법행위 또는 계약위반으로 인한 손해배상청구권과 보험계약에 기한 보험금청구권을 동시에 취득하게 된다. 그런데 사고발생으로 보험자로부터 보험금의 지급을 받고 일단 손해를 회복한 피보험자가 제3자에 대한 권리를 그대로 보유하면서 이를 행사한다면 피보험자는 이득을 보게 된다. 그렇다고 하여 가해자에 대한 권리행사를 전혀 할 수 없게 된다면 이는 형평에 반하는 것이다.

---

74) 대법원 2019. 11. 14. 선고 2019다216589 판결(피보험자가 보험자로부터 보험금액을 지급받은 후에도 제3자에 대한 청구권을 보유·행사하게 하는 것은 피보험자에게 손해의 전보를 넘어서 오히려 이득을 주게 되는 결과가 되어 손해보험제도의 원칙에 반하게 되고 또 배상의무자인 제3자가 피보험자의 보험금수령으로 인하여 그 책임을 면하게 하는 것도 불합리하므로 이를 제거하여 보험자에게 그 이익을 귀속시키려는 데 있다); 대법원 1995. 11. 14. 선고 95다33092 판결 등 참조.

2. 요 건

청구권대위는 이득금지원칙에 기한다는 점은 잔존물대위와 동일하나, 그 요건에서 몇 가지 차이가 있다. 청구권대위는 보험목적이 전부 멸실되어야 할 필요가 없는 점, 보험금액을 전액 지급할 필요가 없는 점 등이 잔존물대위와의 차이점이다.

(1) '제3자'에 의한 보험사고의 발생

손해가 '제3자'의 행위로 인하여 생겨야 한다. 보험자대위의 법리에 의하여 보험자가 제3자에 대한 보험계약자 또는 피보험자의 권리를 행사하기 위해서는 손해가 제3자의 행위로 인하여 생긴 경우라야 하고, 여기서 '제3자'의 범위가 문제된다.

1) 승낙피보험자 등 확장된 피보험자

승낙피보험자가 제3자에 해당하느냐 하는 점이다. 자동차보험에서 피보험자로 보험증권에 기재된 자를 기명피보험자로 하고, 이에 추가하여 기명피보험자의 승낙을 받아 차량을 직접 운전하는 자나 그 차량을 임차하여 이용하는 자도 피보험자의 범위에 포함시키는 경우 그들을 승낙피보험자라고 부른다. 이와 같이 자동차보험의 경우 기명피보험자가 운전을 승낙하면 승낙을 받은 자도 피보험자가 되므로 피보험자의 범위는 기명피보험자의 행위에 의하여 확대된다.

이 경우 기명피보험자 외에 기명피보험자의 승낙을 얻어 자동차를 사용 또는 관리중인 자, 이러한 각 피보험자를 위하여 피보험자동차를 운전중인 자 등도 피보험자의 범주에 포함되어 있다면, 이러한 승낙피보험자 등의 행위로 인하여 보험사고가 발생한 경우 보험자는 그 피보험자들에 대하여는 보험자대위권을 행사할 수 없다. 그들도 피보험이익의 주체가 되는 자들로서 제3자라 할 수 없기 때문이다. 판례도 보험사고를 일으킨 자가 피보험자에 해당하는 경우 그는 제3자에 해당하지 않는다고 일관되게 판시한다.[75]

---

75) 대법원 2024. 5. 9. 선고 2022다290648 판결; 대법원 1991. 11. 26. 선고 90다10063 판결(상법 제682조 소정의 보험자대위는, 보험사고로 인한 손해가 보험계약자 또는 피보험자 아닌 제3자의 행위로 인하여 생긴 경우에 보험금액을 지급한 보험자가 보험계약자 또는 피보험자의 그 제3자에 대한 권리를 취득하는 제도이므로, 보험계약의 해석상 보험사고를 일으킨 자가 위 법 소정의 "제3자"가 아닌 "피보험자"에 해당될 경우에는 보험자는 그 보험사고자에 대하여 보험자대위권을 행사할 수 없는 것이다). 이 판결은 자동차종합보험의 보통약관에서 보험증권에 기재된 피보험자 이외에 그 "피보험자를 위하여 자동차를 운전중인 자"도 위의 피보험자의 개념에 포함시키고 있으므로 자동차종합보험에 가입한

2) 피보험자의 가족

피보험자와 생활을 같이 하는 가족구성원이 보험사고를 발생시킨 경우 이들에 대한 보험자대위가 인정되는지의 여부이다. 예를 들어 가장이 주택을 화재보험에 가입하면서 자신을 피보험자로 지정한 경우, 그 가족의 다른 구성원이 사고를 발생시킨다면 이때 그 가족은 청구권대위의 객체가 되는 제3자에 해당하는가?

과거 소수의 견해로서 피보험자의 가족도 청구권대위의 객체가 된다는 견해(包含說)가 있다. 이 견해는 이들을 제외하는 것이 입법론으로는 옳을지 몰라도 현행법의 해석상으로는 피보험자의 동거가족이라고 해서 제3자에 포함되지 않는다고 보기 어렵다는 근거이다.[76] 그러나 통설[77]과 판례[78]는 이들은 보험자대위권의 객체가 되지 않는다고 보았다. 그 근거는 동거친족간에는 배상청구권을 취득하는 경우에도 청구권을 포기하거나 용서의 의사로 권리행사를 하지 않을 것이고, 또한 경제적 생활공동체인 가족의 구성원에 대한 대위권취득을 허용한다면 결국은 피보험자가 보험금을 취득하지 못한 결과가 되어 보험의 효용성이 없다는 것이다. 가족 전체가 하나의 생활공동체이므로 보험자대위를 허용하면 결과적으로 보험에 든 실익이 사라지게 될 것이다. 피보험자와 공동생활을 하는 동거가족의 경우 그들에 대하여 피보험자가 손해배상청구권을 취득하더라도 통상 그 청구권을 행사하지 않을 것이고, 만약 보험자대위권을 허용한다면 피보험자가 수령한 보험금을 다시 보험자에게 환급하는 결과가 되어 보험의 혜택이 없게 된다. 더구나 보험자대위제도의 주된 입법취지가 피보험자의 이중이득을 막고자 하는 것이므로, 피보험자가 보험금 외에 동거가족에 대한 손해배상청구권을 행사함으로써 이중의 이

차주의 피용운전사는 "피보험자"일 뿐, 상법 제682조에서 말하는 "제3자"에 포함되는 자가 아니라고 한 사례이다; 대법원 1995. 6. 9. 선고 94다4813 판결(상법 제682조 소정의 보험자대위는 보험사고로 인한 손해가 보험계약자 또는 피보험자 아닌 제3자의 행위로 인하여 생긴 경우에 보험금액을 지급한 보험자가 보험계약자 또는 피보험자의 그 제3자에 대한 권리를 취득하는 제도이므로, 보험계약의 해석상 보험사고를 일으킨 자가 상법 소정의 "제3자"가 아닌 "피보험자"에 해당될 경우에는 보험자는 그 보험사고를 일으킨 자에 대하여 보험자대위권을 행사할 수 없다). 대법원 2001. 6. 1. 선고 2000다33089 판결; 대법원 2001. 11. 27. 선고 2001다44659 판결; 대법원 2006. 2. 24. 선고 2005다31637 판결 등도 동일한 취지의 판결들이다.

76) 채이식, 565면.

77) 양승규, 246면 등.

78) 대법원 2000. 6. 23. 선고 2000다9116 판결; 대법원 2002. 9. 6. 선고 2002다32547 판결; 대법원 2009. 8. 20. 선고 2009다27452 판결. 판례도 피보험자의 동거친족에 대하여 피보험자가 배상청구권을 취득한 경우, 통상은 피보험자는 그 청구권을 포기하거나 용서의 의사로 권리를 행사하지 않은 상태로 방치할 것으로 예상되는바, 이러한 경우 피보험자에 의하여 행사되지 않는 권리를 보험자가 대위취득하여 행사하는 것을 허용한다면 사실상 피보험자는 보험금을 지급받지 못한 것과 동일한 결과가 초래되어 보험제도의 효용이 현저히 해하여진다 할 것이라 한다.

득을 취할 가능성이 없는 것이고 보면 보험자가 대위권을 행사하는 것은 그 입법취지에도 맞지 않다.

이러한 점에서 2014년 개정 상법은 통설과 판례의 입장을 따랐다. 상법 제682조 제2항 본문에 "보험계약자나 피보험자의 제1항에 따른 권리가 그와 생계를 같이 하는 가족에 대한 것인 경우 보험자는 그 권리를 취득하지 못한다"고 규정하여 생계를 같이 하는 가족은 보험자대위의 객체가 되지 않는다고 규정한다. 다만 단서에서 "손해가 그 가족의 고의로 인하여 발생한 경우에는 그러하지 아니하다"고 하여 고의 사고시에는 예외로 하였다.

3) 타인을 위한 보험에서 보험계약자

피보험자와 보험계약자가 서로 다른 타인을 위한 손해보험계약에서 보험계약자의 귀책사유로 보험사고가 생긴 경우에 그 보험계약자도 여기서 말하는 제3자에 해당하는가가 문제된다. 즉 보험자는 보험계약자에 대하여 대위권을 행사할 수 있을 것인가?

① 부정설

이를 부정하는 입장에서는 타인을 위한 보험에서 보험계약자를 보험자대위의 객체가 되는 제3자가 아니라고 한다.[79] 부정설에서는 그 근거로서 보험계약자는 보험계약의 당사자로서 계약상의 권리는 물론 보험료지급의무 등 각종의 의무를 지는 점, 제682조가 "그 제3자에 대한 보험계약자 또는 피보험자의 권리를 취득한다"라 규정하는 점, 피보험자의 가족이나 피용인은 제3자에서 제외하고 있는 점, 계약의 당사자인 보험계약자는 자신의 고의나 중과실이 있는 경우 보험자가 면책될 것이므로(제659조) 결국 자신의 경과실인 경우 보험혜택을 받는 것인데 경과실에 의하여도 보험자에게 배상책임을 져야 한다면 보험계약자에게 가혹한 점, 상법 제639조 제2항 단서와 관련하여 입법자의 의도는 명백히 보험계약자에 대한 보험자대위권을 배제한 취지라는 점 등을 내세운다.

② 긍정설(판례)

우리 판례는 일관하여 긍정설을 취하여 보험계약자에 대한 보험자대위권을 행사할 수 있는 것으로 본다.[80] 판례의 논거는 간명하다. 피보험이익의 주체가 아닌

---

79) 양승규, 248면; 박세민, 360면; 한기정, 514면.
80) 대법원 1990. 2. 9. 선고 89다카21965 판결; 대법원 2000. 11. 10. 선고 2000다29769 판결(손해보험계약에 있어 제3자의 행위로 인하여 생긴 손해에 대하여 제3자의 손해배상에 앞서 보험자가 먼저 보험금을 지급한 때에는 그 보험금의 지급에도 불구하고 피보험자의 제3자에 대한 손해배상청구권은 소멸되지 아니하고 지급된 보험금액의 한도에서 보험자에게 이전될 뿐이며, 이러한 법리는 손해를 야

한 제3자에 해당하고, 보험계약자는 피보험이익의 주체가 아니라는 것이다. 기타 이를 지지하는 긍정설에서는 손해보험계약이 피보험자의 손해를 보상함을 목적으로 하는 것이므로 보험계약의 존재를 이유로 피보험자 이외의 보험사고 발생에 책임 있는 자는 누구라도 면책시켜서는 안 된다는 점, 실질적으로 보면 보험료는 피보험자의 계산으로 지급하는 것이라는 점, 그 밖의 의무도 보험계약자가 보험자의 상대방인 형식적 자격으로 인하여 지는 것에 불과하다는 점 등을 근거로 내세운다.[81] 또한 타인을 위한 손해보험이 책임보험이 아닌 이상 결과적으로 책임보험으로 부보한 것과 동일한 결론에 도달한다면 문제가 있다는 점도 주장된다.[82]

③ 소 결

부정설이 타당하다고 본다. 그 근거는 다음과 같다. (i) 타인을 위한 보험계약의 보험계약자는 보험계약의 당사자라는 점이다. 그는 보험계약 체결시 고지의무(제651조)를 지고, 보험료지급의무(제650조)·위험변경증가의 통지의무(제652조)·보험사고발생통지의무(제657조) 및 손해방지의무(제680조) 등을 지며, 또 보험증권교부청구권(제640조)과 보험증권의 소지나 피보험자의 동의가 있는 경우에는 당해 보험계약을 해지할 수 있는 권리(제649조)도 가지고 있다. (ii) 또한 보험계약자가 고의 또는 중과실로 사고를 발생시킨 경우에는 보험자가 면책되기도 하여(제659조 제1항), 결과적으로 보험계약자가 보험자대위권의 객체가 되는지에 관한 점에 있어서의 사고발생은 보험계약자의 경과실로 인한 경우로 한정된다. 보험계약자의 경과실로 인한 사고에 있어 보험계약을 체결하고 유지하며 보험료를 납부하고 각종의 통지의무 등을 부담하는 보험계약자를 보험자대위권의 객체가 되도록 하는 것은 타당하지 않다. (iii) 피보험이익의 주체라는 측면에서이다. 타인을 위한 보험계약에서 보험계약자는 모든 의무를 부담하고 있을 뿐만 아니라, 오히려 경제적인 면에서의 보험계약자와 피보험자와의 관계는 친족간이나 사용인과의 관계 못지않게 밀접할 수 있다. 영국법에서 피보험이익의 개념의 난해성으로 인하여 손해보험에서는 그 개념을 삭제하는 방향이고 보면 더욱 의문이다. (iv) 긍정설은 현행 상법 제639조 제2항 단서와 배치된다. 이 규정에 의하면 보험계약자가 피보험자에게 손해배상을 한 경우 보험자에 대하여 보험금청구권을 취득하게 된다는 것으로, 긍정설과 양립할 수 없다. 이 규정이 신설되기 이전의 대법원 판례[83]는 견해의

기한 제3자가 타인을 위한 손해보험계약의 보험계약자인 경우에도 마찬가지이다).

81) 최기원, 298-300면.

82) 김성태, 452면.

83) 대법원 1989. 4. 25. 선고 87다카1669 판결과 대법원 1990. 2. 9. 선고 89다카21965 판결.

대립이 있는 부분에서 어느 하나의 입장을 따른 것으로 평가할 여지도 있겠으나, 현재 판례는 제639조 제2항 법문과 어울리지 않는 것으로 수용할 수 없다. (v) 피보험이익의 주체 이외에는 모두 제3자에 해당한다는 논거도 피보험자의 동거하는 가족이 제외되는 것을 보면 일관성이 없다. (vi) 보험자대위의 취지가 이중이득의 금지에 있는 것으로 이 경우의 보험계약자가 이중이득을 취한 것도 아니다.

(2) 제3자의 '행위'에 의한 보험사고의 발생

제3자의 행위에 의한 보험사고가 있어야 한다. 그런데 제3자의 행위가 채무불이행 또는 불법행위 등의 손해배상책임을 야기하는 행위로 한정되는 것인지, 또는 기타의 행위도 포함하는 것인지의 문제가 있다. 통설은 제3자의 '행위'라 함은 보험계약의 목적, 즉 피보험이익에 대하여 손해를 일으키는 행위로서 방화와 같은 불법행위뿐 아니라 임차인의 실화 등을 이유로 한 채무불이행은 물론 선장의 공동해손으로 인한 경우와 같은 적법행위도 포함하는 것으로 본다.[84]

판례도 이러한 입장을 취한다. 과거에는 "상법 제682조의 보험자 대위에 의하여 보험자가 취득하는 권리는 당해 사고의 발생자체로 인하여 피보험자가 제3자에 대하여 가지는 불법행위로 인한 손해배상청구권이나 채무불이행으로 인한 손해배상청구권에 한한다 할 것이므로"라고 한 것이 있었으나,[85] 이후 입장을 바꾸어 "보험금을 지급한 보험자는 제3자에게 귀책사유가 있음을 입증할 필요가 없이 법률의 규정에 의하여 당연히 그 손해배상 청구권을 취득하게 된다고 할 것이므로, 상법 제682조 소정의 '제3자의 행위'란 '피보험이익에 대하여 손해를 일으키는 행위'를 뜻하는 것으로서 고의 또는 과실에 의한 행위만이 이에 해당하는 것은 아니라고 보아야 할 것이다"[86]고 하여 통설과 같은 입장을 취한다. 또한 책임보험에서의 피해자 직접청구권도 보험자대위권의 객체가 된다고 본다.[87]

(3) 보험계약에 의한 보험금의 지급

보험자는 보험계약에 따라 피보험자에게 손해를 보상하여야 하고 보험자대위

---

84) 양승규, 246면; 박세민, 484면; 한기정, 508면 등.
85) 대법원 1988. 12. 13. 선고 87다카3166 판결.
86) 대법원 1995. 11. 14. 선고 95다33092 판결.
87) 대법원 2016. 5. 27. 선고 2015다237618 판결; 대법원 1998. 9. 18. 선고 96다19765 판결(상법 제724조 제2항에 의하여 피해자에게 인정되는 직접청구권의 법적 성질은 보험자가 피보험자의 피해자에 대한 손해배상채무를 병존적으로 인수한 것으로서 피해자가 보험자에 대하여 가지는 손해배상청구권이므로, 이와 같은 피해자의 직접청구권도 역시 상법 제682조의 보험자 대위에 의하여 보험자가 취득하는 권리에 당연히 포함된다).

권의 발생시기는 보험금액을 지급한 때이다. 잔존물대위와는 달리 반드시 보험계약에서 정한 한도의 모든 금액을 지급하여야 하는 것은 아니고, 일부를 지급하여도 그 지급한 범위 안에서 청구권을 대위하여 행사할 수 있다(제682조 단서). 그런데 보험자가 손해방지비용 등을 부담하는 경우에는 보험금 이외에 그 비용도 지급하여야 대위권을 취득하게 됨은 잔존물대위와 같다.

그리고 보험자의 제3자에 대한 보험자대위가 인정되기 위해서는 보험자가 피보험자에게 보험금을 지급할 책임이 있는 경우라야 하고, 보험계약에서 담보하지 아니하는 손해에 해당하여 보험금지급의무가 없음에도 보험자가 피보험자에게 보험금을 지급한 경우에는 피보험자의 손해배상청구권을 대위행사할 수 없다.[88]

(4) 제3자에 대한 피보험자 권리의 존재

보험자는 보험사고가 발생한 때에 피보험자의 권리를 전제로 손해보상책임을 이행한 때에 그 대위권을 취득한다. 따라서 피보험자가 보험금을 받기 전에 제3자에 대한 권리를 행사하거나 처분한 때에는 피보험자는 그 한도에서 보험자에 대한 청구권을 잃게 되고 보험자의 대위권도 존재하지 않는다.[89] 또한 피보험자 등의 제3자에 대한 손해배상청구권이 시효로 인하여 소멸하였다면 보험자가 이를 대위할 여지도 없다.[90]

---

88) 대법원 2017. 6. 29. 선고 2017다218307 판결; 대법원 2014. 10. 15. 선고 2012다88716 판결(상법 제682조 제1항에서 정한 보험자의 제3자에 대한 보험자대위가 인정되기 위하여는 보험자가 피보험자에게 보험금을 지급할 책임이 있는 경우라야 하고, 보험계약에서 담보하지 아니하는 손해에 해당하여 보험금지급의무가 없는데도 보험자가 피보험자에게 보험금을 지급한 경우에는 보험자대위의 법리에 따라 피보험자의 손해배상청구권을 대위행사할 수 없는데, 이러한 이치는 상법 제729조 단서에 따른 보험자대위의 경우에도 마찬가지로 적용된다).

89) 대법원 1981. 7. 7. 선고 80다1643 판결(상법 제682조에 의하여 손해가 제3자의 행위로 인하여 생긴 경우에 보험금액을 지급한 보험자는 그 지급한 금액의 한도에서 그 제3자에 대한 보험계약자 또는 피보험자의 권리를 취득하나, 보험자가 보험금액을 지급하여 위 대위의 효과가 발생하기 전에 피보험자 등이 제3자에 대한 권리를 행사하거나 처분한 경우에는 그 부분에 대하여는 보험자가 이를 대위할 수 없다); 대법원 2000. 11. 10. 선고 2000다29769 판결(손해보험계약에 있어 손해가 제3자의 행위로 인하여 생긴 경우 피보험자는 보험자가 보험금을 지급하기 전까지는 자유로이 제3자로부터 손해배상을 받을 수 있고, 그 경우 보험자는 그 한도 내에서 면책된다).

90) 대법원 1993. 6. 29. 선고 93다1770 판결(상법 제682조 규정은 피보험자 등의 제3자에 대한 손해배상청구권이 있음을 전제로 하여 지급한 보험금액의 한도에서 그 청구권을 취득한다는 취지에 불과한 것이므로 피보험자 등의 제3자에 대한 손해배상청구권이 시효로 인하여 소멸하였다면 보험자가 이를 대위할 여지가 없다고 할 것이고, 이때에 보험자가 취득할 손해배상청구권의 소멸시효의 기산점과 기간은 그 청구권 자체를 기준으로 판단하여야 할 것이다).

3. 효 과

(1) 피보험자 권리의 이전

보험자가 보험금을 지급한 때에는 제3자에 대한 피보험자의 권리가 보험자에게 이전한다. 보험자대위권은 보험자가 피보험자에게 손해보상을 함으로써 법률상 당연히 생기는 것이므로 그 권리이전의 통지 또는 승낙을 필요로 하지 아니하고 보험금을 지급하면 당연히 보험자에게 이전한다. 단 지급한 보험금액의 한도에서만 보험자대위권을 취득하므로 만일 보험자가 그 대위권을 행사함으로써 피보험자에게 지급한 보험금액 이상을 회복한 경우에는 보험금액을 공제한 나머지 부분에 대하여 피보험자에게 반환하여야 한다.

또한 제3자에 대한 보험자대위권의 행사는 피보험자의 권리를 이전받는 것이므로 피보험자의 권리에 의하여 제한되기도 한다. 즉 보험자는 피보험자가 제3자에 대하여 가지는 권리 이상을 취득하지 못한다.[91] 만약 보험사고에 대하여 피보험자의 과실도 개입된 경우 제3자는 보험금을 지급한 보험자에 대하여도 과실상계를 주장할 수 있어 그 범위 내에서 보험자의 청구권도 감소된다.

(2) 피보험자 권리의 소멸과 피보험자의 협조의무

피보험자는 보험금을 지급받는 순간 그가 제3자에 대하여 가지고 있던 권리를 잃게 된다. 피보험자는 제3자에 대한 권리를 행사하거나 처분할 수 없고,[92] 제3자도 피보험자의 청구에 응할 필요가 없다.

그런데 피보험자의 권리는 이미 보험자에게 이전하였기 때문에 피보험자는 그 권리의 보전 등을 이행할 유인이 없게 되고, 따라서 권리보전절차를 해태하여 보험자의 권리행사에 협조하지 않을 수도 있다. 이에 제3자에 대한 권리의 내용, 보전의 방법 등에 대하여 가장 잘 알고 있는 피보험자는 보험금을 지급받은 후에도

---

91) 대법원 1988. 4. 27. 선고 87다카1012 판결(보험금을 지급한 보험자는 상법 제682조 소정의 보험자대위제도에 따라 그 지급한 보험금의 한도 내에서 피보험자가 제3자에게 갖는 손해배상청구권을 취득하는 결과 피보험자는 보험자로부터 지급을 받은 보험금의 한도 내에서 제3자에 대한 손해배상청구권을 잃고 그 제3자에 대하여 청구할 수 있는 배상액이 지급된 보험금액만큼 감소된다).

92) 대법원 1997. 11. 11. 선고 97다37609 판결(화재보험의 피보험자가 보험금을 지급받은 후 화재에 대한 책임 있는 자로부터 손해배상을 받으면서 나머지 손해배상청구권을 포기하였다 하더라도, 피보험자의 화재에 대한 책임 있는 자에 대한 손해배상청구권은 피보험자가 보험자로부터 보험금을 지급받음과 동시에 그 보험금액의 범위 내에서 보험자에게 당연히 이전되므로, 이미 이전된 보험금 상당 부분에 관한 손해배상청구권의 포기는 무권한자의 처분행위로서 효력이 없고, 따라서 보험자가 이로 인하여 손해를 입었다고 볼 수 없다).

보험자로 하여금 그 권리를 행사할 수 있도록 협조할 신의칙상의 협조의무가 있다고 본다(통설). 이 의무로 인하여 피보험자는 보험자대위 행사에 필요한 정보를 보험자에게 제공하여 주고, 그 권리의 증거가 되는 서류를 제출할 의무를 진다.[93]

(3) 피보험자에 의한 권리의 처분행위

보험자가 보험자대위권을 취득한 이후임에도 불구하고, 제3자가 피보험자에게 채무를 이행한다면 이는 권한이 없는 자에 대한 변제로서 무효라 하지 않을 수 없다.[94] 그런데, 제3자가 보험자의 권리를 알지 못하고 선의이고 과실없이 피보험자에게 그 채무를 이행한 때에는 채권의 준점유자에 대한 변제를 규정한 민법 제470조를 유추적용하여 유효하다고 본다.

만일 피보험자가 보험자로부터 수령한 보험금과 가해자인 제3자로부터 수령한 보험금이 실제의 손해를 초과한 경우에는 그 과잉배상금 부분에 한하여 결과적으로 피보험자가 보험자로부터 법률상 원인없이 이익을 얻은 것이고, 보험금을 지급한 보험자는 피보험자를 상대로 보험자대위권 침해를 이유로 부당이득반환 또는 손해배상청구를 할 수 있다.[95]

---

93) 양승규, 253면; 김성태, 465면; 박세민, 498면; 한기정, 521면.

94) 대법원 1995. 7. 14. 선고 94다36698 판결(자동차 손해배상 책임보험자가 사망한 피해자의 상속인에게 피해자의 사망으로 인하여 발생한 손해 일체에 대한 보상으로 보험금을 지급하였다면, 그로써 보험자는 상법 제682조 소정의 보험자대위 규정에 의하여 피보험자가 다른 공동불법행위자에 대하여 가지는 구상권을 취득하는 한편, 그 상속인은 피해자의 사망으로 인한 공동불법행위자에 대한 손해배상청구권을 보험금을 지급받음으로써 상실하게 되므로, 그 후 공동불법행위자의 대리인이 사망한 피해자의 상속인에게 피해자의 사망으로 인한 손해배상금을 지급하였더라도 이는 변제수령 권한이 없는 자에 대한 변제로서 무효이고, 따라서 보험자가 상법 제682조에 정한 보험자대위 규정에 의하여 취득한 권리에 아무런 영향을 미칠 수 없다): 대법원 1997. 11. 11. 선고 97다37609 판결.

95) 대법원 1999. 4. 27. 선고 98다61593 판결(보험금을 지급한 보험자가 피보험자를 상대로 보험자대위권 침해를 이유로 부당이득반환 또는 손해배상청구를 하기 위하여는 보험자가 피보험자에게 보험금을 지급한 사실, 피보험자가 보험금을 수령한 후 무권한자임에도 불구하고 제3자로부터 손해배상을 받은 사실(피보험자가 보험자로부터 받은 보험금이 실제 발생된 손해액에 미치지 못한 경우에는 피보험자는 그 차액 부분에 관하여는 여전히 제3자에 대하여 자신의 권리를 가지고 있으므로 피보험자가 이를 초과하여 제3자로부터 손해배상을 받은 사실), 제3자의 피보험자에 대한 손해배상이 채권의 준점유자에 대한 변제로서 유효한 사실을 주장, 입증하여야 할 것이고, 이 경우에 채권의 준점유자에 대한 변제가 유효하기 위한 요건으로서의 선의라 함은 준점유자에게 변제수령의 권한이 없음을 알지 못하는 것뿐만 아니라 적극적으로 진정한 권리자라고 믿었음을 요하는 것이고, 무과실이란 그렇게 믿는 데에 과실이 없음을 의미하므로, 제3자가 피보험자가 보험에 가입하여 보험금을 수령한 사실을 전혀 모르고 이 점에 대하여 과실이 없이 피보험자에게 손해배상을 한 경우, 또는 제3자가 피보험자가 보험에 가입하여 이미 보험금을 수령한 사실을 알고 있었던 경우에는 피보험자가 입은 손해액과 피보험자가 보험자로부터 보험금을 수령함으로써 보험자대위권(상해보험의 경우에는 대위 약정에 따라)의 대상이 된 금액을 살펴, 피보험자에게 아직도 자신에 대한 손해배상청구권이 남아 있다고 믿고 손해배상을 한 경우에만 선의, 무과실에 해당된다고 할 수 있을 것이고, 위 요건의 주장, 입증책임도 보험자에게 있다).

(4) 대위에 의하여 이전되는 권리

1) 피보험자의 제3자에 대한 권리

보험자대위는 피보험자의 제3자에 대한 권리를 전제하는 것이므로, 보험자는 제3자에 대하여 가지는 권리보다 더 큰 권리를 가질 수 없다. 그러므로 자동차충돌에서 자동차보험의 피보험자에게도 일부 과실이 있는 때에는 그 상대방인 제3자는 보험금을 지급한 보험자에 대하여도 과실상계를 주장할 수 있고 그 범위 내에서는 보험자의 청구권도 감소된다.

2) 공동불법행위자에 대한 구상권

공동불법행위자 중의 1인과 사이에 체결한 보험계약에 따라 보험자가 피해자에게 손해배상금을 보험금으로 모두 지급함으로써 공동불법행위자들이 공동면책된 경우, 그 공동불법행위자는 다른 공동불법행위자의 부담부분에 대하여 구상권을 행사할 수 있고, 보험금을 지급한 보험자는 보험자대위의 법리에 따라 그 공동불법행위자의 다른 공동불법행위자에 대한 구상권을 취득한다.[96] 그리하여 공동불법행위자의 보험자는 다른 공동불법행위자에 대하여 구상권을 내용으로 하는 보험자대위권을 행사할 수 있고, 결과적으로 각 공동불법행위자의 보험자들 상호간에도 보험금액을 한도로 하여 직접 구상권을 행사할 수 있다.[97]

사용자의 보험자가 사용자배상책임(민법 제756조)을 지는 사고로 인한 보험금을 지급한 경우, 피보험자인 사용자가 피용자에 대하여 가지는 구상권을 보험자대위에 의하여 취득한다. 다만 사용자는 그 사업의 성격과 규모, 시설의 현황, 피용자의 업무내용과 근로조건 및 근무태도, 가해행위의 발생원인과 성격, 가해행위의 예방이나 손실의 분산에 관한 사용자의 배려의 정도, 기타 제반 사정에 비추어 손해의 공평한 분담이라는 견지에서 신의칙상 상당하다고 인정되는 한도 내에서만 피용자에 대하여 손해배상을 청구하거나 구상권을 행사할 수 있기 때문에[98] 이러한 구상권 제한의 법리는 사용자의 보험자가 피용자에 대하여 구상권을 행사

---

96) 대법원 1998. 9. 18. 선고 96다19765 판결; 대법원 1998. 12. 22. 선고 98다40466 판결; 대법원 1999. 2. 12. 선고 98다44956 판결; 대법원 1999. 6. 11. 선고 99다3143 판결; 대법원 2004. 10. 28. 선고 2004다39689 판결; 대법원 2009. 12. 24. 선고 2009다53499 판결.

97) 책임보험에 가입되어 있는 둘 이상의 자동차가 공동으로 하나의 사고에 관여하고 하나의 보험자가 공동불법행위자 중 1인과 체결한 보험계약에 따라 피해자에게 배상한 금액 중 다른 공동불법행위자의 과실비율에 따른 금액이 책임보험한도액을 초과하는 경우, 보험자대위에 따라 다른 공동불법행위자의 보험자에게 청구할 수 있는 구상금은 책임보험금의 한도액 전액이 된다. 대법원 2002. 9. 4. 선고 2002다4429 판결; 대법원 2009. 12. 24. 선고 2009다53499 판결.

98) 대법원 2009. 11. 26. 선고 2009다59350 판결 등 참조.

하는 경우에도 다를 바 없다.[99]

3) 책임보험 피해자의 직접청구권

상법 제724조 제2항 소정의 책임보험에서 피해자가 가지는 직접청구권도 보험자대위의 목적이 될 수 있다.[100]

4. 대위권 행사의 제한

(1) 보험금 일부지급

보험자가 피보험자에게 보상할 금액의 일부를 지급한 때에는 피보험자의 권리를 해하지 않는 범위 내에서 대위권을 행사할 수 있다(제682조 단서). 즉 보험금의 일부지급시에는 보험자가 피보험자와 함께 제3자에 대한 채권을 행사하게 되는데, 이때에는 피보험자의 권리를 우선적으로 보호하여야 한다.

그런데 이러한 보험자대위권의 제한에 관하여 상법은 보험금액의 일부를 지급한 경우를 전제하고 있으나, 피보험자가 보험자로부터 보험금액의 지급을 받아도 그 손해액의 전부가 보상되지 아니할 때에는 잔액에 대하여 보험계약자 또는 피보험자는 제3자에 대한 권리를 상실하지 않으므로, 일부보험에서 보험자가 보험금 전액을 피보험자에게 지급한 경우에도 마찬가지이다. 따라서 일부보험의 피보험자는 보험자로부터 보험금 전액을 받든지 또는 일부의 보험금을 받든지 불문하고, 보험금으로 전보되지 않고 남은 손해에 관하여 제3자에 관하여 그의 배상책임을 이행할 것을 청구할 수 있게 된다.[101] 따라서 그 한도 안에서는 보험금액을 전부 지급하여도 대위권의 제한을 받는다.

(2) 일부보험

일부보험에 관하여는 보험자대위에 관한 상법상 규정이 없다. 위에서 지적한 바와 같이 일부보험에서는 보험자가 보험금 전액을 지급하더라도(전액지급 또는 일부지급을 불문하고), 피보험자는 보험금으로 전보되지 않고 남은 손해에 관하여 제3자에게 그의 배상책임을 이행할 것을 청구할 수 있다. 일부보험에서의 보험자의

---

99) 대법원 2014. 5. 29. 선고 2014다202691 판결 등.

100) 대법원 1999. 6. 11. 선고 99다3143 판결(공동불법행위자의 보험자들 상호간에는 그 중 하나가 피해자에게 보험금으로 손해배상금을 지급함으로써 공동면책되었다면 그 보험자는 상법 제682조의 보험자대위의 법리에 따라 피보험자가 다른 공동불법행위자의 부담 부분에 대한 구상권을 취득하여 그의 보험자에 대하여 행사할 수 있고, 이 구상권에는 상법 제724조 제2항에 의한 피해자가 보험자에 대하여 가지는 직접청구권도 포함된다).

101) 대법원 2019. 11. 14. 선고 2019다216589 판결.

책임은 보험금액의 보험가액에 대한 비율에 의하는 것이 원칙이고, 보험자와 피보험자는 제3자에 대한 권리의 행사에 있어서 경합하게 된다. 그런데 피보험자에게 과실이 있거나 또는 제3자가 손해 전부를 배상할 자력이 없는 경우에는, 보험자가 계약상의 보험금지급의무를 모두 이행하더라도 피보험자가 손해를 완전히는 보상받지 못하는 경우가 있다. 즉 일부보험에서 피보험자의 과실이 있거나 또는 가해자인 제3자의 자력이 부족한 경우에는, 비율적 권리행사만을 허용할 때 피보험자가 보험자로부터 완전한 손해보상을 받을 수 없게 되고, 이 경우 보험자가 대위권에 의하여 취득할 수 있는 권리의 범위에 관하여는 견해의 대립이 있다.

구체적 사례를[102] 들어보자. (i) 피보험자에게 과실이 있는 경우이다. 甲은 500만원의 차량을 100만원은 자기부담으로 하고 나머지 400만원에 대하여 乙과 차량보험계약을 체결하였다. 甲의 차량은 丙의 차량과 충돌하여 전손되는 사고가 발생하였고 당시 과실비율은 50%씩이었다. 乙이 甲에 대하여 400만원의 보험금을 지급한 경우 丙의 손해배상액은 250만원이므로 이 경우 그 금액의 분배는 어떻게 되는가? (ii) 제3자의 자력이 부족한 경우이다. 甲은 보험가액 10억원의 건물을 보험금액 7억원으로 하여 乙보험사의 화재보험에 가입하였다. 그런데 그 건물이 임차인 丙의 중과실로 화재가 발생하여 5억원의 손해가 발생하였다. 그런데 丙의 자력은 3억원에 불과하다. 이때 3억원의 분배는 어떻게 되는가?

1) 절대설

보험자는 그가 지급한 보험금의 범위 내에서 피보험자에 우선하여 대위권을 행사할 수 있다는 견해로서 제682조 본문의 해석에 충실한 견해이다. 보험자우선설이라고도 한다. 이 설은 피보험자에게 가혹하고, 피보험자가 가해자와 보험자 중 누구로부터 먼저 손해전보를 받는가에 따라 지급받는 금액에 차이가 있어 타당한 견해로 보기 어렵다. 위 (i)의 사례에서는 보험자 乙이 丙에 대하여 250만원을 모두 차지하게 되고 피보험자는 한푼도 받을 수 없게 된다. (ii)의 사례에서는 3억5천만원을 보험금으로 지급한 보험자 乙은 丙에 대하여 3억5천만원의 대위를 할 수 있다.

2) 상대설

보험자와 피보험자의 부보비율에 따라 분배하여야 한다는 견해로서 청구권비례설이라고도 한다. 피보험자 보호에 미흡하다는 단점이 있다. 위 사례에서 상대

---

102) 구체적 사례로 양승규, 256면의 사례는 피보험자의 과실이 있는 경우이다. 반면, 김성태, 480－481면의 사례는 가해자의 자력이 부족한 경우이다.

설에 의하는 경우 (i)의 사례에서는 甲이 50만원을 乙이 200만원을 차지하게 된
다. (ii)의 사례에서는 잔액 3억5천만원에 대하여 그 비율에 따라 乙은 2억1천만
원(7억/10억×3억)을 대위할 수 있고, 甲은 9천만원(3억/10억×3억)을 丙에 대하여
청구할 수 있다.

3) 차액설

피보험자가 제3자로부터 우선적으로 손해를 배상받고 나머지가 있으면 보험자
가 이를 대위할 수 있다는 견해로서 피보험자우선설이라고도 한다. 요컨대, 보험
자는 피보험자의 손해액을 충당한 나머지의 손해배상액, 즉 그 차액에 대하여만
청구권을 행사할 수 있도록 하는 방법이다. 위 (i)의 사례에서 甲은 우선적으로
100만원에 대하여 배정권을 가지고, 나머지 차액 150만원에 대하여 乙이 취득하
게 된다. (ii)의 사례에서는 乙로부터 3억5천만원의 보상을 받은 甲으로서는 여전
히 1억5천만원의 손해를 보고 있으므로, 1억5천만원의 손해배상청구권을 丙에 대
하여 행사할 수 있다. 따라서 乙은 1억5천만원을 차지하게 된다.

생각건대, 보험자대위권은 피보험자의 이중이득을 방지하기 위한 것으로 보험
자는 보험료의 대가로서 보험금액을 지급하는 것이므로 반대의 약정이 없는 한
피보험자의 손해액을 우선적으로 전보받도록 하는 차액설이 타당하다(통설).[103]

4) 판 례

판례[104]는 전원합의체로 "손해보험의 보험사고에 관하여 동시에 불법행위나
채무불이행에 기한 손해배상책임을 지는 제3자가 있어 피보험자가 그를 상대로
손해배상청구를 하는 경우에, 피보험자가 손해보험계약에 따라 보험자로부터 수령
한 보험금은 보험계약자가 스스로 보험사고의 발생에 대비하여 그때까지 보험자
에게 납입한 보험료의 대가적 성질을 지니는 것으로서 제3자의 손해배상책임과는
별개의 것이므로 이를 그의 손해배상 책임액에서 공제할 것이 아니다"고 하여 차
액설의 입장을 분명히 하였다. 그 이전 판결인 대법원 2012. 8. 30. 선고 2011다
100312 판결에서도 차액설을 취하였으나, 그 판결은 절대설을 채택하였던 종전
폐기 판결[105]의 결론과 달리하는 것임에도 불구하고 전원합의체가 아닌 소부 판
결이었고 폐기 판결에 대한 언급이 없었다. 2015년 전원합의체 판결에서는 종전

---

103) 2008년 개정된 일본 보험법은 차액설에 의함을 명시적으로 밝히고 있다(일본 보험법 제25조).
박세민, 506면 등.
104) 대법원 2015. 1. 22. 선고 2014다46211 전원합의체 판결; 대법원 2013. 9. 12. 선고 2012다
27643 판결.
105) 대법원 2009. 4. 9. 선고 2008다27721 판결.

판결을 변경함을 명시하였을 뿐만 아니라, 차액설을 채택하는 근거에 대해서도 '피보험자가 손해보험계약에 따라 보험자로부터 수령한 보험금은 보험계약자가 스스로 보험사고의 발생에 대비하여 그때까지 보험자에게 납입한 보험료의 대가적 성질을 지니는 것으로서 제3자의 손해배상책임과는 별개의 것'이라는 이유와 근거를 명확하게 제시하였다는 점에서도 의의가 있다.

(3) 일부보험의 보험자가 행사할 수 있는 보험자대위의 대상과 행사범위

차액설을 취하는 경우에도 '보험목적물이 아닌 물건에 대한 피해자의 손해'까지도 유추하여 적용되는 것인지 여부에 관한 문제가 남아 있다. 최근 이 쟁점을 다룬 대법원 판결이 있다.[106] 이 사건 보험계약자이자 피보험자 甲은 '그의 창고와 그 창고 내 보관 중이던 자재 일체(보험목적물)'에 대한 손해에 대하여 A보험사와 일부보험에 해당하는 화재보험계약을 체결하였다. 그런데 이 사건 가해자 乙의 과실로 인한 화재사고가 발생하여, 甲은 '보험목적물'의 손해와 함께 '보험에 가입하지 아니한 별도 가건물 내 보관된 재고자산(비담보물)'의 손해를 입었다. A보험사가 보험계약에 따른 보험금을 지급하였으나, 甲에게는 보험목적물에 관하여 보험금으로 전보받지 못한 손해와 함께 보험목적물이 아닌 비담보물에 관한 손해가 모두 남아 있어 가해자 乙에게 손해배상청구를 할 수 있는 경우이었다. 그 사건에서 쟁점은 기존 대법원 판례의 일부보험에서의 법리를 확장하여 보험목적물이 아닌 비담보물에 관한 손해에 대해서도 상법 제682조 제1항이 적용되어 그 단서에 따라 보험자 A의 보험자대위권 행사를 제한할 수 있는지 여부이었다. 이에 관한 학설로 비담보물의 손해에 대하여도 유추하여 적용될 수 있는 것처럼 소개되는 경우가 있었다. "가령 건물에 대해서만 화재보험에 붙인 경우 그 가옥의 소실과 함께 그 집안에 있던 가구 등이 멸실된 경우 피보험자가 건물의 손해에 대하여 보험자로부터 보상을 받아도 그 가구에 대하여 입은 손해에 관하여는 여전히 제3자에 대한 배상청구를 할 수 있으므로 보험자는 그 대위권행사에 의하여 그 권리를 방해하지 않도록 하여야 한다"[107]고 서술한다.

그러나 차액설을 취한다고 하여 '보험목적물이 아닌 물건에 대한 피해자의 손해'까지도 유추하여 적용되는 것은 아니다. 동일한 사고로 인하여 보험목적물과 비담보물 모두 손해가 발생하였다 하더라도 피보험이익의 범위 내에서만, 즉 보험목적물에 한하여 보험자가 대위권을 행사할 수 있다. 결국, 상법 제682조 제1항은

---

106) 대법원 2019. 11. 14. 선고 2019다216589 판결.
107) 양승규, 255면; 박세민, 504면 등

보험목적물이 아닌 경우에 대하여는 적용되지 않는다는 것이고 판례도 같은 입장
이다. 대법원은 일부보험에 관한 기존 판례의 입장(제682조 제1항 단서 유추적용)을
확대하여 '보험목적물이 아닌 비담보물에 대한 손해'가 전보되고 남은 차액 상당
액에 대해서만 대위권을 행사할 수 있다고 본 원심판단을 파기하고, <u>대위권 행사
의 범위를 정할 때에는 보험목적물만을 그 대상으로 하여야 한다</u>고 판결하였
다.[108] 요컨대, 보험자는 보험계약의 목적이 되는 피보험이익을 기준으로 보험목
적물에 발생한 손해에 대하여 자신이 지급한 보험금의 한도 내에서 보험계약자나
피보험자의 제3자에 대한 권리를 취득할 수 있다는 것으로, 타당한 판결이다.

5. 대위에 의하여 취득하는 권리의 소멸시효

(1) 권리의 승계

보험자는 보험금을 지급하고 보험자대위에 의하여 피보험자가 제3자에 대하여
가지고 있던 권리를 동일성을 잃지 않고 그대로 취득하는 것이므로, 피보험자의
권리를 그대로 승계하게 된다. 따라서 채권의 소멸시효와 그 기산점은 피보험자
등이 제3자에 대하여 가지는 채권 자체를 기준으로 한다.[109]

(2) 공동불법행위자의 구상권

1) 공동불법행위의 경우

피보험자의 책임 있는 사고로 생긴 제3자의 손해가 공동불법행위로 말미암은
때에는 그 피보험자와 다른 불법행위자가 연대하여 그 손해를 배상할 책임을 진
다(민법 제760조). 이 경우 만약 공동불법행위자의 1인이 다른 손해를 배상한 때에
는 다른 불법행위자의 피해자에 대한 손해배상책임은 면제되고, 배상을 한 자는
다른 공동불법행위자에 대하여 책임의 비율에 따른 구상권을 행사할 수 있다(민법
제425조). 따라서 한 보험자가 피해자의 손해를 보상한 때에는 다른 불법행위자
또는 그의 보험자에 대한 구상권을 보험자대위에 의하여 취득한다(제682조). 이
경우 보험자가 보험자대위에 의하여 취득하는 권리의 법적 성질, 그 대위권의 소
멸시효와 기산점 등이 문제된다.

---

108) 대법원 2019. 11. 14. 선고 2019다216589 판결.
109) 대법원 1993. 6. 29. 선고 93다1770 판결(상법 제682조 규정은 피보험자 등의 제3자에 대한
손해배상청구권이 있음을 전제로 하여 지급한 보험금액의 한도에서 그 청구권을 취득한다는 취지에 불
과한 것이므로 피보험자 등의 제3자에 대한 손해배상청구권이 시효로 인하여 소멸하였다면 보험자가
이를 대위할 여지가 없다고 할 것이고, 이때에 보험자가 취득할 손해배상청구권의 소멸시효의 기산점
과 기간은 그 청구권 자체를 기준으로 판단하여야 할 것이다).

다음과 같은 사실관계를 가정하자.[110] 교통사고가 X와 또 다른 B의 공동불법행위로 인하여 발생하였다(2008. 5. 1). 가해자의 한 쪽인 X는, 이 사건으로 피해자에게 손해를 입혔기 때문에 그에 따른 손해배상책임을 지게 되었고, X와 보험계약을 체결한 A보험자가 피해자에 대한 손해배상채무액 전액을 지급하였다(2010. 3. 1). A보험자는 그 손해배상채무의 이행으로 인하여 공동불법행위자의 1인인 X가 다른 공동불법행위자인 B에 대하여 갖는 구상권을 취득하게 되었고, A보험자는 B에게 구상금채무를 이행하라고 청구하였다(2011. 10. 1). 그러자 B는 공동불법행위자인 자신에 대한 피해자의 손해배상채권이 3년의 시효기간만료로 소멸함으로써, A가 보험자대위의 법리에 따라 취득한 공동불법행위자인 X의 B에 대한 구상권도 따라서 소멸하였다고 주장한다. 이 경우 A가 대위하는 권리는 피해자의 손해배상청구권인지의 여부, 그 대위권의 소멸시효와 기산점 등이 문제된다.

2) 대위취득하는 권리와 법적 성질

이 경우 보험자가 대위취득하는 권리가 피해자가 가해자에 대하여 취득하는 불법행위로 인한 손해배상청구권인가? 그런데 보험자가 대위취득하는 권리는 피보험자의 권리 자체라는 점에서 보면, 피보험자가 다른 공동불법행위자인 B에 대하여 취득하는 권리는 불법행위로 인한 손해배상청구권이 아니라 구상권이다. 공동불법행위자의 보험자가 대위취득하는 권리는 손해배상청구권이 아니라 구상권이고, 판례의 입장도 그러하다.[111] 그 논거는 다음과 같다.

첫째, 피보험자를 대신하여 피해자에게 손해배상으로 보험금을 지급함으로써 보험자가 취득하게 되는 권리는, 자신의 피보험자가 다른 공동불법행위자 또는 그의 보험자에 대하여 가지는 권리이다. 보험자대위의 객체가 되는 권리는 한 공동불법행위자의 다른 공동불법행위자에 대한 구상권이지 손해배상청구권이 아니다. 둘째, 보험자가 취득하는 구상권은 결국 보험자대위의 법리를 거쳐 피보험자의 구상권이 법률상 당연히 이전하는 것이다. 그리고 피보험자의 구상권은 민사채권이다.

---

110) 대법원 1996. 3. 26. 선고 96다3791 판결의 사실관계를 일부 변경한 것이다.
111) 판례도 보험계약과 유사한 공제계약의 경우 공제조합이 공동불법행위자 중 1인과 체결한 공제계약에 따라 직접 피해자에게 배상함으로써 다른 공동불법행위자에 대한 구상권을 보험자대위의 법리에 따라 취득한 경우, 공제계약이 상행위에 해당하더라도 그로 인하여 취득한 구상권 자체가 상사채권으로 변하지는 않는다고 한다. 대법원 1996. 3. 26. 선고 96다3791 판결(공제조합이 공동불법행위자 중의 1인과 체결한 공제계약에 따라 그 공동불법행위자를 위하여 직접 피해자에게 배상함으로써 그 공동불법행위자의 다른 공동불법행위자에 대한 구상권을 보험자대위의 법리에 따라 취득한 경우, 공제계약이 상행위에 해당한다고 하여 그로 인하여 취득한 구상권 자체가 상사채권으로 변한다고 할 수 없다).

3) 대위취득하는 권리의 소멸시효

구상권은 손해배상청구권과는 별개인 독립된 권리이고, 그것은 민사채권이다. 따라서 공동불법행위자의 다른 공동불법행위자에 대한 구상권의 소멸시효는 그 구상권이 발생한 시점, 즉 구상권자가 공동면책행위를 한 때로부터 기산하여야 할 것이고, 그 기간도 일반채권과 같이 10년이 된다. 요컨대 보험자대위권에 의하여 취득하는 권리의 시효는 구상권의 독립된 채권으로서의 성질에 따라 민사채권으로서 10년이며, 기산점도 불법행위시가 아니라 그 구상권이 발생한 시점에 의한다. 판례[112]도 공동불법행위자의 보험자들 중 보험금을 지급한 보험자가 보험자대위에 의하여 다른 공동불법행위자 및 그의 보험자에 대하여 가지는 구상권의 경우에는 그 구상권의 소멸시효 기간은 일반채권과 같이 10년이고, 그 기산점은 구상권이 발생하는 시점인 구상권자가 현실로 직접 피해자에게 손해배상을 하는 시점이라고 본다. 보험자가 당연상인에 해당하기는 하지만(제4조) 이 경우 상사소멸시효가 적용되지 않는다.

위 사례에서 그 기산점은 A보험자가 보험금을 지급한 때(피해자에게 손해배상의무를 이행한 때)인 2010. 3. 1.이 된다.

(3) 소 결

공동불법행위자의 보험자가 보험자대위에 의하여 취득하는 권리는 피보험자가 다른 공동불법행위자에 대하여 취득하는 권리인 구상권이다. 구상권을 취득하는 경우의 소멸시효에 대하여는 유의할 필요가 있다. 보험자대위권의 객체가 공동불법행위자 및 그의 보험자에 대한 구상권인 경우, 일반채권과 같이 10년의 소멸시효가 적용된다. 또한 기산점도 불법행위로 인한 손해배상청구권의 발생시기가 아니라 구상권 자체의 발생시기인 구상권자가 현실로 손해배상금(보험금)을 지급한 때이다.

---

112) 대법원 1996. 3. 26. 선고 96다3791 판결; 대법원 1997. 12. 12. 선고 96다50896 판결; 대법원 1997. 12. 23. 선고 97다42830 판결; 대법원 1998. 12. 22. 선고 98다40466 판결; 대법원 1999. 6. 11. 선고 99다3143 판결(보험금을 지급한 보험자가 보험자대위에 의하여 다른 공동불법행위자 및 그의 보험자에 대하여 가지는 구상권의 소멸시효 기간은 일반채권과 같이 10년이고, 그 기산점은 구상권이 발생한 시점, 즉 구상권자가 현실로 피해자에게 손해배상금을 지급한 때이다. 상법 제682조에 의하면, 손해가 제3자의 행위로 인하여 생긴 경우에 보험금액을 지급한 보험자는 그 지급한 금액의 한도에서 그 제3자에 대한 보험계약자 또는 피보험자의 권리를 취득한다고 규정하고 있는바, 이러한 보험자대위에 의하여 피보험자 등의 제3자에 대한 권리는 동일성을 잃지 않고 그대로 보험자에게 이전되는 것이므로, 이때에 보험자가 취득하는 채권의 소멸시효 기간과 그 기산점 또한 피보험자 등이 제3자에 대하여 가지는 채권 자체를 기준으로 판단하여야 한다); 대법원 2008. 7. 24. 선고 2007다37530 판결.

물론 보험자대위권의 객체가 구상권이 아닌 경우라면, 보험자대위에 따라 취득한 채권 자체의 소멸시효에 의한다.

6. 재보험자의 대위

재보험의 경우 재보험자는 원보험자에게 재보험금을 지급한 한도에서 피보험자 등의 제3자에 대한 권리를 대위취득하는 것이나, 상관습법에 의하면 이 경우 원보험자가 자기명의로써 재보험자의 수탁자로서의 지위에서 제3자에 대한 권리를 행사할 수 있다.[113]

---

113) 대법원 2015. 6. 11. 선고 2012다10386 판결.

제 6 절 손해보험계약의 변경과 소멸

제1 총 설

손해보험계약도 보험계약 일반의 변경소멸사유에 의하여 변경소멸되고, 이러한 내용은 통칙에서 살펴보았다. 이하에서는 손해보험의 특유한 것들인 피보험이익의 소멸과 보험목적의 양도에 대하여 다룬다.

제2 피보험이익의 소멸

1. 피보험이익의 소멸과 보험계약의 무효

손해보험계약은 피보험이익을 전제로 하고 피보험자가 보험의 목적에 대하여 피보험이익을 가지지 아니하면 그 보험계약은 효력이 없다는 것이 통설이다.[114] 따라서 보험기간 중 보험사고 이외의 사유로 피보험자가 보험목적에 대하여 보험에 붙인 이익을 잃게 되면 그 보험계약도 그때부터 효력을 잃는다고 본다. 예컨대 화재보험의 경우 보험목적이 홍수로 유실되었거나 철거되어 없어진 경우 등이다.

2. 피보험이익 개념의 지위변화

손해보험에서는 피보험이익의 개념이 중요한 요소라는 점에서 대체적으로 통설에 동의한다. 그런데 위 예의 경우 보험목적이 홍수로 멸실되어 보험사고가 발생할 수 없게 되어(제644조), 보험계약이 무효라는 해석도 가능하다. 피보험이익의 지위에 관하여는 절대설과 상대설의 대립이 있고 국제적 추세는 피보험이익을 손해보험계약에서 없애고자 하는 것임도 보았다. 생각건대, 피보험이익을 손해보험계약의 절대적 요소로 파악하여 보험계약의 유무효를 판단하는 절대적인 기준으

---

114) 양승규, 260면; 김은경, 385면; 박세민, 509면; 한기정, 536면.

로 삼는 것은 의문이라는 점은 이미 기술하였다.[115]

제3 보험목적의 양도

1. 서 언

(1) 의 의

보험목적의 양도란 '피보험자가 보험의 대상인 목적물을 개별적으로 타인에게 양도하는 것'이다. 보험목적의 양도는 보험계약상의 권리의무가 포괄적으로 승계되는 상속이나 합병과 구별되고, 또한 피보험자가 보험사고의 발생으로 인하여 보험자에 대하여 가지는 보험금지급청구권을 타인에게 양도하는 것과도 다르다.

(2) 인정이유

손해보험계약은 보험계약자가 약정한 보험료를 지급하고 보험자가 보험목적에 대하여 생길 우연한 사고로 피보험자가 입은 재산상의 손해를 보상할 것을 약정함으로써 효력이 생기는 계약이다. 손해보험계약에 있어서는 '피보험이익이 없으면 보험 없다' 라는 원칙이 보이는 바와 같이 피보험이익이 보험계약의 필수적인 요소로 되어 있고, 따라서 피보험자의 이해관계라는 주관적인 면을 강조한다면, 보험목적의 양도시 그 보험계약의 효력은 상실되지 않을 수 없다. 그러나 일시적인 무보험상태의 제거, 지급된 보험료 낭비의 방지, 그리고 양수인이 새로운 보험계약을 체결하여야 하는 비경제 등을 고려하여 여러 입법례가 보험계약관계의 전면적 또는 부분적 이전을 허용하고 있다.[116]

상법은 제679조 제1항에서는 "피보험자가 보험의 목적을 양도한 때는 양수인은 보험계약상의 권리와 의무를 승계한 것으로 추정한다," 제2항에서는 "제1항의 경우에 보험의 목적의 양도인 또는 양수인은 보험자에 대하여 지체없이 그 사실을 통지하여야 한다"고 규정한다.[117]

---

115) 제4장 제2절 피보험이익 참조.
116) 정호열, "보험목적의 양도", 「보험법연구」, 1, 삼지원, 1995, 147면.
117) 화재보험보통약관 제15조에 의하면 보험계약자나 피보험자는 계약체결 후 보험의 목적에 관하여, ① 다른 계약을 맺을 때, ② 양도할 때, ③ 건물을 계속하여 30일 이상 비워두거나 휴업할 때 또는 그 건물의 구조를 변경, 개축, 증축하거나 계속하여 15일 이상 수선할 때, ④ 다른 곳으로 옮길 때, ⑤ 그 이외에 위험이 뚜렷이 증가한 경우에는 지체 없이 서면으로 보험자에게 알리고 보험증권에 그 확인을 받아야 하며, 보험자는 위험이 증가된 경우에는 통지를 받은 날로부터 1개월 이내에 계약을 해

2. 보험관계 승계추정의 요건

(1) 양도 당시 보험관계의 존재

보험목적이 양도될 때 양도인과 보험자 사이의 유효한 보험계약이 존속하고 있어야 한다.

(2) 보험목적이 물건

보험의 목적이 물건이어야 한다. 따라서 전문인의 지위에서 생기는 책임에 대한 전문직업인책임보험 등의 경우에는 보험목적의 양도 규정이 적용되지 아니한다. 여기서의 물건은 동산과 부동산, 유가증권 등을 묻지 않으나 특정 또는 개별화되어 있어야 한다. 그러나 선박과 자동차의 양도에는 보험목적의 양도에 관한 상법 제679조 규정이 적용되지 아니한다. 선박보험에서 선박의 양도는 보험자의 동의가 없으면 보험계약이 종료되고(제703조의2), 자동차보험에서 자동차의 양도는 보험자의 승낙을 얻은 경우에 한하여 보험계약상의 권리와 의무를 승계하는 것으로(제726조의4) 한다.

(3) 보험목적의 물권적 이전

보험의 목적인 물건에 대하여 채권계약만 있는 것으로는 부족하고 물권적 양도가 있어야만 한다. 즉 채권행위만으로는 부족하고, 소유권 등의 물권적 권리가 양도된 경우에 한하여 보험관계도 이전하게 된다. 그러나 상속이나 합병 등 포괄승계의 경우에는 피보험자의 지위도 포괄적으로 승계인에게 이전하여, 보험목적의 이전과 함께 당연히 보험계약상의 권리의무도 승계하는 것이므로 보험목적의 양도에 관한 규정을 적용할 필요가 없다.

3. 보험목적 양도의 효과

(1) 권리의무 승계의 추정

1) 추   정

피보험자가 보험목적을 양도하면 그 손해보험계약상의 지위도 양수인에게 이

지할 수 있으며, 또한 보험계약자나 피보험자가 현저한 위험의 변경 또는 증가와 관련된 위 통지의무를 이행하지 아니하였을 때에는 보험자는 위 통지의무의 불이행 사실을 보험자의 중대한 과실로 알지 못하는 경우를 제외하고는 위 불이행 사실을 안 때로부터 1개월 이내에 보험계약을 해지할 수 있다고 규정되어 있다.

전한 것으로 추정된다. 권리와 의무를 승계한 것으로 추정되므로 반증이 있는 때에는 그러하지 아니하다.[118) 만약 보험목적의 당사자들이 보험관계의 이전은 없는 것으로 합의한다면, 양수인은 권리의무를 승계하지 못하게 되며 또한 양도인은 피보험이익을 상실하는 결과, 보험계약관계는 종료한다.

단 해상적하보험증권과 같이 보험목적이 선하증권의 양도로 이전되는 것이 전제되어 유가증권성이 인정되는 지시식보험증권이 발행된 경우, 통지가 필요없이 보험증권의 배서로 족하다.

2) 권리의무의 승계

피보험자가 보험목적물을 양도한 때에는 권리뿐 아니라 의무도 승계한다고 추정되므로(제679조) 양수인은 보험금청구권 등의 권리를 가질 뿐 아니라 보험료지급의무·통지의무·위험유지의무·손해방지의무 등의 각종 의무를 부담한다. 따라서 타인을 위한 보험계약뿐 아니라 자기를 위한 보험계약의 경우에도 양수인이 권리뿐 아니라 의무도 승계하는 것으로 계약의 성질에 변함이 없다.

과거에는 '자기를 위한 보험계약'에서 보험목적의 양도가 있는 경우 양도인은 보험계약자의 지위를 그대로 유지하고 양수인은 보험계약상의 권리인 보험금청구권만을 취득하게 되어 결과적으로 '타인을 위한 보험계약'이 된다는 견해가 있었다. 하지만 법문이 "권리와 의무"라고 명정하고 있어 양수인은 양도인이 가지고 있는 피보험자의 지위뿐 아니라 보험계약자의 지위도 취득하고 양도인은 보험계약관계에서 탈퇴한다. 따라서 자기를 위한 보험계약에 변동이 없고 양수인은 피보험자로서 가지는 보험금청구권뿐 아니라 보험계약자로서 가지는 각종 권리도 행사할 수 있다(통설). 또한 보험료지급의무를 비롯한 각종의 보험계약자로서의 의무를 부담한다. 요컨대, 자기를 위한 보험계약의 보험계약자가 보험목적을 양도한다고 하여 타인을 위한 보험계약으로 바뀌는 것이 아니고 보험계약자의 변동이 있는 상태에서 자기를 위한 보험계약의 성질을 유지하는 것이다.

(2) 임의규정

상법 제679조는 임의규정이다. 판례도 상법 제679조에서 피보험자가 보험의

---

118) 대법원 1991. 8. 9. 선고 91다1158 판결(상법 제679조의 취지는 보험의 목적이 양도된 경우 양수인의 양도인에 대한 관계에서 보험계약상의 권리도 함께 양도된 것으로 당사자의 통상의 의사를 추정하고, 이것을 사회 경제적 관점에서 긍정한 것이고 동조에 위반한 법률행위를 공서양속에 반한 법률행위로서 무효로 보아야 할 것으로는 해석되지 아니하므로 위 규정은 임의규정이라고 할 것이고, 따라서 당사자간의 계약에 의해 위 규정의 적용을 배제할 수 있다).

목적이 양도된 때에는 보험계약으로 인하여 생긴 권리를 동시에 양도한 것으로 추정한다고 규정하는 취지는 보험의 목적이 양도된 경우 양수인의 양도인에 대한 관계에서 보험계약상의 권리도 함께 양도한 것으로 당사자의 통상의 의사를 추정하고 이것을 사회경제적 관점에서 긍정한 것으로서 임의규정으로 본다.[119]

(3) 보험자에 대한 관계

상법은 보험목적을 양도한 때에는 보험계약상의 권리와 의무가 승계된 것으로 추정한다고 하면서도, 동시에 양도인 또는 양수인은 보험자에 대하여 그 사실을 통지하여야 한다고 규정한다(제679조 제2항). 그런데 상법은 양도인의 통지의무만을 지우고 있을 뿐 이를 해태한 때의 효과를 규정하지 아니하여, 통지의무를 이행하지 아니한 때의 불이익에 대하여는 논란의 여지가 있다. 한 예로 보험목적의 양도가 있은 후 통지의무를 이행하지 아니하는 동안에 보험사고가 발생한 경우이다.

1) 민법상 지명채권양도에서의 통지의무와의 차이

보험목적양도의 통지의무는 민법상 지명채권양도와는 다르다. 보험목적양도의 통지의 주체가 양도인 또는 양수인으로 되어 있고, 확정일자 있는 증서를 요하지 않는 점 등이 다르다. 또한 보험목적양도시의 통지의무는 그 성질이 관념의 통지로서 통지의 내용은 보험채권의 양도가 아니라 보험목적의 양도에 관한 통지이고, 보험목적의 양도가 있으면 지체없이 하여야 한다.

2) 통지의무와 대항요건과의 관련

보험목적 양도의 경우 양도인 또는 양수인이 보험자에 대하여 부담하는 통지의무는 민법상 채권양도의 대항요건으로서의 통지의무와는 그 주체와 내용 등에서 차이가 있다. 따라서, 이 경우 보험목적양도의 통지 이외에 보험금청구권이라는 채권의 양도가 필요하고 결국 제3자에 대한 대항요건으로서의 채권양도 대항요건이 요구되는 것인지에 대한 논의가 있다.

과거 보험관계이전의 추정은 양도당사자 사이에서만 효력이 있기 때문에 별도의 대항요건을 갖추어야 한다는 대항요건필요설이 있었으나, 이 견해는 상법 제679조의 추정주의를 무의미하게 한다. 만약 양수인이 미리 보험관계의 이전에 관하여 확정일자부증서를 갖추어야만 대항력을 가진다면, 보험관계의 이전은 확정적으로 이루어지는 것이고 추정될 여지가 없게 되기 때문이다. 따라서 대항요건필요설은 타당하다고 볼 수 없고, 상법 제679조에 의한 통지로 충분하다고 본다(통설).

---

119) 대법원 1993. 4. 13. 선고 92다8552 판결.

(4) 통지의무 해태의 효과

1) 학 설

상법은 통지의무에 관해서만 규정하고 해태한 경우의 효력에 관하여는 아무런 규정을 두지 않는다. 입법상의 불비이다. 보험목적의 양도인 또는 양수인이 그 통지의무를 해태한 경우의 효과에 관하여는 견해가 나뉜다.

첫째, 보험목적의 양도로 위험의 현저한 변경이나 증가가 없더라도 객관적 위험변경증가의 통지의무에 관한 상법 제652조 제1항을 유추적용하여 보험자는 양도사실을 안 날로부터 1월 이내에 계약을 해지할 수 있다고 보는 견해이다.[120]

둘째, 상법 규정이 해지권을 인정하지 않는 불비를 보이고 있으므로 보험목적의 양도로 인하여 보험사고발생의 위험이 현저하게 변경 또는 증가되는 때에는 상법 제653조에 의하여 보험자는 그 사실을 안 날로부터 1월 이내에 보험료의 증액을 청구하거나 계약을 해지하는 수밖에 없다는 견해이다.[121]

셋째, 둘째의 견해와 유사한 것인데, 현행의 상법하에서는 현저한 위험변경증가가 초래되지 않는 한 양도 자체만을 이유로 하는 보험자의 해지권은 인정될 수 없다고 하면서 입법론으로 독일법의 도입을 주장하는 견해이다.[122]

2) 판 례

판례는[123] 상법 제652조의 위험의 변경증가와 관련하여 해결한다. 판례는 화재보험의 목적물이 양도되었으나 소유자만 바뀌고 보험료율의 결정요소는 동일한 경우, 위험의 변경증가가 없는 한 그 통지의무 위반을 이유로 한 보험자의 해지권을 인정하지 않는다. 이 점에서 판례는 "'위험의 현저한 변경 또는 증가'라 함은 그 정도의 위험이 계약 체결 당시에 존재하였다고 한다면 보험자가 계약을 체결

---

120) 정희철, 『상법학(하)』, 박영사, 1990, 431면.

121) 정호열, 앞의 논문, 161면.

122) 장경환, "보험목적의 양도와 통지", 「보험법연구」 1, 삼지원, 1995, 171면. 단 독일의 입법례를 참조하여 "양도의 통지가 도달했어야 할 날로부터 1월 후에 보험사고가 발생하는 때에는 보험금지급책임을 면한다. 그러나 보험자가 양도사실을 안 날로부터 1월 후에 보험사고가 발생한 때에는 그러하지 아니하다"는 식으로 처리하는 것이 타당하다는 견해이다.

123) 대법원 1996. 7. 26. 선고 95다52505 판결(보험목적물의 양도를 보험계약자의 통지의무 사유로 들고 있는 화재보험보통약관 제9조와 '현저한 위험의 변경 또는 증가와 관련된 제9조에 정한 계약 후 알릴 의무를 이행하지 아니하였을 때'를 보험계약의 해지사유로 들고 있는 같은 약관 제11조 제2항의 규정을 종합하여 보면, 화재보험의 목적물이 양도된 경우 그 양도로 인하여 현저한 위험의 변경 또는 증가가 있고 동시에 보험계약자 또는 피보험자가 양도의 통지를 하지 않는 경우에는 보험자는 통지의무 위반을 이유로 당해 보험계약을 해지할 수 있으나, 보험목적의 양도로 인하여 현저한 위험의 변경 또는 증가가 없는 경우에는 양도의 통지를 하지 않더라도 통지의무 위반을 이유로 당해 보험계약을 해지할 수 없다고 봄이 상당하다).

하지 아니하였거나 또는 적어도 동일한 조건으로는 그 계약을 체결하지 아니하였으리라고 생각되는 정도의 위험의 변경 또는 증가를 말하므로, 화재보험의 목적물의 양도로 인하여 이러한 정도의 위험의 변경 또는 증가가 있었는지 여부는 보험목적물의 사용·수익방법의 변경 등 양도 전후의 구체적인 여러 사정을 종합하여 인정·판단하여야 할 것이지 화재보험의 목적물의 양도로 인하여 소유자가 바뀌었다고 하여 당연히 위험의 현저한 변경 또는 증가가 있었다고 볼 수는 없다"고 하였다. 이러한 판례의 태도는 위의 학설 중 어디에 가까운 것인가는 판단하기 어려우나, 약관상 보험목적의 양도로 인해 현저한 위험의 변경증가가 있는 경우에 한하여 보험자에게 해지권을 부여하고 있다고 보인다.

3) 소 결

첫째의 견해는 보험목적의 양도가 있고 통지의무의 이행이 없는 경우에는 보험자가 계약을 해지할 수 있다는 것인데, 이는 상법 제652조의 취지와도 부합하는 것이 아니다. 기타 견해와 판례들은 현행법과 상충되는 주장은 아닌 것으로 보인다. 이러한 견해의 대립과 해석상의 난점이 초래된 원인은 통지의무 불이행시의 효과에 대한 규정이 없는 입법상의 불비에 기인한다. 여하간 통지의무를 불이행하였다고 하여 보험자가 즉시 계약을 해지할 수는 없다고 본다. 하지만 판례 또한 다음과 같은 문제가 있다.

첫째, 위험변경증가의 통지의무(전자)와 보험목적양도시의 통지의무(후자)는 구별되는 것임에도 불구하고, 보험목적양도의 통지의무 해태의 문제를 위험변경증가의 통지의무의 것으로 해결하는 점은 의문이다. 양 통지의무의 차이점으로는, (i) 그 주체에 있어서 전자는 보험계약자나 피보험자임에 반하여 후자는 양도인 또는 양수인이다. 보험목적을 양도한 이후에는 양도인은 보험계약자도 피보험자도 아니어서 위험변경증가의 통지의무자에 해당하지 않는다. (ii) 통지의 내용이 다른 것으로 전자는 현저한 위험의 변경증가임에 반하여 후자는 현저한 위험의 변경증가와는 관련이 없는 보험목적의 양도 사실 자체이다. 따라서 전자는 '현저한'에 해당하는지 여부에 관한 판단이 있어야 함에 반하여, 후자는 전혀 위험의 증가가 없는 경우에도 통지의 대상이 된다. 이와 같이 위험변경증가의 통지의무와 보험목적양도의 통지의무가 상이한 것임에도 이를 위험변경증가의 통지의무로 해결하는 것은 의문이 있다.

둘째, 판례의 입장은 상법 제679조 제2항 통지의무 규정을 사문화한다. 보험목적 양도의 통지의무에 관한 법률관계를 위험변경증가에 관한 상법 제652조나 제

653조로 해결한다면 보험목적 양도시의 통지의무에 관한 규정이 없다 하더라도 동일한 논리를 제시할 수 있기 때문이다.

그러나 현재로서는 약관 규정의 해석에 의존할 수밖에 없고, 현행 약관의 규정에 대한 판례의 입장은 그런 면에서 어느 정도 이해할 수 있다. 약관이 보험목적 양도의 통지의무를 위험변경증가의 통지의무로 해결한다면 이상에서 지적한 바와 같은 문제가 있다 하더라도 위험유지의무에 관한 상법의 규정보다는 보험계약자 등에게 유리한 것으로 그 효력을 인정해 줄 수 있기 때문이다.[124] 그리고 보험계약자는 사고발생 이전에는 언제든지 계약의 전부 또는 일부를 해지할 수 있다는 상법 제649조에 의하여 양수인은 해지가 가능하다. 또한 상법 제679조는 추정을 하는 것에 불과하므로, 보험목적의 양수인에게 보험승계의 의사가 없다는 반증을 들어 승계추정을 부정할 수도 있다.[125]

---

124) 제653조의 위험유지의무 위반시에는 곧바로 보험자가 계약을 해지할 수 있으나, 위험변경증가의 통지의무 위반시에는 통지의무의 이행을 먼저 부과한다는 점에서 그러하다.

125) 대법원 1996. 5. 28. 선고 96다6998 판결에서는 "상법 제679조의 추정은 보험목적의 양수인에게 보험승계의 의사가 없다는 것이 증명된 경우에는 번복된다 할 것인데, 이 사건에 있어서 원심이 인정한 사실관계라면 원고에게는 보험의 승계의사가 없었던 것이라고 봄이 상당하고"라고 설시하고 있다. 그리고 대법원 1997. 11. 11. 선고 97다35375 판결에서도 동일한 판결을 한다.

제 5 장

손해보험 각론

제 1 절　화재보험

제1　화재보험계약의 의의

화재보험계약은 화재로 인하여 생길 손해를 보상하기로 하는 손해보험계약이다(제683조). 화재보험은 화재발생시의 재난구조와 피해보상에 기여함은 물론, 각종 건물의 화재예방과 내화설비를 촉진함으로써 국가와 국민의 재산을 보호한다. 화재보험증권의 기재사항은 일반의 기재사항 이외에(제666조), 건물을 보험의 목적으로 한 때에는 그 소재지·구조와 용도, 동산을 보험의 목적으로 한 때에는 그 존치한 장소의 상태와 용도, 보험가액을 정한 때에는 그 가액 등이다(제685조).

제2　화재보험계약의 요소

1. 보험사고

화재보험계약의 보험사고는 화재(火災)이다. 즉, 화재보험계약은 화재로 인하여 생긴 손해를 보상하는 손해보험계약이므로 보험사고는 화재이다. 화재는 불로 인한 재앙을 의미하고 불은 열 또는 빛을 수반하는 연소현상을 말한다.[1] 따라서 화재가 있기 위한 전제로 불이 있어야만 하고, 화재는 불에 대한 정의를 기초로 한다.

(1) 불의 의미

불의 뜻이 약관상 규정되어 있지 않다면 일반적·상식적으로 이해한다.[2] 보험

---

1) 대법원 2003. 10. 23. 선고 2001다18285 판결. 가스사고 배상책임보험의 피보험자인 가스판매업자가 액화질소가스를 주문받았음에도 실수로 액화산소가스를 배달하여, 주문자가 진공열처리로의 냉매제로 액화산소가스를 투입하게 됨으로 인하여 인화물질인 산소의 작용으로 급격한 발화가 일어나서 진공로의 내부온도가 설정온도를 넘어 상승함으로써 진공로가 녹아내린 경우, 이는 가스사고 배상책임보험에서 보상하는 화재에 의한 가스사고라고 보았다.

사고로서의 불의 개념을 정의할 때 기술적·과학적·전문적 의미에서 이해하는
것이 아니라, 일반인이 상식적으로 이해하는 평이한 뜻으로 풀이한다. 이는 약관
해석을 평균적 일반인이 이해하는 범주에서 객관적으로 하여야 한다는 원칙과도
부합한다.[3] 따라서 판례는 불에 관한 정의를 함에 있어 사전적 의미를 차용하고
있으며, 모든 판례의 정의가 일치하는 것은 아니나 대부분은 불을 '열 또는 빛을
수반하는 연소작용'이라고 한다.[4] 판례에 따라서는 조금씩 다른 정의를 하고 있기
도 하나, 최소한의 공통점은 열이 있어야 하고, 불꽃이나 빛 등 육안으로 불을 식
별할 수 있는 것이 존재해야 하는데, 이는 발화가 있어야 한다는 것과 동등한 의
미로 이해할 수 있다. 단, 강철 내부 등에서 발화가 생겨난 경우는 육안으로 식별
할 수 없으므로 이와 같은 경우는 전문가의 의견을 참조한다. 이를 바탕으로 불
을 정리하여 보면 다음과 같다.

첫째, 빛과 불꽃 양자 모두 없는 현상은 불이 아니다. 동물이나 식물이 분해되
는 과정도 연소작용이라고 할 수 있으나, 이것을 불이라 하지 않는 이유는 그 산
화(oxidation)절차가 대단히 느려서 빛이나 열을 내지 않기 때문이다.[5] 또한 녹이
생기는 현상도 산화라고 할 수는 있으나 여기서도 불꽃이나 빛이 없는 것이어서
불이 아니다.[6] 예를 들면, 저장해 둔 목화씨에서 연소된 것이 아니라 내부의 일정

---

2) 이는 영미의 확립된 견해이다. Corpus Juris Secundum (2003), §909; Couch on Insurance
(2003), § 149:21; John Birds, Modern Insurance Law, London Sweet & Maxwell (1993), at 198.
이를 확인한 판례는 수없이 많다. Aetna Ins. Co. v. Getchell Steel Treating Co., 395 F.2d 12 (8th
Cir. 1968) 등; Hartford Fire Ins. Co. v. Electrical Dist. No. 4 of Pinal County, 9 Ariz. App. 374,
452 P.2d 539 (1969)에서는 기술적이고 과학적인 접근을 할 것이 아니라 일상적이고 평이한 뜻으로
(ordinary and popular, rather than technical and scientific, terms) 해석되어야 한다고 판시하였다.
영국 판례로 Stanley v. The Western Insurance Co., LR 3 Ex.71 (1868).
3) Hartford Fire Ins. Co. v. Electrical Dist. No. 4 of Pinal County, 9 Ariz. App. 374, 452
P.2d 539 (1969).
4) "Fire is combustion accompanied by visible heat or light." [10A Couch on Insurance 2d
(Rev ed) § 42:13]; H. Schumacher Oil Works, Inc. v. Hartford Fire Ins. Co., 239 F.2d 836 (5th
Cir. 1956).
5) Malcolm, Insurance Contracts, Lloyd of London Press LTD (1997), 17–2A; 생각건대 이러
한 판례에 있어서는 불을 "빛이나 열을 수반하는 '급격한' 화학작용(a rapid persistent chemical
reaction that releases heat and light)"으로 정의하는 것이 보다 정확한 것으로 보인다. 이러한 판례
로 Western Woolen Mill Co. v. Northern Assur. Co., Kan., 139 F. 637, 72 C.C.A. 1 (1905);
Maffei v. Northern Ins. Co. of New York, 12 F.3d 892 (1993)가 있다.
6) Western Woolen Mill Co. v. Northern Assur. Co., Kan., 139 F. 637, 72 C.C.A. 1 (1905)에
서 피보험자는 양모제조업자이었는데 홍수로 그 저장된 양모들이 손상을 입는 사고가 생겨났고, 그 업
체는 양모를 바닥에 넣어 놓고 열을 가하여 건조시키고자 하였다. 그런데 그 열로 인하여 양모가 재차
손상을 입게 되었으나 빛·불꽃 등은 목격되지 않은 사건이다. 여기서 법원은 불은 빛 또는 열을 발산
하는 급격한 산화작용이라고 하면서, 녹스는 것도 산소와 결합하는 산화나 이는 발효(fermentation)
되는 것이고 불이라고 하기 위하여는 물질이 산소와 결합하여 높은 열을 내는 과정이라고 한다. 사건

열에 의하여 손상된 경우 불꽃도 빛도 없기 때문에 불이 아니라 하였다.[7]

둘째, 발화나 연소작용 없이 단지 빛만 있는 것도 불이 아니다.[8] 전구의 강한 빛에 의하여 옥수수가 그을러진 경우 판례는 불에 의한 사고가 아니라 하였고,[9] 과부하가 걸린 전열선에서의 빛도 불이 아니라고 한 판결이 있다.[10] 하지만 만약 그 빛이 연소작용에 의한 것이라면 그 손해에 대하여 화재보험으로 보상받을 수 있다.[11]

셋째, 발화나 연소작용 없이 과도한 열만 있는 경우도 불이 아니다.[12] 예를 들면 목재와 태양열의 접촉으로 그 열이 불로 변환될 수 있음에도, 그 열만으로 인한 손해는 화재보험에서의 불이 아니다.[13] 기계가 작동되면 코일에 전류가 흐르고 온도가 상승하여 그로 발생한 열은 증기를 만들어 내지만 아무런 불꽃과 빛이 없는 경우, 이는 단지 연소 없는 발열성의 화학반응에 지나지 않고 불이라고 할 수 없다.[14]

우리의 판례도 위 입장에서 "화재는 불로 인한 재앙을 의미하고 불은 열 또는 빛을 수반하는 연소현상을 말한다"고 한다.[15]

에서 연기와 열은 있었으나 불꽃이나 빛은 없었다고 한다. 이 경우 불이 아니라고 판시하였다.

7) Security Ins. Co. of New Haven, Conn. v. Choctaw Cotton Oil Co., 149 Okla. 140, 299 P. 882 (1931). 하지만 이 판결에서 자발적 연소(spontaneous combustion)라고 하더라도 연소 이후 불꽃이 있다면 불이 될 수 있다고 한다. 이와 유사한 사안으로 Washington State Hop Producers, Inc. v. Harbor Ins. Co., 34 Wash. App. 257, 660 P.2d 768 (Div. 3 1983)은 저장창고에 있던 곡식이 자연적으로 발생한 열로 인하여 상한 경우, 법원은 불꽃이나 빛의 증거가 없다는 이유로 보상을 부정하였다.

8) Quadrangle Development Corp. v. Hartford Ins., 645 A.2d 1074 (1994); Scripture v. Lovell Mut. Fire Ins. Co., 64 Mass. 356, 10 Cush. 356 (1852).

9) The Buckeye State, 39 F.Supp. 344 (1941).

10) U.S. Fidelity & First State Bank, 941 F.Supp. 101 (1996).

11) Babcock v. Montgomery County Mut. Ins. Co., 4 N.Y. 326 (1850).

12) 이는 첫째의 유형으로 분류할 수도 있을 것이나 첫째 유형은 연소가 있기는 하나 대단히 느려서 불꽃이나 빛이 없는 경우이고, 이 경우는 연소작용도 없이 열이 발생한 유형이라는 점이 차이이다. Couch on Insurance (2003), §149:23; Baron Corp. v. Piedmont Fire Ins. Co., 166 Misc. 69, 1 N.Y.S.2d 713 (1937); Bass v. Security Ins. Co. of New Heaven, 78 Pa.Dist. & Co. R.26 (1951); John Birds, supra, at 198.

13) Scripture v. Lovell Mut. Fire Ins. Co., 10 Cush. 356 (1852); Babcock v. Montgomery County Mut. Ins. Co., 4 N.Y. 326 (1850).

14) U.S. Fidelity & First State Bank, 941 F.Supp. 101 (1996). 이와 유사한 사안으로 Hartford Fire Ins. Co. v. Electrical Dist. No. 4 of Pinal County, 9 Ariz. App. 374, 452 P.2d 539 (1969)가 있다. 이 사건에서는 손해를 당한 피보험자는 전기를 감압하여 분배하는 변전소를 운영하는 자이었다. 구리전선이 과열되고 오작동을 일으켜서 모든 전선이 용융되고 그 변전소는 심각한 손해를 입었다.

15) 대법원 2003. 10. 23. 선고 2001다18285 판결.

(2) 화재(火災)의 의미[16]

1) 불로 인한 재앙

불이 재앙으로 바뀔 때, 즉 모든 불이 화재가 아니라 재앙이 된 불이 화재이다. 영국에서는 화재로 인한 보험사고의 범위를 일반의 보험에서와 같이 우연성 등의 여부에 기준을 두고 있다.[17] 하지만 미국에서는 화재보험의 보험사고가 무엇인지에 대한 논의가 영국과는 아주 다르게 진행되었고 각국에 영향을 미쳤다.

2) 유용한 불과 해로운 불

미국에서는 약관상 명시적 규정이 없음에도 불구하고, 불을 '유용한 불(friendly fire)'과 '해로운 불(hostile fire)'[18]로 구분하고 '유용한 불'에 의한 손해는 면책으로 하였다. 전통적 법리에 의한 예를 하나 들어보자. A와 B는 벽난로가 있는 집에 살고 있다. A는 실수로 고가 미술품(또는 반지)을 벽난로에 빠뜨렸고, B는 벽난로 옆을 지나다 실수로 불붙은 장작을 건드려 그 장작이 벽난로를 벗어나 고가 미술품(또는 반지)을 불태웠다. 전통적 법리에 의할 때 B의 사고는 '해로운 불'로 인한 것으로 화재보험사고가 됨[19]에 반하여, A의 사고는 '유용한 불'로 인한 것으로 보험자는 면책이다.

과거의 법리는 '유용한 불'은 불이 원래 있을 정상적 장소, 예를 들어 난로나 주방용 열기구 등에 있는 불을 말하는 것으로, 이는 난방이나 요리 기타 일상적 목적을 위한 것으로 정의한다.[20] 그와 상반되게 '해로운 불'은 예견되지 않고 의

---

16) 장덕조, "보험계약상 화재의 의의", 『판례실무연구』 Ⅶ, 2004, 대법원비교법실무연구회, 309면 이하.

17) 영국의 판례인 Harris v. Poland, 1 K.B. 462, 463 (1941)에서 영국법원은 과거 Austin의 판례를 따르지도 않았고 미국에서의 이론을 부정하였다.

18) '좋은 불'과 '나쁜 불'로 번역하기도 하고(양승규, 271면), '우호적인 불'과 '비우호적인 불'(정호열, "화재보험의 보험사고와 거래의 실제", 「보험법연구」 5, 89면)로 번역하기도 한다. 우리는 '불'과 불이 재앙으로 바뀌었을 때인 '화재'를 구분할 수 있으므로, 'fire'는 단순히 '불'로 'hostile fire'는 '화재'로 번역하는 것이 타당하다. Lavitt v. Hartford County Mutual Fire 105 Conn. 729, 136 A. 572 (1927) "'Fire' in insurance means hostile fire, not friendly fire"라고 하여 화재로 인한 보험사고에 있어서는 '해로운 불'로 인한 경우만을 화재로 본다.

19) 불이 의도적으로 발화된 경우라 할지라도 그 불이 정상적 장소를 벗어난 경우의 손해에 대하여는 보상을 한다. Way v. Abington Mut. Fire Ins. Co., 166 Mass. 67, 43 N.E. 1032 (1896); City of N.Y. Ins. Co. v. Gugenheim, 7 S.W.2d 588 (Tex. Civ. App. 1928) 이 사건에서는 기름이 용광로로부터 유출되어 손해를 일으킨 경우이다.

20) Corpus Juris Secundum (2003), §909. "Friendly fire is a fire and contained in the usual place for a fire, such as a furnace, stove, incinerator and the like and used for purpose of heating, cooking, manufacture and other common, usual and everyday purposes"; Owens v. Milwaukee Ins. Co. of Milwaukee, 123 N.E.2d 645 (1955).

도되지 않은 것으로, 그것이 있어야 할 정상적 장소가 아니라 그 장소를 벗어난 불을 말한다.[21] 그리고 불이 조리, 에너지생산, 또는 난방 등 정해진 목적을 위하여 사용된다면, 즉 정상적 장소에서의 '유용한 불'인 경우 그 조작하는 사람의 과실 등으로 인하여 과열되거나 부주의한 결과 발생하는 손해는 보험으로 담보되는 위험이 아니라는 것이다. 이와 같이 '유용한 불'에 관한 면책이론은 애초에는 난로, 소각장, 용광로 등 당연히 불이 있을 것으로 예정된 정상적 장소에서의 불로 인한 손해를 면책시키고자 한 것이었다. 하지만 화재로 인한 보험사고에 관한 법리는 상당히 수정되어, 이 이론은 위기를 맞고 있다. 최소한 '유용한 불'과 '해로운 불'의 구별 기준이 정상적 장소에 있는지 여부에서 통제가능성으로 그 무게가 넘어갔다. 특히 판례는 아예 '유용한 불'의 면책이론을 부정하기도 한다.

'유용한 불'과 '해로운 불'의 구분에 의한 묵시적 면책인정이라는 전통적 법리는 타당하지 않다. 위 문제는 우리의 경우 상법 제659조의 면책규정으로 해결할 문제이다. 단지 이 이론의 존재의의는 도덕적 위험의 방지 차원에서, 즉 정상적 장소에 있는 불로 인한 손해가 발생한 경우는 인위적 사고일 개연성이 높으므로 피보험자가 명백히 입증하도록 하는 데 있다는 견해[22]를 참조할 만하다.

2. 보험목적

(1) 유체물

불에 탈 수 있는 유체물은 모두 화재보험의 목적이 될 수 있다. 따라서 그것이 동산이든 부동산이든 불문하고, 동산의 경우 특정된 것이든 집합된 것이든 불문한다. 보험계약은 독립된 개개의 물건을 대상으로 하는 개별보험으로 체결되는 것이 원칙이나, 가정 내의 물건을 보험에 붙이는 경우 그 물건의 변동으로 보험계약의 내용을 변경하여야 하고 이는 사실상 보험계약의 체결을 불가능하게 하기도 한다.[23] 그리하여 상법에서는 화재보험에서 집합된 물건을 일괄하여 보험의 목적으로 할 수 있도록 하고 있고 이를 집합보험이라 한다(제686조).

(2) 집합보험

수개의 독립한 물건을 일괄하여 부보하는 것이 집합보험이다. 이 중 보험의 목

---

21) Owens v. Milwaukee Ins. Co. of Milwaukee, Wis., 125 Ind. App. 208, 123 N.E.2d 645 (1955); Youse v. Employers Fire Ins. Co., Boston, Mass., 172 Kan. 111, 238 P.2d 472 (1951).
22) Keeton, supra, at 491.
23) 최기원, 342면.

적이 특정되어 있는 것을 특정보험이라 하고, 보험의 목적의 전부 또는 일부가 보험기간 중에 교체될 것이 예정된 보험을 총괄보험이라 한다.

1) 집합보험의 특칙

집합물을 화재보험에 가입한 경우 피보험자의 가족과 사용인의 물건도 보험의 목적에 포함된 것으로 하고(제686조 제1문), 이 경우 보험은 그 가족 또는 사용인을 위하여서도 체결한 것으로 본다(제686조 제2문). 따라서 그 범위에서는 타인을 위한 보험계약이 성립하게 된다.

그런데 집합보험의 목적이 되고 있는 수개의 물건 가운데 일부에 대하여만 고지의무 위반(제651조) 등이 있는 경우 이를 어떻게 처리할 것인지가 문제된다. 즉 그 보험목적의 일부에 관하여만 계약해지사유가 있는 경우 보험자 해지권의 범위가 문제된다. 이때 계약해지사유가 있다 하더라도 나머지 부분에 대하여서는 보험자가 그 나머지 부분만으로도 동일조건으로 보험계약을 체결하지 않았으리라는 사정이 있는 경우에만 보험계약의 해지권을 인정하여야 한다고 본다.[24] 판례의 입장도 동일하다.[25]

2) 총괄(總括)보험의 특칙

집합된 물건을 일괄하여 보험의 목적으로 한 때에는 그 목적에 속한 물건이 보험기간 중에 수시로 교체된 경우에도 보험사고의 발생시에 현존한 물건은 보험의 목적에 포함된 것으로 한다(제687조). 즉 보험계약에서 정한 범위의 물건인 이상 보험사고 발생시에 현존하는 물건은 모두 보험의 목적에 포함된다. 보험의 목적에 포함된 현존하는 물건에 사고가 생긴 경우 보험자는 손해를 보상할 책임을 진다. 총괄보험은 집합보험의 일종으로서 계속보험이라고도 한다.[26]

---

24) 양승규, 280면; 최기원, 344면.

25) 대법원 1999. 4. 23. 선고 99다8599 판결(경제적으로 독립한 여러 물건에 대하여 화재보험계약을 체결함에 있어 집합된 물건 전체에 대하여 단일의 보험금액으로써 계약을 체결하거나 물건을 집단별로 나누어 따로이 보험금액을 정하거나 간에, 보험의 목적이 된 수개의 물건 가운데 일부에 대하여만 고지의무 위반이 있는 경우에 보험자는 나머지 부분에 대하여도 동일한 조건으로 그 부분만에 대하여 보험계약을 체결하지 아니하였으리라는 사정이 없는 한 그 고지의무 위반이 있는 물건에 대하여만 보험계약을 해지할 수 있고 나머지 부분에 대하여는 보험계약의 효력에 영향이 없다고 할 것이고, 이 경우 보험계약자가 일부 물건에 대하여 고지하지 아니한 사항이 보험계약의 나머지 부분에 있어서도 상법 제651조에서 정한 '중요한 사항', 즉 보험자가 보험사고의 발생과 그로 인한 책임부담의 개연율을 측정하여 보험계약의 체결 여부 또는 보험료나 특별한 면책조항의 부가와 같은 보험계약의 내용을 결정하기 위한 표준이 되는 사항으로서 객관적으로 보험자가 그 사실을 안다면 그 계약을 체결하지 아니하든가 또는 적어도 동일한 조건으로는 계약을 체결하지 아니하리라고 생각되는 사항에 해당하는 경우에만 그 불고지를 들어 계약 전체를 실효시키거나 취소할 수 있다).

26) 최기원, 345면.

3. 피보험이익

화재보험계약에서 동일한 보험의 목적에 대하여 피보험자가 다를 때에는 그 피보험이익도 달라지게 된다. 화재보험계약에 있어서의 피보험이익은 보험목적의 소유자로서의 피보험이익, 임차인으로서의 피보험이익, 저당권자로서의 피보험이익 등으로 나눌 수 있다. 피보험이익의 내용이 명확하지 않을 때에는 소유자의 피보험이익을 보험계약의 목적으로 한 것이라 본다.

제3 화재보험자의 손해보상범위

1. 보험자의 보상책임

화재보험계약의 보험자는 화재로 인하여 생길 손해를 보상할 책임이 있다(제683조). 보험자는 보험의 목적에 대하여 화재로 인하여 피보험자가 입게 되는 손해를 보상하는 것이고, 그 손해는 화재와 상당인과관계가 있는 것이어야 한다.[27]

그러나 화재시에 보험목적의 분실 또는 도난으로 인한 손해에 대하여는 약관상 면책으로 처리된다. 이 면책은 화재와 보험목적의 도난 또는 분실과는 상당인과관계가 있다고 할 수 없고, 이 책임을 인정하게 되면 피보험자가 동산의 일부를 은폐하고 손해의 보상을 받으려는 도덕적 위험이 발생할 우려가 있다는 점에서이다.[28]

2. 소방 등의 조치로 인한 손해

보험자는 화재의 소방 또는 손해의 감소에 필요한 조치로 인하여 생긴 손해를 보상할 책임이 있다(제684조). 이는 불의 연소작용에 의한 것이 아니므로 보상의 범위에 속함을 분명히 하기 위하여 규정한 것이다. 이 규정은 보험계약자 등의 손해방지의무(제680조)와 유사한 것으로 보이지만 다른 점도 있다. 손해방지의무는 보험계약자와 피보험자가 부담하는 것이나 여기서의 소방비용 등은 보험계약자와

---

27) 대법원 2003. 4. 25. 선고 2002다64520 판결(화재로 인한 건물 수리시에 지출한 철거비와 폐기물처리비는 화재와 상당인과관계가 있는 건물수리비에 포함된다고 보아야 할 것이고, 이를 손해액에 산입되지 아니하는 별도의 비용으로 볼 것은 아니다).

28) 양승규, 276면.

피보험자의 행위뿐 아니라 기타 소방대원이나 그 밖의 자의 행위에 의하여 발생한 손해를 널리 포함한다.

3. 면책사유

화재보험약관에서는 통상적으로 법정면책사유(제659조, 제660조, 제678조) 이외에 여러 가지 면책사유를 두고 있다. 그중 주요한 몇 가지를 살핀다.

(1) 폭　발

화재보험약관은 "화재로 생긴 것이든 아니든 파열 또는 폭발로 생긴 손해"를 보험자의 면책사유로 한다. 따라서 폭발 자체로 인한 보험목적의 충격이나 파열손해는 원칙상 화재보험의 보험대상이 아니다.[29] 다만 이로 말미암아 화재가 생김으로써 보험목적에 입은 손해는 보험자의 보상범위에 포함된다. 판례도 폭발은 화재와는 구별되는 개념이므로 폭발이 있고 이로 인해 화재가 야기된 경우에 있어서 폭발 자체에 의한 손해가 화재보험에 의하여 담보되지 않는 것은 당연한 것이지만, 화재가 먼저 발생하고 이로 인하여 폭발이 야기된 경우에는 특약이 없는 한 폭발 자체에 의한 손해도 화재와 상당인과관계가 있는 것이어서 화재보험에 의하여 담보된다고 한다.[30]

(2) 자연발화

화재보험약관은 자연적인 발화의 경우를 면책으로 한다. 이는 보험목적의 고유한 성질에서 생긴 것으로 보험사고에 해당하지 않기 때문이다.

(3) 전　기

전기로 인한 손해는 고유한 의미의 화재로 인한 손해가 아니기 때문에 면책사유로 한다. 화재는 불로 인한 재앙을 의미하고 불은 열 또는 빛을 수반하는 연소현상인데, 전기는 이러한 범주에 포함되지 않는다.

(4) 지진, 분화(噴火), 해일(海溢), 소요(騷擾), 전쟁 등

지진 등으로 인한 사고에 대한 면책은 제660조와 그 취지를 같이 한다. 지진

---

29) 대법원 1993. 4. 13. 선고 92다45261(본소),45278(반소) 판결(폭발담보특약을 하지 아니하였으므로 화재보험약관상의 폭발면책조항에 따라 화재가 폭발에 선행하였는지 여부에 관계없이 폭발에 의한 손해는 보험자가 보상할 책임이 없다고 한 사례).
30) 대법원 1993. 4. 13. 선고 92다45261(본소),45278(반소) 판결.

은 통상 손해발생의 측정이 곤란하고 그러한 위험에 대하여는 통상의 보험료로써 인수할 수 없기 때문이다. 다만 오늘날 과학기술의 발달로 지진으로 인한 화재를 보상하는 경우도 있다. 그리고 소요에 관한 판례를 보면, 화재 당시 대학생들이 경찰의 저지선을 뚫기 위하여 화염병을 투척하였고 이에 당황한 운전사가 후진하여 인접 점포에 화재가 발생한 경우 소요에 해당하지 않는다고 하면서 면책을 인정하지 아니하였다.[31] 또한 프로야구 경기장에서 1,000여명의 관중들이 야구팀 버스에 돌과 빈병 등을 던지는 등의 폭력사태가 그 경위와 장소 및 폭력행사의 정도 등에 비추어 소요에 해당하는 것으로 보기 어렵다고 하였다.[32]

(5) 핵연료물질 또는 방사능오염으로 인한 손해

방사능 등으로 인한 손해는 예측이 어렵고 한 번의 사고발생으로 대형손해가 초래되는 것이어서 면책사유로 하였다.

(6) 목적부동산의 장기간 방치

약관상 보험목적인 건물이나 동산을 수용하는 건물을 일정기간 이상 비워둔 경우 면책으로 정한다.

---

31) 대법원 1994. 11. 22. 선고 93다55975 판결.
32) 대법원 1991. 11. 26. 선고 91다18682 판결.

제 2 절 　 운송보험

제1 　 운송보험계약

1. 의 의

운송보험계약이란 육상운송의 목적인 운송물에 관하여 그 운송에 관한 사고로 인하여 생길 손해의 보상을 목적으로 하는 손해보험계약이다(제688조). 광의의 운송에는 해상운송과 항공운송도 포함되나, 상법상 물건운송이라고 할 때에는 육상 또는 호천이나 항만에서의 물건의 운송에 국한하고 있어(제125조), 해상운송이나 항공운송은 제외된다. 해상운송에 관하여는 해상보험편에서 별도로 규정한다. 2011년 5월 23일 상법개정으로 상법 제6편 항공운송편이 신설되었다. 이는 항공운송에서의 법률관계가 과거 항공사가 제공하는 약관에만 의존하고 있어서 법적 안정성이 훼손될 우려가 있으므로, 승객과 화주의 권익을 보호하고 항공운송 당사자의 권리의무를 명확히 하기 위한 것이다. 그러나 여기서도 항공운송보험에 관하여는 아무런 규정을 두고 있지 않아 약관에 맡겨져 있다.

2. 운송보험증권

운송보험증권에는 일반적인 손해보험증권에의 기재사항(제666조) 이외에도 운송의 노순과 방법, 운송인의 주소와 성명 또는 상호, 운송물의 수령과 인도의 장소, 운송기간을 정한 때에는 그 기간, 보험가액을 정한 때에는 그 가액을 기재하여야 한다(제690조).

제2 운송보험계약의 요소

1. 보험목적

운송보험의 목적은 운송물이다. 운송에 이용되는 운송용구 그 자체인 차량 등은 운송보험의 목적이 아니고, 이는 자동차보험 또는 차량보험으로 담보한다. 또한 운송보험의 목적은 운송물이지 사람의 신체나 생명은 목적이 될 수 없다. 운송 중의 여객의 생명이나 신체에 생긴 사고를 보험사고로 하는 보험계약은 운송보험이 아니라 상해보험이나 책임보험에 의한다.

2. 보험사고

운송보험의 보험사고는 육상운송 중에 운송물에 생길 수 있는 일체의 사고이다. 따라서 운송수단의 충돌이나 탈선 또는 전복 등 운송에 고유한 위험뿐 아니라, 적재나 운반 그리고 하역작업 중의 위험과 도난이나 화재 등의 모든 위험이 포함된다. 왜냐하면 운송 중에는 운송물이 운송인의 점유하에 있으므로 보험자의 포괄적 책임을 인정할 필요가 있고 또 피보험자가 손해발생의 원인을 증명하기 곤란한 이유도 있다.[33]

3. 피보험이익

운송보험의 피보험이익은 여러 형태가 될 수 있다. 운송물의 소유자가 가지는 이익, 운송물의 도착으로 인하여 얻을 희망이익(제689조), 운송인의 운임에 관한 이익 등 다양하다. 운송인이 송하인 또는 수하인에게 지게 될 손해배상책임의 경우 그 손해도 피보험이익이 될 수 있다.[34]

4. 보험기간

보험자는 운송물을 수령한 때로부터 수하인에게 인도할 때까지를 보험기간으로 하여 보상책임을 부담한다(제688조). 운송보험은 운송인이 운송물을 점유하고

---

33) 양승규, 284면.
34) 박세민, 545면.

보관하는 동안의 위험을 담보하는 것으로서, 운송인의 사정으로 운송이 일시 중단된 경우에도 보험기간에 포함되고, 운송계약이 종료하더라도 운송물을 인도할 때까지 생긴 손해에 대하여 보험자는 보상책임을 면할 수 없다. 그러나 운송물을 수하인에게 인도할 수 없는 등으로 이것을 공탁 또는 경매한 때에는(제142조) 인도에 준하여 그때에 보험기간이 종료된다.

5. 보험가액

운송보험의 경우 보험계약의 당사자 사이에 보험가액에 대한 합의가 있으면 그에 의한다(제670조). 그러나 일반적인 물건보험에서의 보험자가 보상할 손해액은 그 손해가 발생한 때와 곳의 가액에 따라서 산정하는데(제676조), 운송보험의 경우 합의가 없으면 보험가액불변경주의에 따라 발송한 때와 곳의 가액과 도착지까지의 운임 기타의 비용의 합계액을 보험가액으로 한다(제689조 제1항). 운송보험의 경우 보통 보험기간이 단기이고, 운송 도중의 사고로 인한 손해가 생긴 때와 가격을 정하기가 어렵다는 점에서 이같이 규정한다. 그리고 상법은 발송지주의를 채용한다. 그러나 운송물의 도착으로 받을 이익인 희망이익은 당사자간의 약정이 있는 경우에 한하여 보험가액에 산입할 수 있다(제689조 제2항). 이는 희망이익이 그 자체로서 피보험이익이 될 수 있으므로 약정으로 보험가액에 산입할 수 있도록 하였다. '희망이익'은 운송물이 목적지에 도착하여 매각함으로써 얻을 수 있는 이익이므로, 그 보험가액은 도착지의 예정가격에서 그 운송물의 발송지가액과 운임 기타 비용을 공제하여 계산하게 된다.[35]

제3 운송보험자의 손해보상 관련 특칙

1. 손해보상액

운송보험계약의 보험자는 다른 약정이 없으면 운송인이 운송물을 수령한 때로부터 수하인에게 인도할 때까지 생길 손해를 보상할 책임이 있다(제688조). 보험자는 보험목적인 운송물이 보험기간 중에 보험사고로 멸실·훼손된 때에는 보험사고와 상당인과관계가 있는 손해를 보상할 책임을 진다.

---

35) 양승규, 285면.

2. 면책사유

(1) 법정면책사유

운송보험에서도 보험계약자 등의 고의 또는 중대한 과실로 생긴 사고(제659조)
및 일반적 면책사유(제660조, 제678조)에 의하여 면책되나, 운송보험만의 특유한 면
책사유가 있다. 운송보험의 보험사고가 송하인 또는 수하인의 고의 또는 중대한
과실로 인하여 발생한 때에는 보험자는 이로 인하여 생긴 손해를 보상할 책임이
없다(제692조). 송하인이나 수하인은 보험계약자 또는 피보험자가 아니라 하더라도
운송계약상의 일정한 권리와 의무를 가지므로(제139조 내지 제141조), 이들의 고의
나 중과실로 인한 보험사고의 발생을 보험자의 면책사유로 한 것이다. 그러므로
운송보험에서 운송인이 보험계약자나 피보험자가 아니면 운송인의 고의 또는 중
대한 과실로 보험사고가 생긴 때에도 보험자는 보상책임을 지고, 다만 운송인에
대하여는 상법 제682조에 의한 대위권을 행사할 수 있을 뿐이다.

(2) 약정면책사유

운송보험약관은 위 법정면책사유 이외에도 여러 형태의 약정면책사유를 규정
하고 있다.

3. 운송의 변경과 보험계약의 효력

운송보험계약은 다른 약정이 없으면 운송의 필요에 의하여 일시운송을 중지하
거나 운송의 노순 또는 방법을 변경한 경우에도 그 효력을 잃지 아니한다(제691
조). 이는 항해변경시 보험자가 면책되는 해상보험(제701조)과는 구별되는 것이다.
육상운송보험에서는 보험자는 그 운송과 관련되는 모든 위험을 담보하는 것이고
필요에 따라서는 운송의 일시적 중지나 노순의 변경 등이 생겨날 수 있으므로 상
법은 그 경우에도 보험계약의 효력을 그대로 인정한 것이다. 하지만 그것이 보험
계약자나 피보험자의 고의 또는 중대한 과실로 인한 것이고 그로 말미암아 위험
이 현저하게 증가된 경우 보험자는 계약을 해지할 수 있다(제653조).

제 3 절 해상보험

제1 총   설

1. 해상보험의 의의

(1) 정   의

해상보험계약이란 해상사업에 관한 사고로 인하여 생길 손해를 보상할 것을
목적으로 하는 손해보험계약이다(제693조). 해상보험계약은 해상사업과 관련된 사
고로 인한 선박이나 적하의 손해를 담보하기 위한 것이다.

(2) 수출보험과의 비교

해상보험은 국제간의 물품매매거래에 주로 이용되는 점에서 수출보험과 유사
한 위험을 담보한다. 그런데 해상보험은 선박과 적하의 손해를 담보하기 위한 것
임에 반하여, 수출보험은 수출대금의 결제에 따르는 위험을 담보하기 위한 것이
다. 즉 수입업자의 파산이나 계약의 불이행, 기타 수출대금의 회수불능 등의 경우
에 대비하기 위한 보험은 수출보험이 처리한다.

2. 해상보험의 성질

(1) 기업보험

해상보험은 기업보험으로서의 성질을 가지고 당사자간 사적자치의 원칙이 존
중된다. 따라서 해상보험에서는 상법상의 불이익변경금지의 원칙이 적용되지 아니
한다(제663조 단서). 그런데 판례 중에서 해상위험을 담보하는 어선공제사업은 계
약 당사자들의 교섭력이 대등하지 않다고 보아 불이익변경금지원칙이 적용된다고
본 것이 있다.[36]

---

36) 대법원 1995. 9. 29. 선고 93다53078 판결.

(2) 국제성

해운업자 또는 무역업자 등이 이용하는 보험이므로 국제적 성격을 띤다. 해상보험실무에서는 전 세계적으로 영국의 해상보험에 관한 약관들이 사용된다. 해상보험약관에는 영국법준거조항이 있고 우리의 판례도 영국법준거조항을 유효한 것으로 본다. 이러한 점에서는 상법 보험편의 해상보험 규정보다 오히려 영국해상보험법이 보다 중요한 법원이 된다고 할 수도 있다.

(3) 영국법준거조항

1) 해상보험에서의 영국법의 의의

영국의 표준해상보험약관이 우리나라를 포함하여 세계해상보험분야를 규율하는 이유는, 19세기부터 20세기 초에 걸쳐 해상보험의 관행과 담보조건이 근대적인 형태로 형성된 당시에 영국이 세계의 상선대 중에서 압도적인 우위를 점하고 있었을 뿐 아니라, 무역 · 금융의 면에서도 지배권을 장악하고 있었기 때문이다. 또한 영국은 1906년 영국해상보험법을 비롯하여 풍부한 법원의 판례와 관례가 확립되어 있었고, 고가의 선박보험을 인수한 원수보험자는 재보험자에게 위험을 전가하고 있었기 때문에 보험금지급 등과 관련하여 세계적 보편성을 확보할 것이 요망되었다는 것을 그 이유로 든다. 영국해상보험계약상의 법원으로는 1906년 영국해상보험법을 비롯하여 영국의 보통법, 약관 등의 해상보험실무 등을 들 수 있다.

2) 영국법준거조항의 유효성

영국법준거조항의 유효성과 그 근거에 관한 선도적 판례인 대법원 1991. 5. 14. 선고 90다카25314 판결은 "'보험증권 아래에서 야기되는 일체의 책임문제는 외국의 법률 및 관습에 의하여야 한다'는 외국법 준거약관은 동 약관에 의하여 외국법이 적용되는 결과 우리 상법 보험편의 통칙의 규정보다 보험계약자에게 불리하게 된다고 하여 상법 제663조에 따라 곧 무효로 되는 것이 아니고 동 약관이 보험자의 면책을 기도하여 본래 적용되어야 할 공서법의 적용을 면하는 것을 목적으로 하거나 합리적인 범위를 초과하여 보험계약자에게 불리하게 된다고 판단되는 것에 한하여 무효로 된다고 할 것인데, 해상보험증권 아래에서 야기되는 일체의 책임문제는 영국의 법률 및 관습에 의하여야 한다는 영국법 준거약관은 오랜 기간 동안에 걸쳐 해상보험업계의 중심이 되어 온 영국의 법률과 관습에 따라 당사자간의 거래관계를 명확하게 하려는 것으로서 우리나라의 공익규정 또는 공서양속에 반하는 것이라거나 보험계약자의 이익을 부당하게 침해하는 것이라고 볼 수 없으므로 유효하다"라고 하였다. 그 후 "이 보험은 영국의 법과 관습에 따른다"는 내용의 영국법준거조항을 다룬 대법원 1996. 3. 8. 선고 95다28779 판결, 대법원 2005. 11. 25. 선고 2002다59528,59535 판결 등도 같은 취지의 판결을 내리고 있다.

영국법준거조항을 다룬 판례는 상당히 많다. 보다 구체적으로 살펴면 영국 해상보험법상의 고유한 제도인 담보특약(warranty)을 비롯하여 최대선의의무, 중복보험, 근인원칙, 소멸시효, 피해자의 직접청구권 등에서 우리의 법과 차이점이 있는 쟁점이 다수 존재한다. 영국법준거조항의 효력을 포괄적으로 인정한 대법원 1991. 5. 14. 선고 90다카25314 판결에 따라, 판례는 해상고유의 위험,[37] 인치마리조항,[38] 고지의무,[39] 최대선의의무,[40] 입증책임,[41] 감항능력,[42] 특별어획물약관,[43] 담보특약,[44] 적하보험상 보험담보의 종료시점,[45] 선박의 양도와 보험계약의 종료,[46] 선박보험상 선장의 악행,[47] 추정전손,[48] 선박미확정의 해상적하보험계약에서 영국협회선급약관[49] 등의 사안에서 영국 해상보험법과 영국판례와 실무를 적용하여 해결하고 있다.

3) 적하보험에서의 준거법조항

그런데 적하보험에 사용되는 준거법 조항의 내용은 선박보험의 그것과는 달리 발전되고 있다. 해상적하보험약관은 "이 보험증권에 포함되어 있거나 또는 이 보

---

37) 대법원 1998. 5. 15. 선고 96다27773 판결; 대법원 2001. 5. 15. 선고 99다26221 판결.

38) 대법원 2001. 5. 15. 선고 99다26221 판결.

39) 대법원 1986. 11. 25. 선고 85다카2578 판결; 대법원 1991. 5. 14. 선고 90다카25314 판결; 대법원 1996. 3. 8. 선고 95다28779 판결; 대법원 2001. 5. 15. 선고 99다26221 판결; 대법원 2005. 3. 25. 선고 2004다22711,22728 판결.

40) 대법원 2005. 3. 25. 선고 2004다22711,22728 판결.

41) 대법원 1991. 5. 14. 선고 90다카25314 판결; 대법원 2001. 5. 15. 선고 99다26221 판결.

42) 대법원 1996. 10. 11. 선고 94다60332 판결; 대법원 1995. 9. 29. 선고 93다53078 판결; 대법원 2001. 5. 15. 선고 99다26221 판결; 대법원 2002. 6. 28. 선고 2000다21062 판결.

43) 대법원 1996. 3. 8. 선고 95다28779 판결.

44) 대법원 1996. 10. 11. 선고 94다60332 판결; 대법원 2001. 7. 27. 선고 99다55533 판결; 대법원 2000. 6. 13. 선고 98다35389 판결; 대법원 2002. 6. 28. 선고 2000다21062 판결.

45) 대법원 1988. 9. 27. 선고 84다카1639,1640 판결; 대법원 2003. 6. 13. 선고 2001다42660 판결.

46) 대법원 2004. 11. 11. 선고 2003다30807 판결.

47) 대법원 2005. 11. 25. 선고 2002다59528,59535 판결.

48) 대법원 1977. 1. 11. 선고 71다2116 판결; 대법원 1989. 9. 12. 선고 87다카3070 판결; 대법원 1988. 2. 9. 선고 86다카2933,2934,2935 판결; 대법원 2001. 2. 23. 선고 98다59309 판결; 대법원 2002. 6. 28. 선고 2000다21062 판결.

49) 대법원 2001. 7. 27. 선고 99다55533 판결.

험증권에 첨부되는 어떠한 반대되는 규정이 있음에도 불구하고, 이 보험은 일체의 전보청구 및 결제에 관해서 영국의 법률과 관습에만 의한다"는 내용이어서, 영국법이 적용되는 범위가 보험금청구에 대한 보상책임의 유무와 지급방법에 관한 사항으로 제한되어 있다.

이 준거조항의 해석에 있어서 판례는 보상 및 보험금지급 이외의 보험계약의 성립여부에 대한 사항은 영국법이 아니라 우리의 상법이 적용된다고 한다.[50] 일본도 우리의 판례와 같이 해석한다.[51]

3. 해상보험의 종류

(1) 보험의 목적에 의한 분류

1) 선박보험

선박을 보험의 목적으로 하는 보험이다. 선박뿐 아니라 선박의 속구, 연료, 양식 기타 항해에 필요한 모든 물건은 보험의 목적에 포함된 것으로 한다(제696조). 주로 선박소유자로서의 피보험이익이 될 것이나, 선박임차인의 사용이익이나 담보권자의 이익도 포함된다.

2) 적하보험

해상물건운송의 대상인 운송물을 보험의 목적으로 하는 보험이다. 적하의 보험에 있어서는 선적한 때와 곳의 적하의 가액과 선적 및 보험에 관한 비용을 보험가액으로 한다(제697조).

3) 운임보험

해상운송인이 운임에 관하여 붙인 보험이다. 운임은 운송인이 취득하는 목적물의 장소적 이동의 대가이다. 따라서, 운송인은 운송물이 해상위험으로 인하여 멸실한 때에는 그 운임을 청구할 수 없다(제815조, 제134조).

---

50) 대법원 1998. 7. 14. 선고 96다39707 판결.

51) 일본의 東京地判 昭和 52年 5月 30日 判決(昭和 47年 第11163號 民14部)은 "이 약관은 보험계약 자체의 유효성과 항해사업의 적법성에 대하여서는 일본법에 준거하지만 보험금청구에 관한 보험자의 전 보책임이 있다고 한다면 그 결제에 대하여서는 영국의 법과 사실인 관습에 준거한다는 취지이다"고 하고, 일본의 학설은 이와 같은 영국법준거조항이 삽입되어 있으면 일본에서 체결된 화물보험계약에 관한 보험료의 채권, 채무와 계약의 유효성 등에 대하여는 일본 상법과 그에 기한 보험업법 등 관계법령의 규칙과 민법 등이 적용된다[加藤修, 『國際貨物海上保險實務』, 成文堂, 1990, 141; 松島惠, 『貨物海上保險概說』, 成文堂, 1990, 185]고 해석한다.

4) 희망이익보험

적하가 목적지에 무사히 도착하면 수하인이 취득할 것으로 기대되는 이익이 희망이익이고, 그 이익을 보험에 붙인 것이 희망이익보험이다. 적하의 도착으로 인하여 얻을 이익 또는 보수의 보험에 있어서는 계약으로 보험가액을 정하지 아니한 때에는 보험금액을 보험가액으로 한 것으로 추정한다(제698조).

5) 선비보험

선박의 의장(艤裝) 기타 선박의 운항에 요구되는 모든 비용을 보험에 붙이는 것이다. 일반적으로 선비는 운임의 취득에 의하여 회수되는 것이고, 따라서 선비에 대한 피보험이익은 운임보험에서 포함시키고 있으나, 선비만을 따로 보험에 붙일 수도 있다.[52]

6) 손해배상책임보험

사고로 인하여 손해배상책임을 부담하는 경우 그를 보상하는 책임보험이다.

(2) 보험기간에 의한 분류

1) 항해보험

특정한 항해를 표준으로 하여 보험기간으로 한 보험으로서 적하보험에 많이 이용된다. 선적항에서 선적에 착수한 때부터 양륙항에 도착하여 양륙할 때까지의 기간에 생길 위험을 담보하는 것이다.

2) 기간보험

일정한 기간을 보험기간으로 한 보험으로서 선박보험에 많이 이용된다. 정기보험이라고도 하며 보통 그 기간은 1년인 경우가 많다.

3) 혼합보험

일정한 기간과 항해기간의 양자를 표준으로 하여 보험기간을 정하는 보험으로서 선박보험에 많이 이용된다. 보험자는 정해진 기간 내에 정해진 항해구간에서 발생한 손해에 대하여만 책임을 지는 것이다.

(3) 보험계약의 확정 여부에 의한 분류

1) 확정보험

보험계약 내용의 전부가 보험계약을 맺을 때 확정되어 있는 보험을 확정보험

---

52) 양승규, 293면.

이라 한다.

2) 예정보험

① 의 의

예정보험은 확정보험과 달리 보험계약의 내용의 일부 또는 전부가 보험계약 체결시에 확정되어 있지 않은 보험이다. 보험계약의 체결 당시에 보험계약 내용의 일부 또는 전부를 확정할 수 없는 사정이 있을 때 이용되는 보험으로서, 향후 확정될 피보험이익에 대하여 미리 보험계약을 체결하고 그것이 확정되는 대로 보험보호를 받을 수 있는 보험의 형태이다. 이 보험은 운송보험이나 재보험 등에서도 이용되나, 해상보험과 희망이익보험에서 가장 많이 이용된다.

② 법적 성질

예정보험은 미확정한 사항이 확정된 때에 보험자가 당연히 위험을 담보하는 것으로서 보험계약의 예약이 아니라 독립한 보험계약이다.[53]

③ 선박미확정의 적하예정보험

선박미확정의 적하예정보험이란 적하보험계약에서 보험계약의 체결 당시에 하물을 적재할 선박이 미확정인 예정보험을 말한다(제704조 제1항). 선박미확정의 적하예정보험은 보험계약의 체결장소와 선적지가 다르거나 또는 선적의 시점이 보험계약체결의 시점과 동일하지 않은 경우에도 선박만을 지정하지 아니하고 유효한 계약을 체결하게 함으로써 보험계약자의 무보험상태로 인한 위험을 없애고자 하는 제도이다.

선박미확정의 적하예정보험을 체결한 경우 보험계약자 또는 피보험자가 그 하물이 선적되었음을 안 때에는 지체없이 보험자에 대하여 그 선박의 명칭, 국적과 하물의 종류, 수량과 가액의 통지를 발송하여야 한다(제704조 제1항). 통지의 시기는 보험계약자 또는 피보험자가 그 화물이 선적되었음을 안 때에는 지체없이 하여야 하고, 통지의 방법은 서면에 의하지 않더라도 구두 기타의 방법에 의하면

---

53) 대법원 2000. 11. 14. 선고 99다52336 판결(원·피고 사이에 체결된 단기수출보험포괄보험특약 및 단기수출보험(선적 후)약관의 규정에 의하면, 원고는 포괄보험 적격거래에 대하여 피고에게 보험에 가입하여야 할 의무를 부담하고 피고는 원고의 보험가입 신청에 대하여 그 인수를 거부할 수 없도록 한 것으로서, 위 특약은 원고가 일정 기간 중에 성립된 수출계약 전부를 보험계약에 부보하겠다는 예약의 성질을 가지고 있어 보험계약자인 원고가 개별적 수출계약마다 수출통지라는 예약완결권을 행사함으로써 피고와의 보험계약이 체결되는 것이라고 할 것이므로, 그 조건에 합치하는 모든 수출계약에 대하여 보험자인 피고의 책임이 자동적으로 발생하는 것이 아니라 원고가 피고에게 수출통지를 함으로써 비로소 이에 대한 보험관계가 성립되는 것으로 해석함이 상당하다).

된다. 해상보험에서의 보험사고는 해상사업과 관련하여 생기는 모든 사고이므로(제693조) 그 범위가 광범위하고 그 운송용구인 선박은 사고발생률에 큰 영향을 미친다. 따라서 선박확정의 통지를 요구한다.

만약 이 통지를 해태한 때에는 보험자는 그 사실을 안 날부터 1월 내에 계약을 해지할 수 있다(제704조 제2항). 이때 계약의 해지는 보험사고의 발생 전후를 묻지 아니하며 보험사고가 발생하여도 보험자는 보험금액의 지급책임을 지지 않고 또한 보험료의 반환의무도 없다. 이런 점에서 선박확정의 통지의무는 보험계약자의 진정한 의무가 아니라 간접의무에 지나지 않는다고 보아야 한다. 고지의무도 간접의무이기는 하나 이 의무는 계약의 존속 중에 부담한다는 점에서 차이가 있다.

제2 해상보험계약의 특징

1. 보험기간

(1) 기간보험

기간보험의 경우에는 보험기간이 특정되므로 보험자책임의 개시와 종료가 명확하여 별 문제가 없다. 다만 기간보험에서 부보된 선박이 항해 중이거나 조난 중에 보험기간이 종료되는 것에 대비하여 피보험자가 보험자에게 사전통지하고 추가보험료를 납부함으로써 보험기간을 연장할 수 있도록 규정하는 경우도 있다.

(2) 선박보험

항해단위로 선박을 보험에 붙인 경우에는 보험기간은 하물 또는 저하의 선적에 착수한 때에 개시하고(제699조 제1항), 도착항에서 하물 또는 저하를 양륙한 때에 종료한다. 그러나 불가항력으로 인하지 아니하고 양륙이 지연된 때에는 그 양륙이 보통 종료될 때에 종료된 것으로 한다(제700조).

(3) 적하보험

적하를 보험에 붙인 경우에는 보험기간은 하물의 선적에 착수한 때에 개시하고(제699조 제2항 본문), 양륙항 또는 도착지에서 하물을 인도한 때에 종료한다(제700조 본문 후단). 예외적으로 하물 또는 저하(底荷)의 선적에 착수한 후에 보험계약이 체결된 경우에는 보험기간은 계약이 성립한 때에 개시하고(제699조 제3항), 양륙이 지연된 때에는 그 양륙이 보통 종료될 때에 종료된 것으로 한다(제700조 단서).

판례[54] 중에는 영국의 협회적하보험약관(Institute Cargo Clauses A)의 제8조[55] 의 종료시점을 다룬 것이 있다. 그 사건에서 대법원은 "협회적하보험약관 제8.1조 에서 보험이 통상의 운송과정 중에 계속된다는 부분의 해석상 제8.1.1조 내지 제 8.1.3조에서 정하는 보험종료사유가 발생하기 이전이라도 통상의 운송과정을 벗어 나는 경우에는 이로써 보험이 종료하고, 피보험자가 운송을 중단하고 화물을 반송 하기로 결정한 경우에는 그러한 의도적인 운송중단에 의하여 통상의 운송과정에 서 벗어난 것이어서 결국 보험이 종료한다"라 판시하였다.

2. 보험가액

(1) 기평가보험

해상보험에서는 보험가액을 당사자가 협의하여 정하는 경우가 보통이고 이를 기평가보험이라 한다. 이 경우 당사자간에 보험가액을 정한 때에는 그 가액은 사 고발생시의 가액으로 정한 것으로 추정하지만, 그 가액이 사고발생시의 가액을 현 저하게 초과할 때에는 사고발생시의 가액을 보험가액으로 한다(제670조).

(2) 미평가보험

보험가액불변경주의에 의하여 상법이 정한 가액에 의한다. 선박보험에 있어서 는 보험자의 책임이 개시될 때의 선박가액을 보험가액으로 하고, 이 경우에는 선 박의 속구, 연료, 양식 기타 항해에 필요한 모든 물건은 보험의 목적에 포함된 것

---

54) 대법원 2003. 6. 13. 선고 2001다42660 판결.
55) 영국의 협회적하보험약관(Institute Cargo Clauses A)
　　§8.1. 이 보험은 화물이 운송을 개시하기 위하여 이 보험증권에 기재된 장소의 창고 혹은 보관 지점을 떠나는 때에 개시하고, 통상의 운송과정 중에 계속되며, 8.1.1. 이 보험증권에 기재된 목 적지에 있는 수하인의 또는 기타의 최종 창고 혹은 최종 보관지점에 화물이 인도될 때, 8.1.2. 이 보험증권에 기재된 목적지 이전에서이든 목적지에서이든 불문하고, 피보험자가 다음의 목적 을 위하여 사용하고자 선택한 기타의 창고 혹은 보관지점에 화물이 인도될 때, 8.1.2.1. 통상의 운송과정에 포함되는 보관이 아닌 보관을 위하여, 또는 8.1.2.2. 할당 또는 분배를 위하여, 또는, 8.1.3. 최종 양하항에서 외항선으로부터 부보된 화물이 하역 완료된 후 60일이 경과한 때, 중 어느 것이든 먼저 발생하는 때에 종료한다.
　　§8.2. 최종양하항에서 외항선으로부터 양하 후, 그러나 이 보험이 종료되기 전에, 화물이 이 보 험에서 부보된 목적지 이외의 목적지로 운송되는 경우에는, 이 보험은 상기 보험종료의 규정에 따라 계속되나, 그러한 다른 목적지로 운송이 개시될 때 종료한다.

으로 한다(제696조). 적하보험에 있어서는 선적한 때와 곳의 적하의 가액과 선적 및 보험에 관한 비용을 보험가액으로 한다(제697조). 희망이익보험에서는 보험금액 을 보험가액으로 한 것으로 추정한다(제698조).

3. 해상보험증권

(1) 의 의

해상보험증권은 해상보험계약이 성립한 이후에 보험계약의 내용을 증명하기 위하여 보험자가 발행하는 증권이다. 앞서 살핀 바와 같이 보험증권은 계약의 성 립요건도 아니고 보험자만의 기명날인 또는 서명이 있는 것으로서 계약서도 아니 다. 해상보험증권은 증거증권으로서의 성질을 가지나 선하증권과 같이 유통되는 지시식 또는 무기명식 적하보험증권에 한하여 유가증권성을 인정하는 것이 통설 이다.

(2) 영국해상보험법상의 특칙

영국해상보험법상 해상보험계약은 보험증권이 발행되지 않는 한 증거로서 인 정되지 않고, 따라서 영국해상보험법상 보험계약이 체결되었더라도 보험증권이 발 행되지 않으면 보험금을 청구할 수 없다.[56] 또한 영국해상보험법상 해상보험증권 은 양도를 금지하는 명시적 조건을 포함하지 않는 한 양도가 가능하며 양도는 손 해발생의 전후를 불문한다.[57] 따라서 손해가 발생하고 난 이후에 이루어지는 보 험증권의 양도도 효력이 있다. 그리고 그 양도는 배서 또는 기타 관습법적인 방 법으로 행하여질 수 있다.[58]

4. 해상보험관계의 변경과 소멸

(1) 위험의 변경

해상보험에서는 항구와 항로 등 항해에 대한 기본적 사항들이 특정되고 이를 토대로 보험인수가 이루어진다. 계약의 내용과 달리 이를 변경한다면 위험변경이 있게 되고 보험자의 책임을 그대로 인정하는 것은 부당하다는 근거에서 보험관계 의 변경이 생겨난다.

---

56) 영국해상보험법 제22조. 하지만 우리법에서 이를 수용할 수 있을지는 의문이다.
57) 영국해상보험법 제50조 제1항.
58) 영국해상보험법 제50조 제3항.

(2) 항해변경

선박이 보험계약에서 정하여진 발항항이 아닌 다른 항에서 출항한 때에는 보험자는 책임을 지지 아니한다(제701조 제1항). 또한 선박이 보험계약에서 정하여진 도착항이 아닌 다른 항을 향하여 출항한 때에도 보험자는 책임을 지지 아니한다(제701조 제2항). 위 경우들에 있어서는 보험계약자 또는 피보험자의 귀책사유에 의한 것인지를 불문한다.[59]

그런데 보험자의 책임이 개시된 후에 보험계약에서 정하여진 도착항이 변경된 경우에는 보험자는 그 항해의 변경이 결정된 때부터 책임을 지지 아니한다(제701조 제3항). 이 경우에는 보험계약자 또는 피보험자의 귀책사유에 의한 경우에만 보험자는 면책되고, 그들의 귀책사유가 없는 경우에는 보험자는 보상책임을 진다고 봄이 통설이다.[60]

(3) 이 로

이로(離路)란 항해변경과는 달리 원래의 항해를 그대로 유지하면서 계약에서 정한 예정항로 또는 통상적이고 관행적인 항로를 벗어난 항해를 말한다. 해상법상의 원칙으로 '이로금지의 원칙'이 있는데 상법도 이에 관한 규정을 두어서 선박이 예정된 항로를 이탈하면 보험자가 그때부터 책임을 부담하지 아니한다 하고 선박이 손해발생 전에 원항로로 돌아온 경우에도 보험자의 책임은 부활되지 아니한다(제701조의2). 그리고 이로가 결정된 것만으로는 부족하고 실제 항로를 이탈하여야 하며, 이로가 발생한 이상이로와 보험사고 사이에 인과관계가 없는 경우에도 보험자는 면책된다.

(4) 발항 또는 항해의 부당한 지연

피보험자가 정당한 사유없이 발항 또는 항해를 지연한 때에는 보험자는 발항 또는 항해를 지체한 이후의 사고에 대하여 책임을 지지 아니한다(제702조). 정당한 사유란 불가항력으로 인한 경우뿐 아니라 선적항의 사정으로 하물의 선적이 지연되거나 그 밖의 항해사고로 발항 또는 항해를 계속할 수 없는 경우 또는 인명구조를 위하여 이로한 경우 등을 말한다.

---

59) 양승규, 325면.
60) 양승규, 326면.

(5) 선박변경

1) 적하보험

적하를 보험에 붙인 경우 보험계약자 또는 피보험자의 책임있는 사유로 인하여 선박을 변경한 때에는 그 변경 후의 사고에 대하여 책임을 지지 아니한다(제703조). 적하보험에 있어서는 적하를 수송하는 선박의 구조나 성능이 적하의 위험과 직결되는 것이므로 선박의 변경 후에 발생한 사고에 대하여는 보험자가 책임을 지지 않는 것으로 하였다.

2) 선박보험

선박보험에서는 선박 자체가 보험목적이므로 피보험자가 보험목적으로 한 선박을 다른 선박으로 대체한 경우에는 그것으로써 보험계약이 종료된다.

3) 선박의 양도 등

선박보험의 경우에 보험자의 동의 없이 피보험자가 선박을 양도하거나, 선급을 변경하거나, 선박을 새로운 관리로 옮긴 때에는 보험계약은 종료한다(제703조의2 본문). 보험목적의 양도에 관한 손해보험의 통칙규정(제679조 제1항)은 선박양도에는 적용되지 않는다. 따라서 선박의 양도는 보험자의 동의가 있는 경우에만 보험계약이 이전되는 것이다.

판례는[61] 상법 제703조의2는 제1호에서 선박의 양도를 보험계약의 자동종료사유의 하나로 규정하는 것은 선박보험계약을 체결함에 있어서 선박소유자가 누구인가 하는 점은 인수 여부의 결정 및 보험료율의 산정에 있어서 매우 중요한 요소이고, 따라서 소유자의 변경은 보험계약에 있어서 중대한 위험의 변경에 해당하기 때문이라고 할 수 있는데 특별한 사정이 없는 한 조업허가를 얻기 위한 목적으로 허위의 매매계약서를 작성하였다는 점만으로는 '선박을 양도할 때'에 해당하지 않는다고 한다. 판례가 선박의 양도를 소유권의 변경을 의미하는 것으로 본 듯하나, 상법이 선박의 양도뿐만 아니라 새로운 관리로 옮긴 때에도 보험계약의 종료사유로 하고 있는 점 등에서 보면 검토의 여지가 있다.

(6) 선장의 변경

선장에 대한 통제가 가능하여지고, 선장의 개성이 중시되지 않은 상황으로 가면서 선장의 변경은 보험계약의 효력에 영향을 미치지 않게 되었다. 1991년 상법

---

61) 대법원 2004. 11. 11. 선고 2003다30807 판결.

이 개정되면서 선장의 성명이 해상보험증권의 기재사항이 아닌 것으로 되었다.

제3 해상보험자의 손해보상

1. 해상보험자의 보상손해

해상보험계약의 보험자는 해상사업에 관한 사고로 인하여 생길 손해를 보상할 책임이 있다(제693조). 해상보험자는 해상사업에 관한 사고와 상당인과관계에 있는 손해에 대하여 책임을 진다.[62] 다만 상법은 약간의 특칙을 둔다.

(1) 해상사업에 관한 사고(보험사고)

1) 포괄책임주의

보험자가 부담할 위험범위에 관한 각국의 입법례는 포괄책임주의(包括責任主義)와 열거책임주의(列擧責任主義)로 대별되는바, 우리 상법은 포괄책임주의에 의한다. 상법은 포괄책임주의에 입각하여 해상보험사고는 '해상사업에 관한 사고'라 규정하면서(제693조), 해상사업에 관한 고유한 사고뿐 아니라 해상사업에 부수하는 육상위험도 포함시키고 있다. 그러므로 선박의 침몰·좌초·충돌 등의 해상위험뿐 아니라 화재와 하치장에서의 사고 등 해상사업에 부수하는 육상위험도 모두 포함한다. 해상보험은 원칙적으로 해상사업에 관한 모든 사고를 담보하는 것이다.

반면, 영국해상보험법은 열거책임주의이다. 영국해상보험법 제1조는 해상보험계약을 그 계약에 의하여 합의된 방법과 범위 내에서 해상손해 즉 해상사업에 수반되는 손해를 보험자가 피보험자에게 보상할 것을 확약한 계약이라 정의하고, 제3조에서 해상위험(maritime perils)이란 해상항해의 결과로서 혹은 그에 부수하여 발생하는 위험, 즉 해상 고유의 위험·화재·이와 같은 종류의 위험 또는 보험증권에 기재되는 기타 일체의 위험을 말한다고 규정한다. 그리고 보험증권해석에관한규칙 제7조는 '해상 고유의 위험'은 해상의 우연한 사고나 재난만을 말하고 바람과 파도의 통상적인 작용은 포함하지 않는다고 규정하며, 동 규칙 제12조는 '기

---

62) 그런데 영국해상보험법상 입증의 정도는 개연성의 우월(preponderance of probabilities)이면 족하다. 요컨대 피보험자와 보험자가 서로 상이한 사실을 주장하는 경우 피보험자가 주장하는 사실의 개연성이 보험자가 주장하는 사실의 개연성보다 우월하면 피보험자가 입증을 다한 것이 된다. 하지만 피보험자가 주장한 사실의 개연성이 거의 없는 경우에는 설사 피보험자가 주장하는 사실이 보험자가 주장한 사실보다는 그 개연성이 다소 높다고 하여도 피보험자가 입증책임을 다한 것으로 인정되지 않는다.

타 일체의 위험'은 보험증권에 특히 기재된 위험과 유사한 종류의 위험만을 말한다고 규정하여 열거책임주의를 채택한다.

2) 해상 고유의 위험

영국법준거조항에 의하여 영국법에 의하는 경우에는 열거책임주의에 따라야하고, 이 경우 '해상 고유의 위험'의 의미가 문제된다. 해상 고유의 위험이라 함은 해상에서만 만날 수 있는 우연한 사고나 재난을 의미하고, 통상적인 바람과 파도의 작용은 이에 포함되지 아니한다. 즉 우연한 사고로서, 해상에서만 만날 수 있는 위험이 해상 고유의 위험에 해당한다. 판례는 "해상 고유의 위험이라 함은 해상에서 보험의 목적에 발생하는 모든 사고 또는 재난을 의미하는 것이 아니라 해상에서만 발생하는 우연한 사고 또는 재난만을 의미하며 우연성이 없는 사고, 예컨대 통상적인 바람이나 파도에 의한 손상·자연적인 소모 등은 이에 해당하지 아니하고, 보험의 목적에 생긴 손해가 이러한 해상 고유의 위험으로 인하여 발생한 것이라는 점에 관한 입증책임은 피보험자가 부담한다"고 한다.[63]

3) 입증책임

포괄책임주의의 경우는 입증책임이 보험자에게 있고, 열거책임주의의 경우 피보험자에게 있다. 우리의 경우는 포괄책임주의를 채택하고 있으므로 입증책임을 보험자가 부담하고, 열거책임주의를 채택하는 영국법의 경우 입증책임은 피보험자에게 있다.[64]

그런데 바로 이 점 때문에 영국이 열거책임주의를 따르는 것으로 설명된다. 즉 포괄책임주의를 채택하면 부보위험에 대한 입증책임을 보험자가 부담하게 되므로, 보험자는 특정한 위험에 대한 면책을 주장하기 위하여 면책약관에 해당하는 사실을 입증하여야 하는데, 선박보험에 있어 보험의 목적물인 선박의 동정에 관하여 피보험자인 선주는 이를 숙지하고 있음에 반하여 보험자는 그 정보에 어두울 수밖에 없기 때문에 면책사유의 입증이 지극히 어렵다는 것이다.[65]

(2) 공동해손

선박과 적하의 공동위험을 면하기 위하여 이루어지는 선장의 공동해손처분행위(제865조)로 인하여 피보험자가 손해를 입은 경우 보험자는 그 손해를 보상하여

---

63) 대법원 1998. 5. 15. 선고 96다27773 판결.
64) 대법원 1998. 5. 15. 선고 96다27773 판결.
65) 민중기, "영국해상보험법(협회선박기간보험약관/ITCH)에 있어서 해상 고유 위험의 의의 및 입증책임과 담보위반의 효과", 「대법원판례해설」 제30호, 법원도서관, 1998, 244면.

주고 공동해손분담의무자에 대하여 피보험자가 가지는 공동해손분담청구권을 대위하여 행사할 수 있다(제682조). 보험자는 피보험자가 지급할 공동해손의 분담액을 보상할 책임이 있다(제694조 본문). 그러나 보험목적의 공동해손분담가액이 보험가액을 초과할 때에는 그 초과액에 대한 분담액은 보상하지 아니한다(제694조 단서).

(3) 해난구조료

보험자는 피보험자가 보험사고로 인하여 발생하는 손해를 방지하기 위하여 지급할 구조료를 보상할 책임이 있다(제694조의2 본문). 해난구조료는 해상사업에 특유한 비용손해이므로 보험자가 부담하도록 한 것이고, 손해방지비용(제680조)과는 다르다. 이 점을 보다 분명히 하기 위하여, 상법은 보험의 목적물의 구조료분담가액이 보험가액을 초과할 때에는 그 초과액에 대한 분담액은 보상하지 아니한다고 규정한다(제694조의2 단서).

(4) 특별비용

보험자는 보험목적의 안전이나 보존을 위하여 지급할 특별비용을 보험금액의 한도내에서 보상할 책임이 있다(제694조의3). 이 비용은 손해방지비용을 보험자가 부담하도록 하는 것과 같은 취지에서 보험자가 부담하도록 하는 것이나, 보험사고의 발생을 묻지 않으며 보험금액을 한도로 하는 점에서 차이가 있다.

2. 해상보험자의 보상범위

(1) 전 손

피보험이익의 전부가 손해를 입은 경우를 말한다. 전부보험의 경우에는 보험가액의 전액이 보험자가 보상할 손해액이 되고 기타 손해방지비용이나 손해산정비용 등도 보상하여야 한다. 또한 상법에 의하면 선박의 존부가 2월간 분명하지 아니한 때에는 그 선박의 행방이 불명한 것으로 하고, 이 경우는 전손으로 추정한다(제711조).[66]

---

66) 적하의 경우에도 선박과 함께 행방불명인 경우 전손으로 추정된다고 하는 판례는 대법원 1991. 5. 14. 선고 90다카25314 판결(영국해상보험법 및 영국법원의 판례에 의하면 열거책임주의가 적용되는 분손불담보조건의 적하보험계약에 있어서 피보험자가 보험자로부터 손해를 전보받기 위하여는 손해가 보험증권상에 열거된 부보위험으로 인하여 발생하였다는 적극적 사실을 입증하여야 함이 일반적인 원칙이기는 하나 이 사건과 같이 화물이 선박과 함께 행방불명된 경우에는 현실전손으로 추정되고(영국해상보험법 제58조), 그 현실전손은 일응 부보위험인 해상위험으로 인한 것으로 추정되어 보험자는 전

(2) 분 손

피보험이익의 일부가 멸실된 경우, 또는 보험목적의 일부가 멸실·훼손된 경우로서 선박보험과 적하보험에 따라 다르다.

1) 선박의 일부손해

선박의 일부가 훼손되었는데 그 부분에 대하여 전부를 수선한 경우, 일부를 수선한 경우, 그리고 수선하지 아니한 경우 등에 따라 범위가 다르다. 선박의 일부가 훼손되어 그 훼손된 부분의 전부를 수선한 경우에는 보험자는 수선에 따른 비용을 1회의 사고에 대하여 보험금액을 한도로 보상할 책임이 있다(제707조의2 제1항). 선박의 일부가 훼손되어 그 훼손된 부분의 일부를 수선한 경우에는 보험자는 수선에 따른 비용과 수선을 하지 아니함으로써 생긴 감가액을 보상할 책임이 있다(제707조의2 제2항). 선박의 일부가 훼손되었으나 이를 수선하지 아니한 경우에는 보험자는 그로 인한 감가액을 보상할 책임이 있다(제707조의2 제3항).

2) 적하의 일부손해

보험의 목적인 적하가 훼손되어 양륙항에 도착한 때에는 보험자는 그 훼손된 상태의 가액과 훼손되지 아니한 상태의 가액과의 비율에 따라 보험가액의 일부에 대한 손해를 보상할 책임이 있다(제708조). 이는 양륙항에서의 손해가 피보험자의 실제손해라 할 수 있기 때문이다.

(3) 적하의 매각

항해도중에 불가항력으로 보험의 목적인 적하를 매각한 때에는 보험자는 그 대금에서 운임 기타 필요한 비용을 공제한 금액과 보험가액과의 차액을 보상하여야 한다(제709조 제1항). 여기서 불가항력으로 적하를 매각한 경우란 선장의 적하매각권에 의한 적하매각의 경우(제750조 제1항 3호) 등을 말한다. 이 경우에 매수인이 대금을 지급하지 아니한 때에는 보험자는 그 금액을 지급하여야 한다. 보험자가 그 금액을 지급한 때에는 피보험자의 매수인에 대한 권리를 취득한다(제709조 제2항).

보책임을 면할 수 없는 것이며 부보위험으로 인한 손해라는 추정은 보험자가 부보위험이 아닌 다른 위험 내지 면책위험으로 인한 것일 가능성이 있음을 주장하고 그 가능성이 보다 우월하거나 동일함을 입증하는 경우에 한하여 깨어지는 것이라고 할 것이다).

(4) 약관상의 보상범위

해상사업에서의 사고는 광범위하고 다양하기 때문에 해상보험자는 그 책임범위를 한정하여 둘 필요가 있고, 피보험자도 보험료 절감을 위하여 이를 한정하여 둘 필요가 있다. 이에 보험자의 보상범위를 당사자의 약정에 의하여 한정하는 것이다.

1) 전손만의 담보

전손만의 담보는 전손 또는 추정전손의 경우에만 보험자가 책임을 지도록 하는 것이고 보험료가 저렴하다. 이 경우에는 분손, 공동해손 등의 손해와 비용에 대하여는 담보하지 않는다.

그런데 이러한 경우 약관에 수선비용이 추정전손이 되느냐를 결정함에 있어서는 "단일사고 또는 그 사고에서 생긴 일련의 손해에 관한 비용만을 고려한다"는 규정이 들어간다. 이때 단일사고의 해석이 중요한 문제로 등장한다. 단일사고로 생긴 손해는 해상보험계약에 의하여 보험자가 담보하는 한 번의 보험사고로 선박이 입은 손상을 의미하고, 동일한 사고에서 생긴 일련의 손해라 함은 그 사고와 관련하여 생긴 손상과 그것을 회복 또는 수선하기 위하여 든 모든 비용 등을 의미한다. 가령 선박이 좌초된 경우에 그 좌초로 생긴 선박의 손상은 바로 단일사고로 생긴 손해 자체이고, 좌초된 선박을 구조하다가 선박에 입힌 손상이나 그것을 구조하여 안전한 항구에 예인하여 수선하는 데 드는 모든 손해 또는 비용은 좌초라는 동일한 사고에서 생긴 일련의 손해이다.[67] 판례는 선박 좌초 후 선원의 난선으로 인해 원주민이 선박을 약탈한 경우 원주민의 약탈은 선행의 주된 보험사고라 할 수 있는 좌초의 기회에, 좌초에 기인하여 발생한 것이라는 점에서 좌초와 약탈을 단일사고에 해당한다고 보았다.[68]

---

67) 양승규, "동일사고에서 생기는 일련의 손해와 추정전손", 「한국해법회지」 제11권 제1호, 1990, 한국해법학회, 127 - 144면.

68) 대법원 1989. 9. 12. 선고 87다카3070 판결(선박보험약관상 추정전손 여부를 결정함에 있어서 단일사고로 인한 비용 또는 같은 사고에서 야기되는 일련의 손해로 인한 비용만을 고려하도록 규정한 단일사고(Single Accident) 규정은 보험목적물에 대한 전손만의 보험에 가입한 자가 어떤 보험사고로 손상을 입고도 이를 수리하지 아니하고 있다가 후의 보험사고로 입은 손해와 합하여 추정전손을 주장하지 못하도록 하기 위한 데에서 발단된 것이고, 근인(Proximate Cause)의 원칙은 어떤 특정보험사고 (담보위험)와 손해 사이의 인과관계에 관한 문제로서 수개의 보험사고를 한데 묶어 단일사고로 볼 수 있느냐의 문제와는 반드시 같다고 할 수 없고 오히려 단일사고의 문제는 각 손해와 보험사고 사이의 근인의 존재를 전제로 한 다음 단계의 문제이다).

2) 단독해손부담보

단독해손부담보는 적하보험의 경우 전손과 공동해손에 의한 손해 및 구조료 또는 손해방지비용에 대하여는 책임을 지고, 단독해손이나 적하의 일부손해에 대하여는 책임을 지지 않는다.

3) 분손담보

분손담보는 전손과 공동해손, 단독해손, 그리고 모든 분손에 대하여도 보험자가 보상책임을 진다는 약관이다. 상대적으로 보험료가 비싸다.[69]

3. 면책사유

(1) 법정면책사유

해상보험자는 일반의 다른 손해보험과 같이 보험계약자 또는 피보험자의 고의 또는 중대한 과실로 생긴 보험사고(제659조)[70]를 비롯한 전쟁 등의 위험(제660조), 보험목적의 성질, 하자 또는 자연소모로 인한 손해(제678조)에 대하여 책임지지 아니한다. 해상보험자에 특유한 면책사유는 다음과 같다(제706조).

1) 감항능력 주의의무 위반으로 인한 손해

선박 또는 운임을 보험에 붙인 경우에는 발항 당시 안전하게 항해를 하기에 필요한 준비를 하지 아니하거나 필요한 서류를 비치하지 아니함으로 인하여 생긴

---

69) 대법원 1977. 1. 11. 선고 71다2116 판결(보험당사자 사이에 체결된 보험계약의 내용을 보험증권 및 적하보험협회 약관 기재에 비추어보면 본건 보험계약의 담보조건은 영국해상법에서 말하는 현실전손, 추정전손은 물론 공동해손 및 선박 부선의 좌초 침몰 또는 대실화에 의한 해손과 3% 이상의 단독해손(분손)은 이를 보험회사가 담보하기로 하는 내용의 이른바 분손담보약관(average clause 또는 W.A)에 의한 분손담보조건이라 할 것이고 또 본건 보험증권에 포함되어 있는 손해방지약관에 의하면 손해방지비용은 보험자가 전손금을 지불한 후이든가 또는 보험의 조건이 전손담보, 분손담보는 물론 분손불담보라 하더라도 그것이 담보위험에 기인하는 손해를 방지하기 위한 것이라면 일체 이를 보험자가 피보험자에게 보상해야 할 성질의 것이라고 해석할 것이므로 결국 원심은 추정전손이 성립되지 않는 경우에 원고가 분손 및 손해방지비용에 관한 청구도 함께 하고 있는지 여부를 밝혀 심리 판단을 하지 아니한 위법이 있다).

70) 영국법에 의하는 경우에도 피보험자의 고의에 의한 사고는 면책이다. 이에 관한 판례로 대법원 2005. 11. 25. 선고 2002다59528,59535 판결(영국 협회선박기간보험약관 제6조 제2항 제5호에서 부보위험의 하나로 규정하고 있는 '선장 등의 악행(barratry of master officers or crew)'이라 함은 선주나 용선자에게 손해를 끼치는 선장 등에 의하여 고의로 이루어진 모든 부정행위(wrongful act)를 말하는 것인바(영국 해상보험법 제1부칙 '보험증권의 해석에 관한 규칙' 제11조), 보험계약자가 선장 등의 고의에 의한 부정행위에 해당하는 사실을 입증하면 일응 선장 등의 악행은 추정된다 할 것이나, 이 경우 선주 등의 지시 또는 묵인이 있었다는 사실을 보험자가 입증하면 이는 보험자의 면책사유인 피보험자의 고의적 불법행위(wilful misconduct)에 해당하여 결국 보험자는 보험금 지급의무를 면한다).

손해에 대하여 보험자는 책임지지 아니한다(제706조 제1호). 감항능력은 선박이 안전하게 항해하기 위하여 필요한 인적, 물적 설비를 정비하고 있는 것을 말하고, 선박보험과 운임보험에 있어서는 기간보험이든 항해보험이든 묻지 아니하고 선박이 감항능력을 갖추지 아니함으로써 생긴 손해에 대하여는 보험자가 보상책임을 부담하지 않는다.[71]

그리고 이 면책은 선박 또는 운임을 보험에 붙인 경우의 보험자의 면책에 관한 규정으로서 적하를 보험에 붙인 경우에는 적용되지 않는다.[72]

2) 송하인 등의 고의나 중과실로 인한 손해

적하를 보험에 붙인 경우에는 용선자, 송하인 또는 수하인의 고의 또는 중대한 과실로 인하여 생긴 손해에 대하여는 면책이다(제706조 제2호).[73] 비록 이들은 보험계약자는 아니나 해상물건운송계약의 당사자이고 수하인은 운송물을 수령할 권리를 가지는 자이다. 그러므로 보험계약자 또는 피보험자의 고의 또는 중과실로 생긴 보험사고와 같이 볼 수 있기 때문이다.

3) 항해 중의 통상비용

도선료, 입항료, 등대료, 검역료, 기타 선박 또는 적하에 관한 항해 중의 통상비용에 대하여 해상보험자는 면책이다(제706조 제3호). 이러한 통상비용은 우연한 사고로 인하여 발생한 손해라고 볼 수 없어 면책사유로 규정한다. 이는 보험목적의 자연소모로 인한 손해를 면책으로 하는 것(제678조)과 같은 취지이다.

(2) 약관상의 면책사유

해상보험자는 일반적으로 법정면책사유 이외에도 보험약관에 면책사유를 규정하여 보험자가 담보하지 않는 위험범위를 정한다.

4. 영국해상보험법상의 워런티

(1) 의 의

영국해상보험법상의 워런티(Warranty)는 피보험자가 특정한 사항이 행하여지거나 행하여지지 않을 것, 또는 특정한 조건이 준수될 것을 약속하거나 또는 특정

---

71) 영국해상보험법도 이것이 면책사유로 되어 있으나 다만 일부 차이도 있다. 대법원 2001. 5. 15. 선고 99다26221 판결(영국 해상보험법 제39조 제5항의 규정에 의하면 기간보험의 경우에는 피보험자가 선박의 감항능력이 없음을 알면서도 항해하게 한 때에 한하여 보험자가 면책될 수 있다).
72) 대법원 1986. 11. 25. 선고 85다카2578 판결.
73) 이는 제692조의 육상운송의 경우와 그 취지를 같이 한다.

한 사실 상태의 존재나 부존재를 보증하는 것으로 정의된다.[74] 판례는 주로 담보특약의 용어를 사용하기도 한다.[75] 피보험자가 보험자에 대하여 일정사항에 대하여 명시적 또는 묵시적으로 한 특약으로서, 피보험자가 보험계약상의 권리주장을 위하여 절대적으로 지켜야 하는 전제조건이라 할 수 있다.[76] 그러므로 영국해상보험법이나 각 보험약관의 워런티의 내용을 구체적이고 명확하게 명시함으로써 보험 당사자 상호간의 분쟁을 최대한 줄여나가려 한다. 면책사유의 경우에는 그 사유와 인과관계가 있는 손해에 대하여만 면책을 주장할 수 있음에 반하여, 워런티의 경우는 정확하게 준수되어야 하고 그 위반시 인과관계를 불문하고 보험자가 면책된다.

(2) 관련 원칙

첫째, 중요성불문의 원칙(principle of non–materiality)으로서 워런티는 그 종류나 중요성을 불문하고 문자 그대로 충족되어야 하며 실질적으로 충족되는 것으로는 불충분하다는 원칙이다. 그렇지 않은 경우 보험자는 면책된다.

둘째, 엄격준수의 원칙(principle of strict compliance)으로서 워런티는 엄격하고도 정확하게 준수되어야 한다는 원칙이다. 워런티는 아주 엄격히 지켜져야 하고 사소한 위반이라도 일단 발생하면 보험자의 보상책임이 면제된다.

(3) 명시적 워런티와 묵시적 워런티

명시적 워런티(express warranty)란 보험증권 또는 보험증권에 첨부되는 어떤 서류에 그 내용이 포함 또는 기재되어 있는 워런티를 말한다.[77] 영국해상보험법 제36조와 제38조는 명시적 워런티의 사례로 중립 워런티와 안전 워런티를 규정하고 있는데, 그 외에도 보험계약 당사자의 의사의 합치로서 얼마든지 존재할 수 있다.

묵시적 워런티(implied warranty)는 보험약관에 그 내용이 명시되어 있는가의 여부를 묻지 않고 법률상 당연히 지켜야 할 워런티를 말한다. 묵시적 워런티는 명시적 워런티와 충돌하지 않는 한 명시적 워런티를 배제하지는 않는다. 감항능력 워런티와 적법성 워런티가 이에 해당한다. 감항능력 워런티(warranty of seawor–

---

74) 영국해상보험법 제33조 제1항.
75) 대법원 1996. 3. 8. 선고 95다28779 판결 등. 그러나 대법원 2010. 9. 9. 선고 2009다105383 판결에서는 워런티란 용어를 그대로 사용한다.
76) 박세민, 590면.
77) 영국해상보험법 제35조 제2항.

thiness)라 함은 항해보험에 있어서 항해의 시작 당시에 선박이 감항능력을 갖추고 있다는 것을 보장함을 말한다.[78] 항해보험의 경우에는 보험이 개시할 당시에 피보험자인 선박소유자가 그 선박의 상태를 통제하거나 지배할 수 있으나, 기간보험의 경우에는 보험이 개시할 당시에 선박이 항해 중에 있어서 피보험자인 선박소유자가 그 선박의 상태를 통제하거나 지배할 수 없는 경우가 많기 때문에, 묵시적 감항능력 워런티는 오직 항해보험에서만 인정되고 기간보험에서는 인정되지 않는다. 적법성 워런티(warranty of legality)란 보험에 든 해상사업이 적법한 것이어야 하며, 피보험자가 지배할 수 없는 경우가 아닌 한 해상사업이 적법한 방법으로 수행되어야 한다는 워런티이다.[79]

(4) 위반효과

1) 위반의 효과

워런티는 그것이 위험에 대하여 중요한 것이든 아니든 불문하고 반드시 정확하게 충족되어야 한다. 만약 워런티가 충족되지 않으면 보험자는 워런티 위반일로부터 보상책임을 면한다. 다만 워런티 위반일 이전에 발생한 손해에 대하여는 보험자가 책임을 부담한다.[80] 그리고 일단 워런티 위반이 발생하면, 그 후 위반 상태가 시정되어 워런티를 충족하는 상태로 변화되었다 하더라도 보험자는 여전히 보상책임을 지지 않는다.[81]

2) 완화의 경향

워런티 위반의 경우 보험자의 책임이 자동적으로 면제되는 영국의 법리는 보험금의 감액청구권만을 인정하는 기타의 법과 비교하여 지나치게 가혹하다고 지적된다. 이에 영미법계국가인 캐나다의 판례[82]는 기존의 워런티법리를 적용할 경우 피보험자 보호에 문제가 있음을 고려하여, 워런티는 책임을 제한하는 것으로 보아 보험금 지급을 허용한다. 영국에서의 엄격한 법리를 완화하고자 하는 것이다.

---

78) 영국해상보험법 제39조 제1항.
79) 영국해상보험법 제41조.
80) 영국해상보험법 제33조 제3항.
81) 영국해상보험법 제34조 제2항.
82) Existlogical Laboratories Ltd. v. Foremost Insurance Co. et al. (The Bamcell Ⅱ) [1983], 27에서 "22시에서 6시까지 비상시 모든 의장을 닫도록 지시를 받은 감시원을 배치한다"라는 조항이 두어졌는데, 캐나다 대법원은 사고 발생하기 전 밤에 감시원을 배치하지 않은 경우 이 조항은 책임을 제한하는 조항으로 보아 보험금지급을 인용하였다.

(5) 워런티 관련 판례

우리도 영국법준거조항의 효력을 인정하고 있으므로, 영국해상보험법상의 워런티와 그 효과 등을 다룬 판례들도 다음과 같이 있다.

1) 워런티 개념의 인정

워런티의 법리를 인정한 판례이다.[83] 약관상 규정된 감항능력의 결여를 보험자의 면책사유로 규정한 것이 아니라, 보험사고가 그 조건의 결여 이후에 발생한 경우에는 보험자는 조건 결여의 사실, 즉 발항 당시의 불감항 사실만을 입증하면 인과관계를 입증할 필요 없이 보험금 지급책임을 부담하지 않는다고 하여 영국법상의 워런티 개념을 인정하였다.

이후 적하보험계약 체결시 영국법준거약관과 특별어획물약관을 둔 경우, 특별어획물약관 제4조 소정의 어선에서 본사에 일일 어획량을 보고하여야 할 담보는 영국해상보험법상의 명시적 담보('워런티')에 해당하고, 선박에서 보험계약자의 본사에 일일 어획량이 보고되지 아니한 이상 보험계약자는 위 명시적 담보를 충족하지 못하였다 할 것이므로, 결국 보험자는 영국해상보험법 제33조 제3항에 의하여 면책된다고 한 판례가 있다.[84] 그리고 영국해상보험법상의 담보특약(워런티) 위반이 있는 경우 설사 보험사고가 담보특약 위반과 아무런 관계없이 발생하였다고 하더라도 보험자는 보험증권에 명시적 규정이 있는 경우를 제외하고는 자동적으로 그 담보특약 위반일에 소급하여 그 보험계약상의 일체의 책임을 면한다고 하였다.[85] 이후 선급유지 워런티를 위반한 경우에 대한 판례[86] 등이 있다.

---

83) 대법원 1995. 9. 29. 선고 93다53078 판결(어선보통공제약관에서 "공제 목적인 어선이 발항 당시 통상의 해상위험을 사실상 감내할 수 있을 정도로 적합한 상태에 있을 것을 조건으로 하여 공제계약의 청약을 승낙하여 보상책임을 부담합니다"라고 규정하고 있는 경우, "공제의 목적인 어선이 발항 당시 통상의 해상위험을 사실상 감내할 수 있을 정도로 적합한 상태"란 공제의 목적물인 선박이 발항 당시 통상의 해상위험을 사실상 감내할 수 있는 정도의 감항능력을 갖추고 있는 상태를 뜻하고, 이러한 감항능력은 언제나 선체나 기관 등 선박시설이 당해 항해에 있어서 통상의 해상위험을 감내할 수 있는 능력(물적 감항능력)을 구비함과 동시에 그 선박에 승선하고 있는 선원의 기량과 수에 있어서도 그 항해에 있어서 통상의 해상위험을 감내할 수 있는 정도의 상태(인적 감항능력)에 있어야만 완전히 갖추어진다고 보는 것이, 위 약관의 문언과 상법 제706조 제1항의 규정 등에 비추어 정당하다).

84) 대법원 1996. 3. 8. 선고 95다28779 판결.

85) 대법원 1996. 10. 11. 선고 94다60332 판결.

86) 대법원 1998. 5. 15. 선고 96다27773 판결(선박보험계약을 체결하면서 선박이 한국선급회의 선급(The Class of Korean Register of Shipping)을 유지하는 것을 담보로 한다는 특약을 하고 이를 보험증권에 명기하고서도 한국선급회의 승인 없이 선박의 격벽(bulk head)을 제거한 경우, 영국 해상보험법 제33조 소정의 명시적 담보위반으로 보험자가 면책된다고 한 원심판결을 수긍한 사례).

2) 보험자의 설명의무의 불이행

판례는 보험자가 워런티를 설명하지 않은 경우 계약내용으로 편입되지 아니하고 따라서 워런티 위반이 있다 하더라도 계약을 해지할 수 없다는 입장이다.[87) 과거에도 영국협회선급약관상 표준규격에 미달하는 선박에 의한 화물운송을 부보하면서 규격 미달사실 또는 계속담보를 받는 사유의 발생에 관한 통지를 하지 않은 경우, 보험계약자가 계속담보조항에 따른 보험계약의 효력을 주장할 수는 없다고 하면서도 보험자가 그 설명의무를 위반하였으므로 계약을 해지할 수 없다고 한 판례가 있다.[88)

제4 보험위부

1. 의의 및 성질

(1) 의 의

보험위부란 해상보험에서의 보험목적이 전손과 동일시되는 경우 또는 전손이 있다고 추정되기는 하지만 그 증명이 곤란한 경우, 피보험자가 그 보험의 목적에 대한 모든 권리를 보험자에게 위부하고 보험자에 대하여 보험금액의 전부를 청구할 수 있는 해상보험 특유의 제도이다. 보험위부는 해상보험에서 보험사고로 인한 현실적 손해를 입증하기 어렵다 하더라도 경제적으로 이것과 동일하게 다룰 수 있는 경우 피보험자를 보호하기 위한 제도이다. 피보험이익의 전부 또는 일부의 멸실을 입증하지 못하는 한 피보험자는 손해의 보상을 받을 수 없는 것이지만, 해상사고의 특수성으로 말미암아 전손의 증명이 곤란하고 그 증명을 위하여는 많은 비용과 오랜 시일을 요하는 경우가 많다. 이 같은 경우마저도 피보험자의 보험금 청구권을 인정하지 않는다는 것은 피보험자에게 가혹하고 해운정책상 바람직하지 못한 결과를 초래한다.

---

87) 대법원 2010. 9. 9. 선고 2009다105383 판결(보험회사가 영국법 준거약관에 의하여 영국 해상보험법이 적용되는 워런티(warranty) 약관 조항을 사용하여 해상운송업자인 보험계약자와 선박에 관한 보험계약을 체결하면서 보험계약자가 일정 기한까지 선박에 대한 현상검사와 그에 따른 권고사항을 이행할 것을 워런티 사항으로 정한 사안에서, 보험회사가 워런티의 의미와 효과에 관하여 보험계약자가 제대로 이해할 수 있도록 충분히 설명하지 않는 경우 위 약관 조항 전체가 처음부터 보험계약에 편입되지 못하는 것으로 보아야 한다고 한 사례).
88) 대법원 2001. 7. 27. 선고 99다55533 판결.

(2) 연혁 – 추정전손과의 차이

이 제도는 처음에는 선박이 행방불명인 경우 보험의 목적이 전손된 것으로 추정하여 일단 보험금 전액을 지급하고, 후에 만일 피보험자가 보험의 목적을 회복한 때에는 그 회복한 부분에 상응하여 이미 수령한 보험금을 반환하도록 하는 이른바 추정주의라는 형태로 시작하였다. 그러나 추정주의는 전손을 일시적으로 추정하는 것이라서 당사자간의 법률관계는 보험금의 지급 후에도 보험사고에 의한 손해가 확정적으로 증명되기까지 계속되어, 마치 추정주의를 인정하지 않는 경우와 마찬가지로 오랫동안 불안정한 상태를 유지하게 된다. 특히 피보험이익의 전부 또는 일부가 현존하고 있음이 명백하게 된 때에는 이 현실의 손해가 보험자로서 부담하여야 할 손해인지 여부에 대하여 새삼스럽게 결정해야 할 필요가 생겨 여러 가지 분쟁의 원인이 되었다. 또한 피보험자도 일단 보험금을 수령한 이후 만일 전손이 없었던 것으로 판명되면 수령한 보험금을 반환하여야 한다는 점에서 자금의 운용을 저해받게 되는 불편이 생겨난다.[89] 우리 상법은 제711조에서 선박의 행방불명인 경우 추정전손으로 다루고 있다.[90]

여기서 보험관계를 종국적으로 해결하고 보상금의 경제적 운용에 대한 장해를 제거하는 제도로 나타난 것이 위부주의이다.

(3) 법적 성질

상법상 위부의 원인이 생기면 피보험자는 보험의 목적에 대한 권리를 보험자에게 위부하고 보험금액의 전부를 청구할 수 있다(제710조). 보험위부는 단독행위이며 위부권은 피보험자의 일방적 의사표시에 의하여 행사되는 형성권이다.

2. 영국해상보험법상의 추정전손과 보험위부[91]

(1) 별개의 제도

영국의 법상으로는 보험위부는 추정전손과 별개의 개념이다. 보험자의 보상책임에 대하여 입증주의를 적용하는 결과, 전손을 추정할 수 있음에도 불구하고 입증할 수 없거나 사고결과의 확정에 오랜 시일이 걸리기 때문에 피보험자의 보상

---

89) 양승규, 335면.

90) 따라서 보험금지급 후에 선박의 존재가 확인되면 피보험자는 그 보험금을 보험자에게 반환하여야 한다.

91) 최영룡, "보험위부", 「재판자료」 제53집, 법원도서관, 1991, 445 – 446면.

청구권의 행사를 불가능하게 하거나 혹은 지연시켜 손해의 현실성을 비현실로 취급하는 불합리를 제거할 목적으로, 영국해상보험법상 전손의 취급에 준하여 보험금액의 전액 청구권을 피보험자에게 인정하기 위하여 고안한 개념이 추정전손이다. 보험위부를 할 수 있는 경우 즉 보험위부의 전제요건을 추정전손으로 해석한다. 따라서 영국법에서는 전손을 현실전손과 추정전손으로 나누어, 후자의 경우에는 피보험자가 분손으로 처리할 수도 있고 보험의 목적을 보험자에게 위부하여 현실전손에 준하여 처리할 수도 있다.

(2) 권리의 양도로서의 보험위부

영국에서는 보험위부가 권리의 양도나 이전을 의미하며, 현실전손과 추정전손에 공통하는 관념이다. 추정전손의 경우에는 피보험자의 자발적인 양도에 의하며, 현실전손의 경우에는 보험금 전액을 지급함으로써 법의 규정에 의하여, 잔존물상의 권리가 이전하는 것을 의미한다. 그런데 영국해상보험법 제57조 제2항이 "현실전손의 경우에는 위부의 통지를 요하지 않는다"고 규정하고, 영국해상보험법 제62조 제1항이 "피보험자가 보험의 목적을 보험자에게 위부하는 것을 선택한 경우에는 위부의 통지를 하여야 한다"고 규정한 점을 보면 위부통지를 추정전손만의 독특한 부수조건으로 하고 있다.

3. 보험위부의 원인

피보험자가 보험의 목적을 위부할 수 있는 원인은 각 나라에 따라 약간의 차이가 있는데 우리나라 상법에서는 제710조에서 세 가지를 규정한다. 주의할 점은 선박의 행방불명은 전손으로 추정하여(제711조) 보험사고로 취급하여 보험금청구권을 인정한다는 점이다. 따라서 행방불명되었던 선박이 다시 나타난 때에는 보험자는 잔존물대위에 의하여 그 선박에 대한 권리를 취득한다.

(1) 선박 · 적하가 회수불능인 때(제710조 1호)

상법은 선박 또는 적하의 점유상실의 경우 그 회복가능성이 없거나 회복은 가능하여도 그 회복비용이 회복하였을 때의 가액을 초과하리라고 예상되는 경우에 한하여 위부할 수 있도록 하고 있다. 여기서 점유상실이라 함은 피보험자의 선박이나 적하가 포획되거나 관공서에 압수되는 것을 말하는데, 포획은 나포를 의미하고 교전국 또는 교전단체가 전쟁의 목적을 위하여 선박 등의 점유를 빼앗는 것으로서, 포획이 적법하냐 아니냐는 묻지 아니하고 위부를 할 수 있다. 또한 나포의

경우에 있어서도 피보험자가 위부권 행사 전에 그 목적물이 풀려난 경우에는 당
연히 위부권은 소멸되며 보험계약체결시 전쟁면책약관 또는 포획, 나포의 면책약
관이 있는 때에는 선박 또는 적하가 나포되어도 위부를 할 수 없다. 해적에 의해
약탈된 경우에도 나포에 준하여 해석할 수 있는지에 대해서는, 일반적으로 약탈이
란 선박의 탈취를 목적으로 하는 것이기 때문에 그 탈환과 같은 희소한 사실이
없는 한 회복은 거의 불가능하므로 이 경우도 위부권을 인정해야 한다고 해석하
는 것이 통설이다.[92]

(2) 선박의 수선비용이 과다한 때(제710조 2호)

선박이 보험사고로 인하여 심하게 훼손되어 이를 수선하기 위한 비용이 수선
하였을 때의 가액을 초과하리라고 예상될 경우 위부할 수 있다. 수선비용이란 선
박이 보험사고로 손상을 입은 경우 그 위험한 상태에서 구조하여 다시 그 선박이
안전하게 항해할 수 있는 선박 즉 감항능력을 갖춘 선박으로 회복하는 데 필요한
합리적인 모든 비용을 포함하는 것으로, 이에는 선박의 손상 부위와 정도를 감정
하기 위한 비용·선박을 수선항으로 예인하기 위한 비용·선급검사인의 검사료·
예선증명서의 발급비용·수선감독자의 감독비용·기타 수선에 부수하는 비용도
포함된다.[93] 다수의 보험사고로 인한 분손에 대한 수선비용을 합하여 계산할 수
는 없으나, 동일한 사고를 원인으로 계속하여 일어난 사고는 동일한 사고에서 생
긴 일련의 손해와 비용으로 본다.[94]

선박이 수선불능인 경우 원칙적으로 이에 적재한 적하도 위부할 수 있다. 그러
나 선장이 지체없이 다른 선박으로 적하의 운송을 계속한 때에는 피보험자는 그
적하를 위부할 수 없다(제712조).

(3) 적하의 수선비용이 과다할 때(제710조 3호)

적하가 보험사고로 인하여 심하게 훼손되어서 이를 수선하기 위한 비용과 그
적하를 목적지까지 운송하기 위한 비용과의 합계액이 도착하는 때의 적하의 가액

---

92) 양승규, 336면.

93) 대법원 2001. 2. 23. 선고 98다59309 판결; 대법원 2002. 6. 28. 선고 2000다21062 판결("선박
이 피보험위험으로 인하여 심하게 훼손되어 그 훼손을 수리하는 데 소요되는 비용이 수리되었을 때의
선박가액을 초과하리라고 예상되는 경우. 이 수리비의 산정에는 수리에 관하여 다른 이해관계인이 지
급하여야 할 공동해손분담액을 공제하여서는 아니되는 반면, 장래의 구조작업에 소요되는 비용과 선박
이 수리될 경우에 선박이 부담하게 될 장래의 공동해손분담액은 수리비에 가산하여야 한다"고 규정하
고).

94) 대법원 1989. 9. 12. 선고 87다카3070 판결.

을 초과하리라고 예상될 경우에 위부할 수 있다.

4. 보험위부의 요건

(1) 보험위부의 통지

1) 통지의 시기 및 방법

피보험자가 위부를 하고자 할 때에는 상당한 기간 내에 보험자에 대하여 그 통지를 발송하여야 한다(제713조). '상당한 기간'이란 피보험자가 위부의 원인을 증명하고 위부권을 행사할 수 있는 합리적인 기간으로 본다.[95] 위부의 통지의 방법에 관하여 상법은 규정을 두지 않으나 구두든 서면이든 무방하다고 본다. 그리고 위부권은 위부의 통지에 의하여 효과가 생기는 형성권이므로, 피보험자는 일단 위부의 통지를 한 이후에는 일방적인 의사표시에 의하여 그 위부를 철회할 수 없다.

2) 통지해태의 효과

피보험자가 위부통지를 적법하게 하지 않으면 피보험자는 위부권을 상실한다. 그러나 보험금청구권까지 잃게 되는 것은 아니고 피보험자는 통상의 방법에 따라 손해를 증명하여 보험금을 청구할 수 있다.

(2) 보험위부의 무조건성

보험위부는 무조건이어야 한다(제714조 제1항). 조건이나 기한을 붙이는 것은 당사자간의 법률관계를 신속하고 간명하게 처리하고자 하는 위부제도의 취지와 부합하지 않기 때문이다.

(3) 보험위부의 범위

보험위부는 보험의 목적의 전부에 대하여 이를 하여야 한다(제714조 제2항 본문). 이를 보험위부의 불가분성이라 하고 무조건성과 같은 취지이다. 따라서 보험목적의 일부만을 위부하고 다른 부분에 대하여 보상을 청구할 수는 없다.

그러나 위부의 원인이 그 일부에 대하여 생긴 때에는 그 부분에 대하여서만 이를 할 수 있다(제714조 제2항 단서). 또한 보험가액의 일부를 보험에 붙인 일부보험의 경우에는 위부는 보험금액의 보험가액에 대한 비율에 따라서만 이를 할 수 있다(제714조 제3항).

---

95) 양승규, 339면.

(4) 다른 보험계약 등에 대한 통지

피보험자가 위부를 함에 있어서는 보험자에 대하여 보험의 목적에 관한 다른 보험계약과 그 부담에 속한 채무의 유무와 그 종류 및 내용을 통지하여야 한다(제715조 제1항). 이것은 보험자에게 중복보험의 유무를 알리고 또 담보물권자의 권리행사에 대비하기 위한 것이다. 이 통지는 보험위부의 통지와는 구별되는 것으로 그 기간 내에 반드시 하여야 하는 것이 아니다. 이런 점에서 상법은 보험자는 다른 보험계약에 대한 통지를 받을 때까지 보험금액의 지급을 거부할 수 있고(제715조 제2항), 보험금액의 지급에 관한 기간의 약정이 있는 때에는 그 기간은 보험자가 위 통지를 받은 날로부터 기산한다(제715조 제3항).

(5) 보험위부의 승인과 불승인

1) 위부의 승인

상법상 보험위부는 피보험자의 일방적 의사표시에 의하여 효력이 발생하는 단독행위에 속하므로 보험자의 승인은 위부의 요건이 아니다. 따라서 위부의 원인에 대한 증명을 더 이상 요구하지 않는다는 뜻으로 보아야 한다.[96] 보험자가 위부를 승인한 후에는 그 위부에 대하여 이의를 하지 못한다(제716조). 보험자가 위부를 승인하면 피보험자는 그 위부원인을 구체적으로 증명할 필요없이 보험금을 청구할 수 있게 된다.

2) 위부의 불승인

보험자가 위부를 승인하지 아니한 때에는 피보험자는 위부의 원인을 증명하지 아니하면 보험금액의 지급을 청구하지 못한다(제717조).

5. 보험위부의 효과

(1) 서 언

보험위부의 효과로서 보험자는 보험목적에 대한 모든 권리를 취득하고 피보험자는 보험금을 청구할 수 있는 권리를 취득한다. 그런데 피보험자의 권리취득이 의사표시상의 효과라는 설과 법률이 부여하는 효과라는 설로 견해가 나뉜다. 보험위부를 함에 있어서 피보험자가 위부의 의사표시를 할 때에는 피보험자는 보험금을 청구할 목적이 주된 것이므로, 피보험자의 보험금청구권의 발생은 의사표시상

---

96) 양승규, 342면.

의 효과라고 보는 것이 타당하다.[97]

(2) 피보험자의 권리와 의무

1) 권 리

보험목적을 위부한 피보험자는 보험금액 전액에 대한 보상을 청구할 수 있다 (제710조). 위부의 원인이 보험의 목적의 일부에 대하여 생긴 경우 이를 위부한 때에는(제714조 제2항) 그 부분에 대한 보험금을 청구할 수 있다. 그리고 일부보험의 경우에는 비례보상원칙에 의하여 처리된다(제714조 제3항).

2) 의 무

위부를 한 때에는 피보험자는 보험금액의 수령여부를 묻지 않고 보험의 목적물에 관한 모든 서류를 보험자에게 교부하여야 한다(제718조 제2항). 이는 위부가 성립하면 보험목적에 관한 권리가 보험자에게 이전하므로 보험자의 권리행사를 용이하게 하기 위한 것이다. 그리고 피보험자는 보험계약상 손해방지의무를 지는데, 그로 인하여 소요된 비용은 보험자에게 청구할 수 있다(제680조).

(3) 보험자의 권리와 의무

1) 모든 권리

보험자는 위부로 인하여 그 보험의 목적에 관한 피보험자의 모든 권리를 취득한다(제718조 제1항). 위부원인이 제3자의 행위로 인한 경우 피보험자의 제3자에 대한 권리도 여기서의 모든 권리에 포함되어 보험자가 취득하는지가 문제된다. 포함되지 않는다고 보는 견해에서는[98] 보험자는 보험위부의 효과로서 제3자에 대한 권리를 취득하지 못하고 보험자는 제3자에 대한 보험자대위(제682조)의 요건을 구비한 경우에만 제3자에 대한 권리를 취득할 수 있으므로, 이 점이 보험위부와 보험자대위가 구별되는 점이라 한다. 그러나 포함된다고 보는 견해에서는[99] 보험위부의 효과로서 당연히 제3자에 대한 권리를 취득하고 따라서 보험자대위와 결과적으로 동일하게 된다고 본다. 그 근거는 보험위부는 보험의 목적물에 관한 완전한 손해의 보상을 손해의 증명 없이 받고자 하는 특유한 제도이므로 보험자는 위부된 물건에 관하여 피보험자와 동일한 지위에 서서 피보험자가 제3자에 대하여 가지는 권리도 취득하는 것이 옳다고 보기 때문이다. 생각건대, 보험위부의 효과

97) 양승규, 343면.
98) 채이식, 577-578면.
99) 양승규, 345면; 박세민, 618면.

로서 피보험자의 제3자에 대한 권리를 취득한다고 보는 후자의 견해가 타당하다.

피보험자의 모든 권리가 이전되는 것이 원칙이나 예외도 있다. 선박보험에서 피보험자의 운임청구권은 운임이 독립하여 보험의 목적이 되고 선박보험의 목적이 아니므로 보험자가 보험위부에 의하여 취득하는 권리에 포함되지 않는다.[100]

2) 권리취득의 시기

보험자는 보험위부의 직접적 효과로서 피보험자가 보험목적에 대하여 가지는 권리는 피보험자의 보험자에 대한 위부의 통지가 도달된 때에 이전한다. 보험자의 보험금액의 지급여부는 문제되지 않는다.

3) 보험자의 의무

보험목적에 부수하는 의무는 위부로 인하여 보험자에게 이전함이 원칙이다. 따라서 보험목적에 수반된 담보물권의 부담, 선박이나 적하상의 부담도 선박이나 적하의 소유권을 제한하는 물권적 부담이므로 소유권과 함께 이전된다. 그러나 보험자는 약관에 의하여 보험목적에 대한 권리를 포기함으로써 이러한 의무를 면할 수 있다.

---

100) 양승규, 345면.

제4절 책임보험

제1 개 관

1. 책임보험의 의의

(1) 의 의

책임보험이란 피보험자가 보험기간 중의 보험사고로 제3자에 대하여 손해를 가하여 배상책임을 지게 되는 경우에 그 손해를 보험자가 보상할 것을 목적으로 하는 손해보험계약이다(제719조). 이는 피보험자에게 직접 발생한 손해를 배상하는 것이 아니고 피보험자의 책임으로 돌아갈 사고로 인하여 제3자에 대한 배상책임을 부담함으로써 생긴 손해, 즉 피보험자의 전 재산에 대한 간접손해를 보상하는 것을 목적으로 하는 보험이다. 책임보험은 다음의 개념과 구별된다.

첫째, 타인을 위한 보험계약과 구별된다. 책임보험계약은 피보험자가 자기 자신의 책임부담위험을 전가하기 위하여 체결하는 것이므로 타인을 위한 보험계약과는 구별된다. 즉 책임보험은 자기를 위한 보험계약에 해당한다. 다만 보험계약자가 책임보험의 피보험자를 따로 정하는 타인을 위한 책임보험계약을 체결하는 것은 가능하다.

둘째, 인보험과 구별된다. 책임보험이 사람의 사망이나 상해에 대하여 보험자가 그 보상책임을 지는 보험계약이라 하더라도, 이는 인보험과는 별개의 다른 것으로 그 적용되는 법리도 전혀 다르다. 책임보험은 피보험자의 제3자에 대한 배상책임으로 인한 손해를 보상하는 보험이므로 손해보험에 속한다. 따라서 사람의 사망이나 상해에 관한 대인배상책임보험은 인보험과는 전혀 다른 것이다.

(2) 책임보험의 발전

근자 책임보험은 자동차배상·의료과오배상·제조물배상·전문직업인배상·영업배상 등 수많은 영역으로 확대되고 있으며 보험법의 영역에서 가장 급성장하고 있는 분야로서,[101] 이른바 현대 보험의 총아라고도 불린다. 19세기 초에는 불법행위를 책임보험으로 보상한다는 것 자체가 비도덕적으로 판단되어 허용되지 않았다. 자동차책임보험을 판매하려던 초기 그 보험으로 말미암은 부주의한 행동과 피해 양산의 우려가 지적되었던 것이다.[102] 그러나 이러한 시각은 경제사회의 발전과 더불어 피해가 증가하자 후퇴하지 않을 수 없었다. 자동차 운행과 더불어 그에 수반되는 사고가 보편화되면서 피해자의 손해전보가 공공의 관심사가 되었고, 보험이 중요한 보완수단으로 등장한 것이다.[103] 이와 같이 책임보험의 발전은 불법행위법의 영역 확대나 그 이론의 변화와도 밀접한 연관이 있다.[104] 요컨대, 경제생활의 복잡다단화와 무과실책임법리의 발전으로 배상책임을 지게 될 개연성이 보다 높아짐에 따라 현대생활에서 가해자와 피해자 모두를 위해 책임보험이 각광을 받고 있다.

책임관계에서의 가해자 지위에 놓일 수 있는 자는 책임보험에 가입함으로써 배상책임의 위험성을 보험자에게 전가할 수 있다. 기업은 이러한 위험의 전가를 통하여 보다 적극적인 경영활동을 할 수도 있고 배상책임으로 인한 도산 등의 위험으로부터도 벗어날 수 있는 등 책임보험은 피보험자인 가해자를 보호하는 역할을 한다. 또한 가해자의 배상자력을 담보함으로써 피해자를 보다 효율적으로 구제할 수 있게 된다. 이러한 가해자와 피해자 쌍방을 보호할 수 있다는 효용에 의하여 책임보험은 사회의 발전과 더불어 그 형태도 나날이 발전하고 있다.

(3) 기 능

책임보험은 배상의무자인 피보험자의 경제적 손실을 막기 위한 보험이라 할 수 있으나, 또 한편으로는 배상의무자인 피보험자의 무자력으로 인하여 피해자가 배상을 받을 수 없게 되는 경우에 그 손해배상을 확보하여 최소한의 경제생활을 도모할 수 있도록 하는 기능도 가진다.

---

101) 1998년 현재 미국에서의 총책임보험료는 1천70억불로 미국 GDP의 1.1%에 해당한다. 이는 미국 국민 일인당 380불을 책임보험료로 지급하는 것이다. David A. Fischer/Robert H. Jerry, Teaching Torts Without Insurance: A Second Best—Solution, 45 St. Louis U.L.J. 857, 862 (2001).

102) 운전자들이 부주의하게 운행하고 피해자가 양산되고, 사기적인 청구가 많아질 것이라는 점이다. Jonathan Simon, Driving Governmentality: Automobile Accidents, Insurance, and the Challenge of Social Order in the Inter—War Years, 1919—1941, 4 Conn. Ins. L.J. 566 (1997—98).

103) David A. Fischer/Robert H. Jerry, supra 1, 863. 자동차손해배상보장법도 이러한 압력하에 출현한 것으로 보겠다. 양승규, 399면.

104) 국외 문헌으로는 David A. Fischer/Robert H. Jerry, supra 1, 857; Eric D. Beal, Posner and Moral Hazard, 7 Conn. Ins. L.J. 81 (2001); George L. Priest, The Current Insurance crisis and Modern Tort Law, 96 Yale L.J. 1521 (1987) 등 다수가 있다. 국내문헌으로는 양창수, "불법행위법의 변천과 가능성", 「민사판례연구」 제15권, 민사판례연구회, 1996 등이 있다.

1) 피보험자의 보호

모든 보험계약에서 피보험자 보호기능이 있는 것과 같이, 책임보험도 제3자에 대한 배상책임을 보험자에게 이전시킴으로써 피보험자가 안정된 경제생활을 누릴 수 있도록 하는 피보험자 보호의 기능이 있다. 다만 책임보험에서는 이러한 기능을 지나치게 강조한다면 불법행위법이 추구하는 예방과 제재의 기능이 약화될 수 있다는 우려가 지적된다.

2) 피해자의 보호

불법행위로 인한 손해배상책임이 발생하였음에도 불구하고, 가해자가 무자력인 경우 피해자가 보상받지 못할 수 있다. 이때 피해자보호를 위하여 가해자의 책임을 담보하는 수단이 요구되고 책임보험이 그러한 역할을 한다. 책임보험의 피해자 보호기능은 다른 보험과는 구별되는 중요한 기능으로서, 이러한 점에서 책임보험은 실질적으로 타인을 위한 보험의 기능도 수행한다.

상법은 피해자인 제3자는 피보험자가 책임을 질 사고로 입은 손해에 대하여 보험금액의 한도 내에서 보험자에게 직접 보상을 청구할 수 있고(제724조 제2항 본문), 보험자로 하여금 피해자가 그 배상을 받기 전에는 보험금액의 전부 또는 일부를 피보험자에게 지급하지 못하도록 하여(제724조 제1항) 피해자보호에 중점을 둔다.

2. 법적 성질

첫째, 책임보험은 손해보험이다. 책임보험은 제3자에 대한 배상책임을 부담함으로써 생긴 손해를 보상하는 보험이므로 손해보험이다.

둘째, 책임보험은 재산보험이다. 책임보험은 특정한 물건에 대하여 발생한 손해를 보상하는 물건보험이 아니고, 피보험자의 일반재산에서 생기는 손해를 보상하는 재산보험에 속한다.

셋째, 책임보험은 소극보험이다. 책임보험은 피보험자가 제3자에 대하여 지는 배상책임으로 인한 손해를 보상하는 소극보험에 속한다.

3. 책임보험의 종류

(1) 대인배상책임보험과 대물배상책임보험

책임보험은 피해자에게 생긴 손해의 종류에 따라 대인배상책임보험과 대물배상책임보험으로 나뉜다. 대인배상책임보험은 피보험자가 타인의 인적 손해에 대하여 손해배상책임을 짐으로써 입은 손해를 보상하는 책임보험이다. 반면, 대물배상책임보험은 피보험자가 타인의 물건 그 밖의 재산상의 손해에 대한 배상책임을 짐으로써 입은 손해를 보상하는 책임보험이다.

(2) 유한배상책임보험과 무한배상책임보험

유한배상책임보험은 피해자 1인 또는 사고를 기준으로 보험자의 보상책임의 한도액이 정하여진 책임보험이다. 그러므로 피보험자가 제3자에 대하여 배상책임을 지는 경우 보험자는 그 보험금액의 한도 내에서만 보상책임을 부담한다. 무한배상책임보험은 보험자의 보상책임의 한도액을 정하지 아니한 경우로서 피보험자가 제3자에게 손해배상책임을 지는 경우 그 손해를 모두 보상하는 책임보험이다. 무한배상책임으로는 현재 자동차종합보험의 대인배상책임보험만이 있다.

(3) 임의책임보험과 강제책임보험

임의책임보험은 보험계약자가 보험가입의 여부를 결정할 수 있는 책임보험이고, 강제책임보험은 법률에 의하여 가입이 강제되어 있는 책임보험이다. 자동차대인배상책임보험 중 일정손해분은 자동차운행자가 반드시 가입하여야 하는 강제책임보험이다. 산업재해보상보험 등도 강제책임보험으로 분류된다.

4. 불법행위법과 책임보험

(1) 관련성

불법행위라 함은 불법으로 타인의 권리 내지 이익을 침해함으로써 손해를 주는 위법행위[105]이고, 이는 손해배상청구권을 발생시키는 법정채권의 발생원인이 된다. 불법행위법의 의의는 손해의 공평·타당한 분배라고 일컬어지고, 그 기능으로는 손해의 전보 및 손해의 배분·예방·제재·권리보호가 있다.[106] 그리고 책임보험은 피보험자가 보험기간 중의 사고로 인하여 제3자에게 손해배상책임을 질 경우에 보험자가 이로 인한 손해를 보상할 것을 목적으로 하는 손해보험이다. 배상책임이란 대체로 불법행위를 원인으로 하는 손해배상책임에 귀결되는 것이므로, 책임보험은 일단 불법행위법을 전제한 것이라 할 수 있다.[107]

---

105) 『주석민법 채권각칙6』, 한국사법행정학회, 2000, 33면. 김상용, 『불법행위법』, 법문사, 1997, 1면의 "고의 또는 과실로 타인에게 손해를 가하는 법질서에 반하는 위법행위"와 동일한 의미이다.
106) 『주석민법 채권각칙6』, 36-38면.

책임보험의 발전 자체가 불법행위법리에 기초하고 있고 책임보험제도는 불법행위법의 책임범위에 따른 영역의 변화에 민감하다. 따라서 책임보험·불법행위의 원리와 규율들은 상호 이론을 배격한 채로는 정당한 작용을 할 수 없고 이해될 수도 없다. 이러한 점에서 불법행위책임을 보험으로 대치하는 것이 성숙된 산업사회에 대한 청사진이라고도 한다. 책임보험의 검토시에는 불법행위법의 의의나 기능을 유심히 고찰하는 것이 요구되고, 책임보험의 보상은 불법행위법의 존재의의, 근본취지, 그리고 기능을 보완·발전하는 방향으로 가는 것이 옳다.[108]

(2) 불법행위법의 의의·기능과 책임보험

1) 손해의 공평·타당한 부담

불법행위법의 궁극적 문제는 사고로 발생된 손해를 누가·어느 범위까지 부담하는가 하는 점이고,[109] 피해자에 대한 손해의 전보가 불법행위법의 적극적 기능이 된다. 여기서 책임보험은 배상능력 없는 가해자로 인한 문제를 해결할 수 있어 불법행위법을 보완하는 역할을 한다.[110] 이는 상법 규정에도 반영되어 보험자는 피해자가 배상을 받기 이전에는 피보험자에 대한 보험금 지급을 할 수 없고 (제724조 제1항), 피해자의 보험자에 대한 직접청구권을 인정하고 있다(제724조 제2항). 피해자는 책임보험계약의 당사자가 아님에도 불구하고 그 보험금이 피해자에게 돌아가도록 한 것으로, 손해의 전보라는 불법행위법의 기능과 목적을 보완하는 수단이 된다. 판례는 한걸음 나아가 피해자 직접청구권의 법적 성질을 손해배상청구권으로 파악하고 있으며, 이는 피해자 보호라는 이념에 보다 충실하고자 하는 것으로 보인다.

그런데 불법행위법은 손해를 피해자·가해자 사이뿐 아니라 사회적으로도 공평·타당하게 분산하는 방향으로 발전하고 있다.[111] 이와 관련한 법경제학의 일반

---

107) 양창수, "불법행위법의 변천과 가능성", 「민사판례연구」 제15권, 민사판례연구회, 1996, 374면. 김성태, 304면에서 "책임보험에 있어서의 책임에는 불법행위책임 이외에 채무불이행책임도 포함되는 것으로 새겨 두는 것이 무난하겠다".

108) Gary T. Schwartz, Mixed Theories of Tort Law: Affirming Both Deterrence and Corrective Justice, 75 Tex. L. Rev. 1801, 1806 (1997). 물론 불법행위제도 자체가 정체되어 있는 것이 아니라 시대상황에 따라 변화하는 것은 분명하나, 많은 논의와 연구·합의를 거쳐 도출한 불법행위제도 자체의 존재의의가 책임보험의 그릇된 운영으로 인하여 위태롭게 된다면, 비판을 가하지 않을 수 없다.

109) 곽윤직, 「채권각론」, 박영사, 1996, 658면.

110) 그리고 이러한 책임보험의 역할로 인하여 책임보험을 용납함으로써 발생할 수 있는 부정의를 훨씬 능가하는 정도의 피해자 보호의 의의가 있다고도 말한다. Ellen S. Pryor, The Stories We Tell: International Harm and the Quest for Insurance Funding, 75 Tex. L. Rev. 1721, 1750 (1997).

111) 「주석민법 채권각칙6」, 37면. "손해배상의 결정에 있어서 결과에 대한 피해자의 기여도나 과실

적 논리는 가해자에 대하여만 책임을 부과하면 이는 재화나 용역의 가격 등에 그대로 반영되어 사회적으로 유용한 재화나 용역의 과도한 가격상승이나 공급중단이라는 부(負)의 결과가 생겨난다는 것이다.[112] 이러한 손해분산이라는 불법행위법의 기능도 책임보험의 존재 없이는 달성하기 어렵다.[113] 보험은 시간·사람·사회 등에 그 위험을 분산시키는 제도로,[114] 위험 분산과 이로 인한 사회적 비용의 절감이라는 불법행위법의 기능을 성취하기 위하여는 보험이 필수적이다.

2) 예방(억지)의 기능

불법행위법상 예방기능은 가해자에게 손해배상책임을 부과함으로써 가해행위를 억지하는 것을 말한다.[115] 이 기능은 포스너[116] 이래 많은 법경제학자들이 강조한 후 주목받기 시작하였고,[117] 바람직한 불법행위법은 다양한 방식의 예방기능을 통하여 사고발생을 감소시키고 사회적 비용을 최소화할 수 있다. 그런데 책임보험은 불법행위법의 예방기능을 순화하고, 더구나 보험료에 의한 예방기능은 발휘되기 힘든 것으로 보는 견해가 있다.[118] 그러나 책임보험은 보험료와 부보범위

의 정도가 가해자의 불법행위와 함께 고려되는 과실상계가 인정되고(민법 제763조), 또한 위자료의 산정에 있어서도 피해자의 주관적 정신상의 고통정도만을 표준으로 하는 것이 아니라, 피해자의 부상·연령·직업·가족생활과 특히 가해자의 자력이나 업태 등 제반사유가 참작되고 있고 이는 손해의 배분이 불법행위법상의 중요한 기능이라는 것을 보여주고 있다"; 양창수, 앞의 논문, 194면 "불법행위법이 노리던 교정적 정의의 문제가 아니라 배분적 정의의 문제가 되는 것이다"라고 표현한다; David A. Fischer/Robert H. Jerry, supra 1, 869에서 불법행위는 그 위험을 사회 전체의 것으로 하여 위험발생률을 낮추자는 것으로 보험이 이러한 역할을 담당할 수 있다고 한다.

112) Donald N. Dewees et al., Exploring the Domain of Accident Law: Taking the Facts Seriously, Oxford Univ. Pr., 6 (1996).

113) 심지어 한 법경제학자는 불법행위법 자체는 이러한 이념에 충실할 수 없기 때문에 불법행위법이 보험법에 의하여 변화되어야 한다는 주장을 펴기도 한다. Donald N. Dewees et al., supra 19, 7.

114) George L. Priest, The Current Insurance crisis and Modern Tort Law, 96 Yale L.J. 1521 (1987), 1539–1540. 보험계약자는 자신의 현재의 부를 줄여가면서 보험료를 납입하고 우연적 사고로 손실이 발생하는 경우에 보험자로부터 금전적 지원을 받는 것으로 시간에 대한 위험의 분산을 설명한다. 가족 구성원 중 생계를 부담하는 가장을 피보험자로 하는 생명보험이 가장 많은 것도 현재와 미래 간의 금전 수입을 분산하고자 한다는 것으로 설명된다.

115) 『주석민법 채권각칙6』, 38면에서는 이에 관한 설명으로 "과실책임은 타인의 권리를 침해하지 않도록 행동해야 할 의무의 이행을 담보하는 기능을 갖는다. 또한 무과실책임의 경우에 있어서는 손해가 발생하지 않으면 책임을 지지 않기 때문에 무과실책임도 심리적으로는 예방기능을 갖는다"라고 한다.

116) Richard A. Posner, A Theory of Negligence, 1 J. Legal Stud. 29 (1972); Richard A. Posner, Killing or Wounding to Protect a Property Interest, 14 J.L. & Econ. 201 (1971).

117) Gary T. Schwartz, Mixed Theories of Tort Law: Affirming Both Deterrence and Corrective Justice, 75 Tex. L. Rev. 1801 (1997), 1806 등 많은 논문을 발견할 수 있다.

118) 김성태, 290–291면. "책임보험에 가입하는 자가 이러한 요율차등제에 따라서 추가로 부담하는 할증보험료에 관하여 경제적인 부담감을 별로 느끼지 않는 상태에 있는 때에도, 이 방식에 의한 억지적 효력은 발휘될 여지가 없어진다는 점을 지적하지 않을 수 없다."

의 합리적 설정 그리고 보험자의 위험관리에 의하여 예방기능을 수행할 수 있다.[119] 주목할 점은 과거의 사고경력만을 토대로 한 것이 아니라, 사전에 적절한 예방조치를 취하도록 하는 취지에서의 보험료 산정은 사회적 부(富)를 증가시킨다는 것이다.[120] 그리고 합리적 보험료 산정 이외에 보험보호의 적절한 범위설정도 정당한 예방조치를 취하게끔 하는 효력이 있다. 또한 사회질서에 반하는 행위 등에 대하여 보상을 부정하는 것도 불법행위법의 예방기능을 유지하기 위한 것으로 볼 수 있다.[121] 설사 예방기능에 대하여 부차적인 일부 비판이 있다 하더라도, 비용/효과 분석을 통하여 책임보험이 그 긍정적 효과가 훨씬 큰 유용한 제도로 평가되고 있다면,[122] 그리고 관련 법체계가 예방기능을 향하여 나아가는 것이 바람직하다고 본다면, 그 부보범위도 이와 어울리게 운용하여야 한다.

3) 제재(처벌)의 기능

제재는 불법행위법의 주된 목적은 아니라고 하나, 손해를 전보해야 한다는 규범적 의미에서, 또한 가해자의 자산감소라는 금전적 의미에서 제재로서의 기능을 갖는 점을 부인할 수 없다.[123] 과거 책임보험은 이 기능에서도 비판을 받았다. 가해자 스스로가 피해자에게 보상하지 않는 것은 제재의 기능에 반한다는 것이다.[124] 이러한 뜻에서 책임보험이 그 대상으로 삼는 민사책임은 전적으로 배상기

---

119) 다음은 책임보험의 예방기능에 관한 법경제학적 분석이다. 위험중립자는 500의 손실이 예상되면 450까지는 예방비용을 사용할 것이나 550의 비용을 사용하지는 않는다. 그런데 위험기피자는 예방비용을 과다하게 사용할 수 있는 문제가 있고, 이는 책임보험을 통하여 해결할 수 있다고 본다. 보험인수시 10,000의 손실이 예상되는 경우 5%의 위험으로 평가한다면 500, 8%로 평가하면 800의 보험료가 된다. 그리고 만약 보험료 800을 500으로 낮출 수 있다면 피보험자는 기꺼이 보험자의 지시를 따를 것이고, 이는 보험자의 위험관리수단에 의하여 실현 가능하다고 본다. 이 예는 David A. Fischer/Robert H. Jerry, supra 1, 867–869를 참조한 것이다.

120) 한편으로 이러한 평가가 제대로 되지 않는다면 피보험자는 자신이 취할 수 있는 예방조치를 하지 않을 수 있고 이것이 다음 장에서 다룰 도덕적 위험의 문제이다. Gary T. Schwartz, The Ethics and the Economics of Tort Liability Insurance, 75 Cornell L. Rev. 313, 337–49 (1990).

121) Sean W. Gallagher, The Public Policy Exclusion and Insurance For Intentional Employment Discrimination, 92 Mich. L. Rev. 1256, 1270 (1994).

122) David A. Fischer/Robert H. Jerry, Teaching Torts Without Insurance: A Second Best–Solution, 45 St. Louis U.L.J. 857 (2001), 864–866; A. Mitchell Polinsky/Steven Shavell, Punitive Damages: An Economic Analysis, 111 Harv. L. Rev. 869 (1998), 933에서도 만약 보험제도가 없다면, 위험기피자는 사회적으로 유용한 재화나 용역을 공급하지 않으려 할 것이거나, 지나치게 높은 가격을 책정하고자 할 것이라고 한다.

123) 이러한 뜻을 법경제학자들은 'corrective justice'용어로 함의하고자 한다. Catharine Pierce Wells, Tort Law as Corrective Justice: A Pragmatic Justification for Jury Adjudication, 88 Mich. L. Rev. 2348, 2350, 2355 (1990); Ernest J. Weinrib, Corrective Justice and Formalism: The Care One Owes One's Neighbors, 77 Iowa L. Rev. 403 (1992).

124) Don Dewees et al., supra 19, 39–42. 그리고 보험의 광범위한 활용은 불법행위법이 제재를 실현함에 장애물이 된다고 주장한다. 자동차 운전자에 대한 사회적 요구가 전지전능한 신과 같은 존재

능의 발휘만을 목적으로 하고 제재기능은 소거된 것으로 이해하는 견해도 있다.[125]

그러나 책임보험은 이러한 제재의 기능을 소거하는 것이 아니고 그 기능을 발할 수 있다고 본다.[126] 민사책임에서의 제재는 책임의 부과에 그 본질이 있고, 책임보험이 작동하더라도 그 책임이 면제되지 않는다는 것 자체에 규범적 의의로서의 제재 기능이 있다.[127] 그리고 금전적 의미에서의 제재의 기능은 보험료나 보험금 산정이 정확하게 이루어진다면 해결될 수 있는 문제이기도 하다. 피보험자는 자신의 잠재적 책임에 기초한 확률에 따라 보험료를 지급하고, 보험자는 그러한 위험단체로부터 수령한 금전을 토대로 보험금을 지급하는 것으로, 단체성의 측면에서 금전적 제재의 의미가 사라지는 것도 아니다.[128] 또한 책임보험으로 부보 가능한 위험범위의 합리적 설정으로도 제재의 의의를 도모할 수 있다. 사회질서 위반 등의 고의사고에 대하여는 보상을 하지 않는 것, 제재를 주목적으로 하는 형벌이나 행정벌에 대한 보험보상이 불가함은 이러한 의의로 흡수할 수 있다.

제2 책임보험계약의 요소

1. 보험목적

책임보험은 일반보험에서와 같이 특정물건에 대한 손해를 보상하는 것이 아니고, 보험사고로 인한 피보험자의 재산상의 손해를 보상하는 보험이다. 여기서 책임보험의 보험목적은 무엇인지에 대한 견해가 나뉜다. 피보험자가 제3자에 대하여 부담하는 배상책임이 보험목적이라는 견해[129]와 피보험자의 전 재산이 보험목적이라는 견해[130]가 있다.

를 요구하는 방향으로 바뀌는 것도 보험 때문이라고 한다.

125) 김성태, 291－292면.

126) Gary T. Schwartz, The Ethics and the Economics of Tort Liability Insurance, 75 Cornell L. Rev. 313, 331－336 (1990).

127) 『주석민법 채권각칙6』, 38면. "제재로서의 손해배상책임은 사회생활상의 의무 위반 내지는 손해야기에 대한 사회적 비난이라는 의미를 갖게 된다."

128) 따라서 제재의 기능과 관련하여 합리적 보험료의 산정이 중요하다. 그러나 "보험급여의 대가로 피보험자가 부담하는 소액의 보험료에 이러한 기능이 잔류하고 있다고 보기는 어렵다"는 견해도 있다. 김성태, 291면.

129) 양승규, 353면; 박세민, 629면; 정찬형, 691면; 한기정, 590면 등.

130) 최기원, 394면; 이기수 외, 220면.

생각건대, 책임보험의 보험목적은 피보험자가 제3자에 대하여 부담하는 배상책임으로 본다. 자동차책임보험에서 피보험자동차라 불리는 피보험자 소유의 자동차는 자동차책임보험의 보험목적은 아니고 단지 그 자동차운행에 따른 사고로 인한 배상책임이 담보되어 있다는 의미이고, 보험목적인 배상책임의 담보가 되는 것은 피보험자의 재산이다. 즉 보험의 목적은 피보험자가 제3자에 대하여 부담하는 배상책임인 것이고 그 책임의 담보가 피보험자의 재산이다. 이러한 해석이 제721조 등과도 부합하는 해석이다.

그리고 상법은 피보험자가 제3자의 청구를 방어하기 위하여 지출한 재판상 또는 재판외의 필요비용은 보험의 목적에 포함된 것으로 한다(제720조 제1항). 또한 피보험자가 경영하는 사업에 관한 책임을 보험의 목적으로 한 때에는 피보험자의 대리인 또는 그 사업감독자의 제3자에 대한 책임도 보험의 목적에 포함된 것으로 한다(제721조).

2. 피보험이익과 보험가액

(1) 피보험이익

책임보험에서는 사고로 인하여 책임을 부담하게 될 액수가 피보험자의 전 재산을 초과할 수도 있다는 이유로 피보험이익의 개념을 부정하는 견해도 있었으나, 책임보험에서도 사고발생시에는 금전으로 확정할 수 있을 뿐 아니라 중복보험과 유사한 문제가 생기므로 피보험이익의 개념을 인정함이 통설이다. 책임보험에서는 물건보험과 같은 보험가액 등의 개념이 존재하지는 않으나 수개의 책임보험계약이 있는 때에는 중복보험(제672조)에 준하여 보험자의 보상책임을 인정하는 만큼(제725조의2), 책임보험에서도 피보험이익의 개념을 인정할 실익이 있다. 즉 책임보험에서도 수개의 보험계약이 있을 때에는 중복보험에 준하여 처리하여야 할 것이고 이에 피보험이익의 존재의의가 있다. 상법도 피보험자가 동일한 사고로 제3자에게 배상책임을 짐으로써 입은 손해를 보상하는 수개의 책임보험계약이 동시 또는 순차로 체결된 경우에 그 보험금액의 총액이 피보험자의 제3자에 대한 손해배상액을 초과하는 때에는 중복보험의 규정을 준용한다(제725조의2). 따라서 수개의 책임보험계약이 있고 보험금 총액이 피보험자의 손해배상액을 초과할 때에는 보험자는 보험금액의 한도에서 연대책임을 지고, 각자의 보험금액의 비율에 따라 그 손해를 보상하여야 하며, 보험계약자는 각 보험자에 대하여 각 보험계약의 내용을 통지하여야 한다.

책임보험에서의 피보험이익은 '피보험자가 제3자에 대한 손해배상책임을 짐으로써 입은 경제적 손해를 벗어날 수 있는 이익'으로 정의한다.[131]

(2) 보험가액

책임보험은 재산보험이므로 일반 손해보험에서와 같은 보험가액은 원칙적으로 존재하지 않고 초과보험, 일부보험 등의 문제가 생기지 않는다. 따라서 손해배상액은 단순히 보험금액과 손해액의 범위 내에서 결정된다. 단 수개의 책임보험계약이 있을 때 중복보험의 규정을 준용하는 것은 예외이다(제725조의2).

(3) 보험사고

책임보험의 보험사고는 보험자의 보험금지급책임을 발생케 하는 우연한 사고이다. 그런데 재산보험인 책임보험에 있어서는 무엇을 보험사고로 볼 것인가에 대하여 견해의 대립이 있다. 소극보험인 책임보험의 경우 피해자의 손해가 피보험자의 손해와 직결되지 않을 수 있어 무엇을 보험사고로 할 것인가에 대한 의견이 나뉜다. 각 견해를 발생순서별로 살핀다.

1) 손해사고설

손해사고설은 제3자가 손해를 입은 사고가 발생한 것을 보험사고로 보는 견해이다. 이것이 통설이다.[132] 책임보험이 피해자를 위한 보험이라 한다면 보험사고는 피보험자에게 제3자가 배상청구를 할 수 있는 원인이 되는 손해사고라고 하는 것이 타당하다는 근거에서이다. 이 견해는 보험사고의 발생시점을 객관적으로 확정할 수 있는 장점이 있음에 반하여, 피해자에게 손해가 발생하더라도 배상을 청구하지 않는 경우 피보험자의 손해배상의무는 구체화되지 않는 문제가 생긴다. 예컨대 피해자가 손해배상청구권을 포기하거나 시효로 인하여 그 청구권이 소멸하는 경우 피보험자는 아무런 손해도 없다.

2) 손해배상청구설

손해배상배상청구설은 피보험자가 제3자로부터 그 책임에 관하여 재판상 또는 재판외의 배상청구를 받은 것을 보험사고로 보는 견해이다. 이 견해는 피해자의 배상청구가 근거 없음이 판명된 경우에도 방어비용을 보험자가 부담하도록 한 상법규정(제720조)의 취지에 부합한다는 장점이 있고, 피보험자가 제3자로부터 배상

---

131) 양승규, 356면. 책임보험에서의 피보험이익을 피보험자의 전 재산에 대하여 채무를 부담하지 않거나 재산이 감소되지 않음으로써 가지게 되는 이익이라고 하는 견해로 최기원, 395면.

132) 양승규, 360면; 김성태, 592면; 박세민, 586면; 한기정, 594면 등.

청구를 받은 때에는 지체없이 보험자에게 그 통지를 발송하여야 한다는 규정(제 722조)을 근거로 든다.[133]

그런데 이 견해는 보험사고의 발생시점을 확정적으로 정할 수 없고 피해자의 선택 여하에 따라 보험사고의 발생여부가 좌우되는 문제가 생긴다.[134] 보험자는 보험기간 중에 일어난 사고에 대하여는 비록 피해자인 제3자가 그 기간이 경과한 후에 배상청구를 하더라도 그 배상책임을 지는 것이고, 반대로 보험기간 전에 발생한 사고에 대하여는 그에 대한 보상책임을 지는 것이 아니라는 점에서 타당하다고 볼 수 없다.

3) 책임부담설

책임부담설은 피해자의 배상청구에 의하여 피보험자가 법률상의 배상책임을 지게 된 것을 보험사고로 보는 견해이다. 그러나 이 견해는 보험자가 피보험자의 책임이 없는 경우에도 소송비용 등을 부담하도록 하는 것(제720조)을 설명할 수 없고, 또한 제722조의 규정에도 어긋난다.

4) 배상의무이행설

배상의무이행설은 피보험자가 배상의무를 피해자에게 현실적으로 이행한 것을 보험사고로 보는 견해이다. 보험자는 피보험자가 책임을 질 사고로 인하여 생긴 손해에 대하여 제3자가 그 배상을 받기 전에는 보험금액의 전부 또는 일부를 피보험자에게 지급하지 못한다는 제724조 제1항의 규정은 이 견해의 근거가 될 수도 있다.

그러나 이 견해를 취하게 되면 피보험자에게 배상자력이 없어 배상을 하지 못하는 경우 보험자도 보상책임을 부담하지 않으므로 피해자는 보호를 받지 못하는 문제가 생긴다. 또한 보험자가 피보험자의 책임이행 이전에 직접 피해자에게 보험금을 지급하는 점을 설명하지 못하는 단점도 있다.

5) 소결 – 손해사고설

통설인 손해사고설이 보험사고의 발생시점을 객관적으로 확정할 수 있다는 점에서 타당하다. 보험실무상으로도 일반적으로는 손해사고를 기준으로 보험사고를 확정하고, 예외적으로 제조물책임보험과 환경오염배상책임보험 등의 경우 배상청구시를 보험사고시로 한다는 규정을 두고 이를 "claims–made basis"라 한다.

---

133) 최기원, 398면.

134) 단지 이러한 비판에 대하여 보험기간과의 관계에 있어서 청구의 원인이 되는 손해사고가 보험기간중에 생긴 것을 조건으로 함으로써 이러한 문제는 해결할 수 있다고 반론한다(최기원, 399면).

3. 책임보험에서의 보험금청구권의 발생시기와 소멸시효 등

책임보험에서는 보험기간 중 약정사고로 인하여 제3자인 피해자가 손해를 입고, 그 피해자가 가해자인 피보험자에 대하여 손해배상청구를 행하며, 화해 또는 확정판결에 의하여 배상책임의 존부 내지 배상책임의 금액 등 피해자와 가해자 사이의 채권채무관계가 확정되고, 가해자인 피보험자로부터 피해자에 대하여 손해배상이 이행되는 절차가 이루어진다. 이때 피보험자가 언제 보험금청구권을 취득하는가? 이는 보험금청구권의 소멸시효의 기산점과도 관련된다. 왜냐하면 피보험자가 보험자에 대하여 보험금을 청구할 수 있어야 소멸시효가 기산될 수 있기 때문이다. 다음과 같은 견해가 가능하다.[135]

(1) 학 설

첫째, 배상책임액이 확정된 때 보험금청구권이 발생한다는 견해이다. 책임보험은 가해자인 피보험자가 제3자에 대하여 일정의 재산적 급부를 행하여야 할 법적 책임을 부담하는 것에 의하여 입는 소극적 손해를 전보하는 것을 목적으로 하므로, 화해 또는 확정판결에 의하여 배상책임의 유무 및 그 액이 확정되는 때 피해자의 보험금청구권이 발생한다고 본다.

둘째, 보험금청구권은 사고발생과 동시에 발생하지만 그 행사에 관하여는 배상책임액의 확정을 필요로 한다는 견해이다. 보험금청구권은 손해사고발생과 동시에 발생하지만 배상책임액이 확정되는 때에 보험금청구권의 이행기가 도래한다고 한다. 보험사고 발생 후 즉시 보험금청구권을 행사할 수 있다면 단기소멸시효에 의하여 소멸되는 경우가 많을 것이므로 이를 방지하기 위하여는 보험금청구권을 행사하기 위하여 배상책임액 확정을 필요로 한다는 이론이 피해자인 제3자에게 유리하다는 것이다.

셋째, 보험금청구권은 보험계약성립시에 정지조건부채권으로서 발생하지만 배상책임액의 확정시까지는 보험금청구권의 이행기가 도래하지 않는다는 견해이다. 보험사고가 발생하면 조건이 성취되어 보험금청구권이 구체적으로 발생하지만 이것은 불확정기한부청구권이고 손해배상의 범위에 대하여 합의가 성립되거나 판결이 확정된 때에 보험금청구권의 금액도 확정되거나, 약관이 정하는 일련의 절차가 완료된 때에 이행기가 도래하는 것으로 본다.

---

135) 강재철, "책임보험과 피해자인 제3자", 「재판자료」 제53집, 법원도서관, 1991, 505면 이하.

이상과 같이 보험금청구권이 발생하는 시점이 어느 단계인가에 대하여 견해의 대립은 있지만, 어느 견해에 의하더라도 구체적인 보험금청구권을 행사할 수 있는 시점은 배상책임액이 확정된 때로 보는 점에서 별 차이가 없다.

(2) 판 례

판례는 피보험자가 보험자에게 보험금청구권을 행사하려면 적어도 피보험자가 제3자에게 손해배상금을 지급하였거나 또는 피보험자의 제3자에 대한 채무가 확정되어야 한다고 하여 배상책임확정시설을 취하고 있다.[136]

(3) 보험금청구권과 소멸시효의 기산점

책임보험금청구권의 소멸시효 기산점에 관하여도 보험금청구권의 발생시기에 관한 학설과 같이 배상책임액이 확정한 때에 보험금청구권이 발생한다는 견해, 보험금청구권은 보험사고의 발생과 동시에 발생하나 보험금청구권 행사에 있어서는 배상책임액의 확정을 필요로 한다는 견해, 보험금청구권은 보험계약성립시에 정지조건부채권으로 발생하나 배상책임액이 확정되는 이행기 도래까지 행사할 수 없다는 견해 등이 있을 수 있다.[137] 그런데 어느 학설에 의하더라도 책임보험의 경우에는 보험금청구권이 손해사고시로부터 바로 소멸시효가 진행될 수는 없고 '배상책임액이 확정'된 때 비로소 진행되는 것이 된다.[138]

판례도 책임보험에서 피보험자가 가지는 보험금청구권은 그 소멸시효가 피보험자의 제3자에 대한 법률상의 손해배상책임이 상법 제723조 제1항이 정하는 변제, 승인, 화해 또는 재판의 방법 등에 의하여 확정됨으로써 그 보험금청구권을 행사할 수 있는 때로부터 진행된다고 한다.[139] 책임보험의 경우에는 피보험자가

---

136) 대법원 2017. 1. 25. 선고 2014다20998 판결; 대법원 1988. 6. 14. 선고 87다카2276 판결(피고 회사의 자동차종합보험과 같은 이른바 손해배상책임보험은 피보험자가 보험사고로 인하여 제3자에게 지급하는 법률상의 손해배상금을 보상하는 것이므로 보험자의 보상범위는 피보험자의 제3자에 대한 법률상의 손해배상책임액을 그 한도로 하는 것이고, 또 상법 제723조 제1, 2항에 의하면, 책임보험에 있어서 피보험자가 제3자에 대하여 변제, 승인, 화해 또는 재판으로 인하여 채무가 확정된 때에는 보험자는 특별한 기간의 정함이 없으면 그 확정의 통지를 받은 날로부터 10일 내에 보험금을 지급하도록 규정하고 있고, 피고 회사의 자동차종합보험보통약관 제9조 제1항에서도 피보험자는 판결의 확정, 재판상화해, 중재 또는 서면에 의한 합의로 배상액이 확정되었을 때 보험금의 지급을 청구할 수 있다고 규정하고 있으므로 위 각 규정들의 해석과 앞에서 본 바와 같은 책임보험의 성질에 비추어 피보험자가 보험자에게 보험금청구권을 행사하려면 적어도 피보험자가 제3자에게 손해배상금을 지급하였거나 상법 또는 보험약관이 정하는 방법으로 피보험자의 제3자에 대한 채무가 확정되어야 할 것이다).
137) 김홍엽, "보험금청구권의 소멸시효 기산점", 「인권과정의」 제207호, 대한변호사협회, 1993, 97면.
138) 김상준, "책임보험적 성격을 갖는 신원보증보험금 청구권의 소멸시효의 기산점", 「대법원판례해설」 제42호, 2003, 법원도서관, 656-675면.
139) 대법원 2018. 12. 13. 선고 2015다246186 판결; 대법원 2017. 1. 25. 선고 2014다20998 판결;

가지는 보험금청구권의 소멸시효 기산점은 원인이 되는 사고의 발생시가 아니라 피보험자의 제3자에 대한 채무가 확정된 때로부터라는 것이다.

판례가 타당하다. 책임보험의 경우 보험사고를 손해사고로 본다 하더라도 소멸시효의 기산점을 손해사고시로 보는 것은 무리이고, 책임보험에서의 소멸시효의 기산점은 그 권리를 행사할 수 있는 때인 배상책임액의 확정시로 보아야 할 것이다. 따라서 약관에서 달리 정한 경우 등 특별한 다른 사정이 없는 한 원칙적으로 책임보험의 보험금청구권의 소멸시효는 피보험자의 제3자에 대한 법률상의 손해배상책임이 상법 제723조 제1항이 정하고 있는 변제, 승인, 화해 또는 재판의 방법 등에 의하여 확정된 때로부터 기산된다.

(4) 피해자 직접청구권의 소멸시효와 그 기산점

판례는 피해자의 직접청구권(제724조 제2항)을 피보험자의 보험자에 대한 보험금청구권의 변형 내지는 이에 준하는 권리가 아니라, 피해자가 보험자에 대하여 가지는 손해배상청구권이라고 한다.[140] 따라서 피보험자의 직접청구권의 소멸시효는 피보험자의 보험금청구권의 그것과는 별개로 손해배상청구권에 관한 일반 민사시효에 의하여 해결한다.

제3 책임보험계약의 보험자와 피보험자의 관계

1. 보험자의 의무

(1) 손해보상의무

1) 손해보상

책임보험계약의 보험자는 피보험자가 보험기간중의 사고로 인하여 제3자에 대

대법원 2002. 9. 6. 선고 2002다30206 판결(책임보험의 성질에 비추어 피보험자가 보험자에게 보험금청구권을 행사하려면 적어도 피보험자가 제3자에게 손해배상금을 지급하였거나 상법 또는 보험약관이 정하는 방법으로 피보험자의 제3자에 대한 채무가 확정되어야 할 것이고, 상법 제662조가 보험금의 청구권은 2년간 행사하지 아니하면 소멸시효가 완성한다는 취지를 규정하고 있을 뿐, 책임보험의 보험금청구권의 소멸시효의 기산점에 관하여는 상법상 아무런 규정이 없으므로, "소멸시효는 권리를 행사할 수 있는 때로부터 진행한다"고 소멸시효의 기산점에 관하여 규정한 민법 제166조 제1항에 따를 수밖에 없는바, 약관에서 책임보험의 보험금청구권의 발생시기나 발생요건에 관하여 달리 정한 경우 등 특별한 다른 사정이 없는 한 원칙적으로 책임보험의 보험금청구권의 소멸시효는 피보험자의 제3자에 대한 법률상의 손해배상책임이 상법 제723조 제1항이 정하고 있는 변제, 승인, 화해 또는 재판의 방법 등에 의하여 확정됨으로써 그 보험금청구권을 행사할 수 있는 때로부터 진행된다고 봄이 상당하다).

140) 대법원 2019. 5. 30. 선고 2016다205243 판결 등.

한 배상책임을 진 경우 이를 보상할 책임을 진다(제719조). 보험자의 책임범위는
피보험자가 제3자에 대하여 변제, 승인, 화해 또는 재판으로 인하여 확정된 채무
이외에 피보험자가 지출한 방어비용, 담보의 제공 또는 공탁비용을 포함한다. 그
책임의 범위에는 원본은 물론 지연손해금도 원칙상 포함된다.[141] 책임보험은 손해
보험의 일종이므로 손해방지비용도 부담하여야 함은 물론이다(제680조). 또한 영업
배상책임보험의 경우에는 피보험자의 대리인 또는 그 사업감독자의 제3자에 대한
책임으로 인한 손해도 보상하여야 한다(제721조).

　피보험자가 동일한 사고로 제3자에게 배상책임을 짐으로써 입은 손해를 보상
하는 수개의 책임보험계약이 동시 또는 순차로 체결된 경우에 그 보험금액의 총
액이 피보험자의 제3자에 대한 손해배상액을 초과하는 때에는 제672조와 제673
조의 규정을 준용한다(제725조의2).

2) 이행시기

　책임보험에서는 피보험자가 제3자에 대하여 배상책임을 지게 되더라도 배상액
이 구체적으로 확정되어야 하는 절차가 있다. 그러므로 피보험자가 제3자에 대하
여 변제, 승인, 화해 또는 재판으로 인하여 채무가 확정된 때에는 지체없이 보험
자에게 그 통지를 발송하여야 하고(제723조 제1항), 보험자는 피보험자의 채무확정
의 통지를 받은 날로부터 10일 이내에 보험금액을 지급하는 것이 원칙이다(제723
조 제2항). 판례도 피보험자가 보험계약에서 정한 보험금청구권을 행사하려면 "적
어도 피보험자가 제3자에게 손해배상금을 지급하였거나 상법 또는 보험약관이 정
하는 방법으로 피보험자의 제3자에 대한 채무가 확정되어야 할 것"이라 한다.[142]

3) 지급제한

　보험자의 손해보상의무 이행의 상대방은 책임보험의 특성상 중대한 제한이 있
다. 피보험자와 피해자 사이에서 손해배상책임액이 확정되면, 피해자는 피보험자
에 대한 손해배상청구권과 함께 보험자에 대한 직접청구권을 가지고(제724조 제2
항), 피보험자는 보험자에 대하여 보험금을 청구할 수 있다. 이 경우 손해보험인
책임보험에서도 피보험자가 보험금청구권자임이 원칙이나, 피해자 보호의 취지상
보험자는 제3자가 배상을 받기 전에는 보험금액의 전부 또는 일부를 피보험자에

---

141) 대법원 1995. 9. 29. 선고 95다24807 판결(책임보험의 보험자는 피해자와 피보험자 사이에 확
정된 손해액이 피보험자에게 법률상 책임이 없는 부당한 손해라는 등의 특별한 사정이 없는 한 원본이
든 지연손해금이든 모두 피보험자에게 지급할 의무가 있다).

142) 대법원 2017. 1. 25. 선고 2014다20998 판결; 대법원 2002. 9. 6. 선고 2002다30206 판결 등.

게 지급하지 못한다고 규정한다(제724조 제1항).

4) 면책사유

책임보험의 경우에도 상법 제4편 통칙의 규정과 손해보험의 통칙규정에 의하여 보험자는 면책된다(제659조 제1항, 제660조, 제678조). 그러나 상법은 책임보험에 관한 일반적인 면책사유는 규정하고 있지 않다. 약관상의 면책사유에 맡겨 둔다.

그런데 책임보험의 경우 보험계약자 또는 피보험자의 중대한 과실로 인한 보험사고의 경우에도 보험자가 면책된다는 통칙 규정(제659조)은 적용될 여지가 없다.[143] 책임보험에서 볼 때 '중과실'의 경우를 보상범위에서 제외하게 되면 책임보험의 의의가 반감되고 그 기능을 기대할 수 없기 때문에, 피해자의 보호를 위하여 보험계약자 또는 피보험자의 고의만을 면책사유로 하고 중과실로 인한 손해배상책임에 대하여는 보험자의 보상책임을 인정한다.

(2) 방어의무

1) 채무확정 과정에서의 보험자의 방어의무

책임보험에서의 보험자의 보험금지급의무는 피보험자와 피해자 사이의 책임관계에 의하여 결정되는 것으로서, 가해자인 피보험자의 책임유무와 책임액 등을 확정하지 않고는 보험자의 보상의무도 확정될 수 없다. 이에 보험금지급의무의 부담자인 보험자는 피보험자와 피해자 사이의 책임확정절차에 개입하게 된다. 이는 피보험자의 보호라는 측면에서도 요구되는 것으로 책임보험이 피보험자의 법적 책임부담의 위험을 담보하므로 책임관계에서 발생하는 방어위험도 보험자가 부담하는 것은 당연하다. 특히 피해자가 보험자에 대하여 직접청구할 수 있다는 규정(제724조 제2항)상 방어의무는 보다 명확한 것으로 보인다. 따라서 보험자가 직접청구를 받은 경우 그의 이해관계상으로도 방어할 의무를 부담하게 된다.

2) 방어의무 위반의 효과

보험자가 방어의무의 이행을 해태하여 방어의무 위반에 해당하는 경우 그 효과가 무엇인지에 대하여 상법에는 규정이 없다. 보험자가 통상의 주의를 다하지 아니하고 그 방어의무를 해태함으로써 피보험자의 손해배상액이 가중된 때에는 그 가중된 손해에 대하여 보험자가 보상할 책임이 있다고 해석한다.[144]

---

143) 양승규, 363-364면; 최기원, 403면.
144) 양승규, 370면; 박세민, 651면.

(3) 방어비용의 부담

1) 방어비용의 의의

방어의무의 이행에서 소요된 비용을 방어비용이라 한다. 방어비용은 피해자가 보험사고로 인적·물적 손해를 입고 피보험자를 상대로 손해배상청구를 한 경우에 그 방어를 위하여 지출한 재판상 또는 재판 외의 필요비용을 말한다.[145] 방어비용은 보험자가 피보험자와 피해자의 책임소송에 개입하여 피보험자의 책임확정 절차를 수행함에 있어 통상 소요되는 비용이고, 이는 보험자의 부담이다(제720조).

상법 제720조 제1항이 피보험자가 제3자의 청구를 방어하기 위하여 지출한 비용을 방어비용이라 규정하고 있으므로 방어비용은 최소한 피해자의 청구를 전제로 한다. 따라서 피보험자가 피해자로부터 재판 외의 청구조차 받지 않은 경우에는 그에 관한 방어비용이 인정될 여지가 없다. 요컨대 피해자가 피보험자에게 재판상 청구는 물론 재판 외의 청구조차 일체 하지 않는 이상, 피보험자가 아닌 제3자를 상대로 제소한 경우에는 그 소송의 변호사 비용이 상법 제720조 소정의 방어비용에 포함된다고 볼 수 없다.[146] 그런데 피해자로부터 손해배상청구가 없는 경우 방어비용이 인정될 여지가 없지만, 피해자가 반드시 재판상 청구한 경우에 한하여만 방어비용이 인정된다고 볼 것은 아니다.

2) 방어비용의 부담

제3자의 청구를 방어하기 위하여 피보험자가 지출한 재판상 또는 재판외의 필요비용도 보험목적에 포함된 것으로 한다(제720조 제1항). 이 비용에 대하여는 선급을 청구할 수 있으며, 피보험자가 담보의 제공 또는 공탁으로 재판의 집행을 면할 수 있는 때는 보험자에 대하여 보험금액의 한도 내에서 그 담보의 제공 또는 공탁을 청구할 수 있다(제720조 제2항). 방어비용은 원칙상 보험금액을 넘을 수 없으나 예외적으로 보험자의 지시에 의한 때에는 보험금액을 초과하더라도 보험자가 부담한다(제720조 제3항).

피보험자 및 보험자의 책임 여부를 판명하기 위한 소송과정에서 지출한 소송비용, 변호사비용도 방어비용에 해당한다.[147]

---

145) 대법원 2006. 6. 30. 선고 2005다21531 판결.
146) 대법원 1995. 12. 8. 선고 94다27076 판결.
147) 대법원 2002. 6. 28. 선고 2002다22106 판결.

3) 손해방지비용과의 관계

① 학 설

방어비용의 손해방지비용과의 관계에 대하여는 다음과 같은 몇 가지의 견해가 있다.

첫째, 손해방지비용설이다. 이 견해는 방어비용을 손해방지비용과 같은 것으로 본다. 보험자의 방어비용 부담을 손해방지 또는 손해감소를 위한 비용의 보상이라고 보는 입장으로서 법이 정책적 필요에서 보험자에게 특별히 부과한 부담으로 본다. 이 견해는 상법 제720조가 일반조항인 상법 제680조의 책임보험 분야에서의 특별조항이라는 입장이어서 특별규정설이라고도 한다.

둘째, 보험급여설이다. 책임보험에서 권리보호기능이 중요시됨에 따라 권리보호급여의 하나로서 보험자에게 방어의무에 따른 비용부담뿐 아니라 피보험자 보호를 위한 적극적 행위의무까지 요구된다고 보는 입장이다. 방어비용을 배상책임액의 종속적·제2차적인 것으로 보지 않고 하나의 통일적인 보험청구권에서 나온 것으로 본다. 따라서 방어비용은 손해방지비용이 아니라 순수한 보험급여라는 것이다.

셋째, 부수적 채무설이다. 보험자의 방어비용 지급채무는 책임보험제도의 합리적 운용을 위하여 법이 정책적으로 인정한 부수적 채무로서, 책임보험의 본질로부터 유래하는 것은 아니라는 입장이다. 따라서 방어비용은 손해 발생이 종료한 후에 생긴 비용으로서 손해방지비용이 아니라고 본다.

위 보험급여설과 부수적 채무설을 별개규정설이라고도 한다. 손해방지의무와 방어의무를 그 주체 및 인정 근거가 서로 다른 별개 의무로 보는 전제에 선다면, 두 규정의 관계를 일반규정과 특별규정의 관계라 할 수 없고, 별개규정으로 볼 수밖에 없다는 것으로 보험급여설 및 부수적 채무설은 이 입장에 있다.

② 판 례

과거 판례[148]의 입장에 대한 해석으로 손해방지비용설을 취한 것으로 보는 견

---

148) 대법원 1995. 12. 8. 선고 94다27076 판결(상법 제680조가 규정한 손해방지 비용이라 함은 보험자가 담보하고 있는 보험사고가 발생한 경우에 보험사고로 인한 손해의 발생을 방지하거나 손해의 확대를 방지함은 물론 손해를 경감할 목적으로 행하는 행위에 필요하거나 유익하였던 비용을 말하는 것으로, 위 제680조는 손해방지 의무자인 보험계약자 또는 피보험자가 손해방지 및 그 경감을 위하여 지출한 필요하고 유익한 비용은 보험금액을 초과한 경우라도 보험자가 이를 부담하도록 규정하고 있으나, 원심이 적법하게 확정한 사실에 의하면 원고 회사가 지출한 변호사 비용은 이 사건 보험사고로 인한 손해배상 의무를 확정하는 데 아무런 의미가 없는 소송에 원고가 자의로 개입하여 지출한 비용이라고 할 것이므로 원고 회사의 손해방지와 경감을 위하여 필요한 손해방지 비용이라고 볼 수 없다. 따라

해와,[149] 전혀 별개의 것으로 파악한다는 견해가 있었다.[150] 하지만 판례는 방어
비용은 손해방지비용과는 구별되는 별개의 것임을 명백히 하고 있어,[151] 보험급여
설을 따른 것으로 보인다.[152] 즉 판례는 '상법은 제680조와는 달리 제720조에서
방어비용을 보험의 목적으로 한다'고 규정한다고 보아, 방어의무의 성질에 관하여
보험급여설의 입장이다.

4) 보험급여로서의 방어비용의 부담(방어비용과 손해방지비용의 차이점)

생각건대 손해방지비용과 방어비용은 별개의 규정으로 파악하는 보험급여설이
타당하다. 상법은 제680조와는 달리 제720조에서 방어비용을 보험의 목적으로 한
다고 규정함으로써 방어의무의 성질에 관하여 보험급여설의 입장에 있다. 보험자
의 방어비용 부담은 보험계약의 본질에 근거한 것이므로, 법이 정책적 필요에서

서 원심이 이 비용이 손해방지 비용에 해당하는지 여부에 관하여 적극적으로 판단하지 아니하였다고
하여도 이러한 잘못이 판결에 영향을 미친 위법이라고 말할 수 없다. 상고이유 중 이 점을 지적하는
부분도 받아들일 수 없다). 이 사건의 사실관계는 다음과 같다. 주식회사 워커힐(본건 원고)은 이 회사
소유중형버스에 관하여 피보험자를 워커힐, 보험기간을 1987. 10. 17부터 1988. 4. 17까지로 하여 한
국자동차보험(본건 피고)과 대인·대물배상 자동차종합보험계약을 체결하였다. 이 버스를 운전하던 워
커힐 소속 버스운전자의 과실로 인한 사고로 여기에 탔던 외국인 투숙객 2명(이하 '피해자'라 함)이 중
상을 입었다. 한편 원고는 미국의 쉐라톤 인터내셔날을 통해 호텔경영의 기본정책, 절차 등에 관한 정
보제공을 받는 등 기술원조계약(이에 의하면 워커힐은 그 업무집행과 관련하여 소외회사에게 발생하는
모든 손해에 대하여 종국적 책임을 지도록 되어 있음)을 체결하고 있었고, 위 쉐라톤 인터내셔날은
ITT 쉐라톤 코퍼레이션(이하 '소외회사'라 함: 미국 시애틀 소재)의 자회사로 그 지시를 받는 관계에
있었다. 이후 피해자측이 미국에서 소외회사를 상대로 위 교통사고로 인한 손해배상청구소송을 제기하
자 패소 가능성이 높다고 판단한 소외회사는 위 피해자측과 합계 60만불을 지급하기로 하는 소송상 화
해를 하고, 이 화해금액은 소외회사가 별도로 가입한 미국보험회사가 지급하였다. 소송상 화해 및 기술
원조계약에 따라 위 피해자들에 대한 원고의 손해배상책임(60만불)이 확정되었고, 위 소송과 관련하여
상당한 변호사보수(12만불＋6천만원)를 지출하였음을 들어 원고 워커힐은 피고회사에게 위 두 항목에
대한 보험금을 청구하였다. 그러던 중 미국보험자가 자신에 대한 대위권소송에서 패소하자 상고심에서
변호사보수(60만불의 화해에 이르기까지 워커힐이 지출한 변호사보수 등 비용)만을 청구하였다. 이에
대하여 보험자는 "이러한 비용은 원고가 주관적으로 책임을 판단하여 지출한 것이며, 또한 약관(제14
조)에 따라 그 지출을 승낙한 일이 없으므로 책임이 없다"고 주장한 사건이다.

149) 김성태, 601면.
150) 양승규, 365면; 박세민, 649면; 한기정, 604면.
151) 대법원 2006. 6. 30. 선고 2005다21531 판결(상법 제680조 제1항에 규정된 "손해방지비용"은
보험자가 담보하고 있는 보험사고가 발생한 경우에 보험사고로 인한 손해의 발생을 방지하거나 손해의
확대를 방지함은 물론 손해를 경감할 목적으로 행하는 행위에 필요하거나 유익하였던 비용을 말하는
것이고, 상법 제720조 제1항에 규정된 "방어비용"은 피해자가 보험사고로 인적·물적 손해를 입고 피
보험자를 상대로 손해배상청구를 한 경우에 그 방어를 위하여 지출한 재판상 또는 재판 외의 필요비용
을 말하는 것으로서, 위 두 비용은 서로 구별되는 것이므로, 보험계약에 적용되는 보통약관에 손해방지
비용과 관련한 별도의 규정을 두고 있다고 하더라도, 그 규정이 당연히 방어비용에 대하여도 적용된다
고 할 수는 없다).
152) 김상준, "책임보험에 있어서의 손해방지비용 및 방어비용", 「대법원판례해설」 제40호, 2002, 법
원도서관, 715면.

특별히 인정한 손해방지비용 부담과는 그 인정근거를 달리한다.

　방어비용과 손해방지비용은 다음의 점에서 차이가 있다. (i) 상법 제720조는 방어비용이 보험의 목적에 포함된 것으로 규정하고 있는 데 반하여, 상법 제680조는 단지 보험자가 손해방지비용을 부담하여야 함을 정하고 있을 뿐이다. (ii) 이에 따라 방어비용이 보험급여로서 지급되는 것과는 달리, 손해방지비용의 부담은 법이 손해방지라는 정책적 필요에서 보험자에게 특별히 부과한 의무이다. (iii) 방어비용이 보험급여로서 당연히 지급되는 것인데 반하여, 손해방지비용은 '필요 또는 유익'한 것임이 인정되는 한정된 경우에만 지급되는 것이어서 그 인정범위가 상대적으로 협소하다. (iv) 방어비용은 보험금액을 한도로 함에 반하여, 손해방지비용은 보험금액을 초과하더라도 보험자가 이를 부담하여야 하므로 한도가 없다. (v) 방어비용은 비용의 선급을 청구할 수 있음에 반하여(제720조 제1항 후문), 손해방지비용은 일단 피보험자가 비용을 부담한 후 보험자에게 비용상환을 청구할 수 있을 뿐이다.

　위와 같이 손해방지비용과 방어비용은 서로 다른 별개의 것이다. 따라서 상법 제720조와 제680조의 관계를 일반규정 및 특별규정의 관계로 볼 수는 없고, 별개 규정으로 보아야 한다. 피보험자가 지출한 비용이 방어비용과 손해방지비용에 동시에 해당할 때에는 피보험자는 방어비용으로서든 손해방지비용으로서든 선택적으로 주장할 수 있다.

(4) 수개의 책임보험이 있는 경우

　책임보험계약에서는 보험가액의 관념이 없으므로 수개의 책임보험계약이 체결된다 하더라도 이를 중복보험으로 다룰 수 없음이 원칙이다. 그러나 보험사고가 발생하고 책임관계상의 손해배상액이 확정되면, 피보험자가 동일한 위험에 관하여 수개의 책임보험계약을 체결하였을 때에는 중복보험과 유사한 문제가 생긴다. 이러한 사정을 감안하여 상법은 피보험자가 동일한 사고로 제3자에게 배상책임을 짐으로써 입은 손해를 보상하는 수개의 책임보험계약을 동시 또는 순차로 체결한 경우, 그 보험금액의 총액이 피보험자의 제3자에 대한 손해배상액을 초과한 때에는 중복보험에 준하여 보험자에게 각자의 보험금액의 한도 내에서 연대하여 그 보험금액의 비율에 따라 보상책임을 지운다(제725조의2).

　판례도 이러한 입장으로 대법원 2005. 4. 29. 선고 2004다57687 판결[153]은

---

153) 가스설비업 등을 영위하는 하도급업체인 원고가 보험기간을 1997. 2. 15.부터 1998. 2. 14.까지로 하는 도시가스관련시설의 설치 등과 관련한 우연한 사고를 담보하는 영업배상책임보험계약을 체결

"두 개의 책임보험계약이 보험의 목적, 즉 피보험이익과 보험사고의 내용 및 범위가 전부 공통되지는 않으나 상당 부분 중복되고, 발생한 사고가 그 중복되는 피보험이익에 관련된 보험사고에 해당된다면, 이와 같은 두 개의 책임보험계약에 가입한 것은 피보험자, 피보험이익과 보험사고 및 보험기간이 중복되는 범위 내에서 상법 제725조의2에 정한 중복보험에 해당한다"고 하였다.[154]

2. 피보험자의 의무

(1) 통지의무

피보험자는 보험자에 대하여 배상청구통지의무와 채무확정통지의무를 부담한다. 배상청구통지의무는 피보험자가 제3자로부터 배상청구를 받은 때에는 지체없이 보험자에게 통지하여야 한다는 의무이다(제722조). 채무확정통지의무는 피보험자는 제3자에 대하여 변제, 승인, 화해, 재판 등으로 채무가 확정된 때에도 통지의무를 부담한다는 의무이다(제723조 제1항). 이러한 통지를 함으로써 보험자는 손해에 대한 조치를 강구하고 보험금의 지급에 대비할 수 있다.

구 상법은 이러한 통지의무 불이행의 효과에 관한 규정을 두지 않았었으나, 통설은 통지하지 않음으로 인하여 증가된 손해에 대하여는 보험자가 보험금에서 공제하거나 구상할 수 있다고 보았고, 판례도 같은 입장이었다.[155] 개정 상법은 배상청구통지의무 불이행시의 효과에 관한 규정을 두면서 배상청구통지를 게을리하여 손해가 증가된 경우 보험자는 그 증가된 손해를 보상할 책임이 없다고 한다

하고, 그 전에 이미 도급업체가 보험기간을 1996. 12. 8.부터 1997. 12. 7.까지로 하는 영업배상책임보험을 다른 보험자와 체결한 사건(이 당시에는 원고인 피보험자가 도급업체의 안전관리대행사가 아니었지만, 그 이후 보험사고 당시에는 원고가 안전관리대행사가 되었고, 전자의 보험계약과 후자의 보험계약은 그 보험계약자가 다르지만, 후자의 보험계약상 후자의 보험계약 체결 이후에 원고가 안전관리대행사로서 보험계약상 피보험자가 됨)으로서 피보험자가 가스시설의 안전점검을 하지 아니하는 등 안전을 배려할 의무를 다하지 아니하여 소비자의 가스보일러에 공급된 도시가스가 불완전 연소하여 발생한 다량의 이산화탄소에 중독되어 상해를 입는 사고가 발생하여 전자의 보험자에게 보험금의 지급이 청구된 사건이다.

154) 대법원 2009. 12. 24. 선고 2009다42819 판결(두 개의 책임보험계약에 가입한 것이 상법 제725조의2에 정한 중복보험에 해당하는 경우 보험자는 각자 보험금액의 비율에 따른 보상책임을 연대하여 진다).

155) 대법원 1994. 11. 24. 선고 94다2145 판결(만약 피보험자가 보험회사에게 피해자 등으로부터 소송을 제기당한 사실을 통지하여 보험회사로 하여금 소송에 실질적으로 관여할 수 있도록 하였거나 소송에서 피해자의 사고 당시의 수입액에 관한 자료를 제출하였다면 판결에서 피해자의 수익상실로 인한 손해액이 과다하게 인용되는 것을 방지할 수 있었음에도 이를 게을리 한 사정이 있다면, 자동차보험보통약관 제50조의 취지로 보아 피보험자의 의무해태로 인하여 적정 손해액 이상으로 판결에서 인용된 손해액에 대하여는 보험회사에게 보상의무가 없다고 봄이 상당하다).

(제722조 제2항). 다만 피보험자가 제657조 제1항에 따라 보험사고의 발생을 통지를 한 경우에는 그러하지 않다고 규정하여(제722조 제2항 단서) 보험사고 발생을 통지한 경우에는 배상청구를 별도로 통지하지 않는다 하더라도 손해배상의 책임이 없는 것으로 정한다.

그런데 채무확정통지의무 불이행의 효과에 관한 상법의 규정은 없다.

(2) 협의의무

1) 의 의

피보험자가 사고로 인한 제3자의 손해를 배상하는 것은 결국 보험자의 부담이 되므로 피보험자는 제3자에 대한 변제, 승인, 화해 등으로 채무를 확정함에 있어서 보험자와 협의하여야 한다. 피보험자가 피해자와 공모를 함으로써 보험자의 부담이 가중될 염려가 있기 때문이다.

2) 위반의 효과

피보험자가 협의의무를 위반하고 자신이 임의로 승인 등을 한 경우 보험자가 피보험자의 행위 전부에 대하여 책임을 질 수는 없다. 상법은 피보험자가 보험자의 동의없이 채무를 확정한 경우에 보험자가 그 책임을 면한다는 약정이 있는 때에도 그 행위가 현저하게 부당한 것이 아니면 보험자는 그 보상책임을 면하지 못한다고 규정한다(제723조 제3항).

따라서 피보험자의 채무승인행위가 현저하게 부당한 것이면 보험자는 보상할 책임을 면하게 되나, '현저하게 부당한'의 해석문제가 남는다. 그리고 현저하게 부당하지는 않으나 피보험자의 승인이 협의의무를 위반한 경우에도, 그 위반으로 인한 부분에 대하여 보험자가 상계하고 보험금을 지급하거나 손해배상을 청구할 수 있다. 판례도 이러한 취지에서 현저하게 부당하지 않다 하더라도 과다한 경우 적정한 범위에서만 책임을 진다고 한다.[156]

---

156) 대법원 1992. 11. 24. 선고 92다28631 판결(판결에 의하지 아니하고 가해자인 피보험자와 피해자 사이의 서면에 의한 합의로 배상액이 결정된 경우 보험회사는 보험약관에서 정한 보험금 지급기준에 의하여 산출된 금액의 한도 내에서 보험금을 지급할 의무가 있다); 대법원 1995. 11. 7. 선고 95다1675 판결(피보험자는 판결의 확정, 재판상의 화해, 중재 또는 서면에 의한 합의로 손해액이 확정되었을 때에 보험회사에 대하여 보험금의 지급을 청구할 수 있고, 보험회사는 그 보험약관의 보험금 지급기준에 의하여 산출한 금액을 보상하되, 다만 소송이 제기되었을 경우에는 대한민국 법원의 확정판결에 의하여 피보험자가 손해배상 청구권자에게 배상하여야 할 금액(지연배상금 포함)을 보상하도록 규정하고 있는 자동차종합보험 보통약관 아래서, 확정판결에 의하지 아니하고 피보험자와 피해자 사이의 서면에 의한 합의로 배상액이 결정된 경우에는 보험회사는 그 보험약관에서 정한 보험금 지급기준에 의하여 산출된 금액의 한도 내에서 보험금을 지급할 의무가 있다); 대법원 1994. 4. 12. 선고 93다11807 판결; 대법원 1998. 3. 24. 선고 96다38391 판결 등이 있다.

(3) 협조의무

1) 의 의

책임보험에서의 피보험자가 보험사고로 말미암아 제3자에게 배상책임을 지는 경우 그 분쟁의 해결에 보험자와 협조하여야 하는 의무이다. 광의로 보면 협의의무를 포함하는 것이다. 상법도 제3자가 피보험자의 책임으로 돌아갈 사고로 입은 손해를 보험자에게 직접 보상청구를 하여 보험자가 직접 보험금을 지급하는 경우에 피보험자는 보험자의 요구가 있을 때에는 필요한 서류, 증거의 제출, 증언 또는 증인의 출석에 협조하여야 한다고 규정한다(제724조 제4항). 하지만 피보험자의 협조의무를 피해자가 직접청구권을 행사하는 경우로 한정할 필요는 없다.

2) 위반의 효과

상법에 규정이 없다. 협의의무 위반의 효과와 동일하게 취급할 수 있다.

제4 보험자와 제3자와의 관계

1. 책임관계와 보험관계

책임보험에 있어 피해를 입은 제3자는 보험계약의 당사자가 아니고 피보험자도 아니다. 따라서 보험자와 피해자인 제3자 사이에는 원칙적으로는 아무런 관계가 없는 것에서 출발하였다. 그런데 책임보험계약에서 보험자가 지급하는 보험금은 종국적으로는 피해자인 제3자에게 귀속하는 것이어서 피해자는 직접이든 간접이든 보험자와 일정한 관계를 가지게 된다. 만약 보험금을 지급받은 피보험자가 책임재산이 별로 없는 상태에서 그 보험금으로 피해자에게 배상하는 것이 아니라 임의로 처분하는 등의 행위를 하는 경우 피해자 보호가 문제될 수 있다. 이러한 점에서 책임보험에서 피해자 보호가 강조되고 또한 피해자의 지위 강화를 위한 여러 방안이 강구되어 왔다. 책임보험의 효용이 피보험자의 보호 외에도 피보험자의 배상자력을 확보함에 의하여 피해자를 보호하고자 하는 취지가 있음은 이미 보았다.

2. 피해자 직접청구권의 의의

(1) 책임보험과 피해자 보호

보험자에 대한 보험금청구권을 피보험자만이 가지게 된다면 보험금을 지급받은 피보험자에 대하여 피해자는 일반적인 채권자로서의 지위를 가질 뿐이다. 이러한 지위만 인정한다면 보험사고 발생 이후 책임재산이 별로 없는 피보험자가 보험자로부터 수령한 보험금을 다른 목적으로 유용하거나, 피보험자가 파산하는 경우 등에 있어서 피해자의 보호를 기하기 어려운 면이 있다. 따라서 피해자에게 보험금에 대하여 배타적 권리를 갖도록 할 필요가 있으므로 보험금을 피해자에게 직접 지급하는 것이 가해자의 보험금유용을 방지하고 피해자를 보다 두텁게 보호하는 방안이 된다. 상법은 피해자는 피보험자가 가한 손해에 대하여 보험금액의 범위 내에서 보험자에게 직접 보상을 청구할 수 있도록 하고(제724조 제2항), 이를 피해자의 직접청구권이라 한다.

또한 피보험자가 먼저 피해자에 대하여 손해배상을 하고 이를 조건으로만 보험금을 청구하도록 하는 방법은 피해자 보호에 일조하게 된다. 이러한 입장에서 "보험자는 피보험자가 책임질 사고로 인하여 생긴 손해에 대하여 제3자가 그 배상을 받기 전에는 보험금액의 전부 또는 일부를 피보험자에게 지급하지 못한다"고 규정하여(제724조 제1항), 피해자에 대한 손해배상이 이루어진 경우에 한하여 보험자로 하여금 피보험자에게 보험금을 지급하도록 한다.

(2) 직접청구권의 인정근거

피해자 직접청구권의 인정근거에 대하여는 견해가 나뉜다.

첫째, 책임보험 본질설이다. 이는 책임보험은 본래 피해자 보호를 위한 것이고 가해자의 보호는 피해자 만족의 반사적 효과에 지나지 않아, 책임보험 본래의 성격에서 피해자가 직접청구권을 가져야 한다는 견해이다.

둘째, 법규정효과설이다. 이 견해는 직접청구권을 법규정에 의한 효과로 이해하는 견해로서 통설이다. 책임보험계약은 보험자와 보험계약자 간의 채권계약이고 피해자는 원칙적으로 그 권리가 없는 것이나, 피해자 보호라고 하는 정책적 관점에서 법이 특별히 인정한 것이라는 견해이다.

생각건대 상법은 제724조 제2항에서 명시적으로 피해자 직접청구권을 인정하고 있어, 법규정효과설이 타당하다고 본다.

(3) 직접청구권의 법적 성질

피해자 직접청구권의 법적 성질에 대하여는 보험금청구권설과 손해배상청구권설로 견해가 나뉜다.

1) 보험금청구권설

이 견해는 보험자는 보험계약에 의하여 책임을 부담하므로 피해자의 직접청구권은 그 계약의 내용에 의하여 제약을 받는 보험금청구권이라는 견해이다. 책임보험계약에서의 피해자는 법의 규정에 따라 피보험자가 책임을 질 사고로 입은 손해의 보상을 청구하는 것이므로 보험자에 대한 피해자의 보험금청구권은 손해배상청구권이 아니라 보험금청구권이라 한다.[157]

보험자는 보험계약자로부터 소정의 보험료를 받고 피보험자의 손해를 보상할 것을 약정한 것이지 채무를 인수한 것이 아니고, 또한 만약 손해배상청구권으로 이해하는 경우 피보험자의 고의로 인한 사고는 면책됨에도 불구하고 보험자가 보상책임을 면할 수 없게 되어 불합리한 결과가 초래된다는 점 등을 근거로 한다. 책임보험계약에서의 피해자는 보험자에 대하여 법의 규정에 따라 피보험자가 책임을 질 사고로 입은 손해의 보상을 청구하는 것이지, 손해의 배상을 청구하는 것은 아니라 한다.[158] 이 설에 의하면 직접청구권의 시효기간은 보험금청구권과 같이 3년이 된다(제662조 참조).

2) 손해배상청구권설

이 견해는 직접청구권의 법적 성질을 보험자가 피보험자의 피해자에 대한 손해배상채무를 병존적으로 인수한 것인 손해배상청구권으로 파악한다. 통설[159]과 판례의 입장이다.[160] 피해자 직접청구권을 손해배상청구권으로 파악하는 판례와 학설의 근거들은 다음과 같다.[161]

첫째, 책임보험계약을 제3자를 위한 보험계약으로 이해하는 보험금청구권설에 대한 비판이다. 피해자는 책임보험계약에 있어서 피보험자가 아니라 제3자에 불과하고 책임보험계약은 피보험자가 제3자(피해자)에 대하여 손해배상책임을 지는

---

157) 양승규, 376면.
158) 양승규, 377면.
159) 김은경, 525면; 박세민, 664면; 한기정, 618면 등.
160) 대법원 2000. 12. 8. 선고 99다37856 판결 등.
161) 판례의 입장을 지지하면서 손해배상청구권설을 따르는 논거는 이연갑, "책임보험에 있어서 직접청구권과 상계의 효력", 「민사판례연구」 제24권, 2002, 231 – 249면에 상세히 소개되어 있다.

것을 전제하므로 제3자를 바로 피보험자로 파악하는 것은 제3자를 위한 일반의 손해보험계약과 책임보험계약을 동일하게 보는 것이 되어 책임보험계약의 성질에 반한다고 한다.[162]

둘째, 피보험자의 보험금청구권을 피해자가 대위행사한다고 보는 견해에 대한 비판으로, "피보험자의 다른 채권자들의 압류, 피보험자 자신에 의한 처분, 또는 피보험자가 파산하는 경우 파산재단에 편입되어버릴 가능성을 남겨 두는 것이 되어, 직접청구권을 인정하게 된 입법목적에 맞지 않는다"고 하면서,[163] 채권자대위권의 요건이 갖추어지는가에 따라 결과가 달라지는 문제점도 있다고 한다. 즉 그 보험금이 경제적으로는 피해자인 제3자에게 귀속되는 것이므로 피해자 보호를 위하여도 그 성질을 손해배상청구권으로 보자는 것이다.

셋째, 직접청구권을 인정하는 취지는 "손해배상금의 지급을 1회적으로 해결하여 사고의 처리를 신속, 원활하게 하는 데 있는 것"이므로 그 성질은 손해배상청구권이고, 다만 피해자는 가해자(피보험자)에 대한 손해배상청구권을 보험자에 대하여 독립하여 행사하는 것으로 이해하면 족하다고 한다.[164]

넷째, 소멸시효에 있어서도 보험금청구권의 시효가 단기이어서 피해자 보호를 위하여는 보다 장기인 손해배상청구권으로 파악하여야 한다는 것이다.

이상에서와 같이 피해자 직접청구권을 손해배상청구권으로 파악하는 핵심적 논거는 피해자 보호라 할 수 있다. 직접청구권을 인정하게 된 입법목적이 피해자 보호이고 보면, 피보험자의 처분 또는 파산재단에의 편입 등으로 말미암아 보험금이 피해자의 손해전보를 위하여 사용되지 않는 경우가 생길 수 있어 직접청구권을 인정한 것으로 보자는 맥락이다.

3) 판 례

판례는 피해자의 직접청구권의 법적 성질은 보험자가 피보험자의 피해자에 대한 손해배상채무를 병존적으로 인수한 것으로서 피해자가 보험자에 대하여 가지는 손해배상청구권이고, 피보험자의 보험자에 대한 보험금청구권의 변형 내지는 이에 준하는 권리가 아니라고 일관되게 판시한다.[165] 직접청구권의 법적 성질을

---

162) 그러나, 손해배상청구권으로서의 성질을 주장하는 이러한 근거에 대하여는, 보험자는 불법행위를 한 당사자도 아니고, 또한 책임보험계약을 체결할 당시 보험자의 의사가 과연 손해배상채무를 인수하고자 하였는지의 여부를 따져 본다면, 의사주의를 기본으로 하는 우리 법의 근본과 어울리지 않는다는 반론이 가능하다.

163) 이연갑, 앞의 논문, 239면.

164) 김성태, "직접청구권의 성질과 시효," 「민사판례연구」 제16권, 민사판례연구회, 1994, 184-186면; 이연갑, 앞의 논문, 239면.

이와 같이 파악함에 의하여 그 시효기간은 보험금청구권의 시효기간인 3년이 아니라, 불법행위의 시효기간인 안 날로부터 3년 또는 사고발생일로부터 10년의 기간에 의한다. 또한 그 지연손해금에 관하여는 연 6%의 상사법정이율이 아닌 연 5%의 민사법정이율이 적용된다.[166)

4) 소 결

피해자의 보호를 위하여는 현재의 통설과 판례인 손해배상청구권설이 옳다고 본다. 판례상 손해배상청구권설이 확립되어 이를 기초로 하여 여러 다른 이론들이 발전되고 있는 실정이서 어느 학설이 보다 우수한 것인지 여부를 따지는 일은 실익이 없어 보이기도 한다. 그런데 몇 가지의 점에서 손해배상청구권설의 약점이 있다. 첫째, 보험자는 보험계약을 체결한 것이지 손해배상채무를 병존적으로 인수한 것이 아니라는 점이다. 그럼에도 불구하고 손해배상청구권으로 파악하는 것은 법률행위의 기본적 원칙과 반할 수 있다. 둘째, 손해배상채무의 병존적 인수라고 하면서도 피보험자의 고의 사고 등의 경우 보험자가 면책되는 점을 설명하기 어렵다. 셋째, 피해자의 직접청구권의 범위가 보험자와 피보험자 사이의 계약내용에 의하여 제한된다는 점이다. 지급의 한도나 면책사유 등이 그러하고, 이 점에서도 손해배상청구권설은 일관된 설명이 어렵다. 향후 피해자의 직접청구권과 관련한 이론의 정립시 참조하여야 한다.

3. 피해자의 직접청구권과 손해배상청구권, 그리고 피보험자의 보험금청구권

책임보험에서 보험사고가 발생하는 경우 세 가지의 청구권이 병존하게 된다. 피해자는 보험자에 대하여 직접청구권을, 피보험자(가해자)에 대하여 손해배상청구권을 취득한다. 그리고 피보험자(가해자)는 보험자에 대하여 보험금청구권을 취득한다. 예컨대 甲보험자와 책임보험계약을 체결하면서 자신을 피보험자로 지정한 A, 그리고 A의 과실로 인하여 사고를 당한 피해자인 B가 있다고 가정하자.

---

165) 대법원 2017. 5. 18. 선고 2012다86895,86901 판결; 대법원 1998. 7. 10. 선고 97다17544 판결; 대법원 1998. 9. 18. 선고 96다19765 판결; 대법원 2004. 10. 28. 선고 2004다39689 판결 등.

166) 대법원 2019. 5. 30. 선고 2016다205243 판결(상법 제724조 제2항에 의하여 피해자에게 인정되는 직접청구권의 법적 성질은 보험자가 피보험자의 피해자에 대한 손해배상채무를 병존적으로 인수한 것으로서 피해자가 보험자에 대하여 가지는 손해배상청구권이고, 피보험자의 보험자에 대한 보험금청구권의 변형 내지는 이에 준하는 권리가 아니므로, 이에 대한 지연손해금에 관하여는 연 6%의 상사법정이율이 아닌 연 5%의 민사법정이율이 적용된다).

(1) 피해자의 직접청구권과 피해자의 손해배상청구권의 관계

피해자는 두 개의 청구권을 가진다. 즉 피해자 B는 보험자인 甲에 대하여 직접청구권을, 가해자(피보험자)인 A에 대하여는 손해배상청구권을 가진다. 양 청구권은 그 발생의 근거가 다른 별개의 독립적인 것이므로, 피해자는 양 청구권을 선택하여 행사할 수 있다. 하지만 피해자가 이중으로 이득을 취하는 것은 허용될 수 없으므로 그중 하나의 청구권을 행사하여 피해자가 만족이 된 때에는 그 범위 내에서 양 청구권은 동시에 소멸한다. 이 문제는 역으로는 부진정연대채무를 부담하는 보험자와 피보험자의 관계이기도 하다. 양 청구권에 관한 법리를 정리하면 다음과 같다.

1) 별개의 독립된 청구권

첫째, 우선 양 청구권은 서로 별개 독립의 것으로 성립하고 병존한다.[167] 피해자는 보험자와 피보험자에 대하여 손해배상채무의 전부 또는 일부의 이행을 청구할 수 있고, 보험자와 피보험자 각자도 이에 대하여 독립하여 채무 전부를 이행하여야 한다. 따라서 가해자와 피해자 사이에서 손해배상의 범위에 관하여 합의를 하였더라도, 그 합의에 보험자가 관여하지 않은 한 그 합의 내용이 곧바로 직접청구권의 범위를 결정하는 것은 아니다.[168] 또한 피해자가 피보험자에 대한 손해배상청구소송에서 패소하더라도, 피해자는 다시 보험자에 대하여 직접청구권에 기한 손해배상청구소송을 제기할 수 있으며, 법원은 이 소송에서 특별한 사정이 없는 한 손해배상채무의 성립과 범위에 관하여 피보험자에 대한 손해배상청구소송의 판결과 무관하게 다시 심리하여 판결하여야 한다.[169] 즉 위 예에서 B가 A에 대한 손해배상청구소송에서 패소한 경우라 하더라도 甲에 대하여 직접청구권에

---

167) 강재철, "책임보험과 피해자인 제3자", 「재판자료」 제31집, 1991, 524면.

168) 이연갑, 앞의 논문, 231–249면. 그런데 피해자가 보험자에 대한 직접청구권을 포기하거나 한 이후 피보험자에게 손해배상청구권을 행사할 수 있는지가 문제된다. 위 원칙에 의하면 양 청구권을 별개의 것으로서 독립적으로 행사할 수 있는 것처럼 해석된다. 이는 피해자가 보험자와는 합의를 한 이후 다시 피보험자에게 손해배상청구권을 행사할 수도 있다는 결과가 되어 타당하지 않을 수 있다. 실무에서는 보험자가 피해자와 합의 등의 채무확정 과정에서 가해자인 피보험자의 위임을 받고 있어 별 문제는 없어 보인다.

169) 대법원 2000. 6. 9. 선고 98다54397 판결(피해자의 보험자에 대한 손해배상채권과 피해자의 피보험자에 대한 손해배상채권은 별개 독립의 것으로서 병존하고, 피해자와 피보험자 사이에 손해배상책임의 존부 내지 범위에 관한 판결이 선고되고 그 판결이 확정되었다고 하여도 그 판결의 당사자가 아닌 보험자에 대하여서까지 판결의 효력이 미치는 것은 아니므로, 피해자가 보험자를 상대로 하여 손해배상금을 직접 청구하는 사건의 경우에 있어서는, 특별한 사정이 없는 한 피해자와 피보험자 사이의 전소판결과 관계없이 피해자의 보험자에 대한 손해배상청구권의 존부 내지 범위를 다시 따져보아야 하는 것이다).

기한 소송을 제기할 수 있으며 법원은 A에 대한 소송의 판결과는 무관하게 다시 심리하여야 한다.

2) 피해자의 손해전보라는 동일 목적

둘째, 양 청구권이 별개·독립의 것이라 하더라도, 피해자의 손해 전보라는 동일한 목적을 가지고 있으므로, 변제 등에 의하여 피해자가 만족을 얻으면 그 한도에서 다른 채무자의 채무도 소멸한다. 따라서 B가 甲으로부터 보상을 받는 경우 A에 대한 손해배상청구권도 소멸된다. 이러한 취지에서 직접청구권은 피해자의 피보험자에 대한 손해배상청구권이 인정되는 것을 전제로 하고 또 그 범위를 넘어서 인정될 수는 없으므로, 보험자는 피보험자가 피해자에 대하여 가지는 항변으로써 대항할 수 있다(제724조 제2항 단서). 위 예에서 甲은 A의 B에 대한 항변으로 B에 대하여 대항할 수 있다.

3) 객관적 공동관계에 불과

셋째, 양 채무는 피해자 구제라는 공동의 목적을 가지고 있으나 이는 객관적 공동관계에 불과한 것이다. 그리하여 보험자와 피보험자 사이에 피해자에 대한 공동의 고의 또는 과실이라는 주관적 공동관계를 발견하기 어렵고, 또한 공동의 사업 또는 생활관계가 있다고도 볼 수 없다.

4) 내부관계에서 최종적 책임을 부담하는 보험자

넷째, 보험자와 피보험자 사이의 내부관계에서 최종적 손해배상책임은 보험자에게 있으므로, 당사자 사이에 부담부분이라는 관념은 존재하지 않는다. 그러므로 보험자가 피해자에게 손해배상금을 지급하면, 피보험자는 그 한도에서 자기의 손해배상책임을 면하게 될 뿐 구상권의 문제가 생기지 않는다.[170] 甲보험자가 B에게 손해배상으로써 보험금을 지급하였다 하더라도 가해자이자 피보험자인 A에 대하여 구상권을 행사할 수 없다.

---

170) 대법원 2006. 4. 13. 선고 2005다77305,77312 판결에서도 이를 확인하였다. 법원은 "A는 보험금청구권 이외에 부진정연대채무관계에 있어서의 구상금청구권 또는 부당이득반환청구권을 갖지 않는다. 보험자는 상법 제724조 제2항에 의하여 피보험자의 피해자에 대한 손해배상채무를 병존적으로 인수한 지위에 있는 자로서 피해자에 대한 관계에 있어 피보험자와 부진정연대채무관계에 있는 것으로 본다 하더라도 상법 제723조에 의하여 피보험자가 제3자에게 손해배상금을 지급하였거나 상법 또는 보험약관이 정하는 방법으로 피보험자의 제3자에 대한 채무가 확정되면 피보험자는 보험자에 대하여 보험금청구권을 행사할 수 있으므로 피보험자인 A가 위와 같은 보험금청구권 이외에 별도의 구상금청구권을 취득한다고 볼 수 없고"라고 하고 있다.

(2) 피해자의 직접청구권과 피보험자의 보험금청구권

1) 별개의 독립된 청구권

이는 피해자의 보험자에 대한 직접청구권과 피보험자의 보험자에 대한 보험금청구권의 관계이다. 위에서 B의 甲에 대한 직접청구권과 A의 甲에 대한 보험금청구권의 관계이다. 양 청구권은 서로 별개 독립의 것으로 성립하고 병존한다. 따라서 피해자가 피보험자에 대한 손해배상청구소송에서 패소하더라도 보험자에 대하여 직접청구권에 기한 손해배상청구소송을 제기할 수 있으며, 법원은 이 소송에서 특별한 사정이 없는 한 손해배상채무의 성립과 범위에 관하여 피보험자에 대한 손해배상청구소송의 판결과 무관하게 다시 심리하여 판결하여야 하는 것과[171] 같은 취지에서, 양 청구권은 서로 달리 취급된다.

2) 피해자의 직접청구권과 피보험자의 보험금청구권의 우선순위

보험자와 피보험자는 피해자인 제3자에 대하여 부진정연대채무관계에 있어 피해자는 보험자와 피보험자에 대하여 손해배상채무의 전부 또는 일부의 이행을 청구할 수 있다. 그런데 피보험자 또한 보험자에 대하여 보험금청구권을 행사할 수 있어, 보험자는 피해자에 대하여는 손해배상채무를, 피보험자에 대하여는 보험금지급채무를 부담한다. 이 경우 그 채무이행의 우선순위에 관한 점이 문제된다. 상법은 보험자는 피보험자가 책임을 질 사고로 인하여 생긴 손해에 대하여 제3자가 그 배상을 받기 전에는 보험금액의 전부 또는 일부를 피보험자에게 지급하지 못한다고 규정한다(제724조 제1항).

상법 제724조 제1항 문언대로 피해자 직접청구권을 우선시하여 피해자가 배상을 받기 이전에는 보험자가 피보험자에게 보험금을 지급할 수 없다고 보아야 한다. 책임보험계약의 체결은 보험자의 손해배상채무의 병존적 인수라 해석하고 있으므로 피해자는 보험자와 피보험자에 대하여 동시 또는 순차로 손해배상채무의 전부 또는 일부의 이행을 청구할 수 있는 점, 부진정연대채무를 부담하는 보험자와 피보험자 사이의 계약관계로 인하여 채권자인 피해자가 보험자에 대하여 직접청구권을 행사할 수 없다는 점은 이해하기 어려운 점, 책임보험의 피보험자가 파산하는 경우 피해자가 책임보험으로부터 우선적으로 손해의 회복을 받을 수 있도록 하여야 하는 점 등을 보면 피해자 직접청구권을 우선시해야 함이 당연하다.[172]

---

171) 대법원 2000. 6. 9. 선고 98다54397 판결.
172) 일본 보험법은 2008년 개정으로 피해자가 책임보험으로부터 우선적으로 손해의 회복을 받을 수 있도록 하기 위하여, 보험금청구권에 대한 특별한 선취특권을 인정하였다(일본 보험법 제22조 제1

무엇보다도 피해자 보호라는 직접청구권의 도입취지상 상법 제724조 제1항을 문언대로 해석하여 피해자가 배상을 받기 전에는 피보험자에게 보험금을 지급하지 못하도록 하여야 한다. 일부 판례 중에는 보험약관상 상법 제724조 제1항과 같은 원용조항을 두는 경우에 한하여 보험자가 피보험자의 보험금청구에 대하여 그 지급거절권을 행사할 수 있다고 한 바도 있으나,[173] 판례는 피해자 직접청구권이 우선됨을 거듭하여 확인하고 있다.[174]

4. 혼동에 의한 채권소멸과의 관계

(1) 문제점

판례는 피해자 직접청구권의 법적 성질을 손해배상청구권으로 파악하고 있어, 피해자는 가해자인 피보험자에 대한 관계에서만이 아니라 보험자에 대하여도 손해배상청구권을 취득한다. 그런데 피보험자동차의 운행 중의 사고로 인한 손해배상청구권자와 손해배상의무자 중 1인 또는 쌍방이 사망함으로 인하여 위 청구권과 배상의무가 동일인에게 귀속되는 경우, 손해배상청구권과 손해배상의무가 혼동에 의하여 소멸함으로써 보험회사에 대한 직접청구권 역시 소멸하는가 여부가 문제된다. 예컨대, 친족 간의 사고에 의하여 손해배상채권과 손해배상채무가 동일인에게 상속되는 경우, 만약 상속받은 손해배상채권이 혼동에 의하여 소멸한다면 피해자의 보험자에 대한 직접청구권도 소멸한다고 보아야 할 것이다. 그러나 판례는 상속받은 손해배상채권이 직접청구권의 전제가 되는 경우 혼동에 의하여 소멸하지 않는다고 하여 혼동으로 인한 채무소멸에 관하여 해석상의 예외를 인정한다.

(2) 판 례

판례는 직접청구권을 손해배상청구권으로 파악하면서도 혼동을 인정하지 않고 있다. 대법원 2003. 1. 16. 선고 2000다41653,2000다41660 판결의 사실관계를 보

항). 또한 피해자의 권리를 보호하기 위하여 피보험자의 보험금청구권을 제한하는데, 피보험자가 피해자에 대하여 손해배상채무를 이행한 금액 또는 그 피해자의 승낙이 있는 금액의 한도 내에서만, 피보험자는 보험자에 대해 보험금을 청구할 수 있다(일본 보험법 제22조 제2항).

173) 대법원 2007. 1. 12. 선고 2006다43330 판결; 대법원 1995. 9. 29. 선고 95다24807 판결; 대법원 1995. 9. 15. 선고 94다17888 판결 등.

174) 대법원 2015. 2. 12. 선고 2013다75830 판결(상법 제724조 제1항은 피보험자가 상법 제723조 제1항, 제2항의 규정에 의하여 보험자에 대하여 갖는 보험금청구권과 제3자가 상법 제724조 제2항의 규정에 의하여 보험자에 대하여 갖는 직접청구권의 관계에 관하여, 제3자의 직접청구권이 피보험자의 보험금청구권에 우선한다는 것을 선언하는 규정이라고 할 것이므로, 보험자로서는 제3자가 피보험자로부터 배상을 받기 전에는 피보험자에 대한 보험금 지급으로 직접청구권을 갖는 피해자에게 대항할 수 없다); 대법원 2014. 9. 25. 선고 2014다207672 판결; 대법원 1995. 9. 26. 선고 94다28093 판결.

면, 甲보험자는 A와의 사이에서 A 소유의 소형화물차에 대하여 책임보험계약을
체결하였는 바, A의 처가 보험기간 중 아들 B를 화물차 조수석에 태우고 운행하
다 중앙선을 침범하여 마주 오던 승용차와 충돌하는 사고를 냈고, 위 사고로 아
들 B가 사망하였다. A는 아들의 상속인으로서 상법 제724조 제2항에 따라 직접
청구권을 행사하여 甲에게 책임보험금의 청구를 하였다. 甲보험자는 A가 아들 B
에게 손해배상채무를 부담하는 한편 아들의 사망으로 아들의 자신에 대한 손해배
상청구권을 상속받았으므로 위 채권과 채무는 혼동에 따라 소멸하였고, 따라서 A
는 B의 상속인으로서 甲에 대하여 위 직접청구권을 행사할 수 없게 되었다고 주
장하면서 채무부존재확인을 구하였다. 이 사건에서 판례는 교통사고의 피해자에게
책임보험 혜택을 부여하여 이를 보호하여야 할 사회적 필요성은 여전히 존재하고,
책임보험의 보험자가 혼동이라는 우연한 사정에 의하여 자신의 책임을 면할 합리
적인 이유가 없다는 점 등을 고려할 때 가해자가 피해자의 상속인이 되는 등 특
별한 경우를 제외하고는 피해자의 운행자에 대한 손해배상청구권은 상속에 의한
혼동에 의하여 소멸되지 않는다고 하였다.[175]

판례는 오로지 가해자가 피해자의 상속인이 되는 경우에만 혼동에 의하여 소
멸한다고 보고, 기타의 경우는 피해자 보호의 필요성이 존재하고 우연한 사정에
의하여 보험자가 면책되는 것은 바람직하지 못하다는 근거에서 혼동을 인정하지
않는다.

(3) 혼동의 절대적 효력과 판례

책임보험계약을 체결한 피보험자가 피보험자동차의 운행과 관련하여 손해배상
책임을 부담하는 사안에서 상속으로 인한 혼동이 문제되는 것은 다음의 세 가지
유형으로 보인다.[176] (i) 배상의무자와 권리자가 모두 사망하여 제3자가 이를 모

---

175) 대법원 2003. 1. 16. 선고 2000다41653,2000다41660 판결(자동차 운행중 사고로 인하여 구 자
동차손해배상보장법(1999. 2. 5. 법률 제5793호로 개정되기 전의 것) 제3조에 의한 손해배상채권과 채
무가 상속으로 동일인에게 귀속하더라도 교통사고의 피해자에게 책임보험 혜택을 부여하여 이를 보호
하여야 할 사회적 필요성은 동일하고 책임보험의 보험자가 혼동이라는 우연한 사정에 의하여 자신의
책임을 면할 합리적인 이유가 없다는 점 등을 고려할 때 가해자가 피해자의 상속인이 되는 등 특별한
경우를 제외하고는 피해자의 보험자에 대한 직접청구권의 전제가 되는 위 법 제3조에 의한 피해자의
운행자에 대한 손해배상청구권은 상속에 의한 혼동에 의하여 소멸되지 않는다. 자동차책임보험에 있어
서 보험회사에 대한 직접청구권의 전제가 되는 피해자의 손해배상청구권이 운행자와 가해자에게 상속
된 경우 가해자의 그 상속분에 상응하는 직접청구권의 행사를 부정하고 운행자의 직접청구권의 행사범
위를 책임보험의 한도액 중 그 상속지분에 상응하는 금액으로 한정한 사례).
176) 민유숙, "보험회사에 대한 책임보험 직접청구권과 상속에 의한 혼동 여부", 「대법원판례해설」
제44호, 법원도서관, 2004, 767-769면.

두 상속하는 경우, (ii) 배상의무자가 사망하여 배상권리자가 의무를 상속하는 경우, (iii) 배상권리자가 사망하여 배상의무자가 권리를 상속하는 경우이다.

판례는 (i)[177]과 (ii)[178]의 경우에 있어서는 피해자인 권리자가 우연히도 가해자인 손해배상의무자의 지위를 승계하는 경우 혼동으로 인하여 소멸한다면 피해자 보호의 취지에 부합하지 아니한다는 취지에서 혼동을 인정하지 않는다. 다만 (iii)의 경우 다른 유형과 달리 피해자의 상속인이 제3자가 아니라 손해배상의무자 자신이므로 피해자 보호의 필요성이 없다고 보아 혼동에 의하여 소멸한다고 본다. 당해 사고를 일으킨 불법행위자인 경우까지 보호해 주는 것은 현저히 부당하므로 이 경우에 한하여 권리를 혼동으로 소멸시켜 청구권의 행사를 봉쇄하자는 것이다.[179]

177) 대법원 1995. 7. 14. 선고 94다36698 판결에서 미혼의 형제 중 1인(피보험자)이 자신의 형제를 동승시켜 피보험승용차 운전중 교통사고를 일으켜 위 형제가 모두 사망함으로써 그들의 부모가 형제 각자의 손해배상청구권과 손해배상채무를 모두 상속한 경우, 위 판결과 동일한 법리에서 위 채권과 채무는 혼동으로 소멸하지 않고 따라서 부모는 보험회사에게 직접청구권을 행사할 수 있다고 판시하였다. 또한 대법원 1995. 5. 12. 선고 93다48373 판결에서는 동생이 피고(보험회사)와 사이에서 자동차손해배상 책임보험계약을 체결하고 그 보험계약기간 중 피보험자동차를 운전하다가 교통사고를 일으켜 동생 및 그 차에 동승하고 있던 언니들이 모두 사망하였는데, 위 자매들은 모두 미혼이어서 부모가 동생의 언니들에 대한 손해배상의무 및 언니들의 동생에 대한 손해배상청구권을 모두 상속하였다. 이에 부모가 보험회사를 상대로 책임보험금의 직접청구권을 행사하였다. 피해자 언니 중 1인은 혼인하여 남편만 있었으나 남편이 원고들에게 손해배상채권을 양도하였다. 이 사건에서 법원은 "피해자의 보험회사에 대한 직접청구권이 수반되는 경우에는 그 직접청구권의 전제가 되는 자동차손해배상보장법 제3조에 의한 피해자의 운행자에 대한 손해배상청구권은 상속에 의한 혼동에 의하여 소멸되지 않는다"고 하여 혼동을 부정하였다.

178) '부가 소유 및 운전하는 차량에 자가 탑승하였다가 사고로 부가 사망하였고, 그 부자 사이에서 다른 상속인이 존재하지 않는 경우'를 들 수 있다. 이 유형에서 자는 부에 대하여 손해배상청구권을 갖는 동시에 부의 자신에 대한 손해배상채무를 부의 사망으로 인하여 상속하게 된다. 한편, 자는 피해자로서 보험회사에 대하여 직접청구권을 갖는다. 그런데 손해배상의무자가 부이고 피해자 자신이 이를 단독상속함으로써 손해배상청구권과 의무가 피해자에게 모두 귀속하게 된 것인데, 이 경우 위 채권·채무가 혼동으로 소멸한다면 이를 전제로 하는 피해자의 직접청구권 역시 소멸하게 되어, 결국 피해자(자)는 손해배상의무자가 자신의 부(피상속인)라는 이유만으로 손해전보의 길을 상실하고 보험회사는 보험금지급의무를 면하게 된다. 따라서 이 유형의 경우 혼동을 부정함으로써 피해자를 보호하여야 할 필요성이 존재하며, 이 유형 역시 대법원판결에 의하여 혼동이 부정되는 범위에 포함된다.

179) 예를 든 대법원 2003. 1. 16. 선고 2000다41653, 2000다41660 판결에서 피해자인 망인이 보험회사에 대하여 갖는 직접청구권은 그의 사망으로 상속인인 원고와 원고의 처(피해자의 모)에게 각 1/2지분씩 상속되었는데, 원고의 처가 이 사건 사고의 가해자여서 위 직접청구권의 전제가 되는 망인의 원고의 처에 대한 손해배상청구권과 원고의 처의 망인에 대한 손해배상채무가 혼동으로 소멸하므로 원고의 처의 위 직접청구권 또한 소멸한 것이다. 결국 피해자는 자신에게 상속된 1/2지분에 한하여 직접청구권을 행사할 수 있다. 이에 따라 혼동이 인정되는 경우는 가해자 즉, 불법행위자가 피해자를 상속한 경우에 한정된다고 해석하는 이상 대상판결에서 단지 자동차손해배상보장법에 의하여 손해배상의무를 부담하는 자에 불과한 피고는 이에 해당하지 않게 된다.

(4) 소 결

피해자 직접청구권을 보험금청구권으로 본다면 이러한 문제가 발생하지 않는다. 그러나 판례가 피해자의 직접청구권을 손해배상청구권으로 파악하는 까닭에 상속으로 인한 혼동을 인정하는 것이 보다 논리적일 수 있고, 혼동에 관한 판례의 입장은 피해자 직접청구권을 손해배상청구권으로 파악하는 것과는 일관되지 않는 측면이 있기도 하다. 그럼에도 불구하고 피해자 보호를 위한 책임보험의 취지와 기능, 직접청구권의 인정취지와 주된 보호대상 등에 비추어 본다면 위 판례의 입장은 수긍할 수 있다.

5. 직접청구권의 행사

(1) 직접청구권의 한도

피해자가 보험자에게 직접 보험금을 청구하기 위하여는 보험기간 중 피보험자가 책임을 질 사고로 손해를 입었어야 한다. 그리고 그 청구가능한 보험금액의 한도는 책임보험계약에서 정하여지고, 피해자는 그 한도 내에서만 청구할 수 있다.[180]

(2) 보험자의 통지의무와 피보험자의 협조의무

보험자로서는 피해자로부터 직접 청구를 받은 경우 지체없이 피보험자에 대하여 이를 통지하여야 한다(제724조 제3항). 피보험자로서도 자신의 책임있는 사고로 손해를 입은 피해자가 보험자에게 손해보상을 청구한 경우에 보험자의 요구가 있을 때에는 필요한 서류, 증거의 제출, 증언 또는 증인의 출석에 협조하여야 한다(제724조 제4항).

(3) 직접청구권의 소멸시효

1) 직접청구권의 법적 성질과 소멸시효

판례는 직접청구권의 법적 성질을 손해배상청구권으로 파악하므로 이에 의하면 소멸시효는 민법 제766조에 의하여 10년 또는 3년이 된다. 즉 피해자의 보험자에 대한 직접청구권은 손해배상청구권이므로 피해자의 가해자(피보험자)에 대한

---

180) 대법원 2017. 5. 18. 선고 2012다86895,86901 판결(피해자의 직접청구권에 따라 보험자가 부담하는 손해배상채무는 보험계약을 전제로 하는 것으로서 보험계약에 따른 보험자의 책임 한도액의 범위 내에서 인정되어야 한다); 대법원 2014. 9. 4. 선고 2013다71951 판결.

소멸시효기간과 같다. 그러나 보험금청구권설에 의하면 3년의 시효가 적용되는 것으로 본다.

그런데 자동차손해배상보장법에 의한 자동차손해배상책임보험금에 대한 직접 청구권의 경우 3년의 소멸시효가 적용된다(자동차손해배상보장법 제41조).

2) 직접청구권의 발생시기와 기산점

직접청구권의 소멸시효의 기산점이 문제된다. 민법 제166조 제1항에서 정하고 있는 소멸시효의 기산점은 권리를 행사할 수 있는 때로부터이므로 그 직접청구권의 발생시기와 관련된다. 이는 피보험자의 보험자에 대한 보험금청구권의 발생시기가 되기도 한다. 책임보험에서의 보험사고는 피보험자의 책임있는 사유로 발생한 사고로 인하여 손해배상채무가 발생하는 것이기 때문이다.

직접청구권의 소멸시효 기산점에 관하여도 보험금청구권의 발생시기와 같이[181] 배상책임액이 확정한 때에 직접청구권이 발생한다는 견해, 직접청구권은 보험사고의 발생과 동시에 발생하나 보험금청구권행사에 있어서는 배상책임액의 확정을 필요로 한다는 견해 등이 있을 수 있다.

생각건대, 직접청구권의 소멸시효는 손해사고시로부터 바로 진행될 수는 없고 배상책임액이 확정된 때 비로소 진행되는 것이라 본다. 판례 중 이 점을 명확히 다룬 것은 없으나, 책임보험에서 보험금청구권의 소멸시효는 피보험자의 제3자에 대한 법률상의 손해배상책임액이 확정됨으로써 그 보험금청구권을 행사할 수 있는 때로부터 진행된다고 하고 있고,[182] 이는 직접청구권의 경우에도 적용되리라 본다.

6. 직접청구권에 대항한 보험자의 항변권

(1) 피보험자의 제3자에 대한 항변(책임관계)

보험자는 피보험자가 가지는 항변으로도 피해자에게 대항할 수 있다(제724조 제2항 단서). 즉 피해자가 피보험자에 대하여 가지는 손해배상청구권을 전제로 하여 보험금액의 한도 내에서 보험자가 책임을 부담하는 것이므로, 보험자는 피보험자가 피해자에 대하여 가지는 항변으로 대항할 수 있다.

이는 책임보험자는 피보험자의 책임범위 내에서만 책임을 부담하는 것이 보험법의 일반원리에 부합하고, 같은 피해자라도 상대방이 보험에 가입하였는지 여부

---

181) 제5장 제4절 제2. 4. 보험금청구권과 소멸시효의 기산점 참조.
182) 대법원 2012. 1. 12. 선고 2009다8581 판결; 대법원 2002. 9. 6. 선고 2002다30206 판결.

및 피보험자 또는 보험자 어느 쪽에 대하여 청구권을 행사하는지에 따라 그 손해
전보의 범위가 달라지는 것은 합리적이지 못하기 때문에 책임보험자로 하여금 피
보험자의 항변권을 원용할 수 있도록 규정한 것이다.[183] 그러므로 판례는 여기에
서 말하는 '피보험자가 그 사고에 관하여 가지는 항변'이란 피보험자가 피해자에
대하여 가지는 항변으로서 손해배상채무의 성립 및 범위에 관한 사유를 의미한다
고 한다. 따라서 화재보험계약상 보험회사가 보험계약자에 대해 대위권을 포기하
기로 한다는 취지의 면책규정이 책임보험상 직접청구권에 대한 항변사유로 주장
한 사안에서 이 면책규정은 이 항변에 해당하지 않는다고 보았다.[184] 그 근거로는
① 이 항변은 피보험자가 화재보험계약의 보험자인 원고에 대하여 가지는 항변일
뿐, 피보험자가 피해자에 대하여 가지는 항변이 아니고 그 내용도 피해자에 대한
손해배상채무의 성립이나 범위에 관한 것이라고 볼 수 없으며, ② 그 문언상 이
사건 화재보험계약의 보험계약자가 보험사고를 일으킨 경우에는 보험회사가 상법
제682조에 따라 법률상 취득하는 피보험자의 제3자에 대한 권리를 보험계약자를
상대로는 청구하거나 행사하지 않겠다는 취지의 약정으로 보이고, 보험회사가 이
사건 면책규정에 의하여 보험계약자의 책임보험자에 대한 대위권까지 포기할 의사
였다고 추단하기는 어려우므로, 이 면책규정이 '피보험자가 그 사고에 관하여 가지
는 항변'에 해당한다고 보기 어렵다고 보았다.[185]

(2) 보험자로서 보험계약에 기한 항변(보험관계)

1) 학 설

상법에는 관련 규정이 없다. 그런데 법률에 의하여 보험자의 항변권을 제한하고
있는 경우를 보면 자동차손해배상보장법[186]과 유류오염손해배상보장법[187]이 있다.

2) 학 설

보험자와 피보험자 사이의 보험관계에서 생기는 항변으로 피해자에게 대항할
수 있는지 여부에 관하여는 상법에 규정이 없다. 보험자가 피보험자에 대하여 가

---

183) 대법원 2009. 11. 26. 선고 2009다58470 판결의 취지 참조.
184) 대법원 2024. 7. 11. 선고 2020다246913 판결.
185) 대법원 2024. 7. 11. 선고 2020다246913 판결.
186) 피보험자의 고의로 생긴 사고에 대하여도 피해자에 대한 책임을 인정하고 있다(자동차손해배상
보장법 제3조).
187) 유류오염손해배상보장법 제16조에서는 선박소유자의 고의에 의한 사고를 제외하고는 보험자 자
신이 피보험자에 대하여 직접청구권을 가진다고 규정하고 또한 동조 제2항에서는 "피해자에 대하여 주
장할 수 있는 항변만으로"라고 규정하고 있어, 보험계약에 기한 항변으로는 제3자에 대항할 수 없다고
해석된다.

지는 계약상의 항변으로 피해자에게도 대항할 수 있는지 여부에 대하여 입법상 해결되어 있지 않다. 이는 직접청구권의 법적 성질을 어떻게 이해하는지에 따라 결론이 달라질 수 있다.

보험금청구권설에 의한다면 보험자가 피보험자에 대하여 가지는 항변으로 제3자에게도 대항할 수 있다고 봄이 논리적이다. 그런데 판례와 통설인 손해배상청구권설에 의한다면 이론상으로는 보험자가 피보험자에 대하여 대항할 수 있는 항변으로는 피해자인 제3자에게 대항할 수 없다고 보아야 하겠다. 책임관계에 기하여 취득하게 되는 제3자인 피해자가 보험자에 대하여는 보험계약에 기한 대항을 받지 않는다고 보아야 하기 때문이다. 이런 입장에서 직접청구권의 법적 성질에 대하여 '손해배상청구권유추적용설'을 취하면서 보험자가 피보험자에게 가지는 항변으로는 제3자에게 대항할 수 없다고 보는 견해도 있다.[188]

손해배상청구권설을 취하는 학자들 다수는 보험자가 피보험자에 대하여 가지는 항변으로 제3자에게도 대항할 수 있다고 한다. 그 근거로 직접청구권은 유효한 책임보험계약의 존재를 전제로 하는 것이므로 보험자로서는 보험관계상의 항변으로도 피해자에게 대항할 수 있다고 하거나, 직접청구권은 보험사고의 발생과 동시에 피보험자가 가진 보험금청구권과는 별개의 독립된 권리로서 제3자에게 주어지는 것이므로 보험자는 원칙적으로 보험사고 발생 이전에 피보험자에게 가지고 있었던 항변만으로 피해자에게 대항할 수 있고 보험사고 이후에 발생한 새로운 항변사유로는 피해자에게 대항할 수 없다고 하는 견해도 있다.[189] 요컨대, 손해배상청구권설을 취하는 다수의 견해도 보험자가 보험관계에 기한 항변으로서 제3자에게도 대항할 수 있다고 본다.

3) 판 례

첫째, 대법원 1993. 5. 11. 선고 92다2530 판결이다. 보험회사가 대인사고로 지급책임을 지는 금액의 한도에 관하여 자동차종합보험약관 제15조는 원칙적으로 약관의 보험금지급기준에 의하여 산출한 금액을 기준으로 하되, 다만 소송이 제기되었을 경우에는 확정판결에 의하여 피보험자가 피해자에게 배상하여야 할 금액(지연배상금 포함)을 기준으로 하도록 규정하고 있는바, 약관규정의 단서는 피해자가 피보험자를 상대로 소송을 제기하는 경우뿐만 아니라 직접청구권을 행사하여 보험회사를 상대로 소송을 제기하는 경우에도 적용된다.

---

188) 박영준, "책임보험의 제3자 직접청구권에 관한 고찰", 『상사법연구』 제28권 제4호, 2010, 255면.
189) 김성태, 위의 책, 629면; 최기원, 『보험법』, 박영사, 2002, 453면.

둘째, 대법원 1994. 5. 27. 선고 94다6819 판결이다. 피고가 보상할 손해액은 자동차종합보험약관상의 지급기준(과실상계, 위자료, 장례비, 일실수입에 관한 기준)에 의한 금액범위 내로 한정되어야 한다는 피고의 주장에 대하여, 법원이 손해액을 산정하에 있어서 그 약관상의 지급기준에까지 구속될 것을 의미하지는 않는다고 하였다.

셋째, 대법원 2019. 1. 17. 선고 2018다245702 판결이다. 공제계약의 어린이 놀이시설 배상책임 보통약관의 규정에 따라 대인사고 부상과 그로 인해 후유장애가 생긴 경우 상해등급 및 후유장해등급에 따른 공제금 지급한도 내에서 책임을 부담한다. 약관상의 상해등급 및 후유장해등급은 지급기준이 아니라 보험금의 한도 내라고 한 것이다.

넷째, 대법원 2019. 4. 11. 선고 2018다300708 판결에서는 '격락 손해'에 관한 약관조항은 보험금 지급기준에 해당하므로 법원에 소가 제기된 이상 법원은 이와 상관없이 피해자의 실제 손해액을 보상하여야 한다는 것이었다.

요컨대 판례에 의하면, 약관상 기준을 보험금의 지급기준으로 파악하면 보험자는 이를 가지고 제3자에게 항변을 제기할 수 없음에 반하여, 보험금 지급한도로 파악하면 약관에 의해 항변을 제기할 수 있는 결과가 된다.

4) 소 결

판례와 같이 '보험금의 지급기준'과 '보험금의 한도'를 분명하게 구별할 수 있는지 의문이다. 이러한 해결보다는 직접청구권도 원칙적으로 약관에 의하여 구속받도록 하는 것이 옳고, 상법 제724조에 보험자는 피보험자에 대하여 가지는 항변으로써 제3자에게 대항할 수 있다고 규정하는 것이 바람직하다. 몇 가지의 근거를 제시한다.

첫째 보험자가 보험계약에 의하여 피보험자에 대하여 가지는 항변사유로 피해자에게 대항할 수 없고 따라서 약관상 면책사유로 제3자에게 대항할 수 없다면 보험의 기본원리상으로도 타당하지 않게 된다. 이러한 면책의 경우에도 보험금을 지급하도록 한다면 보험금의 취득을 목적으로 인위적인 보험사고가 발생함으로써 사회적인 불안이 조성되고 막대한 경제적 손실이 초래될 우려가 있다. 또한 상법 제651조의 고지의무, 제652조의 위험변경증가의 통지의무 등 상법 보험편상 중요한 제도가 적용되지 않을 수 있고, 이는 타당하지 않다.

둘째, 만약 보험자가 피보험자에 대하여 가지는 항변으로 피해자에게 대항할 수 없다면 피해자가 가해자인 피보험자에 대한 손해배상청구권만으로 해결하게 되고, 결국 손해배상의 법리에 맡기게 된다. 그러하다면 보험계약이나 약관이 필요없다는 결론에 이르고 만다.

셋째, 계약 자유의 측면이다. 책임보험자는 피보험자가 피해자에게 부담하게 될 배상책임을 한도로 계약으로 인수할 위험의 범위 및 조건 등에 관한 사항을 정하여 인수하는 것이므로, 인수할 위험의 내용 등에 관한 사항은 계약내용 형성의 자유에 속한다.

제5 영업책임보험과 보관자의 책임보험

이 두 보험의 종류에 대하여는 상법에서 특별히 규정을 두고 있다.

1. 영업책임보험

(1) 의 의

영업책임보험이란 피보험자가 경영하는 사업과 관련하여 생겨나는 사고로 제3자에게 배상책임을 짐으로써 입은 손해를 보상하기로 하는 책임보험이다(제721조 전단). 영업책임보험은 다시 그 종류에 따라 다양하게 나타난다.

(2) 보험목적의 확대

영업책임보험의 경우 피보험자의 대리인 또는 그 사업감독자의 제3자에 대한 책임도 보험의 목적에 포함된 것으로 한다(제721조 후단). 이는 기업경영의 안전을 도모하고 당사자간의 분쟁을 미연에 해결하기 위하여 보험자의 책임범위를 확대한 것이다.

대리인은 피보험자가 경영하는 사업을 위하여 법률행위를 할 수 있도록 위임이 된 자이고, 상업사용인도 여기에 포함된다. 사업감독자는 그 사업의 지휘감독을 위하여 고용된 자로서 구체적인 사정에 따라서 결정된다. 그리고 그 책임이란 책임발생의 원인을 묻지 않으므로 법률행위로 인하여 발생한 책임 및 불법행위로 인하여 발생한 책임 등을 의미한다. 영업책임보험은 실질적으로는 타인을 위한 보험의 기능을 한다.[190]

---

190) 양승규, 381면; 정찬형, 708면.

2. 보관자의 책임보험

(1) 의 의

보관자의 책임보험은 임차인 기타 타인의 물건을 보관하는 자가 그 물건의 멸
실 등으로 지급할 손해배상책임을 담보하기 위하여 가입한 책임보험을 말한다(제
725조). 창고업자 등 타인의 물건을 보관하는 자가 그 물건의 멸실 등으로 부담하
는 손해배상책임을 보험자에게 이전시킴으로써 자신을 보호하고 또한 피해자인
소유자의 이익을 보호하고자 하는 보험이다. 보관자의 책임보험은 보관자가 그 물
건의 소유자인 타인을 위하여 보험계약을 체결하는 것이 아니라 보관자 자신을
위하여 보험계약을 체결하는 것이므로 타인을 위한 보험계약이 아니다.

(2) 소유자의 보험금직접청구권

보관자의 책임보험의 효과로 상법은 그 물건의 소유자가 보험자에 대하여 직
접 그 손해의 보상을 청구할 수 있다고 규정한다(제725조). 그런데 책임보험에서
피해자의 직접청구권이 명문화되어 있어 이 규정은 존재의의가 없다. 피해자에 해
당하는 소유자는 상법 제724조 제2항에 의하여 보험자에 대하여 직접청구권을 행
사할 수 있기 때문이다.

만약 소유자가 자신의 소유권을 위하여 따로이 물건보험에 가입하여 둔 경우
라면 소유자는 두 개의 보험금청구권을 취득한다. 하지만 손해보상의 원칙 또는
이중이득금지의 원칙에 따라 소유권에 기한 보험계약에 의하여 보험금을 수령한
경우에는 책임보험상의 보험금청구권을 잃게 된다. 이 경우 소유권에 기한 보험자
는 보관자의 책임보험자에 대하여 소유자의 권리를 대위하여 보험금을 청구할 수
있다(제682조).

제6 재 보 험

1. 재보험계약의 의의

(1) 의 의

재보험(Reinsurance, Rückversicherung)계약이라 함은 어떤 보험자가 인수한 보
험계약상의 책임의 전부 또는 일부를 다른 보험자에게 인수시키는 보험계약을 말

한다.[191] 재보험에 대하여 그 원인이 된 최초의 보험을 원보험(원수보험; Ceding Insurance, Original Insurance)이라 한다. 보험자는 그 보험계약이 손해보험계약이든 인보험계약이든 보험사고로 인하여 부담할 책임에 대하여 다른 보험자와 재보험계약을 체결할 수 있다(제661조).[192] 재보험계약은 원보험계약으로 인수된 특정 위험으로 인한 손실을 원보험상의 피보험자에게 직접 보상하여 주기 위한 것이 아니라, 원보험자가 인수한 위험으로 인한 손실이나 책임에 대하여 그 원보험자에게 보상하여 주기 위한 계약이다. 이런 의미에서 재보험계약은 원수보험계약과는 전혀 다른 독립된 계약이고 원보험계약자는 이에 대하여 아무런 이해관계를 가지지 않는다. 재보험계약을 그 정의에 따라 분설하면 아래와 같다.

(i) 재보험계약은 원보험계약과 독립된 계약이다. 재보험계약은 원보험계약에 부종하는 계약이 아니라 하나의 독립된 계약이다.[193] 따라서 원보험계약자는 재보험계약에 대하여 아무런 이해관계를 가지지 아니하고[194] 원보험계약자와 재보험자 사이에는 법률관계가 존재하지 아니한다.

(ii) 원보험자의 책임에 관한 계약이다. 재보험계약은 원보험자의 보험금지급책임의 전부 또는 일부에 관한 계약이다. 원보험자가 자신이 인수한 위험에 대하여 다시 재보험계약을 체결함으로써 그 자신의 보호를 목적으로 하는 계약이라는 점에서 재보험계약은 원보험자의 책임으로 인한 손해를 보상하여 주기 위한 것이지, 원보험계약상의 특정한 위험을 인수하여 그에 대한 보상을 하는 것이 아니다.[195]

(iii) 재보험계약은 원보험계약의 존재를 전제로 하는 계약이다. 재보험계약은 원보험계약과는 독립된 계약이긴 하나, 원보험계약의 존재를 전제로 하여 병존하여 성립한다.

---

191) 양승규, 386면. 그런데 원보험자에게 일정부분의 위험에 대하여는 반드시 그가 보유하여야만 한다는 "자기보유(retention)"를 의무로 부과하게 된다면 책임의 전부를 다른 보험자에게 인수시킬 수는 없다(장덕조, "재보험에 관한 연구: 재보험관계자의 법적 지위를 중심으로", 「서울대학교 법학박사학위논문」, 1998, 제3장 제4절 I. 자기보유의무 참조).

192) Lawrence J. Culligan et al., Corpus Juris Secundum Insurance (1993), 1501에서는 재보험을 다음과 같이 정의하고 있다. "Reinsurance may be defined as a contract whereby one for a consideration agrees to indemnify another, wholly or partially, against loss or liability by reason of a risk the latter has assumed under a separate and distinct contract as insurance company of a third person."

193) Consumer Ben. Association of U.S. v. Lexington Insurance Co., M.D.Ala, 731 F.Supp. 1510; Union Cent. Life Insurance Co. v. Lowe, 182 N.E. 611, 349 Ill. 464.

194) Travelers Indemnity Co. v. Gillespie, 266 Cal. Rptr. 117, 785 P.2d 500, 50 C.3d 82.

195) Allison v. Fidelity Mutual Fire Insurance Co., 479 N.Y.S.2d 284; Sofia Bros. Inc. v. General Reinsurance Corp., 274 N.Y.S. 565.

재보험은 보험계약의 인수 또는 양도와는 구별되는 개념이다. 어느 보험자가 다른 보험자의 계약을 인수하는 경우, 그 다른 보험자의 보험상 책임은 소멸하고 인수하는 보험자의 책임이 이에 갈음하게 된다. 즉 원래의 보험자와 보험계약자 사이의 계약관계를 그대로 보험자가 인수하게 되어, 두 계약의 병존을 전제하는 재보험계약의 정의에 해당되지 아니한다.[196) 이 경우는 계약당사자의 지위를 이전하는 보험계약의 인수 또는 양도라고 할 것이다.[197)

(2) 기 능

첫째, 재보험은 국제적으로 위험을 분산하는 위험의 분산기능이 있다. 둘째, 보험자로서는 지급능력을 유지할 수 있다. 보험회사는 자연재해나 기타 이유로 인하여 큰 손실을 입을 수도 있고 영업실적의 악화로 적자를 볼 수도 있다. 따라서 보험자의 입장에서는 그 회계의 안정을 위하여 인수에 따른 위험을 평준화하고자 한다. 만약 대형위험의 발생시에 재보험에 의하여 손실의 보상을 받을 수 있다면, 그 대형의 위험을 단독으로 인수하는 경우에 비하여 손실의 평준화를 가져오고 회계의 안정도 유도할 수 있다. 셋째, 이로 말미암아 피보험자를 보호하는 기능을 한다.

2. 재보험의 종류

(1) 특약재보험

특약재보험은 두 보험회사 사이에 일방이 미리 장래의 위험을 부보하기로 하고 타방은 그 특약의 규정에 따라 인수하는 계약이다. 즉 특약재보험은 인수여부

---

196) 미국에서는 통상 이 경우도 재보험이라고 정의한다. Carpenter v. Pacific Mutual Life Insurance Co. of California, 74 P.2d 761; Pioneer Life Insurance Co. v. Alliance Life Insurance Co., 30 N.E.2d 66 (1994); Colonial American Life Insurance Co. v. Commissioner, 491 U.S. 244 사건에서 미연방대법원은 재보험에는 기본적으로 두 가지 종류가 있다고 하면서 하나는 인수(assumption)재보험이고 다른 하나는 보상(indemnity)재보험이라고 한다. 인수재보험의 경우에는 재보험자가 원보험자의 지위를 물려받아(steps into the shoes of the ceding company) 그 책임을 인수하고 모든 보험료도 직접 수령할 권한을 가지며 보험증권의 소지자, 즉 원보험수익자에게 직접적으로 책임진다고 판시한다. 그리고 보상재보험을 일반적으로 설명하는 재보험에 해당하는 것으로 설명하고 있다. 그러나 미국에서도 이것을 재보험이 아니라 경개(Novation)라고 설명하는 견해도 있다[Jonathan F. Bank, "Reinsurance and Insurer Insolvency", 385 PLI (1990), at 528)]. 보험계약상의 지위이전에 해당하는 법적 관계를 재보험으로 파악하는 미국에서도 이와 같은 재보험이 체결될 때에는 원보험수익자의 동의를 필요로 한다[Lawrence J. Culligan et al., supra Ch.2 note 8, 1501]. 그러나 그러한 보험계약의 체결에 있어서 원보험수익자의 동의가 없는 경우라 하더라도 보험계약을 인수한 보험자는 보험계약상의 책임을 회피할 수는 없다[Mitchell v. Liberty National Life Insurance Co., 29 S.E.2d 425, 70 Ga. App. 737)].

197) 대법원 1972. 3. 28. 선고 72다195 판결 참조.

를 개별적으로 판단하는 것이 아니라 사전에 합의된 특약에 의거하여 위험물건을 자동적으로 원보험자는 출재(出再)하고 재보험자는 이를 인수함으로써 상호간에 출재 여부와 인수 여부에 관한 선택권이 없다. 따라서 특약재보험을 통하여 다수의 재보험자에게 간이하게 위험을 분산시킬 수 있어 재보험거래에 따르는 경비 및 시간이 절약되므로 일반적으로 특약재보험이 선호된다. 특약재보험의 재보험자는 그 특약기간중의 담보된 위험에 관하여 수재(受再)를 거절할 수 없음에 반하여 임의재보험에 있어서는 재보험자가 재보험계약의 체결을 거절할 수 있다. 재보험계약은 우선적으로 특약재보험의 형태로 체결되고 특약으로 담보하기 어려운 보험물건에 한하여 임의재보험의 형태로 체결된다.

(2) 임의재보험

임의(facultative)재보험은 원보험자가 인수한 위험을 개별적으로 재보험자에게 인수 여부를 제의하고 재보험자는 그 위험물건을 검토하여 인수 여부를 결정한다. 따라서 원보험자와 재보험자는 어떤 규약에 얽매이지 않고 순전히 자기 판단에 의하여 결정한다. 재보험의 연혁상 특약재보험 이전에 행하여지던 방법으로서 (i) 특약으로부터 배제된 위험을 출재하기 위한 경우, (ii) 특약재보험하에서의 재보험료를 인하하기 위하여 원보험자들은 손실의 발생률이 큰 위험에 대하여는 임의재보험으로 출재하는 경우, (iii) 특약재보험에서 재보험자의 책임초과분에 대한 위험을 담보하기 위한 경우, (iv) 재보험자가 당해 물건에 관한 과거의 경험이 없는 경우 등에는 임의재보험이 요구되고 있다. 즉 임의재보험은 특약재보험이 제공하지 못하는 특이한 위험이나 발생가능성이 큰 위험에 관한 부분에 많이 사용된다. 그러나 임의재보험은 그 사무처리의 번잡성과 다액의 경비 등으로 인하여 원보험자에게 많은 불편이 초래될 수 있다. 반면 재보험자에게는 위험물건을 충분히 검토하고 합당한 요율로 인수할 수 있기 때문에 실적을 개선하는 하나의 방안이 되기도 한다.

3. 재보험계약의 법적 성질

(1) 보험계약성

재보험계약도 보험계약의 일종이다. 보험은 각종의 위험에 대비하기 위한 것인데, 재보험도 원보험계약하에 원보험자가 입게 되는 손실에 관한 위험에 대비하기 위한 것이므로 그 보험계약성을 인정할 수 있다. 영미법은 Delver v. Barnes 사건에서[198] 재보험계약의 보험계약성을 확인하였는데, 임의재보험과 특약재보험이 거래에서 구분되어 사용된 뒤에는 임의재보험이 보험계약이라는 판례가 먼저 나왔고,[199] 이후 특약재보험도 보험계약의 일종으로 파악하였다.[200] 그러나 원보험자가 재보험자의 수족역할을 하였을 뿐이고 재보험자와 원보험자는 그 수수료수입과 보험료수입을 위한 하나의 경제단위인 조합(partnership)에 불과하다고 하는 판례도 있어,[201] 재보험계약을 보험계약으로 파악하면서도 경우에 따라서는 위임계약 또는 조합계약으로 보는 등 해석에 있어 유연성을 두고 있다.

(2) 책임보험계약성

재보험은 원보험이 손해보험이든 생명보험이든 손해보험의 성질을 가지는 것이고(보험업법 제4조), 상법 제726조에서는 재보험의 경우 책임보험에 관한 규정이 그 성질에 반하지 아니하는 범위에서 준용된다고 하고 있어 책임보험계약설이 통설이다.[202] 영미에서도 그 정의에 있어 "indemnity against liability"로 파악하여 우리의 책임보험과 유사한 성질을 가지는 것으로 보는 듯하다.[203]

(3) 재보험계약의 특성 – 책임보험과의 차이점

재보험자는 원보험자가 그의 보험수익자 등에게 보험금 지급책임을 부담하는 경우에 그 손해를 보상하는 계약이므로 책임보험계약의 성질을 가진다고도 볼 수 있다. 책임보험에서는 보험관계와 책임관계가 분리되어 피해자인 제3자로서는 책임보험계약이 타인 사이의 계약에 지나지 않는다. 재보험도 원보험계약과는 별개

---

198) (1807) 1 Taunt 48.

199) Australian Widows Fund Life Assurance Society Ltd. v. National Mutual Life Association of Australia Ltd. (1914) AC 634. 이후의 판례들은 이 견해를 따르고 있다.

200) American Reinsurance Co. v. MGIC, No. 77 CH 1457 (1987) 등 이후 거의 모든 판례는 특약재보험도 보험계약의 일종으로 파악하고 있다.

201) Peerless Insurance Co. v. Manson, 135 N.W.2d 258, (1965); New Jersey Fidel. & Plate Glass Insurance Co., 191 A. 475, (Ch. 1937); Cunninghal v. Republic Insurance Co., 94 S.W.2d 140, (1936); 그러나 대륙법계에서는 과거에는 재보험계약이 조합계약이냐에 관한 논의가 있었으나 재보험계약이 민법상의 조합이 되는 것은 아니라고 보고 있다. (i) 재보험을 경제적인 조합관계라고 파악하는 경우에도 항상 민법상의 조합계약이 되는 것은 아니고, (ii) 민법상의 조합계약의 요건인 공동의 사업이라고 하는 것이 항상 성립하는 것은 아니라는 이유로, 재보험계약은 조합계약의 성질만을 가진다는 견해는 더이상 존재하지 않는다(Ehrenberg, Rückversicherung, S. 39–41).

202) 양승규, 388면.

203) 그러나 "indemnity against liability"로 재보험계약을 파악하는 영미에서는 경우에 따라 공동보험이라고 파악하는 판례도 있다. Estate of Osborn v. Gerling Global Life Insurance Co., 529 So.2d 169, 171–72 (Miss. 1988) 사건에서 미시시피 주대법원은 원보험자의 증권소지인을 위한 직접의 청구권한을 인정하면서 그 이유를 당해 재보험계약상의 재보험자의 의무가 "공동보험(coinsurance)"으로서 기술이 되어 있기 때문이라고 하였다.

의 독립된 계약이므로 원보험수익자가 재보험자에 대하여 원칙적으로는 권리를
취득하지 아니한다는 점에서는 책임보험과 구조적으로 동일하다.

그러나 재보험계약은 책임보험과는 상이한 많은 특징을 가지고 있다. 먼저 그
의의에 있어서의 차이점을 보면, (i) 재보험은 또 다른 보험계약인 원보험계약을
전제로 하여 성립하는 것임에 반하여 책임보험은 피보험자의 책임관계를 전제하
여 성립한다. 즉 재보험은 계약관계에 대한 보험인데 반하여, 책임보험은 책임관
계에 대한 보험이다. (ii) 책임보험은 피보험자가 손해배상책임을 부담하는 경우에
관한 것인데, 재보험은 원보험자가 손해배상책임이 아닌 보험금지급책임을 부담하
는 경우에 관한 것이다. 따라서, 책임보험에서는 피보험자의 보호기능 이외에 피
해자의 보호가 문제되나,[204] 재보험에서는 이러한 논의가 없다.

또한 계약의 교섭과 그 유지 및 처리과정에서의 차이점을 보면, (iii) 재보험은
책임보험과는 달리 그 계약의 조건을 정함에 독자적인 교섭력을 지닌 보험업무에
정통한 회사들 사이의 거래이다. 책임보험에서의 피보험자가 비록 교섭력을 지닌
대기업이 된다고 하더라도 재보험의 당사자와 다른 점은 보험업무에 정통하지는
않다는 것이다.[205] (iv) 책임보험에서는 보험사고의 처리에 보험자가 직간접으로
참여하는 경우가 대부분이나, 재보험에서는 원보험상의 보험사고에 대하여 원보험
자가 처리하는 권한을 가지고 있어 재보험자가 참여하는 경우는 예외적인 경우에
속한다. 재보험거래가 국제간의 거래로 체결되는 상황에서는 더욱 그러하다.

재보험계약이 책임보험계약과 유사한 점이 있긴 하나, 책임보험계약과 다른 점
도 많이 가지고 있다.

4. 재보험계약의 법률관계

(1) 독립적인 계약

재보험계약은 원보험자의 보상책임을 전보하여 주기 위한 것으로 보험계약의
일종이긴 하나 일반의 보험계약과는 다른 특성들을 가진다. 그 대표적인 것이 계
약의 당사자들은 보험업에 정통한 보험회사들로서 당사자의 의사가 보다 존중되는
계약이므로 보험계약자 보호를 위한 상법의 규정들은 그 적용여지가 거의 없다.

---

204) 양승규, 388면; 최기원, 366면.
205) 상법 제663조에서도 이러한 재보험의 특이성을 반영하고 있는 것으로 보인다. 동조에서는 당사
자간의 특약으로 보험계약자 또는 피보험자의 불이익으로 변경하지 못한다고 하는 불이익변경금지를
선언하면서도 재보험에는 적용하지 않는 것으로 하고 있다.

(2) 재보험자의 법적 지위

재보험자의 책임은 당사자간에 다른 약정이 없으면 최초의 보험료를 받은 때로부터 개시한다는 상법 제656조의 규정은 재보험에는 적용되지 아니한다. 특약재보험에서는 특약에 따른 위험이 자동적으로 출재되는 것이어서 보험료의 지급과는 상관없이 당연히 재보험자의 책임이 개시되는 것이고 임의재보험에서는 원보험상 위험의 인수와 동시에 재보험자의 책임이 개시되는 것이 일반적이다.

1) 손해보상의무

재보험자의 의무 중 가장 중요한 것은 원보험자에 대한 손해보상의무인데 재보험의 특성은 여기서 가장 뚜렷이 나타난다. 재보험자가 원보험자의 운명에 따른다는 '운명추종의 원칙'은 계약상 규정이 없는 경우에도 적용되는 재보험의 원칙이다. 재보험계약에서 나타나는 전형적인 운명추종조항은 "재보험자의 책임은 모든 경우에 있어서 원보험자의 책임에 따르고 원보험계약상의 일반적인 또는 특정의 규정과 조항, 포기와 변경에 따른다"이다.[206] 그리고 운명추종조항이 영미법상 최초로 문제되었던 판결에서의 "원보험자가 보상하는 대로 보상한다(to pay as might be paid thereon)"는 문구도[207] 또한 운명추종조항의 전형으로 본다.[208] 그런데 "재보험과 관련된 모든 보험청구는 원보험자의 처리(settle)에 따라 재보험자를 구속한다"[209]는 규정을 영국의 법원은 '채무확정추종'조항이라고 보고 별도의 효력을 부여하고 있음에 반하여, 미국에서는 이 조항도 역시 운명추종조항의 일종으로 보고 있다.

그러나 원보험자가 그 법적 책임이 전혀 없음에도 불구하고 영업상의 이유 등으로 보험금을 지급하였다면, 재보험자는 보상할 책임이 없다. 단 과거와 비교하여서는 운명추종의 범위를 넓게 해석하고 있는데, 원보험자의 보험금지급이 엄격

---

206) "The Liability of the reinsurers shall follow that of the company in every case and shallbe subject in all respects to all of the general and special stipulations, clauses, waivers and modifications of the company's policy − −."

207) "원보험자가 보상하는 대로 보상한다(to pay as might be paid thereon)"는 문구는 Chippendale v. Holt, 1 Com. Cas. 197 (Q.B. 1895) 판결에서 처음으로 사용하였다.

208) Insurance Co. of Africa v. Scor (U.K.) Reins. Co., (1985) 1 Lloyd's Rep. 312; Barry R. Ostrager & Thomas R. Newman, Handbook on Insurance Coverage Disputes, Prentice Hall Law & Business (1994), s. 16.01.

209) "All claims involving this insurance, when settled by the reinsured, shall be binding on the reinsurer." 여기서 "settle"의 의미는 재판이나 중재에 의하여 보험금지급의무가 확정된 것뿐만 아니라 당사자간의 합의(comprimise)에 의한 것과, 또한 보험자가 그 손해사정에 의하여 스스로 보험금지급을 결정한 경우 등으로 채무확정이라고 해석된다. 편의상 이 조항을 "채무확정추종"이라고 칭한다.

히 법적 책임을 부담하는 경우가 아니라 하더라도 원보험상의 담보범위에 관한 보험금청구에 관하여 원보험자가 선의로 처리하여 지급한 것이라면 재보험자는 원보험자의 운명에 따라야 한다고 본다.

2) 방어의무 등

재보험자가 원보험상의 보험금청구사건에 대한 방어의무가 있느냐와 관련하여서는, 책임보험에서는 보험자의 방어의무를 인정하고 있으나 재보험에서는 재보험자에게 특약이 없는 한 방어의무를 인정할 수 없으므로 상법 제720조의 적용이 없게 된다. 원보험자의 파산과 관련하여 재보험자의 책임액은 원보험자의 현실적 지급액에 따라서 결정되는 것이 아니라 원보험자가 부담하게 되는 책임액에 따른 것이므로 원보험자가 파산하는 경우에도 재보험자의 책임액이 감소되는 것은 아니다.

(3) 원보험계약자의 법적 지위

1) 재보험자에 대한 직접청구권의 부존재

재보험계약은 원보험계약과는 독립된 별개의 계약이므로 원보험계약자가 재보험자에 대하여 어떠한 청구를 할 수 있는 지위에 있는 것이 아니다. 책임보험에서 피해자의 직접청구권에 관한 상법 제724조 규정은 피해자의 보호를 위한 규정으로 재보험에는 적용이 없는 것으로 보아야 한다. 책임보험의 피해자에게 직접청구권을 인정하는 것은 피해자 보호에 근거한 것이나, 재보험계약의 목적은 원보험수익자를 위한 것이 아니라[210] 원보험자의 위험분산·지급능력유지 등 원보험자를 위한 것이고, 더구나 재보험은 계약관계를 전제로 하는 것이므로 책임관계를 전제로 하는 책임보험에서의 피해자 보호라는 관념은 문제되지 아니한다.

그리고 책임보험에서 피해자 직접청구권의 법적 성질을 보험금청구권이 아니라 손해배상청구권으로 파악하고 있으나 재보험에서는 피보험자라고 할 수 있는 원보험자의 보험금청구권은 손해배상청구권이 아니라 보험금청구권이므로, 피해자 직접청구권의 규정은 재보험계약에 준용될 수 없다.[211] 따라서 원보험상의 보험금청구권자가 재보험자에 대하여 직접 보험금을 청구할 수 없다.

---

210) 재보험의 기능 중에서 신종위험의 개발을 통한 피보험자 보호의 기능이 있기는 하나 그것은 새로운 보험상품의 개발이라는 측면에서 설명하고 있는 것이지 원보험상의 피보험자에 대한 보호가 아니다.

211) 책임보험에서 제3자의 직접청구권을 보험금청구권으로 파악하게 되면 이러한 논거는 제시할 수 없다.

2) 직접청구조항이 있는 경우[212)

피해자 보호를 목적으로 하는 책임보험상의 피해자의 직접청구권에 관한 상법 제724조의 규정은 재보험에 적용되지 않음이 원칙이다. 그러나 예외적으로 재보험계약의 당사자가 특약으로 재보험자에 대한 원보험수익자의 직접청구권을 명시한다면 원보험자는 직접청구권을 취득할 수도 있다.

직접청구조항(cut-through clause)은 미국에서 유래한 것이다.[213) 미국에서의 많은 재보험계약이 원보험수익자에 대한 재보험자의 책임을 직접 인정하는 규정을 두고 있는데, 주로 원보험자의 지급불능의 경우로 한정하는 경우가 많다.[214) 이와 같은 경우 재보험자가 재보험계약상의 직접청구조항을 통하여 원보험수익자와 직접적인 관계를 맺을 수 있다. 이 조항의 전형적인 모습은 "원보험자가 그의 피보험자에게 보험금을 지급기간 내에 지급하지 아니하거나 또는 그 전액을 지급하지 아니하는 때에는 재보험자는 그 결손액 전액에 대하여 즉시로 원보험수익자에게 지급하여야 하고, 만약 재보험자가 이 의무를 해태하는 경우 그 이자에 대하여도 책임을 부담한다"는 것이다.[215) 캘리포니아 보험법에서도 원칙적으로 원보험수익자의 재보험자에 대한 직접청구권을 부정하면서, 단지 "재보험계약에서 달리 규정을 두는 경우와 재보험자와 원보험수익자간의 특별한 합의"가 있는 경우에는 원보험수익자가 재보험자에 대하여 직접 보험금청구를 할 수 있다고 규정한다.[216) 그러나 직접청구조항이라는 것은 원보험수익자가 재보험자에게 직접 재보험금청구를 할 수 있다는 의미에서 불리는 것으로, 원보험수익자가 직접청구권을 행사할 수 있게 되는 법적 요건은 당사자들의 계약내용으로 결정된다. 따라서 직접청구를 할 수 있는 특정 요건이 있는 경우 그 요건 충족의 경우에 한하여 원보험수익자는 직접청구권을 행사할 수 있다.

(4) 보험자대위

보험자가 피보험자에게 보험금을 지급하면 보험자대위의 법리에 따라 피보험

---

212) 이 조항의 명칭은 통상적으로는 재보험자가 원보험자에게 그 보험금을 지급하는데 이러한 경로를 생략하고(cut through) 직접 보험금을 지급한다고 하는 데서 기원하였다.

213) R.L. Carter, Reinsurance, Kluwer Publishing, 1983, at 139.

214) O'Hare v. Pursell, 329 S.W.2d 614, 620 (Mo. 1959).

215) Donald W. Rees et al., "Reinsurance Issues", 497 PLI (1989), at 98.

216) 캘리포니아보험법 s 922.2; "문제된 재보험 이외의 동일한 위험에 관하여 원보험자가 다른 회사와 재보험계약을 체결하여 그 보상을 받았다고 하더라도, 그 다른 계약도 또한 피보험자에게 직접의 청구권을 부여하지 않는 한 당해 원보험수익자의 직접청구권에 영향을 미치지 아니한다"고 하는 판결도 있다(Glen v. Hope Mutual Life Insurance Co., 56 N.Y. 379).

자가 보험사고의 발생에 책임이 있는 제3자에 대하여 가지는 권리는 지급한 보험금의 한도에서 보험자에게 당연히 이전되고(제682조), 이는 재보험자가 원보험자에게 재보험금을 지급한 경우에도 마찬가지이다. 따라서 재보험관계에서 재보험자가 원보험자에게 재보험금을 지급하면 원보험자가 취득한 제3자에 대한 권리는 지급한 재보험금의 한도에서 다시 재보험자에게 이전된다.[217] 그리고 재보험자가 보험자대위에 의하여 취득한 제3자에 대한 권리의 행사는 재보험자가 이를 직접 하지 아니하고 원보험자가 재보험자의 수탁자의 지위에서 자기 명의로 권리를 행사하여 그로써 회수한 금액을 재보험자에게 재보험금의 비율에 따라 교부하는 방식에 의하여 이루어지는 것이 상관습이다.[218]

5. 입법론

상법에는 재보험관련 규정으로 제661조, 제663조 단서, 그리고 제726조의 규정이 있다. 제661조는 재보험계약의 독립성을 선언한 타당한 조항이다. 또한 제663조는 보험계약자 등의 불이익변경금지가 재보험에는 적용되지 않는다는 것으로, 재보험계약에서의 보험계약자에 해당하는 원보험자는 일반의 보험계약자와는 달리 보험업에 정통한 보험회사이므로 계약당사자의 합의를 존중한다는 취지에서 재보험의 특성을 고려한 타당한 조항이다.

그러나 2014년 개정 이전의 제726조 책임보험 규정의 준용조항은 비록 준용의 의미가 '성질에 맞게 필요한 변경을 가하여 적용'하는 것이라 하더라도 별 의미가 없는 조항이라는 비판이었다. 책임보험과 재보험은 구조상 유사한 면이 있다 하더라도 목적이나 계약의 운용이 전혀 다른 보험이다. 단지 준용할 만한 규정으로는 제722조의 피보험자의 사고통지의무에 관한 규정이 있으나, 이것도 재보험에서는 제657조를 적용함에 의하여 해결할 수 있다. 오히려 제726조의 준용규정을 둠으로써 재보험의 성격상 적용될 수 없는 보험자와 제3자와의 관계를 규정한 제724조가 준용된다는 오해를 야기할 우려가 있다.

이러한 비판으로 개정 상법은 '그 성질에 반하지 아니하는 범위'에서 준용하는 것으로 개정하였으나(제726조), 재보험의 법률관계는 당사자의 특약이나 재보험시장의 관행 그리고 보험계약법의 통칙과 손해보험의 통칙의 해석에 맡겨 두는 것이 바람직하다.

---

217) 대법원 2015. 6. 11. 선고 2012다10386 판결.
218) 대법원 2015. 6. 11. 선고 2012다10386 판결.

제7 임원배상책임보험

1. 서 언

(1) 의 의

임원배상책임보험(Director and Officers Liability Insurance)은 피보험자인 회사의 이사나 임원이 업무집행상 과실에 의하여 회사 및 제3자에게 손해를 입힌 것을 이유로 법률상 손해배상책임이 발생한 경우, 보험자가 이를 보상하여 주는 보험이다. 요컨대 이사가 회사나 제3자에 대하여 배상책임을 지는 경우 이로 인한 손해를 보험을 통하여 담보하고자 하는 것이 임원배상책임보험이다. 이 보험은 최근 관심을 끄는 전문직업인책임보험의 한 유형으로서 우리나라에서도 이미 활성화되고 있다.[219] 미국에서는 1960년대 이후 일반화되었고, 일본에서는 1990년부터 판매되었으며 최근 이사에 대한 소송이 증가하는 데 비례하여 임원배상책임보험의 판매도 증가하고 있다.

(2) 목 적

임원배상책임보험의 도입목적 및 필요성에 대하여 검토한다. 이러한 임원배상책임보험의 필요성은 임원배상책임보험의 보상범위의 설정과 관련하여 중요한 논거가 된다. 임원배상책임보험에 가입해야 하는 필요성이 있다면, 현행의 약관이나 제도가 과연 그 욕구를 충족할 수 있을 만큼의 보상범위를 가지고 있는지가 중요하기 때문이다.

첫째, 임원배상책임보험은 이사의 잠재적 책임으로부터 이사를 보호하고 유능한 인재를 이사회에 영입하도록 배려하기 위한 것이다. 이사 및 임원 등의 회사 경영진은 충실의무와 선관의무 등 고도의 경영책임을 부담하며, 경영진의 과실로 회사나 제3자에게 손해가 발생한 경우 그 책임추궁이 엄격해지는 추세이다. 이러한 상황에서 임원배상책임보험은 이사가 창의력을 가지고 기업을 경영하는 것을

---

[219] 김원기, "임원배상책임보험에서 보험자면책의 행위기준", 「보험학회지」 제54집, 한국보험학회, 1999; 김원기·박수영, "회사임원배상책임보험의 현황과 그 문제점", 「기업법연구」 제3집, 한국기업법학회, 1998; 김선정, "D&O보험에 관한 검토", 「상사법연구」 제17권 제3호, 1999, 275면 이하; 경익수, "회사이사배상책임보험", 「연세법학연구」 제3집, 1995, 109면 이하; 김영선, "이사의 책임에 대한 보상제도와 보험에 관한 연구", 「서울대학교 박사학위논문」, 1988 등.

촉진시키고 결과적으로 유능한 인재를 확보하도록 한다.

둘째, 책임보험의 일반적 기능인 피해자 보호도 강조된다.[220] 이사의 직무상 행위는 그의 배상능력을 벗어난 거액의 손해를 야기할 수 있고, 이 경우 임원배상책임보험을 통하여 피해자가 보다 효과적인 배상을 받을 수 있다고 하는 취지에서 그 필요성이 지적된다.

셋째, 이 제도가 가장 발달했다고 할 수 있는 미국법상 이 보험이 필요하다고 고려되는 이유는 회사의 보상제도 때문이다. 미국법에서는 일정한 요건하에 이사의 책임부분에 대하여 회사가 보상하는 제도가 있다. 이사의 책임과 이에 부수되는 소송비용의 위협은 이사로 하여금 손실에 대한 위험을 회사에 전가시키려 하게 되었고, 그 방법이 회사보상제도로 탄생하였다. 그런데 이 방법에 의한 것도 한계가 노출되어 임원배상책임보험제도가 고안되었다. 회사의 입장에서는 이사를 그 책임으로부터 구제하기 위하여 회사 자신이 보상하는 것보다는 외부에 있는 위험부담자인 보험회사로 하여금 보상하도록 하는 것이 이득이고 이것이 이사의 책임보험을 비약적으로 보급시킬 수 있었던 이유라고 한다.[221]

넷째, 또 다른 주요한 이유로 회사의 보상제도로 담보되지 아니하는 부분을 보험으로 해결하고자 한 것이다.[222] 예를 들어 미국의 다수 주법은 대표소송에 대하여는 회사보상을 극도로 제한하고 있다. 대표소송의 경우 회사보상제도에 의하여는 엄격한 요건하에 방어비용만을 보상받을 수 있도록 하고 그 판결액 등은 보상을 받을 수 없도록 하는 것이 일반이다. 그러나 임원배상책임보험은 대표소송에 대하여도 일반적으로 보상한다.[223] 이와 같이 회사보상제도로 해결되지 않는 부분에 대하여 보험으로 담보받고자 한 것도 주요한 이유이다.

그런데 미국과는 달리 우리나라에서는 회사보상제도가 없다. 향후에도 이사의 회사에 대한 책임을 회사가 보상하여 주는 제도를 도입하는 것은 상당히 어려울 것이다. 따라서 임원배상책임보험의 필요성에 있어 회사의 보상제도를 전제로 한 부분은 우리의 경우에 적용되지 아니한다. 그 결과 미국과 비교하여서는, 그 도입의 필요성이나 기능의 면에서 의의가 적을 수밖에 없다. 그러나 유능한 이사의 선임, 이사의 적극적인 경영, 책임보험에서의 피해자 보호기능이라는 측면은 이

---

220) 김영선, 위의 논문, 132면.

221) Karen P. Gordon, Directors and Officials Liability Claims : The Broker's Perspective, 692PLI/Comm 19, 24－25.

222) Edward T. O'Dell et. al., Indemnication and Insurance, SA 73 ALI－ABA 185 (1996), at 187; Robert Charles Clark, Corporate Law, Little Brown and Company (1986), 672.

223) Karen P. Gordon, supra, at 24.

보험 도입의 필요성으로 강조된다.

2. 내 용

(1) 보험계약자와 피보험자

임원배상책임보험의 보험계약자는 회사가 된다. 회사가 전 이사나 임원을 피보험자로 하여 일괄적으로 가입하는 것이 보통이고 따라서 타인을 위한 보험계약이 된다.

임원배상책임보험의 피보험자는 회사의 이사 및 임원이 된다. 당 보험기간 중에 이사나 임원으로서 회사의 업무를 처리하는 자가 피보험자가 되므로, 보험기간 중 새로이 선임된 이사나 임원도 피보험자가 된다.

(2) 보험사고

다수의 임원배상책임보험약관은 보험기간 중 이사나 임원이 회사의 업무수행과 관련한 충실의무 및 선관의무 위반으로 인하여 손해배상을 청구당한 경우를 보험사고로 한다. 일반적 책임보험의 경우 제3자가 손해를 입은 사고가 발생한 것을 보험사고로 보는 손해사고설이 통설이지만, 임원배상책임보험의 경우는 제3자로부터 피보험자의 책임에 관하여 재판상 또는 재판외의 배상청구를 받은 것을 보험사고로 하는 손해배상청구설이 일부 도입되어 반영된 것이다. 즉 보험기간 중에 발생하는 업무상의 행위에 대하여 배상청구가 있을 것이 보험사고로 되어 있어 제한적인 손해배상청구설에 의한다.

(3) 보험료의 부담

임원배상책임보험의 경우 배상책임주체인 이사나 임원이 아니라 회사가 그 보험료를 부담하는 것으로 운영되는 실정이다. 이것이 상법상 자기거래의 금지에 해당할 수 있고 사회질서에 반하는 것이라는 견해와 회사로서도 유익한 것이므로 이를 인정할 수 있다는 등의 견해 대립이 있다.

(4) 담보범위

이사 및 임원으로서 업무와 관련하여 행한 행위에 기인하여 주주나 기타 제3자가 소송을 제기함으로써 당해 이사나 임원이 부담하는 손해배상책임이 보험자의 담보범위가 된다. 그런데 담보범위와 관련지어 약관상 중요한 내용을 이루는 임원배상책임보험의 면책약관은 그 특성상 다른 보험에서 찾아볼 수 없는 사유를 포함한다. 대표적으로 현행의 보험약관이 가지고 있는 규정으로 미국의 피보험자 간 배상청구면책에 기원을 두는 이사에 대한 회사배상청구면책(會社賠償請求免責) 과 대표소송면책(代表訴訟免責)이 그것이다.

(5) 고지의무

임원배상책임보험에서 고지의무의 문제는 이 보험의 피보험자는 회사의 모든 이사임에도 보험계약을 청약하고 보험자의 질문서에 응답하는 자는 대표이사라는 것이다. 따라서 대표이사가 고지의무를 위반하더라도 다른 이사들은 고지의무 위 반이라는 사실을 모르는 경우가 있고, 이 경우 그 이사들도 보험보호를 받지 못 할 것인가의 쟁점이 등장한다.

3. 고지의무

(1) 임원배상책임보험에서의 특수한 문제

1) 선의의 피보험자

임원배상책임보험의 피보험자는 회사의 모든 이사가 됨에 반하여 질문서를 통 하여 고지하고 기명날인하는 자는 대표이사이다. 그런데 대표이사의 고지의무 위 반이 있는 경우, 다른 피보험자인 선의의 이사들마저도 보험보호를 받지 못하게 되는가의 문제가 있다. 이들은 질문서에 기명날인 또는 서명을 하지도 않았고 대 표이사의 고지의무 위반에 있어 전혀 그 정황을 알지 못한 경우가 있다. 이 경우 보험자는 고지의무 위반을 이유로 당해 보험계약을 해지할 수 있는지 여부이다. 특히 사외이사들은 회사의 일상업무나 경영상황에 대하여 상세한 정보를 가지지 못한 경우가 있으므로 중요한 쟁점으로 등장한다. 또한 보험기간 중 이사로 취임 한 자도 피보험자가 되는 점에서도 그러하다.

2) 중요한 사항

선의의 피보험자에 대한 쟁점에 있어 짚어야 할 것이 현행 임원배상책임보험 질문서의 인식고지에 관한 질문이다.[224] 질문서 제14는 "귀사의 임원 중 이 보험 의 대상이 되는 손해배상청구의 가능성이 있는 행위, 과실 또는 태만행위가 있는

---

224) 영미에서는 이 문구를 "cognization representation(인식의 고지)"라고 부르고 'No Director or Officer has knowledge or information of any act, error or omission which might give rise to a claim under the proposed policy excepts as follows (attach complete details)'라는 질문사항을 말 한다. Barry R. Ostrager and Thomas R. Newman, "Handbook on Insurance Coverage Disputes", Prentice Hall Law & Business (1994), §20.02.

것을 알고 있습니까?"라고 질문한다. 즉 위험도측정과 관련한 회사의 개별적인 업무에 대한 질문 이외에 '손해배상청구가 제기될 가능성 있는 원인행위'에 대하여 포괄적인 질문을 하면서, 동시에 피보험자가 되는 '다른 이사의 인식'에 관하여 그 이사들이 아니라 대표이사에게 묻고 있다. 이 점에서 대표이사의 고지의무 위반시 다른 선의의 피보험자인 이사들에 대하여도 보험계약을 적법하게 해지할 수 있을 것인가의 문제가 대두된다.

(2) 사안의 유형화

논의를 보다 명확하게 하고자 발생가능한 사안들을 유형화하여 본다. (i) 청약서에 답을 하면서 기명날인 또는 서명하는 대표이사는 고지의무를 위반하였으나, 다른 피보험자들인 이사들은 그러한 중요한 사실을 전혀 알지도 못하였고, 또한 고지의무 위반이 있다는 사실조차 알지 못한 경우이다. (ii) 청약서에 답하는 대표이사는 물론 대다수의 피보험자들도 고지의무 위반에 대하여 알고 있지 못하였으나, 이사 중의 일원만이 고지하여야 할 중요한 사실을 알고 있었고, 그 이사는 고지의무 위반이 된다는 정황도 알고 있었던 경우이다. (iii) 다른 사실관계는 위 (ii)와 동일하나, 피보험자 중 일원의 이사가 고지하여야 할 중요한 사항은 알고 있었으나 보험계약이 체결된다는 상황을 모르고 있는 경우이다. 즉 중요한 사항을 알고 있는 피보험자 중 일원의 이사가 보험계약이 체결된다는 사실을 알지 못한 관계로 고지를 할 수 없었던 경우이다.

(3) 관련법리

1) 보험계약 청약시 대표이사의 법적 지위

이 문제의 해결에 임원배상책임보험의 청약을 하고 질문서에 기명날인하는 대표이사의 법적 지위가 첫 번째의 기준이 된다. 이 경우 대표이사의 법적 지위에 대한 가능한 견해는 첫째 대표이사 자신도 피보험자의 범주에 포괄되는 것이므로 다른 피보험자들을 대리하여 청약하는 자라는 견해, 둘째 임원배상책임보험의 보험계약자는 회사이고 피보험자는 이사인 타인을 위한 보험계약이 되고 대표이사는 회사를 대표하여 보험계약자로서의 지위에서 질문서에 답을 한다는 견해이다.

① 피보험자의 대리인

먼저 청약을 하는 대표이사의 지위를 피보험자들의 대리인으로 파악하는 것이다. 임원배상책임보험의 피보험자는 회사의 모든 이사인 것이고 따라서 대표이사도 피보험자의 범주에 포함된다. 그러하다면 일견 대표이사가 다른 피보험자인 모든 이사들을 대리하여 보험계약을 체결하는 것이라 볼 여지도 있다. 이 이론에 의하면 회사의 이사들은 피보험자이면서 동시에 보험계약자로서의 지위를 취득하는 구조가 된다. 이사들 자신이 피보험자인 동시에 스스로 보험계약을 체결하는 보험계약자의 지위에 서고, 대표이사가 이를 대리한다는 것이다.

대표이사가 피보험자의 대리인의 지위에서 청약을 하는 것으로 본다면, 우리의 경우도 선의의 이사들이 보험보호를 받기는 힘들게 된다. 상법은 보험계약이 대리인에 의하여 체결되는 경우에는 그 대리인도 고지의무를 지는 것이고, 대리인은 본인이 알고 있는 사실뿐 아니라 대리인 자신이 알고 있는 사실도 고지하여야 한다고 규정한다(제646조). 즉 대표이사는 대리인이자 피보험자로서의 그 자신이 알고 있는 사실뿐 아니라, 다른 피보험자들이 알고 있는 사실 모두를 고지하여야 한다. 따라서 다른 피보험자인 이사들이 알고 있는 사실을 어떠한 이유에서든 고지하지 아니한 것은 고지의무 위반이 되고, 보험자는 당해 보험계약을 해지함에 의하여 선의의 이사들에 대하여도 보상의무를 부담하지 않게 된다.

② 보험계약자

임원배상책임보험의 청약을 하는 대표이사의 법적 지위를 보험계약자로서만 파악할 수도 있다. 대표이사가 담보되는 보험사고의 발생시 보상받을 수 있는 피보험자이기도 하나, 임원배상책임보험의 청약은 보험계약자인 회사를 대표하여 한다는 견해이다.

③ 소 결

생각건대, 보험계약을 청약하는 대표이사는 피보험자의 대리인의 지위가 아니라 보험계약자의 지위에서 하는 것으로 파악하는 것이 타당하다. 그 근거는 다음과 같다.

첫째, 임원배상책임보험의 피보험자로 되는 일부의 자들은 보험계약체결시 확정되지 아니하고 보험기간 중 변동이 생길 수 있다. 임원배상책임보험증권상 피보험자인 이사들은 "보험기간 중" 선임된 자들도 포괄하는 것이다. 이는 피보험자인 이사들이 대표이사에게 보험계약의 체결을 위임하였다고 보기 힘든 이유 중의 하나이다.

둘째, 현행 약관에 비추어 보더라도 보험계약자의 지위로 파악하는 것이 타당하다. 현행 이용되고 있는 임원배상책임보험의 질문서 문구를 보면 "귀사" 등의 표현이 등장하고, 또한 약관 제12조와 제15조 등에서 타인을 위한 보험계약에 관한 규정을 둔다. 이는 회사보상법제가 있는 영미와는 달리 우리의 임원배상책임보

험에 있어서는 보험계약자는 회사, 피보험자는 이사, 즉 보험계약자와 피보험자가
서로 다른 타인을 위한 손해보험계약이 됨을 전제하고 있는 것으로 보인다.

셋째, 실무상 피보험자인 이사가 아니라 회사가 보험료를 납부하는 것이 현실
이다. 이러한 회사의 보험료부담문제가 법리상 검토할 문제가 있긴 하나, 회사가
보험료를 납부하는 실무상 회사를 보험계약자로 볼 여지가 크다.

넷째, 피보험자를 대리한다고 보면, 각각의 피보험자별로 수개의 보험계약이
체결된 것으로 될 수 있다. 각각의 이사에 대하여 보험계약이 각각으로 성립하고,
대표이사는 각 이사로부터 그 권한을 위임받아 보험계약을 체결하는 것으로 보게
되나, 이 해석은 무리가 있다. 당해 보험계약은 단일의 개체로서 협상되었고, 보
험료의 책정도 단일하다.

따라서 청약시의 대표이사의 법적지위를 보험계약자로 파악하는 것이 타당하
다. 이 경우 선의의 이사에 대한 문제를 일괄적으로 해결할 수는 없고 다음 문제
에 대한 일고도 필요하다.

2) 임원배상책임보험계약의 단일성

임원배상책임보험은 피보험자의 수에 상관없이 단일의 보험계약인가 하는 점
도 고지의무 위반시 선의의 피보험자가 보호받을 수 있을 것인가와 관련하여 중
요하다. 만약 그 보험계약이 피보험자별로 각각 체결된 것으로 볼 수 있다면 고
지의무 위반의 문제를 개별적으로 판단할 수 있고, 따라서 선의의 피보험자가 보
상받는 방법이 확보될 수도 있다. 그러나 임원배상책임보험은 건수당 하나의 보험
증권이 발행되는 점, 보험료도 가입 회사의 단위로 협상되는 점,[225] 청약서 작성
시 대표이사가 하나의 질문서에 응답하는 형식으로 이루어지는 점, 해당 보험약관
이 각 피보험자별로 개별적으로 적용된다는 명문의 규정이 없는 점 등을 본다
면,[226] 회사가 가입하는 임원배상책임보험계약은 각 이사별로 별개의 보험계약이
성립한 것이 아니라 단일의 보험계약이다. 또한 회사나 제3자에 대한 이사의 책
임은 연대책임으로 규정되어 있으므로, 개별적으로 파악한다 하여 그 실효성이 있
는 것인지의 문제점도 있다.

---

225) 이는 Shapiro v. American Home Assurance Co., 584 F.Supp. (D.Mass. 1984)에서 내세운
근거이기도 하다.

226) 그런데 보통약관 제7조에서는 면책사유를 규정하면서 그 면책의 사유들이 개별적으로 적용된다
는 뜻을 밝히고 있다. 그러나 고지의무에 관한 제11조에서는 이러한 뜻을 규정하고 있지 아니한다. 자
동차보험약관 제11조 제2항과 제22조 제2항에서도 면책약관의 개별적용을 규정하고 있으나 이것이 수
개의 보험계약이 체결되었다는 근거가 되지 못한다.

(4) 유형별 결론의 도출

위 유형화한 사안에 따른 결론을 본다.

첫째 (i)의 경우, 즉 청약서에 응답하는 대표이사는 고지의무를 위반하였으나 다른 피보험자들인 이사들은 그러한 중요한 사실을 전혀 알지 못하였고, 또한 고지의무 위반이 있다는 사실조차도 알지 못한 경우이다. 대표이사는 보험계약자로서의 지위에서 청약하고 질문서에 응답하는 것이고, 또한 대표이사가 청약자가 되어서 체결하는 계약은 단일의 계약으로 해석함이 타당하다. 이러한 이론하에서는 비록 선의의 이사가 있다 하더라도 보험자는 보험계약자인 대표이사의 고지의무 위반을 이유로 계약을 해지할 수 있다.[227] 대표이사가 행한 고지의무 위반은 보험자가 담보한 위험의 평가에 어떠한 형태로든 영향을 미친 것이고, 이것이 제대로 고지되었다고 가정하면 당해 보험자가 적어도 동일한 조건으로는 계약을 체결하지 아니하였을 것이기 때문이다.[228]

둘째 (ii)의 경우, 즉 피보험자인 이사 중의 일원이 고지하여야 할 중요한 사실을 알고 있었고 그 이사는 고지의무 위반이 되는 것도 알았으나, 청약서를 작성하는 대표이사는 물론 다른 피보험자들도 그 사실을 알고 있지 못한 경우다. 대표이사가 보험계약자의 지위에서 청약하는 것으로 본다면, 임원배상책임보험은 결과적으로 타인을 위한 보험계약으로 해석된다. 그리고 상법이 명문규정으로 고지의무자의 범주에 피보험자도 포괄하고 있으므로(제651조), 타인을 위한 보험계약에서의 고지의무자는 보험계약자뿐 아니라 피보험자도 포함된다.[229] 따라서 피보험자인 이사 중의 일원이 고지의무 위반이 있다는 것을 인식하고 있는 상황이어서 고지의무 위반의 주관적 요건을 충족하였다면, 보험자가 고지의무 위반을 이유로 당해 계약을 해지함에 무리가 없는 것으로 보인다. 다음의 유형이 보다 문제된다.

셋째 (iii)의 경우, 즉 다른 상황은 위 (ii)와 동일하나 고지하여야 할 중요한 사항을 알고 있는 특정 피보험자가 보험계약이 체결된다는 상황을 모른 경우이다.

---

227) 다만 보증보험계약은 채권담보적 기능을 가지고 있어 보험계약자의 사기가 있다고 하더라도 보험자의 계약해지는 제한된다. 대법원 1999. 7. 13. 선고 98다63162 판결 등.

228) Bird v. Penn Central, 334 F.Supp. 255 (E.D.Pa. 1971)에서는 대리이론을 통하여 보험자의 책임을 부정하였고, Federal Deposit Ins. Corp. v. Duffy, 47 F.3d 146 (5th Cir. 1995)에서도 대리이론에 덧붙여, 청약하는 대표이사는 보험자를 기망하려는 의도가 있었음이 분명하다고 지적하면서 또한 당해 보험약관에 고지의무 위반으로 인한 해지의 개별성에 관한 규정이 없기 때문에 그 피보험자의 고지의무 위반은 당해 보험계약을 무효로 한다는 판시를 한다. National Union Fire Ins. Co. v. Sahlen, 999 F.2d 1532 (11th Cir. 1993) 선의의 이사에 대하여도 보험자가 적법하게 계약을 해지할 수 있다고 하였다.

229) 양승규, 118면.

이 경우는 (ii)와 상황이 다르다. 고지의무자의 범주에 타인을 위한 보험계약에서의 피보험자가 포섭된다 하더라도 그 피보험자가 고지의무 위반의 주관적 요건인 고의나 중과실이 있는지 여부가 문제된다. 관련된 규정으로 상법 제639조 제1항은 '타인의 위임이 없으면 그 사실을 보험자에게 고지하여야 하고, 보험계약자가 피보험자의 위임없이 계약을 체결하고 또 그 계약을 체결함에 있어 위임이 없었다는 것을 보험자에게 고지하지 아니한 때에는 피보험자가 모르는 사이에 보험계약이 체결되었다는 사유로 보험자에게 대항하지 못한다'고 한다. 이는 보험자로 하여금, 당해 보험계약체결의 사실을 알지 못한 피보험자에 대하여 그 피보험자를 위한 보험계약이 체결되므로 고지의무나 위험변경증가의 통지의무를 이행하라는 통지를 할 수 있는 기회를 부여하기 위한 것으로, 보험자를 보호하기 위한 규정이다. 따라서 이 유형의 경우는 상황의 설정에 따라 그 답이 달라진다. 피보험자가 보험계약의 체결사실에 대하여 알지 못한 경우 대표이사가 보험자에게 그 사실을 고지하였음에도 불구하고 보험자가 아무런 조치를 취하지 아니하였다면, 보험자는 계약을 해지할 수 없다. 그러나 보험자가 그 피보험자인 이사에게 임원배상책임보험계약이 체결되는 사실을 알리고 고지의무를 이행할 기회를 부여하였음에도 그 이사가 부실고지나 불고지를 하였다면 고지의무 위반에 해당하게 된다.

(5) 약관의 명확화

이 문제를 해결하는 보다 명확한 방법은 약관상 명시적 규정을 두는 것이다. 만일 보험계약자가 보다 고율의 보험료를 지급하여서라도 선의의 피보험자를 보호하고자 한다면 명시적으로 약관상 "고지의무 위반으로 인한 계약의 취소는 당해 위반자에 한한다"는 등의 고지의무 위반의 문제가 개별적이라는 뜻을 담은 명시적인 문구를 기재하는 것이다. 이에 관한 미국 판례는 상당수 존재한다.[230] 그러나 이러한 명시적 규정이 있다 하더라도 보험계약을 청약하는 대표이사가 기망의 의도로 고지의무를 위반한 경우만큼은, 그 보험계약이 각기의 이사에 대하여

---

230) Atlantic Permanent Federal Savings & Loan Ass'n v. American Casualty Co., 839 F.2d 212 (4th Cir. 1988)에서는 보험약관상 고지의무 위반을 이유로 한 보험계약의 해지는 그 위반을 한 당사자에 한한다라고 하는 규정을 두고 있었다. 법원은 이 규정을 문면대로 해석하여 선의의 피보험자는 보호하였다. Wedtech Corp. v. Federal Insurance Co., 740 F.Supp. 214 (S.D.N.Y. 1990)에서도 동일한 판결을 하였다. Shapiro v. American Home Assurance Co., 616 F.Supp. 900 (D.Mass. 1984)에서는 증권법책임보험(Securities Act Liability policy)이 문제되었는데 그 증권에도 고지의무 위반에 관한 개별성의 조항이 있었고 선의의 이사는 보호를 받았다. 이외에도 동지의 판례로 Federal Sav. & Loan Ins. Corp. v. Burdette, 718 F.Supp. 649 (E.D.Tenn. 1989); National Union Fire Ins. Co. v. Seafirst Corp., No. C85-396R. 1987 U.S. Dist. LEXIS 14394 등.

개별적으로 체결되었다고 볼 수 없는 한 선의의 이사들이 보호받기는 힘들다.[231]

4. 면책약관

(1) 개 요

현행 약관의 면책사유는 임원배상책임보험이 활성화되어 있는 미국에서의 약관을 기초로 작성된 것이고, 그 내용도 상당히 유사하다. 면책약관을 개략적으로 각 성질과 미국의 기준[232]을 근거로 구분하면 다음과 같다. ① 불법적으로 사적인 이익을 취한 경우(약관 제7조 제4항과 제5항), ② 위법행위와 범죄행위 등(동 제7조 2항과 3항, 제8조 제7항), ③ 담보범위 밖으로의 제외사유(동 제8조 제1항 내지 제4항), ④ 신체상해와 재물손해 그리고 인격권에서의 침해 등(동 제8조 제7항), ⑤ 피보험자간의 배상청구에 대한 면책(동 제8조 제9항), ⑥ 대표소송의 면책(동 제9조), ⑦ 합병(동 제10조 제1항) 등의 경우가 있다.

우리의 현행 약관상 면책사유는 미국의 것과 대동소이하나, 특기할 것은 현행약관이 미국에서는 일반화되지 아니한 대표소송면책을 추가하고 있는 점이다. 또한 일반의 보험에서는 찾아 볼 수 없으면서도 임원배상책임보험의 담보범위에 중요한 영향을 미치는 피보험자간의 배상청구면책(이사에 대한 회사의 배상청구면책)이 있다. 이는 우리법제상 이사에 대한 책임의 추궁방법과 직접적인 연관성을 가진다. 상법상 회사의 이사에 대한 책임추궁의 방법은 회사의 손해배상청구(제399조)와 주주에 의한 대표소송(상법 제403조)이다. 그런데 현행 약관은 이 양자를 모두 면책으로 규정하고 있다. 현행 약관이 이 두 면책사유를 특별약관으로는 담보받을 수 있는 것으로 하나, 보통약관에서 면책사유로 두고 있는 것 자체에 대하여 의문이다.

---

231) 사기와 고지의무 위반의 관계를 중첩적으로 보고 있음으로 인함이다. 이러한 취지의 미국판례로 First State Ins. Co. v. Federal Sav. & Loan Ins. Corp., 908 F.2d 976 (9th Cir. 1990); First Nat'l Bank Holding Co. v. Fidelity and Deposit Co. of Md., 885 F.Supp. 1533 (N.D. 1995)가 있다. 단 약관의 명확화를 통하여 위의 유형중 (2)와 (3)의 경우는 어느 정도 해결 가능하다.

232) 임원배상책임보험상의 면책사유를 ① 신체상해와 재물손해에 관한 것, ② 불성실(Dishonesty), 사기적 또는 범죄행위 등, ③ 개인적인 이익, ④ ERISA(Employee Retirement Income Security Act of 1974) 면책, ⑤ 피보험자간의 배상청구(insured v. insured), ⑥ 환경오염 등으로 구분하고 있다. Joseph P. Monteleone, "D&O Insurance : Timing of Payments of Defense Expenses, In Directors and Officers Liability Insurance", PLI/Comm. Course Handbook Series No. A 535 (1990), at 265. 많이 사용하는 임원배상책임보험의 약관으로는 CNA, Federal Insurance Company Form(Chubb 약관), Home Insurance Company Form (Home 약관), London Form (London 약관), Zurich Insurance Company Form (Zurich 약관) 등이 있다.

(2) 피보험자간의 배상청구면책²³³⁾(이사에 대한 회사의 배상청구면책)

1) 의 의

이는 미국 약관에 기원을 둔다. 이 면책사유는 피보험자인 이사가 다른 피보험자인 이사에 대하여 배상청구를 하거나, 회사가 이사에 대하여 배상청구를 하는 경우 면책된다는 취지이다. 영미법상으로는 회사보상제도에 의하여 임원배상책임보험의 회사도 피보험자가 되는 관계로, 피보험자간의 배상청구는 면책된다는 의미로 "insured v. insured" 면책사유라고 칭한다.²³⁴⁾ 이것이 현행의 면책약관에는 "다른 피보험자, 법인 또는 자회사가 제기하는 배상청구……"로 들어온 것이다. 회사보상제도가 없는 우리의 경우 회사는 피보험자가 될 수 없으므로 현행약관은 별도로 '법인'이라는 개념을 추가하고 있을 뿐이다. 그런데 이러한 면책조항은 약관에 규정을 두는 경우에 한하여 적용되는 것이므로 약관에 이 면책규정이 없다면 보상범위에 포함되지 않음은 물론이다.²³⁵⁾

2) 취지와 동향

이 면책조항은 1980년대 중반, 이사에 대한 배상청구소송의 범람에 기원한다. 이 면책사유가 신설되었던 취지는 임원배상책임보험에 가입한 회사가 이사에 대한 책임추궁의 의도가 아니라 경영상 손실을 전보받기 위하고자 그 자신이 직접, 또는 피보험자로 되어 있는 다른 이사로 하여금 소송을 제기하게 하는 경우가 빈번하게 되자 이에 대비하기 위한 것이다. 즉 피보험자간 배상청구의 경우는 부당공모 등의 담합행위가 가능하다는 인식하에 면책으로 정하여 두고 있으며, 현재 미국의 대다수 약관들이 이 면책사유를 가지고 있다.²³⁶⁾

---

233) 약관 제8조는 다음의 면책을 규정한다. (9) 다른 피보험자, 법인 또는 자회사가 제기하는 배상청구 또는 다른 피보험자, 법인 또는 자회사가 관여하는 법인 또는 그 자회사가 발행한 유가증권을 소유하는 자가 손해배상청구나 주주대표소송 여부에 관계없이 제기하는 배상청구. 그런데 특별약관에서 "법인보상담보 특별약관"을 따로이 두고 있다.

234) Niemuller v. National Union Fire Ins. Co., No. 92 CIV. 0070 (S.D.N.Y. 1993); Federal Deposit Ins. Corp. v. American Cas. Co., 998 F.2d 404 (7th Cir. 1993); Finci v. American Casualty Co., 593 A.2d 1069 (Md.Ct. App. 1991); Reliance Insurance Co. v. Weis, et al., 5 F.2d 532 (8th Cir., 1993) 등 이 면책사유를 근거로 보상을 부정한 판례들은 다수 있다.

235) National Union Fire Ins. Co. v. Continental Ill. Corp., 666 F.Supp. 1180 (N.D.Ill. 1987)은 당해 보험계약이 이 면책사유를 가지고 있지 아니하였으므로 회사에 의한 그의 임원에 대한 배상청구도 담보범위가 되었다. Washington Hosp. Liab. Ins. Fund v. Public Hosp. Dist. No. 1, 795 P.2d 717 (1990)도 동일한 사건이었는데, 법원은 만약 보험자가 이러한 담보범위를 제공하지 않기 위하여는 약관상의 면책규정을 통하여 가능할 것이라고 지적하였다.

236) Goldwasser는 피보험자간의 배상청구 면책에 관하여 다음과 같이 주석하였다. "회사들이 이사의 책임보험을 그들의 경영상의 손실을 만회하기 위한 것으로 이용하고 있다. 맨하탄 은행의 이사들끼

3) 피보험자 동일성의 문제

이 면책약관을 둘러싸고 미국법상 부각된 쟁점은 회사가 파산한 이후 관리인이나 파산관재인이 전임 이사를 상대로 소송을 제기하는 경우 그 면책여부다. 말하자면, 파산의 경우 파산회사와 파산전 회사 사이에 "피보험자의 동일성"이 문제된다. 그런데 이에 관한 판례가 일관되어 있지 않다. 파산회사의 파산관재인 등에는 이 면책조항이 적용되지 아니한다는 것들이 있는 반면,[237] 파산 후의 회사도 파산 회사의 승계인에 해당하므로 피보험자의 지위를 차지하게 되어 면책조항이 적용된다는 것들도 있다.[238]

4) 소 결

현행 보통약관은 피보험자간 배상청구 면책약관을 그대로 들여오면서 용어만 일부 수정하였다. 회사보상제도가 없는 우리법에서 회사가 피보험자에 해당하지 않으므로, "법인 또는 자회사가 제기하는 배상청구"라는 문언을 삽입한 것이 그것이다. 이 규정으로 말미암아 우리나라에서도 회사가 이사에 대하여 손해배상청구를 제기하는 경우 면책사유에 해당한다. 이 면책사유에 대한 문제제기를 한다.

첫째, 이 규정이 명확한가 하는 점이다. 현행약관의 문언은 나름대로 명확한 것으로 보이나, 단 "제기하는" 배상청구라고 규정되어 있으므로 이미 제기된 배상청구를 회사나 타 피보험자가 유지만 하는 경우는 적용되지 아니한다.

둘째, 다른 피보험자가 이사의 지위가 아니라 개인자격에서 배상청구를 한 경우에도 면책될 것인가 하는 점이다. 현행약관은 "다른 피보험자가 …… 제기하는 배상청구"라고만 규정하고 있고 그 자격은 문제삼지 않고 있다. 그러나 이러한 경

리의 소송은 보험으로 그들의 손실을 전보하기 위한 것이다. 이로 인하여 보험자들이 이사의 책임보험은 (중략) 손실을 전보하기 위한 것이라고 주장하기 시작하였고, 그 결과 1985년부터 보험자들은 피보험자간의 배상청구의 면책조항을 새로이 규정하게 되었다." Dan L. Goldwasser, "Director's and Official's liability Insurance", 692 PLI/Comm 297 (1994), at 2; 또한 이 면책사유에 대한 주석으로 Grill v. Hoblitzell, 771 F.SUpp. 709 (D.Md. 1991)에서 미국의 법원은 "주주가 회사의 이사진으로 하여금 이사들에 대한 소송을 제기하도록 요구하는 것은 전혀 무의미한 것이 될 것"이라고 지적한다. 그 이유는 피보험자간의 배상청구 면책규정으로 말미암아 회사에 의한 청구는 담보범위를 벗어나는 것이어서 대표소송을 제기하는 편이 나을 것이라고 한다.

237) Federal Ins. Co. v. Hawaian Elec. Indust., No. CIV 94-00125HG (D.Haw. 1995)에서 법원은 그 면책조항은 공모소송을 방지하고자 하는 것인데 여기서는 그러한 위험이 없다고 하면서, 파산승계인이 피보험자의 개념에 해당하는 것은 아니라고 하였다. 기타 동지의 판례로 FDIC v. National Union Fire Ins. Co., 630 F.Supp. 1149 (W.D.La. 1986) 등이 있다.

238) Reliance Ins. Co. of Ill. v. Weis, 148 B.R. 575 (E.D.Mo. 1992); Levy v. National Union Fire Ins. Co., 710 F.Supp. 474 (S.D.N.Y. 1989); Federal Deposit Ins. Corp. v. American Cas. Co., 814 F.Supp. 1021 (D.Wyo. 1991); Federal Deposit Ins. Corp. v. Zabarac, 773 F.Supp. 137 (C.D.Ill. 1991).

우, 즉 이사가 이사의 자격이 아니라 그의 개인적 지위에서 배상청구를 하는 경우까지 면책으로 하는 것은 부당하다.

셋째, 미국법상 논란이 많은 파산절차의 진행 중, 전임이사에 대하여 소송을 제기하는 경우이다. 이 경우 파산재단이 회사의 권리와 의무를 승계하는 것이므로 동일인으로 보아 면책된다고 할 것인가? 부정하는 것이 타당하다고 본다. 파산절차는 파산자의 총재산으로 총채권자에게 공평한 만족을 주기 위한 절차로서 파산재단도 이러한 목적을 위한 것이므로 단순히 파산회사의 지위를 승계하는 것으로만 볼 수는 없다. 또한 본 면책약관의 제정취지가 부당한 공모를 방지하기 위한 차원임을 볼 때 그러한 가능성이 없는 파산의 경우까지 면책으로 하는 것은 적절치 못하다.[239]

넷째, 보다 근본적인 문제로서 우리의 법제하에서 본 면책사유에 대한 신중한 재검토가 있어야 한다. 미국법과는 달리 우리의 경우 이사에 대한 책임을 추궁할 수 있는 주체는 회사와 대표소송을 통한 소수주주 양자뿐임에도, 보통약관이 이 양자를 모두 면책사유로 정하여 두고 있는 점은 의문이다.

(3) 대표소송면책[240]

1) 의 의

이는 소수주주가 대표소송을 제기하여 이사에 대한 배상청구를 하는 경우 보험자가 면책된다는 것이다. 대표소송면책약관은 미국에서 일반적으로 사용되는 것이 아니다. 회사보상제도를 가지고 있는 미국에서도 임원배상책임보험의 필요성을 역설할 때, 대표소송에서 이사가 패소한 경우 회사보상제도를 통한 전보가 불가능하므로 이 보험이 필요하다고 설명된다.[241] 미국의 다수 주법은 대표소송에 대하여는 회사보상을 극도로 제한하고 있어, 임원배상책임보험이 대표소송에 대하여도 보상한다는 점이 그것이다. 최근 우리나라에서도 임원배상책임보험의 구입이 증대된 이유로 지적되는 것이 주주대표소송의 활성화임에도 정작 현행 보통약관은 이

---

239) American Casualty Co. v. Sentry Savings Bank, 1994 U.S. Dist (D.N. 1994)에서는 공모가 없었음이 확실하다는 이유로 본 약관의 적용을 배척하였다.

240) 약관 제9조 제1항의 "회사는 피보험자에 대하여 주주대표소송이 제기되어 피보험자가 법인에 대하여 법률상의 손해배상책임을 부담하는 경우에 입은 손해를 보상하지 아니합니다"라는 면책규정이다.

241) Karen P. Gordon, "Directors and Officials Liability Claims : The Broker's Perspective", 692PLI/Comm19, at 24; Edward T. O'Dell et. al., "Indemnication and Insurance", SA 73 ALI－ABA 185 (1996), at 187; Robert Charles Clark, Corporate Law, Little Brown and Company (1986), at 672. 회사보상은 대표소송에 대하여 엄격한 요건하에 방어비용만을 보상받을 수 있도록 하고 그 판결액 등은 보상을 받을 수 없도록 하는 것이 일반이다.

를 면책으로 정하여 두고 있다. 대표소송면책에 관하여 미국의 일부 소수 보험회사도 사용하고 있긴 하나, 우리와는 사정이 다른 것이 영미법상으로는 이사에 대한 책임추궁의 방법이 보다 다양하다는 점이다.[242] 즉 대표소송 면책은 타 면책사유와는 달리 미국에서는 일반적인 면책사유가 아닌 것을, 현행 보통약관은 면책의 범위에 포함시켜두고 있다.[243] 그런데 대표소송의 경우를 면책으로 정해둔 결과, 임원배상책임보험으로 인한 담보범위를 지나치게 협소화 한다.

2) 이사에 대한 책임추궁의 방법

우리의 경우 회사에 대한 이사의 책임을 묻기 위한 방법은 두 가지이다. 회사가 직접 이사에 대하여 책임을 추궁하는 방법과, 주주가 대표소송을 통하여 그 책임을 묻는 것이다. 먼저 전자의 방법으로 이사에 대한 책임을 묻는 경우, 이는 미국의 피보험자간 배상청구면책에 연혁을 두고 있는 현행약관 제8조 제9항에 의하여 담보범위에서 제외되어 있다. 그리고 후자의 방법인 대표소송을 통한 경우, 이도 또한 약관 제9조에 의하여 면책사유로 규정되어 있다. 그렇다면 이사의 회사에 대한 손해배상책임이나 자본충실책임을 어떻게 물어야만 보험으로 보상받을 수 있는가?

미국에서는 임원에 대한 책임을 추궁하는 방법으로 대표소송, 회사가 직접 책임을 추궁하는 방법 이외에도 집단소송을 포함하여 주주가 직접 소송을 제기하는 방법, 대표이사가 아니라 하더라도 이사가 회사를 위하여 소송을 제기하는 방법 등이 있다.[244] 그리하여 설사 미국에서 대표소송과 회사가 직접 소송을 제기하는 경우를 면책으로 정해둔다 하더라도 우리와는 사정이 다른 것이다. 이러한 면책규정들은 우리법에서는 이사의 회사에 대한 책임을 추궁할 수 있는 모든 방법을 면책사유로 해버리는 결과가 된다. 물론 약관상 면책사유의 범위도 계약의 내용인 것이므로, 대가관계에 있는 보험료 등 기타 요소를 고려하여 넓게 정할 수 있다는 주장은 가능하다. 그리고 이러한 입장에서 현행약관은 대표소송에 대하여 보통약관이 아니라 특별약관으로 보상한다는 입장을 취하는 것으로 보인다. 그러나 임원배상책임보험의 필요성과 사회적 기능 등을 고려한다면 이러한 면책 범위는 문제가 있다.

---

242) 그럼에도 불구하고 미국에서조차 대표소송면책은 보험의 담보범위를 지나치게 축소시키고 있다는 비판을 받고 있다. Edward T. O'Dell et. al., supra, at 190.

243) 단 임원배상책임보험 보통약관이 아니라 특별약관으로 "주주대표소송담보 특별약관"을 두고 있기는 하다.

244) 예를 들면 뉴욕 회사법 §720(b).

(4) 소 결

현행 보통약관의 피보험자간 배상청구면책과 대표소송면책으로 인하여 이사의 회사에 대한 손해배상책임은 실질적으로 담보범위에서 제외되어 있다. 회사배상청구면책은 미국 약관상의 피보험자간의 배상청구면책에서 기원한 것이나, 이를 대표소송과 더불어 면책으로 정하여 둔 것은 우리의 법이나 실정과 조화되지 아니한다.

제 5 절 자동차보험

제1 총 설

1. 자동차보험의 의의

자동차보험계약이란 피보험자가 자동차를 소유, 사용 또는 관리하는 동안에 발생한 사고로 인하여 생긴 손해를 보상하는 손해보험계약이다(제726조의2). 자동차보험은 현재 가장 보편화된 형태의 보험이라 할 수 있고 대다수의 현대인은 자동차보험과 관련된 생활을 한다. 자동차는 오늘날 운송수단의 기반이 되는 필수적인 것인 반면, 그 운행의 증대는 교통사고로 인한 손해 또한 증가시키고 있다. 이러한 상황에서 자동차보험은 피보험자의 손해를 보상하는 피보험자 보호의 기능을 할 뿐 아니라, 자동차 사고로 인한 피해자를 보호하는 기능도 수행한다.

상법은 자동차보험에 관하여 제726조의2에서 제726조의4까지 3개의 조문을 가지고 있다.

2. 종 류

자동차보험은 다음과 같은 여러 종류의 보험을 포괄하는 것이어서 자동차종합보험이라고도 부른다. 자동차보험은 인보험과 손해보험, 손해보험에서도 물건보험과 책임보험 등의 다양한 형태가 모두 포함된 보험이다.

1) 자기차량손해

피보험자의 자동차에 생긴 손해를 보상하는 보험이다. 일반의 손해보험 중 물건보험에 속한다.

2) 자기신체사고보험

피보험자의 생명이나 신체에 생긴 인적 손해의 보상을 목적으로 하는 보험이다. 일종의 인보험이고, 상해보험이다.[245] 이는 책임보험과는 서로 다른 종류의 보

제5장 손해보험 각론

험이고, 따라서 판례는 책임보험의 하나인 대인배상책임보험의 보상대상에서 자기신체사고를 제외하는 것은 부당한 것이 아니라 한다.[246)]

3) 대물배상책임보험

피보험자가 자동차사고로 인하여 타인의 재물에 손해를 입혀서 그 배상책임을 지게 됨으로써 생긴 손해의 보상을 목적으로 하는 보험이다.

4) 대인배상책임보험

피보험자가 자동차사고로 인하여 제3자를 사상하게 함으로써 부담하는 배상책임을 지게 되는 경우, 그 손해의 보상을 목적으로 하는 보험이다. 대인배상책임보험의 경우에는 이원적 구조로 되어 있다. 자동차손해배상보장법에 의하여 의무적으로 가입하여야 하는 강제보험과 그 초과부분을 자동차보유자의 필요에 따라 임의적으로 가입할 수 있는 임의보험으로 나누어진다. 그리하여 자동차손해배상보장법에 의하여 가입이 강제되고 그 정한 한도에서 보상하는 보험인 강제보험으로서의 대인배상Ⅰ과, 그 손해가 대인배상Ⅰ에서 초과하는 금액을 보상하는 임의보험으로서의 대인배상Ⅱ가 있다.

5) 무보험자동차보험

피보험자가 피보험자동차 이외의 무보험자동차에 의하여 사상한 경우에 보상하는 보험이다. 이 보험은 대인배상Ⅰ, 대인배상Ⅱ, 대물배상 및 자기신체사고에 모두 가입한 경우에 한하여 가입할 수 있는 임의보험이다.

---

245) 대법원 2017. 7. 18. 선고 2016다216953 판결(자기신체사고 자동차보험(자손사고보험)은 피보험자의 생명 또는 신체에 관하여 보험사고가 생길 경우에 보험자가 보험계약이 정하는 보험금을 지급할 책임을 지는 것으로서 그 성질은 인보험의 일종이다).

246) 대법원 1993. 9. 14. 선고 93다10774 판결(임의보험인 자동차종합보험의 대인배상보험은 강제보험인 자동차손해배상책임보험과는 달리 그 목적이 피해자의 보호에 있다기보다는 피보험자의 손해배상책임을 전보하고자 함에 있을 뿐 아니라 그 가입 여부 또한 자유로우므로 일반적으로 사적 자치의 원칙이 적용되는 영역에 속하고, 피보험자나 운전자의 배우자 등이 사고로 손해를 입은 경우에는 그 가정 내에서 처리함이 보통이고 손해배상을 청구하지 않는 것이 사회통념에 속한다고 보이며, 이러한 경우의 보호는 별도의 보험인 자손사고보험에 의하도록 하고 있는 점 등으로 미루어 보면, 피보험자나 운전자의 배우자 등이 사고로 손해를 입은 경우를 자동차종합보험의 대인배상보험에서 제외하고 있는 약관규정이 약관의규제에관한법률 제7조 제2호에 위반된다거나 경제적인 강자인 보험자에게 일방적으로 유리한 규정에 해당하여 무효라고 할 수 없다).

3. 자동차양도에 관한 특칙

(1) 의 의

보험목적의 양도에 관하여는 상법 제679조가 규정하고 있으나, 자동차보험은 특칙을 둔다. "피보험자가 보험기간중에 자동차를 양도한 때에는 양수인은 보험자의 승낙을 얻은 경우에 한하여 보험계약으로 인하여 생긴 권리와 의무를 승계한다"가 그것이다(제726조의4). 자동차보험의 경우 보험료 산출이 피보험자 중심으로 이루어지고 자동차의 양도로 그 보험계약관계가 자동적으로 양수인에게 승계된다고 하면 불합리하기 때문이다. 따라서 일반 손해보험에서는 보험목적의 양도시 보험관계가 승계된다고 추정하는 것(제679조 제1항)과는 달리, 자동차보험의 경우 보험자의 승낙이 있는 경우에 한하여 보험관계가 승계되도록 한다. 그리고 자동차보험증권에는 손해보험증권에 기재할 사항(제666조) 이외에 자동차소유자와 그 밖의 보유자의 성명과 생년월일 또는 상호, 피보험자동차의 등록번호, 차대번호, 차형연식과 기계장치, 차량가액을 정한 때에는 그 가액를 기재하여야 한다(제726조의3).

(2) 양도의 의미

1) 소유권의 물권적 이전

양도라 함은 소유권의 이전을 말한다. 소유권의 이전으로 운행이익 · 운행지배도 동시에 이전하게 되는 것이 일반적이고, 등록명의 이전까지 요구됨이 원칙이다. 따라서 일반적인 매매에서 양수인이 매매대금을 모두 지급하고 차량을 인도받아 그 명의로 소유권이전등록까지 마친 경우에는 양도인이 운행이익이나 운행지배권을 상실하는 것으로 본다.[247]

2) 운행이익이나 운행지배의 변경

자동차의 양도란 양도인이 그 자동차에 대한 운행지배를 상실하고 양수인이 사실상의 운행지배를 취득하는 경우를 의미하는 것이다. 따라서 양도인이 그 등록명의만을 양수인으로 변경하고 실제로는 그 자동차를 보유하며 운행지배를 하면서 직접 그 자동차를 운행하는 경우에는 양도에 해당하지 않는다.[248]

---

247) 대법원 1991. 7. 26. 선고 91다14796 판결; 대법원 1991. 8. 9. 선고 91다1158 판결; 대법원 1992. 4. 10. 선고 91다44803 판결; 대법원 1992. 12. 22. 선고 92다30221 판결.
248) 대법원 1993. 6. 29. 선고 93다1480 판결(자동차종합보험약관 제42조의 규정에서 자동차의 양도로 보험자가 책임을 면하는 경우란 당해 자동차의 운행지배상태 및 유체동산인 자동차의 양도를 의미하는 것으로서 양도인이 그 자동차에 대한 운행지배를 상실하고 양수인이 사실상의 운행지배를 취득

3) 판례의 검토

양도의 의미에 해당하기 위하여는 이상과 같이 운행이익이나 운행지배 등 운행자성의 변화가 있어야 한다. 그리고 양도로 인한 양도인의 운행자성 상실 여부는 매매대금의 완제여부, 이전등록의 문제 및 그것의 귀책부담자, 이전등록서류의 교부에 관한 약정, 양도인의 운행에의 관여가능성, 차량의 보험관계 및 사고시 책임부담에 대한 약정의 내용, 인수차량의 운행자, 차량의 매매경위, 자동차등록증이나 자동차검사증의 교부 여부 등 모든 실질관계를 종합적으로 고려하여야 한다.

① 대금의 미납

대금이 완납되지 않은 경우 일반적으로 양도인의 운행자성을 인정하고 있으나, 대부분 그 사정 외에 양도인의 운행관여, 명의유보 약정, 이전등록서류의 미제공 등 다른 사정도 고려하여 판단한다.[249]

② 소유권이전등록절차의 미이행

(i) 일반론

소유권이전등록절차가 마쳐지지 않아 소유명의가 양도인에게 남아 있는 경우 차량의 매매로 인한 양도인의 운행지배권이나 운행이익 상실여부를 판단함에 있어서는, 판례는 일반론으로서 대금수수나 자동차검사증 교부 이외에 차량의 이전등록서류 교부에 관한 당사자간의 합의내용·차량의 매매경위·차량 인도여부·인수 차량의 운행자·차량의 보험관계 등 여러 사정을 심리하여 판단한다.[250] 자동차보유자의 운행지배는 현실적으로 보유자와 운전자 사이에 사실상의 지배관계가 존재하는 경우뿐만 아니라 간접적이거나 제3자의 관리를 통한 관념상의 지배

하는 경우를 의미하고, 따라서 기명피보험자가 그 등록명의만을 변경하고 실제로는 그 자동차를 보유하며 운행지배를 하면서 직접 그 자동차를 운행하다가 사상사고를 일으켜 손해를 발생시킨 경우에는 위 규정은 적용되지 아니한다); 대법원 2007. 2. 23. 선고 2005다65463 판결(피고의 자동차종합보험약관 제59조 제2항은 "회사는 피보험자동차가 양도된 후에 발생한 사고에 대하여는 보험금을 지급하지 아니합니다"라고 규정하고 있는데, 위 규정에서 말하는 자동차의 양도는 당해 자동차의 운행지배상태 및 유체동산인 자동차의 양도를 의미하는 것으로서 양도인이 그 자동차에 대한 운행지배를 상실하고 양수인이 사실상의 운행지배를 취득하는 경우를 의미하고, 따라서 기명피보험자가 그 등록명의만을 변경하고 실제로는 그 자동차를 보유하며 운행지배를 하는 경우에는 위 규정은 적용되지 아니한다고 할 것이다); 대법원 2010. 4. 15. 선고 2009다100616 판결.

249) 대법원 1980. 4. 22. 선고 79다1942 판결; 대법원 1980. 6. 10. 선고 80다591 판결; 대법원 1991. 3. 12. 선고 91다605 판결; 대법원 1993. 1. 26. 선고 92다50690 판결에서는 이와 관련하여 양도인이 차량을 매도하면서 계약금을 지급받고 양수인에게 차량을 인도하고 양도용 인감증명 등 이전등록에 필요한 서류를 교부한 후 보험회사에 찾아가 위 차량에 대한 미경과분 보험료를 환급받고자 보험계약 해지신청을 하였는데 양수인이 잔금지급기일 전날 교통사고를 일으킨 경우에는 양도인이 운행의 지배나 이익을 상실하였다고 판시하였다.

250) 대법원 1990. 12. 11. 선고 90다7203 판결.

관계가 존재하는 경우도 포함한다. 따라서 판례는 자동차를 매도하고도 자동차 등록명의를 그대로 남겨둔 경우 양도인의 운행지배 유무는 양도인과 양수인 사이의 실질적 관계를 살펴서 사회통념상 양도인이 양수인의 차량운행에 간섭하거나 지배관리할 책무가 있는 것으로 평가할 수 있는지의 여부를 가려 결정하여야 한다고 판시한다.[251]

(ii) 대금완납 및 차량인도의 경우

대금완납 및 차량인도만 이루어지고 소유권이전등록서류는 교부되지 않은 채 양수인에게 그 차량을 인도하여 양수인의 책임하에 채용한 운전사가 직접 운행하다가 사고를 일으킨 경우, 양도인이 다른 채무불이행을 이유로 자동차이전등록서류의 교부를 거절하였더라도 그 차량의 운행지배권과 운행이익이 양수인에게 귀속된 효과에는 영향이 없다.[252] 같은 취지에서 차량 인도 및 소유권이전등록서류의 교부가 이루어진 경우, 등록명의가 양수인 앞으로 변경되지 않았다 하더라도 그 운행지배권은 양도인으로부터 이탈하여 양수인에게 이전한 것으로 보아 양도인의 운행자성을 부정한다.[253]

③ 소유권유보부할부매매

할부차량의 매매에 관한 판례[254]도 상당수이다. 소유권유보부할부매매(所有權留保附割賦賣買)가 자동차판매업자에 의한 경우 일반매매와 달리 계약과 동시에 실질적인 소유권은 매수인에게 이전하고, 매도인은 잔대금채권을 확보하기 위하여 소유명의를 가지는 데 불과하여 자동차의 현실적인 운행에는 개입할 수 없으므로, 매도인이 운행지배나 운행이익을 갖는다고 할 수 없다.[255] 그러나 할부매매가 자동차판매업자에 의한 판매가 아니라 일반의 매도인과 매수인 사이의 거래인 경우, 자동차를 할부로 매도한 자가 그 자동차에 대한 운행지배를 하고 있는가 여부는

---

251) 대법원 1994. 9. 23. 선고 94다21672 판결; 대법원 1995. 1. 12. 선고 94다38212 판결.
252) 대법원 1983. 12. 13. 선고 83다카975 판결.
253) 대법원 1980. 9. 24. 선고 79다2238 판결; 대법원 1984. 2. 28. 선고 83다카1532 판결; 대법원 1985. 4. 23. 선고 84다카1484 판결; 대법원 1992. 10. 27. 선고 92다35455 판결은 이전등록서류는 차후 필요할 때 교부받기로 하고 대금 전액을 지급한 후 차량을 인도받은 양수인이 매매상사에 차량의 매도를 의뢰하고 이를 인도한 경우 특단의 사정이 없는 한 위 차량에 대한 양도인의 운행지배권은 떠난 것으로 보아야 한다는 것이다; 대법원 1994. 2. 22. 선고 93다37052 판결은 대금 전액을 지급받고 오토바이를 인도하여 양수인이 운행하여 오다가 제3자에게 이를 다시 매도하여 인도하였다면, 위 오토바이의 운행지배권은 자동차등록원부상의 소유자 명의변경이 되지 아니하였다 하더라도, 등록명의인인 양도인으로부터 이탈되었다고 할 것이어서 양도인을 자배법 제3조 소정의 운행자로 볼 수 없고, 양도인이 인감증명서 등 명의이전에 필요한 서류를 교부한 바 없다고 하여 달리 볼 것은 아니라고 판시하고 있다.
254) 대법원 1995. 1. 12. 선고 94다38212 판결.
255) 대법원 1990. 11. 13. 선고 90다카25413 판결.

매도인과 매수인 사이의 실질적인 관계를 살펴서 사회통념상 매도인이 매수인의 차량 운행에 간섭을 하거나 지배관리할 책무가 있는 것으로 평가할 수 있는지 여부를 가려 결정한다.[256]

(3) 효 과

1) 승낙과 낙부통지의무

보험자의 승낙을 얻은 경우에 한하여 보험계약관계가 승계된다. 그런데 보험자가 양수인으로부터 양수사실을 통지받은 때에는 지체없이 낙부를 통지하여야 하고 통지 받은 날부터 10일 내에 낙부의 통지가 없을 때에는 승낙한 것으로 본다(제726조의4 제2항). 즉, 보험자의 낙부통지의무와 승낙의제를 인정하고 있다.

2) 예외(자동차손해배상보장법)

자동차손해배상보장법에 의하여 의무보험에 가입된 자동차가 양도된 경우 그 자동차의 양도일부터 자동차관리법 제12조에 따른 자동차소유권 이전등록 신청기간이 끝나는 날(자동차소유권 이전등록 신청기간이 끝나기 전에 양수인이 새로운 책임보험등의 계약을 체결한 경우에는 그 계약 체결일)까지의 기간은 상법 제726조의4에도 불구하고 자동차의 양수인이 의무보험의 계약에 관한 양도인의 권리의무를 승계한다(자동차손해배상보장법 제26조).

4. 피보험자 범위의 확대

(1) 범위확대의 필요

자동차보험에서의 피보험자의 개념은 기명피보험자 외에 그와 밀접한 관계가 있는 일정한 관련자까지 포함하고 있어 그 범주가 승낙피보험자, 친족피보험자, 운전피보험자 등으로 확대되어 있다. 자동차는 소유자뿐 아니라 가족, 친구, 피용자 등 여러 사람에 의하여 운행되는 것이 일반적이므로 자동차사고로 인하여 배상책임을 부담하게 되는 자는 자동차 소유자에 한하지 않고 현재 자동차를 사용하고 있는 가족, 친구, 피용자 등도 포함하도록 하는 것이다. 피보험자 범위의 확대는 다양하게 포섭된 피보험자 보호를 위한 것이기는 하나, 이를 통해 결과적으로는 피해자의 보호에도 만전을 기하게 된다.

---

256) 대법원 1994. 9. 23. 선고 94다21672 판결.

(2) 기명피보험자

기명피보험자는 보험증권에 피보험자로 기재된 자를 말한다. 기명피보험자는 사고 당시 피보험자동차를 관리 또는 사용 중인지 여부를 불문하고 항상 피보험자의 지위에 있기 때문에 당 자동차보험사고로 인하여 기명피보험자가 책임을 지는 경우 보험자가 보상책임을 부담한다. 예컨대 지입차량에 관해 실제 차주가 그 차량을 지입한 회사를 피보험자로 하여 보험계약을 체결한 경우 그 지입회사가 기명피보험자이고 실제의 차주는 승낙피보험자에 해당한다.257) 렌터카회사의 경우 그 렌터카회사는 기명피보험자이고 그 차량을 빌린 사람은 승낙피보험자이다.

(3) 승낙피보험자

1) 정 의

기명피보험자의 승낙을 얻어 피보험자동차를 사용 또는 관리 중인 자를 말한다. 예컨대 기명피보험자로부터 피보험자동차를 임차하여 운행하는 자이다.258)

2) 기명피보험자의 승낙

승낙은 특별한 사정이 없는 한 기명피보험자의 직접적 승낙이 요구된다. 따라서 승낙피보험자가 승낙을 하더라도 그 승낙받은 자는 승낙피보험자가 되지 못한다.259)

예외적인 특별한 사정이라 함은 기명피보험자가 묵시적 또는 포괄적으로 승낙한 경우를 말한다. 즉 원칙적으로는 기명피보험자의 직접적인 승낙이 요구되나, 예외적으로 묵시적 또는 포괄적 승낙을 한 특별한 사정이 있는 경우 승낙피보험자의 범주가 확대된다. 예외적인 경우에 해당한다고 본 판례는, 자동차를 빌려 주면서 포괄적인 관리를 위임한 경우 자동차를 빌린 사람만이 사용하도록 승낙이

---

257) 대법원 2000. 5. 30. 선고 99다66236 판결.
258) 대법원 2000. 2. 25. 선고 99다40548 판결.
259) 대법원 1995. 4. 28. 선고 94다43870 판결(개인용 자동차종합보험보통약관 제11조 소정의 기명피보험자의 승낙은 반드시 명시적이거나 개별적일 필요는 없고 묵시적 또는 포괄적인 승낙도 가능하지만 특별한 사정이 없는 한 피보험자로부터의 직접적인 승낙임을 요하고, 승낙받은 자로부터 다시 승낙받은 자는 같은 조항 소정의 피보험자에 해당하지 않는다); 대법원 1997. 3. 14. 선고 95다48728 판결(기명피보험자의 승낙이라 함은 반드시 명시적이거나 개별적일 필요는 없고 묵시적 또는 포괄적 승낙도 가능하지만 특별한 사정이 없는 한 피보험자의 직접적인 승낙임을 요하고, 승낙받은 자로부터 다시 승낙받은 자는 제11조 소정의 피보험자에 해당하지 않는다); 대법원 1993. 2. 23. 선고 92다24127 판결(기명피보험자의 승낙은 특단의 사정이 없는 한 기명피보험자로부터의 직접적인 승낙이어야 하므로 비록 매수인으로부터 자동차를 인도받고 사용을 승낙받았다 하더라도 기명피보험자인 매도인으로부터 자동차의 사용 또는 관리에 대한 직접적인 승낙을 받지 아니하였으면 위 약관에서 말하는 승낙피보험자에 해당한다고 볼 수 없다).

한정되어 있지 아니하고 자동차의 전대가능성이 예상되어 전대의 추정적 승낙도 인정할 수 있다고 한다.[260] 이때 기명피보험자는 승낙피보험자의 전대까지 묵시적·포괄적으로 승낙한 것으로 본다.

3) 자동차양도의 경우

양도인이 운행이익과 운행지배 등의 운행자성을 상실하고 그것이 양수인에게 이전된 경우에는 양수인이 기명피보험자가 되므로 승낙피보험자가 될 수 없다.[261] 그러나 운행자성이 양도인에게 여전히 남아 있는 경우, 예를 들어 양수인이 차량을 인도받고 운행 중 사고가 나는 경우 양수인은 승낙피보험자에 해당한다. 따라서 판례는 자동차를 매수하고 소유권이전등록을 마치지 아니한 채 자동차를 인도받아 운행하면서 매도인과의 합의 아래 그를 피보험자로 한 자동차종합보험계약을 체결하였다면, 매수인은 기명피보험자의 승낙을 얻어 자동차를 사용 또는 관리 중인 자에 해당한다고 하였다.[262]

(4) 운전피보험자

자동차보험약관 소정의 각 피보험자를 위하여 피보험자동차를 운전 중인 자를 말한다. 승낙피보험자와는 달리 당해 운행에 있어서 구체적이고 개별적인 승낙이 없더라도 피보험자동차를 운전하는 자는 운전피보험자에 해당한다.[263]

그런데 어떤 피용자가 운전업무 외의 업무를 위하여 고용되었을 뿐 아니라 자동차 운전면허를 갖고 있지 못하여 그 피용자가 피보험자동차를 운전하는 것이 기명피보험자 등의 의사에 명백히 반하는 것으로 보이는 경우에는 운전피보험자

---

260) 대법원 1993. 1. 19. 선고 92다32111 판결.

261) 대법원 1996. 7. 30. 선고 96다6110 판결(차량 매수인이 매도인의 승낙을 얻어 기명피보험자를 매도인으로 하고 주운전자를 매수인으로 하여 보험회사와 사이에 체결한 자동차종합보험계약이 유효하게 성립하였다 하더라도, 매도인이 차량에 대한 운행지배 관계 및 피보험이익을 상실한 것으로 인정되는 경우에 있어서는 매수인을 약관에 정한 기명피보험자의 승낙을 얻어 자동차를 사용 또는 관리중인 자로 볼 수 없고, 매도인이 매수인에게 차량을 인도하였을 뿐 아니라 당해 차량사고 이전에 그 소유명의까지 이전해 주었다면, 특별한 사정이 없는 한 매도인은 사고 당시 차량에 대한 운행지배 및 피보험이익을 상실한 것으로 보아야 한다).

262) 대법원 1993. 2. 23. 선고 92다24127 판결.

263) 대법원 2000. 9. 29. 선고 2000다33331 판결; 대법원 2005. 9. 15. 선고 2005다10531 판결(자동차종합보험보통약관에서 말하는 '각 피보험자를 위하여 피보험자동차를 운전중인 자(운행보조자를 포함함)'라 함은 통상 기명피보험자 등에 고용되어 피보험자동차를 운전하는 자를 의미하며, 한편 자동차종합보험보통약관에서 위와 같이 피보험자를 위하여 당해 피보험자동차를 운전하는 자까지 피보험자의 범위를 확대하여 규정하고 있는 취지와 위와 같은 운전자와 '기명피보험자의 승낙을 얻어 자동차를 사용 또는 관리중인 자'를 별도의 항목에서 피보험자로 보고 있는 점 등에 비추어 본다면, 위와 같은 운전자의 경우에는 당해 운행에 있어서의 구체적이고 개별적인 승낙의 유무에 관계없이 위 약관상의 피보험자에 해당한다고 보아야 한다).

가 되지 못한다.[264] 판례는 운전업무 이외의 업무를 위하여 고용된 무면허인 피용자가 기명피보험자인 사용자 등의 승낙 없이 무단으로 자동차를 운전하였다면 설사 그 피용자가 기명피보험자 등을 위하여 운전한다는 의사로 자동차를 운전하였다고 하더라도 그 피용자는 운전피보험자에 해당하지 않는다고 판시한다.[265]

(5) 친족피보험자

1) 의 의

기명피보험자와 같이 살거나 살림을 같이 하는 친족으로서 피보험자동차를 사용 또는 관리 중인 자가 친족피보험자에 해당한다.

2) 가족운전자 한정운전특별약관의 문제

실무상 많이 이용되는 가족운전자 한정운전 특별약관은 운전자의 신분을 피보험자의 가족으로 한정시켜, 보험사고를 피보험자동차의 이용관계에 있어서 동질적이라고 할 수 있는 피보험자의 가족구성원이 자동차를 운전 중에 야기한 사고로 제한한다. 그런데 이때 가족운전자 한정운전특별약관은 피보험자 가족의 범위에 기명피보험자의 부모와 양부모, 배우자의 동거중인 부모와 양부모, 법률상의 배우자 또는 사실혼 관계에 있는 배우자, 법률상의 혼인관계 또는 사실혼 관계에서 출생한 자녀, 양자, 양녀 및 며느리를 포함하여 그 범위를 상당히 넓히고 있다.

3) 구체적 사례

① 기명피보험자의 계모(繼母)

판례는 기명피보험자의 계모가 가족의 범주에 포함된다고 한다.[266] 피보험자의

---

264) 대법원 2013. 9. 26. 선고 2012다116123 판결(설령 승낙피보험자로부터 구체적·개별적인 승낙을 받고 그 승낙피보험자를 위하여 자동차 운전을 하였다고 하더라도, 그것이 기명피보험자의 의사에 명백히 반하는 것으로 볼 수 있는 경우에는 그 운전자를 운전피보험자에 해당한다고 볼 수는 없다. 따라서 그러한 운전자가 피보험자동차를 운전하던 중 일으킨 사고로 인한 손해에 대해서 보험금을 지급한 보험자는 상법 제682조에 따라 기명피보험자를 대위하여 운전자를 상대로 손해배상청구를 할 수 있다고 보아야 한다).

265) 대법원 2002. 3. 26. 선고 2001다78430 판결.

266) 대법원 1997. 2. 28. 선고 96다53857 판결(피고 회사 자동차종합보험의 가족운전자 한정운전특별약관에 '기명피보험자와 그 부모, 배우자 및 자녀 이외의 자가 피보험자동차를 운전하던 중에 발생된 사고에 대하여는 보험금을 지급하지 아니합니다'라는 조항이 규정되어 있는 사실을 인정할 수 있는바, 위 특별약관의 취지는 일반의 자동차종합보험 보통약관과는 달리 보험금의 지급대상이 되는 보험사고를 피보험자동차의 이용관계에 있어 동질적이라고 할 수 있는 피보험자의 가족구성원이 자동차를 운전중에 일으킨 사고로 제한하는 대신 보험료를 낮추어 주려는 데 있다고 할 것이다. 그런데 1990. 1. 13. 법률 제4199호로 민법이 개정됨으로써 계모는 더 이상 법률상의 모(母)는 아닌 것으로 되었으나, 피보험자의 계모가 부(父)의 배우자로 실질적으로 가족의 구성원으로 가족공동체를 이루어 생계를 같이 하고 피보험자의 어머니의 역할을 하면서 피보험자동차를 이용하고 있다면, 위 약관조항을 둔 취지

계모가 부(父)의 배우자로 실질적으로 가족의 구성원으로 가족공동체를 이루어 생계를 같이 하고 피보험자의 어머니의 역할을 하면서 피보험자동차를 이용하고 있다면, 이러한 경우의 계모는 위 약관상의 모에 포함된다고 하였다. 생각건대 법률상으로는 비록 계모와 전처 소생의 자녀 사이의 모자관계를 인정하지 않는다 하더라도 가족윤리상 사실상의 가족관계를 부인할 수 없다. 따라서 자동차종합보험의 가족운전자 한정운전특별약관의 피보험자의 부모에는 계모도 포함된다고 보는 것이 옳다.[267]

② 기명피보험자와 부첩(夫妾)관계에 있는 상대방

기명피보험자와 부첩관계에 있는 상대방의 경우도 사실상 생계 및 생활범위를 같이 함으로써 피보험자동차의 사용범위 등이 동일한 부부관계로 볼 수 있는 이상, 그 관계가 다른 법령상 부부관계로 보호되는지 여부에 관계없이 위 특별약관상의 가족으로 보는 것이 타당할 수도 있다.

그러나 판례는 가족에 포함되지 않는다고 한다.[268] 선량한 풍속에 반하는 행위를 금하고 가정의 순결성을 견지하고자 하는 입장[269]에서 판례를 수긍할 수 있다. 이른바 첩계약은 선량한 풍속에 반할 뿐만 아니라 개인의 존엄과 양성의 평등을 기초로 성립되고 유지되어야 하는 헌법상의 혼인질서(헌법 제36조 제1항)에 근본적으로 반하는 것으로서 언제나 무효[270]이기 때문이다. 부첩관계는 법률상 또는 사실상의 부부관계에 있는 것이 아니므로 보호하기 어렵다는 관점에서 이 판결은 설득력이 있다.

③ 기명피보험자와 실질적인 가족관계를 형성하고 있는 부(父)의 사실상의 배우자

이 경우 판례는 피보험자의 범주에 포함되지 않는다고 하면서 보험자의 보상책임을 부정하였다.[271] 그러나 이 판례의 타당성은 의문이다. 이 특별약관은 보상

에 비추어 볼 때 이러한 경우의 계모는 위 약관상의 모에 포함된다고 봄이 상당하다고 할 것이다).

267) 이 판결에 대한 찬성의 취지로 양승규, 『보험판례연구』, 삼지원, 2000, 375면.

268) 대법원 1995. 5. 26. 선고 94다36704 판결(보통거래약관 및 보험제도의 특성에 비추어 볼 때 약관의 해석은 일반 법률행위와는 달리 개개 계약 당사자가 기도한 목적이나 의사를 기준으로 하지 않고 평균적 고객의 이해가능성을 기준으로 하되 보험단체 전체의 이해관계를 고려하여 객관적 획일적으로 해석하여야 할 것이므로 위 가족운전자 한정운전 특별약관 소정의 배우자에 부첩관계의 일방에서 본 타방은 포함되지 아니한다고 해석함이 상당하다).

269) 최명규, "가족운전자한정보험과 부첩관계", 「보험법률」 통권 제5호, 보험신보사, 1995, 8-10면.

270) 대법원 1960. 9. 29. 선고 4293민상302 판결.

271) 대법원 2009. 1. 30. 선고 2008다68944 판결로서 A는 기명피보험자인 B의 법률상의 모는 아니지만, 그 부(父)인 C와 10년간의 법률상 혼인기간을 포함하여 이 사건 사고 당시까지 13년간을 실질적으로 가족의 구성원으로 가족공동체를 이루어 생계를 같이하고 사실상 B의 어머니 역할을 하면서 피보험자동차를 이용하고 있었고, A가 자동차를 운행하던 중 사고가 발생하였다.

범위를 피보험자동차의 이용관계에 있어 동질적이라고 할 수 있는 피보험자의 가족구성원이 자동차 운전 중에 일으킨 사고로 제한하는 대신 보험료를 낮추려는 데 있다는 점이고, 여기에서 가족의 범위는 반드시 법률상의 가족관계에 한정할 것은 아니라 실질적인 가족공동체를 이루는 구성원이 모두 포함된다고 보기 때문이다. 대상판결은 그 근거 판례로 부첩관계의 판결[272]을 들고는 있으나, 양자는 취급을 서로 달리 해야 할 것들이다. 부첩관계는 법률상·사실상 배우자의 관계로 보호받지 못하는 반사회적인 것이기 때문이다.

제2 대인배상책임보험 I (자동차손해배상 보장법)

1. 의 의

(1) 강제책임보험

자동차손해배상보장법에 의한 대인배상 I 은 피보험자가 보험기간 중의 자동차 운행으로 다른 사람이 사망하거나 부상당함으로써 피해자에게 배상책임을 진 경우 보험자가 보험금을 지급하기로 하는 보험으로서 강제책임보험이다. 즉 자동차손해배상보장법에 의한 책임보험을 말한다. 이 보험은 강제보험으로서 동법 제5조에 의하여 가입이 강제되고, 미가입자에 대한 강제조치를 규정한다(자동차손해배상보장법 제5조, 제6조). 자동차보유자의 보험가입이 강제되어 있으므로 법률상 보험자의 계약강제도 수반될 수밖에 없다. 이에 동법 제24조 제1항은 보험자는 자동차보유자가 제5조 제1항부터 제3항까지의 규정에 따른 보험 또는 공제에 가입하려는 때에는 대통령령으로 정하는 사유가 있는 경우 외에는 계약의 체결을 거부할 수 없다고 한다.

(2) 사회보험

자동차손해배상보장법은 사회보험적 성격을 가진다. 동법 제1조에서는 피해자를 보호하고 자동차운송의 건전한 발전을 촉진함을 목적으로 한다고 밝혀 피해자 보호를 통한 사회보장제도의 확립을 선언한다.

---

272) 대법원 1995. 5. 26. 선고 94다36704 판결.

(3) 자동차손해배상보장법의 우선적용

자동차손해배상보장법 제3조는 불법행위에 관한 민법의 특별규정이라고 할 것이므로 자동차 사고로 인하여 손해를 입은 자가 자동차손해배상보장법에 의하여 손해배상을 주장하지 않았다 하더라도 민법에 우선하여 자동차손해배상보장법을 적용하여야 한다.[273]

(4) 인적손해에 적용

자동차 운행자가 자동차손해배상보장법상의 손해배상책임을 지는 경우는 그 자동차의 운행으로 다른 사람을 사망하게 하거나 부상하게 한 때이고(자동차손해배상보장법 제3조), 따라서 그 자동차의 운행으로 발생한 물적 손해에 대해서는 자동차손해배상보장법상의 손해배상책임을 지지 않는다.[274]

2. 배상의 주체 – 자기를 위하여 자동차를 운행하는 자(운행자)

(1) 운행자[275]

운행자의 개념에 관하여 통설과 판례는 이원설에 입각하여, 자동차손해배상보장법상 '자기를 위하여 자동차를 운행하는 자'인 운행자는 자동차에 관한 운행을 지배하여(운행지배), 그 이익을 향수하는(운행이익) 책임주체로서의 지위에 있는 자라 한다.[276] 운행자는 자동차보유자 즉, 자동차의 소유자(자동차등록명의자) 또는 자동차를 사용할 권리가 있는 자(자동차의 임차인)는 물론, 무단운전자, 절도운전자

---

273) 대법원 1997. 11. 28. 선고 95다29390 판결; 대법원 2001. 6. 29. 선고 2001다23201,23218 판결(자동차사고로 인한 손해배상청구사건에서 자동차손해배상보장법이 민법에 우선하여 적용되어야 할 것은 물론이지만 그렇다고 하여 피해자가 민법상의 손해배상청구를 하지 못한다고는 할 수 없으므로, 자동차손해배상보장법상의 손해배상책임이 인정되지 않는 경우에도 민법상의 불법행위책임을 인정할 수는 있다).

274) 대법원 2006. 7. 27. 선고 2005다56728 판결.

275) 권덕진, "자동차손해배상소송 책임론의 실무상 문제점", 「재판자료」 제112집, 2007, 117면 이하의 설명이 상세하다.

276) 대법원 2001. 4. 24. 선고 2001다3788 판결(자동차손해배상보장법 제3조 소정의 '자기를 위하여 자동차를 운행하는 자'라 함은 자동차에 대한 운행을 지배하여 그 이익을 향수하는 책임주체로서의 지위에 있는 자를 의미하므로, 자동차 보유자와 아무런 인적 관계도 없는 사람이 자동차를 보유자에게 되돌려 줄 생각 없이 자동차를 절취하여 운전하는 이른바 절취운전의 경우에는 자동차 보유자는 원칙적으로 자동차를 절취당하였을 때에 운행지배와 운행이익을 잃어버렸다고 보아야 할 것이고, 다만 예외적으로 자동차 보유자의 차량이나 시동열쇠 관리상의 과실이 중대하여 객관적으로 볼 때에 자동차 보유자가 절취운전을 용인하였다고 평가할 수 있을 정도가 되고, 또한 절취운전 중 사고가 일어난 시간과 장소 등에 비추어 볼 때에 자동차 보유자의 운행지배와 운행이익이 잔존한다고 평가할 수 있는 경우에 한하여 자동차를 절취당한 자동차 보유자에게 운행자성을 인정할 수 있다고 할 것이다).

도 포함하는 개념이나, 다른 사람을 위하여 자동차를 운전하는 자인 '운전자 및 운전보조자'와는 구별된다.

1) 운행지배

운행지배는 자동차의 사용에 관한 사실적인 처분권을 가지는 것, 즉 자동차의 운행과 관련하여 현실적으로 자동차를 관리·운영할 수 있는 것을 말하는데, 운행지배는 현실적으로 보유자와 운전자 사이에 사실상의 지배관계가 존재하는 경우뿐만 아니라, 간접적이거나 제3자의 관리를 통한 관념상의 지배관계가 존재하는 경우, 즉 현실적인 지배에 한하지 아니하고 사회통념상 간접지배 내지는 지배가능성이 있다고 볼 수 있는 경우도 포함한다.[277]

2) 운행이익

운행이익은 자동차 운행으로부터 나오는 이익을 말하는 것으로 자동차의 운행으로부터 직접적으로 얻어지는 경제적 이익뿐만 아니라, 간접적인 의미의 경제적 이익과 무상대여시 인적 관계에 따른 정신적 이익도 모두 포함한다.[278]

(2) 입증책임

입증책임에 관하여는 피해자가 입증하여야 한다는 견해와, 피해자는 피고가 자동차 보유자라는 사실만을 입증하는 것으로 족하고 피고가 운행자가 아님을 입증하여야 한다는 견해로 나뉜다.

첫째, 피해자가 입증책임을 부담한다는 견해이다. 사고의 원인이 된 구체적 운행 당시 피고가 객관적·외형적으로 운행지배 및 운행이익의 귀속자임을 주장·입증하여야 한다는 학설이다.

둘째, 피해자는 피고가 자동차 보유자라는 사실만을 입증하는 것으로 족하고 피고가 운행자가 아님을 입증하여야 한다는 견해이다. 운행자는 추상적·일반적으로 정해져 있는 것이고 운행자와 보유자는 경험칙상 상당한 개연성을 가지고 있으므로 피고가 자동차의 보유자라는 사실을 피해자가 주장·입증하면, 피고는 운행자라는 사실상의 추정이 이루어져 피해자는 그 입증을 다한 것이 되고, 피고는 책임을 면하려면 사고 당시 피고가 운행자로서의 지위를 상실하였다는 특별한 사정을 주장·입증하여야 한다는 학설이다.

판례는 자동차의 소유자는 비록 제3자가 무단히 그 자동차를 운전하다가 사고

---

277) 대법원 1998. 10. 27. 선고 98다36382 판결.
278) 권덕진, 앞의 논문, 119면.

를 내었다 하더라도, 그 운행에 있어 소유자의 운행지배와 운행이익이 완전히 상
실되었다고 볼 특별한 사정이 없는 경우 그 사고에 대하여 소정의 운행자로서의
책임을 부담한다고 보아 후자의 입장을 취한다.[279)]

(3) 운행자성이 문제되는 경우

1) 무단운전

무단운전이란 자동차보유자의 승낙 없이 그 자동차를 운전한 경우이다. 무단운
전의 경우 무단운전자가 운행자책임을 지는 것은 당연하나, 자동차보유자의 운행
자책임을 인정할 것인지가 문제된다. 자동차보유자의 운행지배와 운행이익의 상실
여부는 평소의 자동차나 그 열쇠의 보관 및 관리상태, 소유자의 의사와 관계없이
운행이 가능하게 된 경위, 소유자와 운전자의 인적 관계, 운전자의 차량반환 의사
의 유무, 무단운행 후 소유자의 사후승낙 가능성, 무단운전에 대한 피해자의 인식
유무 등 객관적이고 외형적인 여러 사정을 사회통념에 따라 종합적으로 평가하여
판단하여야 한다.[280)] 판례에 의하면, 대체로 신분관계가 가까울수록 차량이나 열
쇠의 보관이나 관리상태가 허술할수록 자동차보유자의 운행자책임을 인정할 가능
성이 상대적으로 크게 된다.[281)]

---

279) 대법원 1999. 4. 23. 선고 98다61395 판결.

280) 대법원 1997. 7. 8. 선고 97다15685 판결; 대법원 1999. 4. 23. 선고 98다61395 판결(자동차의
소유자는 비록 제3자가 무단히 그 자동차를 운전하다가 사고를 내었다고 하더라도, 그 운행에 있어 소
유자의 운행지배와 운행이익이 완전히 상실되었다고 볼 특별한 사정이 없는 경우에는 그 사고에 대하
여 자동차손해배상보장법 제3조 소정의 운행자로서의 책임을 부담하고, 그 운행지배와 운행이익의 상
실 여부는 평소의 자동차나 그 열쇠의 보관 및 관리상태, 소유자의 의사와 관계없이 운행이 가능하게
된 경위, 소유자와 운전자의 인적 관계, 운전자의 차량 반환의사의 유무, 무단운행 후 소유자의 사후승
낙 가능성, 무단운전에 대한 피해자의 인식 유무 등 객관적이고 외형적인 여러 사정을 사회통념에 따
라 종합적으로 평가하여 이를 판단하여야 한다. 자동차 사고의 피해자가 무단운전자의 차량에 동승한
자인 경우에는 그가 무단운행의 정을 알았는지의 여부가 자동차 소유자의 운행지배 내지 운행이익의
상실 여부를 판단하는 중요한 요소가 되는 것이지만, 피해자인 동승자가 무단운행에 가담하였다거나
무단운행의 정을 알고 있었다고 하더라도, 그 운행 경위나 운행 목적에 비추어 당해 무단운행이 사회
통념상 있을 수 있는 일이라고 선해할 만한 사정이 있거나, 그 무단운행이 운전자의 평소 업무와 사실
상 밀접하게 관련된 것이어서 소유자의 사후승낙 가능성을 전적으로 배제할 수 없는 사정이 있는 경우
에는 소유자가 운행지배와 운행이익을 완전히 상실하였다고 볼 수 없다). 대법원 2006. 7. 27. 선고
2005다56728 판결.

281) 권덕진, 앞의 논문, 121면. 대법원 1998. 9. 4. 선고 98다26279 판결에서는 소유자가 경영하는
업체의 업무용 차량으로, 직원인 A가 출·퇴근용으로 운행하여 왔는데, A의 친구인 피해자의 드라이브
를 하자는 요청으로 23:30경 구미시를 출발, 03:00경 태백시에 도착하여 약 10분간 휴식한 후 구미시
로 돌아가던 중 06:35경 졸음운전으로 사고가 발생하였다. 피해자는 A의 무단운행을 잘 알고 있었
고, 드라이브를 요청함으로써 적극 가담한 경우로써 소유자의 운행지배 및 운행이익에서 벗어난다고
하였다.

2) 절취운전

절취운전은 자동차보유자와 아무런 인적 관계가 없는 제3자가 차량을 절취하여 운전하는 경우이다. 절취운전자가 운행자에 해당함은 의문이 없으나, 자동차보유자가 책임을 부담하는지 여부와 어떠한 책임을 부담하는지가 문제된다. 절취운전의 경우 자동차손해배상보장법상의 운행자성에 있어서는, 자동차보유자는 원칙적으로 자동차를 절취당하였을 때 운행지배와 운행이익을 상실한 것으로 본다.

다만 예외적으로 절취운전의 경우에도 자동차보유자의 운행자성이 인정되기도 한다. 판례는 절취차량이나 시동열쇠 관리상의 과실이 중대하여 객관적으로 볼 때 자동차보유자가 절취운전을 용인하였다고 평가할 수 있을 정도가 되고, 또한 절취운전 중 사고가 일어난 시간과 장소 등에 비추어 볼 때에 자동차보유자의 운행지배와 운행이익이 잔존한다고 평가할 수 있는 경우에 한하여 자동차를 절취당한 자동차보유자에게 예외적으로 운행자성을 인정한다.[282] 그리고 자동차보유자에게 차량이나 열쇠의 보관 또는 관리상의 주의의무 위반이 인정되고 그러한 의무 위반과 피해자의 피해발생 사이에 상당인과관계가 있는 경우, 자동차보유자가 피해자에 대하여 민법상 불법행위책임도 부담한다.[283]

3) 명의대여

자동차 등의 등록원부상의 등록명의를 타인에게 유상 또는 무상으로 대여한 경우, 실질적인 소유권과 사용권을 갖지 않은 자가 단지 소유명의만 가지고 있다고 하여 곧바로 그에게 운행자책임을 인정하지는 않고, 사업협동관계 내지 지휘·감독관계 등 실질관계를 따져 사회통념상 명의대여자가 자동차 등에 대하여 운행지배 및 운행이익을 가지고 있음이 인정되는지 본다.[284] 그런데 실질적인 소

---

282) 대법원 1998. 6. 23. 선고 98다10380 판결(자동차손해배상보장법 제3조가 규정하는 '자기를 위하여 자동차를 운행하는 자'는 자동차에 대한 운행을 지배하여 그 이익을 향수하는 책임주체로서의 지위에 있는 자를 의미하므로, 자동차 보유자와 고용관계 또는 가족관계가 있다거나 지인(知人) 관계가 있는 등 일정한 인적 관계가 있는 사람이 자동차를 사용한 후 이를 자동차 보유자에게 되돌려 줄 생각으로 자동차 보유자의 승낙을 받지 않고 무단으로 운전을 하는 협의의 무단운전의 경우와 달리 자동차 보유자와 아무런 인적 관계도 없는 사람이 자동차를 보유자에게 되돌려 줄 생각 없이 자동차를 절취하여 운전하는 이른바 절취운전의 경우에는 자동차 보유자는 원칙적으로 자동차를 절취당하였을 때에 운행지배와 운행이익을 잃어버렸다고 보아야 할 것이고, 다만 예외적으로 자동차 보유자의 차량이나 시동열쇠 관리상의 과실이 중대하여 객관적으로 볼 때에 자동차 보유자가 절취운전을 용인하였다고 평가할 수 있을 정도가 되고, 또한 절취운전 중 사고가 일어난 시간과 장소 등에 비추어 볼 때에 자동차 보유자의 운행지배와 운행이익이 잔존하고 있다고 평가할 수 있는 경우에 한하여 자동차를 절취당한 자동차 보유자에게 운행자성을 인정할 수 있다); 대법원 2001. 4. 24. 선고 2001다3788 판결.

283) 대법원 1988. 3. 22. 선고 86다카2747 판결; 대법원 2001. 6. 29. 선고 2001다23201,23218 판결.

유자가 운행 중 사고를 야기한 때에는 등록원부상의 소유명의자에게도 광범위하게 운행자책임을 인정한다.[285]

4) 명의잔존

자동차양도의 경우와 관련하여서는 이미 기술하였다.

5) 임대차와 사용대차

① 임차인, 차주(借主)의 운행자성

자동차의 임대차나 사용대차의 경우에는 특별한 사정이 없는 한 임차인이나 차주가 임차한 자동차의 보유자로서 당해 자동차에 대하여 현실적으로 운행을 지배하여 그 운행이익을 향수하는 자라고 한다.[286]

② 임대인, 대주(貸主)의 운행자성

사용대차의 대주의 경우에는 일반적으로 자동차 보유자인 대주와 차주와의 사이에 가족, 친구, 피용인 등의 밀접한 인적 관계가 있는 것이 보통이고, 그 사용목적이 제한적이고 대여기간도 단기간이 일반적이어서 특별한 사정이 없는 한 대주에게 운행자책임을 인정한다.[287]

③ 자동차대여업자의 운행자성

이 경우도 고객이 자동차를 매각할 의사로 임차한다든가, 반환할 의사 없이 임대기간을 넘겨 사용하는 것과 같이 자동차 임대업자에게 운행지배를 상실시키는 사유가 존재하지 않는 한, 자동차대여업자가 운행자책임을 진다.[288] 또한 임대차

---

284) 지입회사의 운행자책임에 관하여, 지입차주로부터 운전수가 딸린 차를 임차하여 동승운행 중 야기된 교통사고로 임차인이 손해를 입은데 대하여 지입회사에게 직접적 운행지배를 인정하여 손해배상책임을 긍정한 판례로 대법원 1993. 4. 23. 선고 93다1879 판결.

285) 대법원 1991. 2. 26. 선고 90다6460 판결.

286) 자동차손해배상보장법 제2조 제3호. 대법원 1993. 6. 8. 선고 92다27782 판결에서 회사가 직원들의 출·퇴근을 위하여 출·퇴근 시간에만 운전수가 딸린 버스를 임차하여 이용하다가 임대인측에서 대체버스를 제공하였는데 그 대체버스의 운행중 발생한 사고에 대하여 회사의 운행자책임을 인정하였다.

287) 대법원 1987. 11. 10. 선고 87다카376 판결(자동차를 소유하거나 사용할 권리 있는 자가 그 친구·가족·피용인 등 밀접한 인적 관계에 있는 자에게 자동차를 무상으로 대여한 경우에도 특단의 사정이 없는 한 그 차량에 대한 운행지배나 운행이익을 상실하는 것은 아니라 할 것이며, 이러한 경우 차주가 주취상태에서 그 차량을 운행하였고, 피해자가 그러한 사정을 알면서 동승하였다 하더라도 사정이 달라지는 것은 아니다).

288) 대법원 1991. 4. 12. 선고 91다3932 판결(자동차대여업체의 손수자동차대여약정에 임차인이 자동차운전면허증 소지자라야 하고 사용기간과 목적지를 밝혀서 임료를 선불시키고, 임대인은 자동차대여 전에 정비를 해두고 인도해야 하고, 임차인은 사용기간중 불량연료를 사용하지 말아야 함은 물론 계약기간을 엄수해야 하고 자동차를 양도하거나 질권, 저당권을 설정할 수 없을 뿐 아니라 유상으로 운송에 사용하거나 전대할 수 없고, 제3자에게 운전시킬 수도 없게끔 되어 있다면, 대여업자는 임차인

계약에서 정한 운전가능 연령인 만 26세 미만이었다는 점으로 인하여 대여 차량에 대한 자동차대여업자의 관리가능성 내지 지배가능성이 완전히 상실되었다고 볼 만한 특별한 사정으로 평가하기 어렵다고 하면서 대여업자의 운행자성을 인정하였다.[289]

6) 대리운전

대리운전의 경우 원칙적으로 자동차 소유자가 운행자로서의 책임이 있다. 판례는 대리운전계약을 체결한 경우 자동차 소유자의 운행자로서의 사회적 책임이 대리운전업자에게 객관적·외부적으로 이전된다는 점에 관한 사회일반의 인식이 형성되었다고 보기 어렵고, 소유자는 대리운전계약을 체결하는 과정에서 대리운전업자의 보험가입여부와 운전경력을 확인하여 그에게 자동차의 운전을 맡기는 것이 합당한지에 대하여 결정할 수 있는 기회가 부여되어 있다고 보아, 자동차 소유자에게도 운행자성을 인정한다.[290] 다만 특별한 사정이 있는 경우에 한하여 자동차 소유자의 운행자성을 부정한 판례도 있다.[291]

7) 자동차수리업자나 세차업자

자동차수리업자나 세차업자와 자동차의 소유자와의 관계는 해당 자동차가 소유자의 지배권을 벗어나 수리업자나 세차업자에게 있는 동안에는 그들에게만 운행지배권이 있다.[292] 다만 특별하고 구체적인 사유에 의해서 자동차 소유자에게도 운행자성이 예외적으로 인정되기도 한다.[293]

에 대한 인적 관리와 임대목적 차량에 대한 물적 관리를 하고 있음을 부정할 수 없어, 대여업자와 임차인 간에는 임대 목적 차량에 대하여 대여업자의 운행지배관계가 직접적이고 현재적으로 존재한다).

289) 대법원 2021. 4. 15. 선고 2020다281329 판결.

290) 대법원 1994. 4. 15. 선고 94다5502 판결(자동차의 소유자 또는 보유자가 주점에서의 음주 기타 운전장애 사유 등으로 인하여 일시적으로 타인에게 자동차의 열쇠를 맡겨 대리운전을 시킨 경우, 위 대리운전자의 과실로 인하여 발생한 차량사고의 피해자에 대한 관계에서는 자동차의 소유자 또는 보유자가 객관적, 외형적으로 위 자동차의 운행지배와 운행이익을 가지고 있다고 보는 것이 상당하고, 대리운전자가 그 주점의 지배인 기타 종업원이라 하여 달리 볼 것은 아니다).

291) 대법원 2005. 9. 29. 선고 2005다25755 판결(원고 갑과 자동차 대리운전 회사인 을 사이의 대리운전약정에 따라 을 회사의 직원인 병이 이 사건 차량을 운전하다가 경부고속도로에서 사고를 야기한 것이라면, 원고 갑과 대리운전 회사인 을 사이의 내부관계에 있어서는 을 회사가 유상계약인 대리운전계약에 따라 그 직원인 병을 통하여 위 차량을 운행한 것이라고 봄이 상당하므로 원고 갑은 위 차량에 대한 운행지배와 운행이익을 공유하고 있다고 할 수 없고, 또한 자동차의 단순한 동승자에게는 운전자가 현저하게 난폭운전을 한다든가, 그 밖의 사유로 인하여 사고발생의 위험성이 상당한 정도로 우려된다는 것을 동승자가 인식할 수 있었다는 등의 특별한 사정이 없는 한, 운전자에게 안전운행을 촉구할 주의의무가 있다고 할 수 없다).

292) 대법원 2002. 12. 10. 선고 2002다53193 판결.

293) 대법원 2000. 4. 11. 선고 98다56645 판결(자동차 소유자의 피용자가 수리업자에게 자동차의 수리를 맡기고서도 자리를 뜨지 않고 부품 교체작업을 보조·간섭하였을 뿐만 아니라, 위 교체작업의

3. 운 행

(1) 서 언

현행 자동차손해배상보장법 제2조 제2호에 의하면 운행이라 함은 사람 또는 물건의 운송 여부에 관계없이 자동차를 그 용법에 따라 사용 또는 관리하는 것을 말한다.[294]

(2) 학설과 판례

그런데 자동차의 용법에 따른 사용의 의미에 관하여는 명확한 규정이 없다. 이에 관한 학설로 다음이 있다.[295]

첫째, 원동기설이다. 자동차손해배상보장법 제2조 제2호에서의 자동차의 당해 장치를 원동기장치로 보아 운행이란 당해 장치인 원동기의 용법에 의해 육상을 이동하는 것이라 한다.

둘째, 주행장치설이다. 운행의 범위를 원동기의 작동뿐만 아니라 주행장치의 조종에 의한 이동까지를 포함한다고 보는 견해이다.

셋째, 고유장치설로 다수 견해를 차지한다. 이 견해는 당해 장치란 자동차의 용도에 따라 구조상 설비된 각종의 고정장치를 말하고 이를 각각의 목적에 따라 사용하는 것을 운행이라 본다. 즉 자동차의 당해 장치란 자동차에 필요한 전 장치를 의미하는 것으로, 원동기 내지 주행장치 이외에도 자동차의 용도에 따라 그 구조상 설비되어 있는 각종 고유의 고정장치를 모두 포함하는 것으로 본다.

넷째, 차고출입설이다. 자동차가 차고를 나와 다시 차고로 돌아갈 때까지 주·

마지막 단계에서는 수리업자의 부탁으로 시동까지 걸어 준 경우, 자동차 소유자는 수리작업 동안 수리업자와 공동으로 자동차에 대한 운행지배를 하고 있다고 본 사례); 대법원 2002. 12. 10. 선고 2002다53193 판결(자동차의 수리업자가 수리완료 여부를 확인하고자 시운전을 하면서 동시에 수리의뢰자의 요청에 따라 수리의뢰자 등이 거주할 방을 알아보고자 운행한 경우 자동차 소유자와 수리업자의 공동운행지배와 운행이익을 인정한 사례).

294) 구 자배법(1999. 2. 5. 법률 제5793호로 전문 개정되기 전의 것) 제2조 제2호는 '운행'이라 함은 사람 또는 물건의 운송 여부에 관계없이 자동차를 당해 장치의 용법에 따라 사용하는 것이라고 정의하였는바, 여기에서 자동차를 당해 장치의 용법에 따라 사용한다는 것은 자동차의 용도에 따라 그 구조상 설비되어 있는 각종의 장치를 각각의 장치 목적에 따라 사용하는 것을 말하는 것으로서, 자동차가 반드시 주행 상태에 있지 않더라도 주행의 전후단계로서 주·정차 상태에서 문을 열고 닫는 등 각종 부수적인 장치를 사용하는 것도 포함하므로, 자배법상의 '운행'은 도로교통법상의 '운전'보다 넓은 개념이지 동일한 개념이 아니라고 하였다(대법원 1999. 11. 12. 선고 98다30834 판결). 그런데 현 자배법에서는 "당해 장치"라는 용어가 삭제되었다.

295) 김은경, "자동차손해배상보장법상 운행의 개념에 관한 법적 고찰", 「상사법연구」 제24권 제3호, 2005, 152−157면; 박세민, 『자동차보험법의 이론과 실무』, 형설출판사, 50면 이하 참조.

정차를 포함한 모든 운전행위를 운행으로 본다. 이에 따르면 자동차가 주행, 주차 또는 정차 및 적하물의 적재 또는 하역에 이르기까지 모든 시간이 운행 중인 것으로 파악하여 도로상에 자동차가 그 쓰임새에 따라 존재한다면 이는 운행으로 본다.

판례는 고유장치설의 입장이다. 판례는 구자동차손해배상보장법에 관한 사건에서 자동차손해배상보장법의 당해 장치란 당해 자동차에 계속적으로 고정되어 있는 장치로서 자동차의 구조상 설비되어 있는 당해 자동차 고유의 장치를 말하고 이와 같은 각종 장치의 전부 또는 일부를 각각의 사용목적에 따라 사용하는 것을 운행이라고 본다.[296]

(3) 인과관계

운행자는 자동차 운행 중의 모든 사고에 대하여 책임을 지는 것이 아니라 운행으로 인한 사고에 대하여 책임을 진다. 판례는 상당인과관계설에 의하고,[297] 그 인과관계는 의학적·자연과학적 인과관계가 아니라 사회적·법적 인과관계이고, 그 인과관계는 반드시 의학적·자연과학적으로 명백히 입증되어야 하는 것은 아니라 한다.[298] 주정차위반의 경우에 대하여도 그 위반행위와 사고 사이의 인과관계 여부를 따지며,[299] 교통사고 후 피해자 자신의 행위가 개입된 경우에도 인과관계를 긍정한 경우가 있다.[300] 최근 판결로 피보험자가 차량을 운전하고 가다가 비

---

296) 대법원 1993. 4. 27. 선고 92다8101 판결; 대법원 1994. 8. 23. 선고 93다59595 판결; 대법원 1996. 5. 28. 선고 96다7359 판결; 대법원 1997. 1. 21. 선고 96다42314 판결.

297) 대법원 2006. 4. 13. 선고 2005다73280 판결.

298) 대법원 2000. 3. 28. 선고 99다67147 판결.

299) 대법원 1997. 3. 11. 선고 96다33808 판결(고속도로에서의 갓길의 기능이 긴급자동차, 도로보수차량 등의 통행을 위한 것만은 아니므로, 설령 갓길 중 주차한 자동차가 차지한 부분을 제외한 나머지 부분으로 긴급차량이나 도로보수차량들이 통과할 수 있을 정도의 여유가 있다고 하더라도 그 주차가 허용되는 것은 아니고, 나아가 고속도로를 진행중이던 자동차가 앞에서 일어난 돌발사태에 대피하기 위하여 갓길로 급우회전을 한 경우, 그 갓길에 주차된 자동차가 없었더라면 충돌사고가 발생하지 아니하였을 상황이라면, 특별한 사정이 없는 한 갓 길에서의 불법주차와 충돌사고 사이에 상당인과관계가 있다고 할 것이다). 그러나 이와 달리 책임이 없다고 한 판결로 대법원 1990. 11. 9. 선고 90다카8760 판결(야간에 오토바이 운전자가 오토바이를 운행하던 중 오토바이의 오른쪽 핸들부분 등이 인도 가장자리에 방치된 폐품냉장고에 충돌되고, 그 충돌로 인하여 그곳에서 6, 7m 가량 떨어진 인도경계선에 인접한 차도상에 주차되어 있던 봉고트럭 적재함 아래 부분에 다시 충돌됨으로써 사망 한 경우, 봉고트럭을 야간에 차도에 주차함에 있어 미등 및 차폭등을 켜 두는 등으로 주차표시를 하지 아니하였다고 하더라도, 주차지점이 도로교통법상 주차금지된 곳이 아니며 비록 차도상이기는 하나 도로 우측편에 주차시켰기 때문에 통상의 차량통행에 지장이 없었고, 차를 도로에 주차한 점이나 차의 미등 및 차폭등을 켜 놓지 아니한 것이 가령 도로교통법 위반의 잘못이 있다손 치더라도, 그로 인하여 오토바이운전자가 위 차를 뒤늦게 발견하여 사고가 일어났다고 인정되지 않는다면 위 사고와 위 차의 주차 사이에 상당인과관계가 있다고 할 수 없다).

300) 대법원 1999. 7. 13. 선고 99다19957 판결(교통사고로 오른쪽 하퇴부에 광범위한 압궤상 및

가 와 정차 후 적재물이 비에 젖지 않도록 차량 지붕에서 덮개작업을 한 것은 차량 자체의 용법에 따른 것이고 그 과정에서 사고가 났다면 차량의 소유, 사용, 관리 중의 사고라고 한 것이 있다.[301]

4. 타인(제3자)

(1) 의 의

자동차손해배상보장법상 타인이라 함은 자동차의 운행으로 사망 또는 부상을 입은 자 또는 그의 상속인으로서 피보험자에게 손해배상청구를 할 수 있는 자이다. 판례는 '자기를 위하여 자동차를 운행하는 자 및 당해 자동차의 운전자를 제외한 그 이외의 자'를 지칭하는 것이라 한다.[302]

(2) 타인의 범위

1) 호의동승자

무상의 호의동승자도 타인으로 보호받는다는 것이 판례의 입장이다.[303] 다만 구체적 정황을 통하여 신의칙이나 형평의 원칙상 매우 불합리한 경우 배상액을 경감할 수 있다.

2) 공동운행자

운행자는 원칙적으로 타인에 포함되지 않는다. 따라서 운행자는 당해 자동차의 운행 중에 발생한 사고로 인하여 입은 손해에 대하여 자동차손해배상보장법상의 타인으로 보호받을 수 없음이 원칙이다. 그런데 이를 엄격히 관철하면 사고차량에 수인의 운행자가 있고, 그 공동운행자 중 1인이 사고에 의하여 피해를 입게 된 경우에도 피해를 입은 공동운행자는 타인이 아니므로, 역시 타인으로서 보호받을

연부조직 손상 등의 상해를 입은 고등학교 1학년 여학생이 사고 후 12개월 동안 병원에서 치료를 받았으나 다리부위에 보기 흉한 흉터가 남았고 목발을 짚고 걸어다녀야 했으며 치료도 계속하여 받아야 했는데, 이로 인하여 사람들과의 접촉을 피하고 심한 우울증에 시달리다가, 자신의 상태를 비관, 농약을 마시고 자살한 경우, 교통사고와 사망 사이에 상당인과관계가 있고).

301) 대법원 2023. 2. 2. 선고 2022다266522 판결.
302) 대법원 2002. 12. 10. 선고 2002다51654 판결; 대법원 2004. 4. 28. 선고 2004다10633 판결.
303) 대법원 1999. 2. 9. 선고 98다53141 판결(차량의 운행자가 아무런 대가를 받지 아니하고 동승자의 편의와 이익을 위하여 동승을 허락하고 동승자도 그 자신의 편의와 이익을 위하여 그 제공을 받은 경우 그 운행 목적, 동승자와 운행자의 인적관계, 그가 차에 동승한 경위, 특히 동승을 요구한 목적과 적극성 등 여러 사정에 비추어 가해자에게 일반 교통사고와 동일한 책임을 지우는 것이 신의법칙이나 형평의 원칙으로 보아 매우 불합리하다고 인정될 때에는 그 배상액을 경감할 수 있으나, 사고 차량에 단순히 호의로 동승하였다는 사실만 가지고 바로 이를 배상액 경감사유로 삼을 수 있는 것은 아니다).

수 없다고 할 수 있다. 이는 피해를 당한 공동운행자에 대한 구제를 전면적으로 부정하는 것이 되어 불합리할 수 있어 공동운행자라도 타인성이 인정되는 경우가 있다.

① 타인성 인정기준 – 운행이익과 운행지배의 비교

동일한 자동차에 대하여 복수로 존재하는 운행자 중 1인이 당해 자동차의 사고로 피해를 입은 경우, 사고를 당한 그 운행자는 다른 운행자에 대하여 자신이 자동차손해배상보장법 제3조 소정의 타인임을 주장할 수 없는 것이 원칙이다. 하지만 공동운행자 사이에 있어 운행지배와 운행이익의 정도를 비교하여 피해자인 공동운행자가 다른 공동운행자의 그것에 비하여 동등하거나 피해자의 것이 그 이상인 경우에는 타인이 되지 못하고, 그렇지 않은 경우에는 운행자성 정도에 따라 타인성이 상대적 비율적으로 감소되어 운행자책임이 감하여진다. 판례도 사고를 당한 운행자의 운행지배 및 운행이익에 비하여 다른 공동운행자의 그것이 보다 주도적이거나 직접적이고 구체적으로 나타나 있어 다른 공동운행자가 용이하게 사고의 발생을 방지할 수 있었다고 보이는 경우에 한하여 비로소 사고를 당한 운행자는 타인임을 주장할 수 있다고 한다.[304]

---

304) 대법원 1989. 6. 27. 선고 88다카12599 판결에서 사고자동차의 소유자인 X는 사촌형인 소외 A에게 위 자동차를 무상으로 대여하였다. 소외 B, C 등이 이를 위 A로부터 다시 무상으로 빌려서 소외 D를 동승시킨 다음, 위 B, D가 교대로 운전하고 가다가 위 D가 운전하는 도중에 발생한 이 사고로 인하여 위 C가 사망하였는데, 위 D는 소유자인 X나 사용차주인 A와 아무런 관계없이 단지 위 B, C 등과의 친분관계에 기하여 위 자동차에 동승하였다. 그 후 X는 C의 유족들이 제기한 소송의 확정판결에 따라 손해배상을 한 다음 보험자인 피고에게 그 보험금을 청구하였다. 여기서 법원은 C는 이 사건 사고 당시 위 자동차의 운행을 지배하고 그 운행이익을 향유하고 있어서 운행자의 지위에 있었다고 할 수 있지만, 위 자동차의 대여경위에 비추어 X 역시 여전히 운행자의 지위를 가지고 있었다고 할 것이나, 이 사건 사고에 있어서 C의 구체적 운행에 대한 지배의 정도, 태양이 X보다 직접적·구체적으로 나타나 있어 용이하게 사고 발생을 방지할 수 있었다고 보이므로, C는 X에 대하여 자배법상의 타인임을 주장할 수 없다고 판시하였다; 대법원 1991. 7. 9. 선고 91다5358 판결에서 사고자동차의 실제 소유자는 소외 A인데, 자동차등록원부상으로는 Y명의로 등록되어 있었다. 그런데 소외 B가 계원들의 주말여행을 위하여 평소 거래관계로 친숙한 위 A로부터 위 자동차를 무상으로 빌리고 제반경비는 계원들의 공동부담으로 하기로 한 다음 계원 중 1인인 소외 C로 하여금 운전하게 하여 여행을 다녀오던 도중에 발생한 이 사건 사고로 인하여 위 B가 사망하자 그 유족들이 Y를 상대로 하여 손해배상청구를 한 사건이다. 대법원은 피해공동운행자가 피고공동운행자에 비하여 그 운행지배와 운행이익이 보다 직접적이고도 구체적으로 나타났다는 이유로 타인성을 부정하였다; 대법원 1992. 3. 13. 선고 91다33285 판결에서는 소외 망 A는 동생인 소외 B로부터 그 소유의 이 사건 사고자동차를 무상으로 대여받았다. 그런데 위 A가 위 자동차에 소외 C, D를 동승시킨 다음 위 C, D로 하여금 교대로 운전하게 하고, 여행을 가다가 발생한 이 사건 사고로 인하여 사망하자 그 유족들인 원고들이 보험자인 피고를 상대로 직접 손해배상을 청구한 사건이다. 법원은 피해공동운행자인 위 A가 공동운행자인 소유자 위 B에 비하여 위 자동차에 대하여 보다 직접적이고도 구체적으로 운행지배를 하고 있었다는 이유로 타인성을 부정하였다; 대법원 1999. 2. 9. 선고 98다53141 판결; 대법원 2000. 10. 6. 선고 2000다32840 판결; 대법원 2004. 4. 28. 선고 2004다10633 판결(망인이 자신의 용무를 위하여 차량 소유자인 사실혼 배우

요컨대 판례는 공동운행자 사이의 운행지배의 정도, 태양을 비교형량하여 공동운행자 중 1인의 운행지배의 정도가 약할 때에는 다른 공동운행자와의 사이에서 타인성을 인정하고 있다. 즉, 피해자인 공동운행자와 배상의무자로 지명된 공동운행자 중 어느 쪽이 사고가 일어난 당해 운행에 대하여 보다 직접적·현재적·구체적으로 운행을 지배하였는지 여부를 판단기준으로 하여, 전자의 운행지배가 후자의 그것과 동등하거나 혹은 보다 더 직접적·현재적·구체적인 때에는 타인성이 부정되고 간접적·잠재적·추상적인 때는 타인으로서 보호받을 수 있다고 한다.[305)

② 차량의 사용대차

판례는 자동차의 소유자인 甲이 평소 친분이 있던 乙로부터 무상으로 대여해달라는 부탁을 받아 이를 승낙하였고, 그에 따라 乙이 甲의 운전사인 丙이 운전하는 위 자동차에 타고 가던 도중 사고를 당한 사건에서 乙은 타인에 해당하고 따라서 甲에 대하여 자동차손해배상보장법 제3조에 의한 손해배상책임을 인정하였다.[306) 이 경우 자동차소유자의 운행지배 등이 보다 직접적이고 구체적이어서 공동운행자에 대하여 타인성을 인정한 것이다.

③ 차량의 임대차

임차인이 임대인으로부터 운전사와 함께 차량을 임차하여 그 운전사로 운전하게 한 경우에는 차량소유자인 임대인이 운행지배를 보다 구체적으로 가지고 있어

자로부터 차량을 빌린 후 망인과 가깝게 지내는 자로 하여금 운전하게 하고 자신은 그 차에 동승하였다가 교통사고를 당한 경우, 망인은 자동차손해배상보장법에서 규정하는 운행자에 해당하므로 사실혼 배우자에 대하여 같은 법 제3조의 '다른 사람'임을 주장할 수 없다고 한 사례); 대법원 2009. 5. 28. 선고 2007다87221 판결(자동차책임보험계약의 기명피보험자로부터 피보험차량을 빌려 운행하던 자가 대리운전자에게 차량을 운전하게 하고 자신은 동승하였다가 교통사고가 발생하여 상해를 입은 사안에서, 그 운행자는 공동운행자인 대리운전자와의 내부관계에서는 단순한 동승자에 불과하여 자동차손해배상보장법 제3조에 정한 '다른 사람'에 해당하지만, 기명피보험자와의 관계에서는 '다른 사람'에 해당한다고 볼 수 없어, 피보험차량의 책임보험자가 그 운행자에 대하여 책임보험금 지급의무를 부담하지 않는다고 한 사례).
305) 김홍도, "동일한 자동차에 대한 복수의 운행자 중 1인이 당해 자동차의 사고로 피해를 입은 경우, 다른 운행자에 대하여 자신이 타인임을 주장할 수 있는지 여부", 「대법원판례해설」 제49호, 법원도서관, 2004, 695.
306) 대법원 1991. 5. 10. 선고 91다3918 판결. 그러나 갑이 자신의 형의 집에 놀러 갔다가 조카인 을의 요청에 따라 그에게 자신의 승용차를 빌려주었는데, 을은 위 승용차를 운전하여 병의 집에 갔다가 나오면서 병으로 하여금 운전을 하도록 하였는데, 병이 운전하여 가던 중 사고가 발생하여 위 승용차의 조수석에 탑승한 을이 사망한 사건에서는, 사고를 당한 을의 운행지배 및 운행이익에 비하여 갑의 그것이 보다 주도적이거나 직접적이고 구체적으로 나타나 있어 갑이 용이하게 사고의 발생을 방지할 수 있었다고 보이지 아니하므로, 을은 갑에 대하여 자배법 제3조 소정의 타인임을 주장할 수 없다고 판단하였다(대법원 2001. 11. 30. 선고 2000다66393 판결).

사고를 당한 공동운행자인 임차인의 타인성을 긍정한다.[307] 그러나 임차인이 임차
한 차량을 직접 운전하다가 사고를 일으킨 경우에는 임차인의 운행지배와 운행이
익이 보다 구체적이고 직접적이어서 사고발생을 용이하게 방지할 수 있었다고 보
아 임차인의 타인성을 부정한다.[308]

④ 교대운전자

운전자는 스스로 사고방지를 위한 주의의무를 부담하는 자이므로 자배법상의
보호대상이 될 수 없으나, 사고시에 구체적 현실적으로 운전을 담당하지 아니한
운전자의 경우에는 타인성을 가진다.[309]

⑤ 운전보조자

운전보조자가 실제 운전에 관여한 경우에는 타인이 될 수 없으나, 운전보조업
무에 사고 당시 관여하지 않았다면 타인에 해당한다.[310]

---

307) 자동차 대여업자로부터 자동차를 임차하면서 그 운전사를 소개받아 운행중 야기된 충돌사고로
자동차 임차인과 그 처가 피해를 입게 된 경우에 있어 자동차 대여업자와 자동차 임차인이 그들 사이
의 내부관계에 있어서는 비록 임차인이 자동차에 대한 현실적 지배를 하고 있었지만, 자동차의 운행
경위, 운행의 목적, 자동차 대여업자가 임차인에게 운전사를 소개하여 자동차를 대여하게 된 사정, 자
동차의 운행에 운전사를 통하여 자동차 대여업자가 간여한 정도 등 모든 정황을 종합하여 볼 때, 자동
차의 운행지배 및 운행이익이 임차인에게 전부 이전된 관계가 아니라 서로 공유하는 공동운행자의 관
계에 있어서, 대여업자는 여전히 운전사를 통하여 자동차를 직접적으로 지배한다고 보고 그 손해배상
책임을 긍정하였다(대법원 1992. 2. 11. 선고 91다42388,42395 판결).
308) 갑이 렌터카 회사로부터 차량을 임차하여 직접 운전하다가 운전 부주의로 중앙선을 넘어 들어
가 반대차선에서 마주 오던 차량과 충돌하는 이 사건 사고를 일으켜 사망한 경우에는, 사고 당시 갑이
사고 승용차에 대하여 운행지배와 운행이익을 가지는 운행자로서, 자동차보유자인 렌터카 회사에 비하
여 그 운행지배와 운행이익이 보다 직접적이고 구체적으로 나타나 있어 용이하게 사고의 발생을 방지
할 수 있었다고 보이므로, 갑은 렌터카 회사에 대하여 자배법 제3조 소정의 타인임을 주장할 수 없다
고 하였다(대법원 2000. 10. 6. 선고 2000다32840 판결).
309) 대법원 1983. 2. 22. 선고 82다128 판결(운전사 2인이 장거리를 교대로 운전하여 오는 경우 비
번인 교대운전자는 위험에 당하여 담당운전자로부터 요청이 있는 등 특단의 사정이 없는 한 자기의 당
번에 대비하여 수면휴식함이 허용된다 할 것이므로 사고당시 조수석에 앉아 수면휴식 중이던 교대운전
자는 자동차손해배상보장법 제3조의 "타인"에 해당한다 할 것이다); 대법원 1989. 4. 24. 선고 89다카
2070 판결(사고자동차의 운전사가 자동차회사의 단체협약, 취업규칙, 인사관리규정 및 복무규정에서 규
정한 운전대여금지나 근무교대시간엄수 등을 제대로 지키지 못한 점이 있었다 하더라도 같은 회사 사
고 택시의 운전사이며 운전숙련자인 자에게 운전을 맡기고 자신은 운전석 옆좌석에 앉아 있었던 것이
라면 그 운전사가 사고 택시의 운전자라고는 볼 수 없어 자동차손해배상보장법 제3조 소정의 '타인'에
해당한다); 대법원 1997. 11. 28. 선고 97다28971 판결(차량의 운전사가 차량 소유자인 사용자의 묵인
하에 전에도 자신을 대신해 그 차량을 운전한 적이 있는 운전숙련자인 자신의 형에게 운전을 맡기고
동승해 가던 중 사고로 사망한 경우, 사망한 운전사는 자동차손해배상보장법 제3조 소정의 타인에 해
당한다고 본 사례).
310) 대법원 1999. 9. 17. 선고 99다22328 판결(자동차손해배상보장법 제3조에서 말하는 '다른 사람'
이란 '자기를 위하여 자동차를 운행하는 자 및 당해 자동차의 운전자를 제외한 그 이외의 자'를 지칭하
므로, 당해 자동차를 현실로 운전하거나 그 운전의 보조에 종사한 자는 같은 법 제3조 소정의 타인에
해당하지 아니한다고 할 것이나, 당해 자동차의 운전자나 운전보조자라도 사고 당시에 현실적으로 자

⑥ 운전위탁 등

현실적으로 운전을 하지 않았더라도 당해 자동차를 운전하여야 할 지위에 있는 자가 법령상 또는 직무상의 임무에 위배하여 타인에게 운전을 위탁하였고 그 사고로 위탁한 자가 피해를 당한 경우라 하더라도 타인으로 보호될 수 없다.[311]

⑦ 공동운행자책임의 감경

피해자인 공동운행자의 타인성을 인정하는 경우에도 운행지배와 운행이익의 구체적 정도 등에 따라 다른 공동운행자의 책임을 제한하여 배상액을 감경할 수 있다.

5. 면책사유

(1) 자동차손해배상보장법 제3조

1) 승객이 아닌 자의 사상

승객이 아닌 자가 사망하거나 부상한 경우에는 다음 세 가지를 모두 입증하는 경우 면책된다(자동차손해배상보장법 제3조 1호). (i) 자기와 운전자가 자동차의 운행에 주의를 게을리 하지 아니하였고, (ii) 피해자 또는 자기 및 운전자 외의 제3자에게 고의 또는 과실이 있으며, (iii) 자동차의 구조상의 결함이나 기능상의 장해가 없었다는 것이 그것이다.

2) 승객의 사상

보험자는 승객이 고의나 자살행위로 사망하거나 부상하였음을 입증한 경우에는 면책된다(자동차손해배상보장법 제3조 2호). 판례는 자동차손해배상보장법의 목적이 자동차의 운행으로 사람이 사망하거나 부상한 경우에 있어서의 손해배상을 보장하는 제도를 확립함으로써 피해자를 보호하기 위한 것이라고 하면서 그 면책조항을 협소하게 해석하고, '승객의 고의 또는 자살행위'는 승객의 자유로운 의사 결정에 기하여 의식적으로 행한 행위로 한정하고 있어,[312] 보험자가 면책되는 경우

동차의 운전에 관여하지 않고 있었다면 그러한 자는 같은 법 제3조 소정의 타인으로서 보호된다).

311) 대법원 2000. 3. 28. 선고 99다53827 판결(자동차손해배상보장법 제3조에 의한 배상책임은 자동차의 운행으로 인하여 '다른 사람'을 사망 또는 부상하게 한 때에 인정되는바, 사고 당시 당해 자동차를 운전한 자는 여기서의 '다른 사람'에 포함되지 않으며, 사고 당시 현실적으로 운전을 하지 않았더라도 당해 자동차를 운전하여야 할 지위에 있는 자가 법령상 또는 직무상의 임무에 위배하여 타인에게 운전을 위탁하였고, 상대가 운전무자격자나 운전미숙자인 때에는 역시 마찬가지로 보아야 한다).

312) 대법원 1997. 11. 11. 선고 95다22115 판결(운전자가 그 동안 정을 통해오던 여자의 변심을 알고 찾아가 차에 태운 후 강제적인 성행위, 폭행, 감금 등을 하면서 여자의 정차 요구에도 계속 이를 거절하자 여자가 달리는 차에서 무작정 뛰어내려 사고를 당한 경우, 이는 급박한 범죄적 불법행위를

는 거의 없다고 하겠다.

자동차의 운행 중 승객의 인적 손해가 생긴 경우 그것이 운행자에게 아무런 과실이 없고 제3자의 불법행위로 말미암은 것이라 하더라도 자동차손해배상보장법 제3조 2호에 의하여 운행자는 승객에 대하여 손해배상책임을 지게 되어, 운행자의 무과실책임을 인정하게 된다. 그렇다면 자동차의 운행자에게 아무런 과실이 없고, 가해행위를 한 제3자가 있는데도 운행자가 그 승객에 대한 배상책임을 지도록 하는 것이 법리적으로 옳은 것이냐는 문제가 제기될 수 있다. 즉 운행자의 승객에 대한 절대적 책임을 인정하는 것은 재산권침해라는 비판이다. 하지만 헌법재판소는 합헌으로 본다. 자동차배상책임과 같은 특수한 불법행위책임에 관하여 위험책임의 원리를 수용하는 것은 입법자의 재량에 속하고, 사회국가원리를 수용한 헌법이념에 따라 공공복리를 위하여 필요한 최소한도의 합리적인 제한이라는 이유에서 운행자의 재산권을 침해하는 규정이라 할 수 없다는 것이다.[313)

(2) 약관상 면책사유

대인배상 I 에서는 약관상 면책사유가 거의 없다. 위에서도 본 바와 같이 피해자 보호를 위하여 거의 무과실책임을 인정하고 있는 취지에서도 그러하다. 단지 보험계약자 또는 피보험자의 고의로 인한 손해만을 면책사유로 정한다.

6. 자동차손해배상보장사업

자동차손해배상보장법은 가해자가 보험가입의무를 위반하였거나 뺑소니가 발생하여 피해자가 손해배상을 받을 수 없는 경우에 대비하여, 정부가 그 손해를 보상하는 제도를 두고 있고 이를 자동차손해배상보장사업이라 한다(자동차손해배상보장법 제30조). 자동차손해배상보장사업은 정부가 자동차의 보유자를 알 수 없거나 무보험 자동차의 운행으로 인한 사고로 인하여 사망하거나 부상을 입은 피해자의 손해를 책임보험의 보험금 한도 안에서 보상하는 것을 주된 내용으로 하는 것으로서, 뺑소니 자동차 또는 무보험 자동차에 의한 교통사고의 피해자 보호를

벗어나기 위한 행위로서 비록 여자가 여러 시간 전에 일시적으로 자살을 기도했다는 사정을 감안하더라도 그의 자유로운 의사 결정에 따라 의식적으로 행한 자살행위라고 단정하기는 어렵고 오히려 운전자의 범죄행위로 유발된 자동차 사고일 뿐이므로, 이를 '승객의 고의 또는 자살행위'에 해당한다고 볼 수 없다고 한 사례).

313) 헌법재판소 1998. 5. 28. 선고 96헌가4,97헌가6 · 7,95헌바58(병합) 전원재판부 결정. 위헌론의 대표적인 문헌으로는 양승규, "자동차손해배상보장법 제3조 단서 제2호의 위헌성: 헌재 1998. 5. 28. 선고 96헌가4 등 결정과 관련하여", 「서울대학교 법학」 제39권 제2호, 서울대학교 법학연구소, 1998, 53-70면.

목적으로 하면서 법률상 강제되는 자동차책임보험제도를 보완하려는 것이다.[314]

그러나 자동차손해배상보장사업이 피해자에 대한 '신속한' 보상을 주목적으로 하는 것은 아니다.[315] 이러한 취지에서 판례는 보험회사가 면책약관을 내세워 보험금지급을 거절하여 자동차손해배상보장법 제3조의 규정에 의한 손해배상의 책임을 지게 되는지 여부가 명확히 밝혀지지 않은 경우 정부가 곧바로 자동차손해배상보장사업에 의한 보상금지급의무를 부담하는 것은 아니라 하였다.[316]

제3 대인배상책임보험Ⅱ(임의배상책임보험)

1. 의 의

대인배상책임보험 중 인적 손해가 위에서 본 강제책임보험의 한도를 넘는 경우에 대비하여 임의로 가입하는 임의적 대인배상책임보험을 말한다. 보상한도가 제한되어 있는 강제책임보험만으로는 자동차사고 피해자에 대한 충분한 보험보호를 기하기 어려운 점이 있고, 이를 보완하기 위하여 운행자의 배상자력 담보를 위한 임의책임보험('대인배상Ⅱ'라 한다)이 활성화된다. 이 보험이 유일하게 무한배상책임보험이다.

대인배상Ⅱ는 대인배상Ⅰ과 같이 자동차대인배상책임보험이기는 하지만 보상요건이 상이하다. 보상책임의 전제가 되는 민사책임의 범위가 상이하며, 보험사고의 범위도 운행자성을 따지는 대인배상Ⅰ과 달리 자동차의 소유·사용·관리 중의 사고로 정하고 있다.[317]

2. 보험자 책임의 범위

(1) 민법상의 일반 불법행위책임(자동차의 소유, 사용, 관리 중의 사고)

상법은 자동차보험계약의 보험자는 피보험자가 자동차를 소유, 사용 또는 관리

---

314) 대법원 2005. 4. 15. 선고 2003다62477 판결.

315) 대법원 2010. 10. 14. 선고 2010다32276 판결(자동차손해배상 보장사업은 정부가 자동차의 보유자를 알 수 없거나 무보험 자동차의 운행으로 인한 사고로 인하여 사망하거나 부상을 입은 피해자의 손해를 책임보험의 보험금의 한도 안에서 보상하는 것을 주된 내용으로 하는 것으로서, 뺑소니 자동차 또는 무보험 자동차에 의한 교통사고의 피해자 보호를 목적으로 하면서 법률상 가입이 강제되는 자동차책임보험제도를 보완하려는 것이지 피해자에 대한 신속한 보상을 주목적으로 하고 있는 것이 아니다).

316) 대법원 2007. 12. 27. 선고 2007다54450 판결.

317) 이런 점에서 양자를 단일보험으로 통합하는 것이 바람직하다는 견해로 김성태, 674면.

하는 동안에 발생한 사고로 인하여 생긴 손해를 보상할 책임이 있다고 규정한다 (제726조의2). 따라서 대인배상Ⅰ의 강제책임보험과는 달리 자동차사고로 인한 인 적 손해의 원인이 자동차의 운행으로 한정되지 않고 그 '소유, 사용, 또는 관리' 중의 사고를 포함한다. 손해배상의 범위는 민법의 일반원칙에 의하여 정해진다. 요컨대 강제책임보험과는 달리 자동차손해배상보장법상의 자동차 보유자의 손해 배상책임에 한정되는 것이 아니라, 민법상의 일반 불법행위책임과 사용자책임 등 을 포함한다.[318]

임의책임보험에서는 기명피보험자와 운전자의 가족, 그리고 기명피보험자가 법 인인 경우 이사, 감사와 그 가족은 피해자의 범위에서 제외된다. 이들은 피보험자 인 가해자에 대하여 손해배상을 청구할 수 있는 지위에 있다고 할 수 없어 보험 자는 보상책임을 지지 아니한다.

(2) 형사합의금

형사합의금이 보험목적에 포함되는지가 문제된다. 만약 형사합의금의 법적 성 질을 손해배상으로 파악한다면 보험자 책임범위에 포함된다고 볼 것이고, 판례도 이러한 입장을 견지한다. 판례는 형사합의금을 지급하면서 특히 위자료 명목으로 지급하는 것임을 명시하였다는 등의 사정이 없는 한 그 금원은 손해배상금의 일 부로 지급되었다고 보고 보험자의 보상책임을 인정한다.[319] 즉 특별한 사정이 없 는 한 형사합의금은 손해배상에 포함되고 보험자가 보상책임을 부담한다.

다만 예외적으로 위자료 명목으로 지급되는 것임을 명시하였거나, 손해배상청 구와는 별개라거나 민사상의 손해배상금의 일부로 지급한 것이 아님을 명시하였 거나, 형사책임을 완화하기 위하여 지급되는 것일 뿐이라는 사정을 분명히 하였다 면 손해배상에 포함되지 아니하여 보상책임의 범위에서 제외될 수 있다.[320]

---

318) 대법원 1997. 6. 10. 선고 95다22740 판결(자동차종합보험약관 제9조 제1항 제1호가 "회사는 피보험자가 피보험자동차의 사고로 남을 죽게 하거나 다치게 하여 법률상 손해배상책임을 짐으로써 입 은 손해를 보상한다"고 규정하고, 같은 항 제2호가 위 보상의 범위를 자동차손해배상책임보험으로 지 급되는 범위를 넘는 손해로 규정하고 있는바, 위 약관에 의하여 보험자가 보상할 피보험자의 '법률상 손해배상책임'의 범위는 자동차손해배상책임보험과는 달리 자동차손해배상보장법상의 자동차 보유자의 손해배상책임에 한정되는 것이 아니라, 민법상의 일반 불법행위책임, 사용자책임 등을 포함한다).
319) 대법원 1996. 9. 20. 선고 95다53942 판결(불법행위의 가해자에 대한 수사나 형사재판 과정에 서 피해자가 가해자로부터 합의금 명목의 금원을 지급받고 가해자에 대한 처벌을 원치 않는다는 내용 의 합의를 한 경우에, 그 합의 당시 지급받은 금원을 특히 위자료 명목으로 지급받는 것임을 명시하였 다는 등의 사정이 없는 한 그 금원은 손해배상금의 일부로 지급되었다고 봄이 상당하다).
320) 대법원 2001. 2. 23. 선고 2000다46894 판결; 대법원 1999. 1. 15. 선고 98다43922 판결(불법 행위의 가해자에 대한 수사 과정이나 형사재판 과정에서 피해자가 가해자 측으로부터 합의금을 지급받 고 가해자의 처벌을 원치 않는다는 내용의 합의를 한 경우에 그 합의 당시 지급된 금원은 원칙적으로

(3) 형사책임의 면제

대인배상Ⅱ에 가입하여 피해자에 대한 보상을 마련하는 것을 장려하기 위하여 정책적으로 일정한 요건하에 형사책임을 면제하고 있다(교통사고처리특례법 제4조).

3. 면책사유

실무상 문제되는 약관상의 면책사유를 살핀다.

(1) 무면허운전면책

1) 무면허운전의 정의

무면허운전이란 도로교통법상의 운전면허를 취득하지 아니하고 자동차를 운전하는 것을 말한다. 운전자의 운전면허가 정지되거나 취소된 경우에도 무면허운전에 해당한다. 무면허운전은 운전능력과는 무관하다. 또한 무면허운전 면책조항은 사고발생의 원인이 무면허운전에 있음을 이유로 한 것이 아니라 사고 발생시에 무면허운전 중이었다는 법규위반 상황을 중시하여 이를 보험자의 보험대상에서 제외하는 사유로 규정한 것이므로, 운전자가 무면허운전의 사실을 인식하지 못하는 경우에도 면책약관상의 무면허운전에 해당한다.321)

2) 약관상 규정

현재 자동차종합보험약관은 "피보험자 본인이 무면허운전을 하였거나, 기명피보험자의 명시적·묵시적 승인하에서 피보험자동차의 운전자가 무면허운전을 하였을 때에 생긴 사고로 인한 손해"를 면책사유로 정한다. 무면허운전면책은 대인배상Ⅱ 이외에도 대물배상에도 공통적으로 적용된다. 현재 사용중인 무면허면책조항은, 과거 대법원 1991. 12. 24. 선고 90다카23899 전원합의체 판결에서 "무

손해배상금의 일부로 지급된 것으로 보아야 하고, 이 점은 가해자가 형사합의금을 피해자에게 직접 지급하지 않고 형사상의 처벌과 관련하여 금원을 공탁한 경우에도 마찬가지이다. 교통사고의 가해자 측이 피해자의 유족들을 피공탁자로 하여 위로금 명목으로 공탁한 돈을 위 유족들이 출급한 경우, 공탁서상의 위로금이라는 표현은 민사상 손해배상금 중 정신적 손해인 위자료에 대한 법률가가 아닌 일반인의 소박한 표현에 불과한 것으로 보아 위 공탁금은 민사상 손해배상금의 성질을 갖고, 자동차종합보험계약에 의한 보험자의 보상범위에도 속한다고 한 사례).

321) 대법원 1998. 3. 27. 선고 97다6308 판결(자동차종합보험 보통약관상의 무면허운전 면책조항은 사고 발생의 원인이 무면허운전에 있음을 이유로 한 것이 아니라 사고 발생시에 무면허운전중이었다는 법규위반 상황을 중시하여 이를 보험자의 보험 대상에서 제외하는 사유로 규정한 것이므로, 운전자의 운전면허가 정지되거나 취소된 경우에도 위 면책규정상의 무면허운전에 해당된다고 보아야 하고, 운전자의 운전면허가 적법한 절차에 따라 정지 또는 취소된 이상 운전자가 그 무면허운전 사실을 인식하지 못하였다고 하더라도 달리 볼 것은 아니다).

면허운전면책조항은 무면허운전이 보험계약자나 피보험자의 지배 또는 관리가능한 상황에서 이루어진 경우에 한하여 적용되는 조항으로 수정해석을 할 필요가 있으며 무면허운전이 보험계약자나 피보험자의 지배 또는 관리가능한 상황에서 이루어진 경우라고 함은 구체적으로는 무면허운전이 보험계약자나 피보험자 등의 명시적 또는 묵시적 승인하에 이루어진 경우를 말한다"고 판시한 이후, 같은 취지의 판례가 지속되자 변경된 이후 사용되고 있는 것이다.

약관에 의한 무면허운전 면책은 약관의 일반적 해석원칙인 개별약정우선의 원칙에 의하여 당사자들이 달리 정할 수 있다. 이러한 취지에서 판례는 보험자가 기명피보험자가 다른 운전면허를 가지고 있음을 알면서 계약을 체결한 경우 그로 인한 사고를 보상하여 주기로 개별약정한 것으로 보아, 보험자는 무면허운전면책을 주장할 수 없다고 하였다.[322]

3) 기명피보험자의 명시적 · 묵시적 승인

① 승 인

명시적 승인은 별 문제가 없다. 그런데 묵시적 승인의 경우는 명시적 승인의 경우와 동일하게 면책약관이 적용되는 까닭에 무면허운전에 대한 승인의 의도가 명시적으로 표시되는 경우와 동일시할 수 있는 정도로 그 승인의도를 추단할 만한 사정이 있어야 한다.[323]

② 승인의 주체

기명피보험자의 승인이 있어야 하고, 승낙피보험자는 승인의 주체가 되지 못한

---

322) 대법원 1998. 10. 13. 선고 97다3163 판결(보험계약은 당사자 일방이 약정한 보험료를 지급하고, 상대방이 재산 또는 생명이나 신체에 관하여 불확정한 사고가 생길 경우에 일정한 보험금액 기타의 급여를 지급할 것을 약정함으로써 효력이 생기는 불요식의 낙성계약이므로, 계약 내용이 반드시 보험약관의 규정에 국한되는 것은 아니고, 당사자가 특별히 보험약관과 다른 사항에 관하여 합의한 때에는 그 효력이 인정된다. 보험회사가 보험계약자와 사이에 1종 특수면허가 있어야 운전할 수 있는 차량에 대하여 1종 대형면허 소지자를 주운전자로 한 보험계약을 체결하였다면 보험회사는 주운전자가 소지한 1종 대형면허로 위 차량을 운전하더라도 그 운전이 운전면허가 취소, 정지된 상태에서 이루어진 것이 아닌 한 그 운전으로 인한 사고로 인한 손해를 보상하여 주기로 하는 약정을 한 것으로 인정함이 상당하다고 한 사례).

323) 대법원 1998. 3. 24. 선고 96다38391 판결(무면허면책약관의 유효요건인 보험계약자나 피보험자의 '묵시적 승인'은 명시적 승인의 경우와 동일하게 면책약관의 적용으로 이어진다는 점에서 보험계약자나 피보험자의 무면허운전에 대한 승인 의도가 명시적으로 표현되는 경우와 동일시 할 수 있는 정도로 그 승인 의도를 추단할 만한 사정이 있는 경우에 한정되어야 하고, 이러한 묵시적 승인이 있었다고 보아야 할 사정의 존부는 평소 무면허운전자의 운전에 관하여 보험계약자나 피보험자가 취해 온 태도뿐만 아니라, 보험계약자나 피보험자와 무면허운전자의 관계, 평소의 차량의 운전 및 관리 상황, 당해 무면허운전이 가능하게 된 경위와 문제로 된 무면허운전의 목적 등의 제반 사정을 함께 참작하여 인정하여야 한다).

다.324)

③ 승인의 대상

기명피보험자의 승인은 운전 자체에 대한 것이 아니라 '무면허운전'에 대한 것이어야 한다. 따라서 운전행위는 명시적 승인 내지 지시에 의하여 이루어졌다고 하더라도 기명피보험자가 그에게 요구되는 통상의 주의의무를 다하였음에도 운전자의 무면허사실을 알 수 없었던 특별한 사정이 있는 경우에까지 면책조항이 적용되지는 아니한다.325)

④ 자동차소유자(운행자)의 책임

자동차의 소유자는 비록 제3자가 무단히 그 자동차를 운전하다가 사고를 내었다고 하더라도, 그 운행에 있어 소유자의 운행지배와 운행이익이 완전히 상실되었다고 볼 특별한 사정이 없는 경우에는 그 사고에 대하여 자동차손해배상보장법 제3조 소정의 운행자로서의 책임을 부담한다. 자동차 소유자가 사고차량에 대한 운행지배와 운행이익을 상실하지 아니하였다는 판단과 제3자의 무면허운전에 대하여 명시적이거나 묵시적인 승인을 하지 아니하였다는 판단은 양립할 수 있기 때문이다.326)

---

324) 대법원 1995. 9. 15. 선고 94다17888 판결; 대법원 1994. 5. 24. 선고 93다41211 판결; 대법원 2000. 5. 30. 선고 99다66236 판결(기명피보험자의 승낙을 받아 자동차를 사용하거나 운전하는 자로서 보험계약상 피보험자로 취급되는 자, 이른바 승낙피보험자의 승인만이 있는 경우에는 보험계약자나 피보험자의 묵시적인 승인이 있다고 할 수 없어 무면허운전 면책약관은 적용되지 않는다).
325) 대법원 1993. 11. 23. 선고 93다41549 판결(무면허운전자의 구체적인 운전행위 그 자체는 보험계약자 또는 피보험자 등의 명시적 승인 내지 지시에 의하여 이루어졌다고 하더라도 보험계약자 또는 피보험자가 차량의 관리자 내지 운전자의 사용자로서 그에게 요구되는 통상의 주의의무를 다하였음에도 운전자의 무면허사실을 알 수 없었던 특별한 사정이 있는 경우에까지 면책조항이 적용된다고 한다면, 이는 보험계약자의 정당한 이익과 합리적인 기대에 어긋나는 것으로서 고객에게 부당하게 불리하고 보험자가 부담하여야 할 담보책임을 상당한 이유 없이 배제하는 것이어서 현저하게 형평을 잃은 것이라고 하지 않을 수 없으므로, 위 면책조항은 신의성실의 원칙에 반하여 공정을 잃은 조항으로서 약관의규제에관한법률 제6조 제1항 및 제2항, 제7조 제2호 및 제3호의 각 규정에 비추어 그 한도 내에서는 무효라고 볼 수밖에 없고, 따라서 위 면책조항은 그와 같은 경우에는 적용되지 않는 것으로 수정해석하는 범위 내에서 유효한 조항으로 유지될 수 있다).
326) 대법원 1999. 4. 23. 선고 98다61395 판결(자동차의 소유자는 비록 제3자가 무단히 그 자동차를 운전하다가 사고를 내었다고 하더라도, 그 운행에 있어 소유자의 운행지배와 운행이익이 완전히 상실되었다고 볼 특별한 사정이 없는 경우에는 그 사고에 대하여 자동차손해배상보장법 제3조 소정의 운행자로서의 책임을 부담하고, 그 운행지배와 운행이익의 상실 여부는 평소의 자동차나 그 열쇠의 보관 및 관리상태, 소유자의 의사와 관계없이 운행이 가능하게 된 경위, 소유자와 운전자의 인적 관계, 운전자의 차량 반환의사의 유무, 무단운행 후 소유자의 사후승낙 가능성, 무단운전에 대한 피해자의 인식 유무 등 객관적이고 외형적인 여러 사정을 사회통념에 따라 종합적으로 평가하여 이를 판단하여야 한다).

(2) 음주운전면책

자동차종합보험약관은 음주로 인한 면책은 무면허와 달리 취급한다. 피보험자 본인이 음주운전을 하였거나 기명피보험자의 명시적·묵시적 승인하에서 피보험 자동차의 운전자가 음주운전을 하였을 때에 생긴 사고로 인한 손해 중 200만원만 면책된다. 무면허운전의 경우는 면책으로 정하고 있음에 반하여, 음주운전은 200만 원의 범위 내에서만 면책으로 한다. 대물배상책임보험에서도 동일하게 취급한다.

(3) 업무상 재해면책

1) 의 의

배상책임 있는 피보험자의 피용자로서 산업재해보상보험법에 의한 재해보상을 받을 수 있는 사람은 면책사유로 규정되어 있다.

2) 유효여부에 관한 학설과 판례

과거 업무상 재해면책조항의 효력에 관하여는 유효설과 무효설, 제한적 무효설 등의 학설이 대립되어 있었다.

① 유효설

다음과 같은 근거에서 유효라 한다.[327] 첫째, 업무상 재해로 인한 교통사고에 대하여는 이를 보상하기 위한 산재보험이 사회보험으로 영위되고 있기 때문에 자 동차종합보험이 이를 보험사고의 범위에서 제외하여 인수하지 아니한 것이므로 자동차종합보험에서 업무상 재해를 보험사고로 인수하였음을 전제로 하는 약관규 제법 위반 여부는 문제가 되지 않는다. 둘째, 업무상의 재해로 인한 자동차사고는 통상적인 자동차의 운행으로 인한 사고와는 그 위험도가 높아 구별되기 때문에 산재보험 특별약관 등으로 보상되어야 하는 것이지, 자동차종합보험에서 담보할 성질의 것이 아니다. 셋째, 영국이나 미국을 포함한 대부분의 나라에서 업무상 자 동차 사고로 인한 피용자의 손해에 대해서는 자동차종합보험이 아닌 업무상 재해 보험에서 담보하고 있다.

② 무효설

무효라고 하는 견해로서[328] 그 근거는 첫째, 업무상 자동차 사고의 피해자인

---

327) 양승규, "업무상 재해사고를 면책사유로 한 자동차보험약관의 효력," 「서울대학교 법학」 제31 권 제3·4호, 1990, 262면 이하; 박용수, "종업원재해를 자동차보험의 대인배상에 관한 보험회사의 면 책사유로 규정한 자동차종합보험보통약관의 효력," 「대법원판례해설」 제12호, 1990, 71면 이하.

328) 정동윤, "자동차종합보험 보통약관 중 업무상 재해사고면책규정의 효력", 법률신문 1989.11.14.

피용자는 자동차의 운행을 지배하는 지위에 있는 것도 아니고 자동차 사고와 업무수행 사이에 직접적인 관계가 있는 것도 아닌데, 단지 피해자가 우연히 다른 보상을 일부 받을 수 있다는 사유만으로 보험회사의 면책을 인정하는 것은 자동차 사고에 기인하는 민사상 불법행위책임을 보장하는 자동차종합보험 약관의 취지에 어긋난다. 둘째, 피해자의 입장에서 보았을 때에도, 산업재해보상보험은 사용자가 근로자의 업무상 재해로 인한 손해를 전보할 능력이 없는 경우에 대비하여 근로자를 보호하기 위하여 필요한 최소한의 금액을 지급하는 제도인데, 산업재해보험 제도가 있다고 하여 근로자의 업무상 자동차 사고로 인한 손해가 자동차종합보험의 담보위험에서 제외되었다고 풀이하는 것은 근로자를 보호하려고 생긴 제도가 도리어 근로자에게 피해를 주는 결과가 되어 부당하다.

③ 제한적 무효설

기본적으로 무효설을 따르되 그 무효사유의 논거들이 대부분 자동차종합보험은 무한책임을 지는 점에 근거하고 있음에 비추어, 업무상 재해면책조항을 전면적으로 무효라고 볼 필요는 없고 피해자가 수령 또는 수령 가능한 산재보험금 범위 내에서만 보험회사가 면책되고, 그 범위를 넘는 부분에 관하여서는 위 면책조항을 무효로 보아 보험회사의 책임을 인정하여야 한다는 견해이다.[329]

④ 판 례

과거 판례[330]는 유효설을 취하였으나 2005년 전원합의체 판결[331]에 의하여 제한적 무효설의 입장으로 변경하였다. 즉 판례는 산재보험금의 범위에서는 보험자가 면책되고 그 범위를 초과하는 부분에 대하여는 보험자의 책임을 인정한다.

판례[332]는 이 조항의 의의에 대하여 "사용자와 근로자의 노사관계에서 발생한 업무상 재해로 인한 손해에 대하여는 노사관계를 규율하는 근로기준법에서 사용

자; 윤승진, "보험자의 면책사유에 대한 고찰", 「재판자료」 제53집, 해상 보험법에 관한 제문제(하), 362면.
329) 최기원, "자보약관 면책조항의 적용한계", 법률신문(1991.5.14.자) 제2064호; 권성, "산재보험급여대상자에 대한 자동차종합보험 면책약관의 유효 여부", 「민사판례연구」 제13권, 박영사, 176면 이하.
330) 대법원 2000. 9. 29. 선고 2000다19021 판결 등.
331) 대법원 2005. 3. 17. 선고 2003다2802 전원합의체 판결(보험회사와 사이에 업무용 자동차종합보험계약을 체결하고 상시 1명의 정규직원을 두고 사업을 하던 자가 업무를 위해 자동차 운전석 옆자리에 일용직 근로자를 탑승시켜 운행하다가 고속도로의 갓길에 주차되어 있던 대형화물차량의 좌측 뒷부분을 들이받음으로써 모두 사망한 경우, 업무상 자동차종합보험약관 중 "산업재해보상보험법에 의한 보상범위를 넘어서는 손해가 발생한 경우에도 보상하지 아니한다"는 면책약관의 '괄호 안 기재 부분'은 효력이 없다고 하여, 면책을 인정한 원심판결을 파기한 사례); 대법원 2005. 11. 10. 선고 2005다39884 판결.
332) 대법원 2011. 11. 24. 선고 2011다64768 판결.

자의 각종 보상책임을 규정하는 한편 이러한 보상책임을 담보하기 위하여 산재보험법으로 산재보험제도를 설정하고 있으므로, 산재보험 대상인 업무상 자동차사고에 의한 피해 근로자의 손해에 대하여도 산재보험에 의하여 전보받도록 하고, 이처럼 산재보험에 의한 전보가 가능한 범위에서는 제3자에 대한 배상책임을 전보하는 것을 목적으로 하는 자동차보험의 대인배상 범위에서 이를 제외하려는 데 있는 것으로 해석함이 상당하다"고 본다. 그러면서도 위 면책조항의 적용요건인 '배상책임이 있는 조합원의 피용자로서 산재보험법에 의한 재해보상을 받을 수 있는 사람'에 해당된다는 점은 그 면책조항의 적용을 주장하는 공제조합 측이 증명하여야 하고, 산재보험법에 의한 재해보상을 받을 수 있는 경우에 해당한다고 하여 그 보상액 상당액을 손해배상액에서 공제하기 위해서는 반드시 그 보상액을 현실로 지급받았거나 산재보험급여 지급결정이 있었을 필요는 없다고 하더라도 그 보상 여부가 불확실한 경우에는 함부로 이를 공제하여서는 안 될 것이라고 한다.

요컨대 업무상 자동차사고에 의한 피해근로자의 손해가 산업재해보상보험법에 의한 보상범위를 초과하는 경우에도 보험자가 면책된다고 한다면, 자동차보험의 피보험자인 사업주의 피해 근로자에 대한 자동차손해배상보장법 또는 민법 등에 의한 손해배상책임이 남아 있음에도 불구하고 보험자의 면책을 인정하여, 피보험자가 실질적으로 손해배상책임을 부담하는 것이 된다. 이는 피보험자동차의 사고로 인하여 피보험자가 타인에 대하여 부담하는 손해배상책임을 담보하기 위한 자동차보험의 취지에 어긋나는 것으로서, 고객인 보험계약자 및 피보험자에게 부당하게 불리할 뿐만 아니라, 보험자가 부담하여야 할 위험을 고객에게 이전시키는 것이 된다. 따라서 판례는 "산재보험법에 의한 보상범위를 넘어서는 손해가 발생한 경우에도 보상하지 아니한다"는 면책조항은 효력이 없다고 판시한다.[333]

3) 소 결

생각건대, 제한적 무효설이 타당하다. 피해자가 산업재해보상보험에 의하여 보상받는 범위를 초과하는 손해를 입은 경우에도 업무상 재해면책조항의 적용을 통하여 보험자가 모두 면책된다고 한다면, 사용자가 무자력이면 근로자는 업무상 재해로 인한 손해를 전보 받지 못하게 된다. 그 결과 근로자를 보호하려고 생긴 산재보험제도가 오히려 근로자에게 피해를 주는 불합리가 발생한다. 이런 점에서 업무상 재해면책조항을 산재보험에 의하여 보상이 가능한 범위 내에서만 면책된다고 축소해석하는 판례의 입장은 근로자의 불이익을 없앤 타당한 것으로 평가한다.

업무상 자동차사고에 의한 피해근로자의 손해가 산업재해보상보험법에 의한 보상범위를 초과하는 경우에도 보험자가 면책된다고 한다면, 자동차보험의 피보험자인 사업주의 피해 근로자에 대한 자동차손해배상보장법 또는 민법 등에 의한 손해배상책임이 남아 있음에도 불구하고 보험자의 면책을 인정하여, 피보험자가 실질적으로 손해배상책임을 부담하는 것이 된다. 이는 피보험자동차의 사고로 인하여 피보험자가 타인에 대하여 부담하는 손해배상책임을 담보하기 위한 자동차보험의 취지에 어긋나게 되어 고객인 보험계약자 및 피보험자에게 부당하게 불리할 뿐만 아니라, 보험자가 부담하여야 할 위험을 고객에게 이전시키는 것이 된다.

4) 산업재해보상보험에의 가입

재해를 입은 근로자가 보험급여를 실제로 지급받은 경우에 한하여 자동차보험 약관상의 업무상 재해면책조항이 적용되는 것은 아니다.[334] 왜냐하면 산업재해보상보험에 당연 가입되는 사업주가 사업을 개시한 후에 그 사업에 소속한 근로자가 업무상 재해를 입은 때에는 그는 당연히 산업재해보상보험법상의 보험급여의 지급을 청구할 수 있고, 사업주가 보험관계 성립의 신고를 하거나 보험료를 납부하는 등의 절차를 밟은 후에 발생한 업무상 재해에 한하여 보험급여의 지급을 청구할 수 있는 것은 아니기 때문이다. 그러나 산업재해보상보험의 당연가입대상이 아닌 사업주의 경우 그 사업주가 산업재해보상보험에 가입하고 있지 않다면, 이 면책조항이 적용되지 아니함은 당연하다.[335]

---

334) 대법원 2002. 9. 4. 선고 2002다4429 판결.
335) 대법원 1995. 2. 10. 선고 94다4424 판결(근로기준법상의 업무상재해라고 하여 산업재해보상보험법에 의하여 보상을 받을 수 없는 경우까지 위 면책사유의 적용대상에 해당하는 것으로 취급하려는 것이 아니라는 점은 대법원이 누차에 걸쳐 판시하여온 확립된 견해이다); 대법원 1991. 5. 14. 선고 91다6634 판결(근로기준법상의 업무상 재해라고 할지라도 산업재해보상보험법에 의하여 보상을 받을 수 없는 경우는 위 면책사유의 적용대상에서 제외하여야 할 것이다); 대법원 1992. 8. 18. 선고 91다38297 판결; 대법원 1993. 6. 8. 선고 93다5192 판결; 대법원 1994. 1. 11. 선고 93다5376 판결(자동차종합보험약관 제10조 제2항 제4호에서 피해자가 배상책임 있는 피보험자의 피용자로서 근로기준법에 의한 재해보상을 받을 수 있는 사람인 경우 보험자의 면책사유로 규정한 것은 노사관계에서 발생하는 재해보상에 대하여는 원칙적으로 산업재해보상보험에 의하여 전보받도록 하려는 데에 그 취지가 있는 것이므로, 피해자가 근로기준법에 의한 재해보상을 받을 수 있는 자가 아니거나 근로기준법에 의한 재해보상을 받을 수 있다고 하더라도 산업재해보상보험법에 의하여 보상을 받을 수 없는 경우에는 위 면책사유의 적용대상에서 제외되어야 한다).

(4) 유상운송면책

1) 의 의

자동차종합보험약관에 요금이나 대가를 목적으로 반복적으로 피보험자동차를 사용하거나 대여한 때에 생긴 사고로 인한 손해를 보험자의 면책사유로 정하고 있다. 이 면책사유의 취지에 대하여 판례는 사업용 자동차와 비사업용 자동차는 보험사고 위험률에 큰 차이가 있어 보험료의 액수가 다르기 때문이라고 한다.[336]

2) 유상의 의미

피보험자가 금원을 받았다는 것만으로 유상이 되는 것은 아니다. 판례는 면책 사유에서의 유상의 의미를 단순히 운행과 관련하여 반복적으로 금원을 지급받았다는 것만으로는 부족하고, 그 운행의 형태가 당초 예정한 것과 달라져 위험이 보험자가 예상한 것 이상으로 커지는 정도에까지 이르러야 한다고 본다. 따라서 피보험자가 단체구성원을 위하여 반복적으로 사용할 목적으로 업무용자동차보험에 가입하여 공동사용 특별요율에 의한 보험료를 납부하고 그 운행과 관련하여 단체구성원 등으로부터 반복적으로 금원을 수수하였다 하더라도 그 금원의 수수가 운행경비의 분담 차원에서 행해진 것에 불과하다면, 보험약관상의 면책사유인 유상운송이라고 할 수는 없다고 한다.[337] 같은 취지에서 사회복지법인 한국응급구조단이 구급차를 이용하여 응급환자를 이송하고 이송처치료를 받고 있으나, 이는 실비변상적 성격으로 운송에 대한 대가라고 볼 수 없어 그 구급차의 운행이 유상운송에 해당하지 않는다고 한다.[338]

(5) 가족면책 등

자동차종합보험약관 대인배상Ⅱ는 기명피보험자와 그 부모, 배우자 및 자녀, 그리고 운전피보험자와 그 부모, 배우자 및 자녀, 승낙피보험자 및 그 부모, 배우자 및 자녀 등에 대한 사상의 손해에 대하여는 보상하지 않는다는 규정을 두고

---

336) 대법원 1999. 1. 26. 선고 98다48682 판결.
337) 대법원 1999. 9. 3. 선고 99다10349 판결.
338) 대법원 1997. 10. 10. 선고 96다23252 판결(사회복지법인 한국응급구조단의 설립 근거나 목적 및 성격, 그 법인이 구급차를 운행하고 이송처치료를 징수하는 근거, 그 법인과 다른 일반 응급환자 이송업자 등이 징수하는 이송처치료의 차이 등 제반 사정에 비추어 보면 그 법인이 사고 자동차를 포함한 구급차를 운행하여 응급환자를 이송하고 징수하는 이송처치료는 법인이 제공한 사회복지 혜택에 대한 비용 중 일부를 수혜자 등으로부터 징수한 것으로서 실비변상적인 성격을 가지므로 이를 구급차를 이용한 응급환자의 운송에 대한 대가나 요금이라고 볼 수 없고, 따라서 그 법인이 요금이나 대가를 목적으로 계속적 또는 반복적으로 구급차를 운행하여 왔다고 할 수 없어 업무용자동차종합보험약관 제10조 제1항 제7호에서 정하는 유상운송에 해당한다고 할 수 없다).

있다. 판례는 이 면책사유에 대하여 가족간에는 그 가정 내에서 처리하는 것이 보통이고 또한 별도의 자손사고보험으로 보상한다는 점에서 유효하다고 본다.[339)]

제4 기타의 보험

1. 대물배상책임보험

(1) 의 의

피보험자가 자동차사고로 타인의 재물을 멸실 또는 훼손하여 그 타인에게 생긴 직접손해에 대하여 법률상 손해배상책임을 짐으로써 입은 손해를 보상하는 책임보험이다. 여기서의 법률상 손해배상책임은 민법상의 불법행위에 의한 손해배상책임을 말한다. 자동차손해배상보장법은 대물배상책임에 대하여 규정하고 있지 않다.

(2) 면책사유

임의대인배상책임보험인 대인배상Ⅱ와 거의 유사하다. 대인배상Ⅱ와 비교하면, (i) 무면허운전면책은 동일하고, (ii) 음주운전면책도 동일하나 자기부담금이 50만원으로 되어 있고, (iii) 업무상재해면책사유가 대물배상책임에는 없다. (iv) 유상운송면책도 동일하고, (v) 가족 등의 경우에는 피보험자동차에 싣고 있거나 운송중인 물품에 생긴 손해, 서화, 골동품, 조각물 기타 미술품과 탑승자와 통행인의 의류나 소지품에 생긴 손해 등으로 규정하여 약간의 차이만이 있다.

---

339) 대법원 1993. 9. 14. 선고 93다10774 판결(임의보험인 자동차종합보험의 대인배상보험은 강제보험인 자동차손해배상책임보험과는 달리 그 목적이 피해자의 보호에 있다기보다는 피보험자의 손해배상책임을 전보하고자 함에 있을 뿐 아니라 그 가입 여부 또한 자유로우므로 일반적으로 사적 자치의 원칙이 적용되는 영역에 속하고, 피보험자나 운전자의 배우자 등이 사고로 손해를 입은 경우에는 그 가정 내에서 처리함이 보통이고 손해배상을 청구하지 않는 것이 사회통념에 속한다고 보이며, 이러한 경우의 보호는 별도의 보험인 자손사고보험에 의하도록 하고 있는 점 등으로 미루어 보면, 피보험자나 운전자의 배우자 등이 사고로 손해를 입은 경우를 자동차종합보험의 대인배상보험에서 제외하고 있는 약관규정이 약관의규제에관한법률 제7조 제2호에 위반된다거나 경제적인 강자인 보험자에게 일방적으로 유리한 규정에 해당하여 무효라고 할 수 없다).

2. 자기차량보험

(1) 의 의

피보험자동차에 직접적으로 생긴 손해를 보상하는 보험이다. 이는 책임보험이 아니고 통상의 물건보험에 속한다. 따라서 보험가액을 기준으로 하여 일부보험, 초과보험, 중복보험 등도 발생한다. 따라서 피보험이익의 평가액인 보험가액이 보상의 상한선이 된다.[340] 피보험자는 사고로 자동차에 손해가 생긴 것을 입증하면 족하고 그 손해가 생긴 사유를 구체적으로 증명할 필요는 없다.[341]

(2) 면책사유

자기차량보험약관에서는 "보험계약자, 피보험자, 이들의 법정대리인, 피보험자와 같이 살거나 살림을 같이 하는 친족, 피보험자동차를 빌려 쓴 사람 또는 피보험자동차에 관계되는 이들의 피용자가 무면허운전을 하였거나 음주운전을 하였을 때에 생긴 손해"를 면책사유로 규정한다. 이들 무면허운전면책과 음주운전면책은 책임보험에서와는 달리 문언 그대로 유효하다.[342] 자기차량보험은 손해보험 중 물건보험으로서 피해자 보호와 관련이 없는 것이다.

---

340) 대법원 1990. 8. 14. 선고 90다카7569 판결(사고 당시의 피해차량의 교환가격을 현저하게 웃도는 수리비용을 지출했다 하더라도 이런 경우는 경제적인 면에서 수리불능으로 보아 사고 당시의 교환가격으로부터 고물대금을 뺀 나머지만을 손해배상으로 청구할 수 있을 뿐이라고 할 것이고, 이렇게 보아야만 손해배상제도의 이상인 공평의 관념에 합치되는 것이며, 따라서 교환가격보다 높은 수리비를 요하는 경우에 굳이 수리를 고집하는 피해자가 있는 경우에는 그 소망을 들어 주어야 하는 것이 사회통념에 비추어 시인되어야 할 특별한 사정이 없는 한 그 수리비 가운데 교환가격을 넘는 부분은 그에게 부담시켜야만 한다).

341) 김성태, 704면.

342) 대법원 1998. 12. 22. 선고 98다35730 판결(자기차량 손해보험은 물건보험으로서 손해보험에 속하기는 하나 보험금이 최종적으로 귀속될 자가 보험계약자 또는 피보험자 자신들이므로 대인·대물배상 보험에 있어서와 같이 제3자(피해자)의 보호를 소홀히 할 염려가 없을 뿐만 아니라, 보험계약자나 피보험자의 지배관리가 미치지 못하는 자동차 운전자의 음주운전 여부에 따라 보호를 받지 못한다고 하더라도 자기차량 손해보험의 보상금 상한이 제한되어 있어 보험계약자나 피보험자가 이를 용인할 여지도 있는 점 등에 비추어 보면, 보험계약자나 피보험자가 입은 자기차량 손해가 자동차종합보험약관상의 음주 면책조항과 같이 보험계약자 등이 음주운전을 하였을 때에 생긴 손해에 해당하는 경우에는 그 면책조항의 문언 그대로 아무런 제한 없이 면책되는 것으로 해석하여야 할 것이고, 이렇게 해석한다 하여 약관의규제에관한법률 제6조 제1항, 제2항, 제7조 제2호, 제3호의 규정에 반하는 해석이라고 볼 수는 없다).

3. 자기신체사고보험(자손보험)

(1) 의 의

자동차의 사고로 피보험자 자신이 상해를 입은 경우 보험자가 보상을 하는 내용의 보험으로서 일종의 상해보험이다.[343] 자손사고에서의 자동차사고는 보험증권에 기재된 자동차를 그 용법에 따라 사용 중 피보험자가 상해를 입거나 사망하는 경우를 의미한다.[344] 자손사고보험에서는 배상책임보험과는 달리 피보험자의 가족이나 근로기준법에 의하여 재해보상을 받을 수 있는 피보험자의 피용자까지도 피보험자의 범위에 포함시킨다. 이러한 점을 기초로 대인배상책임보험의 보상대상에서 피보험자의 가족 등을 제외시키는 것을 정당화한다.[345]

(2) 면책사유

1) 음주 · 무면허운전면책

과거 피보험자가 무면허운전 또는 음주운전을 하던 중 그 운전자가 상해를 입은 때에 생긴 손해는 보상하지 아니한다는 음주 · 무면허면책사유가 있었으나, 판례가 일관되게 한정적 무효를 선언하였고, 이에 따라 위 면책조항은 삭제되었다. 무효의 근거에 대하여 판례는 인보험에서는 고의만 면책사유로 되어 있고(제732조의2, 제739조), 약관이 만약 음주운전면책과 무면허운전면책을 통하여 중과실로 평가되는 행위까지 면책으로 하는 취지라면 상법 제663조에 반하여 무효라는 것이다.[346]

---

343) 대법원 1998. 12. 22. 선고 98다35730 판결.

344) 대법원 1989. 4. 25. 선고 88다카11787 판결(원심은 원판시 보험계약에 적용되는 자동차종합보험보통약관 제28조는 피보험자가 자동차의 사고로 상해를 입었을 때 피고는 위 약관이 정하는바에 따라 보험금을 지급하여야 하고 자손사고에서 자동차라 함은 보험증권에 기재된 자동차를 말한다고 규정하고 있으나 그 자동차의 사고의 개념에 관하여는 위 약관에 별다른 규정을 두고 있지 아니한 사실을 확정하고 이 경우 자동차사고라 함은 보험증권에 기재된 자동차를 그 용법에 따라 사용 중 그 자동차에 기인하여 피보험자가 상해를 입거나 이로 인하여 사망한 사고가 발생하는 경우를 의미한다고 풀이되고, 원심이 인정한 바와 같이 보험증권에 기재된 자동차를 운전하다가 그 타이어가 파손되어 이를 살펴보기 위하여 도로변에 위 자동차를 정차시킨 후 하차한 위 망 최재희가 보험증권에 기재된 자동차가 아닌 다른 자동차에 충돌되어 사망한 경우까지 위 보험계약에 있어서의 자손보험사고에 해당된다고 볼 수 없다고 판단하고 있는바 기록에 비추어 살펴보면, 원심의 위 사실인정과 판단은 정당하고 거기에 소론과 같은 이유불비나 약관해석을 잘못한 위법이 없으므로 논지는 이유 없다).

345) 대법원 1993. 9. 14. 선고 93다10774 판결.

346) 대법원 1999. 2. 12. 선고 98다26910 판결(자동차종합보험계약상의 '무보험자동차에 의한 상해 특약'은 상해보험의 일종으로서, 상법 제732조의2, 제739조, 제663조의 규정에 의하면 사망이나 상해를 보험사고로 하는 인보험에 관하여는 보험사고가 고의로 인하여 발생한 것이 아니라면 비록 중대한 과실에 의하여 생긴 것이라 하더라도 보험금을 지급할 의무가 있다고 할 것이므로, 그 약관 중 "피보험

2) 기 타

유상운송면책 등은 대인배상Ⅱ, 대물배상 등과 동일하다. 약관에서는 피보험자
동차 또는 피보험자동차 이외의 자동차를 시험용, 경기용 또는 경기를 위한 연습
용으로 사용하던 중 생긴 손해에 대하여 면책으로 정한다.

4. 무보험자동차에 의한 상해보험

(1) 의 의

피보험자가 무보험자동차에 의하여 생긴 사고로 사상한 때 그로 인한 손해에
대하여 배상의무자가 있는 경우 그 손해를 보상하는 보험이다. 이 보험의 법적
성질에 대하여 판례는 손해보험으로서의 성질과 함께 상해보험으로서의 성질도
갖고 있는 손해보험형 상해보험으로 파악한다.[347] 판례는 이러한 취지에서 하나의
사고에 관하여 여러 개의 무보험자동차특약보험계약이 체결되고 그 보험금액의
총액이 피보험자가 입은 손해액을 초과하는 때에는 중복보험에 관한 상법 제672
조 제1항 규정이 준용된다고 하지만,[348] 검토의 여지가 있다.[349]

(2) 무보험자동차

자동차보험약관의 무보험자동차라고 함은 (i) 자동차보험 대인배상Ⅱ나 공제계
약이 없는 자동차, (ii) 자동차보험 대인배상Ⅱ나 공제계약에서 보상하지 아니하는
경우에 해당하는 자동차, (iii) 피보험자를 죽게 하거나 다치게 한 자동차가 명확
히 밝혀지지 않은 경우에 그 자동차 등을 의미한다.[350] 배상의무자의 존재는 객관
적으로 존재하는 것으로 족하고 그 자가 구체적으로 누구인지까지는 밝혀질 필요
는 없다. 또한 가해차량이 면책사유 등을 내세워 보상책임 유무가 객관적으로 명
확히 밝혀지지 않은 경우에 있어서의 가해차량 역시 무보험차에 해당한다고 본
다.[351]

자가 무면허운전을 하던 중 그 운전자가 상해를 입은 때에 생긴 손해는 보상하지 아니한다"고 규정한
무면허운전 면책조항이 보험사고가 전체적으로 보아 고의로 평가되는 행위로 인한 경우뿐만 아니라 과
실(중과실 포함)로 평가되는 행위로 인한 경우까지 보상하지 아니한다는 취지라면 과실로 평가되는 행
위로 인한 사고에 관한 한 무효라고 보아야 한다).
  347) 대법원 2003. 12. 26. 선고 2002다61958 판결; 대법원 2006. 11. 23. 선고 2006다10989 판결.
  348) 대법원 2006. 11. 10. 선고 2005다35516 판결; 대법원 2007. 10. 25. 선고 2006다25356 판결.
  349) 제6장 제3절 상해보험에서 다룬다.
  350) 대법원 2003. 12. 26. 선고 2002다61958 판결.
  351) 대법원 2003. 12. 26. 선고 2002다61958 판결.

(3) 면책사유

이 보험은 상해보험적 성격을 띠고 있으므로 음주운전면책과 무면허운전면책은 자손보험과 동일하게 해석하여, 무면허운전이나 음주운전의 면책약관이 보험사고가 전체적으로 보아 고의로 평가되는 행위로 인한 경우뿐 아니라 과실로 평가되는 행위로 인한 경우까지 포함하는 취지라면 과실로 평가되는 행위로 인한 사고에 관한 한 무효가 된다.[352]

〈자동차종합보험약관상 주요 면책사유의 정리〉

	대인배상 I	대인배상 II	대물배상	자기차량	자기신체사고	무보험상해
무면허운전면책	없음	있음	있음	있음	없음	없음
음주운전면책	없음	제한적 (200만원)	제한적 (50만원)	있음	없음	없음
업무상재해면책	없음	제한적 (산재한도)	없음	없음	없음	없음
유상운송면책	없음	있음	있음	있음	있음	있음
가족 등 면책	없음	있음	있음	없음	없음	없음

제5 피보험자 개별적용론

1. 의 의

자동차배상책임보험에서의 피보험자의 개념은 기명피보험자 외에 그와 밀접한 관계가 있는 일정한 관련자까지 포함하고 있어, 그 범주가 승낙피보험자·친족피보험자·운전피보험자 등으로 상당히 확대되어 있다. 그리하여 사고발생시 피해자에게 보상책임을 지는 피보험자가 복수로 존재가능한데 여기서 약관의 제규정, 즉 손해배상책임의 발생요건이나 면책의 규정들을 피보험자마다 개별적으로 적용하여 보상유무를 판단하여야 한다는 이론이 있고 이를 피보험자 개별적용론이라고 한다.[353] 이 이론은 판례에 의하여 형성되었다.

---

352) 대법원 1999. 2. 12. 선고 98다26910 판결.
353) 박철, "보통보험약관의 구속력", 『보험법의 쟁점』, 법문사, 2000, 63면.

2. 학설과 판례

(1) 학 설

쟁점이 되는 사항은 이러한 개별적용에 관한 약관상의 명시적 규정이 없는 경우에도 피보험자 각기에 대하여 약관상 제규정을 개별적으로 적용할 것인가 하는 점이다. 이에 대한 견해들로 약관에 명시적인 규정이 없음에도 불구하고 제규정을 피보험자 각별로 적용하여야 한다는 견해, 약관상 개별적용의 명시적인 규정이 있는 경우로 한정하자는 견해[354] 등이 있을 수 있다. 여기서 첫째의 견해가 피보험자 개별적용론을 확대해석하는 입장이라 할 수 있고, 판례가 그러하며 기타 이를 지지하는 견해들이 표명된 바[355] 있다.

(2) 판 례

판례는 대인배상책임보험뿐만 아니라 대물배상책임에서 약관상 명시적 규정이 없는 경우에도 면책약관을 피보험자별로 개별적으로 적용한다. 대인배상책임보험에 관하여는 대법원 1988. 6. 14. 선고 87다카2276 판결 등이 있다.[356] 대물배상책임보험에 관하여는 대법원 1991. 12. 27. 선고 91다31784 판결에서는 개별적용을 부정하였으나, 대법원 1998. 4. 23. 선고 97다19403 전원합의체 판결에서 명시적인 약관상 근거규정이 없는 경우에도 면책약관의 개별적용론을 수용하였고,[357] 대법원 2010. 12. 9. 선고 2010다70773 판결도 있다.[358] 법원은 무면허운전의 경우에도 개별적용론으로 설시한 것이 있다.[359]

---

354) 양승규, "복수피보험자에 대한 면책약관의 개별적용", 『보험판례연구』, 삼지원, 2000, 333면.

355) 이근우, "자동차종합보험 대물배상면책조항의 피보험자 개별적용", 『재판실무연구』, 1998, 232 − 246면; 김광국, "손해보험약관 해석에 있어서의 개별적용의 이론", 「상사법연구」 제19권 제3호, 한국상사법학회, 2001 316면.

356) 대법원 1996. 5. 14. 선고 96다4305 판결; 대법원 1997. 7. 11. 선고 95다56859 판결; 대법원 1998. 2. 27. 선고 96다41144 판결; 대법원 1999. 5. 14. 선고 98다58283 판결.

357) 대법원 1997. 3. 14. 선고 95다48728 판결을 피보험자개별적용론이 입론된 것으로 여기는 주장도 있으나, 판단컨대 이는 피보험자의 범주에 관한 사안이지 피보험자개별적용론에 관한 것이 아니다.

358) 이 판결은 자동차종합보험의 기명피보험자인 甲의 아들 乙이 자신이 고용되어 근무하던 사용자의 점포 앞에서 甲의 승낙을 받아 운전하던 피보험차량을 후진하다가 피해자들 소유의 오토바이 3대를 파손한 사안에서, 피보험차량의 소유자일 뿐 가해자가 아닌 甲은 대물사고인 위 보험사고로 피해자들에 대하여 배상책임을 부담한다고 볼 수 없으므로 보험자는 甲에 대한 관계에서는 약관상 면책조항의 적용 여부를 따질 필요 없이 보험계약에 따른 보상의무를 부담하지 않고, 보험자가 승낙피보험자인 乙에 대한 관계에서 약관상 면책조항이 적용되지 않아 보험금 지급책임을 면할 수 없다고 하더라도, 그와 같은 사정은 기명피보험자인 甲에 대한 보험금 지급책임의 유무에 아무런 영향을 미칠 수 없다고 한 사례이다.

판례는 약관에 개별적용의 뜻을 명시적으로 밝히지 아니한 경우라 하더라도 약관의 규정을 피보험자별로 개별적으로 적용한다. 개별적용론은 주로 판례에 의하여 형성되어 온 이론으로서 자동차보험의 대인배상책임과 대물배상책임에 있어서의 대표적인 근거를 살펴본다.

첫째, 대인배상책임보험에서의 판결360)로 "보험자인 피고는 피해자들과 위 조항 소정의 인적 관계가 있는 승낙피보험자와의 관계에 있어서는 위 사고에 따른 보험금지급의무를 면하지만 그러한 인적 관계가 없는 기명피보험자인 원고에 대하여는 위 조항에 의하여 보험금지급의무를 면하지 못한다고 판단한 것은 정당하고"라고 설시한다.

둘째, 대물배상책임보험에서의 판결로361) "피보험자가 기명피보험자, 승낙피보험자, 운전피보험자 등과 같이 복수로 존재하는 경우 그 피보험자 중에는 피해재물과의 관계에서 위와 같은 관계에 있는 피보험자와 있지 않은 피보험자가 구별되어 존재할 수 있다 할 것이고, 그와 같은 관계에 있지 않은 피보험자에게까지 보상을 받지 못하게 보험자의 면책을 허용하는 것은 면책조항을 두게 되는 취지에 반할 뿐 아니라, 그와 같은 경우에는 피보험자는 피해자인 제3자에게 배상책임만 지고 그로 인한 자신의 간접손해는 보험으로도 보상받지 못하는 현상이 생겨 손해분산이라는 보험의 존재 의의와도 반하게 되는 부당한 현상이 생긴다 할 것이다. 따라서 이와 같은 피보험자에게는 보호되어야 할 피보험이익이 그대로 존재하고 있다고 보아야 할 것이고, 보험자의 면책 여부는 피보험자마다 각기 개별적으로 판단되어야 하는 것임은 대인배상의 경우와 같다고 할 것이다"고 설시한다.362)

이상 판례가 적시한 근거들을 살펴보면 대인배상과 대물배상에 있어서는 관련 약관의 규정들이 피해자 또는 피해재물과 피보험자 간에 일정한 '관계'를 전제하고 있는데 그러한 관계가 없는 피보험자에게까지 적용할 것은 아니라는 논리이고 따라서 해당 면책약관이 개별적으로 적용된다는 입론을 한다.

셋째, 기타 무면허운전의 경우363)는 독자적인 근거 없이 판례가 개별적용론을

---

359) 대법원 1997. 6. 27. 선고 97다10512 판결; 대법원 1999. 11. 26. 선고 98다42189 판결; 대법원 2010. 12. 9. 선고 2010다70773 판결 등이 그것이다.
360) 대법원 1988. 6. 14. 선고 87다카2276 판결.
361) 대법원 1998. 4. 23. 선고 97다19403 전원합의체 판결.
362) 대법원 2010. 12. 9. 선고 2010다70773 판결.
363) 대법원 1997. 6. 27. 선고 97다10512 판결 등. "피보험자가 복수로 존재하는 경우에는 그 피보험이익도 피보험자마다 개별로 독립하여 존재하는 것이니만큼 각각의 피보험자마다 손해배상책임의 발생요건이나 면책약관의 적용 여부 등을 개별적으로 가려 그 보상책임의 유무를 결정하여야 한다"고 하

취하는 것을 논거로 하는 듯하다.

3. 확대해석의 문제점

배상책임보험에 있어서 '일정한 관계를 전제'로 한 약관상의 면책규정이 그러한 관계가 없는 피보험자에게 문제되었을 때, 단지 그가 피보험자라는 이유만으로 보상받지 못한다면 보험의 존재의의와 관련한 의문이 제기되고, 이러한 사안에서 개별적용론에 근거하는 판례의 설시는 설득력이 있다. 단 개별적용론이 타당성을 가지는 범주는 그러한 사안으로 국한되어야 한다. 만약 개별적용론을 지나치게 확대해석한다면, 약관의 모든 면책규정을 자칫 무시해버리는 결과가 될 수도 있다. 가장 이상적이면서도 타당한 해결방안은 관련약관을 개정하여 개별적으로 적용되는 것이 타당한 면책약관에 대하여는 명시적으로 그 뜻을 밝혀두는 것이다. 현행 자동차보험 표준약관은 제9조에서 피보험자 개별적용이라는 제목으로 비교적 명확한 조항을 마련하고 있다.

제6 자동차보험에 대한 새로운 시각

1. 현 제도

(1) 현존 손해보상체계

사고로 인한 피해발생시 손해보상체계는 크게 불법행위법리, 영리보험, 사회보장제도 등으로 구분할 수 있다.[364] 그중에서 전통적 기본원리는 불법행위법리이고 피해자 등의 구제를 위하여 책임보험 등과 일부 강제보험을 통하여 이를 보완하고 있는 실정이다. 이 제도들은 보상재원의 조달방법, 위험이 분산되는 범위의 설정, 그리고 기존의 법리에 대한 가치관 등 다양한 요소가 내포되어 있으며 그러한 평가도 일정불변의 것이 아니라 각 시대에 따라 변할 수 있다. 예컨대 자유시장주의자는 귀책사유가 있는 자에 대한 책임을 강조하여 가해자의 손해배상으로

고 있다.

364) Kenneth S. Abraham/Lance Liebman, "Private Insurance, Social Insurance, and Tort Reform: Toward a New Vision of Compensation for Illness and Injury", 93 Colum. L. Rev. 75 (1993), 75-76에서는 "책임기초, 원인기초, 손해기초"의 방법으로 나누고 있다. 책임기초는 불법행위법리이고, 원인기초와 손해기초는 사회보장제도와 유사하다.

해결하자는 주장을 할 개연성이 높고, 사회주의자는 복지의 관점에서 국가의 보다
적극적 개입을 바랄 수도 있다.

(2) 제도의 한계

현재 우리나라에서 자동차사고를 비롯한 손해보상체계의 주류는 불법행위법리
와 그 보완책으로서의 책임보험이고, 앞으로도 이 근간이 쉽사리 바뀔 것으로 보
이지는 않는다. 하지만 불법행위법리의 취약점이 인식되고 있으며 어떤 형태든 그
개혁 또는 개선이 도모되고 있는 한편, 책임보험 또한 불법행위를 보완한다고는
하나 유사한 비판을 받을 수밖에 없는 한계를 가진다.365) 소송절차의 지연, 소송
결과가 입증이나 변호사 능력 등에 의하여 좌우되어 실질적인 피해보상이 이루어
지기 어렵다는 등의 비판이 있다.366) 또한 불법행위와 책임보험, 그리고 사회보험
등 각각의 보상제도가 독자적으로 발달하여 온 관계로 하나의 사고에 대하여 그
풀이가 서로 다르기도 하고 면책 관련 약관해석도 분쟁의 대상이다. 요컨대 보상
체계의 근간인 불법행위법은 제재와 예방의 측면에서 의도된 기능을 하지 못한다
는 평가를 받는다.

2. 새로운 보상체계

(1) 불법행위에 대한 비판과 새로운 체계

가해자의 유책성을 불가결의 전제요건으로 하는 전통적 체계는, 피해자가 가해
자의 고의나 과실 등 귀책사유를 입증하여야만 배상받을 수 있음이 원칙이어서
피해자보호에 있어 여러 한계를 드러내었다. 전통적인 불법행위제도에 대한 비판
의 대표적인 것으로 Report of the Royal Commission of Injury, Compensation
for Personal Injury in New Zealand (1967)에서의 비판 근거는 다음과 같다.367)
첫째, 불법행위자의 귀책사유를 입증하여야 한다는 점이다. 그러나 책임과 도덕적
비난가능성이 일치하는지도 의문일 뿐 아니라 입증하지 못하는 경우 보상받을 수

---

365) 또 다른 측면에서의 문제점도 지적된다. 책임보험의 한계는 제재와 예방이라는 불법행위 기능
을 약화시킨다는 점이다. 책임보험의 범위를 확대하고자 하는 경향에서 기존의 불법행위의 기능에 반
하거나 또는 보험의 기본적 속성과 반하는 상품들의 출현이 그것이다. 즉 책임보험의 기능자체가 불법
행위법의 의의·기능을 실현·보완할 수 있도록 한다는 이상과 모순되는 경우도 발생한다.

366) 김성태, "불법행위와 손해전보제도", 「민사판례연구」 제15권, 민사판례연구회, 1996; George L.
Priest, "The Current Insurance Crisis and Modern Tort Law", 96 Yale L.J. 1521 (1987) 등 이에
관한 국내외 문헌이 많다.

367) 장덕조, "인신손해에 대한 무과실보상과 자동차보험", 「상사법연구」 제25권 제3호, 한국상사법
학회, 2006, 203-204면.

없는 문제가 있다. 둘째, 일반적으로 불법행위제도로 인한 경제적 효과는 보험제도를 통하여 사회에 귀속되고, 불법행위제도가 의도하는 예방과 제재라는 목적의 가해자 자산감소로 귀결되지 않는다. 셋째, 소송절차상의 문제들로서 입증의 곤란, 변호사의 능력, 배심원의 심적 상태 등으로 말미암아 정의와 부합하지 않는 결과가 초래될 수도 있다. 넷째, 전통적 불법행위제도는 피해자에 대한 신속한 보상이 이루어지지 않아 피해자에게 다시금 정신적 고통마저 가져다준다. 사고조사와 해결절차의 지연, 기타 소제기 등으로 사고보상이 지연되는 경우의 문제이다. 기타 불법행위법은 대단히 비효율적이고, 미래의 손해에 대한 정확한 산정이 불가능함으로 인한 문제 등도 지적된다.

이러한 상황에서 불법행위법의 전면적 개편을 주장하는 이론은 자유시장경제의 표본으로 일컬어지는 미국 등에서 오히려 많은 논의가 있고 그 건설적 대안도 제시되고 있다. 그 대안적인 법제도는 과실유무를 따지지 않고 피해자 또는 부상자에 대한 보상을 실시하는 것이다. 이는 두 가지로 대별되는데, 하나가 불법행위를 근간으로 하면서도 그 단점들에 대한 보완을 하는 것, 다른 하나는 불법행위법리를 포기하면서 강제보험 등의 사회보장제도를 확대하는 것이다. 전자의 입법례는 자동차사고에 있어 과실 유무를 묻지 않고 피해자에 대한 보상을 우선적으로 하는 미국의 노폴트보험으로서 피해자 보호를 위하여 책임론을 일정 부분 변경하고 있다. 후자의 입법례가 뉴질랜드이다. 뉴질랜드는 인신손해에 대하여 전통적 불법행위법리를 과감히 포기하고, 피해자에 대한 보상에 집중한다.

(2) 미국의 노폴트보험

1) 의 의

노폴트보험은 사고발생시 그 부상자가 과실여부와 관련없이 보상받을 수 있는 보험이다.[368] 광의의 노폴트보험은 보험가입이 법에 의하여 강제되는지 여부를 묻지 않고, 그 자체만이 보험가입의 대상이 되는지 또는 책임보험의 일부로 가입되는지의 여부도 불문하며, 불법행위로 인한 손해배상청구권이 제약되는지도 불문한다. 협의의 노폴트보험은 광의로 파악한 개념 중 그 보험의 구매 또는 판매가 강제되는 법을 가질 것을 요구한다.

노폴트보험의 핵심적 요소는 불법행위책임과 관련한 것이다. 피해자가 수령한 보험금의 범위에서 가해자의 불법행위책임이 면제되고, 이것이 피해자의 입장에서는 보험금 수령의 대가로 불법행위로 인한 손해배상청구권을 포기하는 것이 된

---

368) Robert E. Keeton/Alan I. Widiss, Insurance Law, West Group (1999), §4.10(a).

다.[369] 요컨대, 협의의 노폴트보험인 진정노폴트보험에서는 보험금의 수령과 그 범위에서의 불법행위책임의 면제라는 '대가관계'가 핵심이다.[370] 1970년 매사추세츠 주가 미국에서 처음으로 채택하였고, 이후 대략 미국의 절반 정도에 해당하는 주가 다양한 형태로 노폴트보험을 수용하는 법을 제정하였다.

2) 근 거

이 보험은 교통사고 부상자에 대하여는 그 과실 여부를 문제삼지 않고 피해를 보상하는 것으로 그 도입의 근거로 주장되는 점들은 다음과 같다. 교통사고 부상자에게 과실에 대한 다툼 없이 신속한 보상을 하는 점, 자신의 과실로 부상을 당한 경우에도 보상받을 수 있도록 하여 부상자에 대한 확실한 보상을 제공하는 점, 교통사고로 인한 남소를 방지할 수 있는 점, 교통사고 피해자가 가해자로부터 보상받기 위하여 소송을 제기하지 않고도 신속한 보상을 받을 수 있는 점, 자동차보험의 보험료 및 제반 관리비용을 절감할 수 있는 점, 이중보상을 방지할 수 있는 점 등이다.

3) 내 용

노폴트보험은 피해자가 자신의 보험자에 대하여 보험금을 청구하는 것으로서 교통사고 부상자는 과실에 관계없이 보상받을 수 있고, 불법행위로 인한 재판상 또는 재판외의 청구권이 제한되며, 자동차운행자에게 그 보험의 구입 또는 판매가 강제되는 법체계이다. 하지만 현재로서는 미국에서도 순수한 의미에서의 진정노폴트보험은 존재하지 않고 따라서 불법행위로 인한 손해배상청구권이 모두 소멸하는 경우는 없다.

(3) 공동체책임원리와 손해보상체계

1) 사회보장제도로서의 자동차피해자 구제

이 제도는 인신손해에 대하여 불법행위법리를 포기한 보다 혁신적인 것으로 뉴질랜드에서 채택하여 시행하고 있는 제도이다. 인신손해의 경우 불법행위의 배상이라는 관념에서 벗어나 보험을 통한 보상으로 전환하였다. 인신손해에 대하여

---

369) United States v. Trammel, 899 F.2d 1483 (1990); Davidson v. Bradford, 245 Ga. 8, 262 S.E.2d 780 (1980) "노폴트보험에 가입된 운행자가 사고를 당한 경우 그의 보험회사는 자동으로 그의 비용을 보상한다. 그가 귀책사유가 있는지를 불문하고, 이 보장된 보상을 대가로 부상자는 일정한 상황을 조건으로 하여 그 배상청구권을 포기하는 것이다."

370) 소위 진정(pure)노폴트보험은 불법행위법상의 청구권을 소멸시키면서 광범한 노폴트보상을 해주는 것으로, 기존의 불법행위법리에 갈음하는 새로운 무과실책임의 체제를 도입한다. 그러나 미국에서는 이를 채택하는 주가 없고, 캐나다의 퀘백 주와 뉴질랜드, 스웨덴, 핀란드 등이 채택하고 있다.

는 과실 등 귀책사유는 문제삼지 않고 법령상 보상범위에 해당하기만 하면 그 손해에 대하여 보상을 한다. 뉴질랜드의 인신손해전보제도는 사회보장제도로 분류할 수 있다. 이는 사람들이 생활하는 곳에는 사고가 발생하고 그 보상은 공동체의 책무라는 관념에서 출발하였다. 따라서 일반의 사보험과는 차이가 있는 것으로, 가입방식에 있어 일반 사보험은 계약에 의하여 가입되는 것임에 반하여 뉴질랜드 제도는 그 법정된 범위에서 가입이 강제된다.[371]

뉴질랜드제도와 같이 일원적 보상제도의 도입시 사회보험과 사보험 간의 중복 보상의 문제와 각종 수가의 차이로 인한 문제 등이 해결되고, 피해자의 입장에서는 보상을 신속히 받을 수 있고, 또한 그 보상과 관련한 업무를 하나의 기구에서 처리하는 경우 관련 관리비용의 절감은 물론 효율적인 처리도 가능하게 된다.

2) 내 용

정부가 보상기구를 운영하며, 보상이 제공되는 범위에서는 가해자의 민사책임이 소멸하고 피해자의 소권이 제한된다. 뉴질랜드는 인신사고에 대하여는 단일의 보상체계를 마련하여 보상체계의 유기적 통일성을 꾀하면서, 다음을 기본적 원칙으로 삼는다. 첫째, 인신손해에 대한 보상은 국가책무의 문제로서, 집단으로서의 공동체가 자영업자를 포함한 모든 시민을 보호하여야 한다. 둘째, 모든 부상자는 그 원인에 관계없이 반드시 보상을 받아야 한다. 셋째, 손해보상은 육체적 직업적 완전한 재활을 목표하는 것이어야 한다. 넷째, 장해기간 중에는 실질보상이 있어야 한다. 다섯째, 그 제도의 성공여부는 보상금의 신속한 지급과 정확한 산정, 그리고 효율적인 관리의 여부에 달려 있다. 즉 공동체책임원리, 포괄적인 수급권의 보장, 완전한 재활, 실질보상, 관리비용의 절감 등이 그것이다. 여섯째, 소권을 제한한다. 모든 손해가 아니라 인적 손해에 대하여는 신속한 보상을 하는 대신 소제기권을 제한한다. 그리하여 단일의 기구인 Accident Compensation Corporation가 사고로 인한 보상제도를 관할한다. 따라서 사고처리가 일원화되어 있어 그 손해의 산정방법도 통일되어 있고 우리나라와 같은 산재수가, 자보수가, 의보수가 등의 차이가 발생하지 않는다. 그 보상범위에 있어서는 질병과 선천적인 결함은 보상의 범위에서 제외하며, 물적 손해는 보상하지 않고 인적 손해에 한하여 이 이론을 적용한다. 그리하여 현재로선 재산 등의 물적 손해는 사보험과 전통적 불법행위이론에

---

[371] Injury Prevention, Rehabilitation, and Compensation Amendment Act (No. 2) 2005, §7. 보험료의 징수도 강제적 수단이 동원된다. 예를 들면 자동차보험의 경우는 차량등록과 갱신시 그 보험료를 징수하거나 유류세에 보험료를 포괄하여 징수하는 방법이다.

맡겨지고 있다.

3. 피해자의 구제와 무과실보험의 확대

2006년경 금융감독당국이 수차 노폴트보험 도입의 의지를 표명한 바 있으나, 민법 등의 과실책임을 근간으로 하는 우리의 기본적 법률체계와 맞지 않는다는 등의 지적에서 논의가 중단되어 있다. 그러나 그 제도를 도입하려 하였던 취지가 사라진 것은 아니다. 피해자 보호, 자동차사고 발생이후 약관 해석을 둘러싼 소송의 지연 등으로 선의의 피해자들은 계속 생겨나고 있는 실정이다. 무과실보험의 확대, 또는 사회보험으로의 일부 전환을 통한다면 신속한 보상 등 여러 장점이 있게 된다. 예컨대 피해자는 사고가 발생하였음과 자신의 피해사실만을 입증한다면 보상을 받을 수 있다. 따라서 피해자는 가해자의 위법행위와 귀책사유 등에 대하여 입증할 필요가 없다.

제6절 보증보험

제1 보증보험의 의의와 효용

1. 의 의

보증보험이라 함은 보험자가 보험료를 받고 채무자인 보험계약자가 채권자인 피보험자에게 계약상의 채무불이행 또는 법령상의 의무불이행으로 손해를 입힌 경우 그 손해를 보상하는 보험이다.[372] 개정 상법은 손해보험편 제7절에 보증보험을 신설하면서 보증보험계약의 보험자는 보험계약자가 피보험자에게 계약상의 채무불이행 또는 법령상의 의무불이행으로 입힌 손해를 보상할 책임이 있다고 규정한다(제726조의5). 보증보험은 상법보다 보험업법에 먼저 도입된 제도로서, 1971년 보험업법상 보증보험 규정의 신설은 신용사회의 확산으로 보증보험의 수요와 중요성이 증가하게 되어 이에 대한 보험사업으로서의 규제 필요성이 증대된 결과로 본다.[373] 공신력 있는 기관이 보증인이 된다는 보증보험의 효용은 그 법적 성격을 논함에 있어 고려되어야 하는 것으로, 이 효용은 신용보험과 유사하다. 즉 보증보험과 신용보험은 그 효용상 채무자의 신용을 뒷받침하기 위한 것이라는 점에서 동일하다. 그러나 신용보험은 보험계약자가 동시에 피보험자로서 피보증인인 채무자의 채무불이행 등으로 생긴 손해의 보상을 위하여 체결하는 '자기를 위한 보험'이라는 점에서, 채무자인 보험계약자가 채권자를 피보험자로 하여 체결하는 '타인을 위한 보험'의 형태를 취하는 보증보험과 구별된다.

2. 효 용

보증보험은 채권자에게는 담보적 기능을 하고 채무자에게는 신용의 보완적 기능을 한다.[374] 즉 채무자의 신용보전을 공신력 있는 기관에 의하는 것이 보증보험

---

372) 양승규, 420면.
373) 노상봉 · 홍범식, 『보험업법해설』, 매일경제신문사, 1990, 107면.
374) 양승규, 421면; 최기원, 546면.

의 효용이라고 할 수 있다. 신용거래에 있어 채권자를 위한 안전책으로는 보증보험 이외에 민법상 각종의 인적·물적 담보제도가 있다. 그러나 물적 자산이 없는 자는 물적 담보제도를 이용할 수조차 없고, 인적 담보의 경우는 보증자의 담보력이 문제된다. 이러한 연원상 채권에 대한 담보장치로서 신용력 있는 기관이 보증인의 형태로 등장한 것이 보증보험이고, 보증보험은 현실 생활에 있어서 상당히 중요한 비중의 채권담보 역할을 한다.[375] 보증보험의 채권담보적 기능은 법률관계의 확정에서도 중요한 의미가 있다.

3. 종 류

보증보험은 보험자가 인수하는 위험의 종류에 따라 나뉘고, 보험업법은 계약상의 채무불이행을 보증하는 보험과 법령상의 의무불이행을 보증하는 보험으로 나눈다(보험업법 제2조 1호). 전자에 속하는 것으로 이행보증보험·지급계약보증보험·사채보증보험 등이 있고, 후자에 속하는 것으로 인허가보증보험·납세보증보험 등이 있다. 기타 신용을 보증하는 보험으로 신원보증보험·신용카드보증보험 등이 있다.

제2 보증보험의 법적 성질

1. 법적 성질

보증보험은 보험과 보증의 성질을 겸유하고 있으며, 또한 타인을 위한 보험으로서의 성질을 가진다.

2. 보험과 보증의 성질을 겸유

보증보험의 법적 성질에 관한 일반적인 이해는 보험과 보증의 성질을 겸유하고 있다는 것이다. 그런데 보험성과 보증성 중 어느 쪽을 강조하느냐에 따라 견해가 나뉜다.

---

375) 나동민 외, 『금융환경변화에 따른 보증보험의 중장기 발전전략』, 금융감독원, 2000, 23 – 24면.

(1) 학 설

첫째, 보험성을 강조하는 견해이다. 보증보험은 타인을 위한 손해보험의 일종으로서 보험편 통칙 및 손해보험에 관한 규정에 의하여 해결할 수밖에 없고, 보증보험의 법률관계를 판단함에 있어서는 종국적으로 보험법리를 기준으로 하여야 하므로 민법 보증에 관한 규정이 적용 또는 유추적용될 수 있으나 보증의 논리로만 풀이하여서는 안 된다고 한다.376)

둘째, 보증성을 보다 강조하는 입장이다. 보증보험은 전통적 보험과는 다른 특성을 가지고 보증과 같이 주채무의 이행을 담보하는 채권담보적 기능을 가지고 있어, 민법의 보증에 관한 규정이 유추적용된다고 한다.377) 같은 견해로 "보험법의 일반법리에 의해서만 보증보험의 법률문제를 규율하려는 것은 당사자의 이익상황을 올바르게 해결하지 못할 가능성이 높다고 하면서 오히려 보증의 법리를 적절히 원용하여 보증보험의 법률관계를 규율하는 것이 당사자의 이해관계를 조정하는 것"이라면서 보증의 법리를 보다 강조한다.378)

(2) 판 례

판례는 보증보험이 형식적으로는 보험, 실질적으로는 보증이라고 하는 입장을 취한다.379) 판례를 분석하면 다음과 같은 구분이 가능하다.

1) 보증성을 강조

첫째, 보증보험계약의 채권담보적 기능을 신뢰하여 새로운 이해관계를 가지게 된 피보험자를 보호할 필요가 있으므로 보험계약자만의 기망 등이 있는 경우에는 보험자는 계약을 해지할 수 없다.380)

둘째, 면책사유에 관한 상법의 보험편 규정이 변형 적용되는 것도 그러하다. 면책사유를 규정하는 상법 제659조에 의한다면 보험계약자의 고의 또는 중대한 과실로 인한 사고에 대하여 보험자는 책임 없음이 원칙이나 보증보험에서는 보험

---

376) 김성태, "보증보험계약의 성질", 「상사판례연구」 제2권, 박영사, 1996, 267면.
377) 박용표, "판례상 나타난 보증보험의 법적 성질 및 구상권과 변제자대위권에 관하여", 「판례연구」 제15집, 부산판례연구회, 2001; 홍성주, "보증보험에서 보험계약자의 사기를 이유로 보험계약이 취소된 경우 피보험자의 보험금청구권의 유무", 「판례연구」 제13집, 부산판례연구회.
378) 제철웅, "보증보험에 적용될 보증의 법리", 「민사법연구」, 2004, 427면.
379) 대법원 2018. 10. 25. 선고 2014다232784 판결(보증보험은 보험계약자의 채무불이행으로 피보험자가 입게 될 손해의 전보를 보험자가 인수하는 손해보험으로서 형식적으로는 채무자의 채무불이행을 보험사고로 하는 보험계약이나 실질적으로는 보증의 성격을 가지고 보증계약과 같은 효과를 목적으로 한다); 대법원 2004. 12. 24. 선고 2004다20265 판결 등.
380) 대법원 1999. 1. 13. 선고 98다63162 판결.

계약자의 사기행위에 피보험자인 채권자가 공모하였다든지 그러한 사실을 알면서
도 묵인한 상태에서 체결되었다고 인정되는 경우를 제외하고는 그 적용이 없
다.381)

셋째, 수반성에 관한 보증법리의 적용이 그것으로, 보증보험이 담보하는 채권
이 양도되면 당사자 사이에 다른 약정이 없는 한 보험금청구권도 그에 수반하여
채권양수인에게 함께 이전된다고 본다.382)

넷째, 보증보험에서 그 보험자에게 민법상의 보증인에게 인정되는 상계권을 인
정한 것으로, 이행보증보험의 보험자는 민법 제434조를 준용하여 보험계약자의
채권에 의한 상계로 피보험자에게 대항할 수 있고 그 상계로 피보험자의 보험계
약자에 대한 채권이 소멸되는 만큼 보험사의 피보험자에 대한 보험금 지급채무도
소멸한다고 하였다.383)

다섯째, 공동보증인에 대한 보증보험자의 구상권을 인정한 판결도 보증성을 강
조하였다.384)

2) 보험성을 강조

첫째, 보증보험의 보증성으로 인하여 고지의무가 변용되어 적용되기는 하나,
고지의무 제도 자체는 보증보험에도 적용된다는 판례가 그것이다.385) 그러나 이는
보험계약자가 보험자를 기망하여 계약을 체결한 경우 피보험자의 신뢰를 이유
로 보험자가 그 보험계약을 취소할 수 없다는 판례와는 모순될 수 있는 문제가
있다.

둘째, 주채무의 변제기한이 유예되었다고 하여 보증보험의 보험기간이 당연히
변경된 것은 아니라고 한 판례이다.386)

---

381) 대법원 1995. 7. 14. 선고 94다10511 판결 등.
382) 대법원 1999. 6. 8. 선고 98다53707 판결; 대법원 2002. 5. 10. 선고 2000다70156 판결.
383) 대법원 2002. 10. 25. 선고 2000다16251 판결.
384) 대법원 2008. 6. 19. 선고 2005다37154 전원합의체 판결.
385) 대법원 2001. 12. 23. 선고 99다13737 판결(보증보험에서는 고지의무의 대상이 되는 중요한
사항으로서 주계약상의 거래조건, 금액, 기간, 보험계약자의 신용이나 자력 등에 관한 사항을 들 수 있
을 것이며, 보증인이 누구인가는 보험사고 발생의 가능성 등과는 관계없이 보험사고가 이미 발생한 후
에 보험자가 구상권을 행사하기 위한 대비를 해 두기 위한 것이므로, 보증인에 관한 사항은 일반적으
로는 고지의무의 대상이 되지 않는다). 즉 고지의무 위반에 있어서 서면으로 보증인과의 관계 등을 질
문한 사항은 중요한 사항이 아니라는 판결을 하였으나, 이는 기존 보험의 이론과 명백히 상충되는 것
으로 본다.
386) 대법원 1997. 4. 11. 선고 96다32263 판결. 이 판결에서는 이행보증보험계약은 주계약에서 정
한 채무의 이행기일이 보험기간 내에 있는 채무를 이행하지 아니함으로써 발생한 피보험자가 입은 손
해를 보상하기로 한 보험계약이므로, 피보험자가 보험계약 당시의 준공기한이 도래하기 전에 미리 준
공기한을 연기하여 준 나머지 보험계약자가 연기되기 전의 이행기일에 채무불이행을 한 바가 없게 되

(3) 법규정

개정법은 보증보험계약에 관하여는 그 성질에 반하지 아니하는 범위에서 보증채무에 관한 「민법」의 규정을 준용한다고 규정한다(제726조의7). 문리해석으로는 보험성을 기본으로 하면서, 보충적으로 성질에 반하지 않는 범위 내에서만 보증의 규정을 준용하는 것으로 해석된다. 그런데 뒤에서(적용법규의 판단) 살펴보는 바와 같이 보증보험의 채권담보적 기능의 면에서 보증과 유사하고 보증보험에 대하여는 실지 상법 규정이 적용될 여지도 적다. 보증보험은 보증성이 보다 뚜렷하다고 본다.

3. 타인을 위한 보험

보증보험은 형식상 보험계약자와 피보험자가 언제나 분리되므로 타인을 위한 보험이다. 개정법은 타인을 위한 보험에 관한 상법 제639조 제2항의 단서를 보증보험에 적용되지 않는다고 규정한다(제726조의6 제1항). 이는 보증보험이 타인을 위한 보험이며 상법의 관련 규정이 보증보험에 적용됨을 전제하고 있는 것이다. 그러나 보험계약자는 인적 그리고 물적 담보를 제공하는 대신 보증보험에 가입하는 것이므로, 실질적으로 자기를 위한 보험의 성격을 가진다. 따라서 보증보험은 자기를 위한 보험과 타인을 위한 보험의 결합형태라는 견해도 있다.[387]

그런데 타인을 위한 보험에서 보험계약자는 예외적으로 보험금청구권을 취득하는 경우가 있으나, 이 규정을 보증보험에 준용할 수는 없겠다. 따라서 개정 상법은 이 규정을 적용하지 않음을 분명히 하였다(제726조의 제1항). 요컨대 보증보험이 타인을 위한 보험의 성격을 가지고는 있으나, 보험계약자가 보험금청구권을 취득하지는 못한다.

없고, 피보험자와 보험계약자 사이에 주계약상의 준공기한을 연기하였다 하더라도 보험회사와 보험계약자 사이의 보험계약상의 보험기간도 당연히 변경되었다고 할 수 없으므로 이와 같이 연기된 이행기일이 보험기간 이후임이 분명한 이상 비록 연기된 이행기일에 이행이 있었다 하더라도 이는 보험사고가 약정 보험기간 이후에 발생한 것으로 보험계약에서 정한 보험금지급사유에 해당되지 아니한다고 하였다.

387) 양승규, 425면.

제3 보증보험계약의 법률관계

1. 보증보험계약

(1) 보험계약의 당사자

보증보험계약의 당사자는 채무자에 해당하는 보험계약자와 보험자가 계약을 체결하고 피보험자는 채권자가 된다. 따라서 보증보험계약은 타인을 위한 보험계약(제639조)의 구조가 된다. 보험계약의 당사자는 보험자와 보험계약자(채무자)인 까닭에 보험자는 피보험자가 아니라 보험계약자에 대하여 해지권을 행사하여야 한다.[388)]

(2) 보험계약자의 임의해지권의 제한

보험사고가 발생하기 전에는 보험계약자는 언제든지 계약의 전부 또는 일부를 해지할 수 있다(제649조). 그러나 보증보험은 채권담보적 기능을 하는 것으로서 보험계약자는 채무자이고 채권자인 피보험자에게 채권담보를 위하여 보험증권이 교부되는 것이다. 따라서 보증보험계약의 채권담보적 기능에서 볼 때 주계약상의 채권, 채무가 소멸되지 아니하는 한 보험계약자는 피보험자의 동의 없이는 임의로 그 계약을 해지할 수 없다. 상법 제649조 제1항 단서의 규정에 의하여 타인을 위한 보험계약의 경우 보험계약자는 그 타인의 동의가 있거나 보험증권을 소지한 경우에 한하여 계약을 해지할 수 있다고 하는 점에서도 그러하다.

(3) 보험기간

보험기간은 보험자가 보증보험계약상의 책임을 부담하는 기간으로서 보험계약의 당사자가 정하는 바에 따른다. 주계약상의 기간을 연장한다 하여 보험기간이 당연히 연장되는 것은 아니다.[389)] 주채무의 목적이나 형태가 확장·가중된 경우

---

388) 대법원 2002. 11. 8. 선고 2000다19281 판결(보증보험계약은 보험계약자인 채무자의 채무불이행으로 인하여 채권자가 입게 되는 손해의 전보를 보험자가 인수하는 것을 내용으로 하는 타인을 위한 손해보험계약이라고 할 것인바, 이러한 보증보험계약에 있어서 보험계약자의 고지의무 위반을 이유로 한 해지의 경우에 계약의 상대방 당사자인 보험계약자나 그의 상속인(또는 그들의 대리인)에 대하여 해지의 의사표시를 하여야 하고, 보험금 수익자에게 해지의 의사표시를 하는 것은 특별한 사정(보험약관상의 별도기재 등)이 없는 한 효력이 없다고 할 것이며, 이러한 결론은 그 보증보험계약이 상행위로 행하여졌다거나 혹은 보험계약자의 소재를 알 수 없다는 이유만으로 달라지지는 않는다).

보험자에게 영향을 미치지 아니한다는 것이고, 이 점은 보증과 동일하다. 보증계약의 성립 후 주채무의 목적이나 형태가 확장 내지 가중되는 쪽으로 변경된 경우에는 채권자와 주채무자 사이의 계약으로 제3자인 보증인의 부담을 가중시키는 것은 특별한 사정이 없는 한 허용될 수 없기 때문에, 보증인에 대하여 효력을 미치지 아니한다.

(4) 상법 제644조

상법 제644조 규정에 의하면, 보험계약 당시에 보험사고가 발생할 수 없는 것인 때에는 보험계약의 당사자 쌍방과 피보험자가 이를 알지 못한 경우가 아닌 한 그 보험계약은 무효로 되는 바, 보증보험계약은 기본적으로 보험계약으로서의 본질을 갖고 있으므로, 적어도 계약이 유효하게 성립하기 위해서는 계약 당시에 보험사고의 발생 여부가 확정되어 있지 않아야 한다.[390]

2. 보험자의 취소권 · 해지권의 제한

1) 개정 상법

상법은 보증보험계약에 관하여는 보험계약자의 사기, 고의 또는 중대한 과실이 있는 경우에도 이에 대하여 피보험자에게 책임이 있는 사유가 없으면 제651조, 제652조, 제653조 및 제659조 제1항을 적용하지 아니한다고 규정한다(제726조의6 제2항). 따라서 보험계약자만의 사기, 고의 또는 중대한 과실이 있는 고지의무, 위험변경증가의 통지의무, 위험유지의무, 면책사유의 경우 보험자는 계약을 해지하거나 그 책임면제를 주장할 수 없다.

과거에도 보험계약자의 기망행위가 있다 하더라도 보증보험의 보증성에 기인하여 피보험자는 채권담보자로서 새로운 이해관계를 맺게 되었으므로, 보험자가 보험계약자에 대하여는 취소하였다 하더라도 피보험자에 대하여 취소할 수는 없

---

389) 대법원 1997. 4. 11. 선고 96다32263 판결.

390) 대법원 2010. 4. 15. 선고 2009다81623 판결. 갑을 임대인, 을을 임차인으로 하여 위 두 사람 사이에 체결된 '이 사건 임대차계약'은 위 두 사람이 통모하여 실제 임대차계약을 체결하거나 임대차보증금을 수수함이 없이 원고로부터 대출을 받기 위하여 허위로 작성된 것이고, 갑과 피고 사이의 '이 사건 보증보험계약'은 이 사건 임대차계약을 주계약으로 삼아 임대인이 임대차보증금반환의무를 불이행하는 보험사고가 발생할 경우 피고가 보험금수령권자로 지정된 원고에게 직접 보험금을 지급하기로 하는 내용의 것인데, 원고는 갑으로부터 이 사건 보증보험계약에 따른 이행보증보험증권을 담보로 제공받은 후 을에게 이 사건 대출을 한 사안에서, 이 사건 보증보험계약이 성립될 당시에는 주계약인 임대차계약이 통정허위표시로서 아무런 효력이 없어 보험사고가 발생할 수 없는 경우에 해당하므로 이 사건 보증보험계약은 「상법」 제644조의 규정에 따라 무효라고 본 원심의 판단을 정당하다고 본 사례이다.

다고 함은 판례의 확립된 입장이었다.[391]

2) 고지의무 관련

상법에 의하면 보험계약자의 사기, 고의 또는 중대한 과실이 있는 경우에도 이에 대하여 피보험자에게 책임이 없으면 보험자는 고지의무 위반을 이유로 계약을 해지할 수 없다. 요컨대 보험계약자만의 고지의무 위반으로는 보험자는 해지권을 행사할 수 없다는 것이다.

그런데 과거 판례[392]는 보험계약자만의 고지의무 위반의 경우에도 보험자는 고지의무 위반을 이유로 상법 제651조에 의한 해지권을 행사할 수 있다는 입장을 견지하고 있었다. 상법은 과거 판례의 입장을 변경하여 피보험자의 귀책사유가 없는 한 고지의무 위반을 이유로 한 해지권행사는 할 수 없음을 분명히 하였다.

3. 보험자의 보상책임

(1) 판 례

1) 피보험자의 귀책사유가 있는 경우에만 면책

보증보험은 보험계약자의 채무불이행이나 의무불이행을 보험사고로 하는 것이어서 보험사고 자체가 보험계약자의 귀책사유로 인한 것이다. 따라서 보험계약자의 고의 또는 중과실로 인한 보험사고에 대하여는 상법 제659조 제1항이 적용되지 않는다. 결과적으로 피보험자의 고의나 중과실로 인한 사고만이 보험자의 면책사유가 된다.[393]

---

391) 대법원 1999. 7. 13. 선고 98다63162 판결; 대법원 2001. 2. 13. 선고 99다13737 판결. 이에 대하여 "보증보험계약의 경우 보험자가 이미 보증보험증권을 교부하여 피보험자가 그 보증보험증권을 수령한 후 이에 터잡아 새로운 계약을 체결하거나 이미 체결한 계약에 따른 의무를 이행하는 등으로 보증보험계약의 채권담보적 기능을 신뢰하여 새로운 이해관계를 가지게 되었다면 그와 같은 피보험자의 신뢰를 보호할 필요가 있으므로"라고 하고, 이는 상법 제659조가 보증보험에 적용되지 않는다는 근거와 동일하다; 대법원 2002. 11. 8. 선고 2000다19281 판결.

392) 대법원 2002. 11. 8. 선고 2000다19281 판결(보증보험계약은 보험계약자인 채무자의 채무불이행으로 인하여 채권자가 입게 되는 손해의 전보를 보험자가 인수하는 것을 내용으로 하는 타인을 위한 손해보험계약이라고 할 것인바, 이러한 보증보험계약에 있어서 보험계약자의 고지의무 위반을 이유로 한 해지의 경우에 계약의 상대방 당사자인 보험계약자나 그의 상속인(또는 그들의 대리인)에 대하여 해지의 의사표시를 하여야 하고, 보험금 수익자에게 해지의 의사표시를 하는 것은 특별한 사정(보험약관상의 별도기재 등)이 없는 한 효력이 없다고 할 것이며, 이러한 결론은 그 보증보험계약이 상행위로 행하여졌다거나 혹은 보험계약자의 소재를 알 수 없다는 이유만으로 달라지지는 않는다); 대법원 2001. 2. 13. 선고 99다13737 판결.

393) 대법원 1999. 6. 22. 선고 99다3693 판결.

2) 보험계약자의 귀책사유는 면책사유가 아님

판례는 보증보험계약에는 상법 제659조 규정이 그대로 적용되지 않는다는 점을 선언한 것으로, 보증보험의 채권담보적 기능을 신뢰하여 새로운 이해관계를 가지게 된 피보험자를 보호할 필요가 있으므로 보험계약자만의 기망 등이 있는 경우에는 보험자는 계약을 해지할 수 없다고 한다.394) 즉 보증보험에서는 피보험자인 채권자의 책임있는 사유만을 면책으로 하고 보험계약자의 귀책사유는 면책사유가 아니다. 이후 이러한 입장은 확립되어 유지되었다.395)

(2) 개정 상법

상법은 과거 판례의 입장을 수용한 규정을 두고 있다. 피보험자의 귀책사유가 없는 한 보험계약자만의 사기, 고의 또는 중과실이 있는 경우에는 보험자는 면책되지 않는다는 것이다(제726조의6 제2항).

(3) 주채무에 대한 부종성

보증보험은 주채무의 담보를 위하여 존재하는 것이므로 주채무에 부종한다.

1) 주채무의 변경·감축

보증보험자는 그 계약이 성립한 후에 주채무의 목적이나 형태가 변경되었지만 실질적 동일성이 상실되지 아니하고 동시에 주채무의 부담 내용이 축소·감경된 경우에는 그와 같이 축소·감경된 주채무의 내용에 따라 책임을 진다. 그런데 그 변경으로 인하여 주채무의 실질적 동일성이 상실되지는 아니하고 주채무의 부담 내용이 확장·가중된 경우에는 보증보험자는 그와 같이 확장·가중된 주채무의 내용에 따른 책임은 지지 아니하고, 다만 변경되기 전의 주채무의 내용에 따른 책임만을 진다.396)

---

394) 대법원 1995. 7. 14. 선고 94다10511 판결(리스이용자의 계약상 채무불이행으로 인한 손해의 보상을 목적으로 한 리스보증보험도 보험계약의 일종이므로 일반적으로 상법상 보험에 관한 통칙규정이 적용되는 것이나, 이 보증보험은 보험금액의 한도 내에서 리스이용자의 채무불이행으로 인한 손해를 담보하는 것으로서 보험자는 리스이용자의 채무불이행이 고의에 의한 것이든 과실에 의한 것이든 그 손해를 보상할 책임을 지는 보증에 갈음하는 기능을 가지고 있어 보험자의 그 보상책임의 법률적 성질은 본질적으로 보증책임과 같다고 할 것이므로, 상법 제659조 제1항은 리스보증보험계약이 보험계약자의 사기행위에 피보험자인 리스회사가 공모하였다든지 적극적으로 가담하지는 않았더라도 그러한 사실을 알면서도 묵인한 상태에서 체결되었다고 인정되는 경우를 제외하고는 원칙적으로 그 적용이 없다); 대법원 1999. 1. 13. 선고 98다63162 판결.
395) 대법원 1998. 6. 12. 선고 97다53380 판결 등이다.
396) 대법원 2000. 1. 21. 선고 97다1013 판결.

2) 주채무의 소멸

주채무가 소멸하면 보증채무도 소멸하듯이, 이러한 부종성의 성질은 보증보험에도 동일하게 나타난다. 보증보험계약도 주채무의 존재를 전제로 하는 것이므로, 주채무가 소멸하면 보증보험계약의 성립의 전제가 상실된다. 판례도 보증계약이 성립한 후에 보증인이 알지도 못하는 사이에 주채무의 목적이나 형태가 변경되었다면, 그 변경으로 인하여 주채무의 실질적 동일성이 상실된 경우에는 당초의 주채무는 경개로 인하여 소멸하였다고 보아야 할 것이므로 보증채무도 당연히 소멸한다고 보았다.[397]

3) 주채무의 이전

주채무자에 대한 채권이 이전되면 당사자 사이에 별도의 약정이 없는 한 채권도 이전되고 이 성질은 특히 수반성이라고 부른다. 판례도 보증보험이 담보하는 채권의 이전시 보험금청구권도 양도되는지의 여부에 관한 문제에 대하여 보험금청구권도 그에 수반하여 채권양수인에게 함께 이전된다고 본다.[398]

4) 주채무자의 항변권 행사(보험계약자의 상계권 행사)

보증보험자는 주채무자의 항변으로 채권자에 대항할 수 있으며 주채무자의 항변포기는 보증보험자에게 효력이 없다(민법 제433조). 판례도 이행보증보험의 보험자는 민법 제434조를 준용하여 보험계약자의 채권에 의한 상계로 피보험자에게 대항할 수 있고, 그 상계로 피보험자의 보험계약자에 대한 채권이 소멸되는 만큼 보험자의 피보험자에 대한 보험금 지급채무도 소멸된다고 보았다.[399]

4. 보험자대위와 구상권

(1) 보험자대위

보험자가 채무자에 대하여 행사하는 권리는 보증보험을 보증으로만 파악하는 경우 구상권이라는 용어를, 보험으로 파악하는 경우 보험자대위권이라는 용어를 사용하는 것이 옳다. 보증의 경우 보증인이 채권자에게 보증채무를 이행하게 되면

---

397) 대법원 2000. 1. 21. 선고 97다1013 판결.
398) 대법원 1999. 6. 8. 선고 98다53707 판결(보증보험은 (중략) 실질적으로는 보증의 성격을 가지고 보증계약과 같은 효과를 목적으로 하므로 민법의 보증에 관한 규정이 준용되고, 따라서 보증보험이 담보하는 채권이 양도되면 당사자 사이에 다른 약정이 없는 한 보험금청구권도 그에 수반하여 채권양수인에게 함께 이전된다고 보아야 한다).
399) 대법원 2002. 10. 25. 선고 2000다16251 판결. 여기서는 보험자(보증인)가 보험계약자(주채무자)의 상계권을 행사하여 보험금지급채무를 소멸시킬 수 있는가가 문제되었다.

주채무가 소멸하게 되고 보험자는 채무자에 대하여 새로운 구상채권을 취득한다. 그러나 보험으로 파악하면 보험자의 보험금지급으로 주채무가 소멸되는 것은 아니므로 보험자는 채무자에 대하여 채권자가 가지고 있던 주채무상의 권리를 대위하여 취득한다. 판례는 보증보험이 보험성과 보증성 양자의 성격을 가지고 있다고 하면서도 구상권이라는 용어를 사용한다.[400]

(2) 변제자대위

판례에 의한다면 일반의 보험에서는 변제자대위가 적용되지 않고,[401] 보증보험에만 변제자대위가 적용된다.[402] 일반의 보험에서는 보험자는 자신의 채무를 이행한 것이므로 즉 대위하여 변제한 것이 아니라 자신의 채무를 변제한 관계로 대위할 지위에 있지 아니하여, 민법상 변제자대위의 규정이 적용되지 아니한다고 하면서도, 보증보험에서는 보험자가 보험금을 지급한 경우 변제자대위를 할 수 있는 지위에 있다고 한다.[403]

변제자대위는 주채무를 변제함으로써 주채무자 및 다른 연대보증인에 대하여 갖게 된 구상권의 효력을 확보하기 위한 제도이므로 대위에 의한 원채권 및 담보권의 행사 범위는 구상권의 범위로 한정된다.[404] 다만 이에 대해 구상권과 변제자대위권은 그 원본, 변제기, 이자, 지연손해금의 유무 등에 있어서 그 내용이 다른 별개의 권리이므로, 대위변제자와 채무자 사이에 구상금에 관한 지연손해금 약정이 있더라도 이 약정은 구상금을 청구하는 경우에 적용될 뿐, 변제자대위권을 행사하는 경우 적용될 수 없다고 본 판결도 있다.[405]

(3) 주채무보증인에 대한 구상권

보증보험자는 주채무자의 다른 보증인에 대하여 민법 제441조에 의한 구상권을 행사할 수 있다. 이와 관련한 판결은 보증보험의 보증성을 강조하면서 보증보험은 그 실질이 보증의 성격을 가지는 것이어서 민법의 보증에 관한 규정, 특히

---

400) 대법원 1992. 5. 12. 선고 92다4345 판결 등.
401) 대법원 1993. 1. 12. 선고 91다7828 판결(자신의 계약상 채무이행으로 보험금을 지급한 보험자는 민법 제481조에 의한 변제자대위를 주장할 수 있는 지위에 해당하지 아니한다).
402) 대법원 1997. 11. 14. 선고 95다11009 판결.
403) 대법원 1997. 11. 14. 선고 95다11009 판결에서 리스보증보험의 보험자에게는 변제자대위의 법리가 적용된다고 하였다.
404) 대법원 1999. 10. 22. 선고 98다22451 판결.
405) 대법원 2009. 2. 26. 선고 2005다32418 판결. 이 사건은 납세보증보험의 보험자가 그 보증성에 터잡아 보험금을 지급한 경우에는 변제자대위에 관한 민법 제481조를 유추적용하여 피보험자인 세무서가 보험계약자인 납세의무자에 대하여 가지는 채권을 대위행사할 수 있다고 본 판결이다.

보증인의 구상권에 관한 민법 제441조 이하의 규정이 준용된다고 하였다.[406)]

이 판결은 과거 판결[407)]의 입장을 변경한 것으로 보증보험에도 민법 제448조의 보증규정이 적용된다고 판시한 것이다. 그 변경된 판례는 과거의 비판받던 입장을 변경한 것으로서 그 적용법규를 명확히 함에 있어 진일보한 타당한 판결로 보인다.

과거 판결은 공동보증인 사이의 구상권에 관한 민법 제448조의 규정을 적용하지 않으면서 그 근거로 "보험자가 위험부담의 대가로 보험료를 지급받고 다시 보험계약자에게 구상권을 행사하는 것은 보험의 일반적 원리에 반하는 것이어서 특별한 약정이 없는 한 인정될 수 없는 것"이라고 하고 있었으나, 그 판결에 대하여는 상당한 비판이 있었다. 보험지의 보험자대위권은 법성의 권리로 보장되어 있음에도 판례의 논거 자체가 보험의 기본적 법리와 모순된다는 점, 보증보험자는 보험자대위권을 가지므로 채권자가 가지는 물상보증인에 대한 권리를 취득하는 것으로 해석할 여지도 있는 점, 그리고 주채무자의 보증인이 먼저 보증채무를 이행한 경우 민법 제448조가 적용되지 않는다고 한다면 심히 부당하게 될 우려가 있는 점 등이 비판의 논거이었다. 특히 민법상 보증 관련의 규정 중 어떠한 규정만 보증보험에 적용되는가에 관한 수많은 논쟁을 유발시킬 위험이 있었다.

---

406) 대법원 2008. 6. 19. 선고 2005다37154 전원합의체 판결(구 건설공제조합법(1996. 12. 30. 법률 제5230호로 제정된 건설산업기본법 부칙 제2조 제1호로 폐지)에 따라 건설공제조합이 조합원으로부터 보증수수료를 받고 그 조합원이 다른 조합원 또는 제3자와의 도급계약에 따라 부담하는 하자보수의무를 보증하기로 하는 내용의 보증계약은, 무엇보다 채무자의 신용을 보완함으로써 일반적인 보증계약과 같은 효과를 얻기 위하여 이루어지는 것으로서, 그 계약의 구조와 목적, 기능 등에 비추어 볼 때 그 실질은 의연 보증의 성격을 가진다 할 것이므로, 민법의 보증에 관한 규정, 특히 보증인의 구상권에 관한 민법 제441조 이하의 규정이 준용된다. 따라서 건설공제조합과 주계약상 보증인은 채권자에 대한 관계에서 채무자의 채무이행에 관하여 공동보증인의 관계에 있다고 보아야 할 것이므로, 그들 중 어느 일방이 변제 기타 자기의 출재로 채무를 소멸하게 하였다면 그들 사이에 구상에 관한 특별한 약정이 없다 하더라도 민법 제448조에 의하여 상대방에 대하여 구상권을 행사할 수 있다).

407) 대법원 2001. 2. 9. 선고 2000다55089 판결. 그 판결은 그 효과면에서 보증보험이 보증과 구별되는 점을 제시하였다. 현재까지 보증보험에 대하여 보증에 관한 민법규정의 적용이 부인된 것은 소멸시효 이외에는 그 판결이 처음이었던 것으로 보인다. 대법원은 "보증보험계약과 주계약에 부종하는 보증계약은 계약의 당사자, 계약관계를 규율하는 기본적인 법률 규정 등이 상이하여 보증보험계약상의 보험자를 주계약상의 보증인과 동일한 지위에 있는 공동보증인으로 보기는 어렵다 할 것이므로, 보험계약상의 보험자와 주계약상의 보증인 사이에는 공동보증인 사이의 구상권에 관한 민법 제448조가 당연히 준용된다고 볼 수는 없다고 할 것이다"라고 하면서, 보증보험의 보험자는 민법 제448조에 의한 구상권을 행사할 수 없다고 하였다. 그러나 이는 뚜렷한 근거없이 보증보험에서 보증의 성격을 사상한 것으로 의문의 여지가 많았던 판결이다.

제4 적용법규의 판단(보증보험의 보증성)

1. 문제점

보증보험이 형식적으로는 보험이고 실질적으로는 보증이라는 입장이 현재의 판례이다. 하지만 보험과 보증의 성질은 서로 다른 것이어서 향후 새로운 쟁점에 대한 해결의 기준이 되기에는 만족스럽지 못하다. 보증보험에 관한 대법원 판례가 많은 이유도 그 법률관계가 불분명하기 때문으로 보인다. 보험은 우연한 사고에 대비하여 그 손해의 전보를 목적으로 하는 것임에 반하여, 보증은 채무자의 신용 등에 대하여 채권자에게 보증을 하는 것으로, 두 제도는 서로 차이가 있는 제도이기 때문이다.

판례도 일관되지 못한 면이 있다. 예를 들면 면책사유에 관한 판례에서 보험계약자가 고의 또는 중과실로 불고지 또는 부실고지를 하였을 때 보험자가 고지의무 위반을 이유로 보험계약을 해지할 수 있다는 판결과, 보증보험계약의 채권담보적 기능을 강조하여 보험자의 취소권을 제한하는 판결은 양립하기 어렵다. 상법은 보증보험계약에 관하여는 그 성질에 반하지 아니하는 범위에서 보증채무에 관한 「민법」의 규정을 준용한다(제726조의7)고 규정하고 있으나, 관련된 쟁점을 모두 해결하기에는 부족해 보인다.

2. 보증과 보증보험의 유사점과 차이점

(1) 유사점

보증이 채권자에 대한 인적 담보제공의 기능을 하듯 보증보험계약도 신용력 있는 보험자가 담보를 제공하는 역할을 한다.

1) 독립성

보증계약은 채권자와 보증인 간의 보증계약에 의하여 성립하고, 주채무와는 별개 독립의 계약이다.[408] 보증인에 관하여 생긴 사유가 원칙적으로 주채무에 영향이 없는 점 역시 독립성에 의하여 설명이 가능하다.[409]

---

408) 대법원 1977. 3. 8. 선고 76다2667 판결.
409) 박병대, 『민법주해(X)』, 박영사, 1999, 169면.

보증보험계약도 보험자가 보험료를 받고 채무자인 보험계약자가 채권자인 피보험자에게 계약상의 채무불이행 등의 손해를 입힌 경우 그 손해를 보상하는 것을 목적으로 하는 독립된 계약이다. 이와 같이 보증과 보증보험 양자 모두 주채무와는 별개의 독립된 계약이라는 점에서 동일하다.

2) 동일성

보증계약에 있어서의 급부는 주채무의 급부와 동일하다는 점에서 동일성을 보증채무의 성질 중 하나로 들고 있다. 민법 제428조 '주채무자가 이행하지 아니하는 채무를 이행할 의무'의 표현이 그것이다. 또한 보증채무와 주채무 중 어느 하나의 이행이 있으면 타방의 채무도 소멸하는 것은 양채무가 동일한 급부를 목적으로 하는 점 때문이고 주채무가 불대체적 급부를 목적으로 하는 경우 보증채무는 성립할 수 없으며, 따라서 절대적으로 대체성이 없는 채무에 대한 보증은 주채무가 채무불이행으로 손해배상채무 등 금전채무로 전환되는 것을 정지조건으로 한 채무를 부담한 것으로 새겨야 한다.[410]

보증보험도 이러한 점에서 보증과 동일하다. 보증보험은 보험자가 보험계약자의 행위로 인한 피보험자의 손해를 보상하는 것을 내용으로 하고 이 손해의 보상이라고 하는 것은 주채무가 대체성이 없는 경우 그 손해배상채무 등이 금전채무로 전환되는 것을 정지조건으로 한다고 해석할 수 있다.

3) 부종성

보증채무는 주채무의 담보를 위하여 존재하는 것이므로 주채무에 부종한다. 보증채무는 주채무의 존재를 전제하는 것이므로 주채무가 불성립 또는 무효이거나 취소된 때에는 보증채무도 성립할 수 없다.[411] 또한 보증인의 부담이 주채무의 목적이나 형태보다 중한 때에는 주채무의 한도로 감축된다(민법 제430조). 그러나 보증계약의 성립 후 주채무가 그 목적이나 형태의 확장 내지 가중되는 쪽으로 변경된 경우에는 채권자와 주채무자 사이의 계약으로 제3자인 보증인의 부담을 가중시키는 것은 특별한 사정이 없는 한 허용될 수 없기 때문에, 보증인에 대하여 효력을 미치지 아니한다. 또한 주채무자에 대한 채권이 이전되면 당사자 사이에 별도의 약정이 없는 한 보증인에 대한 채권도 이전되고 이 성질은 특히 수반성이라

---

410) 박병대, 위의 책, 170면.
411) 다만 민법 제436조는 취소의 원인 있는 채무를 보증한 자가 보증계약 당시에 그 원인 있음을 안 경우에는 주채무가 취소되더라도 보증인은 주채무와 동일한 목적의 독립채무를 부담한 것으로 보는 예외를 규정하고 있다.

고 부른다. 그리고 주채무가 소멸하면 보증채무도 소멸하게 된다.

이러한 부종성의 성질은 보증보험에도 동일하게 나타난다. 보증보험계약도 주채무의 담보를 전제하는 것이므로, 주채무가 소멸하면 보증보험계약의 성립의 전제가 상실된다. 또한 주계약상의 기간을 연장한다 하여 보험기간이 당연히 연장되는 것은 아니라는 판결412)에서도 나타났듯이, 주채무의 목적이나 형태가 확장 가중된 경우 보험자에게 영향을 미치지 아니한다는 점도 보증과 동일하다. 그리고 보증보험이 담보하는 채권의 이전시 보험금청구권도 보증과 같이 그에 수반하여 양수인에게 이전된다고 본다.413)

(2) 차이점과 비판

보증보험과 보증을 구별하는 경우 언급되는 차이점에 대하여 검토한다.

1) 보충성

보증과 보증보험은 보충성에서 차이가 난다고 지적된다.414) 연대보증이 아닌 일반의 단순 보증은 보증인이 채권자에 대하여 최고와 검색의 항변권을 행사할 수 있는 것임에 반하여, 보증보험에서는 이러한 항변권을 행사하지 못한다는 것이다.

그런데 이것이 보증보험을 보증과 구별하는 결정적 차이점은 아니다. 보증보험의 법적 성격을 그 실질을 중요시하여 보증으로만 파악하는 경우 보증보험회사는 상인이므로 상인이 보증을 선다면 이는 연대보증이 되고 따라서 최고와 검색의 항변권이 없어지게 된다(제57조).

2) 계약당사자

보증과 보증보험은 계약의 당사자에서는 뚜렷한 차이가 있다고 한다. 보증은 채권자와 보증인이 계약의 당사자가 되는 것이다. 따라서 보증인이 되고자 하는 자가 채권자가 아닌 주채무자와 사이에서 책임분담의 약정을 하였더라도, 이는 보증계약은 아니며 이행인수 내지는 제3자변제계약에 지나지 아니한다.415) 그러나 신용보증보험을 제외한 기타 보증보험에서는 주채무자와 보증보험회사가 계약의

---

412) 대법원 1997. 4. 11. 선고 96다32263 판결.

413) 대법원 1999. 6. 8. 선고 98다53707 판결에서 대법원은 "보증보험은 (중략) 보증보험이 담보하는 채권이 양도되면 당사자 사이에 다른 약정이 없는 한 보험금청구권도 그에 수반하여 채권양수인에게 함께 이전된다고 보아야 한다"는 판결을 하여, 이 점에 있어서도 보증과 동일하게 파악한다. 대법원 2002. 5. 10. 선고 2000다70156 판결.

414) 고평석, "보증보험약관상 구상권규정의 유효론에 관한 재검토", 「창원지방변호사회지」 제2호, 1996, 137면.

415) 박병대, 앞의 책, 182면.

당사자가 되고 채권자는 피보험자가 되어, 보증보험은 타인을 위한 보험계약으로 파악되고 있다. 결과적으로는 채권자가 계약당사자가 아니라 주채무자가 당사자인 것인데 이는 보증이 될 수 없다. 즉 계약의 당사자가 보증과 보증보험을 구별짓게 되는 결정적인 기준으로 작용할 수 있다.

그러나 채권자인 피보험자가 제3자적 지위에 있는 것이 아니라 실질적 계약당사자의 지위에 있는 것이라 볼 수 있어 사실상 차이가 없다. 보증보험에서의 피보험자인 채권자가 채무불이행이라는 상황에 대비하여 채무자에게 보험계약의 체결을 요구하고, 계약체결의 결과 채권자가 직접 보험금청구권을 취득한다.

3) 대수의 법칙

보증보험과 보험의 구별기준으로 "보증보험은 민법상의 보증과는 달리 계약당사자의 대가관계의 계산기초에는 대수의 법칙이나 수지상등의 원칙 등 보험의 원리가 도입되고 있다"[416]는 점도 지적된다. 즉 보험계약의 중요한 특성 중의 하나가 대수의 법칙을 반영한 기술성이라는 점을 강조한 것이다.

그런데 이도 양자를 구별하는 결정적인 기준이 되지 못한다. 만약 보증보험사가 아니라 전문적인 보증기관이 존재한다면 이 기관도 일정 수익을 추구해야 하므로 비용과 지출을 감안한 보증료율을 책정할 것이고 여기에 일정 수익률을 내기 위한 기술성이 반영되었다고 볼 수 있다.

4) 유상성

보증보험의 유상성을 강조하여 "보증보험은 민법상의 보증과는 달리 유상의 대가관계를 가지고 있다. 보증보험은 민사보증과 같이 무상으로 계약상의 채무를 부담하는 것이 아니라 보험료로서 일정한 대가를 받고 보상채무를 부담하는 대가관계를 취하는 점에서도 다르다"는 점을 지적하는 견해가 있다.[417]

그러나 민사 보증계약은 무상이 원칙인 것이나, 보증인이 보증을 서게 된 경위, 즉 보증인과 주채무자 사이의 보증의 원인관계는 무상의 호의관계일 수도 있고, 보증료의 수수가 개재된 유상의 쌍무관계일 수도 있다. 그리고 그 어느 경우이든 보증계약 자체의 성립에는 영향을 미치지 않는다.[418] 즉 보증은 무상이고 보험은 유상이라는 점을 지적하며 양자를 구별하는 주장은 적절치 않다. 또한 보증보험에서 보증을 서는 기관은 회사이고, 회사의 상행위는 유상이 원칙이므로, 설

---

416) 고평석, 앞의 논문, 138면.
417) 고평석, 위의 논문, 138면.
418) 박병대, 앞의 책, 182면.

사 보증보험을 보증으로 본다고 하더라도 유상성은 당연하다.

3. 보증의 규정을 준용

보증보험과 보증의 유사점과 차이점들을 검토하여 보면, 대수의 법칙·유상성·기타 보충성 등은 양자를 구별하는 결정적인 기준이 되지 못하고, 오히려 독립성·부종성 등의 기본적 성격이 유사함을 알 수 있다. 또한 계약당사자의 면에 있어 양자가 구별되기는 하나, 이도 보증보험계약의 실질적 당사자는 보험계약자가 아니라 피보험자에 해당하는 채권자라는 입장을 취한다면 실질적 차이가 없게 된다.[419)]

결과적으로, 보증보험은 채권담보적 기능에서 보증과 유사한 면이 많고 실지로 상법 보험편의 규정이 적용될 여지도 적다. 따라서 보증보험의 법률관계를 둘러싼 분쟁의 발생시 가급적 민법의 보증 규정을 적용하는 것이 바람직하다. 상법의 보증보험계약에 관하여는 그 성질에 반하지 아니하는 범위에서 보증채무에 관한 「민법」의 규정을 준용한다(제726조의7)고 한 규정도 이러한 취지로 이해함이 옳겠다.

---

419) 물론 아주 세부적인 제도 운용의 부분에서 차이점은 존재한다. 그러한 차이점들로는 다음과 같다. 첫째, 그 성질상의 차이로 단체성 측면에서 큰 차이가 있다. 보험은 단체성을 중요한 특징으로 하므로 쌍무계약을 설명함에 있어서도 전체적으로 지급되는 보험료와 보험금 사이에서 그 대가관계를 찾고 있음이 정설이다. 둘째, 보험에서는 최초보험료의 납부가 있어야 보험자의 책임이 개시되며, 계속보험료의 지급이 없는 경우에는 상법 제650조 절차에 의하여 적법한 해지가 가능하나, 보증에서는 보증료의 납부가 보증인의 책임요건이 아니며 보증료를 지급하지 않은 것이 보증인의 면책이라는 결과를 가져오지도 않는다. 셋째, 보험에서 보험계약자는 사고발생 전에는 언제든지 보험계약의 해지가 가능하나, 보증에서는 그렇지 않다. 넷째, 보험자의 책임에 있어서도 보험에서는 보험사고의 발생으로 보험금 지급책임을 직접 부담하나, 보증에서는 주채무자가 불이행한 경우에 한하여 보충적인 책임을 부담하는 것이 원칙이다.

제 6 장

인 보 험

제1절 통 칙

제1 인보험계약의 의의

1. 의 의

인보험계약의 보험자는 생명 또는 신체에 관하여 보험사고가 생길 경우에 보험계약의 정하는 바에 따라 보험금액 기타의 급여를 할 책임이 있다(제727조). 인보험은 보험의 목적이 사람이고, 보험사고가 사람의 생명이나 신체에 관한 사고인 사망·생존·상해·질병 등이다. 상법에서는 인보험의 종류로 생명보험과 상해보험을 규정한다.

2. 인보험과 손해보험의 차이

상법은 보험을 크게 손해보험과 인보험으로 나눈다. 인보험은 손해보험에 비하여 다음과 같은 특성이 있다.

(1) 보험의 목적과 보험사고

손해보험의 목적은 재산으로서 물건이거나 책임보험에서는 피보험자가 제3자에 대하여 부담하는 배상책임이다. 그런데 인보험의 목적은 사람이다. 따라서 보험목적의 양도가 인보험에서는 발생할 여지가 없다. 보험사고도 손해보험에서는 보험목적의 멸실 또는 훼손임에 반하여 인보험에서는 생명보험의 경우 사람의 사망 또는 생존이며, 상해보험의 경우 상해이다.

(2) 피보험자의 의미와 제한

인보험에서의 피보험자는 보험사고의 객체로서 자신의 생명과 신체를 보험에 붙인 자를 말하는 것으로, 손해보험에서의 피보험자인 피보험이익의 주체와는 다르다. 그리고 사망보험의 경우에는 15세미만자, 심신상실자는 보험사고의 객체로 되지 못하고(제732조), 심신박약자는 예외적인 경우에 한하여 가능하다. 또한 타인

을 피보험자로 함에 있어서도 서면(대통령령이 정하는 전자문서 포함)에 의한 동의를
얻어야 하는 제한이 있다(제731조 제1항).

(3) 보험금액

인보험, 특히 생명보험은 보험사고가 발생하면 보험자가 계약에서 정한 일정한
보험금을 지급하는 정액보험이다. 그러나 손해보험은 보험자가 보험가액과 보험금
액의 한도 내에서 피보험자가 실제로 입은 손해액만을 보상하는 점에서 부정액보
험이다. 그러나 인보험 중에서도 상해보험과 질병보험의 경우에는 상해의 정도나
치료일수에 따라 급여를 하는 부정액보험이 있다.

(4) 피보험이익

손해보험에서는 피보험이익이 중심적 요소로 자리잡고 있음에 반하여, 인보험
에서는 이를 인정하지 않는다. 인보험은 사람의 생명이나 신체에 관한 금전적 평
가가 불가하다는 이유 때문이고, 따라서 인보험에서는 보험가액의 관념이 있을 수
없고 초과보험, 중복보험 또는 일부보험 등의 문제도 없다. 동일한 위험에 관하여
수개의 보험계약이 체결되고 보험사고가 발생하면 손해보험에서는 보험자간에 연
대비례책임을 지지만, 인보험에서는 보험자 각자가 보험금액 전액을 지급하여야
한다. 그러나 판례는 무보험자동차에 의한 상해담보특약은 상해보험으로서의 성질
과 함께 손해보험으로서의 성질도 갖고 있는 손해보험형 상해보험이라고 하면서
중복보험의 규정을 준용한다.[1]

영미에서는 인보험에서도 피보험이익의 개념을 인정하여 보험수익자의 피보험
자의 생존이나 사망에 대한 피보험이익의 존재가 보험계약의 유효요건이다. 우리
나라에서도 인보험에서 피보험이익 관념을 인정하여 보험계약자 또는 보험수익자
는 피보험자와의 사이에 혈연 또는 경제적 이해관계를 요건으로 하는 것이 바람
직하다는 견해가 있다. 이 견해에서는 인보험계약에서 피보험자에 대한 보험사고
로 불이익을 받는 자가 가지는 이해관계를 피보험이익이라 한다.[2]

(5) 보험자대위

손해보험에서는 보험자대위가 인정되나(제681조, 제682조), 인보험에서는 보험자

---

1) 대법원 2006. 11. 10. 선고 2005다35516 판결; 대법원 2006. 11. 23. 선고 2006다10989 판결;
대법원 2007. 10. 25. 선고 2006다25356 판결.
2) 양승규, 439면. 피보험이익을 인보험에서도 인정함에 의하여 인보험의 도박화 방지 또는 도덕적
위험을 방지하는 데 도움이 된다고 한다.

대위가 금지된다(제729조 본문). 다만 상해보험계약의 경우 당사자간에 다른 약정이 있는 때에는 보험자는 피보험자의 권리를 해하지 아니하는 범위 안에서 그 권리를 대위하여 행사할 수 있다(제729조 단서). 이는 상해보험이 손해보험적 성질을 일부 가지고 있어 보험관계의 형평을 위하여 인정된 것이다. 하지만 이 경우에도 손해보험과 같은 법적인 대위가 아니라 계약상의 대위인 점이 다르다. 따라서 상해보험에서는 상법 제729조 단서에 따라 보험자대위를 허용하는 약정이 있는 때에 한하여 피보험자의 권리를 해치지 않는 범위에서 그 권리를 대위할 수 있다.[3]

(6) 손해의 개념과 지급보험금

손해보험에서는 발생한 손해의 범위 내에서 보험자가 보상하는 것이 원칙이므로, 그 손해가 보험에서 담보하는 위험인지의 여부와 보험사고와의 인과관계를 따지게 된다. 그러나 인보험은 손해의 개념이 없으므로 이러한 점이 문제되지 않는다. 보험사고의 발생시 원칙적으로 인보험에서는 손해의 규모 등에 대한 조사가 필요 없고 약정된 금액이 지급된다.

(7) 보험기간

손해보험은 통상 6월 또는 1년의 기간을 보험기간으로 정함에 비하여, 인보험은 보다 장기이다.

(8) 면책사유

손해보험에서는 보험계약자나 피보험자의 고의 또는 중과실이 면책사유로 되어 있으나(제659조), 인보험에서는 보험계약자 등의 고의만 면책사유로 되어 있고 중과실로 보험사고가 생기더라도 보험자는 면책되지 않는다(제732조의2 제1항, 제739조). 또한 손해보험에서는 보험목적의 성질, 하자 또는 자연소모로 인한 손해는 보험자가 이를 보상할 책임이 없으나(제678조), 인보험에서는 이러한 규정이 적용될 수 없다.

(9) 타인을 위한 보험

타인을 위한 보험에서 손해보험과 인보험이 일부 차이가 있다. 타인을 위한 손

---

3) 대법원 2022. 8. 31. 선고 2018다212740 판결(자동차상해보험은 그 성질상 상해보험에 속하므로, 자동차상해보험계약에 따른 보험금을 지급한 보험자는 상법 제729조 단서에 따라 보험자대위를 허용하는 약정이 있는 때에 한하여 피보험자의 권리를 해치지 않는 범위에서 그 권리를 대위할 수 있다; 대법원 2015. 11. 12. 선고 2013다71227 판결 등.

해보험에서는 타인의 위임이 없는 때 보험계약자는 이를 보험자에게 고지하여야
하고, 그 고지가 없는 때에는 타인이 그 보험계약이 체결된 사실을 알지 못하였
다는 사유로 보험자에게 대항하지 못한다(제639조 제1항 단서). 또한 타인을 위한
손해보험의 경우 보험계약자가 그 타인에게 보험사고의 발생으로 생긴 손해의 배
상을 한 때에는 보험계약자는 그 타인의 권리를 해하지 아니하는 범위 안에서 보
험자에게 보험금액의 지급을 청구할 수 있다(제639조 제2항 단서).

3. 인보험과 손해보험의 겸영금지

손해보험과 인보험은 그 성질이 다르므로 양보험의 운용에서도 차이가 있다.
이러한 차이가 있는 보험을 단일의 보험자가 운용하는 경우 보험단체의 운용에서
자칫 문제가 초래될 수 있어 보험사업의 전문성을 확보하고 보험경영의 안정을
도모하기 위하여 보험업법은 양보험의 겸영을 금지한다(보험업법 제10조).

그런데 인보험 중 상해보험과 질병보험, 그리고 간병보험 등은 자연인의 신체
상해나 질병, 간병 등을 보험사고로 하는 점에서 생명보험과 유사하지만 보험급여
가 상해의 등급에 따른 보상이나 그 치료비 등의 실제 소요된 손해와 비용을 지
급하는 점에서 손해보험적 성격을 띤다. 이러한 점에서 약정에 의한 보험자대위가
상해보험에서는 허용되고(제729조 단서), 보험업법에서도 이러한 보험에 대하여 겸
영을 허용한다(보험업법 제10조).

제2 인보험계약의 특성

1. 인보험증권

인보험증권에는 상법 제666조의 기재사항 이외에 보험계약의 종류, 피보험자
의 주소·성명 및 생년월일, 보험수익자를 정한 때에는 그 주소·성명 및 생년월
일을 기재하여야만 한다. 다만 보험수익자는 계약 당시에 정하지 않고 후에 정할
수도 있다(제733조). 그런데 해석상 제666조 제1항의 보험의 목적은 제733조의 피
보험자로 대치되는 것으로 보아야 한다.

2. 보험자대위의 금지

(1) 원칙적 금지

인보험에서는 보험의 목적이 자연인이므로 보험목적의 멸실이 없고 또한 잔존물대위(제681조)도 인정될 수 없다. 이득금지를 원칙으로 하는 손해보험에서는 피보험자가 실제 손해액을 넘는 이득을 취하지 못하도록 하는 정책적 이유에서 보험자대위를 인정할 근거가 충분하다. 그러나 생명이나 신체의 가치산정이 불가한 인보험에서 실제 손해액 이상이라는 개념을 인정할 수 없는 까닭에 보험자대위를 원칙적으로 금지한다. 상법은 보험자는 보험사고로 인하여 생긴 보험계약자 또는 보험수익자의 제3자에 대한 권리를 대위하여 행사하지 못한다고 규정한다(제729조 본문).

(2) 상해보험에서 약정에 의한 허용

상해보험은 상해로 말미암아 소요되는 의료비와 약품비 등을 지급하는 일종의 손해보험의 성질을 가지고 있다. 보험자대위의 근거가 이득금지의 원칙에 있는 것이므로 일정 범위 내에서는 상해보험에서도 제3자의 행위로 인하여 보험사고가 발생한 때 보험금을 지급한 보험자에게 대위권을 인정할 필요가 있게 된다. 이에 상법은 상해보험계약의 경우에 당사자간에 다른 약정이 있는 때에는 보험자는 피보험자의 권리를 해하지 아니하는 범위 안에서 그 권리를 대위하여 행사할 수 있다고 정한다(제729조 단서).[4)]

하지만 이는 제682조의 대위와는 달리 법률의 효과로서 당연히 발생하는 법정대위가 아니라 '당사자의 약정'에 의한 대위라는 점에서 차이가 있다. 판례도 당사자의 약정이 있는 경우에 한하여 적용됨을 명확히 한다.[5)] 또한 상해보험급부 중

---

4) 대법원 2000. 2. 11. 선고 99다50699 판결; 대법원 2003. 12. 26. 선고 2002다61958 판결(피보험자가 무보험자동차에 의한 교통사고로 인하여 상해를 입었을 때에 그 손해에 대하여 배상할 의무자가 있는 경우 보험자가 약관에 정한 바에 따라 피보험자에게 그 손해를 보상하는 것을 내용으로 하는 무보험자동차에 의한 상해담보특약은 손해보험으로서의 성질과 함께 상해보험으로서의 성질도 갖고 있는 손해보험형 상해보험으로서, 상법 제729조 단서의 규정에 의하여 당사자 사이에 다른 약정이 있는 때에는 보험자는 피보험자의 권리를 해하지 아니하는 범위 안에서 피보험자의 배상의무자에 대한 손해배상청구권을 대위행사할 수 있다).

5) 대법원 2002. 3. 29. 선고 2000다18752,18769 판결; 대법원 2003. 11. 28. 선고 2003다35215,35222 판결(교통상해 의료비 담보와 같이 손해보험으로서의 성질과 함께 상해보험으로서의 성질도 갖고 있는 손해보험형 상해보험에 있어서는 보험자와 보험계약자 또는 피보험자 사이에 피보험자의 제3자에 대한 권리를 대위하여 행사할 수 있다는 취지의 약정이 없는 한, 피보험자가 제3자로부터 손해배상을 받더라도 이에 관계없이 보험자는 보험금을 지급할 의무가 있다); 대법원 2008. 6. 12. 선고

그 성격이 정액보험금에 해당하는 부분에 대하여는 대위약정이 있다 하더라도 대위할 수 없다고 보아야 한다.[6]

2008다8430 판결(자기신체사고 자동차보험은 인보험의 일종인 상해보험으로서 상법 제729조 단서에 의하여 보험자는 당사자 사이에 다른 약정이 있는 때에는 피보험자의 권리를 해하지 아니하는 범위 안에서 그 권리를 대위하여 행사할 수 있는바, 상법 제729조의 취지가 피보험자의 권리를 보호하기 위하여 인보험에서의 보험자대위를 일반적으로 금지하면서 상해보험에 있어서 별도의 약정이 있는 경우에만 예외적으로 이를 허용하는 것인 이상, 이러한 약정의 존재 및 그 적용 범위는 보험약관이 정한 바에 따라 이를 엄격히 해석하여야 하는 것이 원칙이므로, 보험자는 특별한 사정이 없는 한 보험약관이 예정하지 아니하는 피보험자의 손해배상청구권을 대위할 수 없다).

　6) 김성태, 810면.

제 2 절 생명보험

제1 총 설

1. 생명보험계약의 의의

생명보험계약의 보험자는 피보험자의 생명에 관한 보험사고가 생길 경우에 약정한 보험금액을 지급할 책임이 있다(제730조). 생명보험은 사람의 생존과 사망을 보험사고로 하는 점에서, 상해를 보험사고로 하는 상해보험과는 다르다. 또한 생명보험은 계약에서 정한 보험금액을 지급하기로 하는 정액보험인 점에서도 손해보험적 성격을 일부 지닌 상해보험과 차이가 있다. 생명보험은 피보험이익을 인정하지 않아서 보험가액의 관념이 인정되지 않으며, 초과보험·중복보험·일부보험의 문제도 생기지 않는다.

2. 기 능

생명보험은 보장과 저축의 기능이 있다.[7] 먼저, 생명보험은 보험기간 내에 보험사고의 발생시 보험금을 지급하는 보장적 기능이 있다. 또한 보험계약자는 보험기간 동안 계약에서 정한 보험료를 보험자에게 지급하고 피보험자가 만기까지 생존하면 보험자는 만기보험금을 지급하는 저축의 기능도 있다.

제2 생명보험계약의 종류

1. 보험사고에 따른 종류

상법은 보험사고를 이 기준에 의하여 규정하고 있다(제730조).

---

7) 양승규, 444면; 박세민, 881면 등.

(1) 사망보험

사망보험은 피보험자의 사망을 보험사고로 하여 보험금을 지급하는 보험계약이다. 사망보험은 보험기간을 피보험자의 종신까지로 하는 종신보험과 일정한 기간으로 한정하는 정기보험으로 구별된다. 정기보험에서는 보험기간이 경과하도록 피보험자가 생존하는 경우 보험금 지급 없이 보험계약은 소멸된다.

(2) 생존보험

생존보험은 피보험자가 일정한 보험기간까지 생존할 것을 보험사고로 하는 보험이다. 연금보험과 퇴직보험 등이 이에 속한다.

(3) 생사혼합보험

생사혼합보험은 일정한 보험기간까지의 생존과 사망 모두를 보험사고로 하는 보험계약이다.

2. 피보험자의 수에 따른 종류

(1) 단생보험(單生保險)

단생보험은 피보험자 1인의 생사를 보험사고로 하는 보험이다. 개인보험이라고도 한다.

(2) 연생보험(連生保險)

연생보험은 피보험자 2인 중 1인의 사망을 보험사고로 하는 보험계약이다. 이러한 연생보험 중에는 2인 가운데 특정한 1인이 사망하면 다른 1인이 생존할 것을 조건으로 보험금액을 지급하기로 특약한 보험계약이 있고, 이를 생잔(生殘)보험이라 한다.

(3) 단체보험

단체보험은 단체가 규약에 따라 구성원의 전부 또는 일부를 피보험자로 하는 생명보험계약이다(제735조의3 제1항). 타인의 사망보험에서 상세히 다룬다.

3. 보험금액의 지급방법에 따른 분류

(1) 일시금보험

일시금보험은 보험사고가 발생한 때에 보험자가 보험금액의 전부를 일시에 지급하는 보험계약이다.

(2) 연금보험

연금보험은 보험사고가 발생한 때 보험자가 보험금액을 연금으로 분할하여 지급하는 보험계약이다(제727조 제2항). 그리고 연금보험에는 그 지급기한에 따라 종신연금보험과 정기연금보험이 있다. 종신연금보험은 일정한 금액을 종신까지 지급하는 보험이고 정기연금보험은 생존 중의 일정기간에 매년 일정한 금액을 지급하는 보험이다.

(3) 변액생명보험

변액생명보험은 보험자가 보험의 자산을 다른 보험자산과 구분하여 주식이나 사채 등의 유가증권에 투자하여 그 실적을 보험계약자에게 배분하여 주는 보험이다. 원금상실의 우려가 있는 상품은 투자성있는 상품으로 분류되어 자본시장법의 적용을 받는다.

4. 기타의 분류

(1) 보장성보험과 저축성보험

보장성보험이란 생명, 상해, 질병, 사고 등 피보험자의 생명·신체와 관련하여 발생할 수 있는 경제적 위험에 대비하여 보험사고가 발생하였을 경우 피보험자에게 약속된 보험금을 지급하는 것을 주된 목적으로 한 보험으로, 일반적으로는 만기가 되었을 때 보험회사가 지급하는 돈이 납입받은 보험료 총액을 초과하지 않는 보험을 말한다. 반면 저축성보험은 목돈이나 노후생활자금을 마련하는 것을 주된 목적으로 한 보험으로 피보험자가 생존하여 만기가 되었을 때 지급되는 보험금이 납입보험료에 일정한 이율에 따른 돈이 가산되어 납입보험료의 총액보다 많은 보험이다.[8]

한편 보험계약 중에는 보장성보험과 저축성보험의 성격을 함께 가지는 것도

---

8) 대법원 2018. 12. 27. 선고 2015다50286 판결; 대법원 2018. 12. 27. 선고 2015다61606 판결.

많이 있다. 만일 보장성보험계약과 저축성보험계약이라는 독립된 두 개의 보험계약이 결합된 경우라면 저축성보험계약 부분만을 분리하여 이를 해지하고 압류할 수 있다. 이와 달리 하나의 보험계약에 보장성보험과 저축성보험의 성격이 모두 있는 경우에 그중 저축성보험의 성격을 갖는 계약 부분만을 분리하여 이를 해지하고 압류할 수 있는지가 문제된다. 판례는 민사집행법에서 보장성보험이 가지는 사회보장적 성격을 고려하여 압류금지채권으로 규정한 입법 취지를 고려할 때 하나의 보험계약이 보장성보험과 더불어 저축성보험의 성격을 함께 가지고 있다 하더라도 저축성보험 부분만을 분리하여 해지할 수는 없다고 하였다.[9]

(2) 유진사(有診査)보험과 무진사(無診査)보험

신체검사의 유무에 의한 분류이다. 일반적으로는 진단을 받는 보험이 대부분이나, 일정한 집단의 생명보험계약 체결시 진단 없이 체결되기도 한다.

(3) 배당보험과 무배당보험

이익배당의 유무에 따른 구별이다. 배당보험이란 보험자의 영업의 성과로 발생한 이익의 전부나 일부를 가입자에게 분배하는 경우를 말하고 이를 하지 않는 보험을 무배당보험이라 한다.

(4) 자기의 생명보험과 타인의 생명보험

보험계약자와 피보험자가 동일한 경우를 자기의 생명보험이라 하고, 서로 다른 경우를 타인의 생명보험이라 한다.

(5) 자기를 위한 생명보험과 타인을 위한 생명보험

보험계약자와 보험수익자가 동일한 경우를 자기를 위한 생명보험이라 하고, 서로 다른 경우를 타인을 위한 생명보험이라 한다.

제3 타인의 생명보험

1. 의 의

타인의 생명보험이라 함은 보험계약자가 자기 이외의 제3자를 피보험자로 한

---

9) 대법원 2018. 12. 27. 선고 2015다50286 판결; 대법원 2018. 12. 27. 선고 2015다61606 판결.

생명보험을 말한다. 이 경우 타인의 사망을 보험사고로 하면 '타인의 사망보험', 타인의 생존을 보험사고로 하는 경우 '타인의 생존보험', 생존과 사망을 모두 보험사고로 하는 경우에는 '타인의 생사혼합보험'이라 한다.

2. 제 한

타인의 사망(생사혼합보험을 포함)을 보험사고로 하는 보험의 경우에는 보험금취득을 노리고 타인의 생명을 해치는 등 범죄에 악용될 위험이 있어 일정한 제한을 가하고 있다. 보험계약의 사행계약성이 생명보험에도 그대로 나타나는 결과, 타인의 사망보험을 아무런 제한 없이 인정할 경우 보험이 도박의 대상이 될 염려가 크고 피보험자의 생명을 고의로 위협하는 범죄가 발생할 우려가 있기 때문이다. 이를 제한하는 입법례로 다음이 있다.

(1) 이익주의

보험계약자는 피보험자인 타인의 생사에 관하여 어떠한 이익을 가지는 자만이 보험계약을 체결할 수 있도록 하는 주의로서 영미법계가 이를 따른다. 생명보험에도 피보험이익의 개념을 인정하여 보험계약자가 피보험자의 생사에 대하여 일정한 이해관계, 즉 피보험이익을 가지는 것을 계약의 요건으로 하는 방법이다. 따라서 이해관계가 없는 자는 보험계약을 체결하지 못하고 이를 위반한 계약은 무효가 된다. 예를 들면 가족간에는 피보험이익이 일반적으로 인정되고, 채권자도 채무자에 대하여 일정한 범위에서 피보험이익을 가지며, 고용주도 숙련된 근로자에 대하여 피보험이익을 가진다고 한다.

최근 우리 대법원이 영국법을 준거법으로 한 사건에서, 영국 판례의 법리에 따를 때에 보험계약자인 피고가 피보험자의 사망 또는 상해와 관련하여 금전적인 책임을 부담할 수 있는 지위에 있고, 보험계약을 체결한 의도가 그러한 법적 책임을 부보하기 위한 것이라면 영국법상 피보험이익을 인정할 수 있다고 보았다.[10]

(2) 동의주의

타인의 사망보험계약을 체결함에 있어 이익 유무를 불문하고 타인인 피보험자

---

10) 대법원 2019. 5. 30. 선고 2017다254600 판결(보험계약자가 상당한 기간 동안에 발생한 불특정 다수인의 사망 또는 상해에 관하여 정액의 보험금을 지급받기로 하는 보험계약에서, 보험계약자가 그들의 사망 또는 상해와 관련하여 금전적인 책임을 부담할 수 있는 지위에 있고, 보험계약을 체결한 의도가 그러한 법적 책임을 부보하기 위한 것인 때에는 보험계약자에게 1774년 제정된 영국 생명보험법(Life Assurance Act 1774) 제1조에 따른 피보험이익을 인정할 수 있다).

의 동의를 요구하는 입법례로서 대륙법계(독일, 프랑스, 스위스 등)가 이를 따른다.

(3) 상법의 입장

상법은 동의주의에 의한다. 우리의 경우는 인보험에서 피보험이익을 인정하지 않으므로 당연한 귀결이라 할 수도 있다. 타인의 사망을 보험사고로 하는 보험계약에는 보험계약 체결시에 그 타인의 서면(대통령령이 정하는 전자문서 포함)에 의한 동의를 얻어야 한다(제731조 제1항). 그러나 그 타인이 15세미만자, 심신상실자 또는 심신박약자인 경우에는 동의유무를 불문하고 그 보험계약은 무효로 한다(제732조). 이들의 자유로운 의사에 기한 동의를 기대하기 어렵기 때문이다. 다만, 심신박약자가 보험계약을 체결하거나 제735조의3에 따른 단체보험의 피보험자가 될 때에 의사능력이 있는 경우에는 그러하지 아니하다(제732조 단서).

3. 피보험자의 동의

(1) 동의를 요하는 경우

1) 타인의 사망보험

타인의 사망을 보험사고로 하는 보험계약에는 보험계약 체결시 그 타인의 서면(대통령령이 정하는 전자문서 포함)에 의한 동의를 얻어야 한다(제731조 제1항). 이것은 타인의 사망보험뿐 아니라 타인의 생사혼합보험도 포함한다. 하지만 타인의 생존보험의 경우에는 동의가 필요없다. 피보험자의 동의를 얻지 못하는 한, 보험계약자의 의도가 피보험자에게 지급할 퇴직금의 적립을 위하는 등의 순수한 것이었다 하더라도 보험계약은 무효이다.[11] 그러나 단체보험에서는 구성원 각자의 동의는 필요하지 않다(제735조의3 제1항).

2) 보험계약에 의해 발생한 권리의 양도

피보험자의 동의를 얻어 성립된 보험계약상의 권리를 보험수익자가 피보험자가 아닌 자에게 양도할 때에도 피보험자의 동의가 필요하다(제731조 제2항). 따라서 보험계약자와 피보험자가 동일인인 사망보험계약에서 보험수익자가 권리를 양도할 경우에도 피보험자의 동의를 요한다. 그런데 여기서의 양도는 '보험사고의 발생 이전'의 양도를 말한다. 보험사고가 발생한 이후에는 피보험자가 사망하여

---

11) 대법원 1992. 11. 24. 선고 91다47109 판결(피보험자의 동의가 없는 타인의 생명보험계약은 무효이고, 보험계약이 피보험자에게 지급할 퇴직금의 적립을 위하여 체결된 것이라 하여 사정이 달라지지 아니한다).

동의 자체가 불가능하고, 확정된 보험금청구권은 통상의 채권으로서 권리자가 민법에 의하여 자유로이 양도할 수 있기 때문이다.

3) 보험수익자의 지정·변경

타인의 생명보험계약이 성립된 후 보험수익자를 새로이 지정·변경할 때에도 피보험자의 동의가 필요하다(제734조 제2항, 제731조 제1항). 다만, 피보험자가 보험수익자로 지정·변경될 때에는 피보험자의 동의가 필요없다. 하지만 이러한 기준의 타당성은 의문이다. 피보험자가 보험수익자가 되는 경우에도 결국은 피보험자의 상속인이 보험금을 수령하므로, 타인을 보험수익자로 지정·변경한 경우와 동일한 결과가 되기 때문이다.

(2) 동의의 성질

1) 준법률행위

타인의 생명보험에서 피보험자의 동의는 자신의 사망을 보험사고로 하는 생명보험계약에 대해 이의가 없다는 의사표시이고, 그 법적 성질은 준법률행위이다.

2) 효력규정

피보험자의 동의는 계약의 효력발생요건이고 성립요건이 아니다. 왜냐하면 어떠한 계약이 당사자 쌍방의 의사표시 이외에 제3자의 의사표시를 성립요건으로 풀이하는 것은 계약의 일반관념에 어긋나고 타인의 생명보험계약도 일반의 보험계약과 같이 낙성계약이기 때문이다. 타인의 생명보험에서 비록 보험계약 성립 이전에 피보험자의 동의를 요구한다 하더라도 이것은 효력발생요건으로 풀이하는 것이 타당하다(통설).[12] 다만 상법은 계약당사자 사이의 법률관계를 사전에 확실하게 하고자 계약체결시에 동의를 얻도록 규정한다. 계약체결 이후에는 피보험자가 동의를 하더라도 무효이다.

3) 강행규정

상법 제731조는 당사자간의 약정으로 배제할 수 없는 강행규정이다. 판례도 "타인의 사망을 보험사고로 하는 보험계약에는 피보험자의 동의를 얻어야 함은 상법 제731조 제1항에 의하여 명백한 바 이 규정은 강행법규로 보아야 하므로 피보험자의 동의는 방식이야 어떻든 당해 보험계약의 효력발생 요건이 되는 것이다"고 한다.[13] 그 결과 피보험자의 동의가 없는 타인의 사망보험계약은 처음부터

---

12) 양승규, 453면; 박세민, 910면; 한기정, 714면 등.

당연히 또 그 누구나 무효를 주장할 수 있는 절대적인 무효이다.[14]

보험자가 타인의 사망보험계약에 관한 규정을 위반하여 보험계약을 체결한 이후 무효임을 주장하지 않다가, 보험사고 발생 이후 보험금을 지급청구하는 시점에서야 보험계약의 무효를 주장하는 것이 신의칙에 반한다는 반론도 있으나, 이를 받아들인다면 그 입법취지가 몰각되는 결과가 되어 보험자의 행위가 신의칙에 반하는 것은 아니라고 본다.[15]

(3) 동의의 시기와 방식 등

1) 동의 시기

동의는 계약체결시까지이다(제731조 제1항). 따라서 피보험자의 동의는 그 계약의 성립 전 또는 적어도 성립시까지 필요하고, 만약 계약체결 이후에 동의를 얻는다 하더라도 그 계약은 무효이다. 판례도 타인의 사망을 보험사고로 하는 보험계약에 있어서 피보험자가 서면으로 동의의 의사표시를 하여야 하는 시점은 보험계약 체결시까지라고 못박고 있다.[16] 피보험자의 동의규정은 강행규정이므로 이에 위반한 보험계약은 무효이다. 타인의 생명보험계약 성립 당시 피보험자의 서면동의가 없다면 그 보험계약은 확정적으로 무효가 되고, 피보험자가 이미 무효가 된 보험계약을 추인하였다고 하더라도 그 보험계약이 유효로 될 수는 없다.[17] 그리고 보험기간 중에 보험계약으로 인한 권리의 양도(제731조 제2항)와 보험수익자의 지정변경(제734조 제2항)의 경우에도 그 행위가 있을 때에 피보험자의 동의가 있어야 하는 점은 동일하다.

2) 동의 방식

동의는 서면에 의하여야 한다(제731조 제1항). 2017년 개정에 의하여 서면에는 전자문서를 포함하게 되었다. 개정법 제731조 제1항은 서면에 "「전자서명법」제2조제2호에 따른 전자서명 또는 제2조제3호에 따른 공인전자서명이 있는 경우로서 대통령령으로 정하는 바에 따라 본인 확인 및 위조·변조 방지에 대한 신뢰성을 갖춘 전자문서를 포함"한다고 규정한다. 이는 전자금융거래가 활성화되고 있는 사

---

13) 대법원 1989. 11. 28. 선고 88다카33367 판결.

14) 대법원 1996. 11. 22. 선고 96다37084 판결(타인의 사망을 보험사고로 하는 보험계약에는 보험계약 체결시에 그 타인의 서면에 의한 동의를 얻어야 한다는 상법 제731조 제1항의 규정은 강행법규로서 이에 위반하여 체결된 보험계약은 무효이다); 대법원 2004. 4. 23. 선고 2003다62125 판결 등 참조.

15) 대법원 1999. 12. 7. 선고 99다39999 판결.

16) 대법원 1996. 11. 22. 선고 96다37084 판결.

17) 대법원 2006. 9. 22. 선고 2004다56677 판결; 대법원 2010. 2. 11. 선고 2009다74007 판결 등.

회적인 현상을 반영하여 타인의 사망을 보험사고로 하는 보험계약 체결 시 동의를 얻어야 하는 타인의 서면의 범위에 「전자서명법」 제2조 제2호에 따른 전자서명 또는 제2조 제3호에 따른 공인전자서명이 있는 경우로서 대통령령으로 정하는 바에 따라 본인 확인 및 위조·변조 방지에 대한 신뢰성을 갖춘 전자문서를 포함한 것이다.

구두 또는 묵시적인 동의는 불가하며, 서면에 의한 명시적인 동의만이 효력이 있다. 피보험자의 동의는 각 보험계약에 대하여 개별적으로 하여야 하고, 장래 체결될 모든 사망보험계약에 대하여 미리 동의를 하는 것과 같은 포괄적 동의는 효력이 없다(통설, 판례[18]).

동의를 대리의 방식에 의하여 할 수 있는지도 문제된다. 단순한 서면동의서의 작성대행은 가능하겠으나 대리인의 판단에 전적으로 위임하는 것은 허용되지 않는다는 견해가 있다.[19] 판례[20]는 타인으로부터 명시적으로 권한을 수여받아 보험청약서에 타인의 서명을 대행하는 경우와 같이, 타인으로부터 특정한 보험계약에 관하여 서면동의를 할 권한을 구체적·개별적으로 수여받았음이 분명한 사람이 권한 범위 내에서 타인을 대리 또는 대행하여 서면동의를 한 경우 그 타인의 서면동의는 적법한 대리인에 의하여 유효하게 이루어진 것이라 한다. 요컨대 판례는 단순한 대행의 경우보다 폭을 넓혀, 특정 보험계약에 대하여 서면동의를 할 권한을 구체적이고 개별적으로 위임받은 경우에는 대리인에 의한 서면동의가 가능하다는 것이다. 판례의 입장에 찬성한다.

3) 동의의 상대방

동의 상대방에 대하여는 보험자나 보험계약자 중의 일방에게 하면 족하다는 견해도 있으나, 보험계약의 당사자인 보험자에게 하여야 한다.

(4) 동의의 철회

피보험자의 동의는 보험계약의 성립 전에는 가능하나, 그 계약의 효력이 발생한 때에는 임의로 철회할 수 없고 보험수익자나 보험계약자의 동의가 있어야 한

---

18) 대법원 2006. 9. 22. 선고 2004다56677 판결(상법 제731조 제1항이 타인의 사망을 보험사고로 하는 보험계약의 체결시 그 타인의 서면동의를 얻도록 규정한 것은 동의의 시기와 방식을 명확히 함으로써 분쟁의 소지를 없애려는 데 취지가 있으므로, 피보험자인 타인의 동의는 각 보험계약에 대하여 개별적으로 서면에 의하여 이루어져야 하고 포괄적인 동의 또는 묵시적이거나 추정적 동의만으로는 부족하다).
19) 김성태, 840면.
20) 대법원 2006. 12. 21. 선고 2006다69141 판결.

다는 견해,[21] 이에 대하여 피보험자가 보험수익자에 의한 생명침해의 위험, 혼인 관계의 해소 등 정당한 사유를 입증한 경우 계약성립 이후에도 철회를 허용하자는 견해가 있다.[22] 판례는 피보험자가 서면동의를 할 때 기초로 한 사정에 중대한 변경이 있는 경우에는 보험계약자 또는 보험수익자의 동의나 승낙 여부에 관계없이 피보험자는 그 동의를 철회할 수 있다고 본다.[23] 그리고 중대한 변경이 있는지는 보험계약자 또는 피보험자가 보험계약을 체결하거나 서면동의를 하게 된 동기나 경위, 보험계약이나 서면동의를 통하여 달성하려는 목적, 보험계약 체결을 전후로 한 보험계약자 또는 보험수익자와 피보험자 사이의 관계, 보험계약자 또는 보험수익자가 고의로 피보험자를 해치려고 하는 등으로 피보험자의 보험계약자 또는 보험수익자에 대한 신뢰가 손상되었는지 등의 제반 사정을 종합하여 사회통념에 비추어 개별적·구체적으로 판단하여야 한다고 본다.[24]

　피보험자의 서면에 의한 동의를 요구하는 입법취지상 계약성립 이후에도 철회를 허용하는 것이 타당하다고 본다. 예컨대, 피보험자가 보험계약자나 보험수익자에 의하여 생명의 위협을 받는 등 신뢰관계가 붕괴된 때, 또는 피보험자와 그들 사이의 친족관계가 종료되거나 기타 계약체결시의 기초되었던 사정이 변경된 경우에는 피보험자가 동의의 철회를 할 수 있도록 하여야 한다.[25] 그리고 동의 자체에 하자가 있는 경우라면, 민법의 일반원칙(민법 제107조 내지 110조)에 의하여 그 동의의 무효 또는 취소를 주장할 수 있음은 물론이다.

(5) 동의능력

1) 의의와 개정 상법

　상법 제732조 본문은 15세미만자, 심신상실자 또는 심신박약자의 사망을 보험사고로 한 보험계약은 무효라고 규정하고 있으므로, 이들을 피보험자로 한 사망보

---

21) 양승규, 455면; 최기원, 593면.
22) 김성태, 840면; 박세민, 918면 등.
23) 대법원 2013. 11. 14. 선고 2011다101520 판결.
24) 대법원 2013. 11. 14. 선고 2011다101520 판결.
25) 일본 보험법은 이러한 입장이다. 2008년 개정된 일본 보험법은 다음과 같은 일정한 경우에, 피보험자가 동의한 이후라도 보험계약자에 대하여 보험계약의 해제를 청구할 수 있는 것으로 하였다(동법 제57조, 제58조). ① 보험계약자 등이 보험금취득의 목적으로 고의로 보험사고를 발생시키거나 또는 발생시키려 한 경우와, 보험수익자가 보험금청구에 대하여 사기를 행하거나 또는 행하려고 한 경우(동법 제58조 제1항 1호), ② 피보험자의 보험계약자 또는 보험수익자에 대한 신뢰를 손상하여, 보험계약의 존속을 곤란하게 한 중대한 사유가 있는 경우(동법 제58조 제1항 2호), ③ 보험계약자와 피보험자와의 사이의 친족관계의 종료 기타의 사유에 의하여 피보험자가 동의함에 있어서 기초로 한 사정이 현저하게 변경된 경우(동법 제58조 제1항 3호) 등이다.

험은 동의유무와 관계없이 그리고 보험수익자가 누구인지를 불문하고 무효가 됨이 원칙이다. 그런데 개정 상법은 단서를 두어 "다만, 심신박약자가 보험계약을 체결하거나 제735조의3에 따른 단체보험의 피보험자가 될 때에 의사능력이 있는 경우에는 그러하지 아니하다"고 규정한다(제732조 단서). 개정 상법은 심신박약자에 대한 사망보험 가입을 예외적으로 허용하고 있다. 심신박약자 본인이 직접 보험계약을 체결할 때 또는 단체보험의 피보험자가 될 때에 의사능력이 있다고 인정되면 생명보험계약의 피보험자가 될 수 있도록 한다는 것이다. 그 입법취지는 경제활동을 통하여 가족을 부양하거나 생계를 보조하는 심신박약자가 생명보험계약에 가입할 수 있게 됨으로써 그 유족의 생활 안정에 이바지할 것이라 한다. 그러나 개정 상법은 입법론적으로 여러 문제점을 내포하고 있다.

2) 문제점들

① 성년후견제도의 시행

성년후견제도의 시행으로 인한 문제점이다. 성년후견인 제도에 관한 민법개정안이 2009년 9월에 입법 예고된 후 2011년 2월 18일 국회를 통과하여 2013년 7월 1일부터 시행되었다. 민법에서 새로이 시행되는 성년후견제도는 과거 무능력자제도의 활용기피, 피후견인의 복리미비, 의사판단이 부족한 노인의 법률행위 보호의 미비, 지적장애나 정신장애 또는 치매환자 등과 같은 장애인에 대한 보호의 어려움 등을 감안하여 기존의 한정치산이나 금치산의 무능력제도와는 상당히 다른 제도를 도입한 것이다.[26] 그리하여 민법에서는 한정치산, 금치산, 심신상실, 심신박약이라는 개념 자체가 사라지게 되었다.

② 심신박약(心身薄弱)의 개념

민법에서는 더 이상 '심신박약'의 개념을 사용하지 않음에도 불구하고 개정법 제732조는 심신박약자가 피보험자가 되는 사망보험계약을 원칙적으로 무효로 하면서 의사능력이 회복된 경우에 한하여 자기의 사망보험계약을 체결하는 경우와 단체보험에서의 피보험자가 되는 경우를 예외로 인정한다.

그렇다면 이때 '심신박약'의 개념을 어떻게 이해할 것인가? 애초 민법의 법리에 바탕하여 도입되었던 개념이었으나, 이제는 민법에서는 사라진 개념이기 때문이다. 개정법에 대하여는 다음과 같은 비판들이 가능하다.

---

26) 성년후견제도를 시행하게 된 배경에 대하여는 노령인구의 증가에 따른 질병이나 치매 등으로 인하여 사무를 처리할 능력이 없는 사람에 대하여도 재산의 관리와 인권보호에 관한 다양한 문제들을 해결하기 위한 것으로 설명된다.

첫째, 심신상실과 심신박약의 구별에 관한 문제이다. 상법에 의하면 심신상실과 심신박약을 전혀 다르게 다루게 된다. 그런데 민법에서 무능력자제도에 갈음하여 성년후견제도를 도입하게 된 중요한 근거 중의 하나가 심신박약과 심신상실은 정도의 차이에 불과하고 확연히 구별하기가 곤란하며, 심신상실과 심신박약의 상태에 있는지 여부를 판단하기 위하여는 상당한 기간 병원에 입원하여 정신과 전문의의 진단을 받아야 하고, 한정치산이나 금치산선고의 필요성이 있는 경우에도 고액의 감정비용문제가 발생한다는 점이었다.[27] 그런데 상법에 의하면 심신상실과 심신박약의 효과가 전혀 달라지는 상황이고 보면, 민법개정의 근거와 배치된다.

둘째, 사법체계의 통일성의 문제이다. 법률행위와 그 효과 등에 관한 사법체계에서 민법과 상법은 응당 통일적인 법이론을 가지고 있어야 한다. 그런데 민법에서는 오랜 기간 치밀한 논의를 거친 결과 폐기하기로 하고 새로이 도입한 제도가 있음에도 불구하고 상법은 그 폐기된 이론을 계속하여 사용한다는 점도 마땅치 않다.

셋째, 심신박약에 대하여 상법의 독자성을 전제하는 경우라도 의문이 있다. 심신박약자가 타인의 사망보험계약에서 피보험자가 되는 경우 서면에 의한 동의를 할 때 의사능력이 있다면 이때도 그 계약의 효력이 있는 것으로 보아야 하기 때문이다.

③ 사법 일반이론과 관련한 문제점

구법상 심신박약자란 심신의 장애로 인하여 사물을 변별할 능력이나 의사를 결정할 능력이 미약한 자로서 의사능력에 때때로 하자가 있는 자로 설명한다. 하급심판결[28] 중에는 심신박약의 인정여부와 관련하여 공인된 의료기관에서 정신질환으로 진료를 받았다거나, 비정상적인 행동을 한 사실이 입증되지 아니하는 한 정신질환에 의한 계약무효를 주장할 수 없고, 때때로 심신박약의 상태에 있다고 해도 대체로 정상적인 의사능력을 가지고 일상생활을 영위할 수 있다면 심신박약자가 아니라고 한 것이 있다. 심신상실자와 심신박약자는 그 장애의 경중의 차이에 의해 구분되는데 그 판단은 의료기관과 담당의사의 감정서를 중요한 기초 자료로 하여 법원이 판단하였다.

구법상 심신박약자가 한정치산의 선고를 받게 되면 행위무능력자가 되어 무능력자로서 보호를 받는다. 그러나 그 선고를 받기 이전에는 의사무능력으로 인정되

---

27) 이승길, "현행 민법상 후견제도의 문제점과 성년후견제도의 도입에 관한 고찰", 「중앙법학」 제11집 제2호, 2009, 10-11면.

28) 대전지방법원 2002. 10. 11. 선고 2002나784 판결.

는 경우를 제외하고는 원칙적으로 사법상 법률행위의 효력에 영향을 미치지 않는
다. 요컨대 구법상으로도 한정치산선고를 받지 않은 심신박약자가 스스로 자기의
보험계약을 체결하거나 타인의 보험계약에서 서면동의를 할 때에 정상적인 의사
능력을 가지고 있는 경우라면 유효한 보험계약 체결이 가능하다. 따라서 위 단서
는 그 규정이 없더라도 사법의 일반 이론상 당연한 법리를 적시한 것에 불과한
것이다.

④ 자기의 보험계약과 타인의 보험계약을 구별하는 문제점

상법이 자기의 사망보험계약과 타인의 사망보험계약을 구별하여 취급하고 있
는 점은 더군다나 의문이다. 상법은 심신박약자가 보험계약을 체결할 때 의사능력
이 있는 경우에는 자신을 피보험자로 하는 보험계약을 체결할 수 있다는 것이다.
요컨대 단체보험을 제외하고는 보험계약자와 피보험자가 일치하는 '자기의 사망보
험계약'만을 규정하고 있어, 심신박약자가 피보험자가 되는 '타인의 사망보험계약'
에는 일견 그 적용이 없는 것으로 된다. 그러나 타인의 사망보험계약에서도 심신
박약자가 제731조에 의한 서면동의를 할 때에 의사능력이 있는 경우라면 동일하
게 취급하여야 하는 것이고 보면, 일관성이 없다. 타인의 사망보험계약 중에서 단
체보험의 경우만 적용이 있다는 단서는 입법상 오류로 보인다.

그런데 구법상으로도 자기의 보험계약에서 한정치산선고를 받지 아니한 심신
박약자가 보험계약을 체결할 때 의사능력이 회복된 경우라면 당 보험계약의 효력
은 문제가 없는 것과 같이, 타인의 보험계약인 경우에도 서면동의를 할 당시 의
사능력이 회복되어 있다면 당 보험계약의 효력은 문제가 없다.

3) 해 석

① 독자적 개념으로서의 심신박약

현재로서는 옳고 그름의 문제를 떠나서 '심신박약'을 민법이론과는 별개의 독
자적인 개념으로 파악하는 것이라 볼 수밖에 없다. 심신박약자란 '심신의 장애로
인하여 사물을 변별할 능력이나 의사를 결정할 능력이 미약한 자'라고 과거와 같
이 이해하면서 민법상 성년후견제도와는 무관하게 파악하는 것이다. 따라서 의사
능력이 전혀 없지는 않으나 때때로 있는 경우의 심신박약자라 하더라도, 그 자를
피보험자로 하는 사망보험계약은 원칙적으로 무효로 하는 것이다.

② 타인의 사망보험계약에서의 피보험자

상법이 타인의 사망보험계약일 경우 단체보험에 대하여서만 규정하고 있는 만

큼, 그 문리해석을 하면 단체보험이 아닌 타인의 사망보험계약에서는 심신박약자는 여전히 피보험자가 될 수 없고 만일 그런 계약이 체결되었다면 그 계약은 무효가 된다.

상법에 따르면 심신박약자가 의사능력을 갖추고 있어야 하는 시점은 청약시라고 할 것인데, 의사능력의 존부 등을 둘러싸고 보험가입 부당거부, 보험가입시 의사능력의 존부의 입증 등을 둘러싼 분쟁이 많을 것이고, 심신박약자 또는 의사능력 회복에 관한 다툼은 사망보험의 특성상 사망 사고가 발생한 후에 제기되는 경우가 많아 이를 둘러싼 다툼의 해결 역시 쉽지 않을 것이다.

③ 상해보험

상해보험에서는 제732조의 준용이 없기 때문에 상해보험에서는 정신장애인이라는 이유로 또는 심신박약이라는 이유로 보험계약 체결을 회피할 수 없다. 만약 상해보험의 업무매뉴얼 등이 이를 나타내고 있는 것이라면 장애인차별금지법 제17조 위반이 된다.

4) 후견제도와의 관계

① 별개의 제도

"의사능력을 갖고 있는 경우라도 한정후견인 또는 성년후견인의 동의를 얻어야 할 것이다"라는 주장도 있으나 이는 옳지 않다. 민법과 상법의 이해가 별개의 것이 되었다. 민법은 후견제도가 행위능력제도와는 별개의 것으로 설계되었고 '사무처리능력'에 집중을 한다. 정신적 제약이 있다 하더라도 사무처리능력이 결여된 경우에 한하여 후견제도가 문제되는 것이다.

첫째, 성년후견의 경우[29] 성년후견인은 동의권을 가지지 않고 대리권만 가진다(민법 제938조 제1항). 그리고 그 대리권의 범위도 가정법원이 정할 수 있고, 피성년후견인의 신상에 관하여는 결정할 수 있는 권한의 범위도 가정법원이 정한다(제938조 제2항과 제3항). 따라서 성년후견인은 동의권이 없기 때문에 위 주장은 틀린 것이다. 단지 가정법원이 보험계약의 체결에 관한 대리권을 부여하였다면 그 범위에서는 성년후견인이 대리권을 가지게 된다.

둘째, 한정후견의 경우,[30] 한정후견인의 동의가 필요한 법률행위를 피한정후견

---

29) 성년후견이 개시될 본인은 "질병, 장애, 노령, 그 밖의 사유로 인한 정신적 제약으로 사무를 처리할 능력이 지속적으로 결여된 사람"이어야 한다(민법 제9조).

30) 가정법원은 질병, 장애, 노령, 그 밖의 사유로 인한 정신적 제약으로 사무를 처리할 능력이 부족한 사람에 대하여 본인, 배우자, 4촌 이내의 친족, 미성년후견인, 미성년후견감독인, 성년후견인, 성년후견감독인, 특정후견인, 특정후견감독인, 검사 또는 지방자치단체의 장의 청구에 의하여 한정후견개시

인이 한정후견인의 동의 없이 하였을 때에는 그 법률행위를 취소할 수 있다(민법 제13조 제4항). 만약 보험계약의 체결이 가정법원이 한정후견인의 동의가 필요한 행위의 범위로 심판한 경우라면(민법 제13조 1항), 동의 없이 한 행위는 취소할 수 있게 된다. 그러나 그러한 동의유보된 법률행위가 아닌 경우에는, 민법상으로는 피한정후견인이 의사능력이 있는 한 아무런 문제없이 계약을 체결할 수 있다.

② 해석론

결국 민법상 성년후견개시심판이 있는 경우라면 피성년후견인의 단독행위는 취소할 수 있게 되고(민법 제10조), 가정법원이 보험계약체결의 대리권을 성년후견인으로부터 유보하지 않는 한 성년후견인이 대리할 수 있다.

한정후견개시심판이 있는 경우라면, 가정법원이 보험계약체결을 한정후견인의 동의유보항목으로 심판한 경우가 아니라면 의사능력이 있는 경우 보험계약을 체결함에 있어 아무런 문제가 없다. 그렇지 않고 가정법원이 이를 동의유보조항으로 분류한 심판을 한 경우라면 피한정후견인이 의사능력이 있다고 하더라도 한정후견인의 동의를 얻어야 유효한 법률행위가 된다.

5) 입법론적 비판

제732조의 개정은 타당하지 않다고 보인다. 상법 제732조는 장애인에 대한 차별이라는 시민단체의 주장을 일부 수용한 것으로 보이나 그 입법의 형식이 바람직하지 않다. 보험회사가 부당하게 장애인을 처우하여 온 관행이 있다면 이는 객관적이면서도 과학적인 기초자료가 없는 위법한 차별적 행위로서 마땅히 시정되어야 할 것이지만, 정신적 판단능력이 미숙하거나 질병 등으로 인하여 스스로 방어하기 어려운 약자들을 도덕적 위험으로부터 보호하자는 근본원칙은 어떤 형태로든 지켜져야 한다.

민사법의 통일된 법체계의 형성이라는 점에서 문제가 있고, 또한 그 해석상으로도 미비한 점이 있는 만큼 재개정이 요구된다. 오히려 제732조를 삭제하여 민법에서의 성년후견제도의 법이론에 맡기는 편이 현재의 규율체계보다는 우월한 방법이라 본다.

의 심판을 한다(민법 제12조 제1항).

4. 단체보험의 예외

(1) 단체보험의 의의

단체보험은 단체 구성원의 전부 또는 일부를 포괄적으로 피보험자로 하여 그의 생사를 보험사고로 하는 보험계약이다(제735조의3 제1항). 단체보험은 보험자의 입장에서 보면 특정 회사의 근로자 단체에서와 같이 그 부보적합성이나 보험료에 영향을 미치는 요소들이 동질적인 것이어서, 단체가입자들에 대한 신체검사나 다른 조사의 필요가 없고 그럼으로써 비용을 절감할 수 있다. 이로 인하여 보험계약자로서도 개인보험에 가입하는 경우와 비교하여 보험료가 저렴하고 보다 광범위한 담보범위를 가질 수도 있다.

단체보험계약이 체결된 때에는 보험자는 보험계약자에 대하여서만 보험증권을 교부한다(제735조의3 제2항).

(2) 단체보험의 성질

1) 타인의 생명보험

일반적으로 단체보험은 그 단체의 대표자가 보험계약자이고 그 단체의 구성원 전부 또는 일부가 피보험자이므로 타인의 생명보험이 된다.

2) 타인을 위한 생명보험과 자기를 위한 생명보험

단체보험은 타인을 위한 생명보험계약과 자기를 위한 생명보험계약 양자의 형태 모두가 가능하다. 보험계약자인 단체의 대표는 단체의 구성원인 피보험자를 보험수익자로 하여 타인을 위한 보험계약으로 체결할 수도 있고, 보험계약자 자신을 스스로 보험수익자로 지정하여 자기를 위한 보험계약으로 체결할 수도 있어[31] 두 가지 형태가 모두 가능하다.

(3) 단체 구성원으로서 피보험자의 자격취득과 상실

1) 피보험자의 자격

피보험자의 자격은 단체 구성원이 됨으로써 취득하고, 피보험자가 보험사고 이

---

31) 대법원 1999. 5. 25. 선고 98다59613 판결(단체보험의 경우 보험수익자의 지정에 관하여는 상법 등 관련 법령에 별다른 규정이 없으므로 보험계약자는 단체의 구성원인 피보험자를 보험수익자로 하여 타인을 위한 보험계약으로 체결할 수도 있고, 보험계약자 자신을 보험수익자로 하여 자기를 위한 보험계약으로 체결할 수도 있을 것이며, 단체보험이라고 하여 당연히 타인을 위한 보험계약이 되어야 하는 것은 아니므로 보험수익자를 보험계약자 자신으로 지정하는 것이 단체보험의 본질에 반하는 것이라고 할 수 없다).

외의 사고로 사망하거나 퇴직 등으로 단체의 구성원으로서의 자격을 상실하면 피보험자의 자격을 상실한다. 이 경우 단체가 그 구성원을 보험에 가입시키는 규약을 가지고 있어야 한다.

2) 단체 규약의 의미

단체보험의 대상이 되어 제735조의3이 적용되기 위하여는 그 단체가 규약을 가지고 있어야 한다. 만약 그러하지 않다면 타인의 사망보험에 관한 제731조의 규정이 적용된다.

이때 '규약'의 의미는 단체협약, 취업규칙, 정관 등 그 형식을 막론하고 단체보험의 가입에 관한 단체내부의 협정에 해당하는 것으로서, 단체가 가입하는 종류의 보험에 관하여 대표자가 구성원을 위하여 일괄하여 계약을 체결할 수 있다는 취지를 담고 있는 것으로 족하다.[32] 따라서 당해 보험가입과 관련한 상세한 사항까지 규정할 필요는 없다. 하지만 단순히 막연하게 근로자의 재해부조 등에 관한 일반적 규정이 있는 것만으로는 여기서의 규약에 해당하지 않는다.[33]

(4) 단체보험의 특칙

1) 피보험자 동의의 면제와 개정 상법

단체가 규약에 따라 구성원의 전부 또는 일부를 피보험자로 하는 사망보험계약을 체결하는 경우 제731조의 동의요건을 면제한다(제735조의3 제1항). 그러나 단체보험에서도 보험계약자가 피보험자 또는 그 상속인이 아닌 자를 보험수익자로 지정할 때에는 단체의 규약에서 명시적으로 정하는 경우 외에는 그 피보험자의 서면 동의를 받아야 한다(제735조의 제3항). 단체의 대표자가 자신을 보험수익자로 지정하는 경우에 피보험자인 구성원의 동의가 필요한지 여부에 관하여 논란이 있었고, 단체보험에서도 보험계약자가 피보험자 아닌 자를 보험수익자로 지정하는 경우에는 단체의 규약에 명시적으로 정하지 아니하는 한 피보험자의 서면에 의한 동의를 받도록 하여 단체의 구성원과 그 유족의 이익을 보호할 수 있도록 한 것

---

32) 일반적 규약의 예로는 '회사는 종업원들의 복리를 위해 산재보험 등에 가입하고, 예기치 않은 사고로 회사의 어려움에 대비하여 직장인생명보험에 가입할 수 있다'는 것이다.

33) 대법원 2006. 4. 27. 선고 2003다60259 판결(상법 제735조의3에서 단체보험의 유효요건으로 요구하는 '규약'의 의미는 단체협약, 취업규칙, 정관 등 그 형식을 막론하고 단체보험의 가입에 관한 단체내부의 협정에 해당하는 것으로서, 반드시 당해 보험가입과 관련한 상세한 사항까지 규정하고 있을 필요는 없고 그러한 종류의 보험가입에 관하여 대표자가 구성원을 위하여 일괄하여 계약을 체결할 수 있다는 취지를 담고 있는 것이면 충분하다 할 것이지만, 위 규약이 강행법규인 상법 제731조 소정의 피보험자의 서면동의에 갈음하는 것인 이상 취업규칙이나 단체협약에 근로자의 채용 및 해고, 재해부조 등에 관한 일반적 규정을 두고 있다는 것만으로는 이에 해당한다고 볼 수 없다).

이다.

2) 과거 단체보험의 문제점과 개선책

구법상으로는 단체가 규약에 따라 구성원의 전부 또는 일부를 피보험자로 하는 사망보험계약을 체결하는 경우 제731조의 동의요건을 면제하였고, 이는 구성원의 동의에 해당하는 규약이 있는 경우 일괄적 보험가입이 예정되어 있어 개별적 동의를 얻는 것이 사실상 어렵고, 규약에 의하여 보험가입이 예정되어 있다면 별도의 동의절차를 생략하여도 도덕적 위험의 우려가 낮다는 취지에서이다. 또한 근로자복지의 차원에서 근로자인 피보험자의 유족을 보험수익자로 하는 타인을 위한 생명보험계약의 형태로 체결되는 경우가 많기 때문이라는 근거에서이었다. 그런데 보험계약자인 기업주가 스스로를 보험수익자로 지정하는 경우 피보험자 사망시 그 유족과의 분쟁이 발생하고 있었다.

3) 보험계약자가 보험수익자가 되는 경우의 도덕적 위험

단체보험 가입시 타인의 생명보험에서 요구되는 피보험자의 개별적 동의를 요건으로 하지 않은 것이, 인간의 존엄과 가치 등을 침해할 여지가 있다는 것으로 위헌제청된 바도 있다.[34] 위헌제청의 이유는 단체보험에서 보험계약자가 보험수익자가 될 수 있으면서도 피보험자의 동의요건을 면제한다면 도박보험이나 살해의 위험성과 같은 타인의 생명보험에 내재하는 위험성을 제거하지 않고 그 결과 자신들의 동의 없이 피보험자로 되어 계약이 체결된 단체구성원들은 타인의 사행보험의 대상이 되고, 피보험자의 사망이나 상해가 타인의 불로소득의 원인이 됨으로써 그 살해나 상해의 위험성이 있다는 것이다. 이는 단체구성원들의 인간의 존엄성과 가치를 훼손하고 그들의 행복추구권을 침해하는 결과가 되므로 "모든 국민은 인간으로서의 존엄과 가치를 가지며, 행복을 추구할 권리를 가지고, 국가는 개인이 가지는 불가침의 기본적 인권을 확인하고 이를 보장할 의무를 진다"고 규정한 헌법 제10조의 규정에 합치하지 아니한다는 의심이 있다는 것이다. 그리고 이 규정에 대한 비판은 자기를 위한 보험 형태의 단체보험에서는 타인을 피보험자로 하는 생명보험계약을 그 당사자가 알지 못하는 사이에 용이하게 체결할 수도 있으므로 타인의 생명보험계약에 내재하는 가해 등 도덕적 위험도 더욱 커지게 되며, 각종 산업현장에서 재해방지대책이 소홀하게 될 우려도 있다는 비판이었다. 근로자의 생명이나 신체에 대한 침해가능성의 우려를 배제할 수 없고, 단체규약이

---

34) 대전고등법원이 1998. 6. 3.에 97나6184사건과 관련하여 상법 제735조의3 규정에 대하여 위헌제청한 바 있다.

완전하지 못하며, 근로자복지의 증진이라는 단체보험의 본질적 기능을 왜곡하며, 기업주의 우월적 지위가 남용될 가능성이 있는 등의 문제점을 지적하면서 자기를 위한 보험 형태의 단체보험은 무효라는 것이다. 즉 자신들의 동의없이 피보험자로 계약이 체결된 근로자들은 사행보험의 대상이 되고 그들의 사망 혹은 상해가 기업의 불로소득의 취득원인이 될 수 있어 도덕적 위험이 크고,[35] 단체보험의 본질 또는 연혁은 근로자의 복리증진 등의 도모에 있어 구법은 비판을 받고 있었다.

4) 과거 학설

단체보험에서 보험계약자가 피보험자 또는 그 상속인이 아닌 자를 보험수익자로 지정할 수 있는가에 관하여 다음과 같은 학설이 있었다.

첫째, 유효설(합헌론)이다. 판례는 단체보험의 경우 보험수익자의 지정에 관하여는 상법 등 관련 법령에 별다른 규정이 없으므로 보험계약자는 단체의 구성원인 피보험자를 보험수익자로 하여 타인을 위한 보험계약으로 체결할 수도 있고, 보험계약자 자신을 보험수익자로 하여 자기를 위한 보험계약으로 체결할 수도 있을 것이며, 단체보험이라고 하여 당연히 타인을 위한 보험계약이 되어야 하는 것은 아니므로 보험수익자를 보험계약자 자신으로 지정하는 것이 단체보험의 본질에 반하는 것이 아니라 한다.[36] 헌법재판소도 위헌이 아니라 하였다.[37] 단체보험에서의 피보험자의 동의면제는 단체보험의 특성에 따른 운용상의 편의를 부여해주어 단체보험의 활성화를 돕는 것이어서 단체구성원들의 복리 증진 등 이익에 기여하는 바가 있고, 단체보험의 특성에 따라 개별적 동의를 집단적 동의로 대체하는 것에 불과하며 그 방법은 합리성을 가지고 있다는 것이다.

둘째, 무효설(위헌론)이다. 상법 제735조의3 제1항이 보험계약자인 기업주가 자신을 보험수익자로 지정하면서 피보험자를 근로자로 하는 보험계약의 체결을 허용하는 취지라면 이는 헌법 제10조에 위반된다는 것이다. 자기를 위한 보험의 형

---

35) 김문재, "단체보험계약의 법적성질과 피보험자의 동의", 「상사판례연구」 제20집 제2권, 한국상사판례학회, 2007, 117면.

36) 대법원 1999. 5. 25. 선고 98다59613 판결; 대법원 2006. 4. 27. 선고 2003다60259 판결.

37) 헌법재판소 1999. 9. 16. 선고 98헌가6 전원재판부 결정(상법 제735조의3 제1항의 입법취지는, 타인의 생명보험계약을 체결함에 있어서 계약체결시 피보험자의 서면동의를 얻도록 하는 개별보험의 일반원칙에서 벗어나 규약으로써 동의에 갈음할 수 있게 함으로써 단체보험의 특성에 따른 운용상의 편의를 부여해 주어 단체보험의 활성화를 돕는다는 것이다. 이 사건 법률조항의 위와 같은 입법취지에 비추어 볼 때, 이 사건 법률조항은 단체구성원들의 복리 증진 등 이익에 기여하는 바가 있고, 단체보험의 특성에 따라 개별적 동의를 집단적 동의로 대체하는 것에 불과하며 그 방법은 합리성을 가지고 있다. 그러므로, 이 사건 법률조항이 인간의 존엄성과 가치를 훼손하고 행복추구권을 침해하는 것이며, 국가의 기본권 보장의무에 위배되는 것이라고는 할 수 없다).

태의 단체보험에서는 타인을 피보험자로 하는 생명보험계약을 그 당사자가 알지
못하는 사이에 용이하게 체결할 수도 있으므로 타인의 생명보험계약에 내재하는
가해 등 도덕적 위험도 더욱 커지게 되며, 각종 산업현장에서 재해방지대책이 소
홀하게 될 우려도 있다는 비판이다. 근로자의 생명이나 신체에 대한 침해가능성의
우려를 배제할 수 없고, 단체규약이 완전하지 못하며, 근로자복지의 증진이라는
단체보험의 본질적 기능을 왜곡하며, 기업주의 우월적 지위가 남용될 가능성이 있
는 등의 문제점을 지적하면서 자기를 위한 보험형태의 단체보험은 무효라는 입장
이다.[38]

5) 개정 상법의 성과와 한계

과거 합헌론의 입장에서는 그 근거로 내세우는 것이 상법상 고의면책의 원리
(제732조의2)가 있으므로 단체보험에서도 도덕적 위험이 다소 억제될 수 있는 점,
근로자의 사망으로 기업주의 경제적 손실이 있을 것이므로 악용의 위험이 크지
않은 점, 문리해석상 가능하다고 보아야 한다는 점, 운용상 단체보험의 특성에 따
라 개별적 동의를 집단적 동의로 대체하는 것에 불과하다는 점 등을 내세운다.[39]
하지만 그 근거들이 다음과 같은 이유에서 그다지 설득력이 있어 보이지 않는다.

첫째, 개별적 동의를 집단적 동의로 대체하는 것이라고 하나 규약은 대표자가
구성원을 위하여 일괄하여 계약을 체결할 수 있다는 취지를 담고 있는 것으로 족
하므로 근로자로서는 단체보험의 구체적 내용을 전혀 모르거나 부정확한 내용으
로 아는 경우가 많다. 둘째 자신들의 동의없이 피보험자로 계약이 체결된 근로자
들은 사행보험의 대상이 되고 그들의 사망 혹은 상해가 기업의 불로소득의 취득
원인이 될 수 있어 도덕적 위험이 크다.[40] 셋째 단체보험의 본질 또는 연혁은 근
로자의 복리증진 등의 도모에 있다. 넷째 근로자가 보험료의 일부를 부담하는 경
우에도 보험계약자인 기업주가 보험금을 수령하는 것은 불합리하다.

위와 같은 점들을 본다면, 타인을 위한 보험계약의 형태로 운영되도록 입법적
개선이 필요하였고, 금번 개정을 타당한 것으로 평가한다. 다만 개정법은 단체의
규약에서 명시적으로 정하는 경우에는 피보험자의 서면 동의가 필요 없다는 점에
있어 한계점도 있다. 규약에서 명시적으로 정한다고 하더라도 피보험자가 단체보
험의 자격을 취득하는 시점에 있어 그 규약을 정확하게 인식하기 어려울 수 있으
므로, 위 첫 번째의 문제가 명확하게 해결되었다고 보기 어렵다. 또한 기업주와

---

38) 김문재, 위의 논문, 79-118.
39) 헌법재판소 1999. 9. 16. 선고 98헌가6 전원재판부 결정.
40) 김문재, 위의 논문, 117면.

근로자의 역학관계를 볼 때 규약에서 정해두는 경우 보험계약자가 피보험자의 서면 동의 없이 보험수익자가 될 수 있도록 하는 것이 공평 타당한 결과를 가져올지도 의문이다.

(5) 기타의 문제

1) 보험금청구권의 양도 등

보험계약자인 기업주가 자기를 보험수익자로 지정하여 둔 자기를 위한 보험계약을 체결하였다가 그 보험금청구권을 제3자에게 양도할 수 있는가? 일반적인 타인의 사망보험에서는 피보험자의 동의를 얻어 성립된 보험계약상의 권리를 보험수익자가 피보험자 아닌 자에게 양도할 때에도 피보험자의 동의가 필요하다(제731조 제2항). 그런데 제735조의3은 제731조 규정 전체를 단체보험에는 적용하지 않는다고 규정하여, 문리해석을 한다면 이 경우에도 그 보험금청구권을 제3자에게 양도할 수 있다는 해석도 가능하다.

하지만 이 해석은 근로자의 복지증진이 주목적인 단체보험의 본질에 반한다. 설사 단체보험의 기능을 기업측면에서 생산성 향상 및 노사관계의 안정, 인력손실에 따른 손실보전으로 보더라도 위와 같은 해석은 수긍하기 어렵다. 근로자의 신체를 담보로 한 채권이 전전유통되는 결과가 될 수도 있기 때문이다.

2) 제734조의 유추적용

타인의 생명보험계약이 성립된 후 보험수익자를 새로이 지정·변경할 때에도 피보험자의 동의가 필요하다(제734조 제2항). 제734조의 유추적용에 대하여, 제735조의3에서 준용규정을 두지 않은 이상 개별보험을 전제로 한 제734조 제2항은 적용되지 않는다는 견해가 있다.[41] 그러나 제735조의3에서 명시적으로 적용을 배제하는 규정을 두지 않는 한 제734조가 적용되는 것으로 해석함이 옳다.

제4 타인을 위한 생명보험

1. 의 의

타인을 위한 생명보험은 보험계약자가 타인을 보험수익자로 하여 맺은 보험계

---

41) 김성태, 822면.

약을 말한다(제639조). 아버지가 자신을 피보험자로 보험계약을 체결하면서 아들을 보험수익자로 지정하는 경우가 그 예이다. 보험계약자가 자신을 보험수익자로 지정하는 경우는 자기를 위한 생명보험이 된다.

2. 보험수익자의 권리와 의무

(1) 권 리

타인을 위한 생명보험에서 보험수익자로 지정되면 보험계약에 의하여 수익의 의사표시를 하지 않더라도 당연히 보험금청구권을 취득한다(제639조 제1항 후단). 보험수익자는 이러한 보험금청구권을 취득할 수 있음에도 불구하고, 보험수익자가 그 권리를 포기한 때에는 보험금청구권은 보험계약자에게 돌아간다. 그런데 상법은 보험계약자에게 보험수익자의 지정변경권을 주고 있기 때문에(제733조) 그 범위 내에서 보험수익자의 지위에 변동을 가져올 수 있다. 그리하여 보험수익자의 권리는 변경권이 유보된 경우에는 양도할 수 없다. 유보되지 않은 경우에도 양도할 수 있는지의 여부에 대하여는 논란이 있으나,[42] 특정 개인의 신체나 사망을 담보로 하여 보험수익자의 지위를 전전유통시키는 것은 사회적 통념과 맞지 않는 것으로 본다. 보험수익자는 보험금청구권이 아닌 다른 권리인 보험증권교부청구권, 보험료반환청구권, 계약해지권 등을 갖지 않는다.

(2) 의 무

보험수익자는 원칙적으로 보험계약상의 의무를 부담하지 않는다. 다만 상법상 2차적인 보험료 지급의무를 부담하므로, 보험계약자가 파산선고를 받거나 보험료 지급을 지체한 때에는 예외적으로 보험수익자가 권리를 포기하지 않는 한 보험료 지급의무를 부담한다(제639조 제3항). 그리고 보험수익자는 보험사고발생사실을 안 때에는 지체없이 보험자에 대하여 통지할 의무를 부담한다(제657조 제1항).

3. 보험계약자의 보험수익자 지정변경

(1) 보험수익자의 지정변경권

생명보험계약은 장기계약이 많아 당사자의 사정변경에 따라 보험계약자가 보험수익자를 지정 또는 변경을 원하는 경우가 있고, 상법은 보험계약자에게 보험수

---

42) 양도가 가능하다는 견해로 정찬형, 78면. 불가하다는 견해로 김성태, 844면.

익자의 지정변경권을 인정한다(제733조 제1항). 자기를 위한 보험계약을 체결한 이후에도 제3자를 보험수익자로 지정변경할 수도 있다. 이 권리는 일종의 형성권으로서 보험계약자의 일방적인 의사표시만으로 그 효력이 발생한다.

(2) 지정변경권과 보험수익자의 지위

1) 지정변경권을 유보한 경우

① 보험계약자가 사망한 경우

보험계약자가 지정권을 행사하지 않고 사망한 경우에는 피보험자가 보험수익자가 되고, 보험계약자가 보험수익자를 지정한 이후 변경권을 행사하지 않고 사망한 경우에는 그 보험수익자의 권리가 확정된다(제733조 제2항 본문). 그러나 예외적으로 보험계약자가 사망한 경우에는 그 승계인이 그 권리를 행사할 수 있다는 약정이 있는 때에는 그 승계인의 지정변경에 따른다(제733조 제2항 단서).

② 권리행사 전에 피보험자가 사망한 경우

보험계약자가 보험수익자의 지정권을 행사하기 이전에 피보험자가 사망한 경우에는 피보험자의 상속인이 보험수익자가 되고(제733조 제4항), 그 변경권을 행사하지 아니한 때에는 보험수익자는 자신의 권리에 따라 보험자에 대한 보험금청구권을 가진다. 결국 지정변경권을 유보한 경우라 하더라도 피보험자의 사망이라는 보험사고가 발생한 경우 보험계약자는 더 이상 지정변경권을 행사할 수 없는 것이 된다. 보험사고가 발생하면 보험수익자의 권리가 확정되기 때문이다.

2) 지정변경권을 유보하지 않은 경우

이 경우는 보험수익자의 권리가 확정되지만, 지정된 보험수익자가 사망한 경우 누가 보험수익자가 되는지 등의 문제가 있다.

① 보험수익자가 사망한 경우

보험계약자가 보험수익자의 지정변경권을 유보하지 않은 경우 보험계약자는 지정변경권을 임의로 행사할 수 없으나, 보험수익자가 보험존속 중에 사망한 때에는 보험계약자는 다시 보험수익자를 지정할 수 있다(제733조 제3항 전단). 그런데 보험금청구권은 금전채권으로서 상속도 가능할 것이어서 보험수익자가 보험존속 중 사망한 경우 보험수익자의 상속인이 그 지위를 승계하는 것으로 정할 수도 있다. 하지만 보험수익자를 정하는 경우 그 사람의 개성이 중시되기 때문에 보험계약자의 재지정권(再指定權)을 인정한다.

다만 이 경우 보험계약자가 재지정권을 행사하지 아니하고 사망한 때에는 보험수익자의 상속인을 보험수익자로 한다(제733조 제3항 후단). 하지만 이 경우에도 보험계약자의 승계인이 그 지정권을 가지는 것으로 특약한 경우 그에 따른다고 본다.[43)

② 재지정권을 행사하기 이전에 피보험자가 사망한 경우

보험수익자가 사망한 후 보험계약자가 새로 보험수익자를 지정하지 아니한 동안에 보험사고가 발생한 때에는 보험수익자의 상속인을 보험수익자로 한다(제733조 제4항). 이 경우 보험수익자의 상속인이 결정되는 시점은 보험수익자의 사망시가 된다.

(3) 지정변경과 대항요건

보험수익자의 지정변경의 방법에 대하여는 제한이 없으므로 서면에 의하든 구두로 하든 상관이 없다. 보험수익자의 지정변경권은 형성권이므로 보험계약자의 일방적 의사표시만으로 효력이 발생하나, 이것을 보험자에게 대항하기 위하여는 보험자에게 통지하여야만 한다(제734조 제1항). 이는 보험자의 이중지급의 위험도 방지하기 위한 것이다. 또한 보험계약자가 보험수익자를 지정하거나 변경하는 경우 타인의 생명보험에서 그 타인을 보험수익자로 지정하지 않는 때에는 그 타인의 동의를 얻어야 한다(제734조 제2항).

(4) 지정변경의 시기와 제한(피보험자의 동의)

1) 시 기

보험계약자가 보험수익자를 지정변경할 수 있는 권한은 보험기간 중에 행사할 수 있으나, 일단 보험사고가 발생하면 그 권리를 행사할 수 없다(제733조 제4항). 보험사고가 발생하면 보험수익자의 권리가 확정되기 때문이다.

2) 제한(피보험자의 동의)

타인의 사망보험에서 피보험자 이외의 제3자를 보험수익자로 지정변경할 때에는 피보험자의 서면에 의한 동의를 얻어야 한다(제734조 제2항). 따라서 타인의 생명보험계약에서 보험계약자가 보험수익자의 지정변경권을 행사함에 있어서 보험사고의 발생 이전에 피보험자의 동의를 얻지 못한 때에는 피보험자의 상속인 또

---

43) 양승규, 461면. 승계인은 보험수익자에 대하여 반드시 보험계약자와 같은 개인적 관계를 가졌다고 할 수 없으며, 또 보험계약자의 승계인이 보험료지급의무를 지므로 그 승계인에게 다시 보험수익자의 지정권을 인정하는 것은 합리적이라 할 수 있다는 근거를 든다. 정찬형, 770면은 제733조 제2항 단서를 근거로 든다.

는 이미 지정된 보험수익자가 보험계약상의 이익을 얻게 된다.[44] 또한 타인의 사망보험에서 피보험자의 동의로 일단 성립된 보험계약이라 하더라도 피보험자 이외의 자에게 보험수익자의 지위를 양도하는 경우 피보험자의 동의가 필요하다(제731조 제2항).

(5) 보험수익자와 상속

1) 피보험자를 보험수익자로 지정한 경우

피보험자를 보험수익자로 지정해 둔 경우, 피보험자의 사망으로 취득하는 보험금청구권이 상속재산에 포함될 수 있는지 여부에 대하여는 의문이 있을 수 있다. 왜냐하면 그의 사망을 조건으로 하여 보험금청구권이 발생하는 것이고, 그 조건이 성취된다는 뜻은 피보험자가 이미 권리능력을 상실한 경우에 해당하여 보험금청구권을 취득할 수 있는 지위에 있지 않기 때문이다. 하지만 피보험자와 보험수익자가 일치하는 경우 보험금청구권이 상속재산이 된다는 것이 통설이며 판례도 그러하다.[45]

2) 상속인을 보험수익자로 지정한 경우

① 상속인의 고유재산

보험수익자로 단지 '상속인'이라고만 추상적으로 기재된 경우 그 보험금청구권은 상속재산에 편입되는 것이 아니라, 상속인의 고유재산에 속한다. 판례도 이러한 입장을 취한다.[46] 피보험자를 보험수익자로 지정한 경우에는 사고발생시 그 보험금청구권이 피보험자의 상속재산에 편입되는 것이나, '상속인'을 보험수익자로 지정한 경우에는 상속인의 고유재산에 속하게 된다.

예컨대 甲이 乙과 혼인 중에 자신을 피보험자로 하는 사망보험계약을 체결하면서 자신을 보험수익자로 지정한 경우에는 사고발생시 보험금청구권은 甲의 상속재산에 편입되어 甲의 채권자는 그 보험금에 대하여 가압류 등의 조치를 취할 수 있다. 그러나 甲이 자신을 피보험자로 하는 사망보험계약을 체결하면서 '상속

---

44) 양승규, 462면.

45) 위 경우에는 상속재산으로 보는 것이 아직까지는 통설이라 할 수 있고(박세민, 934면 등), 대법원의 입장도 그와 같다. 대법원 2000. 10. 6. 선고 2000다38848 판결; 대법원 2002. 2. 8. 선고 2000다64502 판결 참조.

46) 대법원 2001. 12. 28. 선고 2000다31502 판결(생명보험의 보험계약자가 스스로를 피보험자로 하면서, 수익자는 만기까지 자신이 생존할 경우에는 자기 자신을, 자신이 사망한 경우에는 '상속인'이라고만 지정하고 그 피보험자가 사망하여 보험사고가 발생한 경우, 보험금청구권은 상속인들의 고유재산으로 보아야 할 것이고, 이를 상속재산이라 할 수 없다).

인'을 보험수익자로 지정한 경우(乙이 유일한 상속인이라 가정)에는 사고발생시 보험 금청구권은 乙의 고유재산이 되고 따라서 甲의 채권자는 그 보험금청구권에 대하여 아무런 권리행사를 하지 못한다.

② 보험사고 발생당시의 관계

만약 보험수익자를 '처' 또는 '상속인'으로 지정한 경우, 보험계약 체결시 및 존 속시의 '처' 또는 '상속인'이 아니라 보험사고시를 기준으로 판단한다. 즉, 甲이 乙과 혼인중에 '처'를 보험수익자로 하고 보험계약을 체결한 다음, 이혼하고 丙과 재 혼한 이후 甲이 사망하였다면, 보험수익자는 乙이 아니라 丙이 된다. 이는 보험계 약자의 지정변경권에서도 그 근거를 구할 수 있다.[47)]

③ 상속결격의 문제[48)]

민법 제1004조 본문에서는 "다음 각 호에 해당한 자는 상속인이 되지 못한다" 라고 하여, 문언상 결격자는 상속인이 아닌 것처럼 표현되어 있다. 따라서 이러한 표현 외에 상속결격의 소급효를 강조한다면, 상속결격자는 처음부터 상속인이 아 니었던 것이 되고 그를 제외한 나머지 공동상속인들이 보험사고 발생당시의 상속 인으로서 보험금 전액을 취득한다고 볼 여지도 있다. 이 점에 대하여 약관에는 "보험수익자가 고의로 피보험자를 해친 경우에는 보험금을 지급하지 않지만, 수익 자가 보험금의 일부 수익자인 경우에는 그 잔액을 다른 수익자에게 지급한다"는 규정이 있다. 이에 의하면 피보험자를 해친 상속인에 해당하는 만큼의 보험금액은 다른 공동상속인도 취득하지 못한다는 결과가 된다.[49)] 이러한 약관이 없더라도 상속결격에 소급효가 있다는 법리보다는 보험사고를 일으킨 자에게는 보험금이 지급되어서는 아니되고 보험자는 그만큼은 면책되어야 한다고 봄이 옳다. 결국 피 보험자를 사망에 이르게 한 자의 상속분만큼은 보험자가 면책된다고 해석한다.

개정상법도 위 해석론에 따른 것으로 파악하면 된다. 둘 이상의 보험수익자 중 일부가 고의로 피보험자를 사망하게 한 경우 보험자는 다른 보험수익자에 대한 보험금 지급 책임을 면하지 못한다(제732조의2 제2항)는 규정은 보험자의 일부 면 책을 규정하면서 다른 보험수익자의 보험금청구권에는 영향을 미치지 않는다는 것이다.

---

47) 임채웅, "생명보험의 수익자를 '상속인'으로 지정한 경우의 의미", 「대법원판례해설」 제38호, 법 원도서관, 2002, 357-362면.

48) 만약 보험계약자이자 보험수익자가 애초부터 피보험자를 해하여 보험금을 취득할 목적으로 보험 계약을 체결하였다면, 그 보험계약은 무효이다.

49) 대법원 2001. 12. 28. 선고 2000다31502 판결.

④ 보험금청구권의 비율

보험수익자를 '상속인'으로 지정하였고 상속인이 수인인 경우, 그 보험금청구권의 비율이 문제될 수 있다. 상속인이 수인이어도 보험금청구권은 상속재산이 아니라 고유재산에 속하는 까닭에 각자 균등한 비율에 따라 보험금청구권을 행사한다고 볼 여지도 있고, 보험계약자가 보험수익자를 상속인으로 지정한 것은 그 청구권의 비율도 상속분의 비율에 따르게 하려는 의사가 있는 것으로 볼 수도 있다. 판례는 이 경우 각 상속인은 그 상속분의 비율에 따라 보험금청구권을 가진다는 후자의 입장이다.[50] 판례가 타당하다.

그러나 보험수익자를 '상속인'이라고 추상적으로만 지정한 것이 아니라, 명시적으로 상속인 중 수인의 특정인을 지정한 경우에는 그 보험계약자의 의사에 따라 분배비율이 정해질 것이나, 만약 보험계약자가 분배비율을 정하지 않았다면 그 수인의 특정인이 각자 균등한 비율에 따라 보험금청구권을 가진다고 본다.

4. 보험계약자의 채권자 보호 및 상속 관련 쟁점

타인을 위한 생명보험계약에서 최근 부각되고 있는 주요한 쟁점이 보험계약자의 채권자 보호, 그리고 상속 또는 증여와의 관련이다. 보험계약자가 무자력이 된 경우 그 채권자 보호의 문제, 생명보험을 상속세 또는 증여세를 탈법적으로 악용할 수 있다는 쟁점이 제기되고 있고 이에 관한 판례들도 나오고 있다. 이러한 관점에서 타인을 위한 생명보험을 민법상 제3자를 위한 계약의 일종으로 파악하면서 보험계약자의 채권자 보호를 위하여 생명보험에의 가입을 책임재산 유출로 파악하려는 견해들이 민법학자에 의하여 제기되고 있다. 하지만 그와 정반대로, 보험계약자가 자신의 사망 이후 유가족들이 겪을 수 있는 경제적 어려움에 대비하기 위하여 생명보험에 가입한다는 취지를 살려 보험수익자 또는 상속인의 보호를 위한 법리를 확립하고 보강하여야 한다는 견해도 있다.

(1) 보험계약의 실질에 주목하는 견해

타인을 위한 생명보험계약에서 보험계약자의 채권자와 보험수익자의 이해관계

---

50) 대법원 2017. 12. 22. 선고 2015다236820,236837 판결(상해의 결과로 피보험자가 사망한 때에 사망보험금이 지급되는 상해보험에서 보험계약자가 보험수익자를 단지 피보험자의 '법정상속인'이라고만 지정한 경우, 특별한 사정이 없는 한 그와 같은 지정에는 장차 상속인이 취득할 보험금청구권의 비율을 상속분에 의하도록 하는 취지가 포함되어 있다고 해석함이 타당하다. 따라서 보험수익자인 상속인이 여러 명인 경우, 각 상속인은 특별한 사정이 없는 한 자신의 상속분에 상응하는 범위 내에서 보험자에 대하여 보험금을 청구할 수 있다); 대법원 2001. 12. 28. 선고 2000다31502 판결.

조정의 관점에서 살피는 견해들이 있다.[51] 그중 보험계약자가 무자력인 상태에서 재산을 출연하여 보험수익자에게 보험금을 수취하게 한다면 이는 보험계약자의 채권자에게는 상당한 불이익이 될 수 있다는 주장이 제기된다.[52] 대상판결도 이 쟁점을 풀이한 것으로서, 타인을 위한 보험계약의 성질이나 법률관계가 그 중심에 자리 잡고 있다. 그런데 세법은 사법상의 법리와 그 적용을 달리하는 규정들을 두고 있다.

(2) 세법상의 쟁점

1) 상속세 및 증여세법의 규정

상속세 및 증여세법 제8조는 제1항에서 "피상속인의 사망으로 인하여 지급받는 생명보험 또는 손해보험의 보험금으로서 피상속인이 보험계약자가 된 보험계약에 의하여 지급받는 것은 이를 상속재산으로 본다."고 규정하고, 제2항에서 "보험계약자가 피상속인 외의 자인 경우에도 피상속인이 실질적으로 보험료를 지불하였을 때에는 피상속인을 보험계약자로 보아 제1항의 규정을 적용한다."고 규정한다. 또한 동법 제34조에 의하면 보험사고가 발생하면 보험사고 발생일을 증여일로 보아 증여세를 과세한다.[53] 보험료를 납입한 보험계약자를 보험계약에 관한 권리의 보유자로 보고, 보험료를 납입한 보험계약자와 보험수익자가 다른 경우 보험수익자의 보험금청구권에 대하여 과세한다.

판례는 사망이라는 보험사고 발생시 보험수익자의 보험금청구권이 상속인의 고유재산에 속한다고 하면서도, 상속세 및 증여세법상 재산의 성격을 판단한 때에는 실질과세의 원칙 및 과세형평을 관철하기 위한 규정으로서 보험료의 납부 주체를 확인하고, 상속재산 여부를 판단하여 그 결과 사건의 보험금을 상속재산으로 보아 조세부과 처분은 적법하다고 판시한다.[54]

2) 세법상 실질과세의 원칙

세법과 사법은 각자가 추구하는 입법 취지 등에 차이가 있어 해결 방법이 반드시 동일하지는 않다.[55] 세법이 추구하는 공평 과세와 실질 과세의 원칙은 상법

51) 최준규, "생명보험수익자의 법적 지위 - 수익자에 대한 채권자취소권 및 부인권 행사와 관련하여", 『사법』 제44호, 사법발전재단, 2018.
52) 최준규, 위의 논문, 370면 등.
53) 동 규정은 "보험금 수령인과 보험료 납부자가 다른 경우 보험금 수령인이 아닌 자가 납부한 보험료 납부액에 대한 보험금 상당액"을 증여재산의 가액으로 하여 세금을 부과한다.
54) 대법원 2007. 11. 30. 선고 2005두5529 판결.
55) 이동식, "사법질서의 세법에서의 의미", 『공법연구』 제31집 제2호, 한국공법학회, 2002, 461-477면.

이나 민법에서의 법적 성질을 고려할 뿐이지 그에 의하여 결정된다는 것을 의미하는 것이 아니다. 민상법의 사법 원칙과 세법의 원칙이 서로 다르다면, 같은 법률행위에 대하여 세법과 민상법의 사법은 서로 다른 방식으로 취급할 수 있다. 따라서 세법상의 과세 대상을 정함에 있어 사법상 거래방식에 따른 법적 성질에 의하여 결정된다고 볼 수 없다. 동일한 논리에 의하여 세법상 과세처분의 대상이 되는 행위라 하더라도, 그 이유만으로 사법상의 효력이 무효로 되는 것도 아니다. 세법상 과세 대상이 되는 행위에 대하여는 세법상 조정과 처분이 필요한 것으로서, 세법상 과세 대상이 된다고 하여 사법상 효력에 영향을 미치지는 않는다.[56]

판례도 마찬가지이다. 판례는 "보험수익자의 지위에서 보험자에 대하여 가지는 보험금지급청구권은 상속재산이 아니라 상속인의 고유재산이라 할 것이나, 상속세 및 증여세법 제8조 규정은, 상속세 과세대상이 되는 본래 의미의 상속재산 즉, 상속 또는 유증이나 사인증여에 의하여 취득한 재산은 아니라고 하더라도 실질적으로는 상속이나 유증 등에 의하여 재산을 취득한 것과 동일하게 볼 수 있는 보험금의 경우에 상속세를 부과하기 위한 것으로서 실질과세의 원칙 및 과세형평을 관철하기 위한 규정이라 할 것이고, 위 규정이 재산권의 본질적인 내용을 침해하는 것도 아니므로, 헌법상 재산권보장의 원칙에 반한다거나 실질적 조세법률주의에 위배된다고 볼 수 없다"고 하였다.[57]

3) 세법상 실질과세의 평가기준

세법은 공평 과세와 실질 과세의 원칙에서 그 경제적 결과물이 같으면 동일 과세를 하는 것이 타당하다. 이러한 입장에서 판례의 입장에 동의한다. 다만 세법의 관점에서도 그 실질에 대한 평가를 함에 있어서 보다 면밀한 평가가 요구된다. 법률 규정의 해석과 관련 행위의 판단에 있어, 각각 구체적 제반 사정을 참작하고 그 주관적 의도 등을 명확하게 파악하도록 노력하여야 한다. 이 점에서 보험금청구권에 대하여 유류분권리자에 손해를 가할 것을 알고 이루어졌어야 유류분 산정의 기초재산에 포함되는 증여가 있었다고 볼 수 있다는 판결은[58] 설득력이 있다.

---

56) 임승순, 『조세법』, 박영사, 2001, 645면.
57) 대법원 2007. 11. 30. 선고 2005두5529 판결 등.
58) 대법원 2022. 8. 11. 선고 2020다247428 판결.

(3) 보험계약자의 채권자 권리를 강조하는 견해

1) 의 의

이 견해는 보험계약자의 채권자와 보험수익자의 이해조정을 내세우나, 필자의 판단으로는 보험계약자의 채권자 권리를 상대적으로 강조하는 견해로 파악된다. 이 견해는 "보험계약자와 수익자 사이의 대가관계에서는 보험계약자가 수익자에게 수익권을 간접적으로 무상출연한 것이다. 이러한 간접출연은 채권자취소권·부인권 행사국면에서는 법률관계의 실질을 고려해, 직접출연과 마찬가지로 취급함이 타당하다"고 하면서 보험계약자의 채권자는 보험수익자에게 채권자취소권 등을 행사하여 보험금 반환을 청구할 수 있으며, 보험수익자의 보험금청구권은 '책임법적 의미에서의 상속재산'이라고도 표현한다. 그리고 이 견해는 타인을 위한 생명보험계약을 제3자를 위한 계약의 일종으로 파악하면서 기본적으로는 민법 이론에 바탕을 둔다.

필자는 이미 타인을 위한 보험계약을 민법상 제3자를 위한 계약의 일종으로 보는 견해를 비판하였다.[59] 양자는 그 차이점이 너무나 많고 그렇게 파악하는 경우 적용법조의 혼란만 초래한다. 타인을 위한 보험계약의 법적 성질을 군이 따져야 한다면 상법상 특수한 계약으로 분류하여야 한다.[60]

2) 타인을 위한 보험계약이 민법상 제3자를 위한 계약에 해당하는지 여부

채권자 보호를 강조하는 견해는 타인을 위한 생명보험계약을 제3자를 위한 계약의 일종으로 이해하면서 다음과 같이 주장한다. "채무자가 제3자를 위한 계약이라는 법형식을 동원하여 마법을 부릴 수 있는 자유는, 채무자가 무자력인 상황이라면 일반채권자들을 위해 제한될 수 있어야 한다. 채무자가 일반채권자들의 동의 없이 일방적으로 행동할 수 있는 자유는, 채무자가 무자력이라면 일반채권자들과의 관계에서 더 이상 충분히 존중될 수 없다." 그러나 이는 옳은 주장이 아니라 본다. 이러한 주장은 상법이 생명보험계약을 규정하는 입법 취지와 반한다. 생명보험은 국민의 경제생활의 사적 보장의 중심을 이루는 것으로, 피보험자 내지 보험수익자의 노후 생활과 수입 보장을 위하여 또는 피보험자가 사망하는 경우 그 유족의 경제생활 보장을 위한 것이다.[61] 생명보험계약에서 피보험자가 일정 기간

---

59) 장덕조, "타인을 위한 보험계약과 민법상 제3자를 위한 계약, 그리고 부당이득반환청구권", 『선진상사법률』 제86호, 2019, 121－143면.
60) 장덕조, 위의 논문.
61) 양승규, 426면.

생존하면 만기보험금의 지급을 받고, 사망하면 유족이 사망보험금을 받는 것이 주된 내용이다.[62] 그런데 <u>타인을 위한 생명보험계약을 체결하는 보험계약자가 보험수익자의 지정변경권을 행사함에 있어서 일반채권자들의 동의를 얻어야 한다는 주장은 수용하기 어려운 것이다.</u>

필자는 민법상의 제3자를 위한 계약(전자)과 보험법상 제3자를 위한 보험계약(후자)은 차이점들에 대하여 상세하게 지적하였지만,[63] 다음에서 간략히 그 근거를 기술한다. 첫째, 민법상 제3자를 위한 계약과 상법상 타인을 위한 보험계약은 상당한 차이점들이 있다. ① 전자에서는 낙약자와 요약자 사이의 기본관계, 요약자와 제3자 사이의 대가관계, 그리고 낙약자와 제3자 사이의 급부관계가 있으나, 후자에서는 보험계약자와 보험수익자 사이의 관계에서는 아무런 대가가 형성되지 않는 것이 일반적이고, ② 전자의 경우 제3자가 급부청구권을 취득하고 요약자가 취득하지 않지만, 후자의 경우 법률의 규정에 의하여 요약자에 해당하는 보험계약자가 2차적으로 보험금청구권을 취득하고(제639조 제2항), ③ 전자와 달리, 후자에서는 타인인 피보험자나 보험수익자가 보험료지급의무를 부담하는 경우에 대하여 법률이 규정하고 있고(제639조 제3항), ④ 전자[64]와 달리, 후자의 경우에는 보험계약자가 고지의무 등을 위반하거나, 최초보험료 등을 지급하지 아니한 경우 보험자는 보험수익자에 대하여 보험금지급을 거절할 수 있고, ⑤ 전자와 달리 후자에서는 보험수익자의 동의가 있거나 또는 보험계약자가 보험증권을 소지하고 있는 경우에 한하여 보험계약을 해지할 수(제649조 제1항 단서) 있는 등 여러 차이가 있다. 둘째, 상법은 타인을 위한 보험계약에 대하여 상세한 규정을 가지고 있어, 민법상 제3자를 위한 계약의 규정이나 법적 성질을 원용할 필요도 없다. 셋째, 또한 민법과 상법의 조화로운 해석이 난해한 법률 규정들이 있어, 타인을 위한 보험계약을 민법상 제3자를 위한 계약으로 파악하면, 오히려 불필요한 논쟁이 지속될 수 있다.

(4) 보험계약자의 채권자 권리를 강조하는 견해에 대한 비판

1) 생명보험 제도는 보험계약자의 책임재산 은닉·강제집행 면탈의 수단으로 악용될 수 있다는 주장에 대하여

이 견해는 "'보험사고 발생 전에 보험금이 한 번도 채무자의 책임재산에 속한

---

62) 양승규, 426면.
63) 장덕조, 앞의 논문, 135－137면에서 상세히 기술.
64) 대법원 2003. 12. 11. 선고 2003다49771 판결.

적이 없었다고 해서 보험수익자의 손을 들어주면, -(중략)- 생명보험 제도는 보험계약자의 책임재산 은닉·강제집행 면탈의 수단으로 악용될 수 있다"고 한다.[65] 생명보험에서 피보험자의 사망이라는 보험사고가 발생하였고, 보험수익자의 보험금청구권이 확정되었다. 그런데 이 견해는 보험수익자의 권리가 발생하였음에도 불구하고 그 권리가 보험계약자인 채무자의 책임재산으로 편입될 수 있다고 전제하면서, 보험수익자가 가지는 보험금청구권에 대하여도 보험계약자의 채권자가 채권자취소권 등을 행사할 수 있다는 것이나, 이는 타당하지 않다.

첫째, 그 전제하는 법률관계 자체가 타당하지 않다. 보험수익자는 보험계약자의 채권자가 아니라 보험회사 즉, 보험자의 채권자이다. 보험수익자의 권리가 확정된 이후 그 채무자에 대한 채권자취소권 또는 부인권 등이 문제된다면, 그것은 보험자의 채권자와의 관계이지 보험계약자의 채권자와의 관계가 아니다.

둘째, 이미 발생한 보험수익자의 권리를 보험계약자의 책임재산 은닉 수단으로 악용될 수 있다는 이유로 기발생한 보험금청구권을 무효로 하거나 부정하는 것은 법적 안정성 차원에서 옳지 않다. 보험사기와 관련하여 다수의 보험계약을 체결하여 보험금을 부정취득하는 경우 그 계약을 무효로 하려면 엄격한 요건하에 민법 제103조 위반에 해당한다는 점을 증명하여만 한다. 그런데도 보험계약자의 채권자가 변제를 받지 못하였다는 이유로 보험수익자의 권리를 부정하는 것은 기본적 법리에 맞지 아니한다.

결과적으로, 보장성 보험이 아니라 저축성 보험이라 하더라도 보험계약자가 무자력이라는 이유만으로 그의 채권자와 보험수익자를 동등한 지위에 두는 것은 타당하지 않다.

2) 보험금청구권이 보험계약자의 재산적 희생하에 발생한 결과물이라는 주장에 대하여

이 견해는 "보험계약자의 재산적 희생하에 발생한 결과물이다. 보험계약자의 채권자들이 공취할 수 있었던 책임재산으로부터 발생한 과실(果實)에 대해서는, 보험계약자의 채권자들에게 일정한 권리가 부여되는 것이 공평하다"고 주장한다.[66] 또한 "기존채무 변제 등의 목적으로 보험금을 수령한 경우에도, 보험금 자체를 반환하게 하는 것이 채권자 평등원칙에 부합한다"[67]는 주장도 그러하다.

첫째, 이 주장은 타인을 위한 생명보험계약의 기본적 취지에 반할 수 있다. 타

---

65) 최준규, 앞의 논문, 392면.
66) 최준규, 위의 논문, 390면.
67) 최준규, 위의 논문, 392면.

인을 위한 생명보험계약은 보험계약자가 생활공동체로서의 상속인이나 유가족들의 경제적 안정을 위한 것이 일반적이다. 보험계약자가 납입한 보험료는 그에 갈음하여 경제공동체에 해당하는 보험수익자이자 유가족들의 생활비로 사용되었을 수도 있었으므로, 그 보험료가 "보험계약자의 재산적 희생하에 발생한 결과물"이라는 인식은 단견이다. 보험계약자가 납부한 보험료가 상속인인 보험수익자의 의료비 및 교육비 등으로 지출될 수 있었다.

둘째, 보험사고가 발생하면 보험금청구에 대한 채무자는 보험자이고, 보험사고 발생 이전이라도 해지로 인한 보험료반환청구권에 대한 채무자 또한 보험자이다. 그런데 보험계약자의 채권자와 보험수익자 사이의 채권자평등에 근거하는 것은 기본적 법률관계와 맞지 아니한다는 비판을 면하기 어렵다.

3) "통상 보험수익자는 보험계약자와의 대가관계에서 무상출연을 받았다고 평가할 수 있는 경우가 많으므로, 보험수익자의 보험금 수령에 대한 신뢰는 보호가치가 높지 않다"는 주장에 대하여[68]

첫째, 타인을 위한 생명보험계약을 제3자를 위한 계약으로 보는 논리 구성이다. 그러나 위에서 비판한 바와 같이 타인을 위한 보험계약을 민법상 제3자를 위한 계약의 틀에 맞출 필요가 없다.[69]

둘째, 이 견해는 제3자를 위한 계약으로 보는 결과 보험수익자와 보험계약자의 관계를 '대가관계'라는 용어를 사용한다. 그런데 보험계약 관계에서의 대가관계 또는 쌍무관계라는 용어는 보험계약자가 보험료를 납부하고 보험자는 보험금을 지급할 것을 약정(제638조)한다는 뜻으로 사용한다. 타인을 위한 생명보험계약을 제3자를 위한 계약으로 분류하면서 상법에서의 기본적 용어를 다른 의미로 사용하는 점에 대하여는 검토가 필요하다.

셋째, 보험수익자는 일반적으로 보험계약자의 상속인이고 이들은 생계를 같이 하는 경제적 공동체나 가족이 보통이다. 따라서 일반적으로 보험계약자인 부모가 보험수익자인 자식들을 교육하고 양육하는 등의 행위를 무상출연이라고 하는 표현도 적절하지 않고, 그 신뢰를 보호할 가치가 높지 않다는 주장도 건전한 상식에 부합하는 것인지 의문이다.

4) 생명보험금을 '횡재한 것이다'라는 표현에 대하여

이 견해는 "생명보험 제도를 이용하여 발생한 '횡재'에 대한 권원(entitlement)

---

68) 최준규, 위의 논문, 392면.
69) 장덕조, 앞의 논문, 140면. 김성태, 343면.

은 - 복권을 산 사람이 복권당첨금을 갖는 것처럼 - 그 횡재를 발생시킨 원천모체(源泉母體)에 귀속됨이 타당하다. 또한 이러한 횡재는 보험계약자인 채무자의 책임재산을 활용하여 발생한 수익으로 볼 수도 있다.”고 주장한다. 하지만 이 주장은 생명보험의 존재 의의를 무시하거나 무력화하는 것이다. 가장이 유가족의 경제적 안정을 위하여 생명보험에 가입한 이후, 그 가장의 사망으로 유가족이 보험금을 수령하는 것을 횡재로 표현하는 것은 수긍하기 어렵다.

5) 소 결

보험계약자의 채권자 보호를 강조하는 견해는 타인을 위한 생명보험계약을 민법상 제3자를 위한 계약의 일종으로 파악하면서, 보험수익자가 보험계약자의 채권자라는 전제하에 논리를 전개하고 있으나, 이는 기본적 법리와 배치되는 옳지 않은 주장이다. 타인을 위한 생명보험의 경우, 보험수익자는 보험계약자에 대한 채권자가 아니고, 보험수익자의 채무자는 보험계약자가 아니라 보험자이다. 이 점에서 보험계약자의 채권자와 보험수익자들 사이의 채권자평등의 원칙을 논할 수는 없는 일이다. 일반적으로 피상속인인 보험계약자와 상속인인 보험수익자가 채권채무관계에 있는 것도 아니어서, 이 견해는 생명보험의 기본 취지에 대한 오해에서 비롯된 것으로 판단된다.

(5) 생명보험의 의의에 기초한 보험수익자 보호

1) 보험수익자 보호의 강화를 주장하는 견해[70]

보험수익자 보호를 보다 강화하여야 한다고 주장하는 견해는 타인을 위한 생명보험계약의 존재 의의와 사회적 기능을 중요시하며, 독일법과 일본법의 시사점을 내세우고 우리 법에서도 보험수익자의 지위 향상을 입법적 개선이 필요하다고 한다.[71] 가장인 보험계약자이자 피보험자의 사망으로 보험수익자의 보험금청구권이 발생하였음에도 불구하고 보험계약자의 채권자가 보험계약상 권리를 압류하거나 채권자대위권을 행사하는 경우, 유족의 경제생활 안정이라는 생명보험의 존재 의의 및 기능과 반할 수 있다고 본다.[72]

2) 외국의 입법례

독일은 철회불능의 수익자 권리와 개입권 제도를 가지고 있다. 즉 독일보험계

---

70) 정진옥, “타인을 위한 생명보험계약에서 이해관계조정”, 『사법』 제20호, 사법발전재단, 2012.
71) 정진옥, 위의 논문, 116면.
72) 정진옥, 위의 논문, 110면.

약법 제159조는 우리와 같이 "보험계약자가 일방적 의사표시로서 보험수익자를 지정 또는 변경할 권한이 있다"라고 규정하면서도 유족 보호를 위하여 "철회불능의 수익자로 지정된 제3자는 보험급부청구권을 확정적으로 취득한다"라고 규정하고 있다(동법 제159조 제3항). 개입권의 구체적 내용을 살펴보면, 독일보험계약법 제170조는 "보험금청구권에 압류 또는 강제집행이 실행되거나 또는 보험계약자의 파산이 개시된 경우 보험수익자는 보험계약자 동의를 얻어 보험계약상의 보험계약자의 지위에 개입할 수 있고, 그때 보험수익자는 보험계약해지시 보험계약자가 청구할 수 있는 금액을 변제하여야 한다"라고 규정하고 있다(동법 제170조 제1항). 그리고 "보험수익자가 지정되지 않은 경우에는 보험계약자의 배우자 또는 사실혼 배우자 및 직계비속에게 동일한 권리가 귀속된다"라고 규정하고 있다(동법 제170조 제2항).

일본 보험법은 보험수익자지정과 관련하여, 제72조에서 보험사고 발생 이전의 보험계약자 지정변경권을 인정하고, 또한 제47조에서는 '보험급부를 청구할 수 있는 권리'의 양도라고 표현하면서, 개입권을 인정한다. 보험계약자의 압류채권자나 파산관재인 등에 의한 보험계약해제의 효력발생 시기를 보험자가 통지받은 때로부터 1개월이 경과한 시점으로 하고, 해당 기간 내에 피보험자의 친족인 보험수익자가 일정한 요건을 이행하는 경우 보험계약 해제를 부정하여 보험계약을 존속시키는 제도를 마련하고 있다.

3) 우리나라의 약관과 법률 규정 등

첫째, 생명보험 약관의 특별부활권이다. 생명보험 표준약관 제14조는 보험계약자의 해지환급금청구권에 대한 강제집행 등으로 계약이 해지된 경우 일정한 절차를 거쳐 제3자인 보험수익자가 보험계약을 부활시킬 수 있는 권리를 인정한다.

둘째, 민사집행법 제246조 제1항 제7호는 "생명, 상해, 질병, 사고 등을 원인으로 채무자가 지급받는 보장성보험의 보험금(해약환급 및 만기환급금 포함)"을 압류금지채권으로 규정하고 있다. 즉 보장성 보험의 경우, 보험계약자의 채권자가 계약을 해지하여 해약환급금을 책임재산으로 확보하는 것이 불가능하다(민사집행법 제246조 제1항 제7호, 민사집행법 시행령 제6조 제1항 제3호[73]). 이는 채권자가 보장성 보험계약을 해지한 후 채권을 회수하는 것이 보험수익자에게 가혹하고, 도덕적 비난의 여지가 많으며, 보험계약 해지로 인하여 등 중병 등을 치료 중인 자가 보험금인 병원 치료비까지 받지 못하는 것은 생계를 위협할 수도 있다는 점에 근

---

73) 2011. 7. 1. 대통령령 제23004호로 규정.

거한다.

(6) 이해관계의 조정 및 보험수익자 보호

1) 보장성 보험 등

보험수익자와 보험계약자의 채권자 사이의 이해관계 조정은 필요하고, 먼저 법률 규정이나 약관에 기초하여야 한다. 그런데 관련 입법이 없는 경우의 해석시 생명보험의 기본적 의의와 보험수익자 보호를 중요한 가치로 삼아야 한다. 그리고 다음의 기준들을 고려해야 한다.

첫째, 저축성 보험과 보장성 보험에 대한 차등적 해석이 필요하다. 저축성 보험에 비하여 보장성 보험에서는 보험수익자 보호가 보다 요구된다. 이 경우 보험사고가 발생한다면 실질적으로도 보험으로 판단하여 보험수익자를 보호하여야 한다. 이 경우 보험계약자의 채권자 보호는 그다지 고려할 바가 되지 못한다.

둘째, 보험수익자가 상속인 또는 동거하는 가족 등 생계를 같이 하는 가족으로 지정된 경우 보험수익자 보호가 보다 요구된다. 동거하는 가족 등이 보험수익자로 지정된 보장성 보험의 경우라면 생명보험 본래의 취지대로 해석하는 것이 옳다. 만약 전혀 가족이 아니고 경제적 공동체도 아닌 제3자를 보험수익자로 지정한 경우라면 보험계약자의 채권자 보호 문제가 대두될 소지가 크다.

셋째, 제반 사정에 대한 고려 및 검토가 필요하다. 납부하는 보험료 규모, 보험금 총액, 보험가입 건수, 그리고 다수의 보험 가입에 대한 합리적 이유 등이 중요한 고려의 대상이 된다. 보험계약자가 자신의 수입에 비하여 지나치게 거액의 보험료를 납부하는 경우, 단기에 집중적으로 여러 보험에 가입하는 경우, 다수의 보험에 가입할 합리적인 이유가 부족한 경우, 또는 보험금 총액이 지나치게 많아 그 상당성을 일탈하는 경우 등에는 채권자를 해치려는 보험계약자의 악의를 의심할 수 있겠다. 이런 경우라면 보험계약자 채권자의 보호를 위하여 상속재산으로 해석하게 될 개연성이 높다.

2) 채권자취소권 등의 행사 가능성

보험계약자의 채권자 이익도 보호하여야 한다면서 보험금 또는 보험료가 채권자취소권의 행사 대상이 될 수 있다는 주장을 일반적 법리로 수용하기는 어렵다. 만약 보험계약자가 생명보험에 가입하면서 보험료를 납부하는 행위가 채권자를 해침을 알면서 일반재산을 감소시키는 것이라면, 그 채권자는 민법 제406조에 의하여 해의 등 관련 요건을 입증하여 채권자취소권을 행사하면 된다. 하지만 보험계약자가 단순히 무자력이라는 이유만을 강조하면서 채권자 보호를 강조하는 주장은 옳지 않다. 보험계약자가 생명보험계약 체결시에는 자력이 없다 하더라도 성실한 노력으로 재산을 축적하여 채무를 변제하는 것도 충분히 가능하기 때문이다.

3) 판 례

최근 이 쟁점을 다룬 대법원 판결[74]이 있었다. 대법원은 피고들이 이 사건 보험계약에 따라 수령한 사망보험금은 상속재산이라는 원심 판결을 파기하면서, 생명보험의 보험계약자가 자신이 사망할 때의 보험수익자로 상속인을 지정한 후 그 피보험자가 사망하여 보험사고가 발생한 경우, 이에 따른 보험금청구권은 상속인들의 고유재산으로 보아야 하고 이를 상속재산이라고 할 수는 없다고 하면서, 상속인들은 보험수익자의 지위에서 보험자에 대하여 보험금 지급을 청구할 수 있고 이러한 권리는 보험계약의 효력으로 당연히 생기는 것이기 때문이라고 하였다.

5. 보험계약자의 지위변경

(1) 법률과 약관

보험계약자 변경에 관한 상법규정은 없다. 다만 타인의 생명보험계약의 경우 보험계약으로 인하여 생긴 권리를 피보험자 아닌 자에게 양도하는 경우 타인의 서면동의를 얻도록 하고 있으나(제731조), 보험계약자 지위변경을 전면적으로 규정한 조항은 아니다. 실무 약관은 보험계약자를 변경하는 경우 일반적으로 보험자의 승낙을 요구하고 있다.

(2) 보험자 승낙의 효력

보험계약자 변경시 보험자의 승낙을 요건으로 하는 약관 규정이 있음에도 불구하고 그 승낙을 얻지 않은 경우, 보험자에 대한 일방적 의사표시만으로 보험계약자의 지위를 이전할 수는 없다는 것이 판례[75]이다. 판례는 그 근거에 대하여, 보험계약자의 신용도나 채무 이행능력은 계약의 기초가 되는 중요한 요소일 뿐만 아니라 보험계약자는 보험수익자를 지정·변경할 수 있고(제733조), 보험계약자와 피보험자가 일치하지 않는 타인의 생명보험에 대해서는 피보험자의 서면동의가 필요한 바(제731조 제1항, 제734조 제2항), 보험계약자의 지위변경은 피보험자와 보험수익자 사이의 이해관계나 보험사고 위험의 재평가, 보험계약의 유지 여부 등에

---

74) 대법원 2023. 6. 29. 선고 2019다300934 판결.
75) 대법원 2018. 7. 12. 선고 2017다235647 판결.

영향을 줄 수 있기 때문에 보험계약자 지위변경에 보험자의 승낙을 요구하였다는 것이다. 나아가 유언으로 수증자에게 일정한 재산을 무상으로 주기로 하는 단독행위로서의 유증에 따라 보험계약자의 지위를 이전하는 데에도 보험자의 승낙이 필요하다고 판시한다.76)

그런데 실무에서 사용되는 약관은 보험자가 어떤 경우에 승낙을 거부할 수 있는지에 대한 규정은 없고, 그 승낙 여부가 보험자의 재량에 맡겨져 있는 실정이다. 그렇다면 보험계약의 당사자인 보험자가 언제나 그 승낙을 거부할 수 있는가? 궁박한 상태의 보험계약자가 불공정한 거래를 할 위험 등이 있다는 점도 고려해야겠으나, 보험수익자의 지정·변경에 있어서는 보험계약자의 일방적 의사표시만으로 가능(제733조)하다는 것과 비교하여 보면, 보험계약자의 권리에 대한 부당한 제한이 될 수도 있다. 생명보험 매수제도가 존재하는 국가도 있고 우리나라에서도 그 도입을 주장하는 견해도 있어, 이에 관한 보다 적극적 검토가 필요하다.

제5 생명보험계약의 효과

1. 보험금지급의무

(1) 지급방식

보험자는 보험사고가 생길 경우에 약정한 보험금액을 지급할 책임이 있다(제730조). 보험기간 종료시까지 피보험자가 생존한 경우에는 사망보험의 보험자는 보험금지급의무가 없고, 생존보험의 보험자는 보험금지급의무가 발생한다. 보험금의 지급방법은 일시금의 방법과 분할하여 지급하는 방법이 있다(제735조의2).

(2) 면책사유

1) 면책사유의 제한(중과실 사고의 보상)

보험법 통칙 제660조의 면책사유 이외에도 제659조의 인위적 사고의 규정은 인보험에서는 다르게 적용된다. 즉 사망을 보험사고로 한 보험계약에는 사고가 보험계약자 또는 피보험자나 보험수익자의 중대한 과실로 인하여 생긴 경우에도 보험자는 보험금액을 지급할 책임을 면하지 못한다(제732조의2). 이 규정은 보험수익자를 보호하기 위한 것으로 제739조에 의하여 상해보험에도 준용된다. 인보험에

---

76) 대법원 2018. 7. 12. 선고 2017다235647 판결.

서는 고의만 면책되고 중대한 과실의 경우는 면책되지 않는다. 사망을 보험사고로 하는 보험계약에서 자살을 보험자의 면책사유로 규정하고 있는 경우에도 피보험자가 정신질환 등으로 자유로운 의사결정을 할 수 없는 상태에서 사망의 결과를 발생하게 한 경우까지 포함하는 것은 아니므로, 피보험자가 자유로운 의사결정을 할 수 없는 상태에서 사망의 결과를 발생하게 한 직접적인 원인행위가 외래의 요인에 의한 것이라면, 그 사망은 피보험자의 고의에 의하지 않은 우발적인 사고로서 보험사고인 사망에 해당할 수 있다.[77)]

상법은 둘 이상의 보험수익자 중 일부가 고의로 피보험자를 사망하게 한 경우 보험자는 다른 보험수익자에 대한 보험금 지급 책임을 면하지 못한다고 규정한다(제732조의2 제2항). 수인의 보험수익자가 있는 경우 그중 일부가 고의로 피보험자를 사망하게 한 경우라면 다른 보험수익자는 보험금청구권을 여전히 가진다는 것이다.

2) 음주운전 면책약관과 무면허운전 면책약관

판례는 먼저 무면허운전 면책약관이 한정적 무효라는 판결을 한 이후, 동일한 논리로 음주운전 면책약관도 한정적 무효라는 판결을 하였다.[78)] 그러나 판례의 입장에 대하여는 지금도 논란이 끊이지 않고 있다. 판례를 비판하는 입장에서는 음주운전은 도로교통의 안전을 해치는 대형사고의 원인이 되고 선량한 사회질서에 어긋나는 중대한 범죄행위로서 당사자의 선의성, 윤리성에도 반하는 것이라 한다. 하지만 이러한 비판에도 불구하고 대법원은 그 입장을 유지하고 있으며[79)] 결국 실무상 표준약관이 일부 변경되었다. 그 이후에도 상법의 개정을 통하여 음주운전과 무면허운전의 경우 보험자가 면책되도록 하자는 입법론이 꾸준히 제기되고 있다.

상법 규정의 문리해석만 놓고 본다면 판례의 입장을 수긍하지 못할 바는 아니나, 그렇다고 하여 판례가 정당한 것으로 볼 수는 없다. 그 근거들을 보면 다음과 같다. (i) 비교법적으로도 이러한 면책사유가 통용되고 있다. (ii) 보험자가 영업상 명시적으로 담보하지 않기로 한 위험을 사후적으로 법원이 문제삼는 것은 타당하지 않다. (iii) 음주운전과 무면허운전의 경우 사고발생의 위험이 증가하는 것이

분명함에도 기타 사고발생의 위험이 높아 약관상 면책사유로 규정된 전문등반・
스카이다이빙・스쿠버다이빙 등의 면책사유에 대하여는 문제삼지 않는 것과의 형
평성 문제이다. 오히려 음주운전이나 무면허운전은 사회질서에 반하는 위법적인
행위이기도 하다. (iv) 피해자 보호와 관련한 책임보험이 아님에도 불구하고 도덕
적 위험의 발생소지가 초래되는 범죄행위에 대하여도 보상을 한다는 점이다. (v)
또한 판례는 상법 제659조 고의의 해석을 민법과 같이 하고 있다. 이러한 해석에
의하면, 무면허운전이나 음주운전의 경우 운전자가 운전능력이나 정상적 판단능력
이 결여된 상태이기 때문에 그 원인되는 행위를 할 당시 교통사고를 일으켜 자신
의 신체나 생명을 위태롭게 할 수 있다는 것을 충분히 예견할 수 있다는 점에서
고의가 있다고 볼 수 있다.

3) 안전띠 미착용 면책약관

판례는 안전띠 미착용시 보험약관에는 자기신체사고보상액에서 일부의 금액을
공제한다는 안전띠 미착용 감액약관의 경우에도 같은 논리에 의하여 한정적 무효
로 보았다.[80] 보험사고 발생 시의 상황에 있어 피보험자에게 안전띠 미착용 등
법령위반의 사유가 존재하는 경우를 보험자의 면책사유로 약관에 정한 경우에도
그러한 법령위반행위가 보험사고의 발생원인으로서 고의에 의한 것이라고 평가될
정도에 이르지 아니하는 한 위 상법 규정들에 반하여 무효라고 한 것이다.

4) 불가쟁조항

보험실무에서는 보험자의 책임개시일로부터 일정기간이 지나면 피보험자가 자
살한 경우에도 보험자는 보상을 하는 것으로 정하고 있고, 이러한 약정은 그 효
력이 인정된다.

(3) 정신질환 면책약관과 관련 논의

1) 약관 규정

인보험약관에서는 일반적으로 보상하지 않는 손해로서 피보험자의 고의, 피보
험자의 자해, 자살, 자살미수, 형법상의 범죄행위 또는 폭력행위, 피보험자의 질병
또는 심신상실, 피보험자의 정신질환으로 인한 상해 등을 열거하고 있다. 정신질
환 면책약관은 피보험자가 정신질환 상태에서의 상해이므로 보험자가 면책이라는
것이나, 그 유효성이 문제되고 있다.

이에 대하여는 피보험자가 자유로운 의사결정을 할 수 없는 상태에서 사망의

---

80) 대법원 2014. 9. 4. 선고 2012다204808 판결.

결과를 발생케 한 직접적인 원인행위가 외래의 요인에 의한 것이라면, 그 사망은 피보험자의 고의에 의하지 않은 우발적인 사고로서 보험사고인 사망에 해당하는 것으로, 정신질환을 면책으로 정해두는 것은 고객에게 부당하게 불리하여 공정성을 잃은 조항이라고 할 수 있다. 그러나 판례[81]는 정신질환 면책약관이 유효하다고 한다. 그 근거에 대하여는 "정신질환을 피보험자의 고의나 피보험자의 자살과 별도의 독립된 면책사유로 규정하고 있는데, 이러한 면책사유를 둔 취지는 피보험자의 정신질환으로 인식능력이나 판단능력이 약화되어 상해의 위험이 현저히 증대된 경우 그 증대된 위험이 현실화되어 발생한 손해는 보험보호의 대상으로부터 배제하려는 데에 있고 보험에서 인수하는 위험은 보험상품에 따라 달리 정해질 수 있는 것이어서 이러한 면책사유를 규정한 약관조항이 고객에게 부당하게 불리하여 공정성을 잃은 조항이라고 할 수 없"다고 하면서, 정신질환 면책약관의 유효성을 인정한 것이다.

2) 연혁 등

보험계약 체결 이후 일정 기간(통상 2년) 동안은 자살에 대하여 보상하지 않는 것은 대다수 국가에서의 일반적인 약관 규정이다. 그런데 그때에도 자유로운 의사결정을 할 수 없는 상태에서의 자살은 면책사유가 규정하는 자살이 아니라는 것도 공통된다.[82] 따라서 각국의 보험회사들은 이 법리를 피해갈 수 있는 규정들을 고안하게 되었고, 일례가 미국에서의 "sane or insane" 규정으로서, 자살에 대하여는 자유로이 의사결정을 할 수 있는 상태이든 아니든 면책으로 하여 보상하지 않는다는 것이다.[83] 그런데 일방적으로 그 규정의 효력을 인정하는 것이 아니라, 여전히 고의 의사형성을 할 수 있는 능력을 가지고 그 결과에 대하여도 명확히 인식할 수 있는 경우에 한하여 면책으로 해석하는 경향도 강하다.[84] 우리의 보험회사들도 심신상실이나 정신질환 등을 규정하여 자살의 의미를 엄격하게 해석하는 법리를 회피하기 위한 시도를 보이고 있다.

---

81) 대법원 2015. 6. 23. 선고 2015다5378 판결.

82) Gary Schumana, Suicide and The Life Insurance Contract: Was The Insured Sane or Insane? That Is The Question — Or Is It?, 28 Tort & Ins. L.J. (1993), 745.

83) 미국의 인보험약관에서는 일반적으로 "If the insured dies by suicide, while sane or insane, within two years of the date of issue, our only liability will be for the amount of premiums paid"라는 면책규정을 두고 있다.

84) Gary Schumana, 앞의 논문, 754. 소수 법원의 입장은 다음 2가지의 입증을 요구한다. (1) an intention to kill oneself; and (2) a conscious understanding of the nature and probable consequences of one's act.

3) 음주운전 면책약관이 무효라는 판례와의 비교 및 검토

판례는 정신질환 면책약관을 유효라고 판시하였으나, 그 논리는 과거 음주운전 면책약관이나 안전띠 미착용 면책약관과 양립하기 어려운 점도 발견된다. 판례의 논거는 첫째 피보험자의 정신질환으로 인식능력이나 판단능력이 약화되어 상해의 위험이 현저히 증대된 경우 증대된 위험이 현실화되어 발생한 손해는 보험보호의 대상으로부터 배제하려는 것이고, 둘째 보험에서 인수하는 위험은 보험상품에 따라 달리 정해질 수 있다는 것이다. 보험회사가 위험을 인수할 때 그 담보범위 등을 대수의 법칙 등에 의하여 평가하고 그 보험료와 보험금을 계산하는 것인바 사고발생위험이 높은 경우에는 보다 고율의 보험료를 받든지 또는 당 위험으로부터 배제시킬 수 있을 것이다.

그런데 문제는 판례의 논리를 음주운전 면책약관이나 안전띠 미착용 면책약관에도 동일하게 적용할 수 있다는 점이다. 보험회사가 위험인수시 그 위험의 발생 가능성을 측정하여 그 보험료에 반영시키거나 또는 발생가능성이 현저히 높은 음주운전과 안전띠 미착용의 경우 위험이 현저히 증대될 수 있고 이때 이 위험을 배제하기 위한 것으로 각 보험상품마다 이를 달리 정할 수 있다는 취지로 볼 수 있기 때문이다.

4) 평가 및 전망

과거 판례나 학설의 입장 등에서 인보험과 상법 제659조의 면책사유와 관련하여 다음 두 가지 상반되는 입장이 발견된다. 먼저 (i) 인보험 면책사유에서 중과실은 제외하고 있고 또한 자유로운 의사결정하에서의 '고의'의 의미에 집중한다면 음주운전 면책약관이나 안전띠 미착용 면책약관을 무효로 한 것과 같이, 상법에 규정이 없으나 보험약관에 추가하여 두는 면책사유는 제663조에 반하여 모두 무효가 될 수 있다. 따라서 다수의 상해보험 약관에서 규정하는 다른 모든 면책규정들, 예를 들어 전문등반, 스카이다이빙, 스쿠버다이빙 등의 위험한 운동[85], 피보험자의 출산·유산 등의 외과적 수술 등의 면책규정들도 무효로 될 가능성이 상존한다. 이 경우도 그러한 행위가 보험사고의 발생원인으로서 고의에 의한 것이라고 평가될 정도에 이르지 아니하는 한 상법 규정들에 반하여 무효가 될 여지가 있기 때문이다.

(ii) 하지만 정반대의 입장으로, 대상판결의 논리와 같이 보험사고 발생의 위험

---

85) 현행 질병상해보험표준약관 제5조에서 규정하고 있다.

이 현저히 증대된 경우 증대된 위험이 현실화되어 발생한 손해는 보험보호의 대상으로부터 배제할 수 있다는 것이고, 보험자가 인수하는 위험은 보험상품에 따라 달리 정할 수 있다는 것이다.

그런데 음주운전 면책약관이 무효라는 판결에 대한 중요한 비판 논거가 무엇보다 음주운전으로 인한 위험발생률이 높다는 것이고 보면, 대상판결의 논리와 양립할 수 있는지 의문이 들지 않을 수 없다. 각 보험상품마다 담보범위를 달리 정할 수 있으므로 개별적으로 면책약관을 정할 수 있다는 논리와, 상법이 인보험에서는 고의만 면책으로 정하고 있기 때문에 그 이외의 면책사유는 모두 무효라는 논리의 접점을 어디에서 구할 수 있을 것인가? 상법 제663조의 해석과 관련하여 어려운 문제가 아닐 수 없다. 법적 안정성의 측면에서도 그 명확한 경계가 필요해 보인다. 하지만 음주운전 면책약관의 판례가 유지되고 있는 한 정신질환 면책약관의 효력을 인정하기는 어려울 것으로 판단된다.

2. 보험료적립금반환의무

(1) 의 의

상법 제736조는 일정한 경우 보험금액의 지급책임이 면제된 때에는 보험자는 보험수익자를 위하여 적립한 금액을 보험계약자에게 지급하여야 한다고 규정한다. 이때 '보험수익자를 위하여 적립한 금액'이라 함은 보험자가 결산기마다 계상하여야 할 책임준비금을 말한다는 견해[86]와 책임준비금은 보험료적립금과 미경과보험료로 나뉘고 이 중 보험료적립금만이 해당한다는 견해[87]가 있다. 보험실무에서는 해지환급금 등의 용어로 사용한다.

생명보험계약은 저축기능을 아울러 가지고 있고 보험료적립금은 피보험자를 위하여 적립한 금액으로 이를 반환하지 않는다면 보험자가 부당이득을 하는 결과가 되므로, 상법은 이를 반환하도록 규정한다.

(2) 반환의무를 부담하는 경우

상법 제736조 제1항은 보험수익자를 위하여 적립한 금액을 보험계약자에게 지급하여야 하는 경우로서 사고발생 전 보험계약자의 임의해지(제649조), 보험료부지급으로 인한 계약해지(제650조), 고지의무 위반으로 인한 계약해지(제651조), 위험

---

86) 정찬형, 773면; 최기원, 777면.
87) 양승규, 473면.

의 변경증가로 인한 계약해지(제652조), 위험유지의무 위반으로 인한 계약해지(제653조), 보험자의 파산으로 인한 보험계약자의 해지(제654조), 보험자의 면책(제659조와 제660조)의 경우 등을 들고 있다. 그러나 다른 약정이 없으면 보험계약자의 고의 또는 중과실로 인한 사고의 경우에는 보험자는 반환할 의무가 없다(제736조 제1항 단서). 따라서 피보험자 또는 보험수익자의 고의나 중과실로 인한 사고의 경우에는 반환의무를 부담한다.

(3) 소멸시효

보험자의 보험료적립금반환의무도 보험금지급의무나 보험료반환의무와 같이 3년의 시효로 소멸한다(제662조).

3. 약관대출의무

(1) 의 의

생명보험약관에서 보험자는 보험계약자에게 해지환급금의 범위 내에서 대출할 것을 약정하고 있고, 보험계약자의 청구가 있으면 보험자는 이에 따를 의무가 있어 이를 약관대출의무 또는 약관대부의무라고도 한다. 약관대출 이후 보험자가 보험금 또는 해지환급금의 지급사유가 생긴 때에는 대출금과 이자를 공제하고 지급한다.

(2) 약관대출의 법적 성격

약관대출의 법적 성질에 대한 학자들의 견해는 대개 특수한 소비대차설과 보험금 또는 해지환급금의 일부선급설로 나뉘어 있다. 일본에서는 이외에도 약관대출의 법적 성질을 실질적으로는 보험금이나 해약환급금의 일부선급이면서 형식적으로는 소비대차인 중간적 성질을 지녔다는 견해가[88] 있다.

첫째, 소비대차설[89]이다. 보험자에게 약관상 채무가 발생한 경우 그 지급금에서 약관대출원리금을 차감하여 지급하기로 약정한 특수한 소비대차로 이해하는 것이다. 대출금에 대한 이자의 계산 등이 이루어지고 보험계약자가 보험기간 중에 그것을 변제하고 있다는 점 등을 근거로 한다.[90]

---

[88] 西嶋梅治, "約款貸付金解約返戾金相殺", 三宅一夫先生追悼論文集 「保險法の現代的課題」, 法律文化社, 1993, 333.

[89] 양승규, 474면; 김성태, 830면; 김은경, 692면.

[90] 대법원 2007. 9. 28. 선고 2005다15598 전원합의체 판결에서 소수의견이 취하였던 태도이다. 이 소수의견은 "보험약관대출의 계약당사자가 '보험계약서' 이외에 별도로 '약관대출차용증서'를 작성하면

둘째, 해약환급금의 선급설[91]이다. 약관대출은 '대출'이라는 명칭과 상관없이 보험금 또는 해약환급금의 사전지급으로 이해한다.[92] 우선 대출금과 이에 따르는 이자채무의 합계액은 해약환금금 범위 내에서 실행되고, 대출원리금의 합계액이 보험금액을 초과하는 경우 보험계약이 종료하는 점 등을 보면 해약환급금의 선급이라는 것이다. 판례는 이러한 입장에서 "보험계약과 일체를 이루는 하나의 계약이라고 보아야 하고, 보험약관대출금의 경제적 실질은 보험회사가 장차 지급하여야 할 보험금이나 해약환급금을 미리 지급하는 선급금과 같은 성격"이라는 것이다.[93]

셋째, 절충설이다.[94] 이 견해는 보험계약자대출을 둘러싼 법률문제는 그 법적 성질로부터 연역적으로 판단되는 것이 아니라고 한다. 약관대출이 독립된 금전소비대차는 아니며 보험계약에 내재하여 그것과 일체를 이루는 제도라는 관점에서, 제기된 구체적 문제의 해결이 모색되어야 한다는 것이다. 약관대출은 소비대차의 요소와 해약환급금의 사전지급이라는 두 가지 요소가 뒤섞인 복잡한 성질을 지니고 있으며, 이 점을 받아들일 때 구체적인 문제를 합리적으로 해결할 수 있다는

서 '대출'이라는 형식을 통하여 금전의 소유권을 보험회사로부터 보험계약자에게 이전하고, 보험계약자는 이를 '상환기일'에 금전으로 반환하되 약정 상환기일까지 '이자'를 지급하고 그 상환기일까지 '상환'이 지체될 경우에는 '연체이자'를 가산하여 지급하기로 명시하여 약정하고 있고, 보험업 관계 법령도 보험약관의 규정에 의한 대출을 신용공여거래의 한 유형으로 분류하고 있으며, 나아가 기업회계기준상으로도 보험회사의 약관대출에 관한 회계처리는 자산계정 중 '선급금 항목'이 아니라 '대출채권 항목'에 기재하도록 규정되어 있고, 이에 따라 보험약관대출을 '대출채권'으로 취급하여 회계처리를 하는 것이 보험업계에 보편화되어 있는 점을 종합적으로 고려할 때, 위 보험약관대출은 명백히 민법이 규정하고 있는 이자 있는 금전소비대차의 일종이라고 할 것이고, 계약당사자 사이의 명확한 의사의 합치, 보험업 관계 법령의 규정 및 보험업계의 보편적인 인식을 외면한 채 이를 보험계약과 구별되는 독립된 법률행위(계약)로서의 성질조차 부정하면서 '해약환급금 등의 선급에 관한 행위'로 해석할 수는 없다"고 하였다.

91) 정찬형, 774면; 박세민, 898면.
92) 김선정, "약관대출에 대한 법적고찰", 「보험학회지」 제59집, 2001, 167면 이하에서의 소개 참조.
93) 대법원 2007. 9. 28. 선고 2005다15598 전원합의체 판결(생명보험계약의 약관에 보험계약자는 보험계약의 해약환급금의 범위 내에서 보험회사가 정한 방법에 따라 대출을 받을 수 있고, 이에 따라 대출이 된 경우에 보험계약자는 그 대출 원리금을 언제든지 상환할 수 있으며, 만약 상환하지 아니한 동안에 보험금이나 해약환급금의 지급사유가 발생한 때에는 위 대출 원리금을 공제하고 나머지 금액만을 지급한다는 취지로 규정되어 있다면, 그와 같은 약관에 따른 대출계약은 약관상의 의무의 이행으로 행하여지는 것으로서 보험계약과 별개의 독립된 계약이 아니라 보험계약과 일체를 이루는 하나의 계약이라고 보아야 하고, 보험약관대출금의 경제적 실질은 보험회사가 장차 지급하여야 할 보험금이나 해약환급금을 미리 지급하는 선급금과 같은 성격이라고 보아야 한다. 따라서 위와 같은 약관에서 비록 '대출'이라는 용어를 사용하고 있더라도 이는 일반적인 대출과는 달리 소비대차로서의 법적 성격을 가지는 것은 아니며, 보험금이나 해약환급금에서 대출 원리금을 공제하고 지급한다는 것은 보험금이나 해약환급금의 선급금의 성격을 가지는 위 대출 원리금을 제외한 나머지 금액만을 지급한다는 의미이므로 민법상의 상계와는 성격이 다르다).
94) 김선정, 위의 논문, 168-173면; 한기정, 754면.

것이다.

생각건대, 해약환급금의 선급으로 이해하는 선급설이 타당하다. 그 근거는[95] 해약환급금의 범위 내에서 약관대출을 실행하기 때문에 보험자는 별다른 담보를 취득하지 않는 점, 약관대출원리금을 상환하지 않을 경우 보험자는 그 대출자에게 해약환급금 등의 지급사유가 발생하는 날 그 지급금에서 상계하는 방법으로 회수할 것을 예정하고 있는 점, 보험자는 약관대출원리금이 해약환급금에 도달하거나 약관대출원리금을 상환일로부터 상당기간 연체하는 경우 보험계약을 해지할 수 있는 점, 상환일 전후를 불문하고 보험약관에 정한 지급사유가 발생하였을 때 보험자가 지급할 금액에서 약관대출원리금을 공제하기로 약정한 점, 약관대출계약은 그 선제가 되는 보험계약과 성립·존속·변제·소멸에서 일체성을 가지는 특성이 있는 점, 약관대출금은 단순한 차용금이라는 성질뿐만 아니라 책임준비금의 선급 이라는 성질도 가지고 있는 점 등이다.

4. 보험계약자 배당의무

(1) 의 의

보험회사는 사망률, 이자율, 예상비용 등 각종 예정기초율에 기반한 대수의 법칙에 의하여 보험료를 산정한다. 생명보험계약은 장기계약이므로 불확실한 미래에 대비하여 예정기초율을 다소 여유 있게 적용하는 것이 보통이다. 따라서 예정기초율을 보수적으로 계산한 결과 실제와의 차이가 발생할 수 있고, 이때 발생한 잉여금을 보험계약자에게 정산·환원하는 것이 보험계약자에 대한 배당이다. 보험자는 보험경영에서 잉여금이 생기면 이를 보험계약자에게 배당할 것을 약정하는 경우가 있고, 이를 이익배당부생명보험이라 한다. 이 보험에서는 약정된 잉여가 있는 경우 보험자는 보험계약자에게 배당하여야 하고 이를 배당의무라고 한다.[96]

(2) 법적 성질

보험업을 영위하는 주식회사는 상호보험회사와는 달리 영리를 목적으로 하는 상법상의 회사이므로 이윤을 주주에게 분배하는 것을 목적으로 한다. 따라서 주주의 이익배당청구권은 주주로서의 기본적 권리가 된다. 그리고 보험자와 보험계약자와의 법률관계는 계약의 내용을 이루게 되는 약관에 의하여 규율되는 것이므로,

---

95) 대법원 2007. 9. 28. 선고 2005다15598 전원합의체 판결에서의 근거이기도 하다.
96) 양승규, 475면.

잉여가 생긴 경우에도 당사자 사이에 특별한 정함이 없으면 보험자에게 귀속되는 것이 원칙이다. 이와 같이 보험약관에서 정한 경우에 한하여 보험계약자에게 배당에 대한 권리가 발생하는 것으로 이해된다. 판례도 초과이익 실현시 당연히 발생하는 것이 아니라, 당사자가 약정한 경우에 한하여 발생하는 의무라 보고 있다.[97]

그런데 생명보험사업의 주요한 재원은 보험료이고 보험자의 획득된 이익을 모두 주주에게만 분배하는 것은 보험사업의 공공성이나 기술적 기초에 바탕한 대수의 법칙, 이득금지의 원칙, 그리고 형평의 관념 등에 비추어 타당하지 않을 수 있다. 이러한 점에 대한 고려와 명확한 한계의 설정이 요구된다.

(3) 요 건

(i) 약관상 규정이 있어야 하고, (ii) 회사가 약관에서 정한 바에 따라 그 지급률을 결정하여 적립된 계약자배당준비금이 있어야 하고, (iii) 회사의 결정에 따라 각 계약자배당준비금을 적립한 재무제표가 주주총회에서 승인을 얻어야 한다. 이를 얻기 전까지는 계약자의 배당청구권은 잠재적인 권리에 지나지 아니한다. 그리고 계약자배당에 관한 감독관청의 규제나 지침이 있는 경우, 보험자로서는 위 규제나 지침을 넘어서면서까지 계약자배당을 실시할 의무는 없다.[98]

---

97) 대법원 2005. 12. 9. 선고 2003다9742 판결(주식회사인 보험회사가 판매한 배당부 생명보험의 계약자배당금은 보험회사가 이자율과 사망률 등 각종 예정기초율에 기반한 대수의 법칙에 의하여 보험료를 산정함에 있어 예정기초율을 보수적으로 계산한 결과 실제와의 차이에 의하여 발생하는 잉여금을 보험계약자에게 정산·환원하는 것으로서 이익잉여금을 재원으로 주주에 대하여 이루어지는 이익배당과는 구별되는 것이므로, 계약자배당전잉여금의 규모가 부족한 경우에도 이원(利源)의 분석 결과에 따라 계약자배당준비금을 적립하는 것이 그 성질상 당연히 금지된다고는 할 수 없는 것이나, 사차익(死差益)이나 이차익(利差益) 등 이원(利源)별로 발생한 이익이 있다 하여 보험계약자들에게 구체적인 계약자배당금 청구권이 당연히 발생하는 것이라고는 볼 수 없고, 보험회사가 약관에서 정한 바에 따라 그 지급률을 결정하여 계약자배당준비금으로 적립한 경우에 한하여 인정되는 것이며, 계약자배당전잉여금의 규모와 적립된 각종 준비금 및 잉여금의 규모 및 증감 추세를 종합하여 현재 및 장래의 계약자들의 장기적 이익 유지에 적합한 범위 내에서 계약자배당이 적절하게 이루어지도록 하기 위한 감독관청의 규제나 지침이 있는 경우, 보험회사로서는 위 규제나 지침을 넘어서면서까지 계약자배당을 실시할 의무는 없는 것이다).

98) 대법원 2005. 12. 9. 선고 2003다9742 판결.

제3절 상해보험

제1 총 설

1. 개 념

(1) 의 의

상해보험계약은 보험자가 피보험자 신체의 상해에 관한 보험사고가 생길 경우에 보험금액 기타의 급여를 할 책임을 지기로 하는 인보험계약이다(제737조). 기타의 급여라 함은 치료 또는 의약품의 급여와 같은 현금 이외의 급여를 말한다.[99] 현대사회에서 교통수단의 확대와 해외여행, 각종의 여가활동 등의 발달로 사람의 신체상의 상해를 일으키는 사고발생 위험이 증대되고 있어 상해보험의 수요도 증가하고 있다.

(2) 인보험

상해보험은 보험의 객체가 자연인이라는 점에서 생명보험과 함께 인보험계약에 속한다. 또한 상해보험에 관하여는 제732조를 제외하고 생명보험에 관한 규정을 준용하고 있어(제739조) 이 점을 분명히 한다. 그런데 생명보험과는 여러 점에서 차이가 있다. 상해보험과 생명보험의 차이점은 다음과 같다.

첫째, 생명보험의 보험사고는 생존과 사망으로 그 발생시기만이 불확정한 것이나, 상해보험의 보험사고는 급격하고도 우연한 외래의 사고로 인한 신체상해라는 점에서 발생자체도 불확정이다.

둘째, 15세미만자, 심신상실자 또는 심신박약자의 사망을 보험사고로 한 보험계약은 무효로 하고, 다만 심신박약자가 보험계약을 체결하거나 제735조의3에 따른 단체보험의 피보험자가 될 때에 의사능력이 있는 경우에는 그러하지 아니하다(제732조). 그러나 상해보험은 제732조를 준용하지 않고 있어(제739조), 그들의 사

---

99) 정찬형, 775면.

망을 보험사고로 하는 상해보험계약도 유효하다.

셋째, 생명보험에서는 청구권대위가 허용되지 않음에 반하여, 상해보험에서는 당사자간에 약정이 있는 때에 한하여 보험자는 피보험자의 권리를 해하지 아니하는 범위 안에서 그 권리를 대위하여 행사할 수 있다(제729조 단서).

넷째, 생명보험은 정액보험임에 반하여 상해보험은 손해보험처럼 상해로 인한 실제 손해만을 보상하는 부정액보험의 성격을 함께 가지고 있다.

2. 성 질

(1) 정액보험과 손해보험의 이중성

상해보험은 상법상의 분류방식에 의하면 인보험에 속하고 또한 상해사망 등의 경우에 대한 정액보험금을 지급함에 의하여 생명보험의 성질을 가진다. 그 반면 치료비 등에 대하여는 실손보상적인 성격을 가지고 있어 부정액보험인 손해보험의 성질도 가진다. 따라서 인보험과 손해보험 양자의 성질을 겸유하고 있다고 보고, 보험업법 제10조에서는 인보험과 손해보험의 겸영을 금지하면서도 상해보험은 예외로 한다. 상해보험도 원칙적으로는 보험사고로 인한 피보험자의 실질손해를 산정할 수는 없는 관계로 보험가액 등의 개념을 인정할 수 없어 손해보험과는 분명히 다르다. 반면 상해보험약관상 상해의 정도에 따라 그 등급분류를 정하거나 실제 치료비 등을 보상하는 것은 생명보험과 다르다. 구체적으로는 각종 상해보험약관에서 규정하고 있는 사망보험금, 장해보험금, 의료보험금 등의 성격을 보험금 급부방법에 따라 세 가지로 나누어 설명할 수 있다.[100]

첫째, 순정액보험(純定額保險)의 성질을 지니는 상해보험이다. 상해로 사망한 경우의 사망보험금은 생명보험과 같이 순정액보험의 성질을 가진다.

둘째, 준정액보험(準定額保險)의 성질을 지니는 상해보험이다. 상해의 부위나 정도에 따라 등급을 정하고 각 계약에서 정한 보험금액의 비율에 따라 지급할 것을 정하는 경우 준정액보험의 성질을 가진다.

셋째, 부정액보험(不定額保險)의 성질을 지니는 상해보험이다. 상해로 인한 치료비와 입원비 등을 보상하는 것은 부정액보험으로서 손해보험의 성질을 가진다.

(2) 상해사망보험의 성질과 기왕증기여도 감액의 문제

상해보험약관에는 계약체결 전 이미 존재한 신체장해, 질병의 영향에 따라 상

---

100) 양승규, 480면.

해가 중하게 된 때에는 그 영향이 없었을 때에 상당하는 금액을 결정하여 지급하기로 하는 약관이 있고, 이를 '기왕증기여도 감액약관'이라 부른다. 이 경우 상해사망 등의 경우에도 그 약관상 조항이 있기만 하면 당연히 기왕증의 기여분만큼 보험금을 감액할 수 있는지 여부가 상해보험의 정액보험으로서의 성격과 관련하여 문제된다.

1) 학 설

기왕증기여도 감액약관의 효력에 대하여는 견해가 나뉜다.

첫째, 유효설이다. 이는 질병과 우연한 외래의 사고로 인한 상해가 경합되어 중대한 결과가 발생한 경우, 질병의 영향으로 악화된 부분은 외래성이 결여되어 상해보험이 담보할 수 없는 위험이므로, 당연히 이 부분을 제외하고 질병의 영향이 없었으면 악화되지 않았을 결과만을 담보하여야 한다는 견해이다.[101]

둘째, 무효설이다. 이는 기왕증을 이유로 보험금을 감액하겠다는 것은 실손보상의 원칙이 지배하는 손해보험에서나 타당한 것이지 보험사고시 손해의 유무 및 실손해액에 관계없이 약정된 보험금을 지급하는 조건부 금전급부 계약인 정액보험의 본질에는 반하는 것으로 그 효력을 인정할 수 없다는 견해이다. 이 설은 보험자는 보험계약체결시 피보험자의 생명·신체에 대한 보험인수 여부를 심사하고 있으며, 또한 피보험자가 고지의무를 위배하여 병력을 숨긴 경우 보험계약을 해지할 수 있으므로 기왕증은 이 제도로 해결하여야 한다는 주장이다. 따라서 상해보험에 있어서 '기왕증기여도 감액약관'을 두고 있다 하더라도 정액보험의 본질상 보험금 감액은 허용되어서는 안 된다고 한다.[102]

2) 판 례

판례는 약관상 명시적으로 기왕증기여도 감액약관이 있는 경우에만 감액할 수 있다는 입장이다. 정액보험이든 부정액보험이든 약관이 적용된다고 보는 이상 지급금액을 감액할 수 있고, 이는 상해로 인한 '사망'의 경우도 마찬가지라 한다.[103]

첫째, 약관규정이 없는 경우의 판례이다. 판례는 "상해보험은 피보험자가 급격하고도 우연한 외래의 사고로 인하여 신체에 손상을 입는 것을 보험사고로 하는 인보험으로서, 이미 존재한 신체장해 또는 질병의 영향에 따라 상해가 중하게 된

---

101) 양승규, "기왕증과 상해의 인과관계", 「손해보험」 제414호, 대한손해보험협회, 2003, 62 – 66면.
102) 박기억, "정액보험계약에 관한 소고", 「법조」 제52권 제4호, 법조협회, 2003, 124면.
103) 김광태, "상해보험에서 기왕증에 의한 사망보험금의 감액", 「대법원판례해설」 제42권, 법원도서관, 2002, 28면.

때에는 보험자가 그 영향이 없었을 때에 상당하는 금액을 결정하여 지급하기로 하는 내용의 약관이 따로 있는 경우를 제외하고는, 보험자는 피보험자의 체질 또는 소인 등이 보험사고의 발생 또는 확대에 기여하였다는 사유를 들어 보험금의 지급을 감액할 수 없다"고 한다.[104]

둘째, 약관규정이 있는 경우의 판례이다. 판례는 약관상 '피보험자가 약관 소정의 상해를 입고 이미 존재한 신체장해 또는 질병의 영향으로 약관 소정의 상해가 중하게 된 경우 보험자는 그 영향이 없었던 때에 상당하는 금액을 결정하여 지급한다'고 규정되어 있는 경우, 이 기왕증기여도 감액에 따라 보험금을 감액하여 지급할 수 있다고 한다.[105] 여기의 중하게 된 경우에 '사망'에 이른 경우를 포함한다고 본다.[106]

3) 소 결

판례의 입장은 의문이며, 특히 기왕증기여도 감액약관이 피보험자가 사망에 이른 경우에도 적용된다는 점은 타당하지 않다고 본다.

---

104) 대법원 2007. 4. 13. 선고 2006다49703 판결(상해보험은 피보험자가 보험기간 중에 급격하고도 우연한 외래의 사고로 인하여 신체에 손상을 입는 것을 보험사고로 하는 인보험으로서, 상해사고가 발생하기 전에 피보험자가 고지의무에 위배하여 중대한 병력을 숨기고 보험계약을 체결하여 이를 이유로 보험자가 상법의 규정에 의하여 보험계약을 해지하거나, 상해보험약관에서 계약체결 전에 이미 존재한 신체장해 또는 질병의 영향에 따라 상해가 중하게 된 때에는 보험자가 그 영향이 없었을 때에 상당하는 금액을 결정하여 지급하기로 하는 내용의 약관이 따로 있는 경우를 제외하고는 보험자는 피보험자의 체질 또는 소인 등이 보험사고로 인한 후유장해에 기여하였다는 사유를 들어 보험금의 지급을 감액할 수 없다); 대법원 2002. 3. 29. 선고 2000다18752,18769 판결; 대법원 1999. 8. 20. 선고 98다40763,40770 판결.

105) 대법원 2015. 3. 26. 선고 2014다229917,229924 판결(상해보험은 피보험자가 보험기간 중에 급격하고 우연한 외래의 사고로 인하여 신체에 손상을 입는 것을 보험사고로 하는 인보험으로서, 일반적으로 외래의 사고 이외에 피보험자의 질병 기타 기왕증이 공동 원인이 되어 상해에 영향을 미친 경우에도 사고로 인한 상해와 그 결과인 사망이나 후유장해 사이에 인과관계가 인정되면 보험계약 체결 시 약정한 대로 보험금을 지급할 의무가 발생한다. 다만, 보험약관에 계약체결 전에 이미 존재한 신체장해, 질병의 영향에 따라 상해가 중하게 된 때에는 그 영향이 없었을 때에 상당하는 금액을 결정하여 지급하기로 하는 내용 등 기왕증 관련 감액규정이 있는 경우에는 기왕증을 이유로 보험금을 감액할 수 있다. 이와 같이 정액보험인 상해보험에서는 기왕장해가 있는 경우에도 약정 보험금 전액을 지급하는 것이 원칙이고 <u>예외적으로 감액규정이 있는 경우에만 보험금을 감액할 수 있으므로, 이 사건 기왕장해 감액규정과 같이 후유장해보험금에서 기왕장해에 해당하는 보험금 부분을 감액하는 것이 거래상 일반적이고 공통된 것이어서 보험계약자가 별도의 설명 없이도 충분히 예상할 수 있는 내용이라고 볼 수 없다);</u> 대법원 2009. 11. 26. 선고 2008다44689,44696 판결; 대법원 2007. 10. 11. 선고 2006다42610 판결; 대법원 2005. 10. 27. 선고 2004다52033 판결; 대법원 2002. 10. 11. 선고 2002다564 판결.

106) 대법원 2002. 10. 11. 선고 2002다564 판결(보험사고인 상해가 발생하였더라도 보험사고 외의 원인이 부가됨에 따라 본래의 보험사고에 상당하는 상해 이상으로 그 정도가 증가한 경우 보험사고 외의 원인에 의하여 생긴 부분을 공제하려는 것이고, 따라서 여기의 '약관 소정의 상해가 이미 존재한 신체장해 또는 질병의 영향으로 중하게 된 경우'에서 '중하게 된 경우'에는 피보험자가 사망에 이른 경우가 포함되지 않는다고 볼 수 없다).

첫째, 약관을 통한 해결의 문제점이다. 판례가 약관상 규정으로 해결한다고는 하나 결국 모든 보험자들이 이 약관규정을 둠에 의하여 상해보험은 손해보험화하였다고 보이고, 상해보험에서는 정액보험이 사실상 사라진 것이 된다. 특히 판례의 영향으로, 상해보험이 아니라 전형적인 정액보험으로 분류되는 생명보험보통약관에서도 기왕증기여도 감액조항이 나타날 여지가 있다.

둘째, 일반적으로 상해사망보험(傷害死亡保險)은 순정액보험으로 분류하고 있으나,[107] 이 경우에도 판례는 약관이 있는 경우 감액을 허용하여 손해보험적 성격을 도입하고 있는 점이다.

셋째, 상해사망보험의 정액보험으로서의 본질에 관한 것이다. 정액보험으로서의 생명보험의 가장 큰 특징이 실제손해의 액수 등과 관계없이 인과관계가 인정되면 정해진 보험금을 지급하는 것이다. 정액보험형 인보험의 경우 손해의 유무나 실제 손해의 액수와 관계없이 약정된 보험금을 지급하여야 한다. 정액보험은 손해전보를 목적으로 하는 것이 아니므로 구체적인 손해액을 산정할 필요가 없고, 사고와 상해사망 사이에 상당인과관계가 인정되는 한 보험자로서는 보험계약 및 약관에 정해진 보험금 전액을 지급할 의무가 있다.[108] 인과관계의 존부는 사실인정의 문제로서, 일단 인과관계가 인정되면 원래 상해보험에서 부보하려는 위험 이외의 다른 요소가 경합한 경우에도 보험금 전액을 지급하여야 하며, 특별한 약정이 없는 한 '손해의 공평부담' 등 손해배상법 분야의 원리를 통하여 보험금을 감액할 수도 없다. 감액 등을 통한 손해의 공평부담은 불법행위법의 지도 원리로서 실손보상을 원칙으로 하는 손해보험에는 적용될 수 있지만, 정액보험에는 적용되지 못한다.

넷째, 상해보험의 체계상의 문제이다. 현재 상해보험은 상법 보험편에서도 인보험으로 분류되어 있고, 상법 제739조는 생명보험에 관한 규정을 준용한다. 법률이 상해보험을 생명보험의 일종으로 두고 있는 것인데도, 판례가 상해사망의 경우 손해보험적 요소를 보다 강하게 파악한다는 비판이다.

다섯째, 논리상의 문제이다. 판례는 약관규정이 없는 경우에는 상해보험의 인보험성을 강조하면서 기왕증 감액을 부정하면서도, 약관 규정이 있는 경우 상해사망보험의 경우마저도 감액할 수 있다는 입장을 취하는 것은 논리상 일관되지 못한 면이 있다.

---

107) 양승규, 481면.
108) 다만 보험계약 체결과정에서 보험계약자가 기왕증에 대한 고지의무를 위반하였다면 이를 이유로 보험계약을 해지함으로써 보험금지급의 부담에서 벗어날 수 있을 뿐이다.

요컨대, 상해사망보험에서 기왕증의 기여도에 따라 보험금액을 감액한다면 이는 손해액을 구체적으로 산정하는 것이어서 결국은 손해보험화하는 것이 되고, 이는 정액보험의 본질과 부합하지 않을 수 있다.

(3) 중복보험 규정의 준용

상해보험은 원칙적으로 피보험이익의 관념이 없으므로 보험가액도 없고, 초과보험·중복보험·일부보험의 문제도 생기지 않는다. 그런데 상해보험계약에서는 보험금액의 최고한도가 정해져 있음이 보통인데, 하나의 피보험자가 수인의 보험자와 상해보험계약을 체결하고 그 한도액을 초과하는 경우가 문제될 수 있다. 상해보험도 손해보험의 성질을 일부 가지고 있으므로 중복보험(제672조)규정을 적용할지 여부이다.

1) 학설과 판례

학설로는 먼저 중복보험규정을 준용하자는 적용긍정설로서 도덕적 위험이 발생할 수 있으므로 물건보험에서의 중복보험(제672조) 규정을 준용하여 각자의 보험금액의 비율에 따라 보상책임을 지도록 하자는 견해가 있다.[109] 이에 반하여, 보험가입자측이 다른 상해보험계약에 관하여 고지와 통지를 제대로 한 이상 준용할 수 없다고 하면서 고지와 통지를 하지 아니한 경우에 한하여 중복보험의 논리를 적용하는 방향으로 입법적 보완이 필요하다는 견해가 있다.[110]

판례는 일반적 상해보험에 관한 중복보험의 법리를 다룬 것은 아직 없고, 다만 무보험자동차특약보험과 관련한 판례들이 있다. 판례는 여기서 무보험자동차에 의한 상해담보특약은 상해보험으로서의 성질과 함께 손해보험으로서의 성질도 갖고 있는 손해보험형 상해보험이므로, 상법 제672조 제1항이 준용되어 보험자는 각자의 보험금액의 한도에서 연대책임을 진다고 한다.[111] 다만 이 경우 특별한 사정이 없는 한 보험금 지급책임의 부담에 관하여 각 보험자 사이에 주관적 공동관계가 있다고 보기 어려우므로, 각 보험자는 보험금 지급채무에 대하여 부진정연대관계에 있다고 한다.[112] 이 판례의 입장을 상해보험 일반에 관한 것으로 파악하기는

---

109) 양승규, 492면.
110) 김성태, 879면.
111) 대법원 2016. 12. 29. 선고 2016다217178 판결; 대법원 2006. 11. 10. 선고 2005다35516 판결; 대법원 2006. 11. 23. 선고 2006다10989 판결; 대법원 2007. 10. 25. 선고 2006다25356 판결(하나의 사고에 관하여 여러 개의 무보험자동차에 의한 상해담보특약보험이 체결되고 그 보험금액의 총액이 피보험자가 입은 손해액을 초과하는 때에는, 중복보험에 관한 상법 제672조 제1항의 법리가 적용되어 보험자는 각자의 보험금액의 한도에서 연대책임을 지고 피보험자는 각 보험계약에 의한 보험금을 중복하여 청구할 수 없다).

어려우나 최소한 무보험자동차특약보험에서는 중복보험이 준용된다는 것이다. 이를 지지하는 견해에서는 그 특약보험의 도입취지가 상대방이 보험에 가입하지 않았거나 보상한도가 낮은 보험에 가입한 경우 그 손해를 전보하기 위한 것인 점, 현재의 보험업계의 실무관행이 무보험자동차특약보험에 있어서 상법상 중복보험의 규정을 적용하고 있고 일반의 인식도 이에 부합하는 점, 그리고 여러 대의 자동차를 보유한 피보험자가 그 자동차에 대한 종합보험에서 각각 무보험자동차특약보험에 가입한 경우 그중 하나의 자동차를 운행 중에 무보험자동차에 의하여 상해를 입었을 때 특약보험의 수만큼 보험자로부터 보험금을 지급받을 수 있게 되는데 이는 보험의 원리에 반한다는 점 등을 그 근거로 한다.[113]

2) 소 결

판례의 입장은 상해보험 일반에 중복보험규정을 적용할 수 있을지의 여부에 대한 것은 아니나, 무보험자동차특약보험을 '손해보험형 상해보험'이라 하면서 약관상 준용규정이 없는 경우에도 그 적용을 긍정한다. 하지만 이는 의문이다.

첫째, 무보험자동차특약보험을 '손해보험형 상해보험'이라고 파악하고 있으나 상해보험 자체가 손해보험적인 성질을 가지고 있다고 파악함이 일반적이다. 이러한 연유로 상해보험의 겸영 등이 인정되며 약정이 있는 경우 보험자대위권도 인정된다. 요컨대 상해보험 자체가 손해보험적 성질을 내포하고 있어, '손해보험형 상해보험'이라는 법적 성질의 파악은 그다지 타당해 보이지 않는다.

둘째, 설령 그와 같이 파악하는 경우에도 기왕증기여도 감액의 경우 약관상 규정이 있을 때에만 손해보험적 성격을 허용한 점과도 어울리지 않는 면이 있다. 무보험자동차특약보험의 경우 약관 규정이 없는 경우에도 중복보험 규정을 준용하였기 때문이다.

셋째, 판례의 입장을 지지하는 견해에서는 구체적 법률관계에 따라 피보험자의 손해보험적 측면이 강하게 나타나거나 강하게 적용할 필요성이 있는 경우 중복보험 규정을 적용할 수 있다고 주장하나,[114] 법적 안정성의 차원에서 그 명확한 기준 설정이 필요해 보인다.

상해보험이 손해보험적 성격을 가지고 있기는 하나, 여전히 인보험의 성격 또

---

112) 대법원 2016. 12. 29. 선고 2016다217178 판결.

113) 김하늘, "가. 무보험자동차에 의한 상해담보특약에도 중복보험에 관한 상법 제672조 제1항이 준용되는지 여부(적극), 나. 복수의 무보험자동차에 의한 상해보험특약의 보험자들 중 일방 보험자가 다른 보험자에 대하여 가지는 중복보험에 따른 구상금채권의 소멸시효기간(5년)", 「대법원판례해설」, 제63호, 법원도서관, 2007, 264-299면.

114) 김하늘, 앞의 논문, 282면.

한 지니고 있는 까닭에 약관상 명문의 규정이 없는 한 중복보험에 관한 규정이 당연히 준용되는 것으로 볼 수는 없다.

(4) 손해보험적 성격이 강조되는 상해보험

상해보험은 보험의 객체가 자연인이라는 점이 생명보험과 유사한 점, 법률체계상으로도 상법 보험편 제3장 인보험에서 규정되고 제739조에 의하여 생명보험 규정이 준용되는 점에서 인보험으로 분류된다. 그럼에도 불구하고 실제로는 손해보험적 성격이 보다 강조되는 추세이다. 판례에 의하면 상해사망의 경우에도 약관규정이 있는 경우 기왕증기여도 감액을 할 수 있고, 무보험자동차특약보험의 경우에는 약관규정이 없음에도 중복보험법리가 준용된다고 하는 점 등에서 손해보험적 성질이 강조되고 있다. 향후 상해보험에 대하여 보다 분명한 법률규정과 이론, 그리고 판례의 정립이 필요하다.

3. 피보험자와 보험수익자의 일치 여부

피보험자와 보험수익자가 서로 다른 상해보험계약을 체결할 수 있을지가 문제된다.[115] 이에 대하여는 견해가 나뉜다. 보험수익자와 피보험자가 다를 수 있다는 견해로서, 상해사망의 경우 보험수익자를 따로이 정해 두는 것은 생명보험과 동일하게 해석할 것이나 그 이외에 보험계약자가 보험수익자가 되는 것은 도덕적 위험의 소지가 있고 상해보험의 성격에 비추어 보더라도 어렵다는 견해가 있다.[116] 반면, 타인의 동의가 있다면 제3자를 보험수익자로 하는 것이 가능하다는 견해도 있다.[117]

상법 제739조에 의하여 제731조와 제733조, 그리고 제734조의 규정이 상해보험에 준용되므로 타인의 타인을 위한 상해보험이 인정되어 보험계약자의 지정변경권 등도 모두 적용되는 것으로 해석될 수 있다. 따라서 문리해석상으로는 타인의 동의가 있다면 제3자를 보험수익자로 하는 것이 가능하다고 본다. 다만 입법정책적으로는 상해보험의 성격에 비추어 피보험자를 보험수익자로 하는 개정이 필요하다.

---

115) 물론 그 계약의 내용이 상해사망을 보험사고로 하는 것이라면 피보험자의 서면에 의한 동의가 필요하다(제731조와 제739조).

116) 김성태, 860면.

117) 이기수 외, 371면; 양승규, 484면.

제2 상해보험의 요소

1. 보험증권

상해보험증권에는 제666조(손해보험증권의 기재사항)와 제728조(인보험증권의 기재사항)에 규정한 사항을 기재하는 이외에 다음의 특칙이 있다. 즉 상해보험의 경우에 피보험자와 보험계약자가 동일인이 아닐 때에는 그 보험증권 기재사항 중 제728조 제2호에 게기한 사항인 '피보험자의 주소, 성명 및 생년월일'에 갈음하여 피보험자의 직무 또는 직위만을 기재할 수 있다(제738조). 이는 타인의 상해보험계약에서 일정한 직무 또는 직위에 있는 자를 그 사람의 교체를 문제삼지 않고 피보험자로 할 수 있도록 한 것이다.[118]

2. 피보험자

(1) 사 람

상해보험계약의 피보험자는 보험사고의 객체가 되는 사람이다. 상해보험에서는 제732조가 적용되지 아니하므로 15세미만자, 심신박약자, 심신상실자 등도 피보험자가 될 수 있다. 하지만 상해사망을 보험사고로 하는 경우에는 해석상 피보험자가 될 수 없는 것으로 봄이 옳다. 또한 심신상실자의 경우에도 상해보험계약의 피보험자가 되는 것은 제한할 필요가 있다.

(2) 태아의 피보험자 적격성

상해보험은 피보험자가 보험기간 중에 급격하고 우연한 외래의 사고로 인하여 신체에 손상을 입는 것을 보험사고로 하는 인보험이므로, 피보험자는 신체를 가진 사람임을 전제로 한다(제737조). 그렇다면 태아가 상해보험의 피보험자가 될 수 있을까?

첫째, 부정설로서 태아의 피보험자 적격을 부정하는 견해가 있을 수 있다. 상해보험의 피보험자는 사람으로 국한되고 태아는 사람이 아니기 때문에 피보험자가 될 수 없다는 견해이다. 민법 제3조는 사람은 생존한 동안 권리와 의무의 주

---

118) 양승규, 488면.

체가 된다고 규정하여 출생과 더불어 권리능력을 취득하는 것으로 한다. 이에 따르면 태아는 출생 이전의 단계에 있어 원칙적으로 권리능력이 없으나, 민법은 예외적으로 불법행위로 인한 손해배상청구권(민법 제762조) 및 상속권(민법 제1000조), 유증을 받을 권리(민법 제1064조) 등, 특정 권리와 관련하여 태아를 출생한 것으로 본다는 개별 규정을 두고 있으므로, 태아 보호에 관한 개별주의 입법을 취한 것으로 본다. 따라서 피보험자가 될 수 있는 지위를 보험보호를 받을 수 있는 일종의 권리로 보게 되면 태아에 대한 예외적 권리의 인정시 관련 법적 근거가 있어야만 할 것인데, 법률에 태아가 피보험자가 될 수 있다는 명시적 근거규정이 없으므로 태아의 피보험자 적격을 인정할 수 없다는 주장이다.

둘째, 긍정설로서 태아의 피보험자 적격성을 인정하는 견해이다.[119] 그 근거로는 상법상 태아의 피보험자 적격이 명시적으로 금지되어 있지 않고, 상해보험 객체인 피보험자는 보험보호의 대상이 되는 것이기는 하나 보험계약상 나타나는 구체적 권리는 보험금청구권이고 그 권리는 태아의 출생 이후에야 취득하는 것이고 보면, 태아인 상태에서의 피보험자 적격을 부정할 이유가 없다는 것이다. 또한 태아를 상해보험의 피보험자로 정하는 약관이 상법 제663조에 반하지 않고, 민법 제103조 공서양속 등에 반하는 것도 아니다. 오히려 태아의 잠재적 생명과 신체를 상해와 질병으로부터 적극적으로 보호하는 것이 공공의 이익에 부합한다고 본다.

판례는 태아의 피보험자 적격성을 인정하였다.[120] 판례는 헌법상 생명권의 주체가 되는 태아의 형성 중인 신체도 그 자체로 보호해야 할 법익이 존재하고 보호의 필요성도 본질적으로 사람과 다르지 않다는 점에서 보험보호의 대상이 될 수 있다고 하면서, 태아의 신체에 대한 상해를 보험의 담보범위에 포함하는 것이 보험제도의 목적과 취지에 부합하고, 보험계약자나 피보험자에게 불리하지 않으므로 상법 제663조에 반하지 아니하고 민법 제103조의 공서양속에도 반하지 않는다고 하였다. 따라서 출생 전이라도 태아가 보험계약에서 정한 보험기간 중 우연한 사고로 상해를 입었다면 보험사고에 해당한다는 것이다.

3. 보험사고

상해보험의 보험사고는 피보험자의 신체의 상해이고 상해를 원인으로 하는 사망도 이에 포함된다. 상해보험에서 담보하는 위험으로서 상해란 외부로부터의 우

---

119) 장덕조, "태아의 피보험자 적격성", 「상사법연구」 제38권 제1호, 2019, 221-257면.
120) 대법원 2019. 3. 28. 선고 2016다211224 판결.

연한 돌발적 사고로 인한 신체의 손상이다. 따라서 질병이나 그 밖의 내부적 원인으로 인한 것은 제외된다.[121] 상해보험의 보험사고에 관하여 우리나라 상해보험약관은 "피보험자가 보험기간 중에 급격하고도 우연한 외래의 사고로 신체에 상해를 입었을 때"라고 규정한다. 이는 일본의 상해보험약관과 같고 독일의 것과도 유사하다.[122] 여기서 상해보험의 보험사고에 해당하기 위하여는 급격성, 우연성, 그리고 외래성의 세 가지 요건을 구비하여야 한다.[123]

(1) 급격성

급격성에 대한 정의에 관하여 여러 견해가 있다. 첫째, 시간에 중점을 두는 견해로서 비교적 단시간 내에 사건이 발생하는 것을 의미한다는 학설이다.[124] 둘째, 예견가능성에 중점을 두는 견해로서 시간적으로 빠른 것을 의미하는 것이 아니라 피보험자가 예견하지 아니하였거나 예견할 수 없는 순간에 사고가 생긴 것을 의미한다는 학설이다.[125] 셋째, 두 가지 모두를 고려하는 견해로서 시간적 제한뿐만 아니라 예견불가능성을 포함하므로 피보험자가 사고가 발생하는 순간적인 상황에서 그 사고를 예견할 수 없었고, 피할 수 없었던 경우 급격성이 인정된다는 학설이다.[126]

급격성은 시간에 중점을 두어 비교적 단시간 내에 사건이 발생하는 것을 의미한다고 본다. 급격성의 개념은 우연성과 외래성의 개념과 종합적으로 결정하여야하나, 일단은 시간적인 의미를 중요시하지 않을 수 없다. 관련 사고가 완만하고 연속적으로 생긴 것이라면, 예측할 수 없었던 사고라 하더라도 급격성이 있는 것

---

121) 대법원 2001. 8. 21. 선고 2001다27579 판결(상해보험에서 담보되는 위험으로서 상해란 외부로부터의 우연한 돌발적인 사고로 인한 신체의 손상을 말하는 것이므로, 그 사고의 원인이 피보험자의 신체의 외부로부터 작용하는 것을 말하고 신체의 질병 등과 같은 내부적 원인에 기한 것은 제외되며, 이러한 사고의 외래성 및 상해 또는 사망이라는 결과와 사이의 인과관계에 관해서는 보험금청구자에게 그 입증책임이 있다).

122) 독일의 상해보험보통약관은 '급격히(plötzlich)', '외래로부터(von aussen)', '우연히(unfreiwillig)' 등을 보험사고의 개념요소로 규정하고 있어 우리나라의 약관규정과 거의 유사하나, 영미의 상해보험약관은 accident와 external을 요건으로 하여 차이가 있다.

123) 대법원 1980. 11. 25. 선고 80다1109 판결(상해보험은 피보험자가 급격한 외부적인 우연의 사고로 인하여 신체에 손상을 입는 것을 보험사고로 하는 것이므로 피보험자가 겨드랑 밑의 악취제거를 위한 수술 중에 급성심부전증으로 사망한 경우에는 상해보험사고에 해당되지 아니한다).

124) 김성태, 862면; 최윤성, "상해보험약관상의 보험사고인 '급격하고 우연한 외래의 사고'의 의미와 그에 대한 입증책임의 소재", 「판례연구」 제14집, 부산판례연구회, 2003, 571-610면.

125) 양승규, 486면.

126) 정찬형, 778면. "원인이 되는 사실이 돌발적으로 발생하여 그 사실의 직접적인 결과로서 상해가 발생한 경우로서, 피보험자가 예견하지 아니하였거나 예견할 수 없는 순간에 생긴 사고임을 의미한다"는 표현도 이 견해에 포함된다.

으로 보기 어렵다. 다만 그 시간적인 판단의 문제는 급격성을 구체적인 사안에 있어 객관적으로 보아 사건이 그 발생을 예견하거나 피할 수 없을 정도로 비교적 단시간 내에 발생하는 것으로 해석하고, 상해를 야기한 사고의 전 과정을 고찰하여 판단하는 것으로 해석한다면, 첫째의 견해가 타당하다.

(2) 우연성

상해보험에 있어서의 우연성은 보험사고의 발생이 피보험자의 주관적 행태에 기인하지 아니한다는 점이 강조되는 개념이다.[127] 학설도 "우연성은 피보험자의 고의로 인한 것이 아니고 뜻하지 않게 상해를 입은 것을 요건으로 하는 것"이라 하고, 판례도 우연한 사고라 함은 사고가 피보험자가 예측할 수 없는 원인에 의하여 발생하는 것으로서, 고의에 의한 것이 아니고 예견치 않았는데 우연히 발생하고 통상적인 과정으로는 기대할 수 없는 결과를 가져오는 사고라고 하여 유사한 취지이다.[128]

구체적으로 판례에 나타난 사례를 보면 (i) 술에 만취한 사람이 지하철 승강장 아래 선로에 서서 선로를 따라 걸어가다가 승강장 안으로 들어오는 전동차에 부딪혀 사망한 사안에서, 망인이 충돌 당시 술에 취한 상태에 있었던 이상 이 사건 사고는 망인이 예견하지 못한 우발적인 사고에 해당하고,[129] (ii) 또 술에 취한 상태에서 타고 있던 택시를 세워 내린 후 교량 난간을 타고 넘어 다리 아래로 뛰어내려 강물에 빠져 익사한 사안에서도 망인이 추락 당시 병적인 명정상태에 있었던 이상 위 사고는 망인이 예견하지 못한 우발적인 사고에 해당한다고 판시하였다.[130] (iii) 질병의 치료를 위한 외과적 수술 기타 의료처치의 과정에서 피보험자가 의료과실로 인하여 상해를 입은 경우, 피보험자가 그러한 외과적 수술 기타 의료처치에 동의하였다고 하더라도 그것만으로 바로 의료과실로 인하여 상해를 입는 결과에 대해서까지 동의하고 예견하였다고 볼 것은 아니라고 하였다.[131]

---

127) 그러한 의미에서 우연성을 독일에서는 '자유의사에 의하지 아니하는 것(Unfreiwilligkeit)'으로 표현하고, 영미에서는 '예견하지 아니하고(unforeseen), 기대하지 아니한(unexpected) 우연한 사고(an accident)'라고 표현하고 있다.

128) 대법원 2001. 11. 9. 선고 2001다55499,55505 판결; 대법원 2003. 11. 28. 선고 2003다35215, 35222 판결; 대법원 2010. 5. 13. 선고 2010다6857 판결; 대법원 2010. 8. 19. 선고 2008다78491, 78507 판결(상해보험계약에 의하여 담보되는 보험사고의 요건 중 '우연한 사고'라고 함은 사고가 피보험자가 예측할 수 없는 원인에 의하여 발생하는 것으로서, 고의에 의한 것이 아니고 예견하지 않았는데 우연히 발생하고 통상적인 과정으로는 기대할 수 없는 결과를 가져오는 사고를 의미한다).

129) 대법원 2001. 11. 9. 선고 2001다55499,55505 판결.

130) 대법원 1998. 10. 27. 선고 98다16043 판결.

131) 대법원 2010. 8. 19. 선고 2008다78491,78507 판결(이 사건에서 소외인이 위와 같은 개복수술

(iv) 만취된 상태에서 건물에 올라갔다가 구토중에 추락한 사고에서도 우연한 사고에 해당한다고 보았다.[132] (v) 운전자가 심야에 엘피지 가스가 새는 승용차를 그 정을 알면서 운전하여 목적지로 가던 중 도로가 결빙되어 있어 도로 상태가 좋아질 때까지 휴식을 취할 목적으로 차량을 도로변에 주차한 후 시동과 히터를 켜 놓은 상태에서 잠을 자다가 누출된 가스가 원인불명으로 폭발하여 사망한 사안에서 우연성을 인정하였다.[133]

(3) 외래성

외래성이란 상해의 원인이 외부적인 사고인 것을 의미한다. 외부적 요인이 신체에 작용함을 뜻하는 것으로, 상해가 신체의 결함과는 다른 외부적 사고에 의한 것이어야 한다. 판례도 '외래의 사고'라는 것은 상해 또는 사망의 원인이 피보험자의 신체적 결함, 즉 질병이나 체질적 요인 등에 기인한 것이 아닌 외부적 요인에 의해 초래된 모든 것을 의미한다고 본다.[134] 신체의 내부적 원인인 경우는 질병보험(疾病保險)의 보험사고가 된다. 구체적인 판례를 보면 아래와 같다.

먼저, 외래성이 인정된 경우로는 (i) 주취상태에서 선풍기를 틀어 놓고 자다가 선풍기 바람 때문에 체열의 방산이 급격히 진행된 끝에 저체온에 의한 쇼크로 심장마비 또는 호흡중추신경마비를 일으켜 사망한 사안에서 술에 만취된 것과 선풍기를 틀고 잔 것은 모두 외인에 해당된다고 하였다.[135] (ii) 술에 만취되어 잠을 자던 중에 구토하여 구토물이 기도를 막아 사망한 경우,[136] (iii) 평소 주벽이 심한 자가 술에 취한 상태에서 다리 아래로 뛰어 내려 익사한 경우,[137] (iv) 피보험

과정에서 의료진의 과실로 인한 감염으로 폐렴에 이른 것이라면, 그가 그러한 결과에까지 동의하고 예견하였다고는 쉽사리 말할 수 없고, 이는 오히려 피보험자의 고의에 의한 것이 아니고 그가 예측할 수 없는 원인에 의하여 발생한 것으로서 '우연한 사고'에 해당한다고 볼 가능성을 배제할 수 없다고 할 것이다).

132) 대법원 2010. 5. 13. 선고 2010다6857 판결(원고는 이 사건 추락사고가 발생한 건물의 위치 등에 대해서 알지 못하고, 과거에 방문한 적도 없었으며, 이 사건 건물은 원고의 집과도 전혀 동떨어진 곳에 위치한 점, 현재 원고가 의식을 상당히 회복하였음에도 이 사건 사고 경위에 관하여 제대로 기억하지 못하고 있고, 특히 이 사건 사고 전날 술자리에서 친구들과 헤어진 뒤 자신의 행적에 대해서조차 전혀 기억하지 못하고 있는 점, 이 사건 창문에서 사람이 실수로 추락하는 것이 쉽지는 않으나 180㎝가 넘는 원고가 술에 취해 바람을 쐬거나 구토하기 위하여 머리를 밖으로 내미는 경우 균형을 잃고 이 사건 건물 밖으로 추락할 가능성이 없다고 단정할 수 없는 점 등에 비추어 보면, 이 사건 사고는 '우발적인 외래의 사고'로서 이 사건 보험계약이 정한 재해에 해당한다).

133) 대법원 2000. 9. 8. 선고 2000다89 판결.

134) 대법원 2010. 9. 30. 선고 2010다12241,12258 판결.

135) 대법원 1991. 6. 25. 선고 90다12373 판결.

136) 대법원 1998. 10. 13. 선고 98다28114 판결.

137) 대법원 1998. 10. 27. 선고 98다16043 판결(평소 술을 좋아하고 주벽이 심한 편이었던 피공제자가 술에 취한 상태에서 타고 있던 택시를 세워 내린 후 교량 난간을 타고 넘어 도합 8.32m의 다리

자가 술에 취한 상태에서 출입이 금지된 지하철역 승강장의 선로로 내려가 지하철역을 통과하는 전동열차에 부딪혀 사망한 경우[138] 등이 있다.

이에 반하여 외래성을 부정한 경우로는 (i) 병원에서 겨드랑이 악취방지를 위한 수술을 받던 중 급성심부전증에 의하여 사망한 경우,[139] (ii) 농작업중 과로로 인하여 지병인 고혈압이 악화되어 뇌졸중으로 사망한 경우,[140] (iii) 욕실에서 페인트칠 작업을 하다가 평소 가지고 있던 고혈압으로 인하여 뇌출혈을 일으켜 사망한 경우,[141] (iv) 평소 고혈압과 간장질환이 있는 사람이 술을 많이 마시고 밖에서 장시간 체류하다가 체내의 높은 알콜농도로 인한 심장마비로 사망한 경우,[142] (v) 피보험자가 사고 전 3일간 계속하여 술을 마신 후 그 다음날 저녁 급성알콜중독(선행사인) 및 구토로 인한 기도폐쇄(중간사인), 급성호흡부전(직접사인)으로 사망한 경우,[143] 사망 당시 28세 남짓의 남성으로 망인에게 심근경색을 유발할 수 있는 심장이나 뇌혈관 질환 또는 이를 유발할 만한 질병이 없었는데 과량의 음주 후 사망한 경우[144]가 있다.

위 판례들을 검토하면, 술을 마신 직후 구토에 의하여 사망한 경우 외래성을 인정하는 것은 옳다고 본다. 하지만 알콜중독증을 앓고 있는 사람이 술을 마신 직후 구토증상이 있는 신체적 문제를 지니고 있다면 이러한 경우에는 외래성이 없는 것으로 봄이 옳다. 이러한 점에서 피보험자의 지병 등이 중요한 판단기준이 되고 판례의 입장은 대부분 수긍할 수 있는 것으로 보인다. 그러나 병원에서 겨

아래로 뛰어 내려 강물에 빠져 익사한 경우, 피공제자가 사고 직전 택시 안에서 뒷좌석에 타고 있는 여자 승객들에게 강에 떨어뜨려 죽이겠다고 욕설을 하였다고 하여 사고 당시 사람이 강물에 뛰어 들면 사망할 수도 있음을 분별할 수 있을 정도로 변별능력을 갖추고 있었다고 보기보다는, 기억 및 판단 등의 능력이 미약한 상태에서 아무런 사고작용 없이 단순히 반사적으로 반응하다가 급기야 명정상태(酩酊狀態)에서 목적성을 상실한 나머지 충동적으로 다리 아래로 뛰어내려 익사한 것으로 봄이 상당하고, 이와 같이 피공제자가 추락 당시 병적인 명정상태에 있었던 이상 그 사고는 위 망인이 예견하지 못한 우발적인 사고에 해당한다고 할 것이고, 또한 사망의 직접적인 원인이 된 것은 물에 의한 기도의 폐쇄이므로 그 자체로 외래의 사고임이 명백하므로, 비록 위 망인에게 평소 주벽이 심한데도 불구하고 명정에 이를 정도로 과음한 중대한 과실이 있다고 하더라도, 위 익사사고는 농업협동조합에서 시행하는 새생활공제 및 재해보장공제의 각 공제약관에서 사망공제금의 지급 대상으로 열거하고 있는 재해의 하나인 '익수'에 해당하는 사고로서, 위 공제금의 지급 대상에서 제외될 수 없다).

138) 대법원 2001. 11. 9. 선고 2001다55499,55505 판결.
139) 대법원 1980. 11. 25. 선고 80다1109 판결.
140) 대법원 1992. 2. 25. 선고 91다30088 판결.
141) 대법원 2001. 7. 24. 선고 2000다25965 판결.
142) 대법원 1998. 5. 8. 선고 98다3900 판결.
143) 대법원 1997. 9. 30. 선고 97다30578,30585 판결. 이 판결은 위 대법원 1998. 10. 13. 선고 98다28114 판결과 정반대의 결론을 낸 것이다. 그런데 이 사건에서의 피보험자는 술을 3일간 마신 그 다음날 사망하였고, 그 선행사인이 급성알콜중독인 점에 비추어 사실관계에 일부 차이가 있다.
144) 대법원 2014. 6. 12. 선고 2013다63776 판결.

드랑이 악취방지를 위한 수술을 받던 중 급성심부전증에 의하여 사망한 경우 외래성을 부정한 것은, 피보험자가 외과적 수술 기타 의료처치에 동의하였다 하더라도 그것만으로 바로 의료과실로 인하여 상해를 입는 결과에 대해서까지 동의한 것은 아니라는 판결145)과 어울리지 아니한다.

(4) 신체의 상해

상해보험약관에서 신체의 손상이라는 표현을 사용한 것은 육체적 손상과 정신적 손상을 구별하여 정신적 손상을 보험의 담보에서 제외하고자 하는 데 그 목적이 있다. 그리고 신체의 손상이 아닌 의치, 의안, 의수족 등의 손상은 해당되지 아니한다.

4. 입증책임

사망과 신체손상이 상해로 인한 것 등에 대한 입증책임은 피보험자측에 있다고 봄이 통설이고 판례이다.146) 다만 여기서의 인과관계는 의학적·자연과학적 인과관계가 아니라 사회적·법적 인과관계이고, 그 인과관계는 반드시 의학적·자연과학적으로 명백히 입증되어야 하는 것은 아니다.147)

그런데 상해의 원인에 대한 외래성과 급격성에 대하여는 보험금청구자가 입증하고 다만 우연성에 관하여는 보험자가 입증하여야 한다는 견해도 있다.148) 이는 우연성의 의미와도 관련된 것으로 만약 우연성의 의미를 피보험자의 고의 또는 중과실로 인한 인위적인 것으로 해석하는 경우 우연성은 제659조의 면책사유와 같은 뜻이 되고 따라서 보험자가 입증하여야 하는 것으로 볼 수도 있기 때문이다.149) 만약 판례가 우연성의 의미를 피보험자의 고의가 아닌 사고만을 의미하는 것이 아니라 '기타 예견치 않았는데 우발적으로 발생하고 통상적인 과정으로 기대할 수 없는 결과' 등에 주안점을 두면서 피보험자에게 입증책임을 부과하는 경우,

145) 대법원 2010. 8. 19. 선고 2008다78491,78507 판결.
146) 대법원 2001. 8. 21. 선고 2001다27579 판결; 대법원 2001. 11. 9. 선고 2001다55499,55505 판결; 대법원 2003. 11. 28. 선고 2003다35215,35222 판결(이러한 사고의 우연성에 관해서는 보험금청구자에게 그 입증책임이 있고 사고의 외래성 및 상해라는 결과와 사이의 인과관계에 대해서도 보험금청구자에게 그 입증책임이 있다); 대법원 2010. 5. 13. 선고 2010다6857 판결; 대법원 2010. 9. 30. 선고 2010다12241,12258 판결.
147) 대법원 2002. 10. 11. 선고 2002다564 판결.
148) 최기원, 621면.
149) 대법원 2009. 3. 26. 선고 2008다72578,72585 판결과 대법원 2009. 12. 10. 선고 2009다56603,56610 판결 등이 화재보험에서의 우연의 의미를 이같이 파악하고 또한 화재의 발생만으로 우연성이 추정된다고 본다.

피보험자가 입증하여야 하는 대상이 상당히 포괄적이고 추상적이어서 어려움이 있다. 여기서 우연성의 의미가 중요한 쟁점이 됨을 알 수 있고, 그것을 포괄적 의미로 이해하는 경우 보험금청구자에게 상당한 부담이 된다.

제3 보험자의 책임

1. 보험금지급의무

상해보험계약의 보험자는 신체의 상해에 관한 보험사고가 생길 경우에 보험금액 기타의 급여를 할 책임이 있다(제737조). 그 지급되는 보험금의 종류로는 사망보험금, 상해로 인한 치료비, 후유장해보험금 등이 있다. 그런데 후유장해 발생으로 인한 손해배상청구권의 소멸시효의 기산점에 대하여는 판례가 후유장해로 인한 손해가 발생한 때로부터 진행된다고 한다.[150]

2. 면책사유

(1) 면책사유의 제한

상해보험에서 사망이 아닌 단순상해의 경우에도 보험자는 보험계약자 등의 중과실로 인한 보험사고에 대하여는 보험금을 지급하도록 한다(제739조, 제732조의2). 이는 상법 제659조의 특칙으로서 이 규정으로 인하여 무면허운전면책약관과 음주운전면책약관의 해석에 있어 손해보험과 차이가 발생하고 오랜 기간 논쟁이 되고 있다. 이러한 점에서 상해보험약관에서도 무면허운전면책이나 음주운전면책이 문제될 수 있고 앞에서 상세히 다루었다.

(2) 기타 약정면책사유

기타 약관상 핵연료물질, 전문등반이나 글라이더조종·스쿠버다이빙·행글라이더 등의 위험한 운동, 모터보트나 자동차 또는 오토바이에 의한 경기, 선박승무

---

150) 대법원 1992. 5. 22. 선고 91다41880 판결(피해자가 부상을 입은 때로부터 상당한 기간이 지난 뒤에 후유증이 나타나 그 때문에 수상시에는 의학적으로도 예상치 아니한 치료방법을 필요로 하고 의외의 출비가 불가피하였다면 위의 치료에 든 비용에 해당하는 손해에 대하여서는 그러한 사태가 판명된 시점까지 손해배상청구권의 시효가 진행하지 아니하고, 따라서 후유장해의 발생으로 인한 손해배상청구권에 대한 소멸시효는 후유장해로 인한 손해가 발생한 때로부터 진행된다고 할 것이고, 그 발생시기는 소멸시효를 주장하는 자가 입증하여야 한다); 대법원 2005. 10. 7. 선고 2005다38928 판결.

원·어부 기타 선박에 탑승하는 것을 직무로 하는 사람이 직무상 선박에 탑승하고 있는 동안 발생한 사유로 생긴 손해에 대하여는 보상하지 않는다고 규정한다. 다만 이러한 규정들의 유효성이 분쟁의 대상이 된 경우 상법 제663조 위반여부를 법원이 최종적으로 판단한다.

3. 수개의 상해보험계약이 있는 경우

이는 중복보험 규정의 준용문제이다. 상해보험은 원칙적으로 피보험이익의 관념이 없으므로 보험가액의 개념도 존재하지 않고, 초과보험·중복보험·일부보험의 문제도 생기지 않음이 원칙이나 손해보험적 성격으로 인하여 논쟁이 있다. 앞서 살핀 바 있다.

4. 생명보험규정의 준용

상해보험에 관하여는 제732조를 제외하고 생명보험에 관한 규정을 준용한다 (제739조). 그런데 생명보험의 각 규정이 상해보험에 무리없이 준용될 수 있을지에 대하여 개별적으로 검토한다.

(1) 개별규정의 준용여부

1) 제731조(타인의 사망보험)

타인의 생명보험에 관한 제731조는 타인의 상해 '사망'을 보험사고로 하는 경우에는 준용될 것이나, 상해만을 보험사고로 하는 경우에 있어서는 피보험자의 서면에 의한 동의가 없다 하더라도 무효로 할 것은 아니다. 오히려 보험수익자가 피보험자로 지정되어 있는 경우를 유효라 볼 것이라면 이 규정의 준용 여부는 의문이다.

2) 제733조와 제734조

판례는 타인을 위한 생명보험에 있어서 보험수익자의 지정 또는 변경에 관한 상법 제733조는 상법 제739조에 의하여 상해보험에도 준용되므로, 상해보험계약을 체결하는 보험계약자는 자유롭게 특정 또는 불특정의 타인을 수익자로 지정할 수 있다고 한다.[151]

그러나, 타인을 위한 생명보험계약에 관한 제733조(보험수익자의 지정 또는 변경

---

151) 대법원 2006. 11. 9. 선고 2005다55817 판결.

의 권리)와 제734조(보험수익자지정권 등의 통지)의 규정은 준용되어서는 안 된다고
본다. 보험수익자가 동시에 피보험자가 되는 경우 별 문제가 없다고 보이나, 보험
계약자가 보험수익자가 되는 것은 도덕적 위험의 소지가 있다. 피보험자 상해의
결과 그 치료비나 후유장해비 등을 피보험자 아닌 제3자가 보험수익자가 되어 수
령하는 것은 상해보험의 성격에 비추어 보더라도 수긍하기가 어렵다. 따라서 단체
보험에 관한 제735조의3도 위 이유에서 상해보험에 준용되기 어렵다.

(2) 입법론적 검토

상해보험에 관하여 생명보험 규정을 준용하는 제739조의 규정은 입법론적 개
선이 필요하다. 생명보험의 개별규정을 검토하면 상해보험에 준용될 성질의 것이
거의 없다고 보이기 때문이다. 또한 준용하지 않는다고 하는 제732조의 심신상실
자의 상해 등과 관련하여서는, 도덕적 위험의 발생문제로 오히려 준용하여야 한다
는 주장도 가능하다.

상해보험은 정액보상방식의 경우 생명보험과 다를 바 없으나 부정액방식인 손
해보험적 성질도 가지고 있는 등 생명보험과 다른 특성이 있다. 요컨대 입법론적
으로는 제739조를 삭제하고 상해보험에 관한 보다 상세하면서도 명확한 법률관계
를 규정하는 입법이 요청된다.[152]

---

152) 양승규, 493면에서는 "상해사고가 발생한 경우의 피보험자의 손해방지의무나 피보험자의 신체
감정에 따르는 문제, 수개의 상해보험계약이 있을 때의 법률문제 등에 관하여 규정하는 것이 요망되고
있다"고 한다. 박세민, 947면; 정찬형, 781면도 동지이다.

제 4 절 질병보험

1. 의 의

개정 상법은 인보험편 제4절에 질병보험의 절을 신설하였다(제739조의2 및 제739조의3). 질병보험계약의 보험자는 피보험자의 질병에 관한 보험사고가 발생할 경우 보험금이나 그 밖의 급여를 지급할 책임이 있다(제739조의2). 질병보험은 사람의 질병으로 인하여 수술 등 신체에 발생하는 사고를 보험사고로 하는 보험이다. 질병보험은 상해보험과는 전혀 다른 종류의 보험이다. 상해보험의 보험사고는 외래성이 있어야 하고, 이때 외래성은 피보험자의 신체적 결함 즉 질병이나 체질적 요인 등에 기인한 것이 아니어야 하는 까닭에, 질병은 상해보험으로 보상받지 못함이 원칙이기 때문이다.[153] 질병으로 인한 치료비는 국민건강보험인 사회보험으로 일정한 급여를 받긴 하나 충분히 보상받지 못하는 경우에 대비하여 영리보험회사가 질병보험으로 인수하기도 한다.

2. 입법례

일본은 상해보험과 질병보험을 구분하지 않고 동일한 법리에 의한다. 오히려 상해질병손해보험과 상해질병정액보험의 구별을 엄격히 한다. 상해질병손해보험은 "제2장 손해보험"에서 규정하면서 "제5절 상해질병손해보험의 특칙"을 두어 규정한다. 상해질병정액보험은 손해보험이나 생명보험과 구별되게 "제4장 상해질병정액보험"에서 별개의 보험유형으로 규정하고 있다. 독일은 우리와는 달리 질병보험에 관한 상세한 규정을 두고 있다. 제7장의 상해보험과 제8장의 의료보험을 별개로 두면서 질병보험에 해당하는 의료보험장에서 일반 사회보험과의 관계상 그 범위에 관한 상세한 규정을 둔다. 미국의 경우 NAIC의 개인상해·질병보험최저기

---

153) 대법원 2014. 4. 10. 선고 2013다18929 판결(상해보험에서 담보되는 위험으로서 상해란 외부로부터의 우연한 돌발적인 사고로 인한 신체의 손상을 뜻하므로, 그 사고의 원인이 피보험자의 신체의 외부로부터 작용하는 것을 말하고, 신체의 질병 등과 같은 내부적 원인에 기한 것은 상해보험에서 제외되고 질병보험 등의 대상이 된다); 대법원 2001. 8. 21. 선고 2001다27579 판결; 대법원 2003. 7. 25. 선고 2002다57287 판결 등.

준법(Individual Accident and Sickness Insurance Minimum Standards Act, 이하 'MSA' 라 함)과 함께 각주의 보험계약법에 질병보험에 관한 규정을 두고 있는 것이 일반적이다. MSA에 기재되어 있는 손해·질병보험 가운데 기초적 병원비용담보, 기초적 의료·수술비용담보, 고액의료비용담보, 입원보상담보 등의 의료비용을 담보하는 형태의 보험과, 취업불능담보 등의 소득상실을 보상하는 형태의 보험 등에 관하여 상세한 규정을 두고 있다(MSA §4). 또한 NAIC는 통일개인·질병보험증권조항법(Uniform Individual Accident and Sickness Policy Provision Law)을 제정하여, 중복보험이 발생한 경우에 지급보험금액을 조정하기 위한 조항 등을 두고 있다.

3. 법률관계

질병보험은 생명보험의 일종으로서 상당 부분 생명보험과 상해보험의 규정이 준용되어야 할 것이고, 개정 상법도 이러한 취지에서 질병보험에 관하여는 '그 성질에 반하지 아니하는 범위'에서 생명보험 및 상해보험에 관한 규정을 준용한다고 규정한다(제739조의3). 그런데 개정의 입법취지나 법적 안정성 등의 측면에서 미흡한 점이 있다. 예를 들면 타인의 생명보험에서 서면동의에 관한 상법 제731조의 규정이 준용될 것인지도 문제된다. 상해보험에서는 이를 준용하고 있으나(제739조), 질병보험에서도 이 규정을 준용할 수 있을지는 의문이다. 타인의 질병보험에서 피보험자가 보험수익자가 되는 한 도덕적 위험의 발생이 문제되지 않으므로 준용되지 않는다고 보아야 하겠다.

[하 급 심]

저자약력

- **장덕조**(張德祚)

>>> 학력 및 주요 경력
　　서울대학교 법과대학 졸업
　　서울대학교 대학원 법학박사
　　서강대학교 법학전문대학원 교수
　　한국연구재단 선정 우수학자 (국가석학)
　　변호사 시험 출제 및 선정위원, 공인회계사 시험 출제위원 등
　　상법개정위원 특별위원

>>> 주요 저서 및 논문
　　회사법(제7판, 법문사, 2025)
　　상법강의(제6판, 법문사, 2025)
　　상법판례백선(제9판, 공저, 법문사, 2023)
　　상해보험의 운영실태 및 관련 법제도 정비에 관한 연구(법문사, 2021)
　　책임보험에서 보험자의 보험계약에 기한 항변권 행사의 범위(금융법연구, 2021)
　　즉시연금사건의 법적쟁점에 관한 연구(금융법연구, 2018)
　　기업의 사회적 책임(상사법연구, 2010, 한국상사법학회 우수논문상 수상논문)
　　전환사채의 저가발행과 회사의 손해(법조, 2009)
　　손해방지비용에 관한 연구(보험학회지, 2007, 한국보험학회 우수논문상 수상논문) 외 다수

보험법 [제7판]

2011년	8월	10일	초 판 발행
2015년	1월	10일	제2판 발행
2016년	1월	25일	제3판 발행
2018년	1월	10일	제4판 발행
2020년	1월	10일	제5판 발행
2023년	2월	20일	제6판 발행
2025년	2월	25일	제7판 1쇄 발행

저　자　장　　덕　　조
발행인　배　　효　　선

발행처　도서출판　法　文　社

주　소　10881 경기도 파주시 회동길 37-29
등　록　1957년 12월 12일 / 제2-76호 (윤)
전　화　(031)955-6500~6　FAX (031)955-6525
E-mail　(영업) bms@bobmunsa.co.kr
　　　　(편집) edit66@bobmunsa.co.kr
홈페이지　http://www.bobmunsa.co.kr

조　판　법　문　사　전　산　실

정가 38,000원　　　　ISBN 978-89-18-91589-0

불법복사는 지적재산을 훔치는 범죄행위입니다.
　이 책의 무단전재 또는 복제행위는 저작권법 제136조 제1항에 의거, 5년 이하의 징역 또는 5,000만원 이하의 벌금에 처하게 됩니다.